Walter Pippke
Ida Leinberger

Gardasee

Verona · Trentino · Mantua

Kunst und Geschichte im Zentrum des Alpenbogens

DUMONT KUNST REISEFÜHRER

In der vorderen Umschlagklappe: Der Gardasee und Umgebung

In der hinteren Umschlagklappe: Das Trentino

Die wichtigsten Orte auf einen Blick

Arco ☆ (F8/D14) 153
Bagolino ☆☆ (7C/A13) 168
Bardolino ☆ (D5) 82
Bono del Bleggio (E9) 351
Borghetto di Valeggio sul Mincio (E3) 96
Borgo Valsugana (G15) 365
Brescia ☆☆ (A5) 288
Caldonazzo (F15) 364
Carisolo ☆ (E11/ C16) 358
Castel Beseno ☆ (G9/E14) 335
Castel Stenico ☆☆ (E10/D15) 352
Castel Toblino ☆ (F10/E15) 160
Castello di Sabbionara ☆☆ (F7/D12) 340
Castello Tesino (I15) 366
Cavalese (H17) 370
Civezzano ☆ (H10/F15) 361
Cogolo (C18) 378
Condino ☆ (D8/B14) 360
Desenzano del Garda ☆ (C4) 108
Fiera di Primiero ☆ (J16) 367
Garda (D5) 75
Gardone Riviera ☆☆ (C5) 133
Gargnano (D6) 126
Idrosee ☆ (C7/B13) 171
Javré ☆ (D10/C15) 355
Lazise ☆ (E4) 88
Limone (E7/C13) 122
Lonato ☆ (C4) 112
Malcesine ☆(E7/D12) 55
Mantua ☆☆ (E1) 259
Molvenosee (F10/D16) 354
Monte Baldo ☆☆ (E6/D12) 151
Naturpark Adamello-Brenta ☆☆ (D17) 373
Pellizzano (C17) 378
Pergine (F15) 362
Peschiera (D4) 91
Pieve di Bono (C14) 359
Pinzolo ☆☆ (E11/C16) 356
Punta San Vigilio ☆ (D5) 73
Riva ☆ (E8/D14) 118
Rovereto (G8/E14) 338
Salò ☆ (C5) 138
San Felice del Benaco (C5) 144
San Giorgio di Valpolicella ☆ (E5) 343
San Romedio ☆ (E18) 375
Sanzeno (E18) 375
Sirmione ☆☆ (D4) 100
Soave ☆ (H3) 256
Tenno (E8/D14) 162
Torri del Benaco ☆ (D5) 66
Toscolano-Maderno ☆ (D6) 130
Trient ☆☆ (H10/F15) 315
Val di Cembra ☆ (F16) 371
Val di Genova ☆ (C16) 359
Val di Ledro ☆ (E8) 164
Verona ☆☆ (G4) 172
Vigo Lomaso (E9/D15) 348
Volano (G8/E14) 337

☆☆
keinesfalls versäumen

☆
Umweg lohnt

ohne Stern
interessant

Die Koordinaten 1–11 finden Sie in der vorderen, die Koordinaten 12–19 in der hinteren Klappenkarte.

Vollständiges Verzeichnis der Orte im Register ab S. 412

Inhalt

Naturraum und Kulturraum

Begegnung der romanischen und der germanischen Welt . . . 8
Landschaft und Geologie . . . 10

Schauplatz der Geschichte . . . 16
Römisches Oberitalien . . . 17
Die Völkerwanderung . . . 17
Die Langobarden in Oberitalien . . . 19
Die Karolinger und das Chaos . . . 21
Kaiser und Päpste, Investiturstreit und Stadtrepubliken . . . 22
Das Ende der Stadtrepubliken und die Entstehung der Signorien . . . 25
Der Eintritt Venedigs in die italienische Politik und der große oberitalienische Krieg . . . 29
Il Risorgimento – die Einigung Italiens . . . 30
Daten zur Geschichte . . . 32

Galerie bedeutender Persönlichkeiten . . . 38

Kunstreise rund um den Gardasee, nach Verona und in das Trentino

Der Gardasee . . . 48
Das Ostufer . . . 50
Torbole . . . 50
Malcesine . . . 55
Assenza . . . 62
Castelletto di Brenzone . . . 64
Torri del Benaco . . . 66
San Vigilio . . . 73
Garda . . . 75
Bardolino und Cisano . . . 82
Lazise . . . 88
Das Südufer . . . 91
Peschiera und der Mincio . . . 91
Borghetto di Valeggio sul Mincio . . . 96
Sirmione . . . 100
Desenzano del Garda . . . 108
Lonato . . . 112

Das Westufer 118
Riva 118
Limone 122
Tremosine. 124
Gargnano und Bogliaco. 125
Toscolano-Maderno 130
Gardone Riviera 133
Salò 138
San Felice del Benaco. 144
Manerba, Moniga, Padenghe 147

Die Umgebung des Sees 150
Der Monte Baldo. 151
Zwischen Riva und Trient 153
Arco 153
Das Sarcatal 158
Castel Toblino 160
Tenno 162
Durch das Ledrotal zum Idrosee und nach Bagolino . . 164
Das Ledrotal 164
Von Storo zum Idrosee 166
Der Idrosee und Bagolino 167

Verona. 172
Geschichte: Zwei Jahrtausende zwischen Germanien
und Italien 175
Römisches Verona. 175
Königsstadt der Völkerwanderung. 177
Stadtrepublik. 180
Die Scaligeri 182
Vier Jahrhunderte unter dem Markuslöwen:
venezianisches Verona 189
Leben und Kunst in der Stadt. 191
Die Arena und die Piazza Bra 191
Piazza delle Erbe,
das Zentrum der Handelsstadt 199
Piazza dei Signori, das Viertel der Scaligeri. . . . 204
Sant'Anastasia 210
Dom und Vescovado 216
Am anderen Ufer der Etsch. 222
San Fermo Maggiore 232
Zwischen Piazza delle Erbe und Castelvecchio . 238
Das Castelvecchio 243
San Zeno Maggiore:
Die Krone der lombardischen Romanik. 245
San Procolo 254
San Bernardino 254
Ein Ausflug nach Soave 256

Zwei Kunststädte der Umgebung: Mantua und Brescia . . . 258
Mantua . . . 259
Geschichte . . . 260
Stadtrundgang . . . 264
Brescia . . . 288
Geschichte . . . 289
Stadtrundgang . . . 291

Trient und das Trentino . . . 312
Trient: Geschichte . . . 315
Stadtrundgang . . . 318
Das Etschtal zwischen Trient und Verona . . . 335
Castel Beseno . . . 335
Rovereto . . . 338
Castello di Sabbionara . . . 340
Die Veroneser Klause . . . 342
San Giorgio di Valpolicella . . . 343
In die Judikarischen Täler . . . 345
Castel Stenico . . . 352
Molveno . . . 354
Die Valle Rendena . . . 355
Pinzolo und Carisolo . . . 356
Von Tione nach Condino . . . 359
Die Täler des nördlichen Trentino . . . 361
Die Valsugana . . . 361
Von der Valsugana in die Dolomiten . . . 366
Val di Fassa . . . 368
Val di Fiemme . . . 369
Val di Cembra . . . 371
Val di Non . . . 373
Val di Sole . . . 377

Literaturverzeichnis . . . 379
Glossar . . . 381

Tipps und Adressen . . . 383

Abbildungsnachweis . . . 406
Register . . . 407
Impressum . . . 416

Citypläne: Brescia S. 292; Mantua S. 265; Trient S. 319; Verona S. 192, Piazza delle Erbe/Piazza dei Signori S. 201

Das Kastell der Scaligeri in Sirmione auf einer Lithographie um 1830 ▷

Naturraum und Kulturraum

Begegnung der romanischen und der germanischen Welt

Kunstreiseführer führen in vergangene Zeiten. Das macht ihren Charme aus, denn wer ist schon mit der Gegenwart zufrieden. In ein fremdes Land zu reisen, in dem man keine Arbeit und keine Wohnung suchen muss und sich frei von solchen Notwendigkeiten im Schatten von Tempeln und Pyramiden, Palästen und Ruinen dem Genius großer und vergangener Zeiten anheimzugeben, hat von jeher zu den besonderen Genüssen des bürgerlichen Geisteslebens gehört. Das klassische Griechenland, welches auch immer, will mit der Seele gesucht sein. Kunstreisen sind Zeitreisen. Das liegt nicht nur daran, dass fast alles, was sich zu betrachten lohnt, nicht der Gegenwart entstammt. Es liegt an jener besonderen Faszination, in der Kunst wie in einem vergilbten Spiegel den Geist vergangener Zeiten zu erblicken, aus den Kunstwerken einen Hauch vergangener Welten zu verspüren, denn sie sind ja tatsächlich die Materialisation des Empfindens, des Denkens, des Ausdruckswillens einer Zeit, die nicht mehr die unsere ist. »Reisen«, schrieb Guy de Maupassant, »ist eine Tür, durch die man aus der Realität entweicht.«

Ein Kunstreiseführer über den Gardasee und Verona führt in vergangene Zeiten. Man begegnet ihnen in römischen Ruinen, langobardischen Ziborien, karolingischen Klöstern, byzantinisch-romani-

Der Gardasee ist eine historische Landschaft. Seine Ufer sind übersät mit Zeugnissen aus über 2000 Jahren Geschichte. Der Blick über die römischen Ruinen von Sirmione auf den mediterranen See eröffnet eines der schönsten Landschaftsbilder Oberitaliens.

schen Freskenzyklen, lombardisch-romanischen Monumentalbauten, in der faszinierenden Bilderwelt der veronesischen Schule der ›höfischen Gotik‹, in den düsteren Kastellen der Scaligeri, in den von Sinnlichkeit überquellenden Kunstzeugnissen aus Renaissance und Barock. In ihnen allen ist der Nachhall der Tatsache zu spüren, dass das in diesem Buch beschriebene Gebiet neben Mailand und Venedig einen ganz besonderen Knotenpunkt der oberitalienischen Geschichte bildet, fast möchte man sagen: der europäischen Geschichte. Der Grund ist das Etschtal, das, parallel zum Gardasee verlaufend, hier aus dem Gebirge in die Po-Ebene mündet. Durch dieses Tal führte die Straße zum Brenner, dem wichtigsten Alpenübergang der Geschichte, der Weg der römischen Legionen nach Norden und das Einfallstor der Völkerwanderung nach Süden, für 2000 Jahre der Ort der Begegnung und des Zusammenstoßes der germanischen und romanischen Welt.

Diesen Gegebenheiten, die erst den Römern, später den deutschen Kaisern den Alpenweg freihalten sollten, verdankt nicht nur die Stadt Trient ihre Lage mitten im Gebirge. Hier liegt nicht nur Verona am Ausgang des Etschtals, das durch diese Situation eine der mächtigsten und schönsten der oberitalienischen Stadtrepubliken wurde. In seinem Schatten wurde nicht nur das nahe gelegene Mantua als nächste Handelsstadt unermesslich reich. Bis in die kleinsten Uferorte des Gardasees finden sich überall, in erhaltenen Kunstwerken geborgen, die Spuren der dramatischen geschichtlichen Ereignisse um den Untergang des Römischen Reiches, die Vernichtung der Langobarden durch die papsthörigen Franken, die Zerschlagung des italienischen Nationalkönigtums durch die deutschen Kaiser und die dadurch bedingte Entstehung eines der folgenreichsten Phänomene der europäischen Geschichte: der Bildung der von Bürgern regierten oberitalienischen Stadtrepubliken inmitten der feudalistischen Staatenwelt des mittelalterlichen Europa. In ihren allein auf die Vermehrung von Handelskapital ausgerichteten Ökonomien bildeten sich die geistig und politisch fortschrittlichsten Gesellschaftsformen der damaligen Zeit, und ihrer Kunst ist bis heute ihre Dynamik, ihr von religiösen Standardisierungen befreiter Individualismus anzusehen. In diesen italienischen Stadtrepubliken begann die Überwindung des Mittelalters und lange vor den Staaten nördlich der Alpen wurden hier die ökonomischen und geistigen Grundlagen der Neuzeit gelegt: hier entstand die Renaissance. Diese Betrachtung erzeugt ein historisches Gemälde von großer Komplexität und ungeheurem Ereignisreichtum, durch das die überkommenen Kunstwerke zum Betrachter zu sprechen beginnen, ihn ein wenig in die vergangenen Welten versetzen, in denen sie entstanden sind. Kunstreisen sind Zeitreisen.

Die Geschichte ist somit das verbindende Element zwischen den drei verschiedenen Naturräumen, die hier auf so engem Raum aneinandergrenzen: der schroffen südlichen Hochgebirgsregion des Trentino, der mediterranen Gefilde des Gardasees und der tellerflachen Po-Ebene, in der die großen Städte Verona und Brescia liegen.

Landschaft und Geologie

Der Gardasee ist die geologisch jüngste Erscheinung der drei Landschaften. Die Alpen waren schon 60 Millionen Jahre vorher aufgefaltet worden, die Po-Ebene, einst ein riesiger Meeresarm zwischen Hochgebirge und Apennin, längst von angeschwemmtem Erosionsmaterial aufgefüllt worden, als die Eiszeiten kamen. Die letzte, die erst vor etwa 10 000 Jahren zu Ende ging, hinterließ auch die oberitalienischen Seen und damit den Gardasee.

Damals hatte sich zum dritten Mal das Klima in Europa extrem verschlechtert, die Durchschnittstemperaturen waren erheblich gesunken. Mitteleuropa zeigte ein Erscheinungsbild wie die nordrussische Tundra. Die skandinavischen Gletscher schoben sich bis nach Norddeutschland vor, von den Höhen der Alpen kamen die Eismassen und bedeckten ganz Süddeutschland. Die Alpen müssen damals einen unvorstellbaren Anblick geboten haben: Alle Täler waren mit Tausenden von Metern dickem Eis gefüllt, nur die höchsten Gipfel ragten wie Inseln aus einem gefrorenen Meer. Die Gletscher waren von den Bergen auch nach Süden geflossen und folgten dort (wie überall) den von Flüssen schon eingetieften Tälern. Mit ungeheurer Kraft schoben sich Millionen Tonnen scharfkantigen Eises Tag für Tag an den Bergflanken entlang. Riesige Gesteinsmassen wurden von den Bergen abgehobelt und von den Gletschern als ganze Hügelketten vor sich hergeschoben. Diese von den Gletschern aufgetürmten Schottermengen nennt man Moränen.

Doch schon damals war es südlich der Alpen wärmer als im Norden. Während dort die Gletscher ihre Moränenfracht über halb Mitteleuropa verteilen konnten, wurde es ihnen in Oberitalien gleich am Fuße der Alpen zu warm. Kaum traten sie aus den Gebirgstälern in die Po-Ebene, begannen sie zu schmelzen und ließen ihre Moränen direkt am Ausgang der alten Flusstäler liegen. Fast jedes Alpental besitzt an seiner Mündung in die oberitalienische Ebene eine solche Moränenlandschaft, die sich durch ihre sanften, hügeligen Formen deutlich vom schroff dahinter aufsteigenden Gebirge unterscheidet. Doch nur durch die großen Alpentäler hatten sich so gewaltige Gletscher geschoben, dass sie beim Abtauen kilometerbreite Moränenketten hinterlassen konnten. Nun kann man ahnen, was weiter geschah: Als die letzte Eiszeit sich ihrem Ende näherte, die Gletscher auch im Innern des Gebirges schmolzen, rauschten ihre Wassermassen durch die Täler in die Ebene. Doch gerade in den größten und wasserreichsten Tälern fanden sie den Ausgang versperrt: Hinter den geschlossenen Moränenwällen staute sich das Schmelzwasser der Gletscher tief ins Gebirge zurück zu riesigen Seen. Sie fanden erst einen Abfluss, wenn ihr Wasserspiegel so hoch gestiegen war, dass sie in einer Senke zwischen zwei Hügelkuppen ein Flussbett graben konnten.

Hat man durch diese Erkenntnisse den Blick geschärft, so kann man das erdgeschichtliche Geschehen am Ende der letzten Eiszeit an jedem der oberitalienischen Seen wiedererkennen. Der Lago Mag-

Die Nordspitze des Gardasees liegt mitten im Hochgebirge. Dort ragt der schräg geschichtete Monte Brione wie ein versunkenes Schiff aus dem Wasser - einst eine Insel, denn der See reichte einmal bis zum Ausgang des Sarcatals bei Arco. Seine wärmespeichernde Wassermasse hat selbst hier an den Ufern eine südländische Flora entstehen lassen, die auch den kalten Gebirgswinden widerstehen kann.

giore ist nichts anderes als das voll Wasser gelaufene Tal des Ticino, 65 km staut sich der See zurück in die Alpen. Zur Po-Ebene hin schließt ihn als natürliche Staumauer die Moränenlandschaft des Varesotto ab, die allein wieder den Ticino als Abfluss hinauslässt. Der Comer See gabelt sich nach Süden in zwei lange Arme, die von den Moränenhügeln der Brianza gestaut werden; hindurch bricht allein der Fluss Adda. Der Idrosee liegt am Ausgang der Val Camonica und staut sich hinter den Moränenketten der Franciacorta. Der größte von allen, der Gardasee, füllt das Gebirgstal der Sarca. Hier hatte ein riesiger Gletscher sich weit in die Ebene vorgeschoben und wie in einem Halbrund die Moränenlandschaft der Lugana liegenlassen. Daher buchtet der Gardasee, lang und schmal im Gebirge, beim Erreichen der Ebene in ein großes halbrundes Becken aus, aus dem der Mincio bei Peschiera den einzigen Abfluss durch die Gletscherablagerungen brach. Alle diese wasserreichen Moränenhügel waren äußerst fruchtbar und früh besiedelt. Besonders die Lugana und die Franciacorta bringen vorzügliche Weißweine hervor.

Doch das wichtigste landschaftsprägende Element der oberitalienischen Seen ist ihr mediterranes Klima. Es herrscht jedoch nur entlang einer schmalen Uferzone, wenige hundert Meter höher beginnt bereits die für die Alpen typische Gebirgsflora. Unten an den Seen aber prunken das intensive Grün und die bunt blühende Pracht von Pflanzen, die eigentlich erst Hunderte von Kilometern weiter südlich zu Hause sind. Dass sie hier, mitten im kalten Hochgebirge, existieren können, liegt an einem thermischen Effekt, den die Wassermassen der Seen verursachen. Nach Norden vom Alpenhauptkamm vor kalten Wetterlagen geschützt, nach Süden zur Wärme der Po-Ebene

Keinem anderen der oberitalienischen Seen kann man so unmittelbar und persönlich begegnen wie dem Gardasee. Während die Ufer des Lago Maggiore und des Comer Sees weitgehend in Privatbesitz sind, ist der Gardasee fast überall zugänglich. In seinen blaugrünen Fluten spiegeln sich neben den Wolken auch die profanen Szenen des Alltags.

geöffnet, heizen sich die Seen im Sommer stark auf. Und sie kühlen den ganzen Winter über nicht aus. Selbst wenn im Januar eisige Winterstürme von den Gipfeln fegen, bleibt das Wasser der Seen mindestens um die zehn Grad warm. Diese Wärme gibt das Wasser den ganzen Winter über an seine unmittelbare Umgebung ab und schafft dadurch an seinen Ufern eine schmale Klimazone wie am südlichen Mittelmeer. Dabei gilt die Regel: je größer der See, desto größer seine wärmespeichernde Wassermasse, desto größer die Wärmeabgabe im Winter, desto subtropischer die Vegetation an seinen Ufern. Da der Gardasee der größte der oberitalienischen Seen ist, zeigt sein Erscheinungsbild auch das südländischste Gepräge von allen: Rund um seine Ufer gedeihen Hibiskus und Oleander, Kamelie und Eukalyptus und vor allem der silbrig scheinende Ölbaum, der an den anderen Seen fast völlig fehlt und dem Gardasee den Ruf, eines der besten Olivenöle Italiens hervorzubringen, eingebracht hat.

Noch eine zweite Eigenart unterscheidet den Gardasee von allen anderen oberitalienischen Seen. Obwohl hier die klimatischen Bedingungen am günstigsten gewesen wären, findet sich am Gardasee fast nichts von der ausgeprägten Villen- und Gartenkultur, für die besonders der Lago Maggiore und der Comer See weltberühmt geworden sind. Das liegt daran, dass der Gardasee zwar jahrhundertelang erst zu Verona, dann zu Venedig gehörte, jedoch immer wie zweigeteilt blieb: Zwischen den südlichen Häfen und den Anlandungsstellen an der Nordspitze erstreckten sich auf beiden Uferseiten fast 20 km lange, von Gletschern blank geschliffene, senkrecht in den See stürzende Felswände, die völlig unpassierbar waren. Bis ins 20. Jh. war der See nur per Schiff zu bereisen, viele Uferdörfer nur vom Wasser her zugänglich. Als daher mit Renaissance und Barock die Zeit der großen Villen- und Gartenkunst kam, fand man am Gardasee zwar das beste Klima, aber nur die widrigsten Platz- und Verkehrsbedingungen vor. Hinzu kam, dass die Bauherren vieler Villen reiche Kardinäle aus Rom waren, die sich gern am Comer See und am Lago Maggiore niederließen, also im konservativen, von den spanischen Habsburgern beherrschten mailändischen Gebiet – im liberalen Venezianischen waren sie weniger gern gesehen. Nach dem Ende der italienischen Einigungskriege (1859) brach sogar der Schiffsverkehr auf dem Gardasee zusammen, denn seine Nordspitze mit Riva und Torbole blieb in der Hand der Österreicher, die über das Wasser italienische Infiltrationen des von ihnen bis 1918 nur mit Gewalt gehaltenen Trentino fürchteten. Als dann 1929 und 1931 die Uferstraßen in die Felsen gesprengt wurden, herrschte in Italien bereits der Faschismus. So sind die Ufer des Gardasees nie in großen adeligen Privatbesitz gelangt, fast nirgendwo verwehren Privatvillen und Parkanlagen den Zugang zum Wasser. Dieser historischen Besonderheit ist es zu verdanken, dass man heute mit diesem See so intim leben kann, dass seine Ufer überall einladen, dass man mit dem Boot fast überall landen kann. Es ist dies wohl der wichtigste Grund, warum der Ruhm des ehemals weit bekannteren Lago Maggiore und des Comer Sees heute neben dem Gardasee so deutlich verblasst ist.

Viele Straßen, die vom Ufer des Gardasees in die Berge führen, bringen den Reisenden in die Gebirgstäler des Trentino und damit in eine andere Welt. Wie überall am südlichen Alpenrand präsentiert sich hier das Gebirge ganz anders als nördlich des Alpenhauptkamms oder in den Zentralalpen: Die Berge zeigen sich von einer fast Furcht erregenden Steilheit; tiefe, schmale Täler, von reißenden Wildwassern durchströmt, ziehen unter den zerfurchten Gipfeln entlang, die Natur ist von eindrucksvoller, wilder Beschaffenheit, die Alpen wie vor dem Beginn des touristischen Zeitalters. Dieses Erscheinungsbild hängt mit der Entstehungsgeschichte der Alpen überhaupt zusammen. Als vor etwa 100 Mio. Jahren die auf dem glutflüssigen Erdinnern dahintreibenden Kontinentalplatten von Afrika und Europa aneinander gerieten, waren die Kräfteverhältnisse klar: Unter dem Druck des afrikanischen Riesenkontinents zerbrach die kleine europäische Platte an einer schwachen Stelle in Tausende Gesteinsschollen, die sich langsam über- und untereinander schoben, sich gegenseitig hochkippten und umstürzten. Dieses zyklopische Geschehen verbirgt sich hinter dem nüchternen Fachbegriff ›Auffaltung der Alpen‹. Da der Druck aus Süden kam, also die italienische Landmasse gegen Mitteleuropa drückte, schwenkte der Bogen der Alpen nach Norden aus. Den Gesetzen der Physik folgend, wurden die Gesteinsschollen des Alpensüdrandes, wo der Druck ansetzte, mit besonderer Gewalt hochgedrückt, während die Alpen auf ihrer nördlichen Rückseite in langgezogenen, langsam niedriger werdenden Bergketten verebbten. Daher rührt das so grundverschiedene Landschaftserlebnis, je nachdem ob man sich den Alpen von Süden oder von Norden nähert. Kommt man von Süden, also aus der Po-Ebene, so scheint man vor einer unvermittelt aus der Ebene aufragenden Mauer aus Felsen und Gipfeln zu stehen, durchzogen von tiefen und schmalen Tälern – zwischen der Po-Ebene und dem Monte Baldo, dessen Felswände bereits über 2000 m aus dem Gardasee emporragen, liegt nur eine Viertelstunde Autofahrt.

Mitten im Zentrum des südlichen Alpenbogens liegt das Trentino, wild und zerklüftet, manchmal abweisend und verkarstet, selten lieblich, aber immer groß und eindrucksvoll. Doch gereicht auch hier den Tälern der nahe Süden zum Segen. Bis weit ins Hochgebirge hinein gedeihen hier Wein und Obst, das Blütenmeer im Frühling unter den schneebedeckten Bergen sucht seinesgleichen. Dem Tourismus fast völlig unbekannt, existiert in diesen Tälern eine noch weitgehend intakte Bauernkultur. Überall sorgfältig gepflegt und bebaut, stellen das Nonstal, das Cembra- und Fiemmetal, besonders die Judikarischen Täler melancholisch-stille Inseln eines traditionsreichen Lebens einer südlichen Gebirgswelt dar.

Fährt man aus den Gebirgstälern des Trentino nach Süden heraus oder vom Südufer des Gardasees in wenigen Minuten durch die Moränenlandschaft der Lugana, so erreicht man die dritte Landschaft, die Anteil an diesem Buch hat und die sich vollkommen von den beiden anderen unterscheidet: die Po-Ebene. Sie ist die einzige Ebene Italiens und ihre Entstehung ist paradoxerweise auf denselben Prozess zurückzuführen, der direkt daneben die Alpen aufgetürmt hat. Die Po-Ebene erstreckt sich 500 km lang zwischen der Adria und den piemontesischen Westalpen; im Norden und Süden begrenzen sie die beiden Gebirgszüge der Alpen und des Apennin, der den Rest des italienischen Stiefels bildet. Doch zwischen den beiden Gebirgen geschah etwas Merkwürdiges: An ihren Rändern brach eine 500 km lange Spalte ein. Und je mehr sich die beiden Gebirge unter dem Druck des afrikanischen Kontinents heraushoben, um so weiter drückten sich ihre Ränder gegenseitig in die Tiefe. Dieser Prozess ist bis heute nicht zum Stillstand gekommen: Die Po-Ebene ist eine ständig in einem Senkungsvorgang begriffene Tiefe zwischen zwei Hebungsgebieten, denn Alpen und Apennin heben sich immer weiter empor.

Die Spalte zwischen den beiden Gebirgen senkte sich vor Millionen von Jahren unter den Meeresspiegel, und die Fluten des Mittelmeeres strömten hinein. Die heutige Po-Ebene bildete damals einen riesigen gekrümmten Meeresarm etwa zwischen Venedig und Turin. Doch sobald die beiden Gebirge aufgefaltet waren, begann auch schon ihre natürliche Abtragung: Zahllose Flüsse und Bäche trugen so viel Erosionsmaterial aus Apennin und Alpen heran, dass der gewaltige Meeresarm im Laufe von Millionen Jahren einfach zugeschüttet wurde. Als die Etrusker im 6. Jh. v. Chr. die Po-Ebene betraten, fanden sie ein riesiges Sumpfgebiet, das nur an seinen Rändern, wo der Erosionsschutt der Gebirge eine flache Geländestufe über den Sümpfen gebildet hatte, besiedelt werden konnte.

Diesem Siedlungsschema folgten auch die Sieger über die Etrusker, die Römer. Wie Perlen an einer Kette reihten sich ihre Stadtgründungen entlang der antiken Militärstraßen, die fast alle an den leicht erhöhten Rändern der Ebene direkt am Fuße der Alpen und des Apennin entlangliefen. Diese Städte wurden von der Antike an das kultivierende Element der Po-Ebene. Sie legten die Sümpfe trocken, bauten Handelsstraßen aus, und der ungeheure landwirt-

Nur wenige Kilometer vom Gardasee entfernt führen einsame Gebirgstäler in die dramatisch aufragende südliche Gebirgswelt des Trentino. Im Naturpark Adamello-Brenta, der von der Val di Genova und der Valle Rendena zugänglich ist, zeigt sich die Landschaft des Trentino in ihrer ganzen herben Schönheit (Val di Genova gegen Adamello-Gruppe).

schaftliche Reichtum der wasserreichen und zugleich heißen Ebene bildete bis in die Neuzeit das Rückgrat ihres ökonomischen Erfolgs und ihrer Selbstständigkeit. Hier liegen auch die zwei einst großen und mächtigen Stadtrepubliken, die dieses Buch beschreibt: Verona und Brescia. Beide sind klassische römische Gründungen zu Füßen der letzten alpinen Ausläufer und inkorporierten keltische Vorgängersiedlungen auf strategisch wichtigen Hügeln über der Po-Ebene. Ihre Lage an zwei Alpentälern, die zu wichtigen Pässen führten, prädestinierten sie zu einer besonderen Rolle im kriegerischen Mittelalter Oberitaliens.

In die Po-Ebene fährt heute niemand mehr der Landschaft wegen. Obwohl sie noch vor wenigen Jahrhunderten als ›Garten Eden‹ galt, neben der als wüst und bedrohlich empfundenen unbeherrschten Natur des Gebirges, haftet der Po-Ebene heute der Ruf der Langeweile an, ein Standpunkt des Erlebnistourismus. Hierher fährt man nur noch wegen der Kunst der Städte, und die ist allerdings einzigartig. Da alle Stadtrepubliken Oberitaliens eigene Staaten waren, die ihre Steuern nicht in die Kasse irgendeines Feudalherrn abführen mussten, nutzten sie ihren immensen Reichtum zur künstlerischen Repräsentation ihrer Städte, was auch ein offensives Mittel der Konkurrenz zwischen ihnen darstellte. Da diese Städte nie zerstört wurden, stellen viele von ihnen mit ihrer unveränderten Stadtgeographie ein seltenes Zeugnis vergangenen urbanen Lebens dar. Balzac nannte die italienischen Stadtrepubliken »den Ruhm des mittelalterlichen Europa«. Besonders in Verona wird noch heute spürbar, was er gemeint hat.

Schauplatz der Geschichte

Der Gardasee, Verona und das Trentino sowie die in der unmittelbaren Umgebung gelegene Kunststadt Brescia teilen die Geschichte Oberitaliens. Da in diesem Buch die Geschichte aller beschriebenen Städte und Gegenden am jeweiligen Ort ausführlich dargestellt wird, seien hier die allgemeinen Grundzüge der historischen Entwicklung Oberitaliens wiedergegeben, in die alle Einzelereignisse eingebettet sind.

Oberitalien gehört nicht zu den früh besiedelten Regionen Europas. Vor 3000 Jahren war das Gebiet von mehreren Völkern einer altmediterranen Rasse bewohnt, die etwa ab dem Jahr 1000 v. Chr. mit den langsam über die Alpen dringenden Indogermanen zu einer ersten geschlossenen Kultur verschmolzen. Ab dem 8. Jh. v. Chr. erschien in Oberitalien ein neues Volk von Süden her: Die Etrusker bildeten ab dem 6. Jh. v. Chr. die erste Hochkultur Italiens. Sie wagten sich bereits in die Sümpfe der Po-Ebene, gründeten Städte und Dörfer. Doch nur 200 Jahre später kam abermals ein neues Volk nach Oberitalien, das allerdings schon halb Europa beherrschte. Der große

Keltensturm des 4. Jh. v. Chr. drängte die Etrusker wieder über den Apenninhauptkamm zurück nach Mittelitalien, wo sie auf den Beginn einer neuen Epoche stießen. Irgendwo am Fluss Tiber hatte sich auf sieben Hügeln eine streng soldatisch organisierte Bevölkerung von unstillbarem Eroberungshunger niedergelassen: die Römer.

Römisches Oberitalien

Die militärische Potenz und das Organisationstalent dieser Neulinge war für die damalige Zeit ungeheuer. In kurzer Zeit verleibten sie sich das etruskische Reich und seine hochstehende Kultur ein. Noch während sie sich existenzbedrohende Kämpfe mit der bis dahin das Mittelmeer dominierenden Großmacht Karthago leisteten, bauten sie um 268 v. Chr. bereits an ihrem großen oberitalienischen Kriegshafen Ariminum (Rimini), um die Kelten in der Po-Ebene anzugreifen. Denen gelang ein letzter Erfolg im Kampf gegen Rom, als sie sich dem karthagischen Heer Hannibals anschlossen, das dieser mit seinen Kriegselefanten über die Alpen nach Oberitalien führte, um die Römer überraschend von Norden anzugreifen. Diese Lektion haben die Römer nicht vergessen. Sofort nach dem endgültigen Sieg über die Karthager begannen sie in Oberitalien 187 v. Chr. mit dem Bau der legendären Via Aemilia, die von Rimini aus kerzengerade ins Zentrum der Po-Ebene zur neugegründeten Festungsstadt Colonia Placentia (Piacenza) führte. Von hier aus verzweigte sich das römische Straßennetz nach Ligurien, Mailand und zu allen wichtigen Alpenpässen. Bis in die entlegensten Gebirgstäler wurden die keltischen Stämme verfolgt und besiegt, die bereits von Kelten besiedelten Burgberge von Verona und Brescia in Besitz genommen. Oberitalien wurde zum zweiten Zentrum des Imperium Romanum, von hier aus begannen alle Expansionsunternehmen ins nördliche Europa, die urbar gemachte Po-Ebene bescherte ihren Bewohnern einen unerschöpflichen landwirtschaftlichen Reichtum. Die Städte, besonders Mailand, Verona und Brescia, wurden mit aller Pracht des antiken Imperiums ausgestattet; dort haben sich auch die bedeutendsten Reste dieser Zeit erhalten: in Verona die berühmte Arena, Stadttore, eine Brücke und ein Theater, in Brescia die ganze Anlage eines kapitolinischen Tempels, in Sirmione am Gardasee die riesigen Ruinen der sog. ›Villa des Catull‹.

Bereits die Römer wussten die starken Winde des nördlichen Gardasees zu schätzen und gründeten in Riva eine Nautikerschule. Doch zog es auch reiche Bürger hierher, denn die Römer liebten den Gardasee, da seine felsigen Ufer, von südländischer Vegetation geprägt, sie an die Mittelmeerküsten erinnerten – eine Insel südlichen Ambientes inmitten des von ihnen so gefürchteten Gebirges. Eine der letzten Reste ihres luxuriösen Villenlebens ist das große antike Becken, das in Riva neben der Pfarrkirche steht.

Die Völkerwanderung

So wurde Oberitalien zu einem der höchstentwickelten Teile des Römischen Reiches – allerdings auch zu seiner Achillesferse, wie sich zeigen sollte. Zwar vom Alpenbogen geschützt, war hier jedoch die einzige Gelegenheit, das sonst völlig vom Mittelmeer umgebene Italien von den des Schiffbaus unkundigen Barbarenvölkern des Nordens zu Fuß zu betreten. Von Hungersnöten und Klimaverschlechterungen im Norden, von asiatischen Reitervölkern im Osten Europas in Bewegung gesetzt, zogen ab dem 4. Jh. immer öfter große germanische Wandervölker über die Alpen und fielen in Oberitalien ein. Der Bau der großen römischen Festungsstadt Tridentum (Trient) mitten im Gebirge zur Sperrung des Etschtals konnte die ungebetenen Alpenüberquerungen nicht aufhalten. Nach Cimbern und Teutonen, die den Römern zum ersten Mal den *furor teutonicus,* den teutonischen Schrecken eingejagt hatten, kamen Markomannen und Quaden, Alemannen, Alanen und Vandalen und fielen plündernd über Oberitalien her. Zur besseren Organisation der Abwehr wurde Mailand nahe der Germanenfront zur Residenz eines Unterkaisers (Tetrarchen) erhoben, doch es half nichts. Die Geschichte setzt das Jahr 375 n. Chr. als den Anfang der germanischen Völkerwanderung an, doch bezeichnet dieses Datum nur den Beginn des endgültigen Infernos. Während die hoch zivilisierten Städte Oberitaliens in einem unvorstellbaren Chaos untergingen, flüchtete bereits 404 sogar der Kaiser aus Rom und verschanzte sich in Ravenna, auf Inseln in einer Lagune hinter den undurchdringlichen Sümpfen der östlichen Po-Ebene gelegen. Doch auch dort erschien im Jahr 476 eine germanische Armee und stieß den letzten römischen Kaiser, Romulus, vom Thron. Mit dem Germanenfürst Odwakar setzte sich zum ersten Mal ein Barbar die Krone des römischen Imperiums auf sein Haupt. Dort sollte sie nicht lange bleiben, denn nun mischte sich eine Großmacht in das Geschehen ein.

Im Jahr 395 n. Chr. war das riesige Römische Reich geteilt worden: in eine Westhälfte mit der alten Hauptstadt Rom und eine Osthälfte mit der neuen Hauptstadt Byzanz, später Konstantinopel, heute Istanbul genannt. Während das Weströmische Reich unter dem Sturm der Völkerwanderung unterging, bestand das Oströmische fast 1000 Jahre länger; es endete erst 1453, als die Türken Konstantinopel eroberten. Damals, im 5. Jh., gab es in Ostrom noch die feste Absicht, die germanischen Barbaren zu besiegen und das ganze antike Imperium unter einer oströmischen Krone wieder zu vereinen. So stand wenige Jahre später das nächste Heer vor den Toren Ravennas und begehrte Odwakars Krone. Es waren die kriegerischen Ostgoten, deren König Theoderich allerdings als Höfling in Byzanz erzogen worden war. Er ermordete bei einem Versöhnungsmahl Odwakar und regierte von da an von Verona und Ravenna aus friedlich das Weströmische Reich als treuer Verbündeter Ostroms. Unter seiner Herrschaft erlebte Italien die vielzitierte »letzte Atempause der Antike«, wofür ihm die Geschichte den Beinamen »der Große« verlieh.

Doch seine Absichten überdauerten seinen Tod im Jahre 526 nicht. Seine Nachfolger strebten ein von Byzanz unabhängiges Italien an, und seine mörderischen Töchter stürzten das Gotenreich in ein Chaos. Byzanz nutzte die Wirren und sandte eine Armee unter den Feldherren Belisar und Narses, die einen Vernichtungskrieg gegen die

Goten begannen. 553 war ihre Mission erfolgreich beendet, und das römische Imperium war tatsächlich für kurze Zeit noch einmal unter einer (oströmischen) Krone vereint.

Die Langobarden in Oberitalien

Doch der Traum von vergangener Größe währte nur 15 Jahre. 568 fielen die Langobarden in Oberitalien ein und diesem kriegerischen Volk hatten die Byzantiner nichts entgegenzusetzen. Sie waren die letzten der germanischen Völkerwanderung, die Italien eroberten. Für 200 Jahre errichteten sie ein Königreich mit der Hauptstadt Pavia und dem Königskloster San Salvatore (heute Santa Giulia) in Brescia. Die Langobarden, als arianische Christen von der päpstlichen Propaganda verteufelt und bis heute in der Geschichtsschreibung nicht gewürdigt, waren ein Glücksfall für das damalige Italien. Da sie im Gegensatz zu den früheren Wandervölkern Oberitalien nicht auf ihrem Weiterzug ausplünderten, sondern hier in ihrem neu errichteten Königreich leben wollten, bauten sie die in den Gotenkriegen zerstörten Städte wieder auf, erließen eine verbindliche Rechtsordnung auf der Grundlage der römischen Verwaltung und verteidigten das Land erfolgreich gegen die nun auch in Mitteleuropa auftauchenden asiatischen Reiterscharen.

Doch ihr Erfolg wurde ihnen zum Verhängnis, denn je mehr sie das zerstörte Italien unter ihre heilsame Kontrolle brachten, um so mehr stießen sie mit einer Macht zusammen, die nicht ganz von dieser Welt war. Der in Rom residierende Papst beanspruchte längst die weltliche Macht in ganz Italien, doch die arianischen Langobarden akzeptierten ihn nur als Bischof von Rom, ohne von Gott gegebenem Auftrag zur Führung der Christenheit und schon gar nicht als jemanden, dem sie ihr Königtum unterzuordnen hätten. Mit dieser Nicht-Anerkennung trafen sie das in seiner Führungsrolle keineswegs gefestigte Papsttum an seiner empfindlichsten Stelle, denn denselben Führungsanspruch stellten auch die Metropoliten der Kaiserstadt Byzanz. Da schon damals nicht beweisbar war, dass der Apostel Petrus je in Rom gewesen war, also ob er einem dort residierenden Bischof den göttlichen Auftrag zur Bildung seiner Kirche auf Erden überhaupt hat geben können, musste die fehlende Legitimation des päpstlichen Anspruchs gegen die Langobarden auf andere Weise beschafft werden.

So wurde gegen 750 in den Gängen des Vatikan eine der folgenschwersten Fälschungen der Weltgeschichte ersonnen. Päpstliche Schriftgelehrte stellten damals die Dokumente einer nie stattgefundenen ›Konstantinischen Schenkung‹ her, die beweisen sollten, dass der römische Kaiser Konstantin der Große dem damaligen Papst Silvester I. die Stadt Rom und das gesamte Westreich des antiken Imperiums, also auch ganz Italien, geschenkt habe. Da die Päpste keine eigene Armee hatten, um die Langobarden zu bekämpfen, erschien

Die Kunst der Langobarden, gekennzeichnet durch das verschlungene Flechtbandornament, war eigentlich eine Holzschnitzkunst. Sie rührte aus der Zeit, als die Langobarden noch ein nomadisierendes Wandervolk waren. Erst als sie Oberitalien erobert hatten und sesshaft wurden, übertrugen einheimische Steinmetzen das Flachrelief des Flechtbandes auf Steinplatten. Und erst, als die heidnischen Langobarden im 8. Jh. christianisiert worden waren, mischten sich zaghaft frühchristliche Motive zwischen die Flechtbänder. Sie wurden jedoch ebenfalls in tradiertem Flachrelief ausgeführt. Das Flechtbandmotiv blieb der lombardischen Kunst Oberitaliens bis ins 13. Jh. erhalten. Klassische Beispiele sind zwei Bogenplatten eines langobardischen Ziboriums in San Giorgio di Valpolicella.

im Jahre 754 Papst Stephan II. persönlich beim nördlich der Alpen residierenden Frankenkönig Pippin und erflehte Beistand gegen die angebliche langobardische Bedrohung, die indes nur in der Ablehnung des päpstlichen Machtanspruchs bestand.

Ob die Franken, die als mächtigster germanischer Stamm der endenden Völkerwanderung bereits halb Europa bis nach Spanien erobert hatten, auf die Fälschung hereinfielen, oder ob sie die Ausdehnung ihrer Macht nach Italien, ins Zentrum des unvergessenen Imperiums gereizt hat, wird sich nie mehr klären lassen. Jedenfalls hatte Papst Stephan II. Erfolg, versprach dem Frankenkönig den zusätzlichen Titel ›*patricius Romanorum*‹ und nahm zufrieden den Aufmarsch der fränkischen Armee zur Kenntnis. Kurze Zeit später überfielen die Franken in Oberitalien den langobardischen König Aistulf und garantierten dem Papst großen Landbesitz in Mittelitalien, den Grundstein des Kirchenstaats.

Damit war es den Päpsten zum ersten Mal gelungen, zur Festigung der eigenen Machtposition die befreundeten Germanenstämme der Langobarden und der Franken gegeneinander aufzubringen. Durch die neue fränkische Schutzmacht gestärkt, verschärften sich die Gegensätze zwischen Päpsten und Langobarden derart, dass diese mit militärischen Operationen gegen den plötzlich mitten in ihrem Königreich neu entstandenen Kirchenstaat begannen. In dieser Situation rief Papst Hadrian I. abermals nach den Franken, was deren König Karl, den man heute ›den Großen‹ nennt, nur zu gern hörte. Er verstieß seine langobardische Gattin, die Prinzessin Desiderata, und marschierte mit einem großen Heer in Oberitalien ein. In der Lomellina, einer Landschaft in der Nähe von Pavia, wurde die langobardische Armee aufgerieben, danach die Königsstadt Pavia belagert und erobert, der letzte Langobardenkönig Desiderius gefangengenommen und in einen fränkischen Kerker gesteckt, wo er starb. Das langobardische Königreich in Italien war vernichtet. Zum Dank setzte der Papst zum Weihnachtsfest des Jahres 800 dem Frankenkönig Karl eine durch nichts legitimierte römische Kaiserkrone aufs Haupt. Denn auch der Papst war von niemandem ermächtigt worden, eine solche machtpolitische Position zu vergeben, doch nahm er sich das Recht und reklamierte es für alle Zeiten allein für sich. Damit nahm das Unheil seinen Lauf.

Die Karolinger und das Chaos

Diese Kaiserkrone auf dem Haupt eines nördlich der Alpen residierenden Herrschers, die indes nur beim Papst in Rom zu holen war, sollte nicht nur das gesamte deutsche Königreich des Mittelalters für fast 300 Jahre in seinen selbstzerstörerischen Kampf mit dem Papst treiben, in dem es schließlich unterlag. Die päpstliche Einflussnahme hatte bereits kurz nach der ersten Kaiserkrönung des Frankenkönigs Karl verheerende Folgen für Oberitalien. Denn im Gegensatz zu den Langobarden siedelten die Franken nicht in Italien. Sie setzten zwar in Verona einen karolingischen Vizekönig ein, der dort im alten Palast des Gotenkönigs Theoderich des Großen residierte. Auch besetzten sie die alten langobardischen Herzogtümer mit fränkischen Adligen – doch dann zogen sie wieder ab. Diese neue fränkische Oberschicht konnte in der romanisch-langobardischen Bevölkerung keinen Rückhalt finden und verstrickte sich bald in zahllose Kleinkriege mit dem alten langobardischen Adel. Als im Jahre 887 der letzte Karolinger Karl III. (›der Dicke‹) wegen Unfähigkeit auf dem Reichstag von Tribur abgesetzt wurde, brach in Oberitalien die Anarchie aus. In einem fast hundertjährigen Krieg aller gegen alle um die Vorherrschaft in der reichen Po-Ebene kämpften Städte gegen Adlige, Bischöfe gegen Bürger, langobardische Adlige gegen karolingische und die mit ihnen verwandten Könige von Burgund, alle zusammen gegen sarazenische Piraten, die jeden Küstenort ausraubten, und gegen ungarische Reiterheere, die jede Stadt im Landesinnern zerstörten und niederbrannten. Jetzt erst ging das antike Erbe Oberitaliens zugrunde, von den Marmorstädten der Römer blieben nur Trümmerhaufen. Die einzigen, die Italien in dieser Situation hätten retten können, das langobardische Königreich, war auf Betreiben des Papstes von den Franken vernichtet worden.

Diese päpstlich initiierte Zerschlagung des Langobardenreiches zeigt bereits die für Oberitalien folgenreiche Politik des Heiligen Stuhls für alle nachfolgenden Jahrhunderte: Jede sich bildende staatliche Zentralgewalt in Italien, die mächtiger als die Päpste selbst hätte werden können, wurde von ihnen bekämpft. So wandten sie sich mit den Franken gegen die Langobarden, später mit den deutschen Königen gegen den oberitalienischen Adel, danach mit den oberitalienischen Städten gegen die deutschen Kaiser, mit Frankreich gegen die letzten Staufer, mit Mailand gegen Venedig usw. Als daher aus dem italienischen Chaos nach dem Ende der Karolinger für einen Augenblick eine Gestalt heraustrat, die vielleicht alles hätte ändern können, kam dieser Grundsatz päpstlicher Politik abermals zum Zuge. Als Berengar von Ivrea, Inhaber eines alten langobardischen Herzogtitels, zur Mitte des 10. Jh. Oberitalien so erfolgreich gegen Sarazenen und Ungarn verteidigte, dass seine Stellung sich festigte und er den Titel eines ›*Rex Italiae*‹ forderte, war er dem Papst bereits wieder zu mächtig geworden. 961 rief Papst Johannes XII. nach deutscher Unterstützung gegen diese Bedrohung und wurde wie zu fränkischer Zeit erhört. 963 erschien der deutsche König Otto I. in Oberitalien, besiegte Berengar in einer Feldschlacht und ließ ihn im Kerker sterben.

Dies war ein Tiefpunkt der italienischen Geschichte. Die letzte Möglichkeit zur Schaffung eines nationalen italienischen Königtums war zerschlagen, die ›Herrenlosigkeit‹ Italiens begann. Denn auch die deutschen Kaiser als die vermeintlich neuen Herren im Land südlich des Alpenbogens sahen sich bald einem mächtigen Gegner gegenüber, dem sie nur als Werkzeug gedient hatten: In Rom zum Kaiser gekrönt, begann Otto I. eine so erfolgreiche Italienpolitik, dass bereits nach kurzer Zeit der Gegensatz zum Herrschaftsanspruch des Papsttums ausbrach. Die hasserfüllten Auseinandersetzungen zwischen Kaiser und Papst endeten 1250 mit der Vernichtung des deutschen Kaisertums des Mittelalters. Schauplatz der Geschichte war Oberitalien, die Verlierer Kaiser und Päpste, die Gewinner die italienischen Stadtrepubliken. Der erste große Zusammenstoß war der sog. Investiturstreit (1075–1122).

Kaiser und Päpste, Investiturstreit und Stadtrepubliken

Der Investiturstreit, häufig als rein ideologischer Streit zwischen weltlicher und geistlicher Macht missverstanden, war in Wirklichkeit die entscheidende Wende in der mittelalterlichen Geschichte Italiens. Ohne das Wesen dieser Auseinandersetzung richtig zu verstehen, sind die weitreichenden Folgen ihres Resultats nicht nachvollziehbar.

Die romanischen Fresken der Burgkapelle von Stenico zeigen eine der äußerst selten erhaltenen Darstellungen eines Königs in den zeitgenössischen Prunkgewändern des 12. Jh.

Nachdem Otto I. den letzten italienischen König beseitigt hatte, begann er in Italien mit dem Aufbau einer Reichsverwaltung nach deutschem Muster. Doch auf der Suche nach Amtsträgern, die, von der Krone belehnt, die Verwaltung des Landes übernehmen sollten, fand er im allgemeinen Chaos nur noch eine einzige respektierte Institution, der man die Durchsetzung einer verbindlichen Rechtsordnung anvertrauen konnte: die Bischöfe in den Städten. Bereits im Mailänder Edikt des Jahres 313 hatte der römische Kaiser Konstantin alle Städte seines Reiches zu Bischofssitzen erhoben, somit gab es in jeder italienischen Stadt ein Episkopat. Diesen einzig tradierten Rechtsorganen verlieh Otto I. nun auch die weltliche Lehnshoheit über die Städte und deren Ländereien. Dieser als ›ottonische Kirchenpolitik‹ in die Geschichte eingegangene Schachzug war genial. Seine Effektivität bestand darin, dass allein der Kaiser das Recht auf Einsetzung (Investitur) der Bischöfe besaß. Da diese wegen des Zölibats keine legitimen Nachkommen haben durften, konnten sie keine Dynastien gründen, und jeder vakant gewordene Bischofssitz durfte allein vom deutschen Kaiser wieder besetzt werden. Auf diese Weise wurde in ganz Italien eine Ordnungsmacht etabliert, die ausschließlich der deutschen Krone unterstand.

Es dauerte nicht lange, bis das Papsttum in seinem dauernden Bestreben, eine ganz Italien umfassende Zentralgewalt zu verhindern, bemerken musste, dass eine solche entstanden war und ausgerechnet auf einem kirchlichen Amt beruhte. Die erfahrenen vatikanischen Machtstrategen machten auch rasch den Dreh- und Angelpunkt dieser Gefahr aus: die Investitur, also das Recht auf die Einsetzung der Bischöfe, die das Rückgrat der kaiserlichen Reichsverwaltung in Italien bildeten. Würde der Kaiser das Recht auf die Investitur an den Papst verlieren, würde die Verwaltung aller italienischen Städte in die Hände von päpstlichen Anhängern gelangen. Mit dem Investiturstreit war also die Machtfrage für ganz Italien gestellt, und entsprechend wurden in seinem Verlauf alle Register von Politik, Diplomatie, Verrat und Gewalt gezogen.

Zunächst wurde ein neues Kirchenrecht erlassen, das die so genannte Laieninvestitur verbot. Als Laie galt ein Mensch, der kein geweihter Priester war. Kein Laie durfte danach mehr einen Kirchenmann einsetzen. Das Gesetz zielte eindeutig auf den deutschen Kaiser, der nach dieser Definition ebenfalls nur ein Laie war und daher keine Bischöfe mehr einsetzen durfte. Als in Rom die radikalen cluniazensischen Reformer den Heiligen Stuhl zu besetzen begannen, verschärften sie das Kirchenrecht um eine noch radikalere Neuerung: Wer eine Laieninvestitur durchführte, den sollte der Kirchenbann treffen. Diese neue Waffe des Papsttums gegen die Kaiser zeigte verheerende Wirkung, denn wer vom Kirchenbann getroffen wurde, dem durfte jeder Untertan den Treueid aufkündigen. Da die gesamte deutsche Reichsverfassung aber auf dem Treueid des Lehnsnehmers (Ritter, Grafen, Herzöge) gegenüber dem Lehnsgeber (dem König) beruhte, war damit die Grundlage des deutschen Königtums in Frage

Die Zeit der Kriege der deutschen Könige und ihrer Ritterheere um Italien und die römische Kaiserkrone war auch die große Zeit des Rittertums im Mittelalter. Die Legende vom hl. Georg, der das Böse in Form des Drachen tötet, war zu dieser Zeit sehr beliebt. Sie bot willkommene Gelegenheit zur künstlerischen Selbstdarstellung des prägenden Standes dieser Epoche: In Rüstung und Kampf für das Gute und Schöne – kein Wunder, dass dieses idealisierte Selbstbild oft gemaltes Thema der ›höfischen Gotik‹ war, wie hier in der Kirche San Zeno in Verona.

gestellt. Als daher der deutsche König Heinrich IV. (1056–1106) dem cluniazensischen Papst Gregor VII. (1073–85) gegenübertrat und nach tradiertem Königsrecht Bischöfe in Italien ernannte, hatte er eine Laieninvestitur vorgenommen – der neu ersonnene Kirchenbann traf ihn und brachte ihn außen- und innenpolitisch in eine so verzweifelte Situation, dass im Januar des Jahres 1077 eine denkwürdige Begebenheit stattfand. Der mächtige deutsche König musste in den eisigen Winterstürmen des Apennin drei Tage vor den Toren der Burg Canossa im Schnee ausharren, bis der dort weilende Papst seine Unterwerfung akzeptierte und ihn – vorläufig – vom Kirchenbann löste. Mit dieser Niederlage hatte das deutsche Königtum für immer seine Vormachtstellung unter den europäischen Königreichen verloren.

Der Investiturstreit endete für die kaiserliche Seite mit dem völligen Verlust des Rechts, Bischöfe in Italien einzusetzen, was seit 1122 allein der Papst durfte. Damit war der deutsche Machtanspruch auf Italien, der mit der Verleihung der römischen Kaiserkrone eigentlich verbunden war, entscheidend unterlaufen; auch die Staufer sollten trotz aller militärischen Erfolge nie mehr den Einfluss zurückgewinnen, den die Kaiser vor dem Investiturstreit innehatten. Doch auch für die italienischen Bischöfe sollte der Ausgang des Investiturstreits die schlimmsten Folgen haben: Nun vom Papst eingesetzt, stand hinter ihnen nicht mehr die waffenklirrende Reichsgewalt des deutschen Kaisertums. Da der Papst kein Heer besaß, um die alte Ordnung aufrechtzuerhalten, lässt sich von Mailand bis Rimini in jeder einzelnen Stadt Oberitaliens verfolgen, wie der Bischof als Feudalherr von anderen Machtkonkurrenten demontiert wurde, seine Besitzungen, seine Rechte, seine Steuerquellen verlor: Die Agonie der bischöflichen Macht wurde zur Geburtsstunde der italienischen Stadtrepubliken.

Einhergehend mit der Schwächung aller übergeordneten Feudalinstitutionen durch den Investiturstreit begannen die Bürger der Städte mit der selbstständigen politischen Organisation ihrer Interessen. Noch im 11. Jh. wurden vielerorts Konsuln gewählt, die eine zur bischöflichen Macht konkurrierende Stadtverwaltung mit eigenem Rechts- und Steuersystem aufbauten. Völlig neue und im mittelalterlichen Europa sonst unbekannte Gremien übernahmen die Regierung der Städte, Bürgerversammlungen tagten und ein Großer Rat wurde gewählt, der zwischen 500 und 1000 Mitglieder hatte und fast alle Familien und Zünfte einer Stadt repräsentierte. Ein Podestà wurde ernannt, der für sechs oder zwölf Monate die Polizeigewalt innehatte (und deshalb meist aus einer anderen Stadt geholt wurde, um keine innerstädtische Partei zu begünstigen), es gab einen öffentlich überprüfbaren Rechnungsverwalter und schließlich, als immer mehr untere Volksschichten Einfluss gewannen, einen Capitano del Popolo, der dem Wiedererstarken des Adels in den Städten entgegentrat.

So wurde in der Toskana und Oberitalien jede mittlere und größere Stadt zu einem eigenen kleinen Staat, dessen Gedeihen allein vom Geschick und vom Mut seiner Bürgerschaft abhing. Diese Freisetzung der bürgerlichen Individualität von den Zwängen der feudalistischen Standesordnung setzte ungeheure ökonomische Energien frei. In allen oberitalienischen Städten sammelte sich großer Reichtum, blühten städtisches Leben, Kunst, Kultur und Wissenschaft auf. Überall unterlagen die Bischöfe der neuen bürgerlichen Staatsgewalt, wenn nötig mit Hilfe des blanken Schwertes. So entstanden jene selbstbewussten Stadtrepubliken, die sich jede kaiserliche oder päpstliche Oberhoheit mit Geldzahlungen oder Waffengewalt vom Leibe halten konnten. Obwohl die Zeit der Stadtrepubliken nur vom 11. bis zum 14. Jh. währte, prägt ihre historische Stadtgeographie die oberitalienischen Städte sichtbar bis heute. Fast alle erhaltenen alten Stadtzentren Oberitaliens weisen das gleiche Schema auf. Überall gibt es zwei zentrale Plätze, meist in unmittelbarer Nachbarschaft. Immer ist die Piazza del Duomo, der Domplatz, der ältere, denn entsprechend dem Gang der Geschichte waren die Bischöfe im 10. Jh. die ersten Herren der Städte und beanspruchten mit Dom und Bischofspalast das erste Zentrum der Stadt. Während des Verfalls der bischöflichen Macht durch den Investiturstreit richteten die Bürger ihr neues Herrschaftszentrum um einen zweiten Platz ein. Dieser diente zwar auch dem Markt, vor allem aber den Bürgerversammlungen der stadtrepublikanischen Regierungsform. Neben dieser neuen Stadtmitte wurde der Broletto errichtet, das typische Rathaus mit seinem riesigen Ratssaal, in dem die bis zu 1000-köpfigen Gremien tagen konnten. Wenn man die Eigenheiten der Geschichte der Stadtrepubliken kennt, wird man die beiden Plätze und die ihnen zugehörigen Gebäude (Dom und Broletto) in jeder oberitalienischen Stadt wieder entdecken; Verona ist ein Musterbeispiel dieser politisch begründeten Stadtanlagen.

Da die Bürger der Stadtrepubliken über alles mitentscheiden konnten, mussten sie auch über alles Bescheid wissen. Die tägliche Begegnung und der dauernde Informationsaustausch über alle städtischen Angelegenheiten, vom Brückenbau bis zum Kriegsbündnis, war eine ›strukturelle Notwendigkeit‹ dieser Regierungsform, denn alles, was im Gange war, musste für die jeweils eigenen Interessen gewusst und beurteilt werden. Und wo konnte man gleichzeitig mit mehr Leuten kommunizieren als auf dem stadtrepublikanischen Bürgerplatz? Die Piazza ist der Inbegriff oberitalienischen Stadtlebens bis auf den heutigen Tag, Fortsetzung einer politischen und urbanen Tradition, die fast 1000 Jahre zurückreicht.

Das Ende der Stadtrepubliken und die Entstehung der Signorien

Noch ein zweites historisch-architektonisches Merkmal prägt die Altstadtzentren der oberitalienischen Städte: die ganz oder in Stümpfen erhaltenen so genannten Geschlechtertürme, die einst jede Familie im Laufe des 13. Jh. neben ihrer Stadtresidenz errichtete. Zu Hunderten überragten sie viele Städte, ›igelgleich‹ müssen sich ihre Silhouetten ausgenommen haben. Diese Türme dienten der Beobachtung der anderen Familien und auch des Geschehens außerhalb der Stadtmauern, schließlich wurden sie Instrumente innerstädtischer Kriegsführung. Dieses Phänomen verweist darauf, dass es mit der auf Gemeinsamkeit und innerem Ausgleich beruhenden stadtrepublikanischen Verfassung zu Ende ging und im 13. Jh. eine neue Entwicklung einsetzte. Sie war dem abermals ausbrechenden und nun auf ein vernichtendes Finale zusteuernden Kampf zwischen deutschen Kaisern und römischen Päpsten geschuldet und zog alle oberitalienischen Städte in Mitleidenschaft.

Das deutsche Königtum hatte nach seiner völligen Niederlage im Investiturstreit, die eine schwere innenpolitische Krise des Reiches nach sich zog, fast fünfzig Jahre gebraucht, um sich zu erholen. Erst dem Stauferkönig Friedrich I. Barbarossa gelang eine so weitgehende Konsolidierung des Königtums, dass wieder an eine Italienpolitik gedacht werden konnte. Diese Absicht ist keineswegs unkritisch zu sehen; es hätte dem Deutschen Reich nach Ansicht vieler Historiker zweifellos besser getan, seine Kräfte zur inneren Festigung zu nutzen, als sie in einen aussichtslosen Kampf um Italien zu vergeuden. Doch das ist ein heutiger Gesichtspunkt, der für einen mittelalterlichen Feudalfürsten, der den legitimen Anspruch auf eine römische Kaiserkrone und ein zweites Reich (Italien) in den Händen hielt, nicht denkbar war.

Barbarossas Unternehmen ließ sich zunächst gut an. Da weder Papst noch Kaiser in der Lage waren, Oberitalien wirklich zu beherrschen, suchten sie Anhängerschaft in allen wichtigen Städten zu gewinnen. Langsam entstanden in allen Stadtrepubliken eine kaiserliche und eine päpstliche Partei, d. h. Familien, die mit kaiserlichen oder päpstlichen Privilegien ausgestattet waren. Deren Konkurrenz verschärfte sich zu bürgerkriegsähnlichen Zuständen.

Unter den Bezeichnungen *Ghibellinen* (kaiserlich) und *Guelfen* (päpstlich) sind sie in die Geschichte eingegangen. Je nachdem, welche Partei in einer Stadt obsiegte, nannte sie sich ghibellinisch oder guelfisch. Bald schlugen sich in Oberitalien ganze Städtekoalitionen unter diesen Parteibezeichnungen, was sich Kaiser Friedrich I. zunutze machen konnte: Unterstützt von einem deutschen Heer gelang es 1162 einer ghibellinischen Koalition, den mächtigsten Verbündeten des Papstes in Oberitalien, das guelfische Mailand, zu erobern und vollständig zu zerstören.

Nach dieser militärischen Niederlage, die den Beginn einer effektiven Oberhoheit des deutschen Kaisertums über ganz Italien – und damit über den Papst – hätte bedeuten können, kam die vatikanische Diplomatie mit dem üblichen Ziel in Gang. Im Jahr 1167 eilten päpstliche Legaten in das Kloster Pontida bei Bergamo und empfingen Gesandte aller oberitalienischen Städte. In zähen Verhandlungen gelang es ihnen, alle Interessenkonflikte vorübergehend auszuräumen und eine erste ›Lombardische Liga‹ gegen Kaiser Friedrich I. zu schmieden. Die Städte stellten eine gemeinsame Armee auf, die dem deutschen Ritterheer 1176 in der Schlacht von Legnano eine vernichtende Niederlage beibrachte. Friedrich Barbarossa konnte sich mit einer Handvoll Getreuer über die Alpen retten, wo er 1183 zum ersten Mal die rechtliche Unabhängigkeit der oberitalienischen Stadtrepubliken anerkennen musste.

Sechzig Jahre später wiederholte sich das Spiel ein letztes Mal. Die von Papst Gregor IX. mit dem Kirchenbann und der von allen Kanzeln gepredigten Verfluchung des ›Schlangengezüchts‹ der Hohenstaufen geführten Kampagne gegen Kaiser Friedrich II. (1212–50) blieb lange unentschieden. Friedrich II., dem als Erbe seiner

Mutter Sizilien und Süditalien sogar als Familienbesitz gehörte und der gleichzeitig deutscher Kaiser war, hatte das verbliebene Ober- und Mittelitalien militärisch derart in die Zange genommen, dass das Papsttum das Ende seiner Selbständigkeit befürchten musste. Wieder fiel die Entscheidung in Oberitalien. Päpstliche Gesandte brachten eine zweite Lombardische Liga zusammen, die 1248 dem Kaiser auf seinem entscheidenden Romzug den Rückweg vom Apennin in die Po-Ebene abschnitt. Während einer missglückten Winterbelagerung der Stadt Parma verlor der Kaiser fast sein gesamtes Heer, 1250 starb er in einem abgelegenen Turm in Süditalien. Damit war das deutsche Königtum des Mittelalters vernichtet, der allerletzte Staufer Konradin wurde vom französischen Verbündeten des Papstes gefangengenommen und geköpft, der Traum eines deutsch-italienischen Gemeinschaftsreiches von Sizilien bis zur Nordsee war endgültig ausgeträumt. Doch zahlte sich der Sieg für das Papsttum nicht aus: So paradox es klingt, hatten sich die Päpste mit dem deutschen Kaisertum zugleich ihrer eigenen Schutzmacht entledigt, denn mit der Kaiserkrone war die Verpflichtung zum Schutz des Heiligen Stuhls verbunden gewesen. Wenig später geriet das Papsttum unter französischen Einfluss und verschwand während seiner ›Babylonischen Gefangenschaft‹ in Avignon (1309–77) von der politischen Bühne Italiens.

Die jahrzehntelangen Kämpfe der oberitalienischen Stadtrepubliken gegen die deutschen Hegemonialansprüche blieben auch künstlerisch nicht folgenlos. Früher als anderswo befreiten sich die Maler vom ikonographischen Zwang der Darstellungen und nahmen sich profaner Themen an. Nicht Kirchenväter und heilige Jungfrauen, sondern Kriegsknechte in den perfekt wiedergegebenen Kampftechniken ihrer Zeit bevölkern die Wände des Wächterhauses des Castello di Sabbionara im Etschtal.

Nun ereilte die oberitalienischen Stadtrepubliken selbst das Schicksal jener beiden Parteien, zwischen denen sie hundert Jahre lang das entscheidende Gewicht gebildet hatten. Nach dem Ende ihrer beiden mächtigen Protegés arteten die Auseinandersetzungen zwischen Guelfen und Ghibellinen in immer zügellosere Stadtkriege aus. Die in Verona spielende Geschichte von Romeo und Julia und ihrer beiden verfeindeten Familien ist ein unsterbliches literarisches Zeugnis dieser Zeit. Die immer mörderischer ausgetragenen Geschlechterkämpfe zerstörten die politische Ordnung der Stadtrepubliken und deren ökonomische Grundlage des freien Handels. In den bald ausschließlich von Gewalt geprägten Verhältnissen der oberitalienischen Städte entstanden daraus zum Ende des 13. Jh. die berühmt-berüchtigten *Signorien.* Eine Signorie bezeichnet die gewalttätig errungene Herrschaft einer Familie über eine Stadt. Da diese gewonnene Position nach allen Rechtsprinzipien des Mittelalters illegitim war, musste sie mit allen Mitteln des Schreckens, der Diplomatie und der beeindruckenden Prachtentfaltung des Hofes gehalten werden. So wurde zu dieser Zeit unter der Herrschaft der Scaligeri Verona zu einem Zentrum der Malerei der ›internationalen Gotik‹, die Werke von betörender Schönheit hervorbringen sollte, darunter Pisanellos ›Abschied des hl. Georg‹ in Sant'Anastasia. So entstanden hier jene illustren, illegitimen Herrscherfiguren von höchster Bildung, größter Grausamkeit, geschicktester Kriegsführung, verschlagenstem Intrigantentum und großzügigstem Mäzenatentum, die Machiavelli in seinem Werk »Il Principe« (»Der Fürst«) verewigt hat. Die Zeit der Signorien und ihrer selbstherrlichen Machtausübung nach innen und außen wurde so zur kriegerischsten und chaotischsten, zugleich kulturell fruchtbarsten in Italien. Die

Als die republikanische Ordnung der oberitalienischen Stadtstaaten zerfiel, rissen einzelne Familien die Gewaltherrschaft über eine Stadt an sich. Es begann die Zeit der Signorien, der Familienkriege und Straßenschlachten. Eine der berühmtesten Episoden war das von den Veronesern angezettelte Massaker der Familie Gonzaga an den Bonacolsi in Mantua, 150 Jahre später vom Maler Morone im Auftrag der siegreichen Gonzaga in sensibler Detailfreude nachempfunden.

Namen der Signorien sind bis heute mit zwiespältigen Assoziationen behaftet. Die Scaligeri in Verona, die Bonacolsi und Gonzaga in Mantua, die Visconti in Mailand, die Bentivoglio in Bologna, die Este in Ferrara, die Rusca in Como, die Malatesta in Rimini – sie alle sind mit Strömen von Blut an die Macht gekommen und haben in ihrer Repräsentationssucht den Anstoß zu unsterblichen Meisterwerken der Kunstgeschichte gegeben.

Der Eintritt Venedigs in die italienische Politik und der große oberitalienische Krieg

Hatte sich eine Signorie, also die Gewaltherrschaft einer Familie über eine Stadt, etabliert, so legte sie sich rasch die Herrschaftsallüren feudaler Fürstenhöfe zu. Man kaufte sich Grafen- und Herzogentitel beim deutschen König (in Italien gab es ja keinen), versuchte in den echten europäischen Hochadel einzuheiraten und begann mit dem Krieg gegen die Nachbarstädte, um Macht und Reichtum der eigenen Familie zu mehren. Da die Signorien aller Städte das gleiche taten, ergab sich ein ständiger Städtekrieg mit ständig wechselnden Fronten und Erfolgen. Zeitweise beherrschten die Malatesta aus Rimini große Teile des südlichen Oberitalien. 1335 eroberte sich Mastino II. della Scala aus Verona für einige Jahre ein riesiges oberitalienisches Reich zusammen, das weit in die Toskana hineinragte.

Als Beispiel für die Selbstherrlichkeit der Signorien berichtet Jacob Burckhardt die viel zitierte Begebenheit um Giovanmaria Visconti. Er pflegte seine mailändische Stadtfestung nur umgeben von Hunden zu verlassen, die zum Zerreißen von Menschen abgerichtet waren, und als ihm das verängstigte Volk »Pace! Pace!« zurief, ließ er den Gebrauch dieses Wortes in der Stadt verbieten; selbst die Priester wurden angewiesen, statt »dona nobis pacem« zu sagen: »tranquillitatem!«

Doch die erfolgreichsten und schrecklichsten von allen waren die Visconti, die Signorie von Mailand. Gestützt auf den großen wirtschaftlichen Reichtum dieser Stadt, verschlangen sie fast alle anderen Signorien Oberitaliens im Rachen ihrer grünen Wappenschlange. Die Visconti gehörten zu den bedrohlichsten Herrscherfiguren ihrer Zeit, ihre Verschlagenheit und Brutalität war ebenso gefürchtet wie ihr Größenwahn und ihr militärisches Talent. Von Westen nach Osten vorstoßend, eroberten die Visconti alle oberitalienischen Städte, Pavia, Bergamo, Cremona, Brescia fielen, schließlich griffen sie das Gebiet der Scaligeri an, eroberten den Gardasee und standen am 18. Oktober 1387 siegreich in Verona.

Doch mit dieser Eroberung hatten die Visconti an die Interessen einer Großmacht gerührt, die es bis dahin auf dem italienischen Festland nicht gegeben hatte: Die Republik Venedig beherrschte zwar mit ihren Flotten das halbe Mittelmeer, doch lebte die Lagunenstadt allein dem Meer zugewandt; Venedig besaß keinen Fußbreit italienischen Bodens. Doch als die Mailänder Verona erobert hatten und damit das Etschtal, den wichtigsten transalpinen Handelsweg der Serenissima, kontrollierten, wurde man sich in Venedig bewusst, dass man sich aus den oberitalienischen Händeln nicht länger heraushalten konnte. So wurden die Arsenale geöffnet, und im Jahre 1405 setzte zum ersten Mal eine große venezianische Armee auf das italienische Festland über: Der große oberitalienische Krieg hatte begonnen. In zähen Kämpfen drängten die Venezianer die Visconti Burg

Im großen oberitalienischen Krieg zwischen Venedig und Mailand spielte die riesige Festung über der Stadt Lonato in den Moränenhügeln des Gardasees eine bedeutende Rolle.

für Burg, Stadt für Stadt wieder nach Westen zurück, Padua und Vicenza wurden besetzt, Verona ergab sich freiwillig, auf dem Gardasee wurde in zwei Seeschlachten die mailändische Kriegsflotte vernichtet und der Weg nach Brescia geöffnet, wo man in letztem Moment eine Belagerungsarmee der Visconti vertrieb.

Der Krieg Venedigs gegen Mailand um die Vorherrschaft in Oberitalien ging erst 1454 zu Ende. Im Frieden von Lodi wurde das nördliche Oberitalien praktisch in zwei Hälften geteilt, wovon der westliche Teil dem Herzogtum Mailand, der gesamte östliche der Republik Venedig gehörte. So wurden der Gardasee, Verona und Brescia venezianisch und blieben es bis zum Jahre 1796, bis Napoleon die Republik Venedig auflöste. Zwischen den beiden Großmächten Venedig und Mailand beließ man das kleine Herzogtum Mantua als selbstständigen Pufferstaat bestehen. Militärisch ohnehin machtlos gegen die beiden großen Nachbarn, steckten die dort zuerst als Signorie, dann als Herzöge residierende Familie Gonzaga ihren ganzen Reichtum in die Kunst; Mantua wurde besonders unter der legendären Herzogin Isabella d'Este Gonzaga zum meist bewunderten Kunsthof Europas.

Il Risorgimento – die Einigung Italiens

Die nun fest gefügte oberitalienische Staatenwelt wurde erst – wie in ganz Europa – von Napoleon aufgehoben. Nach seinem Sieg über die Habsburger ließ er 1802 eine italienische Republik ausrufen, in der die Einzelstaaten (Herzogtümer Mailand und Mantua, Republik Venedig) aufgingen. Doch nach dem Untergang Napoleons 1814 wurde die reaktionäre Adelsherrschaft durch den anschließenden Wiener Kongress in ganz Europa wieder hergestellt; fast das gesamte Oberitalien fiel an die habsburgischen Kaiser in Wien. Doch die liberalen Ideen einer vom Adel befreiten, republikanischen Gesellschaftsordnung, die in der kurzen Zeit napoleonischer Herrschaft das Leben bestimmt hatten, blieben auch und gerade in Oberitalien unvergessen, wo die stadtrepublikanischen Traditionen ohnehin noch lebendig waren. Folgerichtig regte sich der erste Widerstand gegen die österreichische Herrschaft in den oberitalienischen Städten; die berühmte Szene in der Mailänder Scala, als bei der Uraufführung von Verdis Oper ›Nabucco‹ das ganze Opernhaus in Anwesenheit des empörten österreichischen Offizierskorps den Chor der Gefangenen »Flieg, Gedanke, auf goldenen Schwingen« mitsang, wirft ein deutliches Licht auf die historische Szene – es war allen Anwesenden klar, dass der Gedanke, der auf goldenen Schwingen fliegen sollte, der eines von den Österreichern befreiten Italien war.

Als 1848 in Frankreich, Deutschland und Österreich eine Welle bürgerlicher Revolutionen ausbricht – selbst Fürst Metternich, der Architekt der Beschlüsse des Wiener Kongresses, wird aus Wien verjagt –, sehen sich die Habsburger massiven Aufständen in den oberitalienischen Städten gegenüber. Verbündet mit den kleinen Königen des Piemont ist die Kampagne zunächst sehr erfolgreich, doch als die konservativen piemontesischen Könige sich vom sozialrevolutionären Element der städtischen Bürgermilizen mehr bedroht fühlen als von den Österreichern, ziehen sie ihre Armeen zurück. Sofort rücken die habsburgischen Truppen nach, besetzen alle Städte und nehmen blutige Rache.

Das habsburgische Regime in Oberitalien nahm nun die Form einer reinen Gewaltherrschaft an. 1859 brach der Aufstand erneut aus, diesmal von Anfang an vom piemontesischen Militär gesteuert; Ziel war nicht nur die Vertreibung der Österreicher, sondern ›*Il Risorgimento*‹ – die Wiedergeburt eines italienischen Nationalstaats unter der Krone des Königs von Piemont. Im Bündnis mit den Franzosen besiegten oberitalienische Truppen in der mörderischen Schlacht von Solferino in den Moränenhügeln des Gardasees die Österreicher, die Piemontesen zerschlugen den päpstlichen Kirchenstaat, Garibaldi eroberte Süditalien und Sizilien. Als Österreich 1866 auch noch das Veneto abtreten musste, wurde Italien zum ersten Mal seit tausend Jahren von einer staatlichen Zentralgewalt regiert.

Mit einer Ausnahme: Das Trentino. Die Weigerung der Österreicher, dieses italienischsprachige Gebiet an Italien zu übergeben, führte zu einer tödlichen Feindschaft zwischen den beiden Staaten und konsequent dazu, dass Italien 1915 im Ersten Weltkrieg der Allianz gegen die Achsenmächte Preußen-Habsburg beitrat. Es gelang Italien nicht, trotz der grauenhaften Serie der Isonzo-Schlachten und eines ungeheuren Blutzolls, das Trentino zu erobern. Doch war das wesentliche Resultat des Ersten Weltkriegs die völlige Zerschlagung des habsburgischen Staates, der österreichisch-ungarischen Donaumonarchie. So kam das Trentino (zusammen mit Südtirol) 1919 per Vertrag zum italienischen Staat. Der rasch ausbrechende Nationalismus des geeinten Stiefel-Staates führte bereits 1922 zur Ergreifung der Macht durch die Faschisten Benito Mussolinis. In konsequenter

Auslegung des völkischen Gedankens und der daraus angeblich ableitbaren Rechte des italienischen Volkes schmiedeten sie aberwitzige Pläne zur Wiedererrichtung des römischen Imperiums und überfielen Abessinien, Jugoslawien, Kreta und Albanien. In den deutschen Nationalsozialisten Adolf Hitlers fanden sie Brüder im Geiste und steuerten mit ihnen in die vernichtende Katastrophe des Zweiten Weltkrieges. Nach 1945 wurde Oberitalien – in zunehmend schärfer werdendem Gegensatz zum verarmten Süditalien – zu einer der industriell, agrarisch und touristisch höchstentwickelten Regionen Europas.

Daten zur Geschichte

10 000 v. Chr. Die letzte Eiszeit geht zu Ende. Es beginnt die Warmzeit, in der wir heute noch leben.

6000 v. Chr. Archäologische Funde zeigen eine erste und spärliche Besiedlung Oberitaliens und der Alpentäler.

4000 v. Chr. Mit dem Beginn des Neolithikums beginnen Ackerbau und Viehzucht, erste stammesähnliche Bevölkerungsgruppen bilden sich.

1800 v. Chr. Mit dem Beginn der Bronzezeit gelangen die Alpentäler zum ersten Mal zu wirtschaftlicher Bedeutung, da sich im Gebirge zahlreiche Kupfervorkommen befinden. Die ersten festen Handelswege in und über die Alpen entstehen.

1000 v. Chr. Archäologisch lassen sich kulturelle Ausformungen einzelner Bevölkerungsgruppen in Oberitalien unterscheiden, so die Golasecca-Kultur am Lago Maggiore, die Villanova-Kultur in der mittleren und das Volk der Veneter in der östlichen Po-Ebene.

800 v. Chr. Beginn der Eisenzeit. Neue Handelswege im Inneren der Alpen, besonders in den nach Osten führenden Tälern des Trentino, werden benutzt, um zu den Abbaustätten des neuen Metalls im südöstlichen Alpengebiet (Kärnten, Slowenien) zu gelangen. Bis zum 5. Jh. v. Chr. blüht im Alpenraum die Kultur der ›Hallstattzeit‹.

500 v. Chr. Die Etrusker drängen über den Apennin in die Po-Ebene vor und gründen erste stadtähnliche Gemeinwesen. Das oberitalienische Bologna wird ein Zentrum ihrer Kultur.

Ab 400 v. Chr. flutet der große europäische Keltensturm über die Alpen nach Süden. Am 18. Juli 387 v. Chr. erobert der Stammesfürst Brennus sogar Rom. Keltische

	Völkerscharen besiedeln Oberitalien so zahlreich, dass die Römer dieses Gebiet später einfach ›Gallia‹ nennen.
225 v. Chr.	Erste große Niederlage der Kelten im Kampf mit den Römern; sie verlieren die große Stadt Bononia (Bologna).
218 v. Chr.	Der Nordafrikaner Hannibal aus Karthago überschreitet mit seinen Elefanten die Alpen und fällt in Oberitalien ein. Die Keltenstämme unterstützen ihn in seinem Kriegszug gegen Rom.
187 v. Chr.	Vom Kriegshafen Ariminum aus bauen die Römer die berühmte *Via Aemilia* und erschließen mit dieser Straße militärisch und kulturell ganz Oberitalien. Die Kelten werden vollständig besiegt und assimiliert.
89 v. Chr.	Verona wird römische Kolonie, etwa um die gleiche Zeit wird Tridentum (Trient) als römische Festungsstadt zur Sperrung des Etschtals gegründet.
49 v. Chr.	Verona und Brescia erhalten von Caesar das römische Stadtrecht.
1. Jh. n. Chr.	In Sirmione am Gardasee wird mit dem Bau der riesigen Villa begonnen, die heute ›Grotten des Catull‹ heißen.
313 n. Chr.	Mailänder Edikt Kaiser Konstantins: Das Christentum wird römische Staatsreligion, alle Städte des Imperiums zu Bischofssitzen erhoben.
375 n. Chr.	Mit diesem Datum setzt die Geschichtsschreibung den Beginn der Völkerwanderung fest. Die germanische Wanderungsbewegung nach Süden ist indes schon seit Jahrhunderten im Gange. Nach 375 führt sie zur Vernichtung des (West-)Römischen Reiches.
403	Der römische Feldherr Stilicho schlägt in einer Schlacht bei Verona die Westgoten unter ihrem König Alarich.
405	Die rheinischen Legionen werden von Stilicho nach Süden über die Alpen abgezogen, um die in Italien eingefallenen Vandalen, Quaden und Alanen zu bekämpfen.
452	Die Hunnen unter Attila überfallen Oberitalien.
476	Der letzte römische Kaiser Romulus Augustulus muss dem Germanenfürsten Odwakar in Ravenna die Kaiserkrone des römischen Imperiums übergeben.
489	Der Gotenkönig Theoderich besiegt Odwakar in einer Schlacht bei Verona. Odwakar flieht nach Ravenna.

493	Theoderich ermordet Odwakar und regiert Italien als Theoderich der Große bis 526. Er residiert in Ravenna und Verona, wo er einen sagenumwobenen Palast errichten lässt, der noch auf der *Iconografia Rateriana,* einer Zeichnung aus dem 10. Jh., zu sehen ist.
535–53	Erfolgreicher Vernichtungskrieg der oströmischen Kaiser in Byzanz (Konstantinopel) gegen das Gotenreich in Italien.
568	Die Langobarden überfallen als letztes germanisches Volk Italien und gründen für über 200 Jahre (bis 774) ein Königreich mit Zentrum in Oberitalien (Pavia, Brescia).
754	Erster fränkischer Feldzug gegen die Langobarden auf Drängen Papst Stephans II.
774	Die Franken vernichten auf Wunsch Papst Hadrians I. das Langobardenreich, sein letzter König Desiderius stirbt im Kerker des Frankenkönigs Karl.
800	Der Frankenkönig Karl, später ›der Große‹ genannt, wird in Rom zum Kaiser gekrönt.
887	Karl III., der letzte der fränkischen Könige, wird wegen Unfähigkeit abgesetzt. Im riesigen Reich der Karolinger, besonders in Italien, bricht das Chaos aus.
888–962	Zeit der sog. italienischen Nationalkönige, denen in den kriegerischen Wirren nach dem Ende der Karolinger vorübergehende Stabilisierung einer Zentralgewalt gelingt. Ihre bevorzugte Residenz ist Verona.
963	Der deutsche König Otto I. folgt dem Ruf Papst Johannes XII. und nimmt mit Berengar II. den letzten italienischen Nationalkönig gefangen, der 966 in Bamberg im Kerker stirbt. In Rom zum Kaiser gekrönt, beginnt er mit der ›ottonischen Kirchenpolitik‹ eine erfolgreiche Eingliederung Italiens in ein deutsch-italienisches Gemeinschaftsreich unter einer Krone. Sein Erfolg führt unvermeidlich zum Zusammenstoß mit den Päpsten.
1075–1122	Investiturstreit zwischen Kaisern und Päpsten. Der Erfolg der ottonischen Kirchenpolitik, der auf dem Recht der Einsetzung (Investitur) der italienischen Bischöfe beruhte, wird zunichte gemacht. Das Recht auf die Investitur geht allein auf den Papst über. Folge der Niederlage ist eine schwere politische Krise des deutschen Königtums.
Ab dem 11. Jh.	Durch die Schwächung aller tradierten Feudalinstitutionen durch den Investiturstreit beginnen die

Bürger und Kleinadligen der oberitalienischen und toskanischen Städte, eine Selbstverwaltung der Stadtkommunen aufzubauen. So entstehen langsam die italienischen Stadtrepubliken, die das Bild Italiens für die nächsten 300 Jahre prägen sollen.

1107 Verona wird Stadtrepublik.

1120 In einer erhaltenen Urkunde Brescias entscheidet der Rat der Stadt über die Vergabe einer Burg in der Nähe. Brescia ist also zu diesem Zeitpunkt bereits Stadtrepublik.

1167 Päpstliche Legaten organisieren den ersten ›Lombardischen Städtebund‹, einen Zusammenschluss fast aller oberitalienischen Stadtrepubliken gegen den deutschen Kaiser Friedrich I. Barbarossa.

1176 Die Lombardische Liga bringt dem Kaiser eine vernichtende militärische Niederlage in der Schlacht von Legnano bei.

1207–18 Bischof Friedrich von Wangen führt das nach den antiken Zerstörungen langsam wiedererstandene Trient zu einer ersten Blütezeit. Zuvor war das Bistum von den deutschen Kaisern zur Offenhaltung der Etschtalstraße nach Italien mit großen Machtbefugnissen und Ländereien ausgestattet worden. Er beginnt mit dem Bau des großartigen romanischen Trienter Doms. Die unmittelbar auf die kaiserliche Reichsgewalt gestützten Bischöfe verhindern, dass Trient eine Stadtrepublik wird.

1248 Eine zweite Lombardische Liga bringt dem deutschen Kaiser Friedrich II. eine entscheidende Niederlage bei. Der Kaiser stirbt 1250 in Süditalien.

Ab Mitte 13. Jh. In den Städten Oberitaliens löst sich durch den Parteienkrieg der Ghibellinen und Guelfen (kaiserliche und päpstliche Parteigänger) das innere Gefüge der stadtrepublikanischen Ordnung auf. Es beginnt die Zeit der *Signorien,* der Gewaltherrschaften einer Familie über eine Stadt.

1262 In Verona bildet die Familie della Scala, die Scaligeri, in schlechter Eindeutschung ›Skaliger‹ genannt, eine mächtige Signorie, die bis 1387 besteht.

1311–29 In Verona herrscht Cangrande I. della Scala. Durch zahlreiche Eroberungen macht er Verona zu einem großen oberitalienischen Flächenstaat. Seine Hofhaltung wird für Jahre ein Zentrum italienischer Kunst und Literatur.

1378–1402 Der gefürchtetste Vertreter der mailändischen Signorie der Visconti, Giangaleazzo, beginnt seinen Eroberungskrieg in Oberitalien.

1387	Die Mailänder Visconti erobern Verona, der letzte der Scaligeri flüchtet in einem kleinen Boot auf der Etsch.
1388	Die Visconti erobern den ganzen Gardasee und stationieren in Riva und Desenzano Kriegsschiffe.
1393	Giangaleazzo Visconti lässt den großen befestigten Damm bei Valeggio in den Moränenhügeln südlich des Gardasees errichten, um den Mincio zu stauen. Dadurch sollen die Seen um Mantua ausgetrocknet werden, damit die Stadt belagert werden kann.
1405	Die Republik Venedig setzt aus ihrer Lagune mit einer Armee auf das Festland über, um den Kampf mit den Mailändern um Oberitalien aufzunehmen.
1439	Eine venezianische Flotte besiegt die mailändische in einer Seeschlacht auf dem Gardasee.
1454	Der große oberitalienische Krieg Venedigs gegen Mailand endet im Frieden von Lodi. Mailand verliert die ganze Osthälfte seiner Eroberungen; Bergamo, Brescia, Verona, der Gardasee werden venezianisch und bleiben es bis 1796. Mantua bleibt ein selbstständiges kleines Herzogtum, Trient ein kleines Fürstbistum.
1509	Papst Julius II. bringt die sog. ›Liga von Cambrai‹ gegen das liberale Venedig zusammen. Als während der Kämpfe auch der venezianische Kriegshafen Lazise am Gardasee erobert wird, versenkt sich die dort stationierte Flotte vor dem Hafen.
1539	Bischof Bernardo Cles stirbt während der Vorbereitung des Konzils von Trient, für das er Trient zu einer prächtigen Renaissance-Stadt hatte ausbauen lassen.
1545–63	Konzil von Trient, eines der wichtigsten der Kirchengeschichte. Angeblich soll ein Ausgleich mit dem sich ausbreitenden Protestantismus gefunden werden, doch entpuppt sich das Konzil als erfolgreicher Beginn der Gegenreformation. Nach dem Ende des Konzils sinkt Trient zur Bedeutungslosigkeit herab.
17. und 18. Jh.	Verona, Brescia und der Gardasee erleben friedliche Zeiten und eine gediegene Kunstblüte unter dem Einfluss Venedigs.
1796	Napoleon erobert Oberitalien und löst die Republik Venedig auf.
1815	Nach dem Ende des ›Großen Korsen‹ fällt fast ganz Oberitalien an die österreichischen Habsburger.
1848	Die ersten Aufstände der italienischen Einigungskriege gegen die Österreicher brechen aus.

Bernardo Cles ließ sich seine beiden großen habsburgischen Gönner, Kaiser Karl V. und König Ferdinand, an die Wand seines Audienzsaales im Castello del Buonconsiglio in Trient malen.

1866	*Il Risorgimento,* die italienische Einigungsbewegung, ist erfolgreich. Italien wird unter der Krone der Könige von Piemont ein Nationalstaat. Nur das italienischsprachige Trentino bleibt bei Österreich.
1915	Um das Trentino zu erobern, erklärt Italien im Ersten Weltkrieg der habsburgisch-preußischen Allianz den Krieg.
1919	Italien erhält das Trentino und das deutschsprachige Südtirol und bildet daraus die Region Trentino-Alto Adige.
1922	Die Faschisten unter Benito Mussolini ergreifen in Italien die Macht.
10. Juni 1940	Italien tritt als Verbündeter Hitlers in den Zweiten Weltkrieg ein.
1943	Nach der Landung der Alliierten in Sizilien bricht der faschistische Staat zusammen. Mussolini tritt zurück und wird verhaftet. Von den Deutschen gewaltsam befreit, wird er in Salò am Gardasee als Staatschef wieder eingesetzt, ist aber nur noch eine Marionette des deutschen Militärs. Daher wird seine ›Regierung‹, die außer in ihrer nächsten Umgebung nichts zu sagen hat, spöttisch als ›Republik von Salò‹ bezeichnet.
April 1945	Die Alliierten stoßen durch die Po-Ebene in die Alpen vor. Mussolini flieht und wird bei Como erschossen. Schwere Kämpfe und Bombardierungen der oberitalienischen Städte. In Verona werden alle Etschbrücken gesprengt.
Januar 1946	In Italien wird die Republik proklamiert, die Monarchie abgeschafft.
1948	Italien erhält eine demokratische Verfassung.

Galerie bedeutender Persönlichkeiten

Altichiero da Zevio (1320–85)

Fast unbeeindruckt von der Würde und Schwere der giottoesken Malerei betrat mit Altichiero der zweite epochemachende Maler des Trecento die Kunstszene Italiens. Geboren in Zevio bei Verona wirkte er vornehmlich dort und im benachbarten Padua, doch strahlte der Einfluss seiner Schule über ganz Oberitalien, in die Toskana und bis nach Böhmen. Er wurde mit seinen idealisierten szenischen Darstellungen des Rittertums und seiner Zeit einer der Begründer des ›höfischen Stils‹ der Gotik. In Verona, in der Kirche Sant'Anastasia, sind im großflächigen Fresko der Cappella Cavalli alle Merkmale seines Stils in einem Spätwerk zu studieren: die ungemein menschliche, nicht mirakulöse Darstellung der Personen, ihre Rahmung durch komplizierte gotische Architekturen, die Dominanz der stark szenisch empfundenen Gesamtkompositionen mit ihrem großen Reichtum an Dekor, Gewändern, Waffen und Bauformen über die Einzelperson. Das Wirken Altichieros machte den illustren Veroneser Hof der Scaligeri zu einem der Kunstzentren Oberitaliens und rief die langlebige, qualitätvolle Veroneser Malerschule ins Leben.

Gabriele d'Annunzio (1863–1938)

Obwohl seine Villa und der dazugehörige Park mit seinen zahlreichen Privatmonumenten einer der Publikumsmagneten in Gardone am Gardasee ist, müssen alle Autoren, die sich näher mit d'Annunzio beschäftigen, zum Schluss zugeben: Er ist ein Phänomen, das aus heutiger Sicht niemand mehr verstehen kann. Gabriele d'Annunzio, Sohn reicher Eltern, war Dichter und Literat, Kriegsverherrlicher und Salonlöwe, Nationalist und rastloser Frauenjäger – in dieser Mischung wurde er als größter italienischer Geistesheroe von den Faschisten Mussolinis glühend verehrt. Sein literarisches Schaffen ist geprägt von heute schwer erträglichem Pathos, lasziv-exzessivem Inzest, schwülstig-amourösen Beziehungen und der Propagierung des Übermenschen, der jenseits jeder Moral steht. Daneben gibt es sensibelste Lyrik von betörendem Sprachklang. Ebenso bizarr war seine parallel zur literarischen verlaufende militärische Karriere. 1918 steuert er selbst ein Flugzeug über die Alpen nach Wien, nur um dort Flugblätter abzuwerfen, auf denen er die Wiener beschimpft, durch ihr Bündnis mit Preußen seien sie auf das Niveau Berliner Grobiane herabgesunken. Danach besetzt er 15 Monate mit einer Privatarmee die jugoslawische Hafenstadt Rijeka, bis sie zu Italien kommt. Sein Kriegsschiff ist im Park seiner Villa eingemauert, sein pompöses Mausoleum ein Privattheater für seine Schauspiele, die Ausstattung seiner Villa zeigt den einzigen noch unmittelbar nachvollziehbaren Zug

Aus der Altichiero-Schule stammt die Ausmalung des Chors der Kirche San Fermo in Verona. Die eleganten Gestalten und die die Bilder rahmenden, jedoch die Architektur betonenden farbenprächtigen Ornamente sind charakteristisch für die Veroneser Variante des ›höfischen Stils‹.

seiner Persönlichkeit: sein unfehlbares Talent zur Selbstinszenierung. Bescheiden hat er über den Eingang zu seinem Schlafzimmer die Inschrift anbringen lassen: Genie und Wollust.

Evangelist in der Kirche San Felice, Bono del Bleggio, von Cristoforo II., 1496

Baschenis

So lautet der Name einer weit verzweigten Künstlerfamilie aus dem bergamaskischen Dorf Averara. Als umherziehende Wandermaler schufen die Baschenis Werke in fast jeder Kirche in den Judikarischen Tälern im westlichen Trentino. Diese lagen im entferntesten Winkel des habsburgischen Reiches und waren wirtschaftlich und kulturell von der Lombardei geprägt. Über ein Jahrhundert lang, etwa 1450–1555 zogen Antonio und Giovanni, Battista und Angelo, Cristoforo und Simone Baschenis (oft trugen verschiedene Söhne den gleichen Namen und werden daher in der Kunstgeschichte mit z. B. Simone I und II bezeichnet) durch die einsamen Täler und brachten einen bäuerlich empfundenen Abglanz der Kunst der Spätgotik und der beginnenden Renaissance in die entlegensten Ecken des Gebirges. Manchmal unsicher und unbeholfen, manchmal zutiefst menschlich und realistisch, einmal an der Schwelle zur großen Kunst beim letzten Baschenis, Simone II, bildet das geschlossene Kunstschaffen dieser Familie ein einzigartiges Phänomen im ganzen Alpenraum.

Berengar II. von Ivrea (um 900–66)

Er ist der letzte Inhaber eines alten langobardischen Herzogstitels, der versucht hat, ein von den deutschen Kaisern unabhängiges italienisches Nationalkönigtum zu etablieren. Sein ganzes Leben verbrachte er im Kampf um die Sicherung seiner Krone, doch unterlag er nach wechselvollen Ereignissen den Intrigen des Papstes und der militärischen Gewalt eines deutschen Ritterheeres. Die entscheidende Episode seines Sturzes spielte am Gardasee: Dort hielt er auf der Rocca von Garda die ebenfalls thronberechtigte Adelheid gefangen, da sie sich weigerte, seinen Sohn zu heiraten. Sie konnte mit Hilfe eines vom Papst geschickten Priesters fliehen und heiratete ausgerechnet Otto I., deutscher König und römischer Kaiser. Er besiegte Berengar und ließ ihn 966 in seinem Kerker in Bamberg sterben.

Maria Callas (1923–77)

Keine Künstlerin hat die Menschen des 20. Jh. so tief beeindruckt wie die Sängerin Maria Callas. Ihre Auftritte in der Arena von Verona in den Jahren 1947–49 und noch einmal 1952–54 haben den Ruhm der Veroneser Opernfestspiele nach dem Zweiten Weltkrieg mitbegründet. Die einzigartige Faszination ihrer Auftritte lag nicht nur in der Unbedingtheit und Intensitität, mit der sie sich in ihre Rollen hineinversetzte und deren Gefühle musikalisch auszudrücken verstand.

Ihrem Können gelang es, ein ganzes damals beinahe verspottetes Kapitel der Operngeschichte in revolutionärer Weise wieder zu beleben: die Epoche des Belcanto. Was sie in die Lage versetzte, dem gesamten kompositorischen Schaffen von Donizetti und Bellini (und des frühen Verdi) wieder dramatisches Leben einzuhauchen, war die Wiedereinführung einer vergessenen Gesangstechnik: »Callas restituierte die Kunst des Singens ›in der Maske‹ mit der Nutzung der Resonanzen in den vorderen Schädelräumen, die allein die leichte, rasche Ausführung verzierter Partien, insbesondere von chromatischen Passagen, Arpeggien und schwebenden Tönen der Mezzavoce, gestattete« (J. Kesting, 1986). Diese Technik, verbunden mit der überwältigenden Leidenschaft ihrer Interpretation, befähigte Maria Callas zu nie mehr wiederholbaren Auftritten: Wenn sie zum C''' oder zum Es''' ansetzte, durchdrang ihre Stimme »glühend und leuchtend wie eine weiße Flamme« selbst riesige Chöre und tosende Orchester. Doch, wie auch J. Kesting feststellt, »gehört die emotionale Identifizierung mit einer Rolle und ihren Affekten zu den größten Gefahren einer Stimme.« Gerade dadurch, dass Maria Callas dieser Gefahr erliegen wollte, hat sie unsterbliche Meisterwerke musikalisch-dramatischer Interpretation hinterlassen. In den Jahren 1947–65 stand sie nur knapp fünfhundertmal auf der Opernbühne. Durch diese – vergleichsweise wenigen – doch stets mit äußerster Intensität ausgeführten Auftritte verbrannte ihre Stimme bis zur Unkenntlichkeit. Warum sie, entgegen allen Warnungen, ihre Stimme stets über alle zerstörerischen Grenzen hinweg beanspruchte, ist nur mit der kompromisslosen Hingabe an ihre Rollen zu erklären. Auch ihr Biograph John Ardoin weiß angesichts dieser bewusst in Kauf genommenen Selbstzerstörung einer unwiederbringlichen Stimme nur die Metapher von der Kerze zu zitieren:

Maria Callas

»Meine Kerze brennt an beiden Enden
und überdauert nicht die Nacht;
doch sag' ich meinen Freunden, meinen Feinden,
sie hat das schönste Licht gebracht.«

Cangrande I. della Scala (?–1329)

Dieser Mann war der bedeutendste aus der Signorie der Scaligeri, er beherrschte die Stadtrepublik Verona von 1311–29. In dieser Zeit machte er die Stadt zu einer oberitalienischen Großmacht, indem er Vicenza, Padua und Treviso eroberte und intrigante Bündnisse mit allen umliegenden Mächten schloss. In kurzer Zeit entwickelte sich sein Hof in Verona zu einem der glanzvollsten in Italien, indem er berechnend alle bedeutenden Verbannten anderer Städte aufnahm – Dante weilte zu seiner Zeit in Verona, sein Heerführer war der gefürchtete Uguccione della Faggiola, aus Pisa vertrieben, Giotto malte den Festsaal seines Stadtpalastes aus. Für seine illustre Mischung aus politischer Skrupellosigkeit und künstlerischem Mäze-

Die della Scala, zu deutsch die ›Herren von der Leiter‹ oder ›von der Treppe‹, trugen entsprechend ihrem Namen eine aufsteigende Leiter im Wappenschild.

natentum ist er in der italienischen Geschichte so berühmt, dass Jacob Burckhardt über ihn schrieb: »Weltbekannt ist in dieser Beziehung der Gewaltherrscher von Verona, Can Grande della Scala, welcher in den ausgezeichneten Verbannten an seinem Hofe ein ganzes Italien beisammen unterhielt.«

Bernardo Cles (1485–1539)

Zu deutsch Bernhard von Cles, Spross einer adligen Familie aus Cles im Nonstal im westlichen Trentino, avancierte zu einer der bedeutendsten Persönlichkeiten seiner Zeit. Er studierte Rhetorik in Verona und Jura in Bologna und wurde bereits im Alter von 29 Jahren von Kaiser Maximilian zum Fürstbischof von Trient ernannt. Als deutscher Reichsfürst mit italienischer Bildung mischte er von nun an in der großen Reichspolitik mit, deren Problematik damals vornehmlich von der Lutherischen Reformation geprägt war, deren Anhänger sich vom Papst in Rom abwandten. Als Bernardo Cles 1526 auch noch Vorsitzender des Geheimen Staatsrats der Habsburger wurde, war er einer der einflussreichsten Männer im Riesenreich Karls V. und damit prädestiniert, eines der wichtigsten Vorhaben der damaligen Zeit vorzubereiten: das Konzil von Trient, das die gespaltene Kirche wieder zusammenführen sollte und für das die Protestanten keine italienische und der Papst keine deutsche Stadt akzeptieren wollten. Als Kompromiss bot sich allein Trient an, eine italienische Stadt im deutschen Reich. Zur standesgemäßen Vorbereitung ließ Bernardo Cles seine Residenzstadt mit riesigem Aufwand von einer gotischen in eine prächtige Renaissance-Stadt umbauen. Obwohl das Konzil von Trient erst 1545 begann, also sechs Jahre nach seinem Tod, sind es seine Bauten, die heute nach langen Restaurierungen wieder das Straßenbild von Trient und das Residenzschloss der Bischöfe prägen.

Desiderata

Vermuteter Name der Tochter des → Desiderius, 770 mit dem Frankenkönig Karl vermählt, 771 auf Drängen des Papstes von diesem wieder verstoßen.

Desiderius

Letzter König des langobardischen Reiches in Italien; er regierte von 756–74. In dieser Zeit verschärften sich die Gegensätze zwischen den Päpsten in Rom und dem langobardischen Königtum radikal, da die Langobarden dem Papst keine weltliche Macht in Italien zugestehen und ihn nur als Bischof von Rom anerkennen wollten. 773 ruft Papst Hadrian den Frankenkönig Karl, später »der Große« genannt, der 774 mit dem Langobardenreich die letzte funktionsfähige Zentralgewalt Italiens vernichtet.

Julia

Lebensdaten unbekannt, vermutlich 13. Jh., Nachname angeblich Capulet, wurde durch William Shakespeares Drama ›Romeo und Julia‹ zur unsterblichen Identifikationsfigur aller tragisch Liebenden. Die Geschichte soll in Verona gespielt haben, wo kein Geringerer als der dorthin geflohene Dante 1318 tatsächlich eine Familie Cappelletti (Julias Capulets) und eine Familie Montecchi (Romeos Montagues) erwähnt. Als wissenschaftlich höchst unsichere Quelle für die literarische Verarbeitung des Stoffes soll die Erzählung eines alten veronesischen Soldaten gedient haben. Das ist dennoch nicht unwahrscheinlich, denn obwohl Shakespeare nie in Verona war, trifft er die Atmosphäre der Familienkriege in den italienischen Stadtrepubliken so genau, dass an eine freie Erfindung nicht zu denken ist. Weniger oder noch nicht tragisch Liebende treffen sich in Verona unter Julias Balkon, Via Cappello No. 21.

Andrea Mantegna (ca. 1431–1506)

Sehr zu unrecht steht die oberitalienische Kunst noch immer tief im Schatten der toskanischen und römischen, besonders in bezug auf die Malerei. Hatten → Altichiero und → Pisanello italienische Früh- und Spätgotik geprägt, so trat hier mit Andrea Mantegna auch einer der größten Meister der Frührenaissance auf. Geboren als Sohn eines Tischlers in der Nähe von Padua, wurde er bereits im Alter von zehn Jahren als begabter Lehrling der Paduaner Malerinnung eingeschrieben. 1459 übersiedelte er an den bedeutenden Kunsthof der Gonzaga nach Mantua, wo er ein Jahr später zum Hofmaler ernannt wurde. Als bereits gefeiertes Genie liehen ihn die Gonzaga großmütig nach Florenz und Rom aus, wo er sogar die Privatkapelle des Papstes Innocenz VIII. bemalte. Seit 1497 war er in Mantua vorwiegend für das berühmte *Studiolo* der Isabella d'Este Gonzaga tätig, die den immer eigenbrötlerischer werdenden Maler wechselweise mit ihrem Charme oder mit finanziellen Drohungen dazu bringen konnte, zahlreiche zugesagte Werke zu vollenden. Mit seinen perspektivischen Bravourstücken – extreme Verkürzung der Körper- und Architekturperspektive, Verlegung des Augenpunktes unter die Grundlinie des Bildes – gilt Mantegna als Vater der illusionistischen Malerei. Seine Meisterwerke sind das Hochaltartriptychon von San Zeno in Verona und die vollständige Ausmalung der Camera degli Sposi in Mantua.

Mantua, Palazzo Ducale, Camera degli Sposi, Ausschnitt aus dem ›Hofstaat‹: Barbara von Brandenburg vor ihrem Sohn Rodolfo, rechts die schöne Barberina Gonzaga

Alessandro Moretto (Alessandro Bonvicino; ca. 1498–1554)

Fast in jeder Kiche der Stadt Brescia und überall in der Lombardei findet man Werke des viel beschäftigten Brescianer Malers Moretto. Große Ölgemälde gehörten ebenso wie Freskenzyklen zu seinem Repertoire. Und seine Kundschaft war zahlreich. Seine Bilder, schön und gefällig, porträtgenau für den darauf abgebildeten Stifter, waren zu seiner Zeit sehr beliebt. In der Tat ist Moretto nicht einer der größten, aber einer der gefragtesten und charakteristischsten Maler der Renaissance. Nicht sehr erfindungsreich in Bildidee und Kompositionsschema, doch durch seinen für das Auge angenehmen klaren Bildaufbau, sein gedämpftes, silbrig-rauchiges Farbkolorit und vor allem durch die wundervolle Ausführung der Gestalten mit ausdrucksvollen Gesichtern, würdevollen Haltungen und der Pracht ihrer faltenreichen Gewänder war Moretto ein klassischer Vertreter der italienischen Hochrenaissance. In vielem war er damit das Gegenteil seines zur gleichen Zeit malenden Brescianer Kollegen → Romanino.

Pisanellos berühmte ›Madonna mit der Wachtel‹ zeigt die reifste Ausformung des ›höfischen Stils‹ der Gotik in der elegischen Schönheit der Gestalten (Verona, Museum im Castelvecchio).

Pisanello (Antonio Pisano; ca. 1395–ca. 1455)

Sei es ein merkwürdiger Zufall oder auch nicht: So wie in Verona mit → Altichiero die oberitalienische Malerei des ›höfischen Stils‹ der Gotik geboren wurde, fand eben dieser Stil in eben dieser Stadt seinen letzten und vollkommensten Ausdruck durch den Maler Antonio Pisano, genannt Pisanello. Und sei es ein noch merkwürdigerer Zufall oder auch nicht: Das in Verona erhaltene größte Werk des Altichiero und das einzige erhaltene der Hauptwerke des Pisanello befinden sich in derselben Kirche, in Sant'Anastasia. Dort ist hoch oben über dem Bogen eines Nebenchores sein legendäres Bild ›Der Abschied des hl. Georg‹ zu sehen, das in grandioser Komposition Abschluss und renaissancehafte Überwindung der höfischen Gotik zeigt. Seine Idealisierung der untergehenden Welt des Mittelalters, seine melancholische Farbstimmung, die märchenhafte Atmosphäre und die berühmte spätgotische Stadt im Hintergrund zeigen Gotik in Vollendung, zugleich perspektivische Raum- und Körpergestaltung der Frührenaissance. Obwohl Pisanello zu seinen Lebzeiten ein hochberühmter Maler und Medailleur war, weiß man heute kaum etwas über sein Leben, tragischerweise sind (außer in Verona) auch alle seine bekannten Hauptwerke zerstört. Wie geschätzt er war, zeigt sich an der Tatsache, dass niemand Geringeres als die mächtigen Visconti ihm den Auftrag zur Ausmalung ihres Festsaals im Kastell von Pavia gaben (zerstört), er wirkte an der Ausstattung des Dogenpalastes in Venedig mit (1577 durch Brand vernichtet), in Rom bemalte er die Basilica San Giovanni (zerstört). Geboren wurde er in Verona als Sohn eines Pisaners (daher der Name) und lernte in einer der Werkstätten der Altichiero-Schule. 1438 wurde er zum Konzil nach Ferrara gerufen und begann dort mit der Schaffung berühmter Porträt-Medaillen, von denen noch mehrere, von ihm signierte, erhalten sind. Pisanello blieb eine singuläre Künstlerpersönlichkeit, sein Stil hat sich auf keine Werkstatt und keine Schule vererbt.

Gerolamo Romanino (ca. 1487–ca. 1559)

Zusammen mit seinem Kollegen → Moretto war Romanino der führende Maler der Renaissance in der Stadt Brescia. Doch lässt sich kaum ein größerer Gegensatz zwischen zwei zeit- und stilgleichen

Detail aus Romaninos Ausmalung der Loggia im Castello del Buonconsiglio, Trient

Künstlern denken als zwischen den beiden Brescianern, die auch zahlreiche Aufträge in ganz Oberitalien erhielten. Im Gegensatz zu Moretto mit seinen gemessenen Kompositionen und stets würdig-verklärten Heiligen, die ganz dem Schönheitsideal seiner Zeit verpflichtet waren, kennzeichnet Romanino einen spröden und dramatischen Stil, kompromisslos realistisch, ohne jede Tendenz zur Verherrlichung – und daher von seinen Auftraggebern mehr als einmal skeptisch abgelehnt. Die Kunstgeschichte schätzt ihn heute mehr als seine Zeitgenossen, denn sein Werk zeigt fortschrittliche, über seine Zeit hinausreichende Elemente: Dazu gehört das illusionistische Können der konsequent durchgeführten Untersicht (beim über den Betrachtern hinwegjagenden Sonnenwagen in der Loggia des Castello del Buonconsiglio in Trient) ebenso wie die Technik, Figurengruppen wie von einer scheinbar unter ihnen befindlichen Lichtquelle illuminiert erscheinen zu lassen – die vollkommene Beherrschung des Lichts in der Malerei des Barock kündigt sich bei Romanino an.

Giangaleazzo Visconti (1351–1402)

Aus der Signorie der Visconti, die sich der Stadt Mailand bemächtigt hatte, ragt als erfolgreichste und berüchtigste Gestalt die des Giangaleazzo hervor. Er regierte 1380–1402 und machte mit skrupellosesten Mitteln Mailand zu einer italienischen Großmacht. Er eroberte Verona und Padua, Bologna, Pisa, Siena, Perugia und starb vor der Eroberung von Florenz, mit der er sich zum König von Italien hatte machen wollen. Besonders von Verona und Padua aus bedrohte er die transalpinen Handelswege Venedigs so direkt, dass er damit den ein halbes Jahrhundert währenden großen oberitalienischen Krieg auslöste, in dessen Verlauf Venedig den Mailändern die ganze Osthälfte Oberitaliens abnahm und seinem Herrschaftsgebiet einverleibte.

Verona, die Piazza delle Erbe nach Nordwesten mit dem Palazzo Maffei (1668) und im Hintergrund die Torre del Gardello (1370). Vorne rechts die Colonna del Mercato (1401), der Capitello (Tribuna) und dahinter der Marktbrunnen von 1386 mit der Madonna Verona ▷

Kunstreise rund um den Gardasee, nach Verona und in das Trentino

Der Gardasee

Von Norden kommend, erreicht man den See am besten auf zwei Wegen: Von Trient durch das Sarcatal nach Riva oder von Rovereto über Mori nach Torbole. Zeichnet sich der erstere dadurch aus, dass er durch die eindrückliche Felsenwildnis der Marocche führt, so hat jener den Vorzug, von der Höhe des flachen Passes San Giovanni einen plötzlichen und bewegenden Ausblick über den See zu gewähren. Denn hier standen sie alle, die berühmten Reisenden der Vergangenheit auf dem Weg in ihr gelobtes Land, nach Italien. Und sie waren überwältigt: »Heute abend hätte ich können in Verona sein, aber es lag mir noch eine herrliche Naturwirkung an der Seite, ein köstliches Schauspiel, der Gardasee, den wollte ich nicht versäumen, und ich bin herrlich für meinen Umweg belohnt«, notierte Goethe stellvertretend für alle anderen Literaten und Romantiker, die nach beschwerlicher Reise durch das Gebirge diesen ersten Blick in den Süden warfen. Denn damals wie heute deutet das berühmte leuchtende Blau des Sees zunächst zwischen steilen Felswänden, dann sich bis zum Horizont weitend, die Einzigartigkeit des Gardasees an: »das Bild eines Alpensees und des Südmeeres« zugleich zu zeigen, wie Riedl meint. Der Blick ist zu jeder Jahreszeit grandios, sei es im Frühjahr oder Herbst, wenn bei Sturm der See wie ein gewaltiger Strom zwischen den Felsen nach Süden zu jagen scheint – »... fluctibus et fremitu adsurgens Benace marino«: Gardasee, der wie das Meer aufbraust mit tosenden Fluten, nannte ihn schon Vergil –, im Sommer, wenn sich auf der endlosen blau glitzernden Fläche das Licht der Sonne in Goldtönen bricht, oder an einem kalten Wintertag, wenn der riesige See glatt und unbewegt daliegt, »wie ein auf die Erde gestürztes Stück Himmel« (Riedl).

Die landschaftlichen und klimatischen Vorzüge des Sees ziehen heute die Reisenden in unübersehbarer Zahl an, doch was sie dort auf dem Wasser treiben, darauf wäre in den 4000 Jahren vor ihnen keiner gekommen. Im See baden oder aus Vergnügen Boot fahren, daran dachten weder die bronzezeitlichen Bewohner der Pfahldörfer noch die ersten Touristen der Antike, denn die Römer ließen sich nur eine heiße Quelle bei Sirmione ins Caldarium pumpen. Für die oberitalienischen Stadtstaaten des Mittelalters war der See einer der Wege in den handelsträchtigen Norden, für die Herren im Gebirge ein Fuß in der Türe zu den Reichtümern des Südens. Verona, Trient, Brescia, Mantua und zuletzt Venedig und Mailand schlugen sich jahrhundertelang um seinen Besitz. Derweil war er für die Anwohner der Ufer ein idealer Fischgrund oder ein etwas gefährlicher Transportweg, um ihre Olivenernte auf den Markt zu bringen. Für die großen Armeen der Neuzeit war der See eher hinderlich, immerhin sein hügeliges Südufer neben der versumpften Po-Ebene ein geeignetes Schlachtfeld, die Sache des italienischen Risorgimento zu entscheiden. Ans Baden und Bootfahren dachte immer noch niemand. Selbst der begeisterte Goethe wäre nie auf die Idee gekommen, seine »Iphigenie« am Ufer liegenzulassen und ins Wasser zu springen, das Baden in offenen Gewässern war, wenn überhaupt, etwas für arme Leute;

◁ *Das Kastell der Scaligeri in Malcesine vor der charakteristischen Silhouette des Monte Baldo. Die Burg stammt aus dem frühen 14. Jh., als der ganze Gardasee von Verona beherrscht wurde.*

wer es sich leisten konnte, ging selbstverständlich ins Badehaus. Auch die Offiziere der k. u. k. Armee Österreichs, dem die Nordspitze des Sees bis 1918 gehörte, wandelten lieber im glutheißen Arco unter Palmen als in Riva einen Zeh ins Wasser zu stecken. Bis in die 30er-Jahre des 20. Jh. bot der Gardasee – abgesehen von Sirmione und der ›Brescianer Riviera‹ zwischen Salò und Gargnano – ein Bild rückständiger Abgeschiedenheit, denn erst dann wurden die Uferstraßen errichtet; bis dahin waren die meisten Küstendörfer der Nordhälfte nur mit dem Schiff zu erreichen. Die Tradition des Tourismus, der heute das Gesicht des Sees prägt, ist nicht älter als vier Jahrzehnte, und was er in der kurzen Zeit zustandegebracht hat, das kann sich – weiß Gott – sehen lassen.

Doch hat man den See nördlich der Alpen auch in Zeiten zu schätzen gewusst, als Baden und Boot fahren noch keine Werte darstellten. Außer Wein und Fische vom Gardasee, die schon an der Tafel der römischen Imperatoren nicht fehlen durften, waren Öl und Zitrusfrüchte in Deutschland hochbegehrte Waren. Bis ins 13. Jh. lassen sich diese Lieferungen an die Hochstifte Augsburg, Brixen und Freising zurückverfolgen. Großabnehmer waren auch die fürstlichen Höfe in Salzburg, Innsbruck und Trient und die Märkte in Bozen und Meran, von wo die Wege nach Süddeutschland gingen. Das war der Gardasee durch das ganze Mittelalter hindurch für den deutschsprachigen Raum: eine Art Speisekammer für ausgefallene Köstlichkeiten. Besonders begehrt waren Zitronen und Orangen, denn von keinem anderen Anbaugebiet waren sie so frisch zu erhalten, und gar den Rang eines fürstlichen Luxus nahm die Gardaseeforelle ein; doch galt aller ›Gartseevisch‹ als Delikatesse. 1560 lobt der Tiroler Landreim: »Reyffer Pomerantzen, Limoni, Gartsee guet Visch und Citroni«, und beim Gedanken an den Fisch ging es mit dem Chronisten durch: »... vom Gartsee die kostlichen Karplein, in Oel gebacken und die geselchten Ferchen und die Aal lebendig und frisch mit der ordinari Post ...«

Das Ostufer

Torbole

Torbole ist fest in der Hand der Surfer. Der Ort ist von alters her bekannt für seine ungemein frischen Brisen, die auch außerhalb des üblichen Windzyklus am See plötzlich von der Höhe von Nago über das Wasser fallen. Nur durch das Ledrotal an der Ponale-Straße und durch die hoch über dem See gelegene Mündung des Valvestinotales stürzen noch stärkere Winde auf den See, doch dort ist am Ufer nirgendwo so viel Platz wie hier in Torbole. Dass diese von der Schifffahrt jahrhundertelang gefürchtete klimatische Eigenschaft dieser

Blick auf Torbole an der Nordspitze des Gardasees

See-Ecke dem Ort seit der Erfindung des Surfbretts einen solchen Boom bescheren würde, hätte sich bis vor wenigen Jahren niemand träumen lassen, weshalb Torbole noch in jüngsten Beschreibungen als Fischerdorf mit Goethe-Erinnerung erscheint. Damit ist es vorbei; Hafen und Uferstraße sind umlagert von allen Sorten von Fahrzeugen, die eines gemeinsam haben: aufgeschnallte Surfbretter. Der Strand ist dicht bedeckt mit Kunststoffsegeln, kilometerweit in Richtung Malcesine ist die Straße an der Uferseite zugeparkt, denn dort liegen sie auf der Lauer, die windbedürftigen Sportler, immer einen hochsensiblen Zeh im Freien, um sich keine Luftbewegung entgehen zu lassen. Kommt sie dann, die frische Brise, so bedeckt sich der See in Sekundenschnelle mit einer kreuz und quer rasenden Menge bunter Segel, durch die nur die Bugwelle des in Torbole anlegenden Passagierschiffes eine Schneise bahnt.

Die Surfer sind fast das Beste, was Torbole zu bieten hat, auch wenn man sie gelegentlich etwas unelegant und völlig frustriert von einem plötzlichen Windabfall zum Ufer zurückpaddeln sieht. Gegen ihren Anblick, wenn sie, mit dem Rücken über die Wellen geneigt, die Segel parallel zur Wasserfläche über den See schießen, kommt das blässliche Goethe-Medaillon über den Sottoportici des Albertihauses ebensowenig an wie das kleine theresianische Zollhäuschen auf der

Hafenmole. Wer außerhalb der Saison kommt und dann sogar einen Parkplatz findet, wird den hübschen Hafen und das altertümliche Bild des den Berghang ansteigenden Ortes zu schätzen wissen; der Kunstfreund muss allein mit dem großen Ölbild eines Martyriums des hl. Andreas in der **Pfarrkirche** des 18. Jh. (mit schöner Aussichtsterrasse) vorliebnehmen, einem der bedeutendsten Werke des Veroneser Malers Giambettino Cignaroli, der aber nicht zu den besten Vertretern seiner Zunft zählte. Unschlagbar ist jedoch der Blick, der sich von der Straße hinauf nach Nago über den See und seine Ufer bietet. Von dort erkennt man, dass Torbole direkt unter den ungeheuren Felsabschliffen des Monte Baldo liegt; diese Tätigkeit der Gletscher hat auch die wenige hundert Meter neben der Straße liegenden **Marmitte dei Giganti** (s. Hinweisschild), die ›Schüsseln der Riesen‹, hervorgebracht. Es handelt sich dabei um haushohe runde Vertiefungen im Fels, die durch das eiszeitliche Gletschergeschiebe sowie Wasser- und Gesteinswirbel des schmelzenden neozoischen Eises entstanden; die Mahlsteine liegen noch darin. Die Höhe von Nago bietet einen einzigartigen Blick über den zwischen hohen Felswänden gelegenen Nordteil des Gardasees, die Sarcamündung und den Steilabsturz des nach Riva geneigten Monte Brione, eines schräg geschichteten und von den Gletschern in seine heutige Form geschliffenen Felsmassivs zwischen beiden Orten, oft verglichen mit dem Bug eines halbversunkenen Riesenschiffes. »Wie sehr wünschte ich meine Freunde einen Augenblick neben mich, dass sie sich der Aussicht freuen könnten, die vor mir liegt!« notierte Goethe zum 12. September 1786, als er den See über diese Höhe erreichte. Dieser Anblick gab ihm das, was er auf seiner Italienreise suchte: den viel zitierten »belebenden Hauch der Antike«, denn dieser erste Blick in eine italienische Landschaft dünkte ihn (wie alle seine Zeitgenossen) ein Abglanz des klassischen Griechenlandes, welches durch die türkische Herrschaft seit Jahrhunderten unbetretbar war und das den dichtenden Bürgern des 18. Jh. als Verwirklichung aller ihrer intellektuellen Ideale von persönlicher Freiheit, Tragik und Schicksal vorkam. Nicht zufällig befand sich daher in Goethes Gepäck die ›Iphigenie auf Tauris‹, in der er seine Titelheldin »das Land der Griechen mit der Seele« suchen ließ. Die ›Iphigenie‹ war bereits 1779 uraufgeführt worden, wobei Goethe selbst mit gemischten Gefühlen die Rolle des Orestes spielte, denn kurz danach bezeichnete er seine Schöpfung als »höckerig« und »übelklingend«. So nahm er das Werk mit auf seine italienische Reise und erhoffte sich treffendere Inspirationen, die in der Tat zu einer Umarbeitung führten, die das Stück heute im ununterbrochenen Fluss der viel gerühmten fünffüßigen Jamben erscheinen lässt. Hier in Torbole war Goethe seiner Antike begegnet, denn er notierte später in Rom: »Am Gardasee, als der gewaltige Mittagswind die Wellen ans Ufer trieb, wo ich wenigstens so allein war, als meine Heldin am Gestade von Tauris, zog ich die ersten Linien der neuen Bearbeitung.« Nicht auszudenken, wie dieselbe ausgefallen wäre, säße er heute zwischen den Surfern.

Die Straße weiter hinauf erreicht man – vorbei an einem österreichischen Kanonenfort von 1860 – den Ort **Nago** mit zahlreichen alten Winkeln, einigen mittelalterlichen Häusern und einem im 16. Jh. getätigten reizlosen Neubau der 1194 erwähnten Kirche San Vigilio; vom alten Bau steht noch der Turm mit Biforien und einem romanischen Relief. Von hier führt der Weg in wenigen Minuten auf den kahlen, über dem See vorspringenden Felsen, auf dem die bleichen Ruinen des einst gewaltigen Castel Penede stehen, welches bis zu seiner Zerstörung durch die Franzosen im Jahre 1703 die wichtigste nördliche Zugangsstraße zum See beherrschte. Schon als eine vorgeschichtliche Festung, vielleicht auch eine römische, wurde sie zuerst 1210 erwähnt. Bei solcher Lage war die Burg jahrhundertelang heftig zwischen den Castelbarco, dem Bistum Trient und den Herren vom gegenüberliegenden Burgfelsen von Arco umkämpft. Schließlich kam sie zu Venedig, unter dessen Herrschaft sich hier eine der dramatischsten und kuriosesten Episoden der Geschichte des Sees abspielte; das Szenario der damaligen Ereignisse lässt sich von den Ruinen fast vollständig überblicken.

Im Jahre 1437 tobte der Krieg der Serenissima gegen die Visconti an allen Fronten. Der Gardasee war im Besitz Venedigs, allein Riva war von den Mailändern besetzt, die ihre Truppen ständig durch das Ledrotal verstärkten. Gerade als 1438 venezianische Truppen mit der Belagerung Rivas begannen, rückte eine mailändische Armee vor die Mauern des ungleich wichtigeren Brescia. Diese zu Venedig gehö-

Der legendäre Schiffstransport der Venezianer über den Pass von Nago hinunter nach Torbole am Gardasee im Jahre 1438

rende Stadt lag fast isoliert im Reich der Visconti, da diese den Mincio, den Abfluss des Gardasees und den Po beherrschten. Um Brescia zu retten, konnten venezianische Entsatztruppen nur über den Gardasee herangeführt werden – doch da bemerkten die Strategen der Serenissima mit Schrecken, dass die Mailänder inzwischen in Riva eine Flotte von Kriegsschiffen gebaut hatten, die jeden Truppentransport über das Wasser vereitelt hätte: Eine eigene Kriegsflotte musste her, und das so schnell wie möglich. Die Lagunenstadt besaß Schiffe genug, doch war der einzige Wasserweg von Süden zum See, der Mincio, gesperrt durch die riesige befestigte Brücke der Visconti bei Valeggio (s. S. 96). In dieser Notlage unterbreitete der aus Kreta stammende Nicolò Sorbolo der Serenissima einen unglaublichen Plan: Er wollte die Kriegsschiffe durch das Gebirge transportieren und an der für Venedig zugänglichen Nordspitze des Sees bei Torbole ins Wasser setzen. Das Unternehmen klang phantastisch, doch gab es keine Alternative: So wurde auf dem Mittelmeer in der Nähe der Etschmündung eine kleine Flotte zusammengezogen und den Fluss hinauf, durch Verona und die gefährliche Veroneser Klause bis Ravazzone bei Mori transportiert. Dort wurde sie an Land gezogen und zum damals noch nicht versumpften Loppiosee gebracht, auf dem sie bis zum Anstieg der Passhöhe von Nago schwamm. Zweitausend Ochsen waren notwendig, um sechs Galeeren, zwei Galeonen und 26 Kriegsbarken über eine in den Fels gesprengte Route den Pass von Nago hinaufzubringen. Da standen die Schiffe nun, mit dem Bug Hunderte von Metern über dem See, und der schwierigste Teil des Unternehmens begann. Über unzählige gefällte Bäume, entsprechend bearbeitet als Rollen benutzt, mit Seilen an den Felsen vertäut, wurden die Schiffe schließlich den Steilabhang unterhalb des Castel Penede hinuntergelassen. Beinahe hätte das teure Unternehmen für Venedig mit einer Pleite geendet, denn als es am 20. November 1439 bei Maderno zu einem ersten Gefecht kam, siegten die Mailänder und versenkten einen großen Teil der venezianischen Flotte. Deren restliche Mannschaften erbauten aber am Ufer des Sees sechs neue Galeeren, für die man das Material auf dem schon erprobten Weg aus Venedig herbeischaffte. Die kuriose Situation der nächsten Monate ließ sich hier vom Castel Penede genau überblicken: Drüben in Riva überwinterte die mailändische Flotte, unten in Torbole die Venezianer, denen die Zeit knapp wurde. Sobald es die Witterung zuließ, jagten sie die Flotte der Visconti und stellten sie am 10. April 1440 vor ihrem Hafen von Riva. In einer erbitterten Seeschlacht enterten die Venezianer mehrere mailändische Schiffe; anschließend stürmten sie Riva vom Land und vom Wasser: Mailand war endgültig vom Gardasee vertrieben. Eine genaue Dokumentation dieses Schiffstransports befindet sich mit zeitgenössischen Darstellungen in einem Saal der Burg von Malcesine.

Wer schon in Nago ist, sollte sich einige weitere Sehenswürdigkeiten nicht entgehen lassen. Etwa einen Kilometer vom Ort entfernt ist neben der Straße nach Arco eine zweite Gruppe von **Marmitte dei Giganti** zu besichtigen. Auf jeden Fall sollte man dem venezia-

Die siegreiche Seeschlacht gegen die Mailänder Kriegsflotte auf dem Gardasee war den Venezianern bedeutend genug, dass sie keinen geringeren als Tintoretto (1518-94) beauftragten, die Szene in einem Gemälde im Dogenpalast von Venedig zu verewigen.

nischen Schiffstransport ein Stück in die umgekehrte Richtung folgen und die Passhöhe von Nago in Richtung Mori/Rovereto hinunterfahren, denn so erreicht man bald den **Loppiosee**. Heute könnte sich keine Kriegsbarke auf ihm mehr ihren Weg bahnen, denn der See verlandet immer mehr und ist teilweise unter seinem dichten Pflanzenteppich kaum noch zu sehen. Bezüglich seiner Entstehung an so ungewöhnlichem Ort wird die These vertreten, es handle sich um den Rest einer seitlichen Zunge des eiszeitlichen Sarcagletschers (der den Gardasee formte), die durch dieses Tal hinüber zum Etschgletscher reichte.

Malcesine

Malcesine☆
Besonders sehenswert:
Ortsbild
Burg

Für österreichische wie italienische Militärstrategen war der Gardasee nie etwas anderes als der sechste Weg zur Umgehung der Etschtalfestungen. Da es jedoch keine Uferstraße gab und nur der Wasserweg offen stand, galt er als ungeeignet für größere Unternehmungen. So bauten die beiden feindlichen Mächte bis zum Beginn des Ersten Weltkrieges zwar die wildesten Gebirgsstraßen bis auf schneebedeckte Gipfel, um sich belauern und beschießen zu können, an eine Seeufer-

Das Wappen von Malcesine

straße, die ihre Territorien verbunden hätte, dachten sie beide nicht – das hätte auf jeder Seite nur neue Festungen erfordert, um sie zu bewachen. Solange die Nordspitze des Sees mit Riva und Torbole zu Habsburg gehörte, war dort eine normale Gardasee-Reise auch schon zu Ende, denn nun erstreckten sich auf beiden Seeseiten fast 10 km lang steil in die Fluten abstürzende Felswände. Von den Gletschern glattgeschliffen, waren sie so schwer zu bewältigende Hindernisse, dass sie selbst für Saumtiere als kaum gangbar galten. Erst als die Österreicher 1918 aus dem Trentino vertrieben waren, also keine Staatsgrenze mehr über den See führte, wurden die Straßen gebaut: 1929 wurde die *Gardesana orientale,* von Torbole nach Süden führend, dem Verkehr übergeben, auf der Westseite dauerte es noch zwei Jahre länger.

Bis vor wenigen Jahrzehnten war also jeder Reisende des Gardasees auf ein Boot angewiesen, das ihn ins nächste Dorf brachte, und es gibt zahlreiche Berichte über die Gefahren einer solchen Überfahrt bei den häufig urplötzlich heranziehenden Gewittern. Prominentestes Opfer der fehlenden Straßen wurde aber zweifellos Johann Wolfgang von Goethe, als er am 13. September 1786, die ›Iphigenie‹ im Gepäck, auf einem kleinen Boot mit zwei Ruderern nach Süden fuhr. Er hatte Malcesine bereits passiert, als der tägliche Windumschlag über dem See stattfand und ihm plötzlich von Süden die Ora so heftig entgegenblies, dass er umkehren und in den Hafen von Malcesine, »der erste venezianische Ort an der Morgenseite des Sees«, einlaufen musste. Er mag wohl nicht realisiert haben, dass er damit auch eine politische Grenze zwischen zwei verfeindeten Staaten überschritten hatte, denn nun erwartete ihn ein Abenteuer, dem er ganze sechs Seiten in der Beschreibung seiner ›Italienischen Reise‹ widmete – und das Malcesine zu unfreiwilligem literarischem Weltruhm verhalf.

Schon vom See her war Goethe die auf vorspringendem Fels über dem Wasser aufragende Burg der Scaligeri aufgefallen, und nun an Land sollte eine Skizze seinen Reiseeindruck festhalten. So begab er sich in den Hof des damals verfallenen Kastells und begann, den großen Turm, der es ihm besonders angetan hatte, abzuzeichnen. »Ich saß nicht lange, so kamen verschiedene Menschen in den Hof herein, betrachteten mich und gingen hin und wider. Die Menge vermehrte sich, blieb endlich stehen, sodass sie mich zuletzt umgab«, bemerkte Goethe noch ganz ruhig, bis ihm plötzlich ein Finsterling das Zeichenblatt zerreißt. Diese Tat findet jedoch bei den Umstehenden keinen ungeteilten Beifall, und man beschließt, den Podestà zu rufen, »welcher dergleichen Dinge zu beurteilen wisse«. So hatte man sich hier offenbar einen österreichischen Spion vorgestellt: kommt als auffälliger Fremder ins Dorf, packt vor dem halb verfallenen militärischen Objekt einen großen Zeichenblock aus und beginnt ganz konspirativ, eine stimmungsvolle Bleistiftzeichnung anzufertigen. Da erscheint der Podestà mit seinem Aktuarius und stellt Goethe die Frage, warum er ihre Festung abzeichne, worauf dieser erwidert, dass er dieses ruinöse Gemäuer nicht als eine Festung anerkenne. Damit hat er das Stichwort gegeben für einen köstlichen

Schon vom Boot aus war Goethe im Jahre 1786 von der Burg der Scaligeri in Malcesine beeindruckt. Sein Versuch, die Befestigungen in einer romantischen Zeichnung festzuhalten, brachte ihm beinahe eine Verhaftung als Spion und Malcesine unfreiwilligen literarischen Weltruhm ein.

Disput zwischen bildungsbürgerlicher Gesinnung und praktischem Dorfverstand, denn nun wird ihm misstrauisch entgegengehalten: Wenn dies nur eine Ruine sei, was er gerade daran so besonders fände? »Ich erwiderte darauf, weil ich Zeit und Gunst zu gewinnen suchte, sehr umständlich, dass sie wüssten, wie viele Reisende nur um der Ruinen willen nach Italien zögen, dass Rom, die Hauptstadt der Welt, von den Barbaren verwüstet, voller Ruinen stehe, welche hundert- und aber hundertmal gezeichnet worden, dass nicht alles aus dem Altertum so erhalten sei, wie das Amphitheater in Verona ...«, doch schlägt gerade diese Beweisführung gegen ihn aus, denn in bezug auf das Amphitheater entgegnet ihm der Aktuarius » ... das möge wohl gelten, denn jenes sei ein weltberühmtes römisches Gebäude, an diesen Türmen aber sei nichts Merkwürdiges, als dass es die Grenze zwischen dem Gebiete Venedigs und dem österreichischen Kaiserstaate bezeichne und deshalb nicht ausspioniert werden solle«. Als Antwort bekommen die Malcesiner eine weitläufige Predigt von Goethe über die Schönheit dieser Burgruine und ihres Efeubehanges zu hören, während derer sie mit verdrehten Hälsen abwechselnd ungläubig den Goethe vor sich und das Gemäuer hinter sich betrachten. Doch nutzten dem Dichter alle Bekenntnisse zur Schönheit nichts, denn trocken wird ihm entgegengehalten: » ... das lasse sich alles hören, aber Kaiser Joseph sei ein unruhiger Herr, der gewiss gegen die Republik Venedig noch manches Böse im Schilde führe, und ich möchte wohl sein Untertan, ein Abgeordneter sein, um die Grenzen auszuspähen«. Die Lage war fatal, und Goethe warf als letztes Argument seine Heimatstadt Frankfurt in die Waagschale. Damit endlich konnten die Leute aus Malcesine etwas anfangen, denn von dieser Stadt hatten sie schon gehört. So wurde eilig ein

Herr namens Gregorio gerufen, »der lange daselbst konditioniert hat«, um den Fremden zu examinieren. Nachdem sich dieser abseits aller antiken Größe eine Weile mit Goethe über verschiedene ihm bekannte Frankfurter Familien, Affären, Kinder und Enkel unterhalten hatte, fand beim aufmerksam lauschenden Publikum ein völliger Stimmungsumschwung statt: Wer so viel Familiensinn besaß, konnte kein schlechter Mensch sein. »Herr Podestà, ich bin überzeugt, dass dieses ein braver, kunstreicher Mann ist, wohl erzogen, welcher herumreist, sich zu unterrichten«, lautete das abschließende Urteil über den Dichter, und Goethe fand nun herzliche Aufnahme: »Der Wirt, bei dem ich eingekehrt war, gesellte sich nun zu uns und freute sich schon auf die Fremden, welche auch ihm zuströmen würden, wenn die Vorzüge Malcesines erst recht ans Licht kämen.«

So erwies sich Goethe zwar nicht als Spion, wohl aber als Prophet des touristischen Erfolges von Malcesine. Denn wenn sein erwartungsvoller Wirt von damals sehen könnte, was sich heute an Fremden durch den Ort schiebt, er würde dem Herrn aus Frankfurt gleich ein Dutzend Kerzen in der nächsten Kirche anzünden. Malcesine ist zu einem Markenzeichen des Gardasees geworden, und sein ungemein malerisches Ortsbild ist von etlichen Folgeerscheinungen dieser Tatsache gekennzeichnet. Sehr reizvoll ist noch immer der Hafen mit seinen alten Häuserfronten, auch wenn die schönen Barken mit den großen Lateinsegeln inzwischen durch Motorboote ersetzt worden sind. Ein Gewirr von schmalen Gassen durchzieht den Ort mit seinem mittelalterlichen Baubestand, der sich in weitem Rund um den steil in den See vorspringenden Burgfelsen legt. Auf diesen Felsen konzentriert sich auch die Geschichte Malcesines seit prähistorischer Zeit, denn in den Mauerringen der Burg liegt eine Wiese mit dem merkwürdigen Namen Lacaòr mit vermuteten etruskischen Grabhöhlen. Anfang des 20. Jh. grub man drei römische Sarkophage aus, doch relativ sichere Kenntnis hat man erst von einem Burgenbau der Langobarden um 568. Der Geschichte dieses Volkes und seines Untergangs durch die Franken wird man an den Ufern des Sees noch häufiger begegnen; bereits im Jahre 590 zerstörte der fränkische Heerführer Childerich auf seinem Zug gegen den mit der bayerischen Prinzessin Theodolinde verheirateten Langobardenkönig Authari die Burg. Nach dem endgültigen Sieg der Franken im Jahre 774 installiert Karl der Große seinen Sohn Pippin als italienischen König in Verona, der um 806 nach Malcesine kommt, um zwei auf dem Monte Baldo hausende Heilige zu besuchen. Nach dem Ende des Frankenreiches gehören Ort und Burg dem Bischof von Verona und kommen mit der Machtübernahme der Scaligeri zu deren Territorium, nachdem das Kastell im Kampf Friedrich Barbarossas gegen den Veroneser Städtebund erneut seine militärische Wichtigkeit unter Beweis gestellt hatte. Die Scaligeri befestigen Malcesine und bauen die Burg zu jener weitläufigen Anlage aus, als die sie sich noch heute präsentiert; die jahrhundertelange venezianische Herrschaft ist mehr im Ortsbild als am Kastell zu bemerken.

Wendet man sich vom Hafen nach links zur Burg, so passiert man den **Palazzo dei Capitani del Lago,** zu erkennen an den großen offenen Gewölben des Untergeschosses, die den Blick freigeben auf einen hinter dem Palast liegenden kleineren Ziergarten mit der alten Anlegestelle der Barken des Capitano. Dieser war der abwechselnd in Malcesine, Torri oder Garda residierende venezianische Gouverneur des Ostufers während der Herrschaft Venedigs über den See von 1405–1797. Erbaut hatten den Palast aber schon die Scaligeri Ende des 13. Jh. für ihren Statthalter, in der zweiten Hälfte des 15. Jh. wurde er im Stile der venezianischen Gotik wieder hergerichtet. Wenn man die Gewölbe durchschreitet, erblickt man an der Decke ein riesiges Fresko: die Burg von Malcesine, gekrönt vom Markuslöwen, augenfälliges Zeichen der Herrschaft der Lagunenstadt. Tritt man auf der anderen Seite wieder heraus, befindet man sich in einem reizenden kleinen Palmengarten, der mit einer zinnenbekrönten Mauer zum See abschließt; von hier erweist sich die seeseitige Front des Palastes als ungemein edles Stück venezianischer Architektur mit reich verzierten Fenstergalerien und Balkonen. Im Obergeschoss befinden sich die Repräsentationsräume des Palastes. Den großen Ratssaal schmücken prunkvolle Portalumrahmungen und ein großer, über alle Wände laufender gemalter Renaissancefries mit Rankenwerk und Fabelwesen. Daneben liegt der kleinere Audienzsaal des Capitano, mit alter Balkendecke, Fresken und schönem Blick über Garten und See ein beneidenswerter Arbeitsplatz.

Schmale Gassen führen, vorbei am kleineren alten Hafen, hinauf zum Felsen mit der einstigen **Burg der Scaligeri,** die mit ihren Mauern unvermittelt aus den enggedrängten Häusern aufragt. Die ganze Anlage besteht aus drei ummauerten Höfen, einer jeweils höher gelegen als der andere, verbunden durch kompliziert gewundene Rampen und Treppen, die immer im Schusswinkel des nächsthöheren Wehrgangs liegen. Im untersten Hof steht der **Palazzo Inferiore,** 1620 von den Venezianern zur Aufnahme der Garnison errichtet; er beinhaltet heute ein kleines Museum, in dem besonders die Darstellungen zur Vergletscherung des Gardaseebeckens sowie der Fauna des Sees und des Monte Baldo beachtenswert sind. Im zweiten Hof führt der Aufgang durch ein kleines Gebäude mit einer **Goethe-Ausstellung,** die ehemalige Pulverkammer, in der auch seine in Malcesine angefertigten Skizzen zu sehen sind. An der östlichen Mauer der Terrasse, die mit ihrer südländischen Bepflanzung an den ›Garten der Mignon‹ gemahnen soll, sind noch Reste von Fresken sichtbar, die vermutlich von einer Burgkapelle des 14. Jh. stammen. Der dritte Hof, die alte Kernburg, ist geprägt von **Palas und Bergfried der Scaligeri;** der eindrucksvolle Turm, der sich 70 m über den See erhebt, hat einen fünfeckigen Grundriss und ist mit seiner Spitze gegen die Sturmseite gerichtet, da ein Angriff nur vom Land her möglich war. Ursprünglich konnte man den Turm nur über eine Zugbrücke im zweiten Geschoss betreten, bis zu dieser Höhe reicht auch ein andersartiges Mauerwerk, welches höchstwahrscheinlich noch vom

langobardischen Festungsbau herrührt; vom obersten Stockwerk des Turms hat man einen viel gerühmten Blick über Burg, Ort und See. Der daneben gelegene Palas mit pfeilergestützten Bögen im großen Saal besitzt ebenfalls ein kleines **Museum** mit Darstellungen zu jener Aktion der Venezianer, mit der sie eine ganze Kriegsflotte über das Gebirge nach Torbole transportierten (s. S. 54) und eine Dokumentation zum vergeblichen Versuch, eine vor Lazise versenkte Galeere zu heben (s. S. 90). Man beachte im Hof die Zisterne und an der Nordostwand ein gut erhaltenes Fresko einer thronenden Madonna mit Kind, gemalt in jenem verspäteten byzantinischen Stil, von dem in Assenza (s. S. 63) noch die Rede sein wird.

Wer die alten Gassen Malcesines bergauf geht, gelangt an den großen Platz, über dem sich die Pfarrkirche **Santo Stefano** erhebt. Die 1729 erbaute Barock-Kirche ist kein Meisterwerk der Baukunst, besitzt aber schöne Altarblätter in den schweren, pathetischen Farben des italienischen Barock. Sehenswert ist besonders das Bild des ersten Seitenaltars rechts neben dem Eingang: eine qualitätvolle Grablegung des Gerolamo dai Libri (1475–1555) mit einem für die Renaissance typischen effektvollen Landschaftshintergrund.

Vom Hafen nach Süden führt eine lange Strandpromenade mit vielen Badegelegenheiten vorbei an der kleinen Isola dell'Olivo bis zur Landzunge, wo die **Val di Sogno,** das ›Tal des Traumes‹, mündet. Dieser verbreiterte Uferstreifen ist berühmt für seine südliche Vegetation: Oliven, Oleander, Palmen, Zedern- und Zypressengruppen stehen zwischen dem See und den Steilhängen des Monte Baldo.

Wer sich länger in Malcesine oder der Umgebung aufhält, sollte auf keinen Fall eine Fahrt mit der Kabinenbahn in die Gipfelregion des **Monte Baldo** auslassen. Das lang gestreckte Bergmassiv ist in vielerlei Hinsicht ein einzigartiges Erlebnis (s. S. 151 ff.), und nirgendwo kommt man so leicht hinauf wie hier. Die Seilbahn überwindet in wenig mehr als zehn Minuten Fahrt einen Höhenunterschied von 1680 m, der Blick über den See und die südlichen Alpengipfel ist superb. Wer nicht so hoch hinauf will, kann auch in 556 m Höhe an der Mittelstation aussteigen und in anderthalb Stunden nach Malcesine zurückgehen. Für einen Ausflug auf den Berg sollte man sich einen klaren Tag aussuchen.

◁ *»...fluctibus et fremitu adsurgens Benaco marino«: »Gardasee, der wie das Meer aufbraust mit tosenden Fluten«, schrieb schon der Römer Vergil über den See. Die Temperaturunterschiede zwischen der kalten Luft über dem gebirgigen Nordteil und der Warmluft über den in die heiße Po-Ebene reichenden Südteil können im Mikroklima des Gardasees zu heftigen Stürmen führen.*

Assenza

Wer eine ruhigere Örtlichkeit als Malcesine sucht, der halte in **Cassone,** dem nächsten Dorf in Richtung Süden. Es besteht nur aus einem hübschen alten Hafen und einer verwinkelten Häusergruppe, die den Berghang zur Kirche hinauf gebaut ist. Direkt neben der Straße bricht in einem großen ummauerten Becken der tiefgrüne Rè hervor, eine starke Quelle, die breit wie ein Fluss nur hundert Meter weit fließt und dann in den Gardasee stürzt. Ein kurzes Stück hinter Cassone liegt nicht weit vom Ufer die Insel **Trimelone.** Einst trug sie eine in den Kriegen Barbarossas gegen die oberitalienischen Städtebünde umkämpfte Burg, heute ist sie durch Reste einer Festung des 19. Jh. verunziert.

Ebenfalls ein stiller Flecken ist das nun folgende **Assenza,** gebaut um einen großen Dorfplatz, an dessen oberem Ende das gedrungene Gemäuer der Kirche **San Nicola di Bari** vor der gewaltigen Kulisse des Monte Baldo steht. Der unscheinbare Bau ist Anfang des 14. Jh. entstanden und zeigt innen wie außen das typische Aussehen einer der bescheidenen Dorfkirchen der kleinen Weiler am Gardasee. Im Schiff von einer einfachen Holzdecke, im Chor von schweren Kreuzgewölben überdeckt, erhält der Bau seine besondere Note durch seinen Freskenschmuck.

An der rechten Wand erkennt man eine Madonna zwischen zwei Heiligen; sehr originell ist die fast lebensgroße Galerie von Heiligenfiguren in faltenreichen, teils prunkvollen Gewändern mit einer zwischen die Gestalten einkomponierten Kreuzigung im Chor. Diese Wandgemälde stehen stilistisch im Einklang mit der Erbauungszeit der Kirche, doch der große Bildstreifen, der die ganze obere Hälfte der Nordwand einnimmt, lässt den erfahrenen Kunstfreund stutzen: Dort ist, leider durch ein später eingebautes Fenster in der Mitte zerstört, in eindeutig byzantinisierender Manier ein Abendmahl dargestellt. Ein romanisches Fresko an einer Mauer des 14. Jh.? Schaut man sich die Einzelheiten an, wird man eine köstliche Wiedergabe des frommen Themas erkennen: Auf dem Abendmahlstisch steht eine große Schüssel mit Broten, jeder Jünger hat bereits kleine Brote vor sich. In einer Schmuckbordüre ist über jedem Jünger sein Name geschrieben, doch die ganze Gesellschaft nimmt sich aus, als habe der Freskant eine schwatzhafte junge Klerikerschule vor Augen

Ausschnitt aus dem frühgotischen Abendmahlfresko in der Kirche San Nicola di Bari in Assenza. Die Verwendung konservativer byzantinisierender Stilelemente ist typisch für die ländliche Veroneser Malerei um 1400.

gehabt. Die Details und die Lebendigkeit der Gesichter verweisen deutlich auf eine frühgotische Auffassung im Gegensatz zum byzantinisch-abstrakten Symbolismus der romanischen Malerei, jedoch ist das Bild mit den zeichnerischen, unplastischen Gesichtern und den schablonenhaften Gewandfalten und Körperhaltungen unverkennbar der stilistischen Grundhaltung der Spätromanik verpflichtet. Ein konservatives Abendmahl – denn als die Kirche erbaut wurde, hatte die giottoeske Revolution der Malerei bereits stattgefunden.

Giotto (1266–1336), bereits zu Lebzeiten gefeiert als Befreier der italienischen Malerei von der starren Bilderwelt des östlichen Byzanz, hatte schon 1305/06 in der Arena-Kapelle im nahen Padua seinen epochemachenden Freskenzyklus an die Wand gebannt, in dem zum ersten Mal in ausgereifter Farbtechnik vermenschlichte, nicht symbolische Figuren die Bildfläche bevölkerten, umgeben von realistisch gestalteten Architekturen und Landschaften. Dort, im Gebiet des Padua benachbarten Verona, wurde jedoch weitergemalt, als gäbe es Giotto nicht. Der Stil des Abendmahls verweist eher nach Norden. Hier wurde das von der deutschen Frühgotik hervorgebrachte erzählerische Moment in die byzantinisch geprägte Kunst übernommen. Diese Malweise hielt sich – der überall aufblühenden Giotto-Schule des (verfeindeten) Padua zum Trotz – im Veronesischen noch eine ganze Weile. Weitere Zeugnisse finden sich am Seeufer im benachbarten Castelletto di Brenzone, in Torri del Benaco, in Bardolino und Lazise.

Castelletto di Brenzone

In Assenza befindet man sich bereits im Gemeindegebiet von **Brenzone,** das aus mehreren Uferdörfern gebildet wird. So erreicht man als nächsten Ortsteil Porto di Brenzone mit hübscher Hafenpartie, dann Magugnano, Marniga und schließlich **Castelletto,** ein Ort mit mehr Charakter als man ihm von der ewig überfüllten Durchgangsstraße her ansehen kann. Denn diese Straße zerschneidet ihn, wie so viele Dörfer am Ufer des Gardasees, in zwei Teile: in den sehr reizvollen, aber völlig touristisierten Hafen und das eigentliche alte Dorf am Berghang mit seinen verwinkelten, für eine bescheidene Landwirtschaft hergerichteten Gehöften. Beides zusammen ergibt erst das Bild jener typischen Uferorte, wie sie jahrhundertelang als Bauerndörfer mit Anlegestelle am Wasser bestanden, bis die Straße sie in buchstäblich zwei getrennte Welten zerriss. Wie wenig die heutige Überbetonung des Hafens dem wirklichen Leben dieser Dörfer entspricht, zeigt sich nirgendwo so deutlich wie hier in Castelletto, denn wenn man auf der anderen Seite der Straße nur einige Schritte bergauf geht, befindet man sich plötzlich in einem Gewirr dunkler, altertümlicher Gassen, die den nur wenige Meter entfernten überfüllten Hafen nicht mehr ahnen lassen. Steigt man die steilen, teils unter Gewölben verlaufenden Straßen hinauf, so erreicht man, vorbei an

Frühgotisch bewegt im Ausdruck, romanisch-byzantinisch in der Personendarstellung, wird in San Zeno, der Friedhofskirche von Castelletto, die Geschichte der Enthauptung Johannes' des Täufers im gleichen Stil erzählt, in dem auch im benachbarten Assenza gemalt wurde.

Häusern des 16. Jh. mit verzierten Toreinfahrten, das eigentliche historische Zentrum des Ortes: die Piazza dell'Olivo, den Olivenplatz. Warum er so heißt, wird man bemerken, wenn man sich hier oben umsieht: Der ganze Ort liegt in einem endlosen Ölbaumwald, der sich hoch bis an die Felsen des Monte Baldo erstreckt und durch alle Zeiten die ökonomische Grundlage der bäuerlichen Existenz in Castelletto darstellte. Fast nirgendwo am Ostufer findet man ihn noch so unberührt wie hier, weshalb man keinesfalls den zehnminütigen Weg hinauf nach **Biasa** auslassen sollte.

Spätestens beim Ortseingangsschild von Biasa zweigt rechts ein Weg wie in eine vergangene Welt uralter Ölbaumhaine ab. Dieser Weg führt vorbei an vom Efeu überwucherten Terrassenmauern, durch verfallende Torbögen, über kleine Bäche, um knorrige Baumstämme, die sich oft in bizarren Gebilden aus dem Boden winden. Die ganze Landschaft ist von einer fremdartigen, südländischen Romantik; der Eindruck wird gekrönt durch das intensive Blau des Sees, das durch die silbrig schimmernden Blätter der Olivenbäume herauf leuchtet. Nicht minder sehenswert ist der winzige Ort Biasa selbst, der nur aus zwei verschachtelten Häusergruppen besteht. Seine besondere Note erhält er dadurch, dass die untere Gruppe, die man zuerst erreicht, auf mächtigen Substruktionsmauern in die Reste eines großen Kastells der Scaligeri gebaut ist. An dessen Rand ragt die verschlossene, überwucherte kleine Kirche Sant'Antonio aus spätromanischer Zeit über die Ölbäume, neben dem Portal ist das Fresko eines großen Christophorus noch gut zu erkennen.

Fährt man von Castelletto ein Stück nach Süden, so erreicht man bald die letzte Sehenswürdigkeit des Ortes. Wo eine hohe Zypressenallee links den Friedhof anzeigt, steht hinter einer Mauer die Kirche **San Zeno** aus dem 11. oder 12. Jh. Sie besitzt einen ungewöhnlichen, weil zweischiffigen Grundriss; der Innenraum, geteilt von Arkaden, welche im Stützenwechsel von Pfeilern und Säulen getragen werden, ist von urtümlicher, eindrucksvoller Gesamtwirkung. Das erste und dritte Kapitell sind wieder verwendete Teile eines älteren, vermutlich römischen Baus, darauf deuten die im Friedhof in 2 m Tiefe gefundenen antiken Fundamente. Auffallend sind weiter die dreiapsidiale Ostwand (bei nur zwei Schiffen) und der umfangreiche, aber durch zahlreiche Übermalungen etwas chaotische Freskenschmuck. Die zu erkennenden Bilder (Leben Johannes des Täufers, Kain und Abel, mehrere Apostel, eine Frauengestalt) tragen alle die Merkmale jenes belebten, verspäteten byzantinischen Stils, den man schon aus Assenza kennt.

Torri del Benaco

Torri del Benaco☆
Besonders sehenswert:
Ortsbild
Limonara in der Burg

Das relativ unberührte Torri del Benaco kann mit einer Burg der Scaligeri, einer verwinkelten Altstadt, einer hübschen Hafenpartie und einem reichhaltigen historischen Ambiente aufwarten. Denn Torri ist wie das benachbarte Garda eng verknüpft mit Aufstieg und Fall der

Das Hotel Gardesana am Hafen von Torri del Benaco ist der ehemalige Palast des Capitano del Lago (16. Jh.), eines von Venedig eingesetzten Beamten, der den größten Teil des östlichen Gardaseeufers verwaltete.

beiden Berengar, der letzten italienischen Nationalkönige aus den alten langobardischen Herzogtümern, die kurz vor der Jahrtausendwende in dem Versuch scheiterten, das langobardische Königtum wieder zu errichten. Berengar I. (888–924) ist in Torri nicht nur in jenem Saal der Burg präsent, der seinen Namen trägt, zwischen den alten Häusern finden sich umfangreiche Reste seiner Stadtmauer und neben der Pfarrkirche steht der mächtige Turm seiner Zitadelle. Und gegenüber, unter Lauben am See, könnte man in der Bar Berengario bei einem Cappuccino darüber nachdenken, wer das wohl war, bevor man sich in der Stadt auf seine Spuren begibt.

Man schrieb das Jahr 887. Das fränkische Imperium, das ein Jahrhundert zuvor das Langobardenreich in Italien zu Fall gebracht hatte, lag selbst in den letzten Zügen. Auf seinem Thron saß untätig Karl der Dicke, während die Sarazenen den Süden, Ungarn und Mähren den Osten, die Normannen den Norden seines riesigen Reiches verwüsteten. Als er auch noch trotz militärischer Überlegenheit den Normannen, die gerade Paris belagerten, Unsummen Geldes für ihren Abzug bot und ihnen damit die Mittel für die nächsten Raubzüge in die Hand drückte, wurde er auf dem Reichstag zu Tribur empört abgesetzt. Damit erlosch die fränkische Zentralgewalt des Reiches, und in den zugehörigen Gebieten brach jenes Chaos aus, auf das die örtlichen Herrscher nur gewartet hatten. Zwischen den plündernd und mordend durch Italien ziehenden Heeren der Ungarn, Sarazenen und dalmatinischen Slawen schlug sich der alte langobardische Adel mit dem neu eingesetzten fränkischen um das nun herrenlose Land. In diesem Augenblick erhoben sich die alten langobardischen Herzogtümer Friaul, Benevent und Spoleto mit keinem geringeren Anspruch, als nach dem Ende der Frankenherrschaft das langobardische Königreich wieder zu errichten. Zunächst ist man sich einig: Bereits 888 wird der Markgraf von Friaul, dessen Einflussbereich auch Verona und den Gardasee umschloss, als Berengar I. zum König von Italien gekrönt. Optimismus macht sich breit ob der neuen langobardischen Macht und noch im gleichen Jahr zieht Wido von Spoleto, der die Königskrone auch gerne gehabt hätte, mit Einverständnis Berengars nach Burgund, wo die Frage, wer sich als neuer Herrscher durchsetzen würde, noch nicht entschieden war. Als es Wido jedoch nicht gelingt, wenigstens dort König zu werden, kehrt er 891 zurück, überfällt Berengar und entführt die Krone nach einer siegreichen Schlacht bei Brescia in sein Herzogtum Spoleto. Dort zwingt er Papst Stephan V. dazu, ihn zum Kaiser zu krönen, den gleichen Staatsakt muss Papst Formosus an seinem Sohn Lambert vollziehen. Dieser Titel hatte freilich wenig zu sagen, denn der faktische Machthaber in Oberitalien war Berengar geblieben. Dieser hatte in aller Stille gerüstet und besiegt Lambert, doch ist seine Freude nur kurz: im Jahre 899 dringt ein starkes Ungarnheer nach Italien ein und bereitet Berengar in einer Schlacht an der Brenta, östlich von Verona, eine furchtbare Niederlage; Oberitalien wird ein Jahr lang geplündert und gebrandschatzt. Diese Zeit der Schwäche nutzt die langobardenfeindliche Partei im

Die Abbildung aus dem 19. Jh. zeigt die drei heute noch stehenden Türme der Festung der Scaligeri am Hafen von Torri del Benaco.

Lande und sieht sich wieder nach fränkischen Herrschern um. Ihr Blick fällt auf Burgund, wo es Boso von Vienne, immerhin ein Schwager des Frankenkönigs Karl der Kahle, gelungen war, in der Provence ein eigenständiges südburgundisches Königreich zu errichten. Sie rufen dessen Sohn Ludwig nach Italien und krönen ihn in Pavia zum König; Berengar wehrt sich vergebens. Als er auch noch seine sicherste Machtbasis, die Stadt Verona, verliert, flieht er nach Bayern, wohin die Langobarden seit ihrer bayerischen Königin Theodolinde traditionell gute Beziehungen unterhalten. Abermals scheint er von der Bühne abgetreten zu sein, und man hört lange nichts von ihm, bis er plötzlich im Juli des Jahres 905 mit einem kleinen Heer in Verona erscheint und seinen gerade dort weilenden Rivalen überrumpelt. Er lässt Ludwig von Burgund blenden und schickt ihn nach Hause, wo er 928 einsam und vergessen in der Provence stirbt.

Nach dieser Tat scheint Berengar, nun schon zum dritten Mal König von Italien, selbst Verona zu unsicher geworden zu sein. Er begibt sich hierher nach Torri und lässt den Ort stark befestigen, zusätzlich erbaut er im benachbarten Pai eine Burg. Aus der Zeit seiner Hofhaltung in Torri del Benaco haben sich im Staatsarchiv von Verona sechs Urkunden erhalten, die im Datum den alten Namen des Ortes ›Tulles‹ tragen. Von hier aus beginnt Berengar seinen erfolgreichen Feldzug gegen die im Lande umherziehenden Ungarn, seine Macht festigt sich dadurch so erheblich, dass endlich im Jahre 915 der große Augenblick da ist. Papst Johannes X. krönt ihn als Berengarius I. zum Kaiser, die Wiedergeburt eines nunmehr italienisierten Langobardenreiches scheint geglückt. Doch Berengar hatte die Rechnung ohne seine alten Feinde im eigenen Reich gemacht. Während er abermals in Abwehrkämpfen gegen sarazenische Angriffe auf Reggio (918) und gegen den erneuten Ungarneinfall (921) verwickelt ist, rufen sie König Rudolf II. von Hochburgund. Dieser erscheint im Jahre 922 und schlägt den vom Dauerkrieg geschwächten Berengar in der Schlacht bei Fiorenzuola. Kämpfend zieht er sich in sein vertrautes Stammland zurück und verschanzt sich in Verona, wo er jedoch 924 von der stadtinternen adligen Burgunderpartei ermordet wird.

Wäre Berengar damals wieder in sein überschaubares Torri statt nach Verona gezogen, vielleicht wäre die Geschichte anders ausgegangen. Denn hier war einer der wenigen Orte, wo dieser an jeder Ecke von Feinden umgebene Mann sich sicher und wohl gefühlt haben dürfte, auch wenn es die Bar Berengario damals noch nicht gab. Denn die liegt ein paar Meter außerhalb des alten Mauerrings des 10. Jh., der sich an der schräg gegenüberstehenden Pfarrkirche zum See wandte, die Obergeschosse des Campanile stehen auf einem alten Turm der Stadtbefestigung. Die Pfarrkirche **Santi Apostoli Pietro e Paolo** wurde erst 1712–23 in schlichtem Barock erbaut. Einzig überzeugend ist das prunkvolle Orgelgehäuse von Angelo Bonatti aus Desenzano mit doppelgeschossigem Säulen- und Pilasteraufbau, reich verziertem Gebälk und durchbrochenem, bildergeschmücktem Giebel.

Gleich neben der Pfarrkirche steht das bleiche Gemäuer der **Torre di Berengario.** Dies war der Eckturm von *El Trincerô* (die Schanze), der Burg Berengars in Torri, die verwinkelte Häusergruppe dahinter steht noch auf ihren Grundmauern. Genauer gesagt, war dies eine der beiden Burgen, mit denen Berengar das schwer befestigte Städtchen sicherte, die zweite stand auf dem Platz der heutigen Scaligeri-Bauten. Ebenso wie diese war El Trincerô der Standort einer der Befestigungen, die die Römer nach ihrer Niederwerfung der Alpenvölker (15 n. Chr.) gebaut hatten, um sich gegen den hier ansässigen Stamm der Tulliassi zu schützen.

Am Turm vorbei betritt man nun die **Altstadt,** deren Ausdehnung bis zum Hafen der Fläche der Ummauerung durch Berengar I. entspricht, da sich Reste der über tausend Jahre alten Mauer parallel zur bergwärts verlaufenden Gardesana bis zur Burg der Scaligeri verfolgen lassen. Das heutige Bild Torris ist geprägt von der Zeit gediegenen Wohlstands des 15. und 16. Jh., als der Ort – nachdem er zusammen mit Verona an Venedig gefallen war – ein Zentrum des Schiffbaus und der Marmorverarbeitung am See geworden war. Die völlige Verarmung der Gardasee-Gemeinden durch die Kriege des 18. und 19. Jh. hat dieses Ortsbild gewissermaßen konserviert, und der Weg hindurch, sei es durch die alte Hauptstraße im Inneren oder über den Lungolago, eröffnet auf kleinen Plätzen oder durch schmale gewölbte Gassen die reizvollsten Ausblicke. So erreicht man den Platz am Hafen, die Piazza Calderini, an drei Seiten gerahmt von der Burg und mittelalterlichen Fassaden. Hier sind die übrigen Sehenswürdigkeiten Torris versammelt: Die gesamte Nordfront wird gebildet vom heutigen **Hotel Gardesana** mit seinem langen Laubengang. Dies ist der ehemalige Palast (16. Jh.) der Gardesana dell'Acqua, einer Vereinigung von zehn Gemeinden des Ostufers, die von Venedig das Recht erhalten hatten, ihre Angelegenheiten halb autonom zu regeln, immerhin saß der von Venedig eingesetzte Capitano del Lago den Ratssitzungen vor. Der alte Ratssaal der Gardesana ist heute der Speisesaal des Hotels.

An das obere Ende des ehemaligen Palastes schließt sich die kleine Kirche **Santissima Trinità** an, seine einstige Kapelle. Das Gotteshaus ist jedoch älter als der Palast und dient heute als Kriegerdenkmal. Der Bau enthält innen farbenprächtige Fresken der Zeit um 1400. An der Westwand befindet sich ein großer Christus in der Mandorla, er trägt ein gemustertes Gewand und ist umgeben von Evangelistensymbolen. Besser sind die übrigen Wandmalereien, denen trotz ihres schlechten Zustandes ein bewegterer Vortrag und eine feinere Farbgebung anzusehen sind. Besondere Aufmerksamkeit verdient das leider sehr beschädigte Bild in der Nordwestecke, neben dem Altar. Es handelt sich wie in Assenza um ein Abendmahl in jenem konservativen byzantinisierenden Stil, der in Verona bis ins 14. Jh. gepflegt wurde.

Verlässt man die Kirche, so ist gleich daneben, unter der ersten Wölbung der Kolonnaden des Gardesana-Palastes, ein beschrifteter **Gedenkstein** zu sehen. Er erinnert an Domizio Calderini, der 1444 oder 45 hier in Torri geboren wurde. Er erwarb sich besonderen Ruhm mit dem Übersetzen und Kommentieren lateinischer Dichter; als er 1478 nur 34-jährig an der Pest starb, war er einer der meistbewunderten Gelehrten Italiens.

Vorbei an der mittelalterlichen Häuserfront der Ostseite des Hafens, aus der die **Ca' Bertera,** ein Haus der Zeit um 1400 mit Loggia und Außenfresken, hervorsticht, gelangt man zum Eingang der **Burg der Scaligeri.** Diesen Besuch darf man keinesfalls auslassen, enthält der Bau doch eine der letzten Limonare des Gardasees, also ein noch im Gebrauch befindliches historisches Gewächshaus für Zitrusfrüchte.

Die Burg reicht bis in römische Zeit zurück, als hier zum Schutz einer Garnison die ersten Befestigungen errichtet wurden. Während der Gotenkriege verfallen, entstand am selben Platz unter Berengar I. eine zweite Anlage, die nach dem Ende der italienischen Nationalkönige ebenfalls zur Ruine wurde. Aus beider Resten ließ im Jahre 1383 Antonio della Scala die heutige Burg errichten. Die Scaligeri in Verona hatten erkannt, dass sie zu den Großen nicht mehr gehörten und befestigten hastig die Grenzen ihres Territoriums, doch es nutzte ihnen nichts mehr. Nur vier Jahre später erschienen die Armeen der Visconti vor Torri del Benaco; die alte Stadtmauer des Berengar und die neuen Wälle der Scaligeri waren gleichermaßen den frühen Feuerwaffen nicht gewachsen. Die Burg wurde nach sechstägiger Belagerung erobert, die mailändische Front rückte ein weiteres Stück gegen Verona vor, das wenig später fiel.

Damit war auch die kurze militärische Karriere der Burg in Torri beendet. Einem langsamen Verfall preisgegeben, steht heute noch, neben einem Wohngebäude, die gewaltige Außenmauer, von drei Türmen verstärkt; die oberen Geschosse des seeseitigen Turms ruhen auf römischen Quadern. Die Befestigungen zur Hafenseite sind verschwunden. In den Räumlichkeiten der Anlage ist ein interessantes kleines Museum mit Schaustücken der früheren Erwerbstätigkeiten in Torri untergebracht: Herstellung von Olivenöl, Fischerei und Marmorverarbeitung. Außerdem ist ein instruktives Stadtmodell des alten Torri zu sehen (mit dem Verlauf von Berengars Stadtmauern) und mehrere Nachbildungen der berühmtesten Felszeichnungen, die sich an den Felswänden oberhalb des Ortes befinden. Die riesige Mauer und alle drei Türme sind begehbar und lohnen den Aufstieg durch den Blick über Stadt und See. Die eigentliche Attraktion der Burg

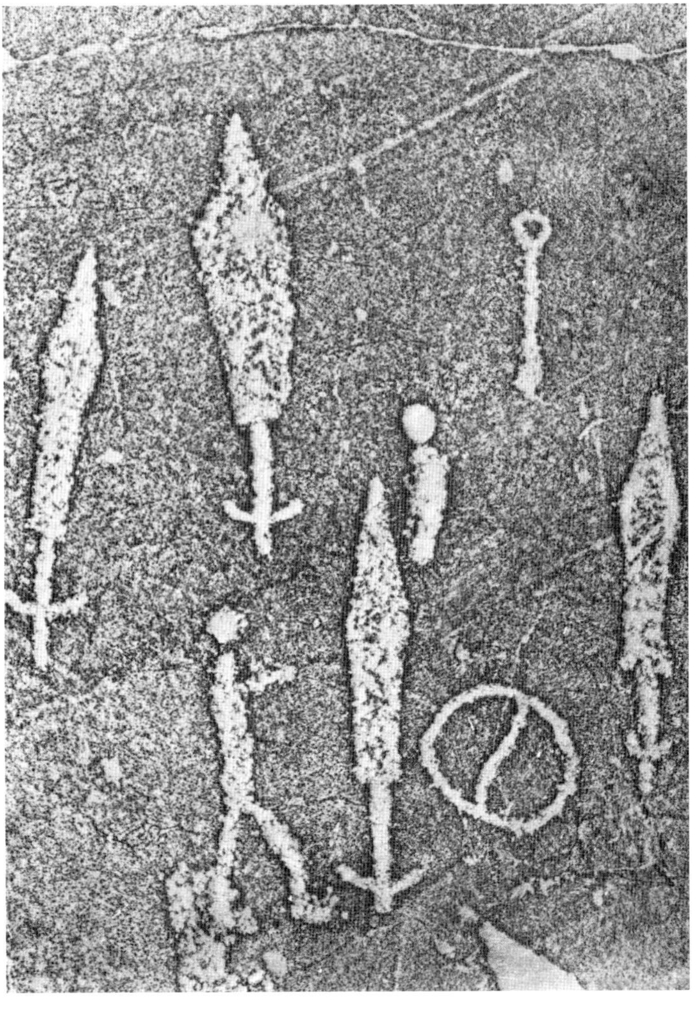

Felszeichnung am Monte Luppia oberhalb von Torri del Benaco. Nachbildungen sind im örtlichen Museum zu sehen.

Eine unvergleichliche Atmosphäre herrscht in der Limonara der Burg von Torri del Benaco. Die Limonare waren einst Gewächshäuser für Zitrusfrüchte, die hier unter den klimatischen Bedingungen des Gardasees ihr nördlichstes Anbaugebiet fanden.

aber ist die **Limonara.** Sie befindet sich an der Außenseite der Mauer an der Stelle eines 1760 abgerissenen Vorwerks; die Lage an der die Wärme abstrahlenden Südmauer war für die empfindlichen südlichen Pflanzen ideal. Für die armen, abseits vom Verkehr gelegenen Dörfer des Gardasees waren die bereits im 14. Jh. eingeführten Gewächse der Zitrusfrüchte von wirtschaftlich großer Bedeutung, da sich geeignete Anbaubedingungen außerhalb des milden Gardaseeklimas erst wieder in Süditalien fanden. Der jahrhundertelange Anbau ging erst in jüngster Zeit zu Ende, als es die Verkehrsbedingungen erlaubten, Zitrusfrüchte massenweise direkt aus dem Süden zu importieren. Die vielen stillgelegten Limonaren, besonders in der Gegend von Limone und Gardone, fallen noch heute jedem Betrachter auf: Große, eingeebnete Flächen am Berghang, auf denen ganze Galerien von viereckigen Pfeilern stehen. Diese dienten zur vollständigen Abdeckung der Limonara, denn ganz so optimal war das Klima des Gardasees für die sensiblen Südfrüchte auch wieder nicht. Besonders im Winter, wenn die eisigen Gebirgsstürme über die Ufer fegten, mussten die Gewächse durch ein Bretterdach von oben und Glasverkleidungen von vorne geschützt werden, als wärmespendende Rückwand diente ein reflektierender Felsen oder wie hier in Torri eine große Burgmauer. Reichten diese Maßnahmen nicht aus, so zeigte ein mittelalterliches Thermometer zu große Kälte an: In der Limonara stand eine Tonschüssel mit Wasser; wenn dieses gefror, wurde es Zeit, zwischen den Bäumen kleine Feuer anzuzünden, um die Luft in dem abgeschlossenen Raum zu erwärmen. Überall am See ist der Anbau von Zitrusfrüchten zum Erliegen gekommen, hier in Torri ist eine letzte Gelegenheit, die eigentümliche Atmosphäre dieser alten Gewächshäuser zu erleben. Die Bäume, hoch und alt, hängen voller Zitronen, Orangen und Mandarinen; in der Stille dieses großen Wintergartens plätschert leise ein kühler Brunnen.

Wer sich länger in Torri aufhält, sollte sich Wanderungen oder Spaziergänge in die von Olivenhainen geprägte Landschaft des Berghanges hinter dem Ort nicht entgehen lassen. Besonders empfehlenswert ist die von der ersten weiten Linkskurve der Straße nach Albisano in Richtung Süden abzweigende *Strada dei Castei,* bis zu Beginn des 20. Jh. die Verbindung zwischen Torri und Garda, mit viel gerühmten Ausblicken auf die Punta San Vigilio mit ihrer Sirenenbucht. Vor allem aber berührt dieser Weg hinter der Ca' Bianca die Felsenlandschaft am Hang des **Monte Luppia,** wenig oberhalb von Brancolino, wo in den 60er-Jahren ungewöhnliche Felszeichnungen entdeckt wurden. Zu sehen sind Hände, Sonnensymbole, Bewaffnete, Boote, aber auch Olivenbäume und Weidetiere, eingeritzt in die vom Quartärgletscher glattgeschliffenen Wände. Die ältesten – vor allem Hände und Sonnensymbole – stammen wohl aus der Jungsteinzeit, der Großteil ist jedoch seit dem Mittelalter entstanden. Da sich die Bilder an den uralten Wegen hinauf zu den Weiden des Monte Baldo finden, ist anzunehmen, dass es Hirten waren, die hier in den Fels ritzten, was für sie von Bedeutung war (s. Abb. S. 71).

San Vigilio

Punta San Vigilio☆

Von Torri aus führt ein sehr reizvolles Stück der *Gardesana orientale* weiter nach Süden. Sobald die Straße ein wenig bergan steigt, schneidet sie kurz vor ihrer Wende nach Garda eine felsige Halbinsel ab, die in den See hineinragt, schon von weitem zu erkennen an der riesigen Zypressenallee, die zu ihrer Spitze führt. Dies ist die **Punta San Vigilio,** ein letzter im See versinkender Ausläufer des Monte Baldo, hinter dem der Gardasee plötzlich seinen fjordartigen Charakter verliert und weit nach Osten in die große Bucht von Garda ausschwingt. Allein diese Lage wäre Grund genug für die Berühmtheit des Ortes, doch hat ihm seine Bebauung mit der Villa des Humanisten Agostino Brenzone und der parkähnlichen Gestaltung der umgebenden Landschaft einen schon in vergangenen Jahrhunderten legendären Ruf eingetragen. Als Agostino, Doktor beider Rechte und Mitglied einer Veroneser Patrizierfamilie, der große Besitzungen am Gardasee gehörten (der Name Castelletto di Brenzone deutet noch darauf hin), seine vom Geist der Renaissance erfüllten Inspirationen

»Ich möchte, dass Eure Exzellenz zur Kenntnis nehmen, dass San Vigilio der schönste Ort der Welt ist, und zwar auf folgende Weise: Die ganze Welt besteht aus drei Teilen: Afrika, Asien und Europa. Der schönste Erdteil ist Europa, und davon ist Italien der schönste Teil, von Italien wiederum die Lombardei, und von dieser der Gardasee und an diesem San Vigilio. Ergo ist San Vigilio der schönste Ort der Welt.« (Agostino Brenzone in einem Brief an Silvano Cattaneo)

in die Tat umsetzen wollte, fiel im Jahre 1540 sein Blick auf die Halbinsel San Vigilio. Die schmale Landzunge mit ihrer Anhöhe in der Mitte und ihren zwei höchst reizvollen Buchten an jeder Seite bot ideale Voraussetzungen für die kunstvolle Erschaffung eines ›klassischen‹ Landschaftsbildes. Beim Baubeginn fand Agostino Brenzone an der linken Bucht einen kleinen Hafen vor, in dem der Marmor des Steinbruches oberhalb der Straße verschifft wurde. Am Hafen standen eine kleine Kirche aus dem 13. Jh., die dem hl. Vigilius geweiht war, und ein Wirtshaus der Fischer und Bootsleute. All dies wurde in die neue Bebauung der Halbinsel einbezogen, die dem Michele Sanmicheli (1484–1559) übertragen wurde, dem bedeutendsten Architekten Veronas seiner Zeit und Festungsbaumeister der Republik Venedig. Nun entstand eine lange Allee zum höchsten Punkt der Halbinsel, wo inmitten eines prächtigen Renaissance-Gartens eine Villa gebaut wurde, die sich mit einer zweistöckigen Loggia zum See öffnet und um die herum die Gärten in mehreren Terrassen, von zinnenbekrönten Mauern geteilt, zum Ufer hinabsteigen. Kurz vor der Villa zweigt links hinunter ein gepflasterter Weg zum Hafen ab, den nun ein malerisches Bauensemble umgibt. An der Bucht zur rechten Seite der Villa wurden dagegen keine Bauwerke errichtet; hier wurde der sanft abfallende Hang mit Ölbäumen bepflanzt, zwischen deren silbrigen Blättern das dunkle Blau des Sees im weiten Rund des Strandes aufleuchtet und noch heute der Phantasie literarisch sensibler Betrachter die Zügel schießen lässt: ›bukolisch‹, ›griechisch‹, ›arkadisch‹ oder ähnlich lauten die Assoziationen, die dieser Ort unisono hervorruft. *Baia delle Sirene,* die Sirenenbucht, wurde er getauft, und welcher Name könnte einem gebildeten Bürger der Renaissance an diesem Orte nähergelegen haben als der des klassischen Symbols der Verführung durch Schönheit.

Das alte Gästehaus der Punta San Vigilio, heute Hotel und Restaurant in einzigartiger Lage

Wenn man seinen Wagen auf dem kleinen Parkplatz in der Straßenkurve hinter Garda oder kurz dahinter im Marmorsteinbruch abgestellt hat, durchschreitet man jene alte Zypressenallee, über die der Streit, ob in ihrem schattigen Licht eine feierliche, würdevolle, melancholische oder gar auf das Jenseits gerichtete Atmosphäre herrsche, noch nicht beigelegt ist. Die dunkle Allee ist der wohlberechnete Kontrast zur lichtüberfluteten obersten Terrasse der Halbinsel, an der sie endet und überraschend den Blick auf die **Villa** inmitten ihrer Gärten vor dem Panorama des Sees und der Berge des gegenüberliegenden Ufers freigibt. Die Idee der Umgestaltung der natürlichen Landschaft in ein Ideal ihrer Selbst ist schließlich keine englische Erfindung, auch wenn die britischen Landschaftsgärtner sie zu höchster Perfektion brachten. Ein schwer zu übertreffendes Beispiel dieser frühen Form der ›gebauten‹ Gärten als Bühne für den Auftritt der Gebäude ist die Punta San Vigilio; doch war dieser Auftritt nicht, wie später im Barock, als dramatischer geplant. Die Villa des Sanmicheli präsentiert sich in gewollter Schlichtheit; in ihren vollendeten Proportionen stellt sie nicht das herausgeputzte Schmuckstück dar, sondern ordnet sich als Bestandteil dem Gesamtkunstwerk von Landschaft und Bauwerken unter. Da die Villa sich in Privatbesitz befindet, darf sie nicht betreten werden, doch ihr Anblick inmitten der statuengeschmückten Gärten macht die Konzeption deutlich. Über den alten gepflasterten Weg zwischen hohen Mauern gelangt man, vorbei an einer schönen Limonara, hinunter zu einem kleinen Platz, dessen eine Front vom **Gästehaus** der Brenzone (heute Hotel) geprägt wird, daneben führen Stufen durch einen großen Rundbogen hinaus in den **Hafen.** Der symbolische Schritt durch dieses Tor in die lichte Welt des Gardasees ist oft genug betont worden; selbst Zar Alexander von Russland und Marie Louise, die Frau Napoleons, wurden Anfang des 20. Jh. vom Ruhm dieses Ortes hierhergelockt. Auf der in den See vorstoßenden Mole stehen Tische und Stühle, von dort, die alten Gebäude zur Seite, weitet sich der Blick hinüber nach Gardone und Manerba, zur anderen Seite hin in die Bucht von Garda, umgeben von der üppigen Vegetation ihrer Ufer und bekrönt von ihrer geschichtsträchtigen Rocca. Ergo ist San Vigilio der angenehmste Ort am ganzen See, um seinen Espresso zu trinken.

Garda

Garda

Es lässt sich nicht länger verschweigen: Auch die Feen der Mythen und Sagen waren bestechlich. Als Engardina, die Fee mit den blauen Haaren und Königin jenes Zwergenreiches, dessen Mittelpunkt ein wundervoller kleiner See war, dem jungen Wassergott begegnete, kam es, wie es kommen musste, und gleich gab es ein vorhersehbares Dilemma: Der Wassergott verlangte von ihr, dass sie ihm vor lauter Liebe zu folgen hätte, doch sie wollte ihren See um keinen Preis verlassen. Da versprach er ihr ein größeres und schöneres Gewässer und schlug mit seinem obligaten Dreizack an die Felsen der Rocca, gewaltige Fluten brachen hervor und füllten das Tal mit einem weiten See. Das wirkte überzeugend, denn wie die Sage weiter vermerkt, stürzte sich Engardina sogleich mit ihrem Gott hinein, wobei ihr Haar dem Wasser jene blaue Farbe verlieh, die die Touristen noch heute bestaunen. Zugetragen hat sich die ganze Sache hier in Garda, weshalb Ort und See den Namen der Fee tragen. Die tiefe Wahrheit dieser Entstehungsgeschichte des Sees enthüllt sich jedoch jedem, der wenige hundert Meter hinter der Punta San Vigilio seinen Wagen auf dem schmalen Parkplatz an der rechten Straßenseite abstellt und von der dortigen Aussichtsterrasse seinen Blick über die Bucht von Garda schweifen lässt. Im weiten Rund liegt der Ort inmitten der Pracht einer subtropischen Vegetation von größter Vielfalt; Zypressen, Pinien, Zedern, Ölbäume, Myrten, Oleander, Lorbeer, Eichen, Obstbäume und Blüten in allen Farben säumen Berghänge, Straßen und das Ufer, dessen helle Kiesstrände aus dem üppigen Grün hervorleuchten. Besonders aber das Wasser der Bucht ist berühmt für seine Farben, die je nach Wind und Sonnenstand vom tiefsten Blau über die zartesten pastellenen Grüntöne bis zu den goldglitzernden Wellen des Sonnenuntergangs reichen. Abgeschlossen wird der weite Buchtbogen von der selbst bei hellem Sonnenlicht düster und abweisend wirkenden Rocca di Garda, die sich steil aufsteigend mehr als 200 m über den See erhebt und mit ihrem ebenen Gipfel wie ein Tafelberg wirkt: Dies ist der uralte Festungsberg des Gardasees, der dem zu seinen Füßen liegenden Ort seine eigentliche Bedeutung durch das ganze Mittelalter verlieh, sodass schließlich dieser Name auf den See überging und das römische *Benacus* verdrängte.

Die Schönheit dieser Bucht und ihr mildes Klima waren schon früheren Generationen nicht verborgen geblieben. Am Fuße der Rocca fanden sich Spuren eines Pfahlbautendorfes und oben darauf die eines keltischen Heiligtums. Vor allem aber unter den Ostgoten Theoderichs des Großen mit seiner Residenz in Verona, dem Dietrich von Bern der deutschen Sage (Verona ist das *Bearn* der Goten, eine Lautverschiebung von v zu b, durch die auch Ravenna zum gotischen ›Raben‹ wurde), war der Ort von Bedeutung, denn wenn nicht alles täuscht, stand im 5. Jh. auf der Rocca von Garda *(Ze Garten)* die Burg Hildebrands, Theoderichs Heerführer, dem Helden zahlreicher althochdeutscher Dichtungen. Der Name Garda leitet sich vom germanischen *wardon* (beobachten) ab; im Ausdruck ›Warte‹ hat sich die Bedeutung bis heute erhalten. Bis zur althochdeutschen Dichtung wurde vermutlich aus dem w ein g, sodass der *warden* über dem See nun *garden* hieß. Auch das italienische ›guardare‹ bedeutet beobachten. »In den Gedichten des gotischen Sagenkreises, im Laurin und Walberan, Alpharts Tod und Dietrichs Flucht, der Rabenschlacht und Sigenot, den vielen Fassungen des Wolfdietrich und Dietrichs Abenteuern finden wir das Land zwischen Bozen, Brescia (Brixia), Verona und Mailand als Land am Garten oder Gartensee, als Lamparten ...«. Im ›Ortnit‹ wird erzählt: »Brissan und Berne was

Der Blick über das weite Rund der Bucht von Garda mit ihrem geschichtsträchtigen Tafelberg gilt als Inbegriff der mediterranen Erscheinung des Gardasees.

im undertan, im dienten uf Garte tegelich zwenundsiebzig man« und »sie sanden ir uf Garte die spise und auch den vin«. Im ›Wolfdietrich‹ aber wird berichtet: »noch lebte uf Garte in sorgen diu arme kunigin.« (Riedl). Eine besorgte Königin sollte die Rocca noch einmal sehen, doch nahmen erst einmal die Langobarden den Platz in Besitz. Im Jahre 712 wird die Burg in einer Urkunde Liutprands erwähnt. Nach den Langobarden kamen die Franken, die den Ort ebenfalls zu schätzen wussten: Sie erhoben das Gebiet sogar zur Grafschaft, einer von Verona unabhängigen Herrschaft mit Sitz des Grafen auf der Rocca. Die Festung war noch jahrhundertelang der bestimmende Teil der Geschichte der Bucht, bis nach ihrem Ende im späten Mittelalter Garda aufblühte und zu jenem reizvollen Städtchen von ganz venezianischem Charakter wurde, als das man es heute noch erleben kann. Garda wurde der Sitz der Herrschaft Venedigs am See, hier steht der Palazzo del Capitano, jenes venezianischen Beamten, der dem Rat der in der Gardesana dell'Acqua vereinigten Uferstädte vorstand. Dies ist nicht der einzige Palazzo Gardas geblieben. So steht gleich, wenn die Gardesana noch vor dem Ort den Hafen berührt, gegenüber in einem prachtvollen Park die schlossähnliche **Villa Albertini** mit großen Türmen und historisierend nachgeahmten ghibellinischen Zinnen. In dieser Villa empfing König Carlo Alberto von Piemont am 10. Juni 1848 jene Delegation, die ihm das Dokument mit dem Anschluss der Lombardei an sein Königreich brachte.

Es gab noch mehr Paläste in Garda, doch sind sie in den letzten zwei Jahrhunderten der Armut untergegangen und nur noch als verbaute Gebäudeteile zu erkennen. Wenn man von Norden kommt, betritt man die Altstadt durch ein Stadttor, das Teil des **ehemaligen Palazzo Fregoso** (1510) ist, zu erkennen an einer noch vorhandenen Freitreppe, die zu einem Renaissance-Portal führt, daneben ein schönes Biforienfenster. Am Seeufer steht noch die mit Arkaden und einer fünfteiligen Loggia gestaltete Front des **ehemaligen Palazzo Carlotti,** die sog. Losa, die nach Plänen Sanmichelis erbaut wurde. Das Zentrum Gardas war und ist der (noch vollständige) **Palazzo del Capitano,** unverkennbar an seiner Fassade im Stile der venezianischen Gotik des 15. Jh. Der Platz davor jedoch ist neu: Hier befand sich der Hafen von Garda, der erst in jüngster Zeit zugeschüttet und durch eine weit in den See hinausgebaute Mole ersetzt wurde; ein schwer begreifliches städtebauliches Sakrileg, da sich der Ort damit einer seiner malerischen Ecken beraubt hat.

Der langobardische Bogenstein (7. Jh.) im Kreuzgang neben der Pfarrkirche von Garda markiert nur ein Datum in der ereignisreichen Geschichte des Ortes.

Durch das südliche Stadttor erreicht man die auffallend weit außerhalb des alten Mauerrings liegende Pfarrkirche **Santa Maria Maggiore,** ein Bau der Zeit um 1500, jedoch 1774 und 1830 barockisiert; die Kirche hat außer einem hölzernen Kruzifix des 16. Jh. und dem wenig einfallsreichen Tafelbild eines hl. Blasius (vermutlich von Palma il Giovane) wenig Erfreuliches zu bieten. Erheblich interessanter wird es, wenn man das Tor rechts neben dem Kirchenportal durchschreitet und sich im weiten Geviert des **ehemaligen Kreuzganges** befindet. Der in der Gesamterscheinung noch recht harmonische Gebäudekomplex (angebaut ein Pfarrhaus) stammt in seinen Anfängen aus dem 14. Jh.; es lassen sich noch Reste einer einstmals großflächigen dekorativen Ausmalung in den Gewölbefeldern entdecken. Vor allem aber befindet sich hier ein kunsthistorisch wichtiger **Stein:** Steigt man rechts vom Tor die Treppe hinauf, steht man vor einer Tür, die oben von einem seltsamen Bogen gerahmt wird, der offenbar eine Seite eines Ziboriums darstellt. Er zeigt im Flachrelief einen Pfau, stilisiertes Getreide und eine Traube und erweist sich in der Wahl der frühchristlichen Symbole wie der Bearbeitungstechnik als eine langobardische Schöpfung des 7. Jh.; auch im Turm sind drei Steinspolien mit ähnlichen Darstellungen eingemauert. Damit erklärt sich der ungewöhnliche Standort der Kirche außerhalb der Altstadt von Garda: Sie steht hier auf dem geweihten Boden eines langobardischen Vorgängerbaus. Wenn man den Kreuzgang verlässt und einen Blick auf den gesamten Gebäudekomplex wirft, wird man bemerken, dass die Kirche direkt zu Füßen des steil ansteigenden Hanges der Rocca di Garda liegt. Die ursprüngliche Kirche, von der man weiß, dass sie in die Befestigung des Berges einbezogen war, wird somit die Burgkapelle gewesen sein, denn den Ort Garda dürfte es im 7. Jh. noch nicht gegeben haben. Von hier führt auch der steile Weg hinauf, und stilgerecht sollte man erst oben, in der einsamen Stille der spärlichen Ruinen, ein grandioses Panorama vor Augen, den Fortgang der letzten Kämpfe um ein langobardisch geeinigtes Italien verfolgen, die in den Ereignissen um diesen Festungsberg ihr dramatisches Ende fanden.

Wo waren wir in der Bar Berengario stehengeblieben (s. S. 67)? Gerade war Kaiser Berengar I. in Verona ermordet worden, noch bevor der Krieg gegen den von Teilen des Adels ins Land gerufenen Gegenkönig Rudolf II. von Hochburgund entschieden war. Im selben Jahr 924 wird dieser Rudolf alleiniger Herrscher in Oberitalien, doch als wenig später sein zur Unterstützung anrückender Schwiegervater bei Novara überfallen und niedergemacht wird, verlässt er eiligst das Land und kehrt nach Burgund zurück. Im Königreich Niederburgund gab es zur gleichen Zeit einen ehrgeizigen Grafen Hugo von Vienne, der dort zwar die faktische Regierungsgewalt ausübte, aber standesmäßig nach dem König Ludwig dem Blinden nur die zweite Garnitur stellte. Nur allzugern nahm er daher den Ruf an, den der langobardenfeindliche Adel Italiens an ihn richtete, um dort den Thron zu besteigen. 926 wird er in Pavia gekrönt und sogar von Byzanz anerkannt, das ebenfalls ein Wiedererstarken der Langobarden fürchtet. Dies um so mehr, als im Jahre 941 ein Enkel des ermordeten Kaisers mit dem klangvollen Namen Berengar von Ivrea auftritt und den Königstitel für sein Geschlecht zurückfordert. Zunächst kann er von Hugo vertrieben werden; er muss sich an den deutschen Hof flüchten, wo er berechnende Gastfreundschaft findet, da dem wieder erstarkenden deutschen Königtum die Macht Burgunds im selbst beanspruchten Italien ein Dorn im Auge war. Im Jahre 945 schlägt dann die Stunde des Berengar von Ivrea; er fällt von Deutschland aus durch das Etschtal in Oberitalien ein und vertreibt den einstmals mächtigen Hugo, der in die Provence flüchtet – jedoch vermählt dieser seinen Sohn Lothar mit Adelheid, der Tochter des ebenfalls aus Italien geflohenen Rudolf II. von Hochburgund. So stand Berengar mit seinem Anspruch auf Inauguration des langobardischen Königtums der legitimen Verbindung gleich zweier Kinder von ehemaligen italienischen Königen gegenüber; die Bühne war reif für das Nacht-und-Nebel-Stück um den Burgberg von Garda.

Berengars Macht gegenüber dem jungen Königspaar wuchs von Tag zu Tag, jenes muss sich schließlich nach Turin zurückziehen, wo

König Lothar im Jahre 950 an einem rätselhaften Fieber stirbt – bis heute ist die Frage ungeklärt, ob es ein Giftmord Berengars war, doch spricht manches dafür. Jedenfalls ließ er sich noch im selben Jahr zusammen mit seinem Sohn als Berengar II. zum italienischen König krönen: Sein Ziel, der einzig berechtigte Inhaber dieses Throns nach der Ausschaltung der burgundischen Konkurrenz zu sein, schien erreicht – da fiel sein Blick auf die junge und schöne Adelheid, die Witwe Lothars, und es war ihm klar, dass jeder mögliche nächste Ehemann die somit angeheirateten Ansprüche auf die italienische Krone gegen ihn geltend machen würde. So hieß es rasch handeln: Adelheid wurde überfallen und entführt; vor Berengar gebracht, wurde ihr eröffnet, dass sie seinen Sohn Adalbert zu heiraten hätte, womit auch alle burgundischen Ansprüche auf den Königstitel an die langobardische Dynastie gebunden gewesen wären. Eine ideale Lösung – doch da geschah Unerhörtes: Adelheid weigerte sich. Dass in solchen Kreisen eine Frau es wagte, ihr Schicksal selbst bestimmen zu wollen, erforderte mehr Mut, als man sich heute vorstellen kann: Prompt traf sie die wütende Reaktion des Königs Berengar, der seine Pläne von so unerwarteter Seite durchkreuzt sah. So betrat die ehemalige Königin am 19. April des Jahres 951 als Gefangene die schwerbefestigte **Rocca di Garda,** denn für eine solch gefährliche Person war kein Gefängnis sicher genug. Auch das auf der Rocca nicht, wie sich zeigen sollte, denn es geschah noch Unerhörteres: Anstatt dass der Kerker Adelheid gefügig gemacht hätte, war sie eines Morgens verschwunden, geflohen zur Nacht, den halsbrecherischen Berghang der Rocca hinunter zum Ufer des Gardasees. Von Feinden des langobardischen Königtums wurde sie auf die Burg von Canossa in Sicherheit gebracht. Dort herrschte damals Azzo, Urgroßvater jener Gräfin Mathilde, die auf der Burg saß, als sich Jahre später ein Papst dorthin flüchtete und ein deutscher König im Büßergewand seinen berühmten Canossa-Gang zu ihm inszenieren musste. Wäre damals die Angelegenheit auch so leicht aus der Welt zu schaffen gewesen, Berengar wäre leichten Herzens die wenigen Meter von seinem Prunkzelt zum Burgtor auf den Knien gerutscht, wie es Jahre später Heinrich IV. so erfolgreich tat. So aber braute sich über Berengars Haupt genau das zusammen, was er befürchtet hatte: Adelheid begegnete auf Canossa dem deutschen König Otto I. – und der war noch unverheiratet; zudem war er gerade dabei, die Chancen einer Wiedereingliederung des seit der Frankenherrschaft formell zum Deutschen Reich gehörigen Italien zu untersuchen. Da kam ihm die thronberechtigte Adelheid wie gerufen, und was dann geschah, beschreibt Gregorovius so: »Otto I., von Schlachtenruhm glänzend, durch königliche Herrschaft und Weisheit ein zweiter Karl der Große, (zog) mit Waffengewalt von Deutschland herbei. Bei seinem Nahen verstreute sich das lombardische Heer Berengars; er bot Adelheid seine Hand und vermählte sich mit ihr am Ende des Jahres 951 in Pavia. In seinen kraftvollen Armen war die junge Lombardenkönigin das Symbol des ihm hingebotenen Italien.« So hätte die deutsche historische Literatur die Sache zweifellos gerne gesehen, indes bot Otto niemand Italien hin und auch Berengars Heer zerstreute sich keineswegs. In einer wütenden Schlacht versuchten Berengars Söhne Adalbert und Wido, die deutschen Truppen in der Talenge der Veroneser Klause aufzuhalten und unterlagen; sie flüchteten sich hierher hinter die Mauern der Rocca von Garda, wo sie den Berg noch zwei Jahre lang gegen Ottos Armee verteidigten. Berengar zog sich in einige uneinnehmbare Bergfestungen am Alpenrand zurück, von wo aus er einen jahrelangen zähen Guerillakrieg gegen den neuen Rex Francorum et Langobardorum führte. Darin war er im Laufe der Zeit so erfolgreich, dass der Papst, um seine Macht in Italien fürchtend, den eben von ihm zum Kaiser gekrönten Otto I. abermals nach Italien rief. Der schritt im Jahre 963 gründlich zur Tat, besiegte Berengar und schleppte ihn als schwer bewachten Gefangenen nach Deutschland. Berengar von Ivrea hat Italien nie wieder gesehen, er starb 966 in seinem Kerker zu Bamberg. Dies war das unwiderrufliche Ende des italienischen Nationalkönigtums.

200 Jahre später richteten sich nochmals alle Augen nach Garda. Kaiser Friedrich I. Barbarossa zog mit einem großen Heer gegen den Veroneser Städtebund, einem Vorläufer der mächtigen Lombardischen Liga. Während sich ihm alle Städte Oberitaliens unterwarfen, leistete allein die Festung über dem Gardasee Widerstand. Über ein Jahr lang verteidigte Turrisendo dei Turrisendi, einer der einflussreichsten Adeligen Veronas und somit einer der Führer des antideutschen Aufstandes, die Rocca. Es gelang Barbarossas Truppen nicht, sie zu stürmen; trotz der kaiserlichen Erfolge war der Beweis erbracht, dass er nicht unbesiegbar war.

Danach ist die Zeit der Bedeutung für die Rocca di Garda vorbei. Die Scaligeri bevorzugen befestigte Hafenstädtchen am Seeufer, die Burg auf dem Berg scheint verfallen zu sein. Denn brauchte man früher Jahre, um sie zu erobern, so berichten die beiden mailändischen Heerführer, die mit ihren Truppen gegen Verona rücken, um die Scaligeri zu stürzen, dass sie am 18. Juni 1387 die Rocca nach einer Belagerung von nur acht Stunden erobert haben. Das Ende der heute fast völlig verschwundenen Bergfestung liegt im dunkeln, einige Autoren behaupten, sie sei um 1600 von den Venezianern endgültig geschleift worden. Dennoch ist der kurze, aber beschwerliche Aufstieg unbedingt zu empfehlen. Der alte Weg führt vom Parkplatz hinter der Pfarrkirche bergauf zu den Ruinen einer Torburg und der uralten Umfassungsmauer des Plateaus. Vor allem aber hat man vom Steilabbruch des Felsens einen atemberaubenden Blick über die Bucht von Garda und den ganzen südlichen See. Eben dort hat man die Fundamente eines römischen Wachturms ausgegraben; überhaupt ist das Plateau übersät von geheimnisvollen archäologischen Fundstätten. Den Höhepunkt der eindrucksvollen historischen Szenerie bildet ein großer, senkrechter Felsen, in den ein tiefer Sitz eingemeißelt scheint, im Volksmund nennt man ihn natürlich ›Sitz der Adelheid‹.

Bardolino und Cisano

Bardolino☆
Besonders sehenswert:
San Severo
San Zeno

Das Ortsbild von **Bardolino** ist hübsch und altertümlich, doch nicht so romantisch wie sein Ruf. Lebhaft geht es am großen **Hafen** zu, an dem sich mit einer Turmruine der letzte Rest einer Burg der Scaligeri erhalten hat, die wahrscheinlich schon einen Vorgängerbau aus der Zeit Berengars hatte. Von der weitgehend verschwundenen Stadtbefestigung der Veroneser Herren stehen noch ein Turmrest am Lungolago und zwei Stadttore. Der anziehendste Teil Bardolinos ist sein großer Platz, der sich vom Hafen, gesäumt von Läden, Cafés und Trattorien, quer durch die Altstadt bis zum großen Säulenaufbau der Pfarrkirche **Santi Nicolò e Severo** zieht – ein uninteressantes Beispiel der italienischen Neoklassik um 1840. Doch besitzt Bardolino mit San Severo, San Zeno und Santa Maria im benachbarten Ortsteil Cisano drei höchst bemerkenswerte Kirchen, in denen sich der Aufstieg des Langobardenreiches und seiner Kultur, sein Sturz durch die Franken und seine ideelle Wiederkehr in einer ganz Oberitalien prägenden ›lombardischen‹ Kunst versinnbildlicht. Alle drei sind nicht groß, doch wenn man ihre Architektur und ihre plastischen Details zu deuten vermag, kann man darin wie in einem steingewordenen Almanach der Ereignisse des frühen Mittelalters lesen.

Geht man vom Ortskern durch einen kleinen Park hinauf zur Gardesana, wo ein hoher, aus Bruchsteinen gemauerter Kirchturm das Ziel anzeigt, so steht man nach wenigen Minuten vor der Fassade von **San Severo,** das sich als ein klassisches Stück romanisch-lombardischer Architektur und Malerei darstellt – doch birgt die Kirche die Reste eines älteren Vorgängerbaus aus dem 8. Jh. Mit ihm beginnt die Geschichte, und deren Anfang ist hinter dem Hochaltar wieder sichtbar gemacht worden: Dort blickt man hinunter in das Rund der in der großen Ostapsis ausgegrabenen langobardischen Krypta. Als sie noch eingewölbt war, muss es ein gedrungener, düsterer Raum gewesen sein, der gleichwohl liebevoll ausgestattet war: Sechs niedrige Arkadenbögen ruhten auf zwei Säulchen und mehreren kleinen Pfeilern, der Säulenstumpf in der Mitte trug die Wölbung. Schaut man sich die Pfeiler genauer an, bemerkt man schlichte Flechtbandornamente in eben jener unregelmäßigen Form, die die alles am Ideal der klassischen Antike messenden italienischen Kunsthistoriker an der langobardischen Kunst so verzweifeln lässt. Man weiß, dass diese höhlenartigen Krypten für die Langobarden die heiligsten Orte waren, denn für sie als Arianer, die Jesus nur als gottähnlich, nicht aber als gottgleich betrachteten, gab es keine auf ihn sich gründende Amtskirche, die sich zwischen sie und ihren Gott zu stellen hatte. Die Angst des Papstes vor diesem ganz Italien beherrschenden Volk, das ihn nicht als Vertreter Gottes anerkennen wollte, ließ ihn schließlich die Franken ins Land rufen, deren König Karl seine langobardische Frau verstieß und deren Reich zerschlug, wofür er die Kaiserkrone erhielt. (Würde man dem Ablauf der Geschichte folgen, müsste man eigentlich von der Krypta in San Severo hinübergehen in die nächste Kir-

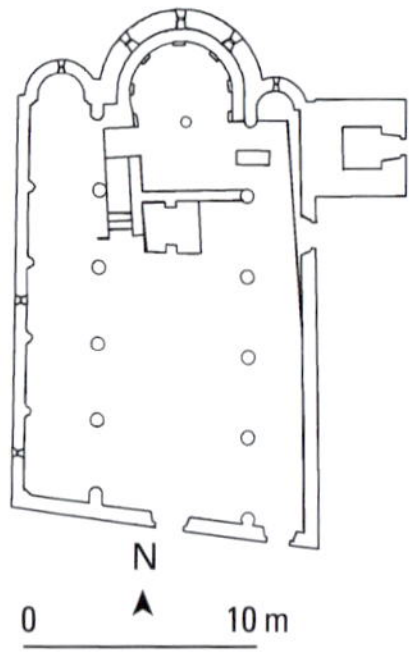

San Severo, Grundriss

Die dreiapsidiale Ostpartie der romanischen Kirche San Severo in Bardolino steht über einer langobardischen Krypta des 8. Jh.

che, San Zeno. Denn dies ist die Kirche der Sieger, ein fränkischer Bau des frühen 9. Jh. mit einem vollkommen andersartigen Raumempfinden.) So wurde die langobardische Krypta zugeschüttet und über ihr entstand im 11. Jh. die Kirche San Severo. Inzwischen war auch das Frankenreich untergegangen, und – wie im vorigen Kapitel zu lesen – die Langobarden nach einem letzten gescheiterten Versuch ihres Adels, sein Königreich wieder zu errichten, mit der romanischen Bevölkerung Italiens verschmolzen. Sie übernahmen deren Sprache und Lebensart, aber bereicherten deren Kunst um ihre Tradition. So entstand während der Romanik die ›lombardische Kunst‹ Oberitaliens, die eine ihrer Eigenheiten darin besitzt, die Flächen der Wände nicht architektonisch mit Fenstern oder Zwerggalerien aufzubrechen, sondern sie mit Lisenen, Rundbogen- und Schmuckfriesen gleichsam zu reliefieren, ganz in der Tradition der vollkommen unplastischen, allein vom Formenreichtum der verschlungenen Flechtbänder lebenden großen Reliefplatten der langobardischen Zeit. Hinter diesen eigenartig belebten, massigen Kirchenfassaden entstanden weite, jedoch dunkle Innenräume, meist dreischiffig, unterteilt von lastenden Arkadenbögen auf schweren Säulen oder Pfeilern, die selten ein Gewölbe, meist einen offenen Dachstuhl tragen – das edelste Beispiel der lombardischen Romanik Italiens steht nicht weit entfernt in Verona (San Zeno, S. 245ff.). Hier in San Severo befindet man sich gewissermaßen in einer ländlichen Ausgabe dieses Stils, die in eigenwilliger Schlichtheit alle seine Merkmale zeigt: Die dreiapsidiale Ostpartie ist mit Rundbogenfriesen und Schmuckgesimsen effektvoll verziert, das Innere zeigt auf streng basilikalem Grundriss vier Paare gemauerter, zweifarbiger Säulen mit skulptierten Kapitellen; ein knorriges Holzdach deckt über den die drei Schiffe trennenden Bögen den Innenraum.

Die große Besonderheit von San Severo ist der verblichene, aber weitgehend erhaltene Freskenschmuck, der aus der ersten Hälfte des 12. Jh. stammt und einst die gesamten inneren Kirchenwände bedeckte. Auf den ersten Blick ist erkennbar, dass diese Wandbilder in keiner Weise der klassischen byzantinischen Tradition einer seit Jahrhunderten festliegenden Ikonographie verpflichtet sind. Sie entstammen eindeutig der nordischen Freskomalerei der Romanik, die auf lebendige erzählerische Darstellung Wert legte. So sind die einzelnen Szenen nicht getrennte, durch Umrahmungen abgegrenzte Bilder, sondern ohne Unterbrechung hinter- und ineinandergemalt. Es dominiert die zeichnerische Darstellungsweise, bei der auf die plastische Durchformung der einzelnen Figuren kein Wert gelegt wird. Dafür kam es dem Freskanten um so mehr auf die Lebendigkeit und Intensität der Erzählung an. Neben zahlreichen verblichenen Freskofragmenten sind besonders die Bilder an den Bögen des Mittelschiffs bemerkenswert. Über den Aposteln sind Szenen der Apokalypse des hl. Johannes zu erkennen: Christus zwischen den sieben goldenen Kandelabern, die 24 Ältesten, der Höllenschlund, dem die Teufel entspringen, die Pferde mit dem Löwenkopf und dem Schlangenschweif, der siebenköpfige Drachen vor der die Kirche symbolisierenden Frau, dazwischen die Vision einer brennenden Stadt und der hl. Michael, der mit seinen Engeln den Kampf gegen Satan gewinnt. Auf den gegenüberliegenden Bögen befinden sich Passionsszenen: Abendmahl, Herodes befragt Jesine, Pilatus vor dem Volk, der Weg zum Kalvarienberg mit Simon, der Christus hilft das Kreuz zu tragen, und die Grablegung; darüber ist die ikonographisch kaum deutbare Darstellung einer Ritterschlacht zu sehen. Neben den prächtig verzierten Schmuckbordüren in den Laibungen der Arkadenbögen beachte man noch im linken Seitenschiff das gut erhaltene Freskofragment mit Christus als Erlöser und heiligen Bischöfen. Es entstammt erst dem späten 13. Jh., wirkt aber durch seine streng byzantinisierende Form älter als die anderen Bilder. Es ist somit ein weiteres Werk in jener Reihe konservativer romanischer Wandmalereien am Gardasee.

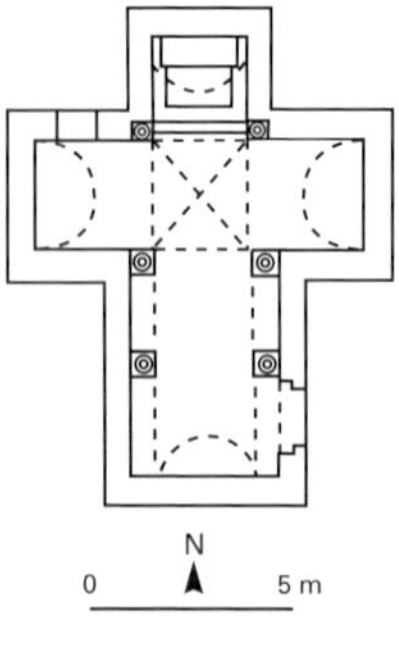

Grundriss der karolingischen Kirche San Zeno in Bardolino (9. Jh.)

Das historische Verbindungsstück zwischen der langobardischen Krypta von San Severo und der auf ihr erbauten romanischen Kirche bildet der nahe gelegene karolingische Bau von **San Zeno.** Der Weg dorthin führt nun etwa 200 m entlang dem Verkehrsgewühl auf der Gardesana nach Süden, bis bei einer kleinen Grünanlage links die schmale Via San Zeno abzweigt. Nach wenigen Schritten erreicht man ein Gehöft, das neben seinem Tor die Hausnummern 13 und 15 trägt; die bereits im 13 Jh. aufgegebene Kirche ist in diesen Gebäudekomplex verbaut, im Inneren jedoch unversehrt; die Besichtigung ist ohne weiteres gestattet.

Mit seinem Grundriss in strenger Kreuzform und den steil proportionierten Wänden mit der mächtigen Säulengalerie bietet der Innenraum von San Zeno einen der fremdartigsten Raumeindrücke, die man in den alten Kirchen des Gardasees erleben kann. Als der Frankenkönig Karl, später der Große genannt, das langobardische Reich niedergeworfen hatte, setzte er seinen Sohn Pippin als König von Italien ein und ließ ihn in Verona residieren. Mit ihm kamen die der päpstlichen katholischen Kirche besonders verpflichteten Mönchsorden zu Macht und Einfluss. Vor den Toren Veronas entstand die riesige Benediktinerabtei San Zeno, einst eine befestigte Klosterstadt, Lieblingsaufenthalt der deutschen Könige während ihrer Romzüge zur Kaiserkrönung; dieser Abtei übertrugen König Pippin und der Veroneser Bischof Ratoldo in einer Urkunde des Jahres 807 zahlreiche Besitztümer, zu denen auch die namensgleiche Kirche in Bardolino gehörte. Diese stellt somit einen der ältesten karolingischen Bauten auf italienischem Boden dar. Das Innere atmet in jedem seiner Details das von den zu römischen Kaisern beförderten Frankenkönigen verordnete Streben nach antiker Monumentalität: Nichts ist zu spüren vom Charakter der nur wenige Jahrzehnte vorher entstandenen dunklen Intimität der langobardischen Krypta oder der Atmosphäre der gedrungenen, breit gelagerten lombardischen Kirche; dieser Raum ist schmal und hoch, auf kreuzförmigem Grundriss, kein Holzdach deckt die Schiffe, sondern in enger Anlehnung an die favorisierten römischen Bauten ein Tonnengewölbe, das in der Vierung so extrem hochgezogen ist, dass innen der Eindruck eines nicht vorhandenen Vierungsturms entsteht. Den völligen Unterschied der räumlich und zeitlich so nahe gelegenen Bauten erklärt, dass hier eine konservative Wende in der Kunstpolitik eingetreten war, die unter dem Namen ›karolingische Renaisssance‹ in die Geschichte eingegangen ist. Das ganze kunstpolitisch-ideologische Programm der die Nachfolge des römischen Imperiums beanspruchenden Frankenkönige zeigt sich in den Kapitellen jener das Langhaus flankierenden sechs Säulen, für die die Kirche berühmt ist. Diese Säulen sind architektonisch eigentlich funktionslos, auf ihnen ruhen schmale, die Wände entlanglaufende Bögen, die keine tragende Funktion erfüllen: Es scheint, als habe man sie nur aufgestellt, um die großen Kapitelle darauf anzubringen, denn die zeigen formenreiche Nachbildungen römischer Vorbilder. Genauer gesagt, den Versuch einer Nachbildung, denn gelungen ist er nicht. Man sieht dies am besten am mittleren Kapitell der Nordwand; es stellt eine Vereinfachung eines korinthischen Kapitells dar, bei dem die Voluten zu schneckenartigen Gebilden geraten sind, mit seinen ungelenk gezeichneten Palmetten und den übergroßen Blüten besitzt das Stück jedoch einen urtümlichen mittelalterlichen Reiz, weit entfernt von antiker Perfektion. Ähnliches gilt für zwei Kapitelle der Südwand: Sie sind Nachahmungen eines spätrömischen Kapitells ionischer Ordnung, jedoch wirken sie ›barbarisch‹, wie ein Italiener sagen würde, ganz ohne die Eleganz und Harmonie ihrer klassischen Vorbilder. Wie sollte denn auch die in den Jahren der Völkerwanderung stilistisch völlig umorientierte Steinmetzkunst Oberitaliens plötzlich wieder vollendete Werke der Antike hervorbringen, nur weil der Frankenkönig Karl der Meinung war, sein römisches Kaisertum unter anderem mit einer propagandistisch gemeinten Neuauflage der Kunst des untergegangenen Rom zu legiti-

Nach dem Untergang des Langobardenreiches verordneten die fränkischen Sieger eine neue Kunst: Die ›karolingische Renaissance‹ sollte die Kunst des antiken Rom wiederbeleben – doch ist dieser Versuch nicht überall gelungen.

mieren. Im Ostteil von San Zeno haben sich noch Reste der alten Freskierung erhalten; man beachte insbesondere die im romanischen Stil gemalten Heiligen in den Nischen des Querschiffs.

Cisano

Der benachbarte Ortsteil Cisano gehört nicht zu den einladendsten Plätzen am See, doch sollte man den Besuch der Pfarrkirche **Santa Maria** nicht auslassen, denn hier findet sich ein weiterer Mosaikstein in der Geschichte der alten Kirchen von Bardolino. Der Bau, der in der Fassade deutlich den Einfluss der Veroneser Romanik verrät, entstand gegen 1130, doch erlitt er ein unwürdiges Schicksal: Im 19. Jh. brach man die ganze Kirche zwischen Fassade und Apsis ab und errichtete dazwischen ein Werk des italienischen Neoklassizismus. So ist nur das Äußere der alten Kirche geblieben, doch das ist interessant genug. Die Fassade ist eine architektonisch kaum gegliederte Fläche, allein ein kleiner hängender Portalvorbau nach Veroneser Art springt hervor. Sein Rundbogen mit dem Fresko des 16. Jh. darunter ruht auf zwei Säulen mit skulptierten Kapitellen (links eine menschliche Figur zwischen zwei Löwen); daneben rechts primitiv reliefierte Steine, die links einen Reiter mit Pferd, rechts Adler, Fisch und Pferd darstellen. Da man sich verschiedenfarbigen Marmor oder Sandstein nicht leisten konnte, wurde die Fassade durch einen Wechsel von Lagen schlichter runder Flusssteine und rötlicher Tonziegel chromatisch gegliedert. Billig, aber effektvoll – einzig ein schönes Biforienfenster bricht die Fassade auf (die beiden kleinen Rundbogenfenster neben dem Portal sind spätere Zutaten). Bei Ausgrabungen entdeckte man auch hier eine verschüttete langobardische Krypta und eine uralte Inschrift eines Presbyters Teupo. Lange galt daher die Steinplatte, die neben der ebenfalls mit zweifarbigen Steinen gut gegliederten Apsis eingemauert ist, als langobardische Darstellung von Adam und Eva; doch dürfte das unbeholfene Relief erst später entstanden sein. Weitere Zeugnisse langobardischen Stils sieht man außen an der Kirche in Form mehrerer eingemauerter Schmuckplatten, und die geben allerdings ein Rätsel auf. Die Platten befinden sich hoch oben über dem Biforienfenster der Westfassade und sind ohne Zweifel Spolien eines älteren Vorgängerbaus. Sie zeigen zwischen langobardischer Flechtbandornamentik einen zusammengekrümmten Drachen, der sich die Tatze leckt (linke Platte), daneben eine Schale mit Trauben und andere frühchristliche Motive. Der Kunsthistoriker Arslan datiert die gut erhaltenen Stücke ins 9. oder 10. Jh. – also in karolingische Zeit. Die Vermutung ist trotz der offensichtlich früher zu datierenden Motive und Ornamente sowie der typisch langobardischen Flachrelieftechnik nicht von der Hand zu weisen: Wer schon mehrere langobardische Reliefplatten mit der charakteristischen Unregelmäßigkeit und Schwerfälligkeit ihrer verschlungenen Ornamentik gesehen hat, dem wird hier an den Platten in Cisano deren streng proportionierte Flächenaufteilung, ihre klassische Symmetrie

Aus Flusssteinen erbaute Fassade der Kirche Santa Maria in Cisano. Sie trägt drei karolingische Reliefplatten über dem Biforienfenster, die merkwürdigerweise langobardische Motive zeigen.

auffallen. Ein karolingischer Langobardismus? Sollte hier ein Künstler des 9. Jh. bei seinem Versuch, antiken Vorbildern nachzustreben, ausgerechnet eine langobardische Vorlage gewählt haben? Oder ein Zeichen, dass sich die karolingische Kunstdoktrin außerhalb ihrer Machtzentren nur verwässert durchgesetzt hat? Man weiß es nicht, und vollends rätselhaft werden die Spolien in Cisano, wenn man links vom Portal den Torbogen durchschreitet und an die Kirchenwand neben dem Kapellenrund schaut. Dort sind große Bruchstücke einiger Schmuckplatten eingemauert, die in der Schwere der ausgeführten Flechtbandornamente einen deutlich anderen Charakter zeigen als die glatten Darstellungen auf den Platten der Fassade. Sie verweisen auf eine frühere Entstehung und scheinen tatsächlich langobardische Schöpfungen zu sein.

Nicht versäumen sollte man den Besuch des **Ölmuseums** am südlichen Ortsende von Cisano. Seine Exponate führen in die ökonomische Geschichte des Ostufers, die jahrhundertelang das Einkommen und die Lebensmöglichkeiten seiner Bevölkerung bestimmte. Den Anbau des Ölbaums führten hier schon die Römer ein, Dokumente des 9. und 10. Jh. bezeugen, wie begehrt das Öl vom Gardasee schon damals war. Es war jedoch die Republik Venedig, die nach der Machtübernahme im frühen 15. Jh. die Gewinnung des Olivenöls entscheidend förderte und 1623 sogar die ausschließliche Bebauung aller geeigneten Flächen mit Ölbäumen befahl. Die Geschichte des Anbaus und der Ölpressung ist im Museum vorbildlich dokumentiert. Nach langer Vernachlässigung gehört das hiesige Öl mit seinen harmonischen Aromen und seinem geringen Säuregehalt heute wieder zu den Spitzengewächsen seiner Art; Anregungen bietet der Laden im Museum.

Von Bardolino empfiehlt sich für Interessierte noch ein Ausflug in das 5 km östlich gelegene **Cavaion Veronese.** Das archäologische Museum im Rathaus zeigt neben Funden aus der Bronzezeit die Grabbeigaben der ganz in der Nähe freigelegten römischen Nekropole von Bossema.

Lazise

Lazise☆

Fährt man weiter nach Süden, entlang den immer flacher werdenden Hügeln, auf denen der glutrote, aber selbst kühl serviert leicht überschätzte Bardolino gedeiht, so bietet sich bald das noch ganz mittelalterlich anmutende Panorama von Lazise. Die Altstadt um das schmale, weit zwischen die Häuser hineingezogene Hafenbecken liegt umschlossen von der noch vollständig erhaltenen **Stadtbefestigung** aus der Zeit um 1370, daneben ein **Kastell** mit steilen Mauern und sechs Türmen, alles bekrönt von umlaufenden Wehrgängen hinter schwungvollen Schwalbenschwanzzinnen: Lazise zeigt eines der wenigen unversehrt gebliebenen Bilder der typischen Festungsstädtchen der Scaligeri, mit denen die Herren von Verona das ganze Seeufer von Riva bis Sirmione bestückt hatten. Hier in Lazise darf kein Auto die drei Tore des Mauerrings durchfahren, weshalb sich das von außen so eindrucksvolle Ensemble mittelalterlicher Wehrbauten auch im Inneren als sehr reizvolle winklige Stadtanlage präsentiert. Das Kastell der Scaligeri darf man auch heute nicht betreten, denn es befindet sich in Privatbesitz ebenso wie die prunkvolle **Villa Bernini** am Seeufer; in ihren weitläufigen Park, der bis zur Stadtmauer reicht, ist die Burg wie ein monumentales Dekorationsstück einbezogen.

Thronende Madonna (um 1400) im ländlichen Veroneser Stil an der Außenwand der Kirche San Nicolò

Warum gerade hier Wert auf die Erhaltung der fortifikatorischen Effizienz der Befestigungen der Scaligeri gelegt wurde, wo sie doch in allen anderen Orten des Sees nur noch in Bruchstücken zu sehen sind, hat seinen eindeutigen Grund. Nach der Unterwerfung Veronas unter die venezianische Herrschaft verlief die umkämpfte Grenze zwischen den tödlich verfeindeten Stadtstaaten Venedig und Mailand quer durch den Gardasee; nach der Niederlage der in Riva stationierten mailändischen Kriegsflotte gegen die über das Gebirge transportierte und überraschend in Torbole ins Wasser gesetzte venezianische Flotte (s. S. 54) wurde Lazise zum Kriegshafen der Serenissima am Gardasee ausgebaut. Diese Funktion prägt noch heute den Grundriss der Stadt: Da der Platz um den Hafen vom Arsenal und der Soldatenkirche eingenommen wurde, öffnet sich die Umbauung des Hafens am oberen Ende zu einem zweiten Platz, auf dem der Markt abgehalten wurde. Diese beiden ineinander übergehenden, vollständig von alten Fassaden gesäumten Plätze gehören zu den charaktervollsten Stadtbildern, die sich am Gardasee erhalten haben. Im einzelnen ist die romanische Kirche **San Nicolò** neben dem Hafenbecken bemerkenswert. Ende des 12. Jh. erbaut und dem Patron der Schiffer geweiht, hat die Kirche eine seltsame Geschichte: Nach mehreren baulichen Veränderungen und der Nutzung durch die im benachbarten Arsenal stationierten Soldaten kam sie so herunter, dass sie nach einer Visite des Veroneser Bischofs als für religiöse Handlungen unwürdig erachtet und geschlossen wurde. 1792 brach man den Portikus ab, um fahrende Händler und Landstreicher ihres trockenen Schlafplatzes zu berauben; schließlich wurde die Kirche Ende des 19. Jh. sogar zu einem Theater mit dem Namen ›Gottardo Aldeghieri‹, nach einem seinerzeit berühmten Tenor, der aus Lazise stammte. Erst 1953 wurde der Bau restauriert; dabei entdeckte man mehrere Fresken, die zwar bis auf eine Ausnahme in mäßigem Zustand sind, doch ein gewisses kunsthistorisches Interesse beanspruchen können. An der nördlichen Außenwand ist eine thronende Madonna zu sehen, die Anfang des 14. Jh.noch in byzantinisierenden Formen gemalt wurde. Diese Beibehaltung der romanischen Stilelemente, die man am Ostufer des Sees in verschiedenen Werken fast in jedem Ort finden kann, ist typisch für die provinzielle Veroneser Malerei des frühen 14. Jh. Zwischen Kirche und See steht das lang gestreckte Gebäude der Dogana, das ehemalige Arsenal der venezianischen Flotte. Das Gebäude wurde seit dem 17. Jh. als Lager- und Zollhaus genutzt, woher sein heutiger Name rührt. Die Dogana ist innen ein einziger 900 m^2 großer und 10 m hoher Raum mit einer offen liegenden hölzernen Dachkonstruktion.

Mit großen Bögen öffnet sich das ehemalige Arsenal von Lazise zum See, Stapelplatz der Waffen für die hier stationierte venezianische Kriegsflotte. Um nicht in die Hände der feindlichen Liga von Cambrai zu geraten, versenkte sich die Flotte selbst im Jahre 1509 wenige hundert Meter vor Lazise.

Venedig erlitt im Krieg gegen die Liga von Cambrai eine militärische Niederlage, die politisch aber keine war: »Im Frieden waren die Städte der Terraferma gar nicht oder mit unglaublich geringen Garnisonen besetzt. Venedig verließ sich nicht gerade auf die Pietät, wohl aber auf die Einsicht seiner Unterthanen; beim Kriege der Liga von Cambrai (1509) sprach es sie bekanntlich vom Treueid los, und ließ es darauf ankommen, dass sie die Annehmlichkeiten einer feindlichen Occupation mit seiner milden Herrschaft vergleichen würden …«
Jacob Burckhardt

Die wehrhaften mittelalterlichen Bauten Lazises, die der Stadt heute ihr malerisches Ambiente verleihen, haben in früheren Zeiten allerdings für ein wenig gemütliches Dasein gesorgt, denn kriegswichtige Einrichtungen ziehen den Krieg an wie die Motten das Licht. In den letzten Tagen der Scaligeri zog 1387 eine mailändische Armee zur Eroberung Veronas am Ostufer des Gardasees entlang und nahm eine Hafenstadt nach der anderen; das schwerbefestigte Lazise konnte das Heer eine Woche aufhalten, dann wurden die Mauern gestürmt. Als Venedig fast den ganzen See beherrschte und mit Mailand aneinander geriet, bemächtigten sich 1428 die Visconti des Seestädtchens, das die venezianischen Truppen nur nach langer Belagerung zurückerobern konnten. Schließlich kam der Krieg der Lagunenstadt gegen die von Papst Julius II. zusammengebrachte Liga von Cambrai (Frankreich, Deutschland, Spanien und die Kurie), und da befand sich 1509 Venedig auf dem Höhepunkt der Kämpfe überall auf dem Rückzug. Am 14. Mai 1509 unterlagen die Venezianer in der Schlacht von Agnadello, die Truppen der Liga besetzten Brescia und Peschiera, wo sie die venezianische Garnison niedermetzelten, und marschierten auf Lazise. In dieser aussichtslosen Lage gab der venezianische Capitano in Lazise seiner Flotte den Befehl zum Auslaufen. Sie fuhr jedoch nur etwa 600 m weit hinaus, dann gingen die Mannschaften in die Boote, schleuderten Brandsätze auf die Decks und retteten sich nach Garda. Wenig später versank die venezianische Kriegsflotte vor den Türmen von Lazise brennend in den Fluten. Dort liegt sie noch heute; vor mehreren Jahren entdeckte man die Wracks auf dem Grund. Die misslungenen Bergungsversuche der Jahre 1962–65 haben immerhin eine Menge Funde heraufgebracht, die zeigen, dass die Schiffe eine beträchtliche Größe besessen hatten, wenn sie auch nicht an die Ausmaße hochseetüchtiger Kriegsschiffe des 16. Jh. herankamen. Die Funde sind jetzt in einem Saal des Kastells in Malcesine ausgestellt.

Hinter Lazise wird die Gardesana gesichtslos. Sie führt weit ab vom Ufer durch eine eintönige und verbaute Gegend. Kurz vor Peschiera liegen mit ›Gardaland‹ (einem norditalienischen Disneyland) und ›Canevaworld‹ (einem Wasserpark) zwei publikumswirksame Vergnügungsparks; das Verkehrsaufkommen ist besonders an Wochenenden entsprechend. Ein beschaulicheres Vergnügen bietet dagegen der **Parco Natura Viva** bei Bussolengo in der Nähe der Autobahn nach Verona. In einer teils sehr suggestiv gestalteten prähistorischen Landschaft sind hier in genauen Rekonstruktionen riesenhafte Nachbildungen der Saurier aus Trias, Jura, und Kreidezeit zu sehen. Daneben ein Autosafari-Park mit großen Freigehegen und ein faszinierendes tropisches Vogelhaus, 1000 m^2 groß und überdacht, mit den absonderlichsten Pflanzen aus allen Kontinenten.

Lazise ist ein guter Ausgangspunkt für einen Ausflug nach San Giorgio di Valpolicella mit seiner romanischen Kirche und seinem langobardischen Ziborium (Beschreibung s. S. 343).

Das Südufer

Peschiera und der Mincio

Peschiera

»... als ich sah, dass er nicht mehr als zwölf oder fünfzehn Soldaten von ziemlich minderem Aussehen bei sich hatte, kam mich die Lust an, mit meinen Damen und Begleitern über den Kastellan und seine Soldaten herzufallen und mich zur Herrin des Platzes zu machen«, notierte die Marchesa Isabella d'Este Gonzaga im Jahre 1514 in **Peschiera,** als sie versuchte, mit all ihrem Charme und einem verlockend großzügigen Hofstaat in den ihrem Hause am Südufer nach der Niederlage Venedigs gegen die Liga von Cambrai auf dem Papier zugesprochenen Städten Stimmung für die Regierung in Mantua zu machen. Heute könnte die Lust der Gräfin höchstens noch die Garnison erfreuen, aber gewiss nicht mehr ihre Damen, denn die viel gerühmte Schönheit des mittelalterlichen Peschiera ist restlos dahin. Von Beginn seiner Existenz war der Ort eine Festung, von den Römern Arilica genannt, von Berengar I. im 10. Jh. neu erbaut, müssen die Scaligeri hier eines der Prunkstücke ihrer Seeuferburgen besessen haben, denn der an ihrem Hof weilende Dante nennt sie einen »bello e forte arnese«, einen herrlichen und starken Harnisch. Auch die für die Sicherheit ihres Geschmacks geschätzte Isabella d'Este schrieb noch bei ihrem Besuch: »Die Lage von Lonato ist schön, Sirmione noch schöner, aber am schönsten ist Peschiera.« Doch die Goodwilltour der Gräfin erwies sich als erfolglos, die Venezianer nahmen das Städtchen wieder ein und umgaben es ab 1550 mit einem riesenhaften Bastionsgürtel, der im 19. Jh. von Napoleon und danach von den Österreichern verstärkt wurde. Das historische Peschiera liegt heute eingezwängt zwischen Kurtinen und Kasematten, Kasernen und Arsenalen, Wassergräben und Brücken. Wer sich näher umsehen möchte, wird die Hafenpartie zu schätzen wissen, auch der Blick über den Mincio, wie er durch fünf mächtige Bögen durch die gewaltigen Bastionen aus Ziegelmauerwerk fließt, ist recht eindrucksvoll. Im Ort besitzt die Pfarrkirche eine wohlgegliederte neoklassizistische Fassade, daneben die ausgegrabenen Fundamente einer römischen Villa.

Mehr Kunst ist in der außerhalb des Ortes gelegenen Wallfahrtskirche der **Madonna del Frassino** zu sehen, zu der zahlreiche Hinweisschilder den Weg anzeigen und die an ein denkwürdiges Wunder gemahnt. Am 11. Mai 1510 arbeitete Bartolomeo Broglia in seinem Weingarten, als er sich plötzlich einer großen Schlange mit der festen Absicht, ihn zu beißen, gegenübersah. Geistesgegenwärtig rief er die Heilige Jungfrau zu Hilfe, die tatsächlich in Form einer lichtumflossenen Statue im nächstgelegenen Eschenbaum erschien, woraufhin das Reptil sein Ansinnen änderte und den Bauernburschen zufriedenließ. Bereits 1514 stand an Stelle der Esche (ital.: frassino) eine große Wallfahrtskirche, zu deren wohlproportionierter, freskenge-

Durch die mächtigen Bögen der österreichischen Festung verlässt der Mincio als einziger Abfluss den Gardasee.

schmückter Vorhalle heute eine lange Zypressenallee führt. Im Inneren zeigt die Kirche an Gewölbe und Seitenwänden zwölf große Wandbilder des Bertanza aus Salò (18. Jh.). Bessere Werke sind mehrere Tafelbilder von Paolo Farinati (um 1560), einem Freund des großen Paolo Veronese und einem der besten veronesischen Maler seiner Zeit; man beachte besonders eine Geburt Christi und das Altarbild der Seitenkapelle, in der die wundertätige Statue aus dem Eschenbaum aufbewahrt wird. Daneben öffnet eine Tür den Weg zu zwei ineinander übergehenden Kreuzgängen, deren buntfarbiger Freskenschmuck aus jüngerer Zeit die Grenzen zum religiösen Kitsch nicht immer respektiert.

Woher der Ruf der schönen Lage Peschieras rührt, begreift man sofort, wenn man dem **Mincio** auf der Uferstraße ein Stück nach Süden folgt. Dort beginnt sie, die Landschaft der Moränenhügel, die den See aufstauen, mit ihrer südländischen Vegetation und ihrem toskanischen Charakter, durchströmt vom tiefblauen Mincio, der die Farbe des Gardasees bis in die Seen um Mantua mitnimmt. Zugleich erkennt man an diesem breiten, mit großen Wassermassen schnell strömenden Fluss, warum zu allen Zeiten gerade Peschiera bis an die Zähne bewaffnet worden war: Der Mincio ist der einzige Abfluss des von zahlreichen Gebirgsbächen gespeisten Gardasees, und er teilt auf seinem Weg nach Süden Oberitalien in eine venezianische und eine lombardische Hälfte. Diese natürliche Grenze war im Mittelalter schier unüberwindlich, da der Fluss, kaum dass er aus dem schmalen Moränengürtel des Sees heraustrat und die Po-Ebene erreichte, umfangreiche Sümpfe und Seen bildete, die kaum zu durchqueren waren. Hier in Peschiera, wo der Mincio breit und flach den See verlässt, war ein Brückenbau unproblematisch; wer diese Festung besaß, beherrschte nicht nur das Südufer, sondern besaß eines der wenigen möglichen Einfallstore in die Lombardei (oder nach Venetien); die nächste feste Brücke stand erst wieder in Mantua.

Geradezu zum ›italienischen Schicksalsfluss‹ aber wurde der Mincio Mitte des 19. Jh., als an seinen Ufern die Kämpfe des Risorgimento tobten, der italienischen Einigungsbewegung gegen die Herrschaft Österreichs. Nach der Niederlage Napoleons und dem Wiener Kongress, auf dem die reaktionären und anachronistischen Feudalstaaten noch einmal ihre Macht gegen die von der Französischen Revolution wachgerufenen Volksbewegungen restaurieren konnten, besaß Österreich Venetien und die Lombardei, mithin fast ganz Oberitalien; mehrere kleinere Staaten, wie die Toskana und Parma, waren direkt von Österreich abhängig. Die Habsburger sicherten ihre Herrschaft in Italien, indem sie am Ausgang ihres militärischen Einmarschweges durch das Etschtal eine gigantische Operationsbasis errichteten, die durch das berühmt-berüchtigte Festungsviereck nach allen Seiten gedeckt war: Verona und Legnago richteten sich gegen Venetien, Peschiera und Mantua, beide am Mincio, gegen die Lombardei. In diesen Riesenfestungen und dem von ihnen umschlossenen Geviert konnten ganze Armeen aufmarschieren oder sich zurückziehen, hier lagerten unerschöpfliche Vorräte an Kriegsmaterial und Verpflegung; kein Teil Oberitaliens war sicher vor den Truppen, die Österreich hier zusammenziehen konnte.

Doch dann kam das Jahr 1848, und eine neue Welle von Volkserhebungen gegen die Unterdrückung des Adels schlug durch Europa. In Süditalien wurde der blutsaugerische König von Neapel verjagt, die Toskana und Sardinien gaben sich Verfassungen, Venedig proklamierte die Republik, die habsburgischen Günstlinge auf den Thronen von Modena und Parma flohen Hals über Kopf. Das wichtigste Ereignis war jedoch der Aufstand in Mailand, das die Österreicher nach fünftägigen Straßenkämpfen räumen müssen, danach erhebt sich die ganze Lombardei; von überall bedrängt, muss sich die österreichische Armee in das unangreifbare Festungsviereck hinter dem Mincio zurückziehen. Doch auf diesem Höhepunkt des Erfolges setzte der Verfall der Bewegung ein, und das hat einen komplizierten Grund. Besonders in Ungarn, Deutschland und Italien war das Streben der Aufständischen nach einer nationalen Einigung unübersehbar, es hatte zunächst seine Wurzel in dem Bestreben, sich von der Willkür der zahlreichen kleineren Adelsherrschaften zu befreien. Doch ließ der nationale Gedanke die Revolutionäre auf den Fehler verfallen, mit den alten Mächten ein Einvernehmen zu suchen: Ebenso wie die Frankfurter Nationalversammlung die Preußische Krone um die Repräsentation Gesamtdeutschlands ersuchte (und bald darauf vom preußischen Militär entmachtet wurde), gelang es in Italien einem König, also einem Vertreter der bekämpften Feudalherrschaft, sich mit dem Wink eines unter ihm zu einenden Italien an die Spitze der Bewegung zu setzen. Es handelt sich um König Karl Albert von Sardinien und Piemont, der Österreich den Krieg erklärt. Die Meinung der Historiker über König Karl Albert ist zutiefst geteilt, denn er führte die italienische Erhebung in eine Katastrophe – womöglich in eine, die ihm nicht ungelegen kam, denn der Herr auf dem Thron fürchtete die bürgerlichen Revolutionäre im eigenen Land mehr als die Österreicher, welche zwar Konkurrenten um die Macht, aber Brüder im feudalen Geiste waren. Entsprechend verliefen die Kämpfe, in denen die Piemonteser im April 1848 zunächst erfolgreich waren. Die Italiener umzingelten Peschiera und begannen mit der Belagerung Mantuas, während die österreichische Armee unter Radetzky, auf die Festungen vertrauend, sich überraschend nach Osten wandte und den Aufstand in Venetien niederschlug. Die Italiener hatten sich mit diesen Belagerungen mitten in das Festungsviereck, mithin in die Höhle des Löwen gewagt, und sie kamen darin um. Der zurückkehrende Radetzky schlug die Piemontesen vom 23. bis 27. Juli in einer Reihe schwerer Gefechte bei Sona, Sommacampagna, Volta Mantovana und Custozza vernichtend. König Karl Albert zog seine Truppen zurück, schloss einen artigen Waffenstillstand und überließ die nun unverteidigte Lombardei den Österreichern, die sofort einrückten, am 6. August Mailand wieder besetzten und ein Blutbad unter der aufständischen Bevölkerung anrichteten. Der Kampf ging jedoch noch ein halbes Jahr weiter, und die bürgerlichen Revolutionäre zwangen Karl Albert im März 1849, den Waffenstillstand aufzukündigen und sich in zunächst günstiger Position Radetzky abermals zur Schlacht bei Novara zu stellen. Durch den Verrat eines wohl gekauften Piemonteser Generals entstand jedoch eine Lücke in der Schlachtordnung der Italiener und am Abend des 23. März 1849 war der Traum eines von den Österreichern befreiten Italien in Blut und Tränen erstickt.

Es dauerte zehn Jahre, bis wieder Bewegung in die nationale Frage Italiens kam. Die nun folgenden Einigungsbestrebungen hatten jedoch die bürgerlich-demokratischen Zielsetzungen weitgehend eingebüßt, es ging fortan um eine territoriale Einheit unter dem König von Piemont-Sardinien, der von vornherein an der Spitze der Bewegung stand und so König von ganz Italien zu werden hoffte. Die Seele des Unternehmens war jedoch sein Ministerpräsident Graf Camillo Benso di Cavour, der eine Zeitung mit dem Titel ›Il Risorgimento‹ (›Die Wiedergeburt‹) betrieb und die daher nicht zufällig der ganzen italienischen Einigung ihren Namen gab. Es gelang Cavour, sich mit Napoleon III. von Frankreich, dem Großmachtkonkurrenten gegen Habsburg, zu verständigen und einen gemeinsamen Angriffskrieg gegen Österreich zu beschließen, wofür sich der Franzosenkönig das damals noch piemontesische Nizza und ganz Savoyen abtreten ließ. Im Frühling des Jahres 1859 marschierte die vereinigte italienisch-französische Armee durch die Moränenhügel südlich des Gardasees auf das Festungsviereck, die Österreicher überschritten den Mincio, um den Gegner im Vorfeld zu stellen. Am 24. Juni griffen Franzosen und Italiener auf einer Front von zwölf Kilometern die Hügelkette zwischen Solferino und San Martino della Battaglia an; nach einer kurzen, aber heftigen Schlacht, die durch den Einsatz modernster

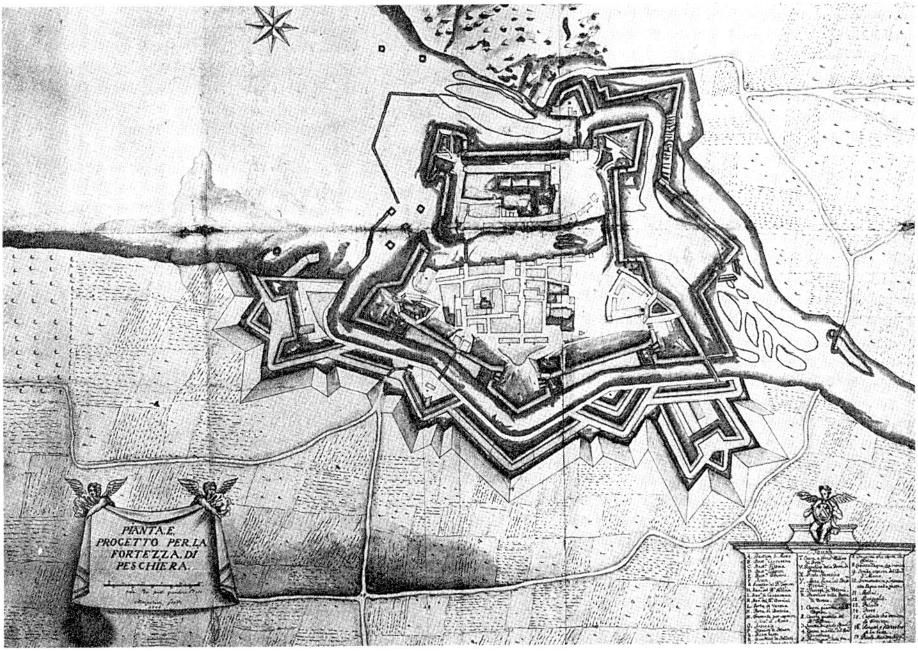

Wie der Plan von 1704 zeigt, war Peschiera eine riesige Festung um ein kleines Gardasee-Städtchen. Hier lag einer der strategischen Schlüssel für die Beherrschung Oberitaliens, denn nur hier gab es eine feste Brücke über den Fluss, bevor er wenige Kilometer weiter in der Po-Ebene damals unpassierbare Sümpfe bildete.

Waffen alles bisherige Kriegsgrauen überstieg, nahmen die französischen Truppen Solferino, die italienischen San Martino ein, die Österreicher zogen sich in ihr immer noch uneinnehmbares Festungsviereck zurück. Dieses anzugreifen scheute selbst Napoleon III., der außerdem nun ein erstarkendes Italien zu fürchten begann; so schloss er den – von den Italienern als Verrat betrachteten – Separatfrieden von Villafranca mit den Österreichern, in dem er die Lombardei erhielt, die er großzügig an Piemont abtrat. Venetien und das Trentino blieben jedoch zur tiefen Verbitterung der Italiener weiter in der Hand Habsburgs – und außerdem durfte Österreich das Festungsviereck behalten. Immerhin gab dieser Sieg dem König von Piemont genügend Rückendeckung, sich das restliche Italien anzueignen: Durch Volksabstimmungen schlossen sich ihm die Toskana, Parma, Modena und die Romagna an, die Freischaren Garibaldis eroberten ihm Sizilien, er selbst schlug die Truppen des Kirchenstaats, entmachtete den Papst und wurde als Viktor Emanuel II. erster König von Italien, dem nur noch Venetien und das Trentino fehlten. Die Gelegenheit bot sich 1866, als Österreich im Krieg mit Preußen lag und Italien sich für letzteres erklärte. Napoleon III. trat als Vermittler bei den Friedensverhandlungen in Wien auf und erzwang den Verzicht Habsburgs auf Venetien, welches der italienische König überrascht und verstimmt aus der Hand eines französischen Beamten überreicht erhielt. Das Festungsviereck war bis zuletzt unüberwindlich geblieben, in einem geeinten italienischen Staat verlor es seine Bedeutung, da es nichts mehr zu bewachen hatte. Statt dessen entstanden an der neuen Grenze zu Österreich im Trentino auf beiden Seiten ganze Ketten von Bergfestungen, die sich auf Schussweite gegenüberlagen, da das Programm der italienischen ›Irredenta‹ schon damals die Ausdehnung ihres Territoriums bis zum Brenner vorsah. Kaum ein ordentlicher Nationalstaat, begann auch Italien sich entsprechend aufzuführen und versuchte, seine Macht in Konkurrenz zu anderen Staaten zu erweitern. Während das erste Gras über die Massengräber der Schlachten des Risorgimento wuchs, überfielen italienische Truppen bereits Tunis, wenig später Abessinien, kurz danach das Somaliland …

Von Peschiera empfiehlt sich eine Fahrt durch dieses historische Hügelland, die *Colli storici,* nicht wegen der Kampfstätten (s. S. 99), sondern wegen der stillen, vergessenen Schönheit der Moränenlandschaft, von wo der Blick in den Dunst der Po-Ebene geht und auf deren Hügel alte Dörfer, große Burgen und weite Zypressenwälder thronen. Die Reihe der unbekannten Sehenswürdigkeiten, die es hier zu entdecken gibt, beginnt bei Valeggio.

Borghetto di Valeggio sul Mincio

Borghetto di Valeggio

Für eine Fahrt durch die Moränenhügel des Südufers ist eine Spezialkarte kein Fehler, denn die Straßen sind schmal und die Dörfer klein. Man fahre von Peschiera auf dem linken Mincioufer in Richtung Valeggio, doch um den verkehrsreichen Ort zu umgehen, nehme man vorher die Straße hinunter zum Fluss. Man kann auch gleich über Monzambano mit seiner Burgruine fahren und sich **Borghetto di Valeggio** von der anderen Seite nähern. In beiden Fällen wird man von weitem verwundert einen das ganze Minciotal querenden riesigen Dammbau wahrnehmen, der auf seiner vollen Länge von bizarren Ruinen einer mittelalterlichen Befestigung gekrönt wird. Dies ist der berühmte **Ponte Visconteo,** die befestigte Brücke über den Mincio, 1393 von Giangaleazzo Visconti, dem Herren von Mailand errichtet, um seine Expansionspläne gegen Venedig zu realisieren. Dieser Mann war – wie fast alle Visconti – selbst unter den Gewaltherrschern der oberitalienischen Städte eine herausragende Figur, und dieser Damm ein Symptom seiner monströsen Selbstherrlichkeit. »Bei Giangaleazzo tritt der echte Tyrannensinn für das Colossale gewaltig hervor. Er hat mit Aufwand von 300 000 Goldgulden riesige Dammbauten unternommen, um den Mincio von Mantua, die Brenta von Padua nach Belieben ableiten und diese Städte wehrlos machen zu können, ja es wäre nicht undenkbar, dass er auf eine Trockenlegung der Lagunen von Venedig gesonnen hätte«, schreibt Jacob Burckhardt. Venedig behielt sein Wasser, weil der Visconti noch lange mit Verona und dem in seiner Flanke gelegenen Mantua beschäftigt war, dessen schützende, vom Mincio gespeiste Seen er mit diesem Damm auszutrocknen gedachte. Entsprechend fielen die Dimensionen des Bauwerks aus: Die Aufschüttung quer durch das Flusstal ist 600 m lang, 26 m breit und 10 m hoch, darüber erheben sich die Mauern der Befestigungen, die mit mächtigen Torbauten die Brücke in beide Richtungen sperren konnten. Langgezogene Kurtinen mit vorspringenden Halbrundtürmen konnten auch jeden Angriff von Süden oder Norden auf diesen künstlichen Übergang abweisen. Kein Wunder, dass die Venezianer noch 1438, als die Visconti Brescia belagerten, lieber eine Entsatzflotte durch das Gebirge zum Gardasee transportierten (s. S. 54), als diese Festung anzugreifen. Natürlich war schon zu deren Bauzeit den Mantuanern nicht verborgen geblieben, dass mit solch gewaltigen Erdbewegungen hier wohl etwas anderes entstand als eine normale Brücke – auch Planung und Durchführung seitens des Mailänder Belagerungsspezialisten Domenico da Firenze mag sie misstrauisch gemacht haben. Giangaleazzo erwiderte auf ihren scharfen Protest, nie und nimmer etwas Unrechtes im Sinne zu haben und ließ mit Hochdruck weiterarbeiten. Das Bauwerk war in der Tat bald vollendet, doch warum es nie gegen Mantua zum Einsatz kam, ist bis heute ein Rätsel. Bisher herrschte die Meinung vor, der Mincio sollte mit dem Damm nicht gestaut, sondern zum Tartaro abgeleitet werden, wozu freilich noch ein 6 km langer Stichgraben vonnöten gewesen wäre, der aber nie in Angriff genommen wurde. Kürzlich hat jedoch der Historiker Giorgio Vandelli eine neue Hypo-

Der künstliche Damm bei Borghetto di Valeggio trägt heute noch die Ruinen der mailändischen Befestigungen der Visconti.

these aufgestellt, die auf interessanten Berechnungen beruht: Eine Ableitung zum Tartaro sei nie geplant, weil nicht nötig gewesen, da die Dammkrone einige Meter über dem Niveau des Gardasees liege. Im Sommer, wenn der Fluss wenig Wasser führe, könnte man den Mincio mit diesem Bau sechs Monate lang stauen, wodurch sich das Niveau des Sees um nur einen halben Meter gehoben hätte – vorausgesetzt, der Damm hätte dem Wasserdruck standgehalten, was bei einer Breite von 26 m durchaus möglich gewesen wäre. Diese Zeit hätte gereicht, um den Boden der dann abgeflossenen Seen, in denen Mantua wie auf einer Insel lag, in einem glühendheißen Sommer der Po-Ebene austrocknen zu lassen; die dann von allen Seiten angreifbare Stadt wäre verloren gewesen. Der Entschluss der Serenissima, von einer Seemacht auch zu einer Landmacht zu werden und sich die *Terra ferma* zu erobern (s. S. 29), mag den Visconti zuvorgekommen sein; der 100-jährige Kampf Venedigs gegen Mailand um die Vorherrschaft in Oberitalien machte deren Eroberungspläne zunichte. Doch noch steht der gewaltige Damm und nimmt sich im Morgennebel des Flusstales recht unwirklich aus, wozu die steil aufragenden Ruinen der 1702 von den Franzosen gesprengten Befestigungen ihr übriges tun. Gleich dahinter ist ein kleiner See aufgestaut, in dem geschützt das Festungsdorf Borghetto di Valeggio liegt, durchzogen von zahlreichen Wasserdurchlässen, welche mehrere Mühlen betrieben. Das altertümliche Dorf zwischen See und Mincio, überragt von den geborstenen Torbauruinen der befestigten Brücke, zeigt mit den Resten seiner ehemaligen Befestigungen, seinen eng gedrängten Gassen, seinem Café über dem tosenden Wehr und einem alten Gasthaus am Flussufer das seltene Bild eines unverbauten historischen Ortes.

Schaut man über die Brücke nach Osten, so erblickt man genau in der Achse des Dammes auf der Erhebung über dem Tal des Mincio die schlanken Türme der Ruine eines großen Kastells der Scaligeri (13–14. Jh.). Wenige Minuten vom Kastell entfernt liegt der Parco **Giardino Sigurtà,** eine Art Englischer Garten auf Italienisch mit einer über 100-jährigen Mittelmeerflora: Eingebettet in die südländische Vegetation der meisterhaft gestalteten Parklandschaft finden sich zahlreiche kleine Seen, Aussichtsterrassen über das Tal des Mincio, eine Eremitenkirche und vieles mehr. Entstanden ist die einmalige Anlage als Park und Garten der prächtigen Villa Maffei aus dem 17. Jh., bei der sich auch der Eingang befindet (Parkplatz nahebei). Der ca. 50 ha große Garten kann zu Fuß, mit dem Fahrrad, Golfcar (Verleih) oder in einem kleinen Zug erkundet werden.

Von Borghetto empfiehlt sich eine Rückfahrt in Richtung Sirmione, die durch die **Lugana** führt, jenes große Weinbaugebiet in den fruchtbaren Moränenhügeln, das zu römischen Zeiten wegen seines undurchdringlichen Waldes gefürchtet war. Heute ist die Gegend intensiv kultiviert, doch kaum belebter; in der einsamen Landschaft tauchen immer wieder überraschend weitläufige mittelalterliche Burgen auf, denn das ganze Gebiet war zwischen Verona, Mantua, Mailand und Venedig lange heftig umkämpft. Dementsprechend haben

Die alte Festung von Pozzolengo in den Moränenhügeln der Lugana

die Festungen hier keine Ähnlichkeit mit deutschen Ritterburgen, hier stehen Wehrbauten von solchen Ausmaßen, dass sich längst ganze Dörfer hineingebaut haben. Eine solche Anlage ist der Mauerkoloss von **Pozzolengo,** nicht weit entfernt die heute mit Bauernhöfen gefüllte Festung von **Castellaro Lagusello,** deren Ruinen sich sehr reizvoll in einem stillen kleinen See spiegeln.

Solferino und San Martino della Battaglia

Weiter nach Westen erreicht man **Solferino,** dessen steile Hügel ebenfalls von einer Burgruine gekrönt werden, in der sich ein Museum für die hier am 24. Juni 1859 geschlagene Schlacht zwischen Franzosen und Österreichern befindet. In der nahegelegenen Kirche **San Pietro** türmen sich hinter düsteren Vorhängen unzählige Schädel und Gebeine von Gefallenen. Von Solferino fährt man auf den die Hügellandschaft überragenden monumentalen Turm der Gedenkstätte von **San Martino della Battaglia** zu, wo am gleichen Tag eine italienische Armee die andere Hälfte der österreichischen Truppen schlug. Wenn man hier auf dem Hügel von San Martino in die sanft gewellten, friedlichen Felder und Zypressenhaine schaut, kann man sich kaum vorstellen, was sich hier am Tage der Schlacht abgespielt hat. Beide Armeen traten in enggedrängter alter Schlachtordnung an, auf die die neuen, schnell feuernden Gewehre eine furchtbare Wirkung hatten; am Abend lagen über 25 000 Sterbende und Verletzte auf den Feldern. Diese fand der Schweizer Henri Dunant dort noch Tage später vor, da sich niemand um sie kümmerte, die Sieger waren längst zum Feiern weitergezogen. Unter diesem Eindruck gründete Henri Dunant das ›Rote Kreuz‹, heute die größte humanitäre Organisation der Welt. Betritt man den riesigen Turm auf dem Hügel von San Martino (dahinter ein Kriegsmuseum mit entsprechendem Beinhaus), so sieht man sich im Untergeschoss der Figur des Königs Viktor Emanuel von Italien gegenüber, der die italienischen Truppen befehligte und sich hier von allegorischen Darstellungen aller möglichen Tugenden glorifizieren lässt. Die Treppe hinauf erreicht man sieben übereinander liegende Säle, in denen in großflächigen Fresken alle Schlachten des Risorgimento gefeiert werden. Bis heute mag sich niemand über den Zynismus wundern, dass dieselben Staaten, die ihre Völker in das Massensterben des Krieges befehlen, nachher auch die Gefallenendenkmäler finanzieren.

Sirmione

Sirmione☆☆
Besonders sehenswert:
Lage
Ortsbild
Burg mit Hafen
Grotten des Catull

Kein Zweifel, Catull war hier – wenn auch keiner genau weiß, wo. In den Hallen der nach ihm benannten Riesenvilla am Nordende der Halbinsel hat er bestimmt nicht gewohnt, die war zu teuer für ihn. Denn zum Klassiker der spätrepublikanischen Zeit Roms wurde er erst im Lateinunterricht wesentlich späterer Jahrhunderte, seine Zeitgenossen waren empört über die unverhüllte Erotik seiner Dichtung. Fest steht jedoch, dass er mit den Versen »Salve, o venusta Sirmio …«

Das Kastell der Scaligeri in Sirmione, das romantische Wahrzeichen des Gardasees, wurde um 1300 an der Stelle eines römischen Vorgängerbaus errichtet.

die nun schon 2000-jährige Lobpreisung des Ortes eröffnete, die bis heute kein Ende findet. Die Römer waren geradezu vernarrt in diese Halbinsel, Caesar soll hier zu Gast gewesen sein, die Langobarden gründeten im 8. Jh. ein großes Kloster, Dante ließ sich inspirieren, Anfang des 16. Jh. durchstreifte Gräfin Isabella d'Este Gonzaga begeistert die von verwunschenen Ruinen bedeckten drei Hügel, Carducci und Boito verbrachten hier tiefsinnige Stunden, und Heinrich Noë versank beim Anblick des Kastells in Visionen der Vergangenheit. Was haben sie alle hier gesucht und anscheinend auch gefunden? Den Traum einer südländischen Landschaft, dem seit der Renaissance die Zeugen der Geschichte nicht fehlen durften.

Schon die Lage inmitten blauer Fluten ist eindrucksvoll genug. Sirmione liegt an der Spitze einer 4 km weit in den See vorstoßenden flachen Halbinsel, die sich an ihrem Ende verbreitert und dort mit drei felsigen Hügeln aus dem Wasser emporsteigt. Der verbindende Landstreifen ist an vielen Stellen nur wenige Meter breit, sodass er wie ein lang gezogener Schweif hinüber zum Festland führt. Angeblich soll er Sirmione zu seinem Namen verholfen haben, denn *syrma,* ein griechisches Wort, das in die lateinische Sprache Eingang gefunden hat, bedeutet soviel wie Schweif oder Schleppe. Auf dieser felsigen Spitze der Halbinsel, durch einen breiten Kanal vor dem Kastell ganz zur Insel geworden, fanden die Römer an einem Ort alles vereint, was der Süden sonst nur verstreut und erst Hunderte von Kilometern entfernt zu bieten hat. Die hellen Klippen, die im schimmernden Blau des weiten Sees versinken, erinnerten sie ebenso an die Küsten Siziliens oder Mittelitaliens wie die Vegetation. Die Römer errichteten hier zwei Kastelle, zwei Häfen, eine Siedlung und, als sie auch noch in den überfluteten Schluchten der Uferfelsen eine heiße Schwefelquelle entdeckten, jene riesige Villa auf dem Felsen am äußersten Ausläufer der Insel, ohne Zweifel der schönste Fleck am ganzen See. Nach dem Untergang des Römischen Reiches besaßen die Langobarden hier ein Siedlungszentrum; der Ort mit dem Blick auf die Berge, über die sie gekommen waren, mag sie gleichermaßen, wenn auch aus anderen Gründen, angesprochen haben. Nur die Scaligeri, die finsteren Tyrannen aus Verona, hatten an Sirmione allein ein strategisches Interesse und erbauten Burg und Stadtbefestigung. Doch dann kamen die Reisenden der Renaissance und der Romantik; die Landschaft, die schon die Römer begeisterte, hatte sich im Laufe der Jahrhunderte angereichert mit gewaltigen Ruinen der Antike und des Mittelalters. Zu allen Zeiten aber waren das Licht und die Farben Sirmiones berühmt, denn die Halbinsel wird von einer breiten, bis hundert Meter in den See reichenden Brandungsterrasse umgeben. Diese glatten Felsen, von den Gletschern der letzten Eiszeit abgehobelt – hätten diese ein wenig mehr Zeit gehabt, sie hätten ganz Sirmione abgeschliffen –, liegen nur einen halben Meter unter der Wasseroberfläche, weshalb sich rund um die aufsteigenden Kalksteinwände die tiefblaue Flut in schimmernden Türkistönen bricht. Und wenn dann der See vom Goldglitzern eines Sonnenuntergangs und schließlich vom zarten Rosa eines Abendrots übergossen wird, das langsam über ein tiefes Violett der warmen Dunkelheit einer Sommernacht weicht, teilt sich hier die Schönheit des Südens noch heute jedem mit, der sie sehen will.

Man erreicht das alte Sirmione über die lange Straße auf der schmalen Halbinsel, deren bis ins Mittelalter gefürchteter dichter Wald heute verschwunden ist. Den Eingang in den Ort – man kann es ohne Übertreibung sagen – deckt eine der bekanntesten Wasserburgen der Welt, mit Sicherheit das fotogenste Objekt seiner Art. Nur zwei Brücken führen über das Wasser auf die Insel von Sirmione: die eine (verschlossene) in das Kastell, die andere (geöffnet, doch für den Autoverkehr gesperrt) in den Ort. Der Anblick der Burg hinter dem flachen, grün schimmernden Kanal vor dem blauen See mit seiner gewaltigen Gebirgskulisse ist in der Tat einzigartig.

Betritt man die Altstadt durch ihr einziges geöffnetes Tor, so befindet man sich auf dem Boden der römischen Siedlung Sirmio, die sich hier, zwischen zwei befestigten Häfen, erstreckte. Die Fundamente des großen antiken Osthafens nutzten tausend Jahre später die Scaligeri und erbauten darauf ihre Wasserburg; der Westhafen wurde zugeschüttet und bildet (wenige Meter hinter dem Kastell nach links) heute die weite Piazza Carducci, die sich, von alten Häuserfronten gesäumt, zum See öffnet. Das römische Sirmio muss sehr anziehend gewesen sein, denn zahlreiche Veroneser und Brescianer Familien errichteten sich hier ihre Villen, unter anderen auch die wohlhabenden Valerier, die ihren dichtenden Sohn Catullus wohl immer als schwarzes Schaf betrachtet haben. Doch nahe der unsicheren Alpengrenze gelegen, konnte sich auch das schöne Sirmio vor den germanischen Barbaren nicht retten. »Eine Inschrift aus dem Jahre 350 n. Chr. lässt darauf schließen, dass damals noch Römer die Halbinsel bewohnten. In der Folgezeit wanderten sie ab; die Thermalquelle geriet in Vergessenheit, Villen und Häuser verfielen. Der erneut vordringende Wald überwucherte bald die Gassen und Häuser, nur ein paar Fischer hausten noch in den Ruinen«, beschreibt H. Woletz die Szenerie des durch die Völkerwanderung untergehenden antiken Sirmione. Nach einem langobardischen Intermezzo, von dem kaum Spuren übrig blieben, ist das heutige Bild des Ortes geprägt von der mittelalterlichen Herrschaft der Scaligeri und ihrer venezianischen Nachfolger. Diese Feststellung bezieht sich jedoch nur auf die Bausubstanz, gewissermaßen auf die alten Gehäuse, in denen sich mit Boutiquen, Andenkenläden, Cafés, Hotels und Restaurants alles breit gemacht hat, was man sich unter einem modernen Touristenbetrieb vorstellen kann. Dazu mag man stehen, wie man will, zerstört ist der Reiz Sirmiones jedenfalls nicht.

Ein viereckiger Burghof, ein massiver Hauptturm, eine steile Treppe auf die Schwindel erregenden Wehrgänge zwischen den Ecktürmen, schwere Fallgatter in den Torbögen, Zinnen und Schießscharten: ein wehrhaftes Gehäuse, um Soldaten hineinzutun, weiter nichts; die Burg von Sirmione ist ein schnörkelloses Meisterstück der Fortifikationskunst der Zeit um 1300.

Wenn man die **Burg** der Herren della Scala betritt, dieses romantische Wahrzeichen des Sees, erlebt man im Inneren eine eigentümliche Überraschung: Das von außen so malerische Bauwerk entpuppt sich als düstere Festung. Durch ein kleines Vorwerk betritt man unter den hoch aufragenden Mauern den Burghof mit dem einzigen

Der befestigte Hafen der Burg von Sirmione ist mit seiner ummauerten Wasserfläche ein einzigartiges Exemplar in der mittelalterlichen Festungsarchitektur Europas.

Gebäude, ein schwer befestigter Zugang führt in das große zweite Vorwerk, das die Toranlage über dem Kanal gegen das Festland verstärkte. Eine lange, von drei Seiten beschießbare Treppe führt hinauf auf den umlaufenden Wehrgang, von dem erst über eine schmale Zugbrücke der mächtige, frei stehende Hauptturm zu betreten war, der Feind also bis auf die Mauerkronen gelangt sein musste, bevor er diese letzte Zufluchtsstätte angreifen konnte. Einzigartig unter den erhaltenen mittelalterlichen Wehrbauten Europas ist der weit in den See hinausgeschobene Hafen der Burg: größer als das ganze Kastell, doch ebenso wie dieses von zinnen- und turmbekrönten Mauern eingefasst, wie ein zweiter Burghof, nur dass der Hof aus einer viereckigen Wasserfläche besteht. Durch diesen Hafen konnte das Kastell eine vom restlichen Sirmione völlig unabhängige Existenz führen, und wer vom großen Hauptturm aus einen Blick über die steilen Burgmauern auf die sich darunter duckenden Dächer der kleinen Altstadthäuser wirft, der wird vielleicht ahnen, dass das Verhältnis des Ortes zu diesem Kastell und seinen Machthabern kein freundschaftliches gewesen sein kann. Denn in ihren Mauern sollte Alberto della Scala jene veronesischen Milizen zusammenziehen, die am 7. November 1276 den Ort Sirmione überfielen und ein Blutbad anrichteten. Dieser Tat lag ein dringlicher Wunsch des Papstes zugrunde, denn Sirmione war damals ein Zentrum der Patariner-Ketzerei. Die Patariner waren ebenso wie die Katharer Teil einer sich über ganz Europa ausbreitenden Bewegung, die gemäß den Worten Jesu: »Mein Reich ist nicht von dieser Welt« eine Kirche forderten, die sich aller weltlichen Beteiligung enthalten sollte. Da sie der Auffassung waren, die Welt sei vom Teufel und die Seele von Gott geschaffen, strebten sie weder nach Macht noch nach Reichtum und verneigten sich nicht mehr vor dem Stuhl Petri, der beides begehrte. Diese Schmälerung seiner Autorität beantwortete der Papst mit der Aufforderung an die weltlichen Territorialherren, seine Widersacher mit Feuer und Schwert aus dem Weg zu räumen, andernfalls ihnen der Kirchenbann drohe. Und da traf der Papst die Scaligeri an einer empfindlichen Stelle, denn die waren in Verona gerade erst an die Macht gekommen und hatten sich längst nicht gegen alle Konkurrenten endgültig durchgesetzt – da hätte ein Kirchenbann üble Folgen haben können. Was war dagegen schon das Leben von ein paar Hundert Häretikern; so beschloss Mastino I. della Scala den kleinen Kreuzzug gegen die ahnungslose Bevölkerung der Halbinsel, die von Bischof Bernardo Oliba fast vollständig für die Lehre der Patariner gewonnen worden war. Wer das Massaker überlebte, wurde als Gefangener nach Verona gebracht und dort in Schauprozessen der Ketzerei angeklagt und zum Tode verurteilt – Sirmione muss nahezu entvölkert gewesen sein. Doch scheute sich Mastino, die Massenhinrichtung vollziehen zu lassen, erst nach seiner Ermordung schritt sein Bruder Alberto auf Drängen des Papstes zur Tat: Riesige Scheiterhaufen wurden in der Arena von Verona errichtet, und am 13. Februar 1278 wurden dort 177 Männer und Frauen öffentlich verbrannt. Man mag sich nach dem Grund dieser auf den ersten Blick so sinnlosen Greuel fragen. Ein weltlicher Machthaber des Mittelalters konnte sich, wenn er gnädig gestimmt war, mit der militärischen Niederwerfung des Gegners begnügen, nicht jedoch der Papst. Denn seine Macht wurde nicht von Waffen bedroht, sondern von Gedanken, jedenfalls von solchen, in denen nicht er das einzig gültige Wort über Gott und die Welt führte. Die harmlosen Patariner, die nie eine Waffe gegen den Heiligen Stuhl erhoben hatten, wurden, ohne es zu wissen, seine Todfeinde, weil sie ihr Verhältnis zu Gott ohne Amtskirche zu regeln gedachten. So loderten die Scheiterhaufen der heiligen Inquisition durch ganz Europa bis in die Arena von Verona, denn der Kurie war seit ihrer brutalen Vernichtungskampagne gegen die südfranzösischen Katharer wohlbekannt, dass man Gedanken nur ausrotten konnte, indem man alle ausrottete, die sie dachten.

Bevor man das Kastell verlässt, werfe man einen Blick in das offene Gewölbe des Gebäudes im Burghof: Dort sind Fundstücke ausgestellt, die während der Ausgrabungen am Orte des langobardischen Klosters San Salvatore auf dem Cortinehügel gemacht wurden, welches auf dem Platze des römischen Kastells errichtet worden war. Zu sehen sind mehrere antike Reliefs, Meilensteine und Mosaike; das beste Stück ist eine große langobardische Schmuckplatte im typischen Flachrelief, über und über bedeckt mit Flechtbandornamenten und abstrakten Symbolen.

Der unberührtere Teil der Altstadt befindet sich zwischen den weniger aufgeputzten schmalen Gassen hinter dem Kastell, die nach rechts bergauf führen. Durch eines dieser Sträßchen, spätestens durch die Via Antiche Mura, wo die alte Stadtmauer verlief, erreicht man die Pfarrkirche **Santa Maria Maggiore** am Ortsrand, die dort nahe dem Felsabsturz zum Wasser den See überragt. Der heutige Bau stammt aus dem späten 15. Jh., sein schlichtes Äußeres zeichnet sich durch einen schönen Säulengang vor der Westfassade aus (mindestens eine Säule römisch); gegenüber steht das alte Pfarrhaus mit dem eingebauten Kirchturm. Das einschiffige Innere birgt einige bemerkenswerte Kunstwerke: Neben dem monumentalen Marmoraltar des 18. Jh. in der Apsis und dem reizvoll verzierten Orgelgehäuse aus derselben Zeit verdient vor allem das große Ölgemälde des Seitenaltars links neben der Orgel Beachtung, ein vorzüglich komponiertes Bild von Paolo Farinati (1524–1606), Schüler des großen Veronese. In der Kirche befinden sich zahlreiche Fresken verschiedener Maler des 15. Jh., die neben einem mürrischen Christophorus und einer zierlichen Madonna am Pilaster links der Orgel viel Mittelmäßiges zeigen. An der Südwand ist jedoch eine große Kreuzigungsszene zu sehen, die mit ihrer dramatischen Schilderung, den plastisch durchformten Figuren und den expressiven Gesichtern eindeutig von einer besseren Hand stammt.

Hinter der Kirche führt eine Treppe hinunter zu einem kleinen Strand, an dem noch ein Turm der mittelalterlichen Stadtbefestigung steht. Dort gegenüber führt ein Weg den ersten und höchsten der drei Hügel der Insel hinauf, den **Colle Cortine,** auf dem sich einst das römische Kastell erhob, während Sirmione die antike Garnisonsstadt darstellt. Von dieser Burg hat sich nichts erhalten, vermutlich nutzten die Langobarden deren Trümmer, um auf demselben Hügel im Jahre 760 das Kloster San Salvatore zu gründen, das ebenfalls verschwunden ist (abgesehen von einigen höchst interessanten Funden, die in der Wasserburg der Scaligeri ausgestellt sind).

Steigt man vom Ortszentrum hinauf zur Spitze der Insel mit der Villa des Catull, so begegnet man vorher einem weiteren Platz mit langobardischen Reminiszenzen. Nicht weit vor der Villa zweigt links hinauf eine schmale Straße auf den zweiten, den Mavinohügel ab. Oben findet sich die romanische Kirche **San Pietro in Mavino**, gegründet im Jahre 765 von langobardischen Mönchen im Auftrag ihrer letzten Königin Ansa, Gemahlin des unglücklichen Desiderius. Die noch heute einsame Lage der Kirche zwischen Zypressen und Olivenhainen, die ein Sirmione wie aus vergangenen Zeiten zeigt, muss schon früher suggestiv genug gewesen sein, denn man ließ sie im Mittelalter nicht verfallen wie das langobardische Kloster, sondern erweiterte sie im 11. oder 12. Jh. um den Glockenturm und eine dreiapsidiale Ostpartie, die zum Teil noch ihre alte Ausmalung bewahrt hat. Betritt man die Kirche, so ist das romanische Fresko des Jüngsten Gerichts in der Koncha der großen Mittelapsis das unmittelbar eindrucksvollste Bild des Innenraums: Christus thront als Weltenrichter in frontaler Starrheit in der Mandorla, rechts und links blasen Engel die Posaunen der Auferstehung, zu seinen Füßen zwei schmale Bildstreifen, in denen die Toten aus ihren Gräbern steigen. Das Fresko stammt von einem Veroneser Maler aus dem Jahre 1321 und ist ein weiteres Beispiel für den konservativen Byzantinismus der ve-

Die Kirche San Pietro in Mavino bei Sirmione ist eine langobardische Gründung. Sie wurde im Mittelalter romanisch umgebaut und 1321 mit farbintensiven Freskenzyklen im Stil der ländlich-konservativen Frühgotik des Veroneser Raums ausgemalt.

ronesischen Kunst dieser Zeit. Die intensiven Farben, die eindrucksvolle Geste des Christus, vor allem aber die phantasievollen Muster auf den reich gestalteten Gewändern mit ihren prunkvollen Bordüren weisen jedoch bereits auf die schmuckfreudige Kunst Veronas der frühen Gotik. Später ist in der Kirche noch viel dazugemalt worden: Mehrere Heilige, eine thronende Madonna und eine Kreuzigung aus dem 14.–16. Jh. finden sich in den Seitenapsiden, an den Langhauswänden Apostel, eine Schutzmantelmadonna, ein speerstechender hl. Georg und abermals zahlreiche, zum Teil gut gelungene Heiligenfiguren.

Nicht weit von San Pietro erreicht man am nördlichsten Punkt Sirmiones den dritten Hügel, der mit steilen Felswänden in den See abbricht und die Überreste des größten römischen Landhauses Norditaliens trägt. Sicher auch des schönsten, denn die Szenerie ist einzigartig: Aus einer duftenden südlichen Vegetation ragen über dem See die gewaltigen Ruinen eines antiken Monumentalbaus, umgeben vom grünlich glitzernden Wasser der breiten Brandungsterrasse. Dies seien die **Grotten des Catull,** eine Behauptung, die 1483 ein venezianischer Chronist aufstellte. Das Haus der Valerier, Catulls Familie, ist dieser Riesenbau sicher nicht gewesen, höchstens könnte dies auf den kleineren Vorgänger der heutigen Villa aus dem letzten vorchristlichen Jahrhundert zutreffen; jedenfalls dürfte Catull (87–54 v. Chr.) diese exponierte Stelle der Insel gekannt haben. In der Tat weiß bis heute niemand, was dieser zyklopische Palast, der etwa um 150 n. Chr. entstanden ist, wirklich war. Die wahrscheinlichste Hypothese ist, dass es sich um eine ungewöhnlich prunkvoll ausgestattete *mansio* mit Thermalbad handelte, also eine Art exklusives Gästehaus für Reisende im Auftrag des römischen Imperiums, die mit einem Spezialdiplom ausgestattet waren. Doch selbst mit dieser

Erklärung mag man sich kaum zufriedengeben, denn schon die wenigen Funde, die man im kleinen **Museum** nächst dem Kassenhäuschen bewundern kann, verweisen mit einem großen polychromierten Gebäudegiebel und kunstvollen Freskenresten (man beachte besonders das hinter Glas gelegte Fragment eines Bildes von antiken Schiffen auf dem See) auf eine Ausstattung von solcher Pracht, dass man an einen Imperatorenpalast glauben könnte. Der ausgedehnte archäologische Bezirk ist erst zum Teil ausgegraben worden und stellt heute eine faszinierende Ruinenlandschaft dar. Aus dem Trümmergewirr strukturiert sich am deutlichsten die so genannte Kryptosäulenhalle heraus, ein 159 m langer zweischiffiger, ehemals gewölbter doppelter Säulengang von je 4,20 m Breite, welcher auf 64 Arkaden ruhte (von denen zahlreiche wieder errichtet wurden) und der zum Lustwandeln bei Regen oder heißer Sonne diente. An dessen Außenseite befinden sich parallel gelagerte Räume, die vorsichtig als ›Läden‹ bezeichnet werden, da man vermutet, dass die Villa ein eigenes kleines Handelsareal besaß. Weiter ist das große Schwimmbecken mit seinen vier breiten Treppen von Interesse, das wahrscheinlich mittels Bleirohren von der heißen Bojolaquelle am Seeufer gespeist wurde, doch warum die Anlage als ›Grotten des Catull‹ bezeichnet wird, merkt man erst, wenn man von der Hochfläche des Hügels die Felsen hinunter zum Strand geht. Hier durchschreitet man auf alten Treppen riesige gewölbte Gänge, deren Scheitel auf der Höhe des Hügelplateaus liegen. Die so genannten Grotten erweisen sich als kolossale Gewölbe, die aber eigentlich nur Substruktionsmauern heute verschwundener Aufbauten darstellen, die über die Abbruchkante des steilen Kalkfelsens hinausgebaut waren, um der Villa einen symmetrischen Grundriss zu geben und sie nicht von der zufälligen Form der Felsen abhängig zu machen. Als diese ehemals unterirdi-

Im kleinen Museum der römischen Villa sind geringe, aber einen verfeinerten Luxus zeigende Dekorationsornamente der Innenräume zu sehen.

Die ›Grotten des Catull‹ sind die Ruinen einer riesigen römischen Villa auf den äußersten Felsklippen von Sirmione.

schen Hallen noch im romantischen Gewand der eigenen uralt überwucherten Trümmer dalagen, boten sie der Phantasie eine unerschöpfliche Quelle, und noch heute nehmen sie sich im Abendlicht, besonders wenn man sie vom See aus betrachtet, recht verwunschen aus. Denn der Sonnenuntergang ist die eigentliche Zeit dieser Ruinen: Wenn das Licht unter den Bögen der Säulenhalle abnimmt, senkt sich Stille über die Mauern, der abendliche Duft von Thymian und Minze steigt auf; und Lesbias Sperling sucht sich einen Schlafplatz in einem Ölbaum. Kein Zweifel, hier war Catull, und wer das Glück eines Lateinlehrers hatte, der ihm den Dichter nicht gerade in Form einer Klassenarbeit nahegebracht hat, erinnert sich vielleicht an diese Stimmung aus seinen Worten: »Salve, o venusta Sirmio ...«

Desenzano del Garda

Desenzano del Garda☆
Besonders sehenswert:
Ortsbild
Dom
Römische Villa

Drei Dinge sind in Desenzano bemerkenswert: das alte Ortsbild, Tiepolos Abendmahl in der Pfarrkirche und die Mosaiken der römischen Villa. Bevor man dorthin gelangt, muss man vor dem Zentrum des Ortes den obligaten Stau auf der Uferstraße hinter sich bringen, denn entlang der berühmten Seepromenade von Desenzano fährt jeder langsam. Dabei kann man erkennen, dass dem Städtchen ausgedehnte Yachthäfen vorgelagert sind, die bestausgerüsteten am ganzen See. Der **Hafen** ist seit tausend Jahren die Grundlage der Existenz Desenzanos, denn hier war einer der größten Warenumschlagplätze Norditaliens: Auf dem großen Marktplatz trafen sich die Händler Venedigs und der Lombardei, in dem bis in die Ortsmitte reichenden alten Hafen verschifften sie ihre Waren nach Riva, von wo sie über die Alpen nach Deutschland gingen. Nachdem der ganze See der Serenissima gehörte, avancierte Desenzano zum Verladeplatz der in Venedig angelandeten riesigen Getreidefrachten, jener Ware, mit deren Preis die Lagunenstadt weit über ihren engen Machtbereich hinaus entfernte Königreiche in entscheidenden Fragen im Griff hatte. Noch heute wirkt der Kern des alten Desenzano wie eine Handelsstadt en miniature: Den weiten Marktplatz begrenzt auf seiner ganzen Längsseite eine Gebäudereihe mit vorgelagertem Laubengang, unter dem die allfälligen Geschäfte bei schlechtem Wetter abgewickelt wurden; durch Rustikaquader monumentalisierte Kolonnaden umziehen gegenüber das Stadthaus, neben dem sich die Durchfahrt zum Hafen öffnet, welcher an drei Seiten von alten Fassaden, darunter einigen Palazzi begrenzt wird. Einen Hauch lebendiger Vergangenheit bekommt man hier jeden Dienstag zu spüren, wenn der große Wochenmarkt den Platz, den Hafen und die Seitenstraßen mit einer Unzahl von Verkaufsständen aller möglichen Waren füllt.

Durch verwinkelte Gassen führt der Weg hinauf zum ausgedehnten **Kastell.** Schon im 10. Jh. als Fluchtburg gegen die Ungarneinfälle errichtet, wurde es im 12. und 13. Jh. neu befestigt und geriet in die Kämpfe zwischen Verona und Brescia, zwischen Ghibellinen und

Am Hafen von Desenzano steht noch die große venezianische Lagerhalle, in der die Waren der Lagunenstadt vor ihrem Transport über den Gardasee gestapelt wurden.

Guelfen. 1485, 1493 und 1512 wurde das Kastell von mailändischen und französischen Truppen belagert. In diesen unsicheren Zeiten wohnte man besser in der Befestigung als im ungeschützten Ort, denn aus dem Jahre 1567 ist bezeugt, dass 124 Familien innerhalb des Mauerrings ein Haus besaßen; damals stand sogar eine Kirche in der Burg. Mit alledem räumten die Österreicher auf, als sie die Anlage als Kaserne benutzten, weshalb sich heute die weitläufige, die ganze Bergkuppe umschließende Festung als leere Hülse mit einem verwahrlosten Innenhof präsentiert.

Mehr vom vergangenen Reichtum des Ortes bekommt man in der den Marktplatz westlich begrenzenden Pfarrkirche **Santa Maria Maddalena** zu sehen. Sie ist in ihrer heutigen Form ein Werk des Architekten Giulio Todeschini (1524–1603) mit einer Fassade im dorischen Stil und zeigt innen die charakteristischen antikisierenden Formen der Brescianer Spätrenaissance. Die durch Handel reich gewordenen Bewohner von Desenzano konnten sich nicht nur diesen begehrten Baumeister leisten, sie kauften für ihre Kirche eine ganze Menge Ölgemälde der namhaften Künstler ihrer Zeit zusammen: So befindet sich im Presbyterium ein monumentales Triptychon der Geschichte der hl. Maria Magdalena von Andrea Celesti (rechts Bekehrung, links Auferstehung ihres Bruders Lazarus, in der Mitte Verklärung); Auferstehung und Martyrium Christi sowie Bilder von Aposteln, Heiligen und Propheten von Zenon Veronese, von Giorgio Anselmi stammen die Tempera-Arbeiten in der Sakramentskapelle. In eben dieser Kapelle befindet sich auch das Meisterwerk der Kirche: das ›Letzte Abendmahl‹ des Giambattista Tiepolo (1696–1770). Das Gemälde ist keines seiner Hauptwerke, doch lassen sich an ihm alle Merkmale der Kunst dieses letzten großen Vertreters der venezianischen Malerei erkennen. Das Abendmahl ist nicht in der üblichen Frontalität des breiten Tisches mit den aufgereihten Jüngern zu sehen, den Vordergrund des Bildes nimmt die Schmalseite des Tisches mit einem jugendlichen Christus ein. Die Tafel erstreckt sich, von einem dunklen Tonnengewölbe überdeckt, in die Tiefe des Bildes, in der eine mächtige, abgebrochene Säule die Hauptfigur betont. So entsteht eine Bildbühne, auf der sich die wie von flackerndem Licht angeleuchteten Jünger in kompositionell einheitlicher, leidenschaftlicher Bewegung Christus zuwenden. Dies ist kein frommes Bild, eher eine geniale Theaterkulisse, vor der das Abendmahl aufgeführt wird.

Nur ein kleines Stück hinter der Kirche, in der Via Scavi Romani, muss im Jahre 1921 der Schreiner Emanuele Zamboni ein langes Gesicht gemacht haben. Eben hatte er das Grundstück gekauft und wollte darauf sein neues Haus bauen lassen, als er beim Ausheben für die Fundamente auf ein gut erhaltenes Mosaik stieß. Bürgermeister, Archäologen, Restaurateure und schließlich interessiertes Publikum tummelten sich fortan auf seinem Grund und Boden, und an ein Eigenheim in Kirchennähe war nicht mehr zu denken. Der Schreiner hatte ahnungslos seinen Spaten an die Mauern des bis dahin unentdeckten römischen Desenzano gelegt, von dem man bisher glaubte, es sei im 1. Jh. v. Chr. nur ein kleines Dorf gewesen. Nun deckte man in dem Ausgrabungsareal die Reste gleich dreier bedeutender Gebäude des ersten vorchristlichen bis vierten nachchristlichen Jahrhunderts auf – vorerst jedenfalls, denn es ist erst ein Teil der archäologischen Zone ausgegraben. Die Fundstelle – als **Villa Romana** bezeichnet – besteht zum größten Teil aus den Ruinen der Prunkvilla des 3. Jh., westlich davon einem Gebäude mit Apsis des späten 4. Jh., in dem eine frühchristliche Basilika gesehen wird, und im Norden der Villa aus Grundmauern mit Mosaikfußböden in Schwarzweiß, vermutlich eine Thermenanlage aus der Zeit um Christi Geburt. Das größte Interesse gebührt jedoch der Prunkvilla, in die man aus dem kleinen Museum gelangt, in welchem Statuetten, Gefäße aus Ton und Glas, zierlichste antike Fresken und wohlgeformte Fragmente römischer Monumentalskulpturen zu sehen sind. Das Beste aber sind die noch an Ort und Stelle befindlichen **Fußbodenmosaiken,** die einige köstliche Darstellungen zu bieten haben. Der Rundgang führt vom Museum nach links zunächst in zwei kleinere Wohnräume, deren Böden nur teilweise erhalten sind, sie zeigen weitgehend geometrische Muster, der Kopf eines wilden Tieres ist zu erkennen. Von dort gelangt man in einen ehemaligen Garten mit einem Nymphäum, er ist westlich begrenzt von einer Mauer mit sieben Nischen, in der großen mittleren stand ein Brunnen. Vom Garten betritt man nun die Reste des großen Saales mit seinen drei weiten halbrunden Apsiden, der sich in voller Breite zu einem zweiapsidialen Vorraum öffnet. In diesen beiden Räumen befinden sich die prächtigsten Mosaiken der Villa. Die figurativen Darstellungen sind, abgesehen von einigen Fehlern in der Perspektive, vorzüglich ausgeführt und von exzellenter Farbabstimmung; auf den kleinen Steinchen wurden über dreißig verschiedene Farbtöne gezählt. Die einzelnen Darstellungen befinden

Nicht gerade glücklich aussehende Amorini, die im Gardasee angeln, schmücken als Fußbodenmosaik die römische Villa in Desenzano.

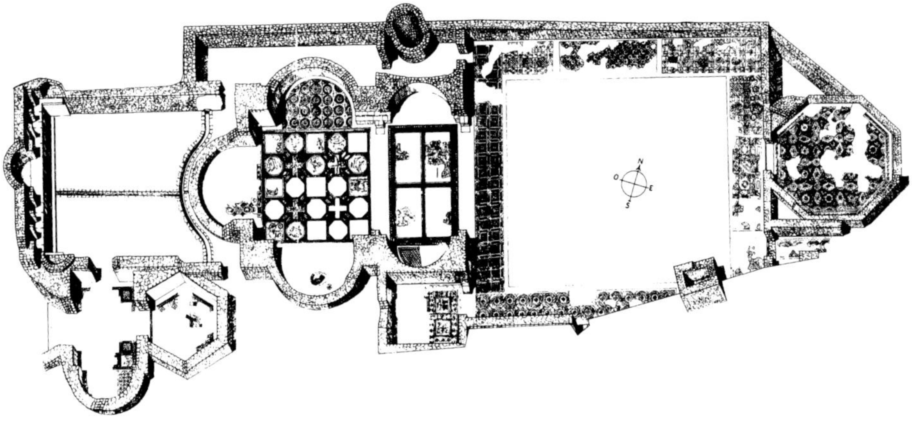

Desenzano, Anlage der Villa Romana

sich auf achteckigen, quadratischen und kreuzförmigen Flächen. Die achteckigen zeigen Jagdszenen, die quadratischen Weinlese und Obsternte, auf den kreuzflächigen entquellen hübsche Zweige einer Vase, auf den Mosaiken des Vorraums ist der Fischfang im Gange. Beim Anblick der Wesen, die alle diese Tätigkeiten ausführen, muss man jedoch stutzen: Es handelt sich um nackte kleine Männchen mit Flügeln – Engel auf einem heidnischen Mosaik? Beinahe, denn diese geflügelten Wesen galten in der Mythologie als Gehilfen des Liebesgottes Amor, weshalb sie als Amorini bezeichnet werden. In der Kunst der Frührenaissance wurden sie wieder entdeckt und bevölkern seitdem als Putti fast alle sakralen Gemälde der Folgezeit. Da die römischen Künstler dazu neigten, in den Ausstattungen der Villen spielerisch Elemente der jeweiligen ländlichen Umgebung zu übernehmen, ergeben sich mit den kleinen Göttergehilfen amüsante Konstellationen, denn was tun Amorini am Gardasee? Anstatt dem Liebesgott seine fehlgeschossenen Pfeile nachzutragen, sind sie hier mit profaneren Aufgaben befasst: Entweder sie ernten Wein in den Hügeln der Valtenesi oder sie sitzen zwischen Vögeln und Früchten in den Zweigen der Obstbäume am Ufer, gefüllte Körbe daneben, oder sie fahren Boot und angeln auf dem Wasser. Bei dieser für sie ungewohnten Tätigkeit sieht man sie ein wenig verdrossen im Vorraum: Da sitzen sie in eleganten römischen Booten oder stehen mit einem Eimer in der Hand auf einem Stein, säuberlich hat der eine seine geraffte Angelschnur um die mosaizierte Rute gewickelt, dazwischen deuten gezackte Steinlagen stilisierte Wellen an, in denen sich Mengen von bunten Fischen tummeln. Von diesem Raum gelangt man in das große Peristyl, eine einst von Säulen getragene Wandelhalle, an deren Seiten ein breites Mosaikband mit geometrischen Mustern entlangläuft, gegenüber ein achteckiger Saal, ebenfalls mit ornamentalen Bodenverzierungen. In der südwestlichen Ecke des Peristyls kann man noch einen kleinen viereckigen Raum betreten, dessen schlecht erhaltene Mosaiken zwei Psychai (geflügelte Mädchen) zeigen, welche blühende Zweige flechten, daneben abermals Amorini mit Früchten. Vom oberen, dem nördlichen Flügel des Peristyls, gelangt man in die vermutete Thermenanlage des ersten vor- oder ersten nachchristlichen Jahrhunderts mit markanten Mosaikornamenten in Schwarzweiß.

Man darf Desenzano nicht verlassen, ohne seiner **Strandpromenade,** dem Lungolago Cesare Battisti seine Reverenz zu erweisen. Von hier verfolgten in den 1930er-Jahren gebannt die Zuschauer die seinerzeit weltberühmten Hochgeschwindigkeitsversuche über dem Wasser, ausgeführt mit seltsam anmutenden Konstruktionen, halb Boot, halb Flugzeug. Am 23. Oktober 1934 gelang Francesco Agello der Rekord von 709,209 km/h. Heute ist hier der große römische Sarkophag der Atilia Urbica mit Inschriften und Reliefs zu sehen, sein Fundort ist unbekannt.

Lonato

Blick vom Festungsberg auf die Stadt Lonato und die Po-Ebene

»… eine Reise ohne lächerliche Zwischenfälle ist aber auch nicht schön«, schrieb Isabella d'Este Gonzaga aus Mantua an ihren Gemahl, der sich gerade wieder weiß Gott wo mit den Truppen irgendeiner anderen oberitalienischen Stadt schlug. Mit diesem Satz

Lonato☆
Besonders sehenswert:
Casa del Podestà
Rocca
Santa Maria del Corlo

hatte Isabella selbst das Stichwort für ihre eigentümliche Reise gegeben, die sie im Jahre 1514 an das Südufer des Gardasees führte. Wenige Jahre vorher war der Krieg der Liga von Cambrai (s. S. 90), der auch Mantua angehörte, mit einer Niederlage Venedigs zu Ende gegangen; aus dem Besitz der Lagunenstadt wurde den Gonzaga Asola, Peschiera, Sirmione und Lonato zugesprochen. Doch kaum hatten sich die Truppen der Liga zurückgezogen, stand das winzige Mantua allein neben der mächtigen Serenissima, die es nicht einmal nötig hatte, sich an diesem machtpolitischen Zwerg zu rächen. Ungerührt betrieb Venedig seine Geschäfte am See weiter, und deren Vorteilen hatten die Gonzaga wenig entgegenzusetzen. Da traf es sich günstig, dass der regierende Francesco Gonzaga mit der Gräfin Isabella d'Este verheiratet war, der »prima donna del mondo«, deren Hof einer der gesellschaftlichen Mittelpunkte Oberitaliens war. Für die Politik des Stadtstaates Mantua war sie die inkarnierte Propaganda in eigener Sache, und im Frühjahr 1514 machte sich die Gräfin mit einem prunkvoll ausgestatteten Gefolge von 93 Höflingen und Hofdamen und 80 Pferden auf den Weg, um das umstrittene Südufer des Gardasees in der Konkurrenz zwischen ökonomischem Vorteil gegen faszinierendes Herrscherhaus für die Gonzaga zu gewinnen. Da also der Erfolg der Reise nur von der Repräsentation ihres Gefolges und der Art und Weise abhing, wie sie ihren Charme zur Geltung bringen konnte, rückte natürlich jeder Fauxpas erst recht ins Licht. Isabella nahm jedoch alles souverän und berichtete ihrem Gemahl darüber mit spitzer Feder. In Peschiera ärgerte sie sich so über die klapprige Garnison (s. S. 91), dass sie mit ihren Hofdamen die Festung überfallen wollte, aus Sirmione gestand sie: »Ich will Euch nicht verschweigen, dass ich mit dem ganzen Körper Land in Besitz genommen habe ...«, denn sie war vor Lachen über den schwatzhaften Vikar von der Treppe des Kastells gefallen. In Lonato selbst wurde die Gräfin enthusiastisch empfangen, denn nach den Drangsalierungen durch die Truppen der Liga von Cambrai versprach man sich von der für ihre humanistische Gesinnung bekannten Mantuanerin bessere Zustände. Isabella wiederum hatte ein besonderes Auge auf dieses Städtchen, weil hier eine riesige Burg stand, deren Besitz für die Gonzaga nicht uninteressant sein konnte. Doch auch hier siegte Isabellas Sinn für die angenehmen Seiten des Lebens, denn statt der Festung beschrieb sie ihrem Mann den Blick von dort oben über die Moränenhügellandschaft auf den Gardasee: »... niemals sah ich eine schönere Gegend ... Von der Rocca aus ging ich durch die Porta Cittadella in Richtung auf San Zeno, dann wandte ich mich gegen Molini, sah den schönen See, die herrlichen Weinberge und Ländereien, die alle wie Gärten aussehen ...«.

Auch heute wird man einen Besuch **Lonatos** nicht bereuen. Da ist zunächst der höchst eindrucksvolle, von gewaltigen Zinnenmauern und zahlreichen Stadt- und Kirchtürmen geprägte Stadtprospekt, der sich dem Reisenden von Desenzano oder noch besser von der Straße von Padenghe aus bietet. Als nächstes empfängt den Besucher die

Atmosphäre eines typischen lombardischen Landstädtchens inmitten eines charaktervollen historischen Stadtbildes, das, obwohl nur wenige Kilometer entfernt, keinerlei Ähnlichkeit mit den venezianisch geprägten Seeorten mehr erkennen lässt.

Wer Lonato vom See aus erreicht, nehme im Ort die erste Gelegenheit, von der stark befahrenen Durchgangsstraße nach rechts zum Duomo hinauf abzubiegen. Dort findet man zwei durch einen Straßendurchgang verbundene Marktplätze; auf dem oberen, der Piazza Matteotti, überragt die **Torre Maestra** (erbaut 1555) mit 55 m Höhe die ganze Stadt. Der zweite, größere Platz, die Piazza Centrale, wird an seiner westlichen Seite begrenzt von der Fassade des **Palazzo Municipale** mit seiner offenen Säulenhalle. Vor dem Palast sieht man den Beweis, dass Gräfin Isabellas Mission letztlich erfolglos war, denn dort blickt von einer hohen Säule ein überdimensionaler Markuslöwe auf den Platz; Lonato fiel bereits 1516 wieder an Venedig und verblieb dort bis 1798. Diese *colonna veneta* wird überragt von der mächtigen Kuppel des **Doms,** dessen überhöhte Fassade sich aus dem engen Häusergewirr der Altstadt erhebt. Die Kirche entstand in den Jahren 1738–80 in formal enger Anlehnung an den riesigen Barock-Dom des ebenfalls venezianischen Brescia, und sie steht diesem auch in den Ausmaßen wenig nach. Denn welch weitläufigen Innenraum die zwischen den Häusern eingezwängten Kirchenmauern umschließen, bemerkt man erst, wenn man eintritt. Dieser weite Raum, so groß, dass man seinen kreuzförmigen Grundriss und die Verzweigung in zahlreiche Seitenkapellen mit einem Blick nicht erfassen kann, ist auch das Eindrucksvollste an dieser Kirche, denn die Einzelkunstwerke der Ausstattung sind fast durchweg mittelmäßig. Man beachte unter den vielen großen Ölgemälden die beiden um 1500 entstandenen des Paolo Farinati (vom Hochaltar gesehen im dritten Seitenaltar links bzw. im fünften rechts) sowie die gelungenen, vielfarbigen Marmorintarsien an den Antependien sämtlicher Altäre.

Bevor man die am Ortsrand liegenden anderen Kirchen aufsucht, empfiehlt sich ein Gang hinauf zu den Ruinen der **Rocca.** Der kurze Aufstieg beginnt gleich hinter dem Stadtturm und erreicht zuerst die auffällige, reich gegliederte **Casa del Podestà**, den mittelalterlichen Sitz der venezianischen Statthalter in Lonato. Berühmt ist das Gebäude jedoch aus einem anderen Grund: Hier steht man vor einem außergewöhnlichen Zeugnis der Lebensauffassung eines jener typischen Vertreter des oberitalienischen Adels, die nach der Schaffung des Nationalstaats Italien Mitte des 19. Jh. neben ihrem politischen Engagement – in ebenso aufgeklärtem wie elitärem Gestus – den Stolz auf ihr Land mit der Dokumentation seiner künstlerischen und geistesgeschichtlichen Tradition darstellen und damit bei anderen wachrufen wollten. Denn Casa und Burg sind im Besitz der ›Stiftung Ugo da Como‹. Dieser 1869 als Sohn einer adeligen Familie in Brescia geborene Rechtsanwalt wurde 1904 Abgeordneter der national gesinnten Liberalen im römischen Parlament, bekleidete einige Ministerposten und zog sich 1921, im aufkommenden Faschismus, von der Politik zurück. Bereits 1906 hatte Ugo da Como bei einer öffentlichen Versteigerung die völlig heruntergekommene Casa del Podestà erworben. Hier richtete er sich sein Wohn- und Studierhaus ein, in dem er sich an historischer Stätte mit den von ihm geschätzten Zeugnissen oberitalienischer Geschichte und Kunst umgab. Das Resultat war ein vom namhaften Brescianer Architekten Antonio Tagliaferri mit historischen Architekturzitaten gespickter Bau, die Einrichtung wurde bei Antiquitätenhändlern in Brescia, Venedig und Rom gekauft.

Das eigenwillige Haus des Ugo da Como ist in allen Details unverändert erhalten. Beginnend mit der Küche, wandert man durch Esszimmer, Arbeitszimmer und Aufenthaltsräume und fühlt sich inmitten hierhertransportierter Kamine, auffällig präsentierter Kupfergegenstände verschiedener Epochen, Sammlungen von Apothekergefäßen, Statuen und meist mittelmäßiger Gemälde doch wie im Museum und in dieser Zwiespältigkeit in der Gedankenwelt Ugo da Comos. Der größte und eindrucksvollste Raum des Hauses ist die ›Galerie‹, die man nach der Küche über den Flur betritt. An der linken Wand des überwölbten Saales sind die freskierten Wappen der venezianischen Statthalter zu sehen, die hier residierten, darunter eine historisch passende Zutat von Ugo da Como: aus dem Palazzo Calini in Brescia kaufte er die drei von Floriano Ferramola gemalten Porträts venezianischer Heerführer der Renaissance (der Raum dient heute als stimmungsvolles Ambiente für Konzerte). Vom Wohnhaus tritt man hinaus in den idyllischen Garten mit herrlicher Aussicht über die Stadt. Gegenüber ließ der Hausherr 1920 ein ganzes Gebäude als Bibliothek in einem historistischen Stilgemisch erbauen. Hierhin brachte er seine kostbare Sammlung von über 50 000 historischen Büchern, Inkunabeln und Handschriften, darunter illustrierte Bibeln, seltene Ausgaben juristischer Codices, handschriftliche venezianische Rechtserlasse seit dem 13. Jh. bis hin zu den Liebesbriefen des Dichters Ugo Foscolo.

Von der Casa del Podestà gelangt man in wenigen Minuten hinauf auf den **Festungshügel,** der von einem weit verzweigten Ring monströsen, geborstenen Mauerwerks umzogen wird. Hier steht die Ruine einer der meistumkämpften Burgen Oberitaliens, denn sie lag im Grenzgebiet zwischen Verona und Brescia, danach der Scaligeri und der Visconti, schließlich zwischen Venedig und Mailand. Die Söldner der Scaligeri zerstören 1339 Lonato, 1354 erobert Bernabò Visconti die Burg, 1362 belagert sie Cansignorio della Scala erfolgreich, 1364 nehmen sie wieder die Truppen der Visconti im Sturm. Zu einer immer größeren Anlage ausgebaut, wird die inzwischen an Venedig gefallene Festung vom Mailänder Giacomo Piccinino samt der Stadt erobert und niedergebrannt; im Krieg der Liga von Cambrai (s. S. 90) räumte Venedig ohne Kampf die Rocca, und die vom Papst gerufenen Franzosen hinterlassen auf ihrem Zug gegen die Lagunenstadt eine Garnison. Die Verbündeten des Heiligen Stuhls drangsalieren die Bevölkerung derart, dass in Lonato ebenso wie in Brescia ein Aufstand gegen die Franzosen ausbricht, der 1510 blutig erstickt wird. Nochmals heftig im Spanischen Erbfolgekrieg umkämpft, verliert die Festung erst im 19. Jh. ihre Bedeutung und wird an einen Herrn Angelo Raffa verkauft, der seinem Namen alle Ehre macht und sie zur Hälfte abbrechen lässt, um das Material zu verkaufen.

Die restlichen Sehenswürdigkeiten Lonatos beginnen am nördlichen Stadtrand und sind etwas schwerer zu finden. Man nehme von der Ortsmitte aus die Straße in Richtung Bedizzole und Calvagese. Bald erreicht man die an einer Piazza gelegene Kirche **Santa Maria del Corlo** oder **dei Disciplini,** die um 1500 von der Bruderschaft der Disciplini wieder aufgebaut wurde und noch Reste des Vorgängerbaus enthält. So finden sich auf beiden Seiten des Eingangsportals gotische Fresken der Zeit um 1300; eine lange Treppe führt hinauf in den ganz von der Brescianer Renaissance des 16. Jh. geprägten Kirchenraum. Die Seitenwände und vor allem die Gewölbe sind bedeckt mit großartigen Fresken, die biblische Szenen in phantasievollen Scheinarchitekturen darstellen; auf dem Altar Statuen des Corbarelli um 1700 und ein Gemälde von Moretto (um 1500). In einer Nebenkapelle ist ein hl. Grab mit großen bemalten Holzstatuen des 16. Jh. zu sehen.

Weiter der Straße nach Calvagese folgend, erreicht man nach wenigen hundert Metern die barocke Wallfahrtskirche **Madonna di San Martino,** ein Stück links der Straße gelegen. Hinter der imponierenden Marmorfassade des Jahres 1675 liegt ein prunkvoller Kirchenraum auf kreuzförmigem Grundriss, bekrönt von einer innen runden, außen achteckigen Kuppel. Man beachte besonders die polychromen Marmorintarsien des Hauptaltars und das prächtige geschnitzte Orgelgehäuse aus vergoldetem Holz. Gegenüber steht eine kleine romanische Kirche, jetzt in ein Bauernhaus einbezogen.

Die suggestivste Örtlichkeit Lonatos ist die an derselben Straße ein Stück weiter ebenfalls links gelegene romanische Kirche **San Zeno,** die einsam auf einem grasbewachsenen Hügel über der Landschaft thront. Dieser Hügel trug die erste, im Jahre 909 in einer Urkunde König Berengars erwähnte Burg des Ortes, der erste Stadtkern Lonatos lag hier zu seinen Füßen, doch wurde er nach Zerstörungen um 1200 verlassen. Übrig blieb die ehemalige Pfarrkirche, die um 1150 errichtet wurde. Ihre Apsis aus markanten grauen Sandsteinquadern ist noch wesentlich älter. Weit ausschwingend, in kompromissloser Strenge von Lisenen und einem umlaufenden Bogenfries gegliedert, ist diese Apsis eines der eindrucksvollsten romanischen Bauwerke der ganzen Gegend.

Von Lonato führt eine Straße zurück nach Padenghe oberhalb von Desenzano. Dabei passiert man die alte **Abtei** von **Maguzzano,** deren Besuch man nicht auslassen sollte. Die Kirche überrascht innen durch eine etwas verblichene, aber vollständige Ausmalung im Stil der Renaissance. Das weit gespannte Tonnengewölbe des einschiffigen Raumes wurde als illusionistische Kassettendecke bemalt, ebenso die Innenseiten der Bögen über den zahlreichen Seitenkapellen. In diesen sind eine Reihe guter Tafelbilder zu sehen, besonders die beiden

Ein klassisches Beispiel der brescianischen Quadraturmalerei ist das Deckenfresko der Kirche Santa Maria del Corlo. Dieser Malstil verwandelte selbst Flachdecken in riesige illusionistische Säulenhallen von scheinbar unendlicher Raumtiefe. ▷

in den jeweils zweiten Seitenkapellen rechts und links vom Maler Andrea Bertanza aus Salò (Ende 16. Jh.) mit biblischen Szenen vor phantasiereichen Hintergrundarchitekturen. Ein mächtiger Triumphbogen trennt den in gleicher Breite und Höhe weitergeführten Chor mit der vielfarbigen Gewölbeausmalung. Man beachte überall die reizvollen und originellen Renaissance-Ornamente und den umlaufenden Grisaillefries. Die Tür gleich rechts neben dem Kirchenportal führt in den eleganten Kreuzgang, der so weitläufig ist, dass er einen parkähnlichen Garten umschließt. In diesem Kloster lebte von 1521 bis 1524 der Girolamo Folengo, einer der bis heute in der italienischen Literatur nicht recht gewürdigten großen Satiriker seiner Zeit. Unter dem Pseudonym Merlino Coccaia schrieb er hier sein Hauptwerk mit dem Titel ›Maccaronea‹, eine unübertroffene Parodie auf die lateinische und die italienische Sprache, in der scharfzüngige Attacken gegen Adel und Klerus verborgen waren; mit seiner vertrottelten Ritterfigur Baldo persiflierte er alle höfischen Ideale seiner Zeit.

Das Westufer

Riva

Riva☆
Besonders sehenswert:
Lage
Ortsbild
Chiesa dell'Inviolata
Varone-Wasserfall

Das bereits im 19. Jh. viel gerühmte und weitgehend erhaltene Stadtbild des alten Riva mit seinen historischen Plätzen und Straßen um den Hafen und die Seefestung ist Ausdruck einer wechselvollen Geschichte, die allein einem Umstand zu verdanken ist. Der Ort war über drei Wege erreichbar: Durch das Sarcatal von Tirol und Trient, über den See von Verona und Venedig, durch das Ledrotal aus dem Mailändischen – also von Mächten, die das ganze Mittelalter hindurch übel verfeindet waren.

Nach einer belegten römischen Nautikerschule, einem ›collegium‹ für Segler, bei denen der Ort bereits ›Ripa‹ hieß, und den Wirren der Völkerwanderung, in denen Heruler, Ostgoten, Byzantiner, Langobarden und Franken hier ihren Stützpunkt hatten, begann die greifbare Geschichte Rivas am 31. Mai 1027. Damals wurde vom deutschen Kaiser Konrad II., dem Salier, das Bistum Trient entscheidend erweitert, um den südlichen Teil der ›Kaiserstraße‹ durch die Alpen nach Rom sicher in den Händen eines reichstreuen Bischofs zu wissen. Auch Riva und das obere Seegebiet gehörten zu dieser ursprünglich gefestigten Herrschaft, doch als die bischöfliche Macht im Laufe des Investiturstreits an Bedeutung verlor, entwickelte das Städtchen ein politisches Eigenleben, das der Selbständigkeit der oberitalienischen Stadtrepubliken nicht nachstand. Um eine solche dauerhaft zu werden, war es jedoch zu klein, und so richteten sich die begehrlichen Blicke der umliegenden Mächte auf den wichtigsten Hafen in der nördlichen Seehälfte. Im 13. und 14. Jh. sind zunächst Ezzelino da Romano, dann die Tiroler, vorübergehend wieder die Bischöfe von Trient und ab 1349 die Scaligeri Herren von Riva. Letztere bleiben bis zum Untergang ihres Hauses im Jahre 1387, und ihre damals errichteten Bauten prägen noch heute den ältesten Teil Rivas. Die Visconti, die die Scaligeri stürzen und Verona erobern, sind ab 1388 auch Herren von Riva; sie ziehen mit starken Truppen durch das Ledrotal, befestigen Riva erneut und bauen eine Kriegsflotte, die Venedig beinahe gehindert hätte, das belagerte Brescia zu retten, wenn die Serenissima sich nicht zu einem abenteuerlichen Flottentransport durch das Gebirge nach Torbole (s. S. 54) entschlossen hätte. In zwei Seeschlachten werden die Mailänder geschlagen und Riva 1440 von venezianischen Truppen gestürmt, für fast 70 Jahre gehört nun der ganze See zu Venedig. Nach dessen Niederlage im Krieg gegen die Liga von Cambrai erhält Trient das nördliche Seeufer zurück, gerade rechtzeitig, dass sich der Fürstbischof Bernardo Cles vor seinen aufständischen Bauern in der Wasserburg von Riva verstecken kann. Bis zum Jahre 1802 verbleibt die Hafenstadt bei Trient, dann fällt das ganze Bistum nach einem französischen Intermezzo an das österreichische Kaiserreich, wo es bis zum Ende des Ersten Weltkrieges 1918 bleibt, erst seitdem gehört Riva zum italienischen Staat.

In Riva, am schmalen Nordufer, zeigt sich der Gardasee von seiner eindrucksvollsten Seite. Hier reicht er am weitesten ins Gebirge hinein, hier bieten die südländischen Ufer den faszinierendsten Kontrast zu den aufragenden Felsen über ihnen. Und nirgendwo zeigt sich der See als südliches Meer im Gebirge besser als an der Uferpromenade von Riva an einem Sommernachmittag, wenn gegen das klare Licht der nördlichen Berge der mit dem südlichen Wind herangeführte Dunst aus der Po-Ebene zieht.

Ein italienisches Städtchen ist es freilich immer gewesen, doch unterscheidet es sich mit seinem österreichischen Überzug von allen anderen Orten am See. Der farbige Verputz zwischen den barock stuckierten Fensterrahmungen lässt manchmal eher an Linz als an Riva denken, wäre da nicht überall der Blick auf das leuchtende Wasser des südlichen Sees. Die Altstadt des Ortes kann nur zu Fuß betreten werden, wer seinen Wagen nördlich des ehemaligen Mauerrings parkt, sollte dort gleich mit der Besichtigung des größten Kunstwerkes beginnen, das Riva zu bieten hat: die **Kirche dell'Inviolata,** errichtet 1603 von einem portugiesischen Architekten, kenntlich an ihrem großen Oktogon neben dem schlanken Kirchturm; sie steht in der Gabelung der Straßen nach Arco und zum Westufer. Betritt man den außen fast schmucklosen Bau, so steht man in einem Innenraum von überwältigendem barockem Formenreichtum der feinsten Art; jeder Zentimeter der achtfach gebrochenen Wandflächen, der Kuppel, der Seitenkapellen ist auf das einfallsreichste stuckiert und bemalt, die gliedernden Pilaster mit korinthischen Kapitellen und die reich geschmückten umlaufenden Gesimse tragen große Skulpturen.

Kuppelgewölbe der Kirche dell'Inviolata in Riva (1603)

Geht man von der Kirche der Inviolata die Via Roma in Richtung See, so betritt man durch die Porta San Michele, einem der drei erhaltenen Stadttore, die **Altstadt** von Riva. Sie zeigt mit ihren von zahlreichen Geschäften gesäumten Gassen und kleinen Plätzen, belebt durch Trattorien und Cafés, noch immer das Bild eines alten Handelsstädtchens. Nur wenig hinter dem Tor erhebt sich die Barock-Fassade der **Pfarrkirche dell'Assunzione della B. V. Maria.** Sie erhielt ihr heutiges Aussehen im Jahre 1728 und zeigt in ihrem düsteren, monumentalen Prunk die fortgeschrittene Entwicklung des italienischen Barock gegenüber der hundert Jahre vorher erbauten Inviolata. Der kunst-

Der Wassergraben der Rocca in Riva ist heute ein romantischer Ort mit einem viel gerühmten Blick auf den See. Hinter dem Graben steht eine oft umkämpfte Wasserburg, die jetzt in ihren Räumen ein Museum beherbergt.

vollste Teil des Innenraums ist an der rechten Seite die Cappella del Suffragio mit achteckigem Grundriss, Empore und Kuppelgewölbe, bemalt mit einer Himmelfahrt Mariens (von Giuseppe Alberti) und verschwenderisch in lichten Farben und mit heiter deliziösen Motiven stuckiert. An der zum See gewandten Außenmauer der Kirche ist von einem Vorgängerbau noch ein schönes mittelalterliches Relief mit drei gotischen Skulpturen zwischen zwei Wappen vom Ende des 14. Jh. eingemauert; daneben, auf der Piazzetta Craffonara, steht ein römisches Becken aus dem 1. oder 2. Jh. n. Chr., ein elegantes Stück mit reliefiertem Rand mit Darstellungen von Tieren und Trauben (s. S. 17).

Gegenüber dem Kirchenportal führen schmale Sträßchen in weitem Bogen durch die mittelalterliche Stadt hinunter zum See. Dabei gelangt man auf die belebte **Piazza Erbe,** den Marktplatz des Ortes, von einer Treppe in zwei Ebenen geteilt; die obere ziert ein Renaissance-Portikus, die untere ein Brunnen. In den Straßen, besonders in der Via Maffei, sind noch mehrere Palazzi mit reich ornamentierten Fassaden zu entdecken, ebenso die Reste der Kirche **San Giuseppe** von 1580, deren Kirchenportal heute als Fußgängerdurchgang dient. Plötzlich öffnen sich alle dunklen Gassen auf die lichtüberflutete **Piazza 3 Novembre,** die den weiten Hafen mit dem Wahrzeichen der Stadt, dem Apponaleturm umschließt. In diesem Hafen landeten am 3. November 1918 italienische Truppen und beendeten die österreichische Herrschaft am Gardasee. Das westliche Ende des Platzes ist von einer Gebäudegruppe umrahmt, die das Herz des alten Riva darstellt: Über mächtigen Kolonnaden erheben sich hier der **Palazzo Pretorio** und im Eck anschließend der **Palazzo del Provveditore,** beide um 1370 erbaut, als Cansignorio della Scala der Herr der Stadt war; mit dem 1475–82 daneben errichteten **Palast der venezianischen Gouverneure** ein eindrucksvolles mittelalterliches Bauensemble. Durchschreitet man in der Verlängerung des Kolonnadengangs das gewölbte Erdgeschoss des Palazzo Pretorio, so steht man auf der anderen Seite zu Füßen eines schwerbefestigten Stadttores auf der Piazzetta San Rocco. Dies ist die **Porta Bruciata,** das verbrannte Tor, so benannt, weil es von den Soldaten der Visconti im Jahre 1406 in Brand geschossen wurde. Am anderen Ende des Platzes ragt die mit Buckelquadern verblendete **Torre Apponale** auf, Anfang des 13. Jh. zum Schutz des Hafens erbaut; der alte Eingang liegt 8 m über dem Boden. Zu diesem Platz mit seinem Turm hatten die früheren Reisenden aus dem Norden stets ein besonderes Verhältnis, denn hier am Ufer begegnete ihnen wie drüben in Torbole zum ersten Mal ihr verehrter Süden. Montaigne und Stendhal erwähnten ihren Aufenthalt, Thomas Mann schrieb hier am ›Tonio Kröger‹, Franz Kafka notierte: »In Riva war ich des Südens Gast, der mir nie wieder so liebenswürdig und großartig begegnete«, und Arthur Schopenhauer fühlte beim Anblick der Torre Apponale das Bedürfnis, sein Leben als Eremit oben auf dem Turm zu verbringen. Auf der stets belebten Uferpromande gelangt man zur **Rocca,** der Wasserburg von Riva. Deren Entstehung reicht ins 12. Jh. zurück, die Scaligeri errichteten hier gegen 1370 eine starke Befestigung, die mit ihrem rechteckigen Grundriss und ihrem System von Wassergräben dem Kastell in Sirmione glich. Später wandelten die Bischöfe von Trient den Bau in eine mit Fresken, Gartenanlagen und Fischteichen verzierte Anlage um, doch im Jahre 1852 verschandelten die Österreicher das malerische Wasserschloss, indem sie es zur Kaserne umbauten. Heute beinhalten die Räume ein sehenswertes **Museum** mit Funden aus der Pfahlbautensiedlung vom Ledrosee (ca. 1500 v. Chr.), römischen Exponaten, bemerkenswerten Reliefs und Mosaiken aus frühchristlicher Zeit und eine Gemäldesammlung.

Die Torre Apponale ist der aus dem 13. Jh. stammende Wachturm des Hafens von Riva.

Hoch über der Stadt, am felsigen Hang des Monte Rocchetta, sieht man die Ruine eines mächtigen venezianischen Geschützturms, genannt ›Bastione‹. Wer den steilen Fußweg hinauf nicht scheut, wird mit einem hinreißenden Blick über Riva und den See belohnt. Auf keinen Fall versäumen darf man den Abstecher zum berühmten **Varone-Wasserfall,** nur wenige Autominuten von Riva an der Straße nach Tenno gelegen. Dieser Wasserfall ist mit keinem anderen Naturphänomen zu vergleichen, das sonst diesen Namen führt, denn hinter dem Kassenhäuschen betritt man auf einer künstlichen Brücke einen ungeheuren Schlund, einen dunklen Felsentrichter, in den die Wassermassen des Varone zerstäubend fast 100 m tief herabstürzen. Nach einem kurzen Weg bergauf erreicht man eine zweite Brücke, die etwa auf halber Höhe der tosenden Schlucht über den Abgrund führt und Schwindel erregende Blicke nach oben und unten gestattet. Die Anlagen zur Besichtigung des Wasserfalls wurden im Jahre 1876 von der Familie Bozzoni erbaut, die dort eine schlechtgehende Papiermühle besaß, um die Besucher aus Riva und Arco zu diesem schon damals als eines der schaurig-schönsten Spektakel der Alpen gerühmten Naturschauspiel zu locken.

Limone

Limone

Ebenso wie am Ostufer in Torbole, war früher am Westufer in Riva eine Gardasee-Reise auf dem Landwege gleich wieder zu Ende. Italien begann erst wieder 19 km weiter südlich, in Gargnano, dazwischen gab es nichts als senkrecht ins Wasser stürzende Felswände. Erst 1931 wurde die *Gardesana occidentale,* die Westuferstraße, in das Gestein gesprengt und ist bis heute eine der spektakulärsten Straßen Italiens geblieben. Durch 74 Tunnels und über ein halbes Hundert Brücken muss man fahren, atemberaubende Ausblicke auf Felsen, See und Berge ergeben sich, doch das viel zitierte ›unvergessliche Erlebnis‹ werden nur die Beifahrer haben. Denn die Helligkeitsunterschiede zwischen den oft pechschwarzen Tunnels und den im grellen Sonnenlicht liegenden Straßenstücken dazwischen erfordern höchste Konzentration, und nur wenn zwei unsichere Wohnwagenbesitzer im engen Tunnel nicht wissen, wie sie aneinander vorbeifahren sollen, kann man hier auch als Fahrer unvergessliche Eindrücke der anderen Art sammeln.

Nur wenigen Hotels und noch weniger Orten hat der schmale Uferstreifen zwischen Fels und See Raum gegeben. Der erste davon ist Limone, noch in den 1950er-Jahren gerühmt als der rechte Fleck für Liebhaber malerischer Winkel und pittoresker Straßenszenen.

Der Gardasee bietet einige der eindrucksvollsten Landschaftsszenarien Europas. Auf einer Länge von fast 20 km stürzen an seinem Westufer Hunderte von Metern senkrechten Felses in die grünblauen Fluten. Die dort 1931 eingesprengte Uferstraße gehört zu den spektakulärsten Straßen Italiens.

Doch seitdem ist viel getan worden, und heute präsentiert sich der Ort als das abschreckendste Phänomen des Tourismus am See. Nähert man sich ihm vom Wasser mit dem Passagierschiff, so bietet der in engen Terrassen die steilen Felswände ansteigende Ort noch immer einen sehr reizvollen Anblick, doch im Innern ist trotz der alten Bausubstanz jeder Charakter dahin. Eine große Betonmole und ein Busparkplatz sorgen für unablässigen Nachschub erwartungsvollen Publikums, das sich dann durch die engen Gassen drängt. Das winzige Hafenbecken zwischen mittelalterlichen Gebäuden, überragt von hohen Felswänden, war einst einer der typischsten Plätze am ganzen See, doch heute ist alles versetzt mit Andenkenläden zweifelhaften Inhalts und Massenverköstigungsstätten. Selbst die in den Straßen feilgebotenen grünen Zweige mit frischen Zitrusfrüchten sind eingeflogen, denn auch von dem einstigen Wahrzeichen Limones stehen nur noch bleiche Ruinen. Das Ufer und die Hänge um den Ort sind übersät mit verlassenen Limonare, den großen Freiluftgewächshäusern für die fremdartigen hohen Bäume von Limonen, Zitronen und Orangen, die hier für die besondere Feinheit ihres Geschmacks berühmt waren. Doch dergleichen wächst hier nicht mehr, seit die Konkurrenz aus südlicheren Regionen wegen der schnelleren Transportmittel zum Zuge kam; heute zeugen nur noch die langen Galerien verputzter Viereckpfeiler, an denen im Winter Glasverkleidungen und Holzdächer zum Schutz vor der Kälte befestigt wurden, von der einstigen Pracht dieser südeuropäischen Vegetation. (Auf dem anderen Seeufer, im Kastell von Torri del Benaco und auf der Punta San Vigilio, kann man noch Limonare bewundern, die nach den alten Anbaumethoden bewirtschaftet werden.)

Wer in Limone nach Kunst sucht, gehe vom Hafen noch ein Stück am Ufer weiter, bis sich die kleine Kirche **San Rocco** hinter alten Treppen über dem Wasser erhebt. Sie stammt aus dem 14. Jh. und erhielt später eine schöne Ausmalung im Stile der Renaissance: Das Kreuzgratgewölbe des Chores wurde mit Flechtbandbordüren verziert, hinter dem Hauptaltar ist ein illusionistischer Altaraufbau mit Scheinarchitekturen zu sehen, in die Szenen aus dem Leben des Kirchenpatrons einkomponiert sind. Der unbekannte Freskant war nicht schlecht. Sehenswert ist auch die barocke Pfarrkirche, 1685 anstelle eines romanischen Vorgängerbaus errichtet. Bis zum Jahre 1709 erhielt die Kirche fünf Altäre, vier davon aus Marmor, in denen mehrere ausgezeichnete Gemälde von Andrea Celesti aus dem 18. Jh. zu sehen sind; man beachte die vollendete Beherrschung von Licht und Dunkelheit in der Komposition der Szenen. Wer noch ein kleines Stück des alten Limone erleben will, begebe sich weit über die Uferstraße den Berghang hinauf, wo einsam zwischen den Olivenbäumen die romanische Kapelle **San Pietro in Oliveto** unter den Felswänden liegt. Wer Zeit hat, sollte es nicht versäumen, der Straße, die hier vorbeiführt, weiter bergauf zu folgen, denn so erreicht man Tremosine, eine kleine Welt im Gebirge, getrennt durch mehrere hundert Meter senkrechten Fels vom südlichen Gestade des Sees.

Tremosine

Drei Straßen führen auf die grüne Hochebene von Tremosine und weiter zum Tignale: von Limone, von der Straße unterhalb Muslone und dazwischen eine Abzweigung im Tunnel der Uferstraße hinter Campione. Besonders die letztgenannte Strecke ist ein Erlebnis für sich: Durch die wilde Landschaft der Brasaschlucht mit dunklen Felstunneln führt sie über zahllose Kehren mit grandiosen Ausblicken hinauf nach Pieve di Tremosine, doch ist auch die Auffahrt durch die Piovereschlucht, die in der Nähe von Muslone abzweigt, nicht zu verachten.

Pieve, der Hauptort der weit verzweigten Gemeinde Tremosine, liegt direkt an der Kante des senkrechten Steinabbruches der Felsen hinunter zum Wasser und bietet eine großartige Aussicht über den See hinüber auf die Gipfel des Monte Baldo. In dieser Lage befindet sich auch das einzige dortige Bauwerk von künstlerischem Interesse: die **Pfarrkirche** von Tremosine auf einem kühnen Felsvorsprung. Ende des 14. Jh. erbaut und 1712 erneuert, zeigt sie heute eine hübsche Barock-Einrichtung, man beachte die gelungenen Schnitzereien des Orgelgehäuses aus dem 17. Jh., den großen Hochaltar mit gedrehten Säulen, Putti, Skulpturen und polychromen Marmorintarsien sowie das vollständig erhaltene Chorgestühl, eine gute Schnitzarbeit des Barock.

Den See noch vor Augen, wähnt man sich nach wenigen Minuten Fahrt über die gewellte Hochebene von Tremosine wie in eine nördlichere Welt versetzt, denn hier befindet man sich in einer klassischen Gebirgslandschaft. Kleine Dörfer liegen inmitten weiter Almen, welche durchzogen werden von tiefen Schluchten, überragt von steilen Bergen mit waldreichen Hängen; viel gerühmt sind die hiesigen Wandermöglichkeiten, besonders hinauf zum Monte Tremalzo oder hinüber zum Tignale. Eigentümlicherweise gehört dieser entlegene Felsen zu den ältesten dauerhaft besiedelten Orten am See, denn hier fand man die (heute im Museum in Brescia befindliche) rätselhafte Inschrift des Voltino mit vier Zeilen auf lateinisch, der Rest in einem nahezu unübersetzbaren, vermutlich etruskischen Dialekt.

Von der Hochfläche von Tremosine führt eine gewundene Straße durch wilde Gebirgslandschaft um das tiefe Tal des Campionebaches herum nach **Tignale,** einer am Hang hoch über dem See verstreuten Gemeinde mit entsprechenden Ausblicken. Einzigartig unter den Szenerien des gebirgigen Seeufers ist dort der Wallfahrtsort **Madonna di Monte Castello,** mit Kirche und Kloster knapp unter dem charakteristischen Gipfel des gleichnamigen Berges gelegen. Fast 700 m stürzt der Felsen neben der Kirche senkrecht in die Fluten des Sees, und diese Furcht erregende Höhe verleiht der dichtbewaldeten Bergspitze mit der breit gelagerten Kirche selbst bei strahlendem Sonnenschein eine Atmosphäre düsterer Unnahbarkeit – zu der der äußerst steile Anfahrtsweg zum Kloster sein übriges tut. Die Kirche steht auf dem Platz einer alten Festung, die jahrhundertelang zwischen Trient,

Verona, Brescia und Mailand umkämpft war. Im 16. Jh. wurde die heutige Wallfahrtskirche erbaut; der flache, dreischiffige Innenraum wird von weit gespannten Bögen auf eckigen, zweifarbigen Pfeilern gegliedert. Auffallend ist der Dachstuhl des Mittelschiffs: Es handelt sich um eine für die spätgotische Architektur des Veneto typische, im Querschnitt etwa dreipassförmige Decke, die auf zweifach abgestuften Konsolgesimsen Tonnensegmente trägt; zwei der bedeutendsten Kirchen Veronas sind in ähnlicher Weise gedeckt (San Fermo und San Zeno). Ebenfalls veronesischen Einfluss verraten die Fresken mit dem großen Architekturthron im Bild einer Madonna mit Kind und einem segnenden Heiligen.

Von Tignale führt eine Straße mit nicht minder eindrucksvollen Aussichten hinunter ans Ende der Steilküste, wie in eine andere Welt in das ganz südländisch geprägte Gargnano.

Kirche und Kloster Madonna di Monte Castello bei Tignale liegen wie das ganze Siedlungsgebiet von Tremosine in Schwindel erregender Höhe über dem Gardasee.

Gargnano und Bogliaco

Vom Tignale herunter oder aus den letzten Tunneln der Gardesana heraus eröffnet sich plötzlich, viel überraschender als gegenüber am Ostufer, die Welt des Südens. Gargnano, der erste Ort des südlichen Gardasees, war zugleich der nördlichste Punkt der um die Wende zum 20. Jh. weltberühmten ›Brescianer Riviera‹, jenes Küstenstreifens von Salò bis Gargnano, den sich die vornehme Welt von Mailand und Brescia als Standort ihrer zahlreichen prunkvollen Villen inmitten einer mediterranen Natur erkoren hatte. 1872 wurde deshalb die erste Straße von Süden aus bis Gargnano erbaut, dreimal täglich verkehrte hier für die feinen Herrschaften eine ›Mail-coach‹, während das ortsansässige Volk wie zu allen Zeiten weiter mit dem Boot fuhr.

Gargnano

Gargnano

Der erste Ort der Riviera Bresciana ist ein altes Fischerdorf mit reizvoll verwinkeltem Ortskern um den malerischen Hafen zwischen den Kolonnadengängen des Rathauses und den Cafés und Trattorien am Ufer. Vor allem aber ist Gargnano, wie das benachbarte Bogliaco, einer der wenigen Orte am See, an denen der Tourismus weitgehend vorbeirauscht, weshalb besonders die Hafenpartie noch viel Ursprüngliches bewahrt hat. Wer dazu noch Kunst sucht, parkt am besten gleich an der Nordspitze des Ortes, bei der neben der Straße aufragenden Pfarrkirche **San Martino.** Nach vielen Vorgängerbauten wurde auf diesem Platz im Jahre 1837 ein höchst eigentümliches Werk des italienischen Historismus vollendet; der Baumeister Vantini aus Brescia war ein Verehrer des Altertums, und so ließ er hier seine Inspiration eines Pantheons Wirklichkeit werden. Das Kircheninnere stellt hinter einer großen, säulengetragenen Vorhalle einen monumentalen ovalen Saal von riesenhaften Ausmaßen dar, dessen Flachkuppel auf aus den Wänden vortretenden Halbsäulen ruht. Neben den Ölgemälden des Bertanza ist besonders die Darstellung der Jungfrau von Moretto im Hochaltar bemerkenswert.

Von der Kirche sind es wenige Minuten bergab zum Hafen, der seinen einzigen historischen Auftritt im Jahre 1866 hatte. Während der Kämpfe des Risorgimento hatten sich hierher italienische und französische Kriegsschiffe zurückgezogen, als auf dem See ein österreichisches Geschwader erschien, um sie zu vertreiben. »Man hatte sechs Kanonenboote unter dem Kommando eines veritablen Korvettenkapitäns auf dem See zusammengezogen, die allein schon durch ihre Namen wie ›Raufbold‹ und ›Speiteufel‹ Angst einflößten«, schreibt W. Krum. Es kam zu einer heftigen Beschießung des Hafens mit mäßigem Erfolg, der letztliche Ausgang der Kämpfe ist bekannt (s. S. 95f.). Immerhin erinnern noch heute zahlreiche in die Häuser eingemauerte Kanonenkugeln an diesen ungemütlichen Tag in der Geschichte Gargnanos.

Folgt man der zwischen den alten Häusern verlaufenden Hauptstraße des Ortes weiter nach Süden, so erreicht man Kirche und Kloster **San Francesco,** gegründet 1289. Die Fassade mit ihrer Lisenengliederung und dem eleganten Rundbogenportal stammt noch aus romanischer Zeit, das Innere wurde leider im 17. und 18. Jh. umgebaut. Rechts neben der Kirche hat sich jedoch unversehrt der Kreuzgang erhalten, und der ist ein Kleinod romanischer und spätgotischer Architektur. Das Geviert ist geprägt von weit gespannten spitzbogigen Arkaden in Eselsrückenform, sie ruhen auf eleganten Säulen mit

Blick in den Kreuzgang der Kirche San Francesco in Gargnano. An seinen Kapitellen befinden sich einige höchst originelle Darstellungen von Zitrusfrüchten, eine mittelalterliche Hommage an die mediterranen Gefilde des Gardasees.

ebenso einfallsreich wie ungewöhnlich bearbeiteten Kapitellen. Selbst den weltabgewandten Franziskanern war offenbar nicht entgangen, dass sie sich hier zwar noch am Fuße des Gebirges, aber bereits in einer besonderen Gegend befanden: So meißelten sie wie ein Wahrzeichen des in Gargnano beginnenden Südens statt der obligaten Dämonen und Heilssymbole Zitronen, Orangen und Laubwerk in die Kapitelle, dazwischen sind mehrere gelungene Löwenköpfe zu entdecken. Im Sommer befindet sich häufig ein kleiner Antiquitätenmarkt im Kreuzgang.

Bogliaco

Unmittelbar an Gargnano schließt sich südlich der Ort Bogliaco an, gleichfalls mit reizvoller Hafenpartie und mäßig touristisiert. Kurz bevor von der Uferstraße die schmale Zufahrt zum Ortszentrum links abzweigt, begingen die Planer der Gardesana ein unverzeihliches Sakrileg: Sie führten die Trasse direkt an der Rückfront der **Villa Bettoni** entlang und zerstörten so die im Gesamtkonzept des Bauwerks enthaltene Korrespondenz mit dem prunkvollen architektonischen Aufbau des Gartens, der nun auf der anderen Seite der stark befahrenen Straße liegt. In mehreren Terrassen folgt eine großartige

Treppenanlage des Gartens der Villa Bettoni in Bogliaco

Treppenanlage dem ansteigenden Gelände des Parks; die weitläufigen, sich kunstvoll kreuzenden Treppen vor einem geschwungenen Aufbau mit Balustraden, Figurennischen mit Marmorskulpturen und einem Nymphäum, seitlich gerahmt von barocken Fassaden, sind am ganzen See einzigartig. Nicht weniger bedeutend ist der Herrensitz der Bettoni selbst, eine prachtvolle dreiflügelige Anlage mit 24-fen-

striger Front des 17. Jh. Der Palast befindet sich in Privatbesitz und kann nicht betreten werden, weshalb man selbst die Schönheit seiner äußeren Erscheinung nur vom See aus vollständig genießen kann. Dabei richte man sein Augenmerk besonders auf die von zahlreichen, fast lebensgroßen Skulpturen gebildete Figurengalerie, die den erhöhten Mitteltrakt bekrönt.

Toscolano-Maderno

Toscolano-Maderno☆
Besonders sehenswert:
Santi Pietro e Paolo in Toscolano
Sant'Andrea in Maderno

Nur wenige Kilometer hinter Bogliaco nähert man sich einer flachen, weit in den See vorstoßenden Landzunge. Der Wildbach Toscolano, der aus dem tief eingeschnittenen Tal herabstürzt, das heute der Valvestino-Stausee füllt, hat im Laufe der Zeit so viel Erosionsmaterial in den Gardasee geschwemmt, dass nun darauf der Doppelort Toscolano-Maderno Platz gefunden hat. Womöglich stand hier weit Bedeutenderes, denn im Jahre 243 ging ein gewaltiger Bergsturz nieder und zerstörte eine römische Siedlung, die angeblich mit der verschollenen sagenhaften Stadt Benacum identisch gewesen sein soll, von der der See seinen antiken Namen (lacus Benacus) führe. Den gleichen Ruhm reklamieren jedoch ebenso unbeweisbar die Orte Torbole, Garda und Salò für sich; auch die Sprachforscher erheben Einwände, da Toscolanum und die Nachbardörfer Cecina und Pulciano Namen haben, die auf eine etruskische Enklave deuten, die Ortsbezeichnungen also älter als ein römisches ›Benacum‹ wären. Wie dem auch sei – vom römischen Toscolanum ist inzwischen einiges zum Vorschein gekommen, eine große versunkene Stadt war noch nicht dabei. Toscolano und Maderno sind heute stark touristisiert und bieten in ihren Zentren wenig Originelles, doch besitzen sie zwei Kirchen von ungewöhnlichem Rang.

Toscolano

Der aus Venedig verbannte Maler Andrea Celesti hat in der Pfarrkirche von Toscolano ein einzigartiges Ensemble seiner Kunst hinterlassen.

Wenn man von Norden kommt, liegt gleich am Anfang von Toscolano links neben der Straße die große Pfarrkirche **Santi Pietro e Paolo.** Obwohl ein harmonischer Renaissance-Bau des Jahres 1584 mit einer bewegten Fassade, einem prächtigen Portal und einem von gewaltigen Rundsäulen geprägten Innenraum, macht nicht die Architektur die Bedeutung der Kirche aus. Denn im Inneren sind 22 große Gemälde des Andrea Celesti (1637–1712) zu sehen, einem der großen Künstler Venedigs im 17. Jh., der nach seiner Verbannung aus der Lagunenstadt – er hatte den Dogen Andrea Grimani mit Eselsohren gemalt – gewissermaßen zum Hofmaler des Gardasees wurde. Man beachte besonders die drei Riesengemälde aus dem Jahre 1688, die die ganzen Chorwände hinter dem Altar bedecken, sowie die die Wand über den Portalen einnehmenden Bilder, darunter ein ›Bethlehemitischer Kindermord‹ mit wildbewegten Menschenmengen, um sich eine Vorstellung von der Kunst des Celesti zu machen: von seinem unerschöpflichen Formenreichtum, seiner perfekten Beherrschung des Lichts, seinen groß angelegten Bildkompositionen. Gleiches gilt für die ›Geburt Christi‹ gegenüber der Orgel und der ›Anbetung der hl. Drei Könige‹, die auf die Orgelflügel gemalt ist. Darunter steht mit dem bischöflichen Stuhl aus dem Jahre 1621 ein Meisterwerk barocker Schnitzerei. Geht man von der Kirche ein paar Schritte bergab in Richtung der hässlichen Fabrik und biegt nach wenigen Metern links in den kleinen, sich zum Ufer senkenden Park ab, so findet man dort die Ruinen einer **römischen Villa** der Familie Nonii-Arii mit schönen Mosaikfußböden; eine der Säulen des Außenportals der Kirche mit den Reliefbändern im Stile der Kaiserzeit stammt aus diesen Ruinen.

Noch immer trennt der Toscolanobach seine eigene Anschwemmung in die Hälften von Toscolano und Maderno. Der Bach war seit dem 14. Jh. das Rückgrat des wirtschaftlichen Wohlergehens beider Orte, denn er betrieb die dort angesiedelten Papiermühlen, die seit 1478 durch Gabriele da Treviso europäische Bedeutung erlangten. Kein namhafter Monarch des späten Mittelalters verzichtete auf Papier und Druckkunst aus Toscolano mit dem Ochsenkopf als Fabrikmarke; bis in den Orient fanden die hier hergestellten Bütten ihren Weg, und es genügt zu sagen, dass die lateinisch gedruckte Bibel, die Martin Luther bei seiner Übersetzung auf der Wartburg vorlag, hier in Toscolano entstanden war.

Maderno

Toscolano und Maderno verbindet die stark befahrene Gardesana und die reizvolle lange Uferpromenade, die fast um die ganze Landzunge herumführt; auf beiden gelangt man zum Zentrum Madernos, dem lebhaften **Lungolago** mit seinen beiden Kirchen zwischen Marktständen, Cafés und Restaurants. Maderno schlug im Jahre 1377 eine dunkle Stunde, als die Mailänder Visconti den Verwaltungssitz der Westufergemeinden von Maderno in das für sie leichter erreichbare Salò verlegten. Bis dahin war das bereits in langobardischer Zeit bedeutende, 969 erwähnte Maderno ein wichtiger Ort, der von den deutschen Kaisern Otto I. und Friedrich Barbarossa Privilegien erhalten hatte. Damit war es 1377 vorbei, die guten Einnahmequellen wanderten nach Süden, und außer einigen Papiermühlen und einem heute fast verschwundenen, für seine lasterhaften Orgien berühmt-berüchtigten Palast der Gonzaga entstanden keine besonderen Bauten mehr. Als einziger Zeuge der Zeit, in der Maderno der Hauptort des ganzen Westufers war, ragt an der Bucht, um die sich noch heute das Zentrum gruppiert, die alte Kirche **Sant'Andrea** aus der Häuserfront.

Dieser Bau ist eine der schönsten ländlichen romanischen Kirchen Oberitaliens. Auf den ersten Blick erkennt man, dass sie zur Glanzzeit Madernos entstand; 1130–50 erbaut, ist sie ein Meisterstück der lombardischen Romanik. In der klassischen Manier dieser Baumeister bildet die gesamte Fassade eine massive Wand aus Stein, nur sparsam architektonisch aufgebrochen, hier durch das Portal und ein einziges, dessen Form wiederholendes Rundbogenfenster, darüber das Rundfenster unter dem Giebel muss man sich wegdenken, es wurde erst im 16. Jh. ausgebrochen. Dennoch fehlt dieser Fassade jede lastende Schwere, sie wird belebt durch unregelmäßige Lagen aus grauem, weißem und rosafarbenem Marmor und der unübertrefflichen Kunst der lombardischen Steinmetzen, mittels einer Wandgliederung aus Blendbögen, Friesen und Halbsäulen ganze Kirchenfassaden gewissermaßen in riesige Reliefs zu verwandeln. Man mag darin eine Synthese

Die Fassade der Kirche Sant'Andrea in Maderno ist eines der charakteristischen Beispiele der ländlichen ›lombardischen Romanik‹ Oberitaliens.

sehen zwischen der Kunst der Baumeister aus Como, die als eine der wenigen die Fertigkeiten des römischen Monumentalbaus über die Völkerwanderung ins Mittelalter retteten und dem stilistischen Empfinden der in Oberitalien mit der romanischen Bevölkerung verschmolzenen Langobarden, das sich im wesentlichen in der Schaffung großer, von Flechtbandornamenten bedeckter Reliefplatten ausdrückt. Beides vereinigte sich zu einer Baukunst, die als ›lombardisch‹ bezeichnet wird und die mit ihrer Mischung aus souveränem technischen Können und unkonventionellem Formenreichtum auch

Sant'Andrea in Maderno gestaltet hat. Der hoch aufragende Mittelteil der basilikal abgestuften Fassade wird von zwei breiten und zwei schmalen aufstrebenden Halbsäulen mit großen Kapitellen monumentalisiert; die beiden schmalen wachsen direkt aus dem Portalgewände empor und tragen einen großen Blendbogen. Oben schließt die Fassade mit einem Giebelfries ab, dessen Rundbögen auf zahlreichen, als menschliche Köpfe skulptierten Konsolsteinen aufliegen. Beste lombardische Steinmetztradition stellt das Portal mit seinem vielfach abgetreppten Säulengewände dar. Die aufs feinste ziselierte Kapitellzone mit ihrem schon spätromanischen Formenreichtum an Tieren und Blattwerk wird gerahmt von verschlungenen Flechtbandreliefs, als wäre noch ein langobardischer Künstler des 8. Jh. am Werke gewesen. (Die Kirche steht am Platze eines langobardischen Vorgängerbaus, der wiederum auf einem römischen Tempel errichtet wurde; von beiden Bauten sind Spolien in den Außenwänden vermauert.) Seit der Rekonstruktion der Krypta hat auch der Innenraum wieder zu seinem charakteristischen Aussehen gefunden: Wie in den veronesischen Kirchen der gleichen Zeit handelt es sich um eine so genannte Bühnenkrypta, d. h. die Krypta ist nur zur Hälfte im Boden versenkt und hebt den lang gestreckten Chor mit dem Altar wie eine Bühne über das Kirchenschiff empor. Der Innenraum ist in drei Schiffe gegliedert, die von schweren Bögen auf mächtigen Stützen im Wechsel von Säulen und Kreuzpfeilern getragen werden. An deren großen Kapitellen, die Reste der Originalbemalung zeigen, offenbart sich abermals die Qualität lombardischer Bauplastik in der sorgfältigen Ausarbeitung von Palmetten, Akanthuslaub, Bestien und dem immer wiederkehrenden Flechtbandornament. Neben mehreren spätgotischen Fresken beachte man das letzte Joch des rechten Seitenschiffs vor dem Chor: Gegen 1583 wurde es im Stile der Renaissance ansprechend ausgemalt und stuckiert. Eine Treppe führt hinunter zum gedrungenen, von drei schmalen Schiffen gebildeten Raum der Krypta. Der Mailänder Erzbischof Carlo Borromeo hat sie Ende des 16. Jh. beschädigt, als er die hier ruhenden Gebeine des heiligen Herkulan entfernte und sie in die eigens nach diesem benannte neue Pfarrkirche **Sant'Ercolano** überführte, die Sant'Andrea schräg gegenüber erbaut worden war. Doch da war die große Zeit Madernos längst vorüber, der Neubau ist bedeutungslos, selbst das Altarbild ist eine mittelmäßige Arbeit des sonst vorzüglichen Paolo Veneziano aus dem 14. Jh.

Gardone Riviera

Gardone Riviera☆☆
Besonders sehenswert:
Seepromenade
Vittoriale degli Italiani
Giardino Hruska

Wer vor wenig mehr als hundert Jahren die Küste zwischen Maderno und Salò entlanggefahren wäre, hätte ungefähr auf halber Strecke zwischen beiden ein in subtropischer Vegetation versinkendes Fischerdorf mit einer Pfarrkirche am Hang entdeckt, weiter nichts – vom heutigen mondänen Gardone keine Spur. Doch dann erschien gegen 1880 der Deutsche Louis Wimmer, und der erkannte die so genannten Zeichen der Zeit in den durch Industrialisierung und Bodenspekulation verwüsteten oberitalienischen Städten richtig: Wer dabei reich geworden war, konnte sich einen Hang zur beschaulichen Erholsamkeit in schöner Natur leisten, und den zog es aus Mailand und Brescia an die Südwestecke des Gardasees. Hier fand er noch die klare Luft des Gebirges und am Ufer das wärmste Klima Italiens nördlich des Apennins. Und das vornehme Publikum kam zahlreich an seinen neu kreierten Treffpunkt: Rasch begann Wimmer mit dem palastartigen Ausbau des ›Grand Hotel Gardone Riviera‹, und bald zog sich eine lange Kette von Villen im kurios pompösen Stil der Gründerjahre inmitten luxuriöser Gärten Ufer und Hang entlang. Als auch noch der italienische Geistesheroe Gabriele d'Annunzio hier seine Residenz nahm, war der Ruf der ›Brescianer Riviera‹ perfekt: Ein exklusiver Platz, an dem Geld, Intellekt und Politik unter sich waren, und es ist kein Zufall, dass Mussolini nach seiner Entmachtung und gewaltsamen Wiedereinsetzung durch die deutschen Faschisten in Salò sein neues Hauptquartier aufschlug; sein Hofstaat samt Mätresse wurde in den schönsten Villen des Seeufers einquartiert.

Seitdem hat sich einiges geändert, und der Massentourismus flutet durch die beiden Zentren des Ortes: Gardone di sotto am Ufer, eine reine Hotel- und Eisdielengründung aus der Wende zum 20. Jh., und das historische Gardone di sopra, oben bei der Kirche, heute eine Art Vorort des einen ganzen Berghang einnehmenden ›Vittoriale degli Italiani‹, der egokultischen Wohnstätte des d'Annunzio. Das Gardone am Seeufer besitzt eine kurze, aber berühmte **Seepromenade**,

Die palmen- und zypressengesäumte Uferpromenade von Gardone vor dem schneebedeckten Massiv des Monte Baldo zeigt das klassische Charakteristikum des Gardasees: die viel zitierte Synthese zwischen Süden und Norden.

auf der es keinen Autoverkehr gibt und die von der Gardesana aus nicht sichtbar ist. Dort, wo der hohe Turm des Grand Hotel des Louis Wimmer die Dächer überragt, führt eine Treppe hinunter auf die tatsächlich sehr hübsche Promenade, zu Saisonzeiten meist hoffnungslos übervölkert, sonst aber ein angenehmer Ort mit viel Atmosphäre und einem eindrucksvollen Blick entlang der nostalgischen Ufervillen und durch Palmenalleen auf den gegenüberliegenden, bis in den Frühsommer schneebedeckten Monte Baldo.

Gardone di sopra ist trotz des Vittoriale-Rummels ein hübscher alter Ort geblieben, überragt von der schlichten, wohlproportionierten Barockfassade der Pfarrkirche **San Nicola.** Auf einem schmalen Balkon kann man ganz um den Bau herumgehen, von seiner Rückseite genießt man einen Blick über den See, der dem aus d'Annunzios Villa nicht nachsteht. Das Innere der Kirche ist ein bisschen üppig stuckiert und die großflächigen Gewölbefresken mittelmäßig, zumindest im ersten Joch aber nicht ohne Witz: In schimmernder Rüstung fährt der Erzengel aus den Wolken und stürzt mit gezogenem Schwert den Teufel in die Tiefe. Dieser ist ein faltiger, verschlagener alter Kerl mit obligaten Hörnern, der nicht faul gewesen zu sein scheint, denn mit ihm wird eine zahlreiche teuflische Nachkommenschaft aller Größen vertrieben, darunter mehrere Kinderteufel mit entsprechend kleineren Hörnchen, die sich am illusionistisch gemalten Bildrahmen über dem Abgrund des Kirchenschiffes festzuhalten scheinen.

In Gardone di sopra haben sich in zwei berühmten Parkanlagen die Spleens zweier älterer Herren gewissermaßen materialisiert. Zwei sehr unterschiedliche Ideen allerdings, denn nicht weit vom botanischen Raritätenkabinett des Dr. Hruska (s. u.) liegt **Il Vittoriale degli Italiani,** zu übersetzen mit ›Siegesdenkmal der Italiener‹, und die Frage, was denn das eigentlich sei, ist nicht leicht zu beantworten. Die Italiener sind an diesem Opus relativ unschuldig, denn es handelt sich um Park und Villa des Dichters Gabriele d'Annunzio (1863–1938), der sich als Inkarnation des italienischen Geistes verstand, was immer das sein mochte. Das allein hätte freilich nicht gereicht, einen ganzen Berghang umzugestalten, doch war d'Annunzio außerdem ein glühender Verehrer von Krieg, Gewalt und Vaterland, und die intellektuelle Weihe, die er dieser Kombination verlieh, machte ihn zum gefragtesten Denker des faschistischen Italien. Vom Duce hochverehrt, vom italienischen Staat mit Geld und Geschenken überhäuft, baute er dieses megalomanische Denkmal seiner Person – und seiner militärischen Laufbahn. So entstanden hier mit seiner Villa, einem Theater und seinem riesigen Mausoleum (wo er, überhöht natürlich, mit einigen Mitkämpfern beigesetzt ist), mehreren loggienumgebenen Höfen, einem Museum der eigenen Schriften und Uniformen Bauwerke in einem Stil, der Anklänge an die römische Antike signalisieren soll, doch eher der monströsen Bauweise der faschistischen Ära ähnelt. Außerdem ist der Park mit militärischen Andenken durchsetzt: das komplette Vorschiff des Kriegsbootes, mit dem er an den Kämpfen um Dalmatien teilgenommen hatte, wurde unter großen Mühen herbeige-

Gabriele d'Annunzio

Blick in die Innenräume der Villa des d'Annunzio im Vittoriale und damit in seine Geisteswelt: eine nicht mehr nachvollziehbare Mischung aus Kunstsammlung, dekadenter Selbstinszenierung und morbidem Intellektualismus.

schafft und in den Berghang eingebaut; wenig später steht man in einer riesigen Halle, an deren Decke ein Doppeldecker hängt, mit dem d'Annunzio 1918 über Wien ein paar Runden drehte und antiösterreichische Flugblätter abwarf; daneben noch ein Saal mit einem originalen Schnellboot; Gegenstand großer Verehrung war stets der uralte Fiat, mit dem er und eine Handvoll Gesinnungsfreunde 1919 ins jugoslawisch besetzte Fiume (heute Rijeka) fuhren und es eroberten. »Ohne das Kriegsfieber ist das Leben sehr langweilig«, hatte d'Annunzio geschrieben, und folgerichtig galten ihm Krieg und Totschlag nur als ideale Gelegenheiten zur Entfaltung seiner Individualität. Also jede Lira Eintrittsgeld eine Verschwendung?

Nicht ganz. Denn in seinem Bestreben, den Genius alles Italienischen einzufangen, haben Park und Gärten einige Landschaftspassagen erhalten, die mit künstlichen kleinen Seen, Wasserspielen, Brunnen, einem Wasserfall, umgeben von in üppiger Vegetation versinkenden antikisierenden Architekturen und prächtigen Zypressenhainen dem romantischen Ideal einer italienischen Landschaft sehr nahekommen. Dann sind da noch die Innenräume seiner Villa, seit seinem Tode nahezu unverändert, und wer etwas sehen will, was er noch nie gesehen hat, lasse sich die Besichtigung nicht entgehen. Im Gegensatz zum pompösen Äußeren des Baus bildet das Innere Fluchten kleiner Räume und Flure, auf das geschmackvollste und kostbarste mit seltenen Hölzern und Draperien ausgestattet und vollgestopft mit unübersehbaren Sammlungen unschätzbarer Kunstgegenstände und Bibliotheken. »Man hat das Gefühl, im Traum in einen labyrinthischen Antiquitätenladen geraten zu sein«, bemerkte Rino Sanders. Um diesen Innenräumen nicht verständnislos gegenüberzustehen, darf man nicht vergessen, dass hier der gleiche Geist der Verherrlichung der eigenen Existenz regiert wie draußen bei den Waffen. Denn spätestens, wenn man zum ›Saal des Aussätzigen‹ kommt, einer Art Totenzimmer in düsterer Pracht, und der Führer mit unbewegter Miene erklärt: »Im Mittelalter galten die Aussätzigen als heilig. In diesem Sinne betrachtete sich d'Annunzio als aussätzig und richtete sich diesen Raum ein«, mag man sich fragen, ob der Führer oder der d'Annunzio noch bei Trost sind. Die Antwort bekommt man nebenan, im ›Raum der Reliquien‹, wo zwischen unzähligen kostbaren Figuren ein verbogenes Lenkrad auf dem Tisch liegt: Auch dies ein Heiligtum, stammt es doch aus den totenstarren Händen eines Freundes des Dichters, der bei einem von ihm initiierten Hochgeschwindigkeitsversuch ums Leben kam. Eine konsequente Geschmacklosigkeit: Der Versuch ist zwar gescheitert, der Freund tot, das Lenkrad verbeult – aber die Idee dazu, die stammte von ihm, von Gabriele d'Annunzio.

Um wieviel sympathischer war dagegen das Anliegen des anderen alten Herrn in Gardone di sopra, denn der hatte nicht Krieg und Nation vor Augen, sondern nur seine Pflanzen. Der Arzt Dr. Artur **Hruska** verfolgte im **Garten** seiner schlichten Villa, die nicht weit vom Vittoriale entfernt am anderen Ende des Ortes liegt, ein ehrgeiziges Projekt, wie es sich nur unter den klimatischen Bedingungen des Gardasees verwirklichen ließ: Er wollte Alpen- und Tropenflora in einer Anlage vereinigen. So studierte er jahrelang die Lebensbedingungen der von ihm ausgesuchten Pflanzen und schritt im Jahre 1910 zur Tat. Bäche wurden herbeigeleitet, die um kleine Teiche Feuchtgebiete entstehen ließen, künstliche Felsgebirge en miniature entstanden aus Tuffstein, der über einer Humusschicht mit Dolomitgestein verkleidet wurde, schließlich erhielt die ganze Kunstlandschaft ein Gewand aus über 2000 verschiedenen Pflanzenarten, die

Die Villa und der botanische Garten, den Hruska 1910 anlegte, gehören heute dem Wiener Künstler André Heller; zwischen den Pflanzen begegnet man Skulpturen, die von Künstlerfreunden des Hausherrn geschaffen wurden.

heute in verschwenderischer Farben- und Formenvielfalt die Besucher entzücken. Und der alte Blumennarr hat es tatsächlich geschafft: Nach einer Tour durch die etwa 15–20 m hohen Dolomitenimitationen, auf denen sich die ganze Pracht der alpinen Flora ausbreitet, steht man im Dämmerlicht eines schattigen Bambuswaldes, dem nur noch das lauernde Krokodil im glucksenden Bache fehlt. Der ganze Park ist nicht groß, er ist ja eigentlich nur der Garten der Villa, den man in einer Viertelstunde durchquert hat.

Salò

Salò☆
Besonders sehenswert:
Ortsbild
Dom

Als einzige größere Stadt des Gardasees liegt Salò in hinreißender Lage am Ufer einer Bucht.

Als am 30. Oktober 1901 die Erde an der Westküste des Gardasees bebte, verwandelte sich die Stadt Salò in einen Trümmerhaufen. Die Altstadt wurde auf ihren Fundamenten wieder errichtet, doch fügte man entsprechend den gerade erwachenden touristischen Bedürfnissen der Riviera Bresciana eine Neuerung hinzu: Es entstand entlang der ganzen Seeseite der mondäne **Lungolago Giuseppe Zanardelli.** Eine solche Uferpromenade hatte es vorher – wie auch in allen anderen Orten des Gardasees – nie gegeben, denn warum sollten Leute, die vom Fischfang lebten, ihre Häuser durch eine Straße vom Wasser abschneiden? Die Uferpromenaden mit Cafés, Geschäften und Palmenalleen sind überall am See Erfindungen des 20. Jh., doch wer möchte sie heute noch missen! Hier in Salò findet man das zweifel-

los großzügigste Exemplar dieser Gattung, das zudem, da es im Zuge des Wiederaufbaus der ganzen Stadt entstand, sich ungemein harmonisch mit dieser zusammenfügt. Wer die Promenade entlanggeht, wird ebenso wie in der parallel verlaufenden Geschäftsstraße im Inneren des historischen Zentrums bemerken, dass diese Stadt – im Gegensatz zu vielen anderen Uferorten – nicht arm gewesen ist. Wie sollte sie auch – wurde sie doch bereits 1377 von den Visconti zum Verwaltungssitz des Westufers bestimmt und 1426 von den Venezianern zur Hauptstadt der ›Magnifica Patria della Riviera‹ erhoben. Hinter dem etwas großspurigen Titel verbarg sich eine Verwaltungseinheit mit 42 Orten, die sich von Limone im Norden bis Pozzolengo in den Moränenhügeln des Südufers erstreckte. Venedig förderte seine an das feindliche Mailand grenzende Besitzung in jeder Weise, da die Serenissima sich bekanntlich nicht auf die Treue ihrer Untertanen, sondern auf deren ökonomisches Kalkül verließ: Privilegien, Handel, wohlhabende Beamte und großzügige venezianische Bauten brachten dem Ort Reichtum und ein städtisches Gepräge.

Wer sich Salò von Gardone aus nähert, sollte unterwegs noch zwei Gebäuden seine Aufmerksamkeit schenken. Im Ortsteil **Barbarano,** fast gegenüber der Fassade des Palazzo Martinengo, weist rechts eine Steinplatte mit der Aufschrift ›Convento PP. Cappuccini‹ eine gepflasterte Einfahrt hinauf. Sie führt zur Kirche eines Kapuzinerklosters, in deren Westwand das schöne **gotische Portal** des Domes von Salò eingelassen ist. Es wurde hierhergebracht, als es der aufstrebenden Stadt nicht mehr repräsentativ genug erschien und durch ein riesiges Renaissance-Portal ersetzt wurde. Dieses stammt aus dem Jahre 1456 und besitzt ein von Friesen umgebenes ebenso zierliches wie formenreiches Säulengewände mit kunstvollen Kapitellen, die die reich profilierten Archivolten des Spitzbogens tragen.

Nur wenige Meter die Uferstraße weiter liegt links der große **Palazzo Martinengo,** und seine Straßenfront ist so düster wie die Geschichte, die ihn berüchtigt gemacht hat. 1577 vom venezianischen Condottiere Marchese Sforza Pallavicino mit prächtigen Gärten und Sälen erbaut, bezog es 1585 der unermesslich reiche Herzog von Bracciano, Paolo Giordano Orsini. Der alte Mann, dessen Gemahlin ermordet worden war, hatte gerade die junge und schöne Vittoria Accoramboni zur Frau genommen, die nach dem plötzlichen Tod ihres Gatten bemerken musste, was es hieß, in einer italienischen Adelsfamilie zur Alleinerbin eingesetzt zu werden, zumal sie eine Heirat unter dem Stande des Herzogs war: Die restlichen Orsini fühlten sich um das Erbe betrogen und sannen auf Mord; während sie den Palast am Seeufer umzingelten, gelang der Vittoria im letzten Augenblick die Flucht, auf der sie aber in Padua von einem gedungenen Mörder erdolcht wurde. Ludwig Tieck schrieb einen Roman über die Geschichte. Um 1650 brachte der für seine Grausamkeit gefürchtete Graf Camillo Martinengo den Palast an sich, dessen Familie er noch heute gehört. Man muss sich daher mit einem Blick in den Park mit seinem schönen Brunnen begnügen.

So gestimmt erreicht man nun die Stadt **Salò,** und die kann ebenfalls mit einem ausgesprochen trüben Kapitel aus der jüngsten Geschichte aufwarten (s. S.143f.). Doch vorher sollte man im leisen Wind des Seeufers auf dem Lungolago einen Espresso nehmen, ausgiebig den schönen Blick auf die gegenüberliegende Seite der Bucht genießen und sich dann auf einen Rundgang zu den Kunststätten des Ortes machen.

Gleich an der Uferpromenade begegnet man dem alten **Rathaus** aus dem 14. Jh., das von Sansovino (1486–1570) eine venezianische Fassade mit einem schönen, vorgebauten Arkadengang erhielt. Direkt angebaut wurde 1524 der **Palazzo della Magnifica Patria,** dessen mächtige Kolonnaden sich mit den Arkaden des Rathauses zu einem langen Laubengang verbinden.

Neben dem Palazzo führt von der Piazza Vittoria die Via Duomo zum Dom, doch geht man besser erst den Lungolago bis zu seinem südlichen Ende, wo er in die lang gezogene Piazza Vittorio Emanuele II. abknickt. An deren oberem Ende steht das alte **Stadttor** mit dem Uhrturm, dahinter taucht man ein in die dunklen, aber betriebsamen Gassen der Altstadt. Dort ist gleich rechts die unauffällige Kirche **San Giovanni decollato** zwischen den Häusern eingebaut. Sie ist innen von kühlem Barock geprägt, enthält jedoch ein hervorragendes Tafelbild des Renaissance-Malers Zenon Veronese über dem Hochaltar. Sehr effektvoll wird darauf der Blick von dem großen, kassettierten Tonnengewölbe eingefangen, unter dessen Bogen der Salome das Haupt des Johannes auf dem Teller überreicht wird, dahinter weitet sich die Bildbühne in eine entfernte Gebirgslandschaft. Wenn man sich zurückwendet, beachte man die großen hölzernen Mensen der beiden Seitenaltäre, sehr geschmackvoll mit farbigem, überquellendem Blumendekor bemalt. Neben einem zweiten, jedoch entschieden mäßigeren Zenon Veronese an der Südwand ist noch das prächtige Orgelgehäuse aus geschnitztem und bemaltem Holz einen Blick wert.

Parallel zum Lungolago zurück erreicht man wieder die Piazza Vittoria neben dem Rathaus, von wo es nur noch ein paar Schritte bis zum **Dom** sind. Diesen betritt man etwas zweifelnd, fast wäre man an seiner hässlichen, unverkleideten Backsteinfassade vorbeigegangen, wäre da nicht als einziger Schmuck ein großes Renaissance-Portal aus Marmor mit Säulen, kräftigem Gebälk, Skulpturen und Halbfiguren im Tympanon. Dahinter betritt man einen riesigen, düsteren Innenraum, dessen Größe man angesichts der eng in die umliegenden Häuser verbauten Kirche nicht vermutet hätte. 1453 begonnen, beweist der Raum den typischen Charakter der spätesten italienischen Gotik: Nichts ist hier von der aufstrebenden Leichtigkeit deutscher und französischer Bauten der gleichen Zeit zu bemerken; schwer lastende, kaum durchbrochene Mauern umschließen einen dunklen Raum unter wuchtigen Gewölben, mächtige Säulen mit großen Kapitellen teilen ihn in drei Schiffe. Das Presbyterium vor dem Chor wird überwölbt von einer an venezianische Kirchen erinnernden Kuppel. Ende des 16. Jh. wurden an den Wänden der Seitenschiffe zehn Nebenkapellen ausgebrochen, die den Raumeindruck jedoch kaum berühren. Ungefähr zur gleichen Zeit (1591) erhielten Gewölbezwickel, Gurtbögen und Arkadenlaibungen eine Ausmalung von Tommaso Sandrini in manieristisch-illusionistischer Art. Chor und Seitenkapellen wurden im Laufe der Zeit mit einer ungewöhnlichen Fülle vorzüglicher Werke ausgestattet.

Um sich in der Vielfalt der Einzelkunstwerke zurechtzufinden, beginnt man den Rundgang am besten an der linken Langhauswand: Dort befinden sich in der ersten Seitenkapelle ein Kruzifix und zwei

Salò, Innenansicht des Doms. Der Bau ist ein typischer Vertreter der ›düsteren‹ italienischen Gotik, während der mit schweren, fast fensterlosen Außenwänden weitergebaut wurde wie in der Romanik. Im Inneren befindet sich eine ungewöhnliche Fülle sehr qualitätsvoller Einzelkunstwerke.

Im Dom von Salò befindet sich die größte Ansammlung sakraler Kunstwerke am Gardasee.

Holzskulpturen einer Südtiroler Werkstatt, in der nächsten ein außergewöhnliches Werk, wie sich nur wenige erhalten haben. Es handelt sich um ein vergoldetes Holzretabel, unter kleinen, von Halbsäulen getragenen Spitzbögen sind Gemälde von Heiligen und der thronenden Madonna eingelassen; das Stück stammt aus der Zeit der frühen venezianischen Gotik, und wenn man die vorzüglich gemalten Figuren betrachtet, wird klar, warum ihr Schöpfer Paolo Veneziano (1300–62) als einer der Begründer der Malerei in der Lagunenstadt gilt. Darüber hängt ein gutes Tafelbild von Gerolamo da Romano, genannt Romanino (1486–1560), das eine auf einer schlichten Holzbank vor einem Baum thronende Madonna mit Kind zwischen zwei Heiligen zeigt. Doch daneben, zwischen der zweiten und dritten Seitenkapelle, ist Romanino in seiner ganzen Meisterschaft zu bewundern. Das Werk dieses Brescianer Renaissance-Malers zeichnete sich trotz mancher stilistischer Unzulänglichkeiten durch seine charaktervollen, bis an den Rand der Satire gehenden Darstellungen aus. Denn betrachtet man sich dieses Bild genauer, wird man sehr ungewöhnliche Details wahrnehmen: Das Gemälde wurde wie so viele von einem Stifter in Auftrag gegeben, der sich darauf mit seinem speziellen Heiligen gemeinsam verewigen lassen wollte. Dies tat auch Romanino und lässt einen exakt gemalten, dicken Mann zu Füßen des hl. Antonius erscheinen, über dem sich ein weiter Renaissance-Bogen schließt, durch den der Blick hinausgeht in eine phantastische, wolkenverhangene Landschaft mit einer Burgruine. Gerahmt wird das Bild von vier Engeln, und die haben es in sich: Anstatt den Stifter huldvoll zu umschweben, wenden sie sich in nicht zu übersehendem Abscheu von diesem ab. Romanino hat diesen Auftraggeber sicher nicht gemocht, der dumpfe Gesichtsausdruck, das feiste Doppelkinn, die Wulstfinger mit dem prahlerischen Goldring sind in ungeschöntem Realismus wiedergegeben. Direkt hinter ihm blickt ein Engel mit verzogenem Gesicht zur Seite, der gegenüber klettert mit einem entsetzten Blick auf den Stifter sogar von der Säule, auf die er aus kompositorischen Gründen eigentlich gehört; die beiden oberen Engel scheinen mit bewegten Gesten etwas auf den Dicken am Bildrand herunterzuwerfen. In der vierten Seitenkapelle links hängt ebenfalls ein Stifterbild, das Romaninos großem Konkurrenten Moretto zugeschrieben wird. (Zwischen diesen beiden Bildern ist gegenüber der Kanzel eine vorzügliche Madonna von Andrea Celesti zu sehen.) Im Chor befinden sich unter den vergoldeten Balustraden links und rechts vom Triumphbogen zwei weitere Meisterwerke: links eine Anbetung der Könige vom verbannten Venezianer Celesti, rechts eine Geburt Christi von Zenon Veronese (1484–1553). Der Chor, der sich dazwischen öffnet, ist überfüllt von Kunstwerken, die überstrahlt werden von einem großen, reich vergoldeten Altaraufsatz der oberitalienischen Spätgotik. Das Retabel besteht aus fein ziselierten Architekturen in zwei Geschossen, unter Spitzbögen und Fialen sind zehn Holzskulpturen in Nischen mit imitierten Gewölben gestellt, in der Sockelzone finden sich zahlreiche Miniaturen von Heiligen.

Umgeben wird das seltene Stück von großflächigen Bildern und Fresken des Barock-Malers Palma il Giovane, der das Chorgewölbe, die Wände des Presbyteriums und die riesigen geöffneten Flügel der Prunkorgel bemalte. Oben, unter dem Triumphbogen, ist ein spätgotisches Kruzifix (1449) des deutschen Schnitzers Hans von Ulm aufgehängt. Rechts vom Altar öffnet sich in der Langhauswand die Sakramentskapelle mit einem imponierenden Deckenfresko von Battista Trotti, das über gewaltigen, illusionistisch in die Wolken aufragenden, gedrehten Säulen eine Darstellung des Paradieses zeigt. Zwischen den nächsten drei Kapellen hängen nochmals zwei Ölgemälde von Zenon Veronese, man beachte besonders die harmonische Komposition der ›Grablegung‹. In der letzten Kapelle, bevor man zum Portal zurückkommt, ist mit expressiven, lebensgroßen Holzskulpturen einer Südtiroler Werkstatt des 16. Jh. eine Grablegung szenisch dargestellt; innen, über dem Portal sind Fresken zu sehen, die ebenfalls Hans von Ulm, der lange in Salò weilte, zugeschrieben werden.

Wieder zurück auf der Piazza Vittoria, biegt man rechts in die Via Fantoni ein, wo der Palazzo Coen (Nr. 49) das **Museo Archeologico** mit sehenswerten Funden aus der römischen Vergangenheit Salòs beherbergt. Im angrenzenden Gebäudeflügel ist die interessante städtische Sammlung moderner Zeichnungen untergebracht; dort werden auch bemerkenswerte Sonderausstellungen gezeigt.

In die schöne Landschaft der Riviera Bresciana zog sich Benito Mussolini mit seiner faschistischen Exilregierung im eigenen Lande zurück, nachdem er gestürzt, von deutschen Fallschirmjägern befreit und von Hitlers Gnaden wieder als Regierungschef eingesetzt worden war. Am 15. September 1943 wurde die neue ›Faschistische Sozialrepublik‹ mit Salò als Hauptstadt ausgerufen, doch zu sagen hatte diese Regierung nichts mehr. Die Macht im Lande übten der SS-Obergruppenführer Wolff aus, der den Duce bewachte, und der Generalfeldmarschall Kesselring, der die immer näher rückende Front im Kampf mit den Alliierten befehligte. Dennoch wurde in Salò im wahrsten Sinne des Wortes Staat gespielt, Armeen auf dem Papier verschoben, Minister gestürzt, Verräter entlarvt, Sozialisierungsgesetze erlassen, Staatsbesuche organisiert und aberwitzige Pläne zur Wiedererrichtung des römischen Imperiums geschmiedet. Mussolini wohnte mit seiner Familie in der Villa Feltrinelli in Gargnano, doch in seinem Garten patrouillierte die SS und bewachte seine Türen, gerade dass der Duce noch seine Telefonverbindung mit jener anderen Villa in Gardone geheimhalten konnte – vor den Deutschen wie vor der rasenden Eifersucht seiner Frau Donna Rachele. »Denn dort saß sie, die ›signora‹, von der in der Villa Feltrinelli nicht gesprochen werden durfte, die es für Donna Rachele nicht gab: Claretta Petacci, das hübsche Kind aus Mailänder Vorstadtmilieu, die letzte der zahlreichen Mätressen, die den Weg des Mannes begleitet hatten, der der Gründer eines neuen Imperium Romanum hatte werden wollen und darum vor der Familie und dem Volk den ehrenfest untadeligen Hausvater gespielt hatte und noch immer spielte«, schreibt Walter Görlitz. Es hat in letzter Zeit nicht an üblen Versuchen gemangelt, die Republik von Salò, die allen Maßnahmen der Deutschen, den von den Italienern gehassten Krieg weiterzuführen, Legitimität verlieh, als menschliches Drama zwischen Mussolini und seinen beiden Frauen darzustellen. Doch selbst der betrogenen Donna Rachele, »dieser von Eifersucht zermürbten braven Hausmutter«, kann man wenig Achtung zollen, denn während ringsum die italienische Bevölkerung im Namen ihres Duce vertrieben und getötet wurde, hatte diese familienbewusste Dame kein größeres Problem als das, ob sich der Staatschef von Salò beim Spaziergang zu seiner Geliebten schlich – ein brutales Schmierenstück mit tödlichem Ausgang: Als die deutsche Front in Norditalien nicht mehr hielt, flüchteten die Großen von Salò, allen voran der Duce mit seiner Geliebten in Richtung Schweiz. Unterwegs wurden sie von Partisanen gestellt, die der jämmerlichen Monstrosität dieser Existenzen ein Ende setzten.

San Felice del Benaco

San Felice del Benaco

Hinter Salò verläuft die Gardesana occidentale nicht mehr am Seeufer. In weitem Bogen führt sie durchs Landesinnere, den See erst kurz vor Desenzano wieder erreichend, und schneidet dabei einen langen, hügeligen Küstenstreifen ab, an dem sich einige der schönsten Uferpartien des Sees befinden. Hier haben die eiszeitlichen Gletscher gleich hinter den von ihnen glattgeschliffenen Uferfelsen ihre Endmoränen zu der heute sehr reizvollen Hügellandschaft der Valtenesi abgeladen, die ein fast toskanisches Bild zeigen: Zwischen Weinhängen, Ölbaum- und Zypressenhainen liegen kleine Dörfer auf den Hügelkuppen, doch ragen aus der Moränenlandschaft noch einige der alten Felsen empor, wie die steil zum See abbrechende **Rocca di Manerba,** die sich knapp unter der Wasseroberfläche als versunkenes Gebirge fortsetzt und dabei einige kleine Inseln bildet. Sie treffen sich mit einem zweiten Felsriegel, der von San Felice in den See führt, und sich noch ein letztes Mal in Form der größeren **Isola di Garda** über den Wasserspiegel erhebt. Diese hat eine reiche Geschichte, doch befindet sie sich in Privatbesitz und darf nicht betreten werden. Eine Bootsfahrt um die Insel herum darf man sich jedoch nicht entgehen lassen, denn auf ihr erhebt sich heute das im historisierenden Stil der venezianischen Neogotik errichtete Schloss der Familie Scipione-Borghese, das in der überwältigenden Pracht seiner südländischen Gärten einen nahezu unwirklichen Eindruck hinterlässt. »Jene Insel, der schönste Garten des Gardasees, erscheint demjenigen, der im Süden zwischen ihr und dem Sasso di Manerba durchfährt, als die Blüte von dem, was sich nordische Einbildungskraft von einem italienischen See erwartet ...«, schreibt Heinrich Noë.

Den oberen Teil dieser Küsten-Valtenesi nimmt die verzweigte Gemeinde San Felice del Benaco ein, in deren Namen noch immer die antike Bezeichnung des Sees, *lacus Benacus,* weiterlebt. Unterwegs gelangt man nach **Portese** mit kleinem Hafen, von wo man einen schönen Küstenspaziergang zur über dem See gelegenen **Chiesetta di San Fermo** nicht auslassen sollte. Es handelte sich ursprünglich um die Burgkapelle des 1279 von den Brescianern zerstörten Castello di Scovolo, stammt in ihrer heutigen Form aus dem 15. Jh. und enthält wenige Reste von hübschen Fresken.

San Felice del Benaco, ein altertümlicher Ort mit engen Gassen, wird überragt vom mächtigen Bau seiner weithin sichtbaren Pfarrkirche **Santi Felice, Adauto e Flavia** aus der Mitte des 18. Jh. Zum schlichten Äußeren kontrastiert der um eine weite, querovale Kuppel zentrierte Innenraum, der von düster-dramatischen barocken Tafelbildern und wildbewegten Deckenfresken in den Flachkuppeln geprägt wird.

Die eigentliche Sehenswürdigkeit des Ortes ist die ein wenig außerhalb gelegene Wallfahrtskirche **Madonna del Carmine,** die man nur findet, wenn man den Hinweisschildern mit der Aufschrift ›Santuario del Carmine‹ nachfährt. Die außen schmucklose Kirche mit dem kleinen, säulengetragenen Portalvorbau entstand in den Jahren 1452–82 und zeigt den in der Gegend häufiger anzutreffenden Typ einer einschiffigen Saalkirche mit offenem Dachstuhl, nur das Chorquadrat besitzt ein Rippengewölbe. Die Kirche birgt einen bedeutenden Freskenschmuck der Wende vom 15. zum 16. Jh., an dem der Übergang von der spätgotischen zur Renaissance-Malerei deutlich zu erkennen ist. Der Raum, in den die Figuren der Bilder gestellt sind, weitet sich, die gotischen Figurengruppen lösen sich auf, und jede einzelne Person bekommt ein beinahe statuarisches, individuelles Eigenleben, wenn auch die Bildkomposition noch bei weitem nicht die harmonische Eleganz des neuen Stils erreicht hat. Besonders augenfällig wird die beginnende Renaissance in den fast alle Bilder rahmenden gemalten Scheinarchitekturen. Hier ist kein gotischer Spitzbogen mehr zu sehen, überall herrschen streng symmetrische Säulenaufbauten vor, die über antikisierenden Kapitellen typisches Renaissance-Gebälk mit reicher Verzierung tragen. Die Bilder besitzen durchweg eine gute Qualität, das beste ist das zweizonige Chorfresko, welches um die Mauernische mit der verehrten Holzskulptur, der Madonna del Carmine, herumgemalt ist. Zwischen prunkvollen Scheinaufbauten ist in der oberen Hälfte eine gelungene Verkündigungsszene erkennbar, deren Figuren in reizvollen Architekturgehäusen dargestellt sind. Links neben dem Chor ist an der Wand ein großes Fresko des Karmeliterheiligen Albert zu sehen, der auf dem besiegten Teufel steht, umgeben von zahlreichen Medaillons anderer Heiliger des Ordens. Dieser heilige Albert, in der Kirche noch mehrmals abgebildet, ist offiziell der ›mirabile intercessore contro le febbri‹, was die örtliche Kirchenbeschreibung mit ›wunderlicher Fürsprecher gegen das Fieber‹ wiedergibt. Dagegen also kann man ihn anrufen, doch wenn man sich umschaut,

Heilige über Heilige unter Renaissance-Architekturen: In der Wallfahrtskirche Madonna del Carmine hat der Freskant eine große Schar der verschiedensten Fürsprecher versammelt.

eröffnen sich noch zahlreiche andere Möglichkeiten der Bittstellung, denn von allen Wänden blicken den Besucher Heilige an, Heilige über Heilige, und jeder gilt als Fürsprecher für bestimmte Anliegen. Da ist ein hl. Angelo, ein hl. Andreas, die hll. Franziskus, Dominikus, Gotthard und Antonius, Bernhardinus, Rochus und Sebastian, die hll. Apollonia, Lucia, Katharina und viele, viele mehr. Was hat diese Versammlung in einer einzigen Kirche zu bedeuten? Ziehen wir zur Frage des Verhältnisses von Gläubigen und Heiligen Professor W. Deecke zu Rate: »Jeder Heilige hat seine besonderen Funktionen, sodass es in allen Lebenslagen einen Schutz im Himmel gibt ... Hört der eine nicht, wendet man sich an einen anderen, häufig nicht ohne den bisherigen Patron vorher ordentlich ausgescholten und sein Bild von der Mauer entfernt zu haben ... Selbst die Madonna, welche mit vielen Beinamen als Annunziata, del Rosario usw. verehrt wird, zerlegt sich das Volk in mehrere Personen und schreibt ihr dann verschiedene hilfreiche Wirkungen zu. So flehen junge Frauen zur Annunziata, und verlassene oder von dem Manne betrogene Gattinnen pilgern zur Madonna del Rosario, welche den Sinn des ungetreuen Ehemanns oft wunderbar zu bekehren weiß.« Der gebildete Bittsteller weiß dabei den richtigen Heiligen an bestimmten Attributen zu erkennen, meist an verschiedenen Marterwerkzeugen, aber auch an den Farben der Gewänder auf den Fresken. Die vielen Heiligen hier in Madonna del Carmine sind also nicht einer Laune des Freskanten zu verdanken, sondern der Logik einer Wallfahrtsstätte: Hatte man für ein bestimmtes Anliegen die Mühe einer Wallfahrt schon auf sich genommen, so war es nur ökonomisch, am Ziele gleich mehrere Heilige vorzufinden, die man je nach ihrer Funktion gegen noch andere Unbill anrufen konnte.

Manerba, Moniga, Padenghe

Den unteren Teil der Küsten-Valtenesi nimmt die in mehrere kleine Dörfer zerstreute Ortschaft Manerba ein, es folgen Moniga und Padenghe. Die Landschaft ist hier trotz der zunehmenden Verbauung mit touristischen Einrichtungen noch recht ursprünglich geblieben, ebenso die Dörfer; von allen Hügelkuppen hat man prächtige Ausblicke über die weite Bucht von Pieve auf die gezackten Berge hinter dem Golf von Salò. Von besonderer Schönheit ist hier die Küste, die sich mit der Halbinsel Punta Belvedere weit in den See schiebt. An ihrem Ende setzt sie sich als versunkenes, grün schimmerndes Riff fort und taucht nach etwa 300 m in Form der zypressenbestandenen Insel **San Biagio** wieder auf. Überragt wird die Bucht von der mächtigen Silhouette des fast 200 m aus den Fluten aufsteigenden Felsens der Rocca di Manerba, an dessen nach Süden gewandtem steilen Küstenstreifen der kleine Hafen **Porto Dusano** am Ufer Platz gefunden hat; ein paar Häuser, ein Café, außerhalb der Saison ein idyllischer Ort.

Im Gegensatz zur friedlichen Schönheit dieser Landschaft hat die Gegend eine bewegte Geschichte hinter sich (Funde zur Geschichte der Valtenesi bewahrt das kleine Museo delle Valtenesi in Montinelle). Denn hier war der Zugang zum Wasser nicht mehr durch kilometerlange Felswände behindert; wer sein Herrschaftsgebiet bis zum See ausdehnen wollte, der hatte hier Gelegenheit dazu, und wer schon da war, konnte nur hoffen, dass seine Mauern fest genug waren. Bis ins 8., 9. und 10. Jh. reichen die Reste der riesigen Kastelle

Im großen südlichen Becken des Gardasees versinken die letzten Ausläufer der Alpen. Gelegentlich tauchen sie als kleine Inseln noch einmal auf wie die Isola San Biagio.

zurück, die ihre Vorläufer in noch älteren Fluchtburgen vor den Hunnen und Magyaren hatten, welche schon zur Völkerwanderungszeit plündernd vorbeizogen, denn in diesem von der Natur so gesegneten Landstrich gab es immer etwas zu holen. Im Jahre 776 sahen die Valtenesi eine fränkische Armee, die zur Belagerung der Burg auf der Rocca di Manerba zog, wo sich hoch über dem See der Enkel des von den Franken gestürzten Langobardenkönigs Desiderius verschanzt hatte; dieser letzte langobardische Widerstand hielt sich hier noch

Spärliche Mauerreste zeugen davon, dass sich auf dem Felsen der Rocca di Manerba die beiden Söhne des letzten Langobardenkönigs 776 noch zwei Jahre gegen die siegreichen Franken verteidigten. Für die Schönheit der Landschaft werden sie wohl keinen Sinn gehabt haben.

zwei Jahre. Besonders einschneidend waren die kriegerischen Ereignisse des Mittelalters, denn sie veränderten das Siedlungsbild der Küsten-Valtenesi: Die einst am See gelegenen kaisertreuen Städte Manerba und Scovolo wurden 1276 nach dem Sieg der Brescianer Guelfen dem Erdboden gleichgemacht und nie wieder aufgebaut. Die Bewohner zogen sich in kleine Dörfer in die Hügel zurück, weshalb sich noch heute in dieser Gegend kein größerer Ort in Ufernähe befindet und die große romanische Pfarrkirche des alten Manerba verwaist und verwahrlost fast isoliert nahe dem Strand steht.

Diesem Bau, der **Pieve Vecchia,** begegnet man als erster bemerkenswerter Kirche, wenn man von San Felice weiter nach Süden fährt. Es handelt sich um eine dreischiffige Pfeilerbasilika mit großer Rundapsis aus dem Jahre 1145, die einst eine bedeutende Freskenausmalung besaß und vielleicht unter dem Verputz heute noch besitzt, denn das Kircheninnere ist ziemlich heruntergekommen, Reste der guten gotischen Freskierung sind überall zu sehen.

Wie die alte Pieve sind auch die kunsthistorisch bedeutsamen Kirchen der Dörfer, die die Gemeinde **Manerba** bilden, meist verschlossen und verwahrlost, selten restauriert und gepflegt. Da es umfangreicher Nachfrageaktionen bedarf, um hineinzugelangen, seien hier die wichtigsten kurz erwähnt, denn durch Zufall kann man sie schon einmal geöffnet finden: **Santa Lucia** im Ortsteil **Balbiana** mit spätgotischen Fresken des 15. Jh., daneben in der Fraktion **Solarolo** die **Dreifaltigkeitskirche** am nördlichen Ortsrand, ein kleiner dreischiffiger Bau des 15. Jh. mit ausnahmsweise restaurierten Fresken der gleichen Zeit; im selben Ort die große spätbarocke **Pfarrkirche.** Durch Weinberge, an denen ein angenehmer, leichter Tropfen gedeiht, erreicht man sodann **Moniga,** dessen gewaltiges **Kastell** wie eine quadratische Stadtmauer wirkt. Auf das 10. Jh. zurückgehend, stammt die heutige Anlage aus der Zeit um 1300; tritt man durch das Portal des Torturms, so steht man jedoch in einem kleinen Dörfchen, das sich im Laufe der Zeit im Mauergeviert angesiedelt hat.

Ein ähnliches Bild bietet die nahe gelegene noch größere Festung von **Padenghe,** die beherrschend auf einem Hügel thront und mit vorspringenden Türmen und einem Zwinger mit Rundturm auch stärker befestigt war; innen liegt ebenfalls ein altes Dorf. Der heutige Ort Padenghe gruppiert sich zu Füßen des Burgbergs um die barocke **Pfarrkirche,** die einen Blick lohnt. Denn innen hängt in der zweiten Seitenkapelle links ein Tafelbild von Zenon Veronese (1484–1554), jenem in Verona geschulten Renaissance-Maler, der seit seiner Jugend in Salò wohnte und fast ausschließlich am Gardasee tätig war. Das Bild zeigt eine thronende Madonna zwischen Heiligen. Ebenso sehenswert ist das große Farinati-Bild rechts neben dem Hauptaltar, ebenfalls ein Werk der Renaissance, das barocke Deckenfresko einer Himmelfahrt Mariens mit einem illusionistischen Rundtempel und das schön vergoldete Orgelgehäuse gegenüber einer Kanzel der gleichen Art.

Die Umgebung des Sees

Der Monte Baldo

Monte Baldo☆☆

Eintausendeinhundert Meter dick war das Eis, das zur Zeit der letzten, der Würm-Eiszeit über Riva und Torbole lag. Im Laufe von Jahrtausenden hatten sich riesige Gletscher aus den Zentralalpen auch durch das Etsch- und Sarcatal nach Süden geschoben, sie hobelten die Talflanken ab und hinterließen kilometerlange glattgeschliffene Felsen, die noch heute von den Hängen des Monte Baldo Hunderte von Metern tief in die Fluten des Gardasees stürzen. Das abgehobelte Gestein schoben die Eismassen vor sich her; auf diese Weise schliffen sie nicht nur das Gardaseebecken aus, das vorher nur ein schluchtartiges Tal war, sondern schufen überhaupt die Voraussetzung für den See in seiner heutigen Form. Bis Sirmione reichten die Gletscher und waren dort noch immer 200 m dick, doch weiter kamen sie nicht, in der Po-Ebene wurde es ihnen zu warm. So ließen sie in einem weiten Rund die vor sich hergeschobenen Geröllmassen am Alpenrand liegen, mehrere Kilometer breit und über 40 m hoch zog sich nun ein Moränenwall von den Ausläufern des Monte Baldo zu den Brescianer Bergen; hinter diesem natürlichen Staudamm sammelte sich erst das Wasser des Sees. Die Endmoränen des Gardasee-Gletschers bilden heute eine reizvolle, weinbestandene Hügellandschaft, durch die sich nur der Mincio als einziger Abfluss des Sees ein Bett gegraben hat.

Diese Ereignisse hinterließen auch am Monte Baldo ihre Spuren, nicht nur an den glattgeschliffenen Hängen, sondern auch oben drauf. Denn das lang gestreckte Bergmassiv, das mit Höhen knapp über 2000 m die Ostseite des Gardasees auf 35 km Länge bildet, war zwar von den Gletschern umschlossen, aber nicht bedeckt. Aus dem Eis ragten nicht nur unfruchtbare Felsengipfel, sondern wegen der südlichen Lage auch Hochflächen, auf denen etwas wachsen konnte. So trägt der Monte Baldo eine fast einzigartige voreiszeitliche Flora, zusammen mit zahllosen anderen seltenen Alpengewächsen. Neben seltenen Orchideenarten, Edelweiß und Feuerlilie, Almenrausch und Enzian bedecken feingliedrige Nadelgewächse Felsen und Almen, besondere botanische Raritäten sind die tiefrote, wildwachsende Pfingstrose, die Segge vom Monte Baldo *(Carex baldensis)* und die ebenfalls nach diesem Berg benannte Baldo-Anemone *(Anemone baldensis)* mit ihren sternförmigen Blüten. Im Frühsommer bildet diese Flora ein im ganzen Alpenraum schwer zu übertreffendes Erlebnis von Farbe, Duft und Formenvielfalt.

◁ Der gewaltige Burgberg der Grafen von Arco ist in der letzten Eiszeit vom Gletscher des Sarcatals auf einer Seite zu einer senkrechten Felswand abgeschliffen worden.

Das lang gestreckte Bergmassiv ist heute auf einer durchgehenden Straße befahrbar, die aber in einigen Abschnitten nur eine Schotterdecke aufweist. Sie führt im Norden bei Mori über Brentonico hinauf und im Süden bei Caprino Veronese wieder hinunter; auch vom Etschtal gibt es bei Avio eine allerdings sehr steile Auffahrt. Der bequemste Weg hinauf ist freilich die **Seilbahn** in Malcesine; zu Fuß besteigt den Berg so gut wie niemand mehr vom See aus, auch die

Der von außen so geschlossen wirkende Monte Baldo bildet im Inneren ein vielgestaltiges Bergmassiv mit einer reichhaltigen voreiszeitlichen Flora, da seine Gipfel von den Gletschern nicht bedeckt waren.

Autofahrt ist nicht unbeschwerlich, doch hat sie den Vorteil, dass man sich aussuchen kann, wo man seinen Fuß in die Landschaft setzen möchte. Denn wenn man oben ist, wird man feststellen, dass dieser Berg, der mit seiner so geschlossen wirkenden Gipfellinie den See begrenzt, im Innern eine Landschaft für sich ist. Der Monte Baldo besteht eigentlich aus zwei Bergketten: einer westlichen, die sich mit den höchsten Gipfeln vom Monte Altissimo bis zum Coal Santo hinzieht und in geschwungener Linie zum Gardasee abfällt, und einer östlichen, deren Spitzen etwa 500 m niedriger sind, dafür aber oft senkrecht und zerklüftet zum Etschtal abbrechen. Dazwischen erstreckt sich eine lang gezogene Furche, in der einsame Dörfer und Gehöfte zwischen sanft gewellten Almwiesen und murmelnden Bächen liegen. Die zahlreichen Wandermöglichkeiten hier oben sind von unvergesslichem Reiz, eindrucksvoll sind die Wege zwischen den Gipfeln des westlichen Kamms (Monte Altissimo di Nago, Cime di Ventrar, Cima Valdritta und Monte Maggiore mit der Punta Telegrafo), die viel gerühmte Ausblicke über den Gardasee und die Alpen erlauben. Die Punta Telegrafo wird übrigens so genannt, weil Napoleon I. seinen in der Po-Ebene operierenden Armeen von hier aus optische Signale geben ließ. Auch die Wanderungen zum östlichen Kamm mit Blicken ins Etschtal und in die Lessinischen Berge sind zu empfehlen, besonders von Spiazzi am Steilhang entlang zur Wallfahrtskirche **Madonna della Corona** über den Felswänden des Monte Cimo. Wer von Norden hinaufkommt, sollte hinter Brentonico im winzigen Ort Valentino zum Orto Botanico fahren, einem botanischen Garten mit der Flora des Monte Baldo; noch ein Stück weiter eröffnet sich bei der bewirtschafteten Hütte Rifugio Graziani eine Möglichkeit zum Aufstieg zum Rifugio Altissimo unter dem gleichnamigen, nördlichsten Gipfel der Baldo-Kette.

Wer hier oben nach Kunst sucht, wird bei der Auffahrt von Mori aus mehrere typische alte Gebirgsdörfer mit viel Atmosphäre finden. Ein solcher Ort ist **Castione,** dessen Zentrum aus großen, unverputzten Steinhäusern um den Kirchplatz besteht. An der Pfarrkirche **San Clemente** ist über dem Ostportal der romanische Fries eines Vorgängerbaus zu sehen, im Inneren ein barocker Altar aus der Werkstatt der Bildhauerfamilie Benedetti, die aus dem Ort stammt. Ein Stück weiter liegt das größere Dorf **Brentonico** mit der 1584–93 erbauten Pfarrkirche **Santi Pietro e Paolo** im verwinkelten Ortskern. Sie besitzt mehrere sehenswerte Ausstattungsstücke der Renaissance (Altäre) und des Barock (Orgel), vor allem aber steht sie auf dem Platz eines frühromanischen Vorgängerbaus. Von diesem hat sich eine dreischiffige Krypta mit Apsis erhalten, deren Kreuzgratgewölbe auf 10 Stützen ruhen. Sie bestehen zum Teil aus Säulen mit korinthisierenden Kapitellen und stammen wie die ganze Krypta wahrscheinlich aus dem 10. Jh. In Gewölbe und Apsis sind wenige Reste einer Ausmalung von einem veronesischen Meister des 14. Jh. erkennbar. In der Nähe von Brentonico liegen in aussichtsreicher Lage die Burgruine **Dossomaggiore** und das Dorf **Crosano** mit der Pfarrkirche **San Zeno,** in der ein freskiertes Gewölbe im Presbyterium zu sehen ist.

Zwischen Riva und Trient

Fährt man von Riva nach **Arco**, so steht etwa auf halber Strecke die kleine Kirche **San Tommaso** auf der linken Straßenseite. Es handelt sich um den Rest eines alten Hospizes; der 1194 geweihte Bau stellt ein kleines Musterbeispiel einer romanischen Landkirche mit fast fensterlosen Mauern, großer Rundapsis und schlankem Campanile mit Biforien und gemauertem Helm dar. Die Kirche war vollständig ausgemalt, Reste der romanischen Fresken (um 1200) sind noch in der Apsis zu sehen.

Arco

Arco☆
Besonders sehenswert:
Ortsbild
Burg
San Rocco
Sant'Apollinare

Nördlich von Riva erstreckt sich eine fruchtbare Ebene, die Busa; einst war sie ebenfalls vom Gardasee bedeckt, und der Monte Brione zwischen Riva und Torbole ragte als Insel aus dem Wasser.

Die Busa endet vor den Mauern von Arco, über denen sich der Koloss des **Burgfelsens** erhebt; mit ihm rücken die Berge wieder zusammen und bilden das Tal der einstmals wilden Sarca, des Hauptzuflusses zum Gardasee. Doch seit die italienische Elektrizitätsgesellschaft dem Fluss das Wasser für ihre Kraftwerke entnimmt, windet sich den größten Teil des Jahres nur noch ein Rinnsal durch die mächtigen Geröllberge des alten Bachbettes. Einzigartig ist das Sar-

Von oben ist mit einem Blick auf das Dächergewirr des sich wie ein Gürtel um den Fuß des Burgbergs legenden Ortes zu erkennen, dass es sich bei Arco um den seltenen Fall einer fast vollkommen unversehrten Altstadt im Ringe der ehemaligen Befestigungen handelt. Ein Gang hindurch, besonders wenn man von der Pfarrkirche die Straße nach links nimmt, eröffnet überall den Blick in pittoreske Winkel, kleine Plätze, hübsche Brunnen und alte Portale.

catal durch die kilometerlangen, spiegelglatt geschliffenen Felswände seiner seitlich begrenzenden Berge: Dies ist das Resultat des jahrtausendelangen Geschiebes der eiszeitlichen Gletscher, die auf ihrem Weg nach Süden die Felswände abschliffen. Diesem Prozess unterlag auch der Burgfelsen von Arco, weshalb er wie ein halbierter Kegel aussieht: Neigt er sich zum Ort noch in steiler Schräge, so steht sein oberster Turm über einer ungeheuren senkrechten Felswand, zu deren Füßen die Sarca aus ihrem Tal bricht. Der Anblick ist so spektakulär, daß er neben zahllosen anderen Künstlern auch Albrecht Dürer auf seiner Italienreise zum Anfertigen eines Aquarells anregte.

Allem Anschein nach reicht die Geschichte der Besiedlung dieses Felsens weit zurück, denn jenes oberste Bauwerk, der Rengheraturm mit seiner Ringmauer, ist vermutlich bereits um das Jahr 500 von den Goten erbaut worden. In jenen anarchischen Zeiten der Völkerwanderung diente der Berg mit seinen Befestigungen als große Fluchtburg für die ganze Bevölkerung der Busa; ein Recht der Talgemeinde auf den Burgberg, über das sich im 12. Jh. die zur Macht strebenden Herren von Arco gewalttätig hinwegsetzten. Erbittert schlugen diese sich mit den Castelbarco von der Burg Penede über Torbole, die Gerichtsbarkeit über Judikarien beanspruchten sie mit einer gefälschten Urkunde, Zölle und Wegegelder der vorbeiziehenden Händler wurden eingetrieben, vor allem aber boten sie jedem größeren Herren ihre Dienste an. So waren sie heute Statthalter Veronas, morgen Mailands, übermorgen Trients; für alle Machthaber wurden sie so unentbehrlich, dass sie mit Titeln und Gütern überhäuft 1413 in den Reichsgrafenstand erhoben wurden.

Basis der mittelalterlichen Macht der Arco war jedoch immer die große Burg am Rande des unersteigbaren Felsens, die ihre wildesten Episoden mit Mord, Rache und Intrigen erlebte, als sich die Familie in tödlich verfeindete ghibellinische und guelfische Linien spaltete. So manch enger Verwandter hat damals den Kerker nicht lebend verlassen, und für solche Räumlichkeiten war viel Platz unter der großen Gebäudegruppe, die einst den heute noch stehenden mächtigen Turm auf der halben Höhe des Berghanges umgab. Denn dort (und nicht auf dem Gipfel) errichteten die Arco ihre Festung und sperrten den ganzen oberen Berg mit einer quer verlaufenden Mauer, die von einem Steilabsturz des Felsens zum anderen reichte. Der Niedergang der Burg setzte im 16. Jh. ein, als sich die Grafen bequemere und zeitgemäßere Residenzen in der Altstadt von Arco erbauten. Nachdem die wehrhaften Mauern jahrzehntelang zum Unterschlupf marodierender Banditen geworden waren, entzog Kaiser Leopold von Österreich 1680 den Arco den Besitz der Burg und unterstellte sie direkter kaiserlicher Kontrolle. Als im Verlauf des Spanischen Erbfolgekrieges ein französisches Heer gegen die Stadt Trient zog, ließ ihr Kommandant Vendôme die Burg sprengen (1703). Neben immer noch beeindruckenden Mauergürteln steht seitdem noch die alte Torre Renghera auf der Spitze des Berges; von der gräflichen Burg sind die Torre Grande, der große Turm mit seinen ghibellinischen Zinnen erhalten. Die größte Sehenswürdigkeit ist nahebei die **Sala dei Giochi,** der Saal der Spiele, mit köstlichen Fresken um 1370. Dargestellt sind noble Herren und kapriziöse Edelfräulein beim Spiel und sonstigen höfischen Vergnügungen. Rechts vom Eingang sieht man sie beim Würfelspiel, daneben beim Damespiel. An der folgenden Wand sind eine Frühlingsszene (zwei Damen und ein Höfling im Rosengarten) und ein Drachenkampf erhalten. An der nächsten Wand verabschiedet eine Dame ihren Ritter vor dem Turnierkampf. Es folgt ein weiteres Brettspiel und links des Fensters das Schachspiel, bei dem das Edelfräulein – wie an der Stellung der Figuren und in ihrem Gesichtsausdruck zu erkennen ist – kurz vor dem Sieg über ihren männlichen Partner steht. Die Fresken in dem kleinen Raum sind nicht nur wegen der genauen Darstellung mittelalterlicher Brettspiele interessant, sie vermitteln in der Bewegung der Hände und Mienen auch die Faszination, die das Spiel auf die Beteiligten ausübt.

Alle Wege führen in Arco zum Hauptplatz (Piazza 3 Novembre) vor der Pfarrkirche, der **Collegiata,** die als bedeutendes Zeugnis der Trienter Spätrenaissance gilt. Der Bau beeindruckt innen noch mehr als außen durch seine Monumentalität, seine ins Riesenhafte gesteigerten Renaissance-Elemente wie die doppelgeschossige Pilastergliederung der Fassade und die gemalten illusionistischen Kassetten des Chorgewölbes. Schwere und prunkvolle Altäre säumen die Kirchenwände (erster Altar links mit einem Gemälde des Veronesers Felice Brusasorci); das einzige liebenswürdige Stück der Ausstattung ist die hübsch verzierte Orgelempore: Die kleinen Skulpturen stellen nicht die üblichen trompetenden Putti dar, hier sind musizierende Bürger im zugeknöpften Ausgehrock mit Harfe und Cello zu sehen.

Gegen 1500 begannen die Grafen von Arco, sich im Ort prächtig ausgestattete Paläste zu errichten. Auch hier kamen die Mitglieder bald in Streit, sodass die Brüder Andrea und Odorico d'Arco die Aufteilung der Stadt in eine westliche und eine östliche Hälfte beschlossen. Der **Palast des Andrea d'Arco** steht gleich neben der Collegiata und beherbergt das Restaurant ›Cantina Marchetti‹. Außen schenke man der Galerie reich verzierter Kamine sowie dem vielfarbigen Freskenfries Beachtung, der sich mit seinen Göttern und Helden, Nymphen und Rittern unter der Dachtraufe leidlich erhalten hat und aus dem 16./17. Jh. stammt. Durch den Schankraum gelangt man in den weiten Innenhof mit den großen Lauben, die einst zum Unterstellen der Kutschen dienten. Unter dem Dach befindet sich ein weiterer umlaufender Freskenfries, darunter residiert das Restaurant im Freien. Sehenswert sind auch die inneren Säle. Im Raum am unteren Ende der langen Theke speist man unter einem Gewölbe, dessen Felder vollständig mit Renaissance-Fresken ausgemalt sind. Hier wird über der Tafel von Engeln musiziert, dem Amor ein Herz vorenthalten, Wein eingeschenkt oder leutselig als Heiliger dreingeblickt. Den mächtigen Renaissance-Kamin ziert ein großes Wappenfresko. Der **Palast** des feindlichen Bruders **Odorico** erhebt sich in der am oberen Ende der Piazza 3 Novembre nach links abzweigenden

Via Vergolano. Auch hier residiert ein stadtbekanntes Restaurant (›Alla Lega‹). Man speist im lauschigen Innenhof unter einem umlaufenden Freskenfries der Renaissance, der die Geschichte Roms illustriert, oder in balkengedeckten Räumen mit gemalten Wappen der Arco und der mit ihnen verwandten Adelshäuser.

Außen vor der Altstadt werden dem Besucher die großen Gebäude im Park auffallen, die wie aus einem österreichischen Kurbad wirken. So waren sie auch gedacht, denn nachdem Erzherzog Albert von Österreich wegen des ungemein milden Klimas in Arco einen Palast erbauen ließ, avancierte der Ort in der k.u.k.-Gesellschaft zum ›Nizza des Trentino‹, und es entstanden Parks mit tropischen Pflanzen, Salons und einem Casino.

Sehenswerte Kunst findet man vor allem in den kleinen Kirchen in der Umgebung der Altstadt. Als Erstes suche man – von der Altstadt kommend über die Straße, die kurz vor der Sarcabrücke nach links abzweigt – das Kirchlein **Sant'Apollinare** auf. Der Innenraum ist mit vorzüglich erhaltenen Fresken des späten 14. Jh. ausgemalt (Verkündigung, thronende Madonna, Kreuzigung, Grablegung, Marter des hl. Apollinare und Heilige). Die Bilder gehören zu den qualitätvolleren Beispielen der ländlichen Malerei der Zeit. Die Übernahme der Veroneser Gotik, in der sich die würdevolle Haltung der Personen der Giotto-Schule mit dem Prunk des höfischen Stils zu mischen begann, ist trotz beschränkter malerischer Mittel durchaus gelungen. Die Südwand des Außenbaus nimmt unter einem weit vorgezogenen Dach ein großes Fresko des Abendmahls ein. Es handelt sich um ein Werk lombardischer Wandermaler um etwa 1500, die ohne große Anteilnahme an der zur Renaissance gewandelten Kunst noch lange mit gotischen Formen weiterarbeiteten und die nebenan, in Judikarien, die Kunst ganzer Talschaften geprägt haben. Sie zeichnen sich durch

Der Freskant der reich gedeckten Abendmahltafel der Kirche Sant'Apollinare in Arco muss von den kulinarischen Genüssen des Gardasees überzeugt gewesen sein.

eine besonders lebendige und detailfreudige Malweise aus, wie hier in der Abendmahldarstellung, die die ganze obere Kirchenwand einnimmt, deutlich zu sehen ist. In höchst origineller Weise ist die Tafel überreich gedeckt; Flußkrebse warten auf ihren Verzehr, während jeder Jünger noch ein schuppiges Stück Fisch vor sich liegen hat. Wie üblich liegt der Johannes schlafend zwischen den Tellern, ein anderer Jünger schaut zweifelnd sein Messer an, als wolle er damit dem Fisch nicht nähertreten. Rechts ist noch das Fragment einer barocken Kreuzigungsszene zu sehen, sehr dramatisch komponiert mit Engeln, Wolken und Ruinen.

Fährt man über die Sarcabrücke, so befindet man sich am anderen Ufer im Ortsteil Caneve. Im alten Ortszentrum steht die kleine Kirche **San Rocco,** die im ausgehenden 15. Jh. wahrscheinlich von Odorico d'Arco anlässlich seiner Heirat mit der Gräfin Susanna Collalto gestiftet worden war. Im suggestiven Inneren erwartet den Besucher eine kleine Sensation, denn jeder Quadratzentimeter des Raumes ist bemalt. Die Fresken des Chores stammen aus der Erbauungszeit und sind neben der Darstellung von Heiligen dem gräflichen Hochzeitspaar gewidmet. An der rechten Wand sieht man den kranken Titelheiligen St. Rochus mit Pilgermantel und -stab, dem ein weißer Hund Labsal in Gestalt eines Brotes bringt. In der rechten Bildhälfte steht prächtig gerüstet Graf Odorico (an der beim Ausbruch eines Fensters zerstörten gegenüberliegenden Wand war sicherlich seine Gemahlin Susanna abgebildet). Die tief heruntergezogenen Gewölbefelder zeigen zwischen breiten Schmuckbordüren und einer lebhaften Schar von Putten die Symbole der vier Evangelisten. Die Wappen der Familien Arco und Collalto zieren die untere Wandzone. Die Mischung aus sakralem Programm und adeliger Selbstdarstellung macht den Reiz dieser Bilder aus; sie sprechen den Betrachter durch

Die schöne Renaissance-Dame weist auf den Chor der Kirche San Rocco. Dieser war für die Vermählung des Grafen Odorico d'Arco vollständig mit einem großen Freskenzyklus ausgemalt worden.

ihren liebenswert-naiven Realismus an und zeigen, dass die sicher lokalen Maler die Errungenschaften der Frührenaissance kannten. Das Kirchenschiff wurde einige Jahrzehnte später, in der ersten Hälfte des 16. Jh. höchstwahrscheinlich von Dionisio Bonmartini ausgemalt, der Odoricos Palast in Arco mit dem Fries zur Historie Roms schmückte. In 14 Bildern überzieht die Geschichte der Passion Christi Bögen und Wände; die dichtbevölkerten, wildbewegten Szenen spielen vor phantasievollen illusionistischen Landschaften und Architekturen. Trotz mancher Unzulänglichkeiten in der Beherrschung der Perspektive zeigt sich hier die voll entwickelte Kunst der Hochrenaissance – vor diesen Bildern wird dem Betrachter der Anachronismus des gleichzeitig entstandenen Abendmahls an der Außenwand von Sant'Apollinare in aller Deutlichkeit bewusst. Bei aller Dramatik der Freskierung übersehe man nicht die beiden Seitenaltäre, denn deren Gemälde – vor allem jene in der Predella – sind die besten Werke in San Rocco. Sie stammen von Marcello Fogolino und seinem Umkreis, einem aus dem Veneto stammenden Renaissance-Maler und bevorzugten Künstler am fürstbischöflichen Hof des Bernardo Cles in Trient.

Fährt man von Caneve nach Norden, liegt über der Sarcatal-Straße **San Martino.** Der Ort ist alt und pittoresk. Lässt man seinen Wagen stehen und geht durch schmalste Gässchen ganz hindurch, liegt am anderen Ende die gleichnamige Kirche auf einer kleinen Anhöhe mit einem umfangreichen Freskenzyklus des späten 14. Jh. Die Figuren des Abendmahls an reich gedeckter Tafel sind sehr gotisch und sehr veronesisch – schmale, edle Gestalten mit fein modellierten Gesichtern in prunkvoll fallenden Gewändern.

Das Sarcatal

Nördlich von Arco führt eine Straße nach Trient durch das Tal am Unterlauf des Flusses Sarca. Die Strecke hat mit der Landschaft der Marocche und dem Schloss Toblino zwei besondere Sehenswürdigkeiten zu bieten. Drei parallele Straßen führen nach Toblino, von denen die direkteste auf der Hauptstraße nicht die schönste ist. Besser man biegt beim Orte **Drò** (dort: ein hübsches Bauensemble aus alter und neuer Pfarrkirche nebeneinander; im alten Bau ein romanisches Portal mit eleganten Kapitellen und Reliefs) nach rechts ab zum Lago di Cavedine (der nicht im Cavedinetal liegt). Bereits kurz hinter dieser Abzweigung beginnt eine ungeheure Trümmerlandschaft, die Straße windet sich um kahle, häusergroße Gesteinsbrocken, soweit der Blick reicht eine Wüste zerschmetterten Felses. Dies ist die berühmt-berüchtigte Landschaft der **Marocche,** die das Tal bis ins 19. Jh. nahezu unpassierbar machte. Entstanden ist sie als Folge des gewaltigsten Bergrutsches, der je in den Alpen stattgefunden hat: Nach dem Rückzug der Gletscher der letzten Eiszeit kam die Stabilität der Wände des wie ein U-förmiger Trog ausgeschliffenen Sarcatales so durcheinander, dass ganze Bergflanken zu Tal stürzten; die Abbruchstellen der Lawinen sind Hunderte von Metern über dem Talgrund noch deutlich am Dain Grande, am Monte Granzoline und vor allem am Monte Brento zu sehen. Die Steinmassen bedecken eine Fläche von 14,5 km^2, damals kamen 187 Mio. m^3 Gestein herunter. Mitten in dieser Steinwüste liegen mehrere kleine Seen, der Lago Solo, der Lago Nero und in wilder Einsamkeit der Lago dei Bagatoi. Während diese drei nur mit guter Karte zu Fuß zu erreichen sind, führt die Straße (falls man nicht hinauf nach Drena fährt) direkt am Ufer des größeren Lago di Cavedine vorbei, dessen wunderbares Blau hell aus dem kahlen Gestein leuchtet; bis heute flutet der Tourismus auf der entfernteren Hauptstraße völlig an diesem See vorbei und hat ihn still und einsam belassen. Kurz vor Toblino führt diese Nebenroute beim Ort **Sarche** wieder auf die Hauptstraße zurück; dort versäume man nicht einen kurzen Blick in die **Pfarrkirche** des Jahres 1889. Darinnen befindet sich nämlich ein ausladender Marmorepitaph mit Inschrift zum Gedenken an die Grafen Nicolò und Gerardo d'Arco, den unteren Teil bildet ein großes Basrelief, eine hervorragende Renaissance-Arbeit mit figurenreichen Schlachtszenen gegen die Mauren. In Sarche verlässt die Straße nach Trient und zum Castel Toblino den Flusslauf und biegt nach Osten ab. Der Oberlauf der Sarca kommt aus den westlichen Höhen der Judikarischen Täler und stürzt durch die spektakuläre Limarò-Schlucht hinunter in das breite Tal zwischen Sarche und dem Gardasee.

Die wilde Felsenlandschaft der Marocche ist die Folge des größten Bergsturzes, der je in den Alpen stattgefunden hat.

Im unteren Sarcatal zweigt noch vor dem Lago di Cavedine mitten in den Marocche eine Straße in steilen Windungen hinauf in das Tal von Cavedine ab. Dort überragt die wildromantische Ruine der **Burg Drena** die Landschaft, die von ihrer exponierten Stellung eindrucksvollste Blicke auf die Steinwüste mit ihren Seen erlaubt. Wie so vieles in dieser Gegend wurde sie im 11. Jh. von den Herren von Seiano erbaut, die sich in ihr aber auch nicht gegen die erfolgreicheren Herren von Arco schützen konnten; die Burg, die ihre wehrhafte mittelalterliche Anlage über Jahrhunderte bewahrt hatte, wurde ebenso wie Arco 1703 von den Franzosen zerstört. Nicht weit hinter der Burg öffnet sich nun das überraschend grüne und freundliche Tal von Cavedine, ein uraltes Siedlungsgebiet. Die Dörfer hier sind alle sehr alt und unberührt, pittoresk verschachtelt ziehen sie sich die Hänge hinauf. Die Römer hatten hier oben mit einer Straße das durch die Marocche unpassierbare Sarcatal umgangen; der ausgeschilderte ›Itinerario archeologico‹ führt ab Cavedine von einer Brunnenstube noch zu weiteren Fundstätten (Inschriften, Grotten etc.). Dieser landschaftlich reizvolle Weg berührt auch die am Hang über dem Dorf **Lasino** gelegene alte Kirche San Siro mit romanischer Apsis und einem verblichenen Freskenzyklus des 14. Jh.

Nicht weit von Lasino gerät das **Castel Madruzzo** in spektakulärer Lage auf steilem Fels über dem Tal ins Blickfeld. Der ältere Teil der umfangreichen Anlage wird bereits 1161 erwähnt; zur Blütezeit der Herren von Madruzzo, die von 1539–1658 beinahe erblich auf dem Thron des Fürstbischofs von Trient saßen, wurde die Festung zu einer prächtigen Residenz umgebaut. Von den Franzosen 1703 verwüstet, sind die erhaltenen Teile noch heute bewohnt und dem Publikum nicht zugänglich. Die Madruzzo ließen auch die 1236 erwähnte Pfarrkirche **Maria Assunta** des benachbarten Dorfes **Calavino** um 1537 mit neun Seitenkapellen als gefällige Baugruppe der Renaissance umgestalten. Über **Padergnone,** wo sich ein grämlicher Renaissance-Christophorus (1520) an der Außenwand der Kirche **Santi Filippo e Giacomo** (16. Jh.) befindet, gelangt man knapp oberhalb des Sees von Toblino wieder auf die Hauptstraße nach Trient; zum Schloss muss man ein kurzes Stück zurück in Richtung Arco fahren.

Castel Toblino

Castel Toblino☆

So kommt der **Lago di Toblino** ins Blickfeld, und er wird auf keinen Reisenden seine Wirkung verfehlen. Von wundervoll intensiver Farbe, gerahmt von Schilf und rauschenden Steineichen, überragt von gewaltigen Felswänden, liegen mitten darin auf einer Halbinsel Zinnen, Türme und Mauern des **Castel Toblino**. In früheren Zeiten stand hier eine prähistorische Festung, später ein Römerkastell, beides noch auf einer Insel, denn damals war der Wasserstand des Sees erheblich höher. Die heutige Anlage stammt in ihren Grundzügen von einer um 1124 erwähnten Burg, die im 16. Jh. nach einer sehr ereignisreichen Geschichte an die Madruzzo fiel und von ihnen zu einer stilvollen Sommerresidenz umgebaut wurde. »Es ist arg heiß heute, die Mücken summen unverschämt und setzen sich mit lästiger Vertraulichkeit auf fremder, gerechter Männer Nasen«, schrieb Viktor von Scheffel in seinem ›Gedenkbuch über stattgehabte Einlagerung auf Castel Toblino im Tridentinischen Juli und August 1855‹, als er mit seinem Freund Anselm Feuerbach einen Sommer lang hier weilte. Wer dieses heute noch tun könnte, würde dafür sicher ein paar Insekten in Kauf nehmen, denn die Burg auf der felsigen Halbinsel ist noch immer ein einzigartiger Ort. Sie liegt in einem von einer Zinnenmauer umschlossenen Park mit riesigen alten Bäumen, vorbei am runden Bergfried tritt man durch einen dunklen Torgang in einen äußerst suggestiven Innenhof, dessen vier Flügel von einem Laubengang, einer umlaufenden anmutigen Loggia und darüber von Holzbalustraden gegliedert wird. Alte Laternen hängen herab, geschwärzte Türen führen ins Innere, prächtige Renaissance-Malereien bröckeln mit dem Verputz ab: Kein Wunder, dass in dieser Atmosphäre verblichenen Prunkes die tragische Liebesgeschichte um den Madruzzer Fürstbischof Carlo Emanuele und seine Favoritin Claudia Porticella nicht nur dem Vinosanto zu danken ist. Dieser Bischof von Trient war der letzte männliche Nachkomme seines Geschlechts und hätte zu gerne mit der schönen Trientinerin Claudia eine Familie gegründet, um dasselbe fortzupflanzen, indes verweigerte ihm der Papst mehrmals die von ihm

Castel Toblino

erbetene Befreiung von seinem geistlichen Amt. So blieb Claudia Porticella die verbotene Geliebte des Bischofs; die Sage berichtet, dass sie von ihrem Bruder, welcher, um den Ruf der Familie zu retten, das Treiben leid war, nach einem Frühlingsfest auf ein Boot gezwungen wurde. Am nächsten Tag sei der umgestürzte Kahn mit zwei Leichen angetrieben worden – zahlreiche literarische Versionen haben sich des Stoffes bemächtigt. Dabei ist Claudia Porticella nachweislich erst neun Jahre nach dem letzten Madruzzo in Trient gestorben, ihr Bruder allerdings soll tatsächlich an einem Maientag des Jahres 1653 auf mysteriöse Weise im See ertrunken sein. Wie dem auch sei – fest steht jedenfalls, dass man in hellen Mondnächten zwei weißgekleidete Gestalten über das Wasser zum Schloss wandelnd beobachten kann. Heute beherbergt der Bau in seinem Untergeschoss in zwei alten Prunksälen ein Restaurant mit viel romantischem Ambiente.

Hinter dem See von Toblino steigt die Straße hinauf zum Pass von Vezzano, von dem es hinuntergeht nach Trient. Blickt man hier zurück über den See und das Schloss in Richtung Arco, so wird man bemerken, wie das Licht am Ende des Sarcatales immer heller wird. Die Felswände nehmen zarte Nuancen von Grau- und Blautönen an, selbst der den Horizont begrenzende Burgberg von Arco erscheint in sanften Pastelltönen, dazwischen das Grün des Tales und die schimmernde Fläche des Sees: Dies ist einer der viel gerühmten Blicke in den Süden, der die Reisenden des 19. Jh. nach den dunklen Alpentälern verharren ließ.

»Eine holde Mannigfaltigkeit von Farben und Tinten verklärt die Landschaft«, notierte im 19. Jh. Beda Weber, als er am Pass von Vezzano in Richtung Arco durch das Sarcatal zurückblickte und das Licht des Südens zwischen den Felsen sah.

Fährt man weiter in Richtung Trient, zweigt kurz hinter dem verschachtelten Dorf Vigolo Baselga eine Straße nach **Terlago** ab. Dies ist ein heute vereinsamt am Berghang liegendes Dorf, das zur Zeit des Trienter Konzils Hochbetrieb hatte, denn hier war die bevorzugte Sommerfrische der Konzilsteilnehmer. Der Ort besteht noch immer aus einer Ansammlung stattlicher, leicht heruntergekommener Ansitze und einem Schloss, doch eine wirkliche Entdeckung kann man machen, wenn man der Straße noch ein paar Minuten weiter hinauf zu den Seen **Lago Santo** und **Lago di Lamar** folgt. Aus dichtem Wald leuchten hier zwei hellgrüne Seen zwischen schönen Stränden hervor, ein stilles Bergparadies außer sonntags, wenn sich hier ganz Trient umtreibt.

Die Straße nach Trient führt weiter steil bergab durch die wilde Felslandschaft der Buca di Vela. Unterwegs zweigt eine Straße auf den **Monte Bondone** ab, ein von weiten Almen bedeckter Berg mit großartiger Aussicht und zahlreichen Wandermöglichkeiten; sehr sehenswert ist das Naturschutzgebiet **Tre Cime** und der **Giardino Botanico Alpino.**

Tenno

Tenno

Von Riva führt eine Straße nach Nordwesten zu dem an steilem Berghang über dem See gelegenen Ort Tenno. Unterwegs kommt man durch das kleine Dorf **Cologna,** in dessen an der Straße gelegenen Pfarrkirche **San Zeno** zwei Freskenzyklen des 15. Jh. erhalten sind: An der linken Seite des Schiffes ist das Leben der hl. Brigida und eine Kreuzigung zu sehen, neben der kleinen Orgel ist unter der gotischen eine ältere Freskenschicht erkennbar. An der rechten Wand sind eine Geißelung, mehrere Stifter und eine Darstellung von Adam und Eva mit Anklängen an

In der Altstadt von Tenno

den höfischen Stil Veronas bemerkenswert. Die Maler der Fresken waren keine überragenden Künstler, doch sind ihnen einige fein und charaktervoll gezeichnete Figuren und Gesichter gelungen.

Wenige Straßenwindungen weiter erreicht man bei einer Trattoria direkt unter dem Mauerkoloss des Castello den Ort **Tenno.** Hier sollte man seinen Wagen abstellen, denn der interessanteste Teil Tennos ist der Ortsteil Frapporta, der als befestigtes Dorf um den Fuß des Burgfelsens herumgebaut ist. Die **Burg** ist trotz ihrer imposanten Erscheinung nur noch ein Schatten ihrer Selbst, als einst gewaltige Festung diente sie den tirolischen Herren von Eppan, den Bischöfen von Trient und den Mailändern als Stützpunkt. Selbst für die Venezianer im 15. Jh. uneinnehmbar, wurde sie von der Soldateska des französischen Generals Vendôme 1703 in die Luft gesprengt. Die Halbruine ist heute bewohnt und kann nicht betreten werden. Das ist auch nicht nötig, denn der Liebhaber historischer Architektur kommt im darunter gelegenen Dorf voll auf seine Kosten. Man betritt es durch das gotische Spitzbogentor der alten Ringmauer und befindet sich sofort in einem engen Gewirr von Häusern, Ställen, Felsenkellern, Gewölben und Terrassen: ein jahrhundertelang gewachsener Organismus, wie unter einem einzigen, unendlich verschachtelten Dach. Nur wenige Meter daneben besitzt Tenno noch eine bedeutende Kunststätte. Wenn man den mit Wein bestandenen Hang unterhalb des Burgdorfes ein Stück hinuntergeht, gelangt man zur Kirche **San Lorenzo** in eindrucksvoller Lage: Hinter einem Portikus öffnet sich ein weiter romanischer Innenraum mit großer Apsis aus dem 13. Jh. Damals entstand aber kein Neubau, sondern eine noch ältere Kirche wurde wieder hergerichtet, denn in der Apsis und am Triumphbogen entdeckte man die laut Rasmo ältesten hochmittelalterlichen Malereien des Trentino. Diese stellen eine Enthauptung des hl. Laurentius, noch eine Enthauptung des hl. Rochus, einen Mäanderfries und einen Fries mit flüchtenden Tieren sowie arg beschädigte Reste von Bildern aus dem Leben des hl. Rochus dar und stammen aus dem 11. Jh. Der große Christus in der Mandorla und das Jüngste Gericht in der Koncha sind dagegen spätere Malereien des Jahres 1384 eines veronesischen Künstlers. Einer ebenso großen Attraktion wie diesen Fresken wird man ansichtig, wenn man um die Kirche herumgeht. Dort haben die Baumeister zahlreiche große Reliefsteine eines vorromanischen Baus in der Außenwand des Chores wiederverwendet: Die breiten Lisenen und die tiefen Gewände der Fenster sind über und über bedeckt mit Flechtbandreliefs, Zopf- und Knotenmustern sowie geometrischen Ornamenten. Die seltenen Stücke sind zeitlich nicht genau einzuordnen, hielte man sie für langobardische Schöpfungen, so müsste man ihnen eine geradezu barocke Formenvielfalt bestätigen, was eine Entstehung im 8. Jh. trotz der typischen Motive unwahrscheinlich macht. Eher handelt es sich (wie in Cisano, s. S. 86f.) um eine lokale Weiterentwicklung dieses Stils im 9. Jh., die von der ›karolingischen Renaissance‹ dieser Zeit unberührt geblieben war.

Rechts oberhalb von Tenno sieht man einige mittelalterliche Dörfer, die sich an steil abfallende Felsen klammern; am bekanntesten ist das restaurierte Künstlerdorf **Canale.** Die Straße windet sich weiter hinauf zum idyllischen See von Tenno und senkt sich bald darauf hinunter zu den hügeligen grünen Matten des Lomaso (s. S. 348f.).

Durch das Ledrotal zum Idrosee und nach Bagolino

Der knapp 400 m hoch gelegene Idrosee und seine gebirgige Umgebung sind ein eigenes Feriengebiet, bei allen beliebt, denen es am Gardasee zu heiß oder zu laut ist. Nahezu unbekannt sind die Kunstschätze der Gegend, weshalb nicht nur der Landschaftsfreund auf seine Kosten kommt. Vom Gardasee kann man eine Rundfahrt durch das Ledrotal zum Idrosee und zurück durch das Tal von Valvestino unternehmen.

Das Ledrotal

Val di Ledro ☆

In Riva beginnt die reizvolle Fahrt durch das 500 m über dem Gardasee gelegene Ledrotal mit seinen zwei Seen. (Derzeit gesperrt ist die spektakuläre Straße durch die Ponale-Schlucht, die vom Seeufer kurz hinter Riva abzweigt. 1851 war sie von den Österreichern in den senkrechten Fels gesprengt worden. Dieser Straßenbau hatte damals natürlich keine touristischen, sondern militärische Gründe, im Ersten Weltkrieg verlief sogar die Grenze zwischen dem damals noch österreichischen Trentino und Italien durch dieses Tal.) Bei Molina di Ledro erreicht man den **Ledrosee,** den es ebenso wie den Gardasee ohne die eiszeitlichen Gletscher nicht gäbe: Über dem heutigen Riva waren die Eismassen noch etwa 1100 m dick; sie schoben sich ein Stück ins Ledrotal hinein und versperrten seinen Ausgang durch eine eingeschobene Moräne, hinter der sich der See aufstaute. Sein Abfluss, der Ponale, grub sich durch den Moränenschutt und stürzte in einem einst berühmten Wasserfall hinunter zum Gardasee, doch seit ein Elektrizitätswerk sein Wasser nutzt, ist er verschwunden.

Den Bewohnern von Molina waren die seltsamen Pfähle unter dem Wasserspiegel schon immer bekannt, sie stellten ein einziges Ärgernis beim Einholen der Fischernetze dar. Als im Jahre 1929 der See zu hydroelektrischen Zwecken angezapft wurde und sein Wasserstand sank, kamen dazwischen unzählige Gebrauchsgegenstände unbekannter Herkunft, Vasen, Krüge, Dolche, Keulen und Schmuck, zum Vorschein. 1937 begann eine Ausgrabungskampagne, die die Reste eines großen **Pfahlbautendorfes** der Zeit um 1700 v. Chr. aufdeckte. Auf 4500 m^2 fand man über 10 000 Pfähle, an

Am Ufer des Ledrosees wurde eine Hütte des prähistorischen Pfahlbautendorfes rekonstruiert.

denen noch genau die komplizierte Konstruktionsweise der Hüttenböden studierbar war. Eine solche Hütte hat man heute neben dem vorzüglich sortierten **Museum** rekonstruiert; dass nur noch ein kleiner Teil der Pfähle zu sehen ist, liegt wiederum am Kraftwerk: Durch den gesenkten Wasserspiegel verminderte sich der Wasserdruck auf das Ufer, sodass ein großer Teil der Ausgrabungsfläche abrutschte.

Das Tal hatte durch das ganze Mittelalter unruhige Zeiten gesehen, denn vor dem Bau der Uferstraßen am Gardasee war dies eine der belebtesten Verbindungen ins Mailändische. Die Grafen von Tirol, die Bischöfe von Trient, die Scaligeri aus Verona und schließlich Venedig und Mailand schlugen sich erbittert um den wichtigen Verbindungsweg, bis in einer berüchtigten Schlacht ein venezianisches Heer unter Sanseverino die Mailänder 1438 vernichtend schlug; der Ort des Gemetzels heißt noch heute *Valle dei Morti* (Tal der Toten). Der Kunst im Ledrotal haben diese kriegerischen Ereignisse nicht gutgetan, die hübschen alten Dörfer enthalten noch pittoreske Partien mit einigen verblichenen Außenfresken an den Häusern, aber nichts Besonderes.

Ein seltsames Andenken bewahrt die zwischen Bezzecca und Tiarno links neben der Straße in angenehmer Wiesenlandschaft stehende Kirche **Santa Lucia:** Sie enthält mittelmäßige Fresken der Jahre 1422–28, in den Mantel einer Madonna wurde 1532 eine Inschrift eingeritzt, die von der Enthauptung des venezianischen Heerführers Conte di Carmagnola berichtet. In **Tiarno di sotto** kann ein Blick in die Pfarrkirche San Bartolomeo (1862) nicht schaden, auf dem Hochaltar befindet sich ein Polyptychon venezianischer Schule (1587), also mehrere in einem Schnitzrahmen angebrachte Tafelgemälde. Aufregender ist jedoch ein Spaziergang (15 Min.) zum Gorg d'Albis, einem 30 m hohen Wasserfall des Baches Marsangla.

Der melancholische kleine **Lago d'Ampola** kurz dahinter, der einst mit dem Ledrosee eine zusammenhängende Wasserfläche bildete, sieht nun langsam seinem Ende durch Versumpfung entgegen. Hier zweigt eine empfehlenswerte Straße hinauf zum **Monte Tremalzo** ab, die bei einem alten Berggasthof endet. Hinter dem Ampolasee folgt die Straße der Klamm des Palvico, bei Storo erreicht man das Tal des Chiese, der wenige Kilometer südlich den Idrosee speist.

Von Storo zum Idrosee

Mit der Ausmalung der Bergkirche San Lorenzo über Storo beginnt die Serie der Baschenis-Malereien in den Judikarischen Tälern.

Mit **Storo** erreicht man den ersten Ort der Judikarischen Täler (s. S. 345ff.), in denen die Malerfamilien der Baschenis fast das gesamte Kunstschaffen des späten Mittelalters geprägt haben. Kein Wunder, dass man hier gleich einem großflächigen Freskenzyklus dieser Künstler begegnet. Er befindet sich in einer Kirche auf dem Felsen über dem Ort und ist in einem halbstündigen Aufstieg zu erreichen. Der Weg beginnt neben der Pfarrkirche und führt die schmale gepflasterte Straße bergauf, die am Torbogen der ›Casa di Riposo‹ vorbeiführt. Oben steht die

1515 erbaute Kirche **San Lorenzo,** deren Chor die Baschenis bald danach mit Fresken zur Legende des hl. Laurentius schmückten. Die Bilder zeigen eine feine Farbgebung und einfallsreiche Details im Bemühen um eine realistische Darstellung. Die Kirche ist meist verschlossen, doch gewähren zwei große Öffnungen ungehindert Einblick; auch die Sicht in zwei Täler und auf den Idrosee lohnt den Weg hinauf.

In südlicher Richtung kommt man bald darauf nach **Lodrone,** auf das die düsteren Ruinen einer wehrhaften Burg blicken. Dies ist der Stammsitz der Grafen von Lodron, der gefürchtetsten und brutalsten Adeligen des ganzen Trentino. Weit ab von der bischöflichen Macht in Trient terrorisierten sie über Jahrhunderte die ganze Gegend mit Willkür, Raub und Mord und machten sich diese Lage für jede Form von gewaltmäßiger Bereicherung zunutze. Bis ins 17. Jh. waren sie die uneingeschränkten Herren der inneren Judikarien, auch das Lomaso und selbst die Burgen im Etschtal waren vor ihren Überfällen nicht sicher. Neben der Pfarrkirche von Lodrone (darin 1507 gemalte Heiligenfiguren von Simone II und Dionisio II Baschenis) beginnt der kurze Aufstieg zu den **Ruinen von Castel Lodron.** Auf ihrer stark befestigten Stammburg residierten die Grafen bis ins 16. Jh., als sie sich unten im Tal den bequemeren Palazzo Bavaria erbauten. Von dem finsteren Gemäuer blickt man weit über das Tal bis hinüber ans Ostufer des Idrosees zur zweiten Zwingburg der Lodron: dem in bizarrer Szenerie auf einem steilen Felsvorsprung aufragenden **Castel San Giovanni,** das heute ebenfalls eine Ruine ist. Auch der **Palazzo Bavaria,** unten im Ort Lodrone, wirkt trotz einiger ansprechender Architekturelemente der Renaissance düster und bedrohlich; vor ihm standen 1554 die aufgebrachten Bürger von Bagolino (s. S. 168 ff.), schwer bewaffnet und entschlossen, den Gewalttätigkeiten der Lodron ein Ende zu setzen. Sie stürmten und plünderten den Palast, die Grafen Ottone und Achille kamen dabei um.

Am südlichen Ortsrand von Lodrone verbindet die Brücke über den Caffarobach das Trentino mit der lombardischen Provinz Brescia, und man betritt den Ort **Ponte Caffaro,** bis 1918 die Grenze zwischen Italien und Österreich, die besonders im Risorgimento umkämpft war. (Kurz vor der Brücke steht ein weiterer Palazzo der Lodron.)

Der Idrosee und Bagolino

Der lang gezogene, schmale Idrosee ist mit 368 m der höchstgelegene der lombardischen Seen. Bei einer Fläche von nur 11 km², eingebettet zwischen steilen Bergflanken mit waldreichen Hängen, besitzt er viel mehr als der Gardasee den Charakter eines Gebirgssees. An seinen mäßig touristisierten Ufern liegen keine historisch bedeutsamen Städte mit entsprechender Kunst. Beides findet man jedoch in einem heute abgelegenen Ort in den Bergen westlich des Sees: Zwischen Ponte Caffaro und Anfo zweigt die Straße ab ins Seitental des Caffarobaches und führt mit schönen Seepanoramen hinauf nach Bagolino.

***Bagolino*☆☆**
Besonders sehenswert:
Lage
Ortsbild
San Giorgio
San Rocco

Bagolino war schon früh ein selbstständiges Gemeinwesen, das sich in einem ständigen Kampf der Gewalttätigkeiten der Lodron erwehren musste. Bedeutsam ist der Ort aber wegen der Tatsache, dass eine dritte und größere Macht in diesen Auseinandersetzungen mitspielte: die Republik Venedig, die 1440 in den Besitz des Gebietes kam. Sofort fiel ihr Blick auf Bagolino, denn hier wurde Eisenerz abgebaut und verhüttet, und die Seerepublik hatte für ihre Flotten einen unstillbaren Bedarf nach Schiffsnägeln, die sie nun von hier bezog. Venedig erschien es zunächst günstig, zu Statthaltern dieser wichtigen Produktionsstätte die Lodron zu ernennen, mit denen sie verbündet war. Dieses Bündnis beruhte darauf, dass sich Venedig in den Kämpfen gegen Tirol und das Fürstbistum Trient um die wichtigen Handelswege durch das Gebirge die Feindschaft der Lodron gegen Trient zunutze machen wollte. Doch wie so oft, wenn die kühl rechnende Kaufmannsstadt sich mit dem Adel einließ, erlebte sie eine Überraschung, denn dessen von Willkür und Selbstherrlichkeit geprägten Absichten waren ihr ein Rätsel. Anstatt die unvergleichlichen ökonomischen Vorzüge der Verbindung mit Venedig zu nutzen, wollten die Lodron Bagolino selbst besitzen, was keinen Vorteil bot, den die Verwaltung des Handels mit der Lagunenstadt nicht ohnehin an sich gehabt hätte. So registrierte man in Venedig lange ungläubig die nicht abreißenden Klagen der Bevölkerung von Bagolino über Drangsalierungen und gewalttätige Bereicherungen durch die Lodron.

Zum Schutze Bagolinos und seiner eigenen Interessen entsandte Venedig Truppen und entzog schließlich 1472 den Lodron ihre Rechte über Bagolino. Der Tiefpunkt war erreicht, als die Lodron 1515 die venezianische Festung über Anfo zerstörten. 1554 schließlich schritten die Bürger von Bagolino selbst zur Tat: sie überfielen die Lodron in ihrem Palazzo Bavaria und töteten zwei der anwesenden Grafen. Die Bagossi wussten, dass ihre Eigenständigkeit und ihr Geschäftskalkül unter der Ägide Venedigs am besten aufgehoben war, und die Lagunenstadt honorierte ihre Loyalität. Der Ort blühte auf und entwickelte jene Fülle von Kunst und Kultur, der man noch heute begegnet.

Bagolino ist heute eine einzigartige Erscheinung unter den Gebirgsdörfern der Region: Eng mit der Landschaft verwachsen, liegt der malerische Ort mit seiner erhaltenen mittelalterlichen Bausubstanz in gewundenen Terrassen am steilen Berghang, noch immer voller Kunst und alter Kultur wie dem venezianisch inspirierten Maskenspiel seines Karnevals.

Nur kurz sieht man, wenn man auf das Dorf zufährt, die große barocke Pfarrkirche über den Dächern, dann taucht die Straße ein in das enge Gewirr mittelalterlicher Häuser. Genau in der Mitte des sich den Berghang entlangwindenden Ortes liegt der zentrale Platz mit seinen Cafés über der Tiefe des Tales, von hier sind die besonderen Sehenswürdigkeiten Bagolinos leicht zu Fuß zu erreichen. Aus den zahlreichen malerischen Gassen hebt sich die **Via Portici** hervor, über Treppen und Sottoportici mit der knapp oberhalb gelegenen Hauptstraße verbunden. Mit ihren Lauben war dies die alte Geschäftsstraße des Ortes, die heute still daliegt, da sie ihre Bedeutung an die Durchgangsstraße verloren hat.

Die Pfarrkirche **San Giorgio**, zu der steile Treppen von der Hauptstraße hinaufführen, wurde 1632 vollendet, und der Reichtum Bago-

Eng verschachtelt, wie mit der Bergwelt verwachsen, liegt der Ort Bagolino hoch im Gebirge.

linos und seine guten Beziehungen zur Kunststadt Venedig ließen hier eine der prachtvollsten frühbarocken Kirchen des Bresciano entstehen. Durch das von sieben Säulen gerahmte Portal betritt man den weiten Innenraum, gedeckt von einem mächtigen Tonnengewölbe, flankiert von acht Seitenkapellen und vollkommen ausgemalt und stuckiert. Eine unübersehbare Anzahl von Einzelbildern, teils Fresken, teils große Ölgemälde, sind in das Gesamtkonzept der Ausstattung hineinkomponiert worden, darunter mehrere hervorragende Arbeiten. Man beachte als Erstes das die gesamte Westwand über dem Portal einnehmende Bild des Gastmahls im Hause des Pharisäers zwischen gemalten Säulen, ein Werk Pietro Marones. Das Bild des Hochaltars, ein drachentötender Kirchenpatron, stammt vom Venezianer Andrea Celesti, über der Balustrade links neben dem Altar ein vorzügliches Bild venezianischer Schule mit theatralischen Ruinen vor tiefer Landschaft. Ebenfalls gute Gemälde sind in den von

Skulpturen und rahmenden Miniaturen überquellenden barocken Seitenaltären zu finden, man beachte besonders am zweiten Altar links die Dreifaltigkeit vom Tintoretto-Schüler Pellegrino. Der Gipfel aber ist die Decke: Schon hart am Rande zur Theatermalerei ist das ganze Tonnengewölbe in eine ungeheure Scheinarchitektur verwandelt worden. Eine gemalte umlaufende Balustrade mit großem Säulenaufbau rahmt mehrere Deckenfresken, in denen in wildbewegten Bildern Heilige gesteinigt und Drachen getötet werden. Die Scheinarchitekturen werden mit zunehmender Nähe zum Altar immer prunkvoller: Im Presbyterium verwandeln sie sich in einen illusionistischen barocken Prachtsaal (ein Meisterwerk von Tommaso Sandrini, 1630), im Chor monumentalisieren sie das Altarbild mit den letzten Finessen ihres Formenreichtums.

Steigt man die Treppen zur Hauptstraße wieder hinunter, kommt man an der stattlichen **Casa Melzi** aus dem 16. Jh. vorbei. Die zu einem kleinen Vorplatz gewandte Fassade trägt ein Fresko des venezianischen Löwen, darunter die Wappen von Bagolino und der Grafen Avogadro. Die Casa war der Sitz der von Bürgern Bagolinos gestellten Garnison, die damals unter dem Befehl der Grafen Avogadro stand.

Bagolino besitzt noch eine zweite Kirche, die Außergewöhnliches zu bieten hat. Sie liegt am oberen Ende des Ortes neben der Hauptstraße, und auf dem Weg dorthin beachte man einige der zahlreichen schönen Baudetails des Ortes wie Portale, Außenfresken und das im Stile einer gotischen Miniaturburg erbaute historisierende Vogelhaus neben einem dörflichen Palazzo. Die Kirche **San Rocco** aus dem 15. Jh. enthält einen vorzüglich erhaltenen, farbenprächtigen Freskenzyklus des Giovan Pietro da Cemmo aus dem Jahre 1486: am Triumphbogen rechts und links zwei Hälften einer Verkündigungsszene, in der Bogenlaibung die Sibyllen, an der Rückwand des Chores eine figurenreiche Kreuzigung, an dessen Seitenwänden Szenen aus dem Leben der hll. Rochus und Sebastian. Diese Themen hat man schon oft gesehen, das Besondere dieser Bilder liegt im ungewöhnlichen Stil des Freskanten. Cemmo gilt als eklektizistischer Maler, stillos im guten Sinne, der zusammenkomponierte, was ihm gefiel – und da sind ihm in einer eigenen Mischung aus den graziösen Gestalten der höfischen Gotik, dem Raumempfinden der Renaissance und seiner Vorliebe für realistische Details des Alltagslebens Bilder von großem Reiz gelungen. Als Beispiel beachte man die Maria aus der Verkündigung rechts vom Triumphbogen: Im perspektivisch konstruierten Raum mit Architekturelementen der Renaissance sitzt eine ganz gotische Maria, über ihr vor den Butzenscheiben des Fensters zwei unordentlich gelegte Bücher mit einem Kerzenhalter, der Vorhang ist sorgfältig mit Ringen aufgehängt und dahinter geht der Blick in ein Schlafzimmer, unter dem hölzernen Baldachin des Bettes ist abermals ein Buch eingeklemmt, das Kopfkissen hat zwei hübsche Troddeln und selbst eine kleine Hauskatze fehlt nicht.

Die Tradition Bagolinos lebt außer in seinem Ortsbild fort in zahlreichen althergebrachten Dorffesten und religiösen Umzügen mit viel

1486 malte Pietro da Commo in Bagolino einen bemerkenswerten Freskenzyklus in der Kirche San Rocco. Er besticht durch seine Darstellung origineller Details des Alltagslebens.

Musik und kulinarischen Spezialitäten zum Anlass; berühmt ist der Ort für das Maskentreiben seines Karnevals.

Hinter den letzten Häusern von Bagolino wird die Straße wieder einsam. Wer weiterfährt, gelangt in eine großartige Gebirgslandschaft; am Ende des Tales kann man über eine steile Passstraße in die Val Camonica gelangen.

Idrosee☆

Wenn man von Bagolino zum **Idrosee** zurückfährt, steht dort, wo man die Uferstraße wieder erreicht, die Kirche **Sant'Antonio,** im Inneren mit einem bemerkenswerten Freskenzyklus der Renaissance, den man durch große Öffnungen in der Fassade gut sehen kann, auch wenn die Kirche verschlossen ist. Kurz darauf erkennt man in den zum Idrosee abfallenden Wiesen die uralten Gebäude eines ehemaligen Hospizes mit der Kirche San Giacomo (erbaut 11. Jh., später vielfach verändert), in deren offener Vorhalle noch verblichene mittelalterliche Fresken erhalten sind. Fährt man am Westufer weiter nach Süden, liegt etwa auf halber Länge des Sees das altertümliche Dorf **Anfo,** vor dem die riesenhafte Festung der Venezianer sich mit doppelten Bastionsgürteln die steilen Felsen hinaufzieht. 1866 Garibaldis Hauptquartier in seiner Kampagne zur Gewinnung des Trentino für Italien, wurde die Anlage ausgebaut und noch im Ersten Weltkrieg als Kanonenfestung benutzt. An seiner Südspitze, beim Ort Idro, verengt sich der See so, dass man den Übergang in seinen Abfluss, den Chiese, kaum bemerkt. Über die Brücke gelangt man in die alten Ortsteile Lemprato und Crone mit einladender Uferpartie. Von hier führt eine landschaftlich reizvolle Straße durch das Gebirge zum Valvestinosee und hinunter zum Gardasee.

Verona

Verona☆☆
Besonders sehenswert:
Stadtbild
Arena
Piazza delle Erbe
Piazza dei Signori
Sant'Anastasia
Dom
Teatro Romano
Hügel San Pietro
Santa Maria in Organo
Santi Nazaro e Celso
Giardino Giusti
San Fermo
Castelvecchio
San Zeno
San Procolo

»Wir machten dem Dom einen Besuch, wo der Herr von Montaigne das Benehmen der Leute an einem solchen Tage (es war Allerheiligen) während der großen Messe seltsam fand. Sie standen mitten im Chor und unterhielten sich ganz ungezwungen, mit bedecktem Haupt und dem Altar den Rücken kehrend; erst bei der Wandlung hielten sie es für der Mühe wert, auf den Gottesdienst zu achten. Orgeln und Violinen spielten die Begleitung. Wir sahen uns auch andere Kirchen an, fanden aber nichts Besonderes; auch mit Putz und Schönheit der Frauen war es nicht weit her«, ließ Michel de Montaigne 1580 seinen Diener notieren, als er durch Verona ging. Sein an der luftigen französischen Hochgotik und der monumentalen Renaissance seines Landes gebildeter Geschmack konnte mit der schwerblütigen Romanik der Veroneser Kirchen wenig anfangen, doch nach seiner unverzeihlichen Auslassung über die Veroneserinnen ereilte auch ihn das typische Schicksal aller Verona-Reisenden der literarischen Neuzeit, hingerissen zu sein von der ersten Begegnung mit der Antike: »Das Schönste, was wir hier sahen, überhaupt das schönste Gebäude, das der Herr von Montaigne nach seinen eigenen Aussagen in seinem Leben je gesehen hatte, war die so genannte Arena«, und für den ewig mäkelnden Montaigne bedeutete ein solcher Satz geradezu einen enthusiastischen Ausbruch.

Es war der Erste von vielen, die bis heute folgen sollten, denn nachdem unsere Reisenden am Gardasee einen ersten Blick in eine südliche Landschaft getan hatten, betraten sie in Verona ihre erste, ganz mittelalterlich gebliebene italienische Stadt, die mit ihrer Lebensart und den Zeugen ihrer Geschichte alles erfüllte, was sich ein italiensüchtiger Nordländer erträumen konnte. »Die bunte Gewalt der neuen Erscheinungen bewegte mich in Trient nur dämmernd und ahnungsvoll, wie Märchenschauer; in Verona aber erfasste sie mich wie ein mächtiger Fiebertraum voll heißer Farben, scharf bestimmter Formen, gespenstischer Trompetenklänge …«, zeigte sich Heinrich Heine berührt. »Das Amphitheater ist also das erste bedeutende Monument der alten Zeit, das ich sehe, und so gut erhalten!« geriet Goethe aus der Fassung. Einen Höhepunkt der Verona-Begeisterung lieferte William Shakespeare, sodass das örtliche Fremdenverkehrsbüro sein Zitat als Inschriftentafel an der Stadtmauer angebracht hat. Als nach Tibalts Tod Pater Lorenzo dem Romeo das Urteil eröffnet:

Nur aus Verona hat man dich verbannt,
nimm es nicht schwer, die Welt ist groß und weit.

antwortet Romeo:

Die Welt hört auf, jenseits von unseren Mauern –
dort ist die Hölle, Fegefeuer, Qual!
Verbannt von hier, heißt aus der Welt verbannt.

◁ Blick vom Hügel San Pietro über die Ruinen des römischen Theaters und die Etsch auf die Kirche Sant' Anastasia und die Torre dei Lamberti an der Piazza delle Erbe

Allerdings waren diese Worte weniger eine Hommage an die Stadt als vielmehr an die Tatsache, dass seine geliebte Julia hier weilte:

Romeo:

Es ist Folter, keine Gnade! Himmel ist hier
wo Julia lebt, und alles, Hund und Katze,
die kleinste Maus, jedwede Nichtigkeit
lebt hier im Himmel und darf sie betrachten –
nur Romeo darf es nicht!

Doch gilt die ganze Begeisterung sowieso nicht, denn Shakespeare war nie in Verona, weshalb die Stadt nächst Julia eindeutig den zweiten Platz einnimmt:

Romeo:

Ja, und ich bin verbannt! Verdammte Weisheit!
wenn sie mir keine Julia schaffen kann,
das Urteil ändern, diese Stadt verpflanzen,
so hilft und taugt sie nichts ...

Das hielt Charles Dickens 1846 nicht davon ab, der Stadt die besondere Prüfung aufzuerlegen, ob Verona hielt, was er sich von Italien versprach: »Ich hatte etwas Angst, nach Verona zu kommen, denn ich fürchtete, es könne meine Vorstellungen von Romeo und Julia zerstören. Aber ich war gerade auf dem alten Marktplatz angekommen, als alle meine Befürchtungen schwanden. Es ist ein so unwirklicher, heimlicher, malerischer Platz, geformt von einer Fülle so abwechslungsreicher und phantastischer Gebäude, dass ich mir nichts Großartigeres vorstellen könnte als diese romantische Stadt ...«. Zweifellos hatte Verona die Prüfung souverän bestanden, und auch bei seinem speziellen Anliegen konnte dem Engländer geholfen werden: »Natürlich ging ich vom Marktplatz sogleich zum Haus der Capulets ... der Hut (Cappello), das alte Wappen der Familie, ist noch heute zu sehen, in Stein gemeißelt, über dem Torweg des Hofes. Die Gänse, die Marktkarren, die Kutscher und der Hund waren durchaus nach der Art der alten Geschichte, das muss zugegeben werden ... Überdies ist das Haus ein misstrauisch, eifersüchtig aussehendes Gebäude, jedoch von ruhigen, maßvollen Proportionen. So war ich von ihm durchaus befriedigt ...«

Heinrich Heine erfreute sich daran, dass er überall eine Kultur erblickte, die ihm ebenso unbekannt wie faszinierend erschien: »Ich blieb nur einen Tag in Verona, in beständiger Verwunderung ob des nie Gesehenen, anstarrend jetzt die altertümlichen Gebäude, dann die Menschen, die in geheimnisvoller Hast dazwischen wimmeln, und endlich wieder den gottblauen Himmel, der das seltsame Ganze wie ein kostbarer Rahmen umschloss und dadurch gleichsam zu einem Gemälde erhob. Es ist aber eigen, wenn man in dem Gemälde, das man eben betrachtet hat, selbst steckt, und hie und da von den Figuren desselben angelächelt wird, und gar von den weiblichen, wie's mir auf der Piazza delle Erbe so lieblich geschah«, beschreibt er sein Erlebnis, und diese Betrachtung der Stadt kann nur empfohlen werden: sich der Fülle von angenehmen und fremden Eindrücken zu überlassen; wie Heine meint, der rechte Ort für »großblumige Gefühle und Erinnerungen mit tiefen schwarzen Augen«.

Geschichte: Zwei Jahrtausende zwischen Germanien und Italien

Römisches Verona

Eine Stadt, die am Ausgang des wichtigsten Alpenübergangs der Geschichte liegt, kann keine langweilige Vergangenheit haben. Nicht weit nachdem die Etsch ihr Gebirgstal verlässt, bildet sie zu Füßen der allerletzten Berge eine große Schleife, die bereits ebenes Land einschließt: auf drei Seiten vom Fluss geschützt, entstand hier schon mehrere Jahrhunderte v. Chr. eine größere Siedlung der Kelten und Veneter. Da diese so klug waren, gegen das nach Norden sich ausbreitende Rom keinen Widerstand zu leisten, wurden sie friedlich in die Provinz Gallia Cisalpina integriert; im Jahre 89 v. Chr. wurde Verona (die Herkunft des Namens ist unbekannt) offiziell Kolonie, die um 49 v. Chr. römisches Bürgerrecht erhielt. Auf dem Boden der Stadt führten die Römer drei ihrer wichtigsten Straßen zusammen:

Die mächtigen Rundbögen, die heute das Charakteristikum der römischen Arena von Verona darstellen, waren in antiker Zeit unsichtbare Bestandteile des Innenbaus. Die gesamte Arena war damals von einer riesenhaften ovalen Prunkfassade umgeben.

Plan des römischen Verona. Das damalige Forum ist heute die Piazza delle Erbe.

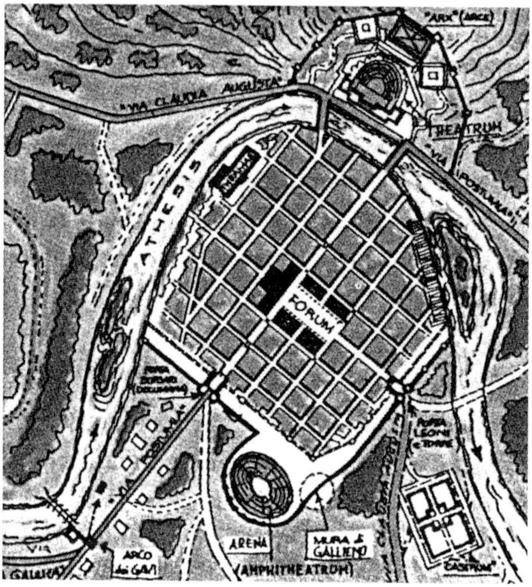

die Via Gallica, die in westöstlicher Richtung ganz Oberitalien durchquerte, die Via Claudia Augusta, die nach Norden durch das Etschtal über die Alpen führte, und die Via Postumia, die von Ligurien nach Illyrien zog. Entsprechend dieser Bedeutung bauten die Römer Verona prachtvoll und großzügig aus, das vielgestaltige Gelände mit Ebene, Fluss und Berghang bot den antiken Architekten reichlich Gelegenheit zu einer theatralischen Synthese zwischen Landschaft und Prunkbauten.

Zum Ende des 1. Jh. n. Chr. war Verona eine fertig ausgebaute römische Stadt auf dem typischen (bis heute fast unveränderten) Schachbrettgrundriss, mit Theater, Arena, Thermen, Forum, Brücken, Mauern und Toren. Man kennt die Anlage der antiken Stadt heute sehr genau, sie wird überall in Verona sowohl an der Straßenführung wie an den noch sichtbaren Bauten der Zeit deutlich. Das römische Verona füllte den inneren Bogen der Etschschleife und reichte bis kurz vor die Arena, welche außerhalb der Stadtmauern lag. Weit vor der Stadt, an der Stelle des jetzigen Uhrturms des Castelvecchio, durchlief die Via Postumia (in die kurz vorher die Via Gallica einmündete) den Triumphbogen Arco dei Gavi, der etwa 200 m von seinem ursprünglichen Standort entfernt wieder aufgebaut wurde. Von hier (am heutigen Corso Cavour) führte sie kerzengerade durch die ebenfalls in Teilen erhaltene Porta Borsari und nun als *decumanus maximus* zum römischen Forum (heute: Piazza delle Erbe) und zum Etschufer, wo hinter der (damals noch nicht vorhandenen) Kirche Sant'Anastasia eine Brücke über den Fluss führte. Auf der anderen Seite der Arena zog die Via Claudia Augusta heran und erreichte die Stadtmauer bei der Porta dei Leoni, von der ebenfalls Teile erhalten sind. Von dort führte die Straße als *cardo maximus* (heute Via Leoni und Via Cappello) zum Forum, wo sie den *decumanus* traf. Vom Aussehen der Gebäude um das Forum weiß man nichts, ebensowenig von der Gestalt der riesigen Thermenanlage an dem Platz, den jetzt der Dom einnimmt. Doch der eindrucksvollste Prospekt der römischen Stadt lässt sich noch immer gut erkennen. Geht man zum Etschufer unterhalb des Hügels mit dem Castel San Pietro, erblickt man links die Bögen des antiken Ponte Pietra, der wenig entfernt sein Gegenstück im verschwundenen Pons Postumius (hinter Sant'Anastasia) hatte. Beide Brücken liefen genau auf die beiden Flanken des am jenseitigen Ufer halbkreisförmig in den Berghang gebauten Theaters zu, das mit einer beidseitig prächtigen Schauwand sowohl zu den Zuschauerrängen wie zum städtischen Ufer hin den Raum zwischen den Brücken schloss; darüber, auf dem Gipfel des Hügels, thronte eine römische Zitadelle.

In dieser Gestalt bestand Verona 200 Jahre lang. Doch dann legten sich die ersten Schatten der beginnenden Völkerwanderung über das Römische Reich. Als im Jahr 265 n. Chr. ein Alemanneneinfall drohte, wurde Verona mit einem zweiten verstärkten Mauerring umschlossen, der nun auch die Arena in die Befestigung einbezog. Im Jahre 476 wurde der letzte weströmische Kaiser Romulus vom germanischen Heerführer Odwakar abgesetzt; die Völkerwanderung hatte Rom vernichtet. Nun stand Italien jeder nächsten Welle barbarischer Völker offen, das Vormachtstreben Ostroms (Byzanz) über das Westreich sorgte für zusätzlichen Krieg, und die Kirchenspaltung zwischen einer katholischen Westkirche und einer monophysitenfreundlichen Ostkirche schürte den Hass auf allen Ebenen. Aus dem Chaos ragten unberührt die riesigen Stadtmauern von Verona, und zu ihren Füßen fiel die nächste Entscheidung: Im Jahre 488 erscheinen die Ostgoten unter ihrem König Theoderich in Italien, um mit Billigung des oströmischen Kaisers Odwakar zu verjagen. Dieser verschanzt sich in Verona, doch wird er 490 in einer großen Schlacht von Theoderich besiegt und nach Süden getrieben. Zweieinhalb Jahre wird er in Ravenna belagert (die ›Rabenschlacht‹ der germanischen Heldensage), dann einigt er sich mit dem Gotenkönig auf eine gemeinsame Regierung; beim anschließenden Versöhnungsmahl wird er von Theoderich erdolcht.

Königsstadt der Völkerwanderung

So beginnt die legendäre Ära Theoderichs des Großen, die vielzitierte »letzte Atempause der antiken Kultur« (Ploetz). Denn der Gotenkönig war für die Zeit der Völkerwanderung eine einmalige Erscheinung: Zwar Herr eines nur Krieg und Plünderung gewohnten Germanenvolkes, hatte er seine Jugend als Geisel am byzantinischen Hof der oströmischen Kaiser verlebt und war wie ein Prinz erzogen worden. Er war Heerführer und Diplomat, Barbar und gebildeter Römer in einem – und außerdem eine Karte im Spiel Ostroms um den Einfluss auf das zerfallende Westreich. Von Byzanz geduldet und gefördert, vernichtete er Odwakar und seine Anhänger und errichtete in ganz Italien bis zur Provence ein gotisches Königreich, in dem in den Jahren 493–526 noch einmal Friede und Wohlstand, Bildung und Pflege der antiken Kultur einkehrten. Verona, Pavia und Ravenna wurden die Hauptstädte des Theoderich, und alle ließ er mit Palästen und Kirchenbauten schmücken. In Verona errichtete er einen bis ins Mittelalter sagenumwobenen Palast an der Stelle der römischen Zitadelle auf dem Hügel San Pietro über dem Theater, außerdem die Kirche Santo Stefano, die in ihren Grundzügen noch heute steht. Vor allem aber restaurierte Theoderich gründlich die römische Arena und hat sie dadurch wohl der Nachwelt gerettet. Bis ins Spätmittelalter glaubte man daher, sie sei sogar von ihm erbaut – ein sicheres Zeichen für die Mythenbildung um diesen König. Als Theoderich 526 über siebzigjährig starb, war er nicht nur durch sein für damalige Zeiten biblisches Alter bereits eine Legende, sein Reich erschien in der Tat wie eine Realisierung aller Hoffnungen der von Mord, Brand, Barbarei und Schisma gebeutelten Zeitgenossen. Durch seine Residenz in Verona, dieser dem deutschen Sprachraum so nahe gelegenen Stadt, ging der legendäre König bald in die germanischen Heldenepen ein. Er trat dort unter dem Namen Dietrich von Bern auf, was kein geographischer Irrtum der Sagenerzähler war: Durch die Lautverschiebung von v zu b war Verona zum germanischen Bearn geworden – so hieß die Stadt bis ins Mittelalter.

So war Verona zur Königsstadt der Völkerwanderung geworden und sollte es bleiben, auch wenn schon bald ein anderes Volk durch seine Straßen marschierte. Denn die Goten blieben in Italien eine letztlich von Byzanz geduldete Macht, welche abzuschaffen sich Gelegenheit bot, als Amalaswintha, die Tochter und Nachfolgerin Theoderichs, mit Mord und Inzest das gotische Königshaus in selbstmörderische Parteienkämpfe stürzte. Im Jahr 535 begann der oströmische Kaiser Justinian einen erbarmungslosen Vernichtungskrieg gegen das Ostgotenreich, deren letzte Könige Totila und Teja in Verzweiflungskämpfen gegen die oströmischen Feldherren Belisar und Narses unterlagen; 553 waren die Goten aufgerieben, und ganz Italien wurde byzantinische Provinz. Dieser fast zwanzigjährige Gotenkrieg hatte das Land verödet und entvölkert; wer noch am Leben war, floh vor den blutsaugerischen Steuereintreibern aus Byzanz.

In diesem Zustand befand sich das ehemalige Römische Reich, als nur wenig später, im Jahre 568, die Langobarden mit großen Völkerschaften über die Alpen kamen und in Norditalien einfielen. Sie errichteten für über 200 Jahre ein Königreich mit den Zentren Pavia, Verona und Cividale, ihre Macht reichte bis nach Süditalien. Ihr Konflikt mit dem Papst, dem sie nicht die Stellung zubilligten, die er beanspruchte, endete mit dessen Ruf nach dem Frankenkönig Karl (s. S. 20). Im Jahre 774 hatte er das langobardische Reich zerschla-

Die ›Iconografia Rateriana‹ ist ein äußerst seltenes Dokument des 10. Jh. Die Zeichnung zeigt die Stadt Verona, wie sie nach dem Ende der Völkerwanderung aussah. Deutlich ist unten links die Arena zu erkennen. In der Bildmitte sieht man die Bögen der (ebenfalls heute noch stehenden) römischen Ponte Pietra. Darüber ist ein Palast zu erkennen, der höchstwahrscheinlich den verschwundenen legendären Königspalast des Gotenkönigs Theoderich des Großen darstellt.

gen, und der Palast Theoderichs, der noch immer über Verona thronte, sah seinen dritten germanischen König aus einem anderen Volk: Karl ernannte seinen Sohn Pippin zum König von Italien und ließ ihn in Verona residieren, mit ihm kamen die papsttreuen Mönchsorden und gründeten zahlreiche Klöster und Kirchen in der Stadt. Mit dieser Unterordnung Italiens unter eine nur in Rom zu vergebende Kaiserkrone für ein deutsches Haupt waren die Weichen für die ganze mittelalterliche Geschichte Mitteleuropas gestellt und der Konflikt zwischen Kaiser und Papst programmiert.

Ein neues italienisches Königreich zu errichten, wagten nach dem Untergang der Karolinger im 9. und 10. Jh. ein letztes Mal die italienischen Nationalkönige Berengar I. und Berengar II., Inhaber alter langobardischer Herzogstitel. Obwohl sich beide im Kampf mit den von den Franken eingesetzten Adeligen fast aufrieben, waren sie – gestützt auf die Stadt Verona und ihre Gardasee-Festungen Torri del Benaco (s. S. 66 ff.) und die Rocca di Garda (s. S. 76) – so erfolgreich, dass der Papst abermals einen deutschen König rief. So zerschlug Otto I. den letzten Versuch eines italienischen Königreichs, im Jahre 962 wurde er in Rom zum Kaiser gekrönt.

Die nun beginnende ottonische Italienpolitik sollte weitreichende Folgen haben. Ebenso wie in Deutschland war den Kaisern die Macht des erblichen Adels zu groß geworden, die Reaktion war eine entschiedene Stärkung der Bischöfe, die nichts zu vererben hatten, sondern jeweils neu eingesetzt wurden. Dies trug den Keim zum bald ausbrechenden Investiturstreit in sich, also der Frage, ob Kaiser oder Papst zu dieser Einsetzung (Investitur) berechtigt seien. Dieser Streit wird häufig als ideologischer Konflikt um die kaiserliche oder päpstliche Idee behandelt; er war in Wirklichkeit die Machtfrage in Italien: Da dort fast jede Stadt einen Bischof besaß, war das Recht, diese einzusetzen, gleichbedeutend mit der Herrschaft im ganzen Land; entsprechend unversöhnlich standen sich Kaiser und Papst gegenüber.

Dieser bis zum Wormser Konkordat von 1122 schwelende Konflikt schwächte alle beteiligten Parteien, sodass keine eine entscheidende Vorherrschaft in Italien erwirken konnte. Gewinner waren die Adeligen in den Städten Italiens, die den anderweitig beschäftigten Bischöfen immer mehr Macht entwanden und die Kommunen zu einer von beiden streitenden Parteien wachsenden Autonomie führten – Verlierer waren die deutschen Kaiser, die in ihre selbstgegrabene Grube fielen; sie wurden zuletzt Opfer eben jener Macht, die sie den Päpsten durch ihre wiederholte Vernichtung eines italienischen Königtums verschafft hatten. So begann die große Zeit der Stadtrepubliken Oberitaliens und der Toskana.

Stadtrepublik

Verona gehörte seit der Zeit Berengars zum Herrschaftsgebiet der Grafen Sambonifacio, doch hatten die Kleinadeligen im Inneren der Stadt längst neue Parteien gebildet, für die die tradierten Machtansprüche wenig galten. Ein Wald von düsteren Geschlechtertürmen überragte die Stadt, denn alle einflussreichen Familien versuchten ihr Glück mit Intrige und Schwert. So errichteten sie neben ihrem Haus einen festen Turm, der möglichst alle anderen überragen sollte, gleichermaßen zum Belauern der Rivalen und als eigene letzte Zuflucht im Falle des Nachsehens. Das berühmte San Gimignano in den Hügeln der Toskana gibt eine letzte Vorstellung vom Aussehen der Städte im 12. Jh., auch wenn selbst dort nur noch ein Bruchteil der einstigen Türme steht. Die Regierungsform der Stadtrepublik mit ihren großen romanischen Kommunalpalästen für die Ratszusammenkünfte, die immer an einem zentralen Stadtplatz gelegen sein mussten, damit davor die Volksversammlung Platz hatte, prägt die historischen italienischen Innenstädte unverändert bis heute, so auch in Verona der Palazzo Comunale an der Piazza delle Erbe.

Bei allen Gegensätzen verwalteten die adeligen Familien durch ein kompliziertes System von Versammlungen, einen großen und einen kleinen Rat sowie verschiedene durch Wahl zu besetzende Positionen die Städte so erfolgreich, dass diese einen steilen ökonomischen Aufschwung nahmen. Das ist nicht verwunderlich, denn alle Adelsfamilien waren gleichzeitig Händler oder Geschäftsleute, weshalb es keinen Gegensatz zwischen ihrem Herrschaftsanspruch und dem Wohl der Stadt gab – ganz im Gegensatz zu Deutschland, wo sich die Städte in endlosen Kämpfen gegen ihre feudalen und kirchlichen Herren aufrieben. Doch die großen politischen Auseinandersetzungen gingen an den Städten nicht vorüber, sie wiederholten sich dort im Kleinformat: Überall spaltete sich die Oberschicht in eine ghibellinische (kaiserliche) und eine guelfische (päpstliche) Partei, die sich tagaus tagein mit Mord und Intrige, Revolten und Straßenschlachten das Leben schwermachten. Hier wurde weder die Sache des Kaisers noch die des Papstes ausgetragen, hinter den Namen verbarg sich die

Konkurrenz des Stadtpatriziats um Macht und Einnahmequellen, die mit den beiden Symbolfiguren ihrer jeweiligen Partei nur insofern zu tun hatten, als dass entweder ein kaiserlicher oder päpstlicher Vertreter einer Familie Rechte und Privilegien verliehen hatte, mit denen sie sich gegen die anderen durchzusetzen versuchte. Wie irreführend die Bezeichnungen sind, kann man z. B. daran sehen, dass Verona als erzghibellinisch galt, aber den ersten Lombardischen Städtebund gegen den Stauferkaiser Friedrich I. Barbarossa organisierte (1167). Dennoch schlugen sich 250 Jahre lang in Ober- und Mittelitalien Familien, Kommunen, ganze Städtekoalitionen unter diesen Parteibezeichnungen. Um die Einzigartigkeit des Phänomens der Stadtrepublik richtig zu würdigen, muss man bedenken, dass in Europa die gesamte Staatsgewalt vom Mittelalter bis in die Neuzeit dynastisch organisiert war, d. h. es herrschten Kaiser, Könige, Herzöge, Grafen oder ähnliche Figuren, die alle ihre Macht aus der Legitimität ihrer Geburt, aus angestammten oder von Höheren verliehenen Herrschaftsrechten herleiteten. Allein hier in Italien entstanden Stadtrepubliken, deren Repräsentanten gewählt wurden – und danach, noch auffälliger, die Signorien, Herrschaften einzelner, zum Teil nicht einmal adeliger Familien. Die Grundlage dieser Entwicklung war die formelle Zugehörigkeit Italiens zum Deutschen Reich, ohne dass die Kaiser jemals die Mittel besessen hätten, diesen Anspruch in die Praxis umzusetzen. Als die deutschen Kaiser diesen Stadtrepubliken einen Reichsvikar vor die Nase setzen wollten, bildeten sie Städtebünde, an denen schließlich die militärische Gewalt der deutschen Ritterheere zerbrach: Im Frieden von Konstanz (1183) musste Kaiser Friedrich Barbarossa die Unabhängigkeit der italienischen Städte anerkennen. Danach gab es noch einen letzten Versuch, Oberitalien direkt der deutschen Krone zu unterwerfen, indem dort eine vom Kaiserhaus abhängige Dynastie etabliert werden sollte.

Den Auftrag zur Schaffung dieses neuen Throns erhielt Ezzelino da Romano (1194–1259), eine mörderische Bestie, die auf den Pfiff des bis heute hochverehrten Stauferkaisers Friedrich II. hörte, der auch sein Schwiegervater war. 1226 war Ezzelino zum Podestà von Verona, dem höchsten Amt der Stadt, berufen worden und machte Verona zum Zentrum seiner Gewaltherrschaft, die er für Friedrich II. auf ganz Oberitalien auszudehnen sich anschickte. Friedrich war in der Tat eine ungewöhnliche Erscheinung unter den mittelalterlichen Herrschergestalten Europas, denn er vertrat eine weit in die Zukunft weisende Staatsauffassung. »Friedrichs Verordnungen (besonders seit 1231) laufen auf die völlige Vernichtung des Lehnstaates, auf die Verwandlung des Volkes in eine willenlose, unbewaffnete, in höchstem Grade steuerfähige Masse hinaus«, schreibt Jacob Burckhardt und urteilt: »Der erste moderne Mensch auf dem Thron«. Im Sinne dieses absolutistischen Zentralismus seiner Macht waren für Friedrich selbständige Staatsgebilde wie die italienischen Stadtrepubliken ein unhaltbarer Zustand, den er nicht nur standesgemäß mit Heerbann und Fehdehandschuh zu bereinigen gedachte, sondern indem er die

»Alle bisherige Eroberung und Usurpation des Mittelalters war entweder auf wirkliche oder vorgegebene Erbschaft und andere Rechte hin oder gegen die Ungläubigen oder Excommunicierten vollbracht worden. Hier zum ersten Mal wird die Gründung eines Thrones versucht durch Massenmord und endlose Scheußlichkeiten, d. h. durch Aufwand aller Mittel mit alleiniger Rücksicht auf den Zweck.« (Burckhardt über Ezzelino da Romano)

Ausrottungskampagne seines Schwiegersohnes gegen den oberitalienischen Adel deckte. Gegen die Mordtaten des kaiserlichen Günstlings fand sich eine Koalition zusammen, wie sie Italien vorher und nachher nie mehr sah: Venedig und der Papst, gemeinsam mit den Resten des oberitalienischen Adels, besiegten Ezzelino 1259 in einer Schlacht bei Cassano d'Adda. Als er verwundet noch im gleichen Jahr starb, läuteten im ganzen Land tagelang die Glocken, und in den italienischen Märchen heißt der Teufel noch heute – Ezzelino.

Doch als die Überlebenden des Hochadels ihre alte Machtposition wieder einnehmen wollten, geschah Ungeheuerliches. Den Grafen Sambonifacio war für ihre Beteiligung an der Koalition die Wiedererlangung ihrer privilegierten Stellung in Verona zugesichert worden. Als sich die Sieger gegen Ezzelino nun in die Stadt begaben, sahen sie sich dort bereits einem neuen, vom Volk gewählten Machthaber gegenüber. Es war Mastino I. della Scala, und mit ihm begann die Tyrannei in Verona.

Die Scaligeri

Unter diesen Herren della Scala, so genannt wegen der aufsteigenden Leiter in ihrem Wappen (ital. scala), erlebte Verona seine Blütezeit im Guten wie im Schlechten. Bis zum Sturz der Scaligeri im Jahre 1387 wurde die Stadt zu einer italienischen Großmacht, die zeitweise bis in die Toskana regierte; Kunst und Literatur an ihrem prunkvollen Hofe waren berühmt: Dante fand hier nach seiner Verbannung Aufnahme und verherrlichte die Scaligeri in seiner ›Göttlichen Komödie‹; die bahnbrechenden Malereien des Altichiero machten Verona zu einem Mittelpunkt des höfischen Stils der Gotik in Europa. Doch

1329 starb Cangrande della Scala und die Veroneser Steinmetzschule schuf das berühmte Reiterstandbild für sein Grabmal auf dem Friedhof der Scaligeri im Stadtzentrum. Dort steht heute eine Kopie, das Original wurde in die sicheren Mauern des Castelvecchio verbracht.

die im mittelalterlichen Sinne illegitime Macht der Herren della Scala – eine Wahl war damals noch keine Legitimation, andere zu beherrschen – brachte jahrzehntelang Krieg, Intrige und Greueltaten über die Stadt, bis sich die Scaligeri in einer regelrechten Orgie von Familienmorden nahezu selbst ausrotteten. Sie waren nicht die einzigen, die dem Beispiel Ezzelinos folgten, eine bisher nicht existierende Herrschaftsposition zu schaffen und mit Gewalt zu halten: Etwa zu gleicher Zeit entstanden überall in Italien Signorien durch Familien, die aus dem Händler- und Kleinadelsstande stammten: die Visconti in Mailand, die Carrara in Padua, die Manfredi in Faenza, die Malatesta in Rimini, die Gonzaga in Mantua, die Este in Ferrara, die verruchtesten von allen: die Baglioni in Perugia und viele andere mehr. Wie diese Familien an die Macht kamen, liest sich fast überall wie ein Roman, auch bei den Scaligeri in Verona, denn ihre Wahl kam einem Umsturz gleich. Vor den Zeiten Ezzelinos hatten die Adeligen der Stadt, allen voran die mächtigen Grafen Sambonifacio, das Recht auf die Besetzung der einflussreichen Positionen der Stadtrepublik, besonders auf das verfassungsmäßige Amt des *podestà del comune.* Durch Schwächung und Dezimierung des Adels seitens Ezzelinos Mordkommandos hatten die anderen Stände, Handwerker und Kaufleute, Notare und Richter, in zunehmendem Maße den Stadtstaat in ihre Hände genommen, und sie dachten nicht daran, ihn wieder an die alten Herren abzugeben. So nutzten sie in aller Eile die kurze Zeitspanne zwischen dem Sieg der Adeligen gegen Ezzelino und deren Rückkehr in die Stadt: Sie schufen ein neues, durch keine Tradition legitimiertes Amt, den *podestà del popolo,* gewissermaßen der Chef der neu entstandenen, zu allem entschlossenen Volksvertretung, und betrauten damit eben jenen Mastino I. della Scala. Als die Grafen Sambonifacio vor Verona erschienen, ließ man sie zwar herein, doch stellten sie bald fest, dass niemand mehr auf sie hörte, sondern nur noch die Anordnungen des Volksvertreters galten – für das feudale Europa des Mittelalters ein noch nie dagewesener Vorgang. Die Sambonifacio und ihr Anhang verließen die Stadt bald wieder, um eine Armee auszurüsten, im Jahre 1260 griffen sie Verona an, doch kam ihre Kampagne bereits einige Kilometer vor der Stadt zum Erliegen, da sie von niemandem mehr Unterstützung erhielten.

Dieser Erfolg gab Mastino della Scala Gelegenheit, seine noch unsichere Position zu festigen und seine Gegner ausweisen oder hinrichten zu lassen. Die Tyrannei begann – und sie blühte auf durch die Protektion Venedigs. Denn Mastino war so klug, sein neu geschaffenes Amt dazu zu nutzen, der Lagunenstadt die Märkte und Transportwege Veronas, besonders die Benutzung der Etsch, zu eröffnen, und das daraus folgende Wohlwollen Venedigs für seine Person brachte eine ökonomische Großmacht auf seine Seite.

Das bekamen jene Verschwörer zu spüren, die offenbar in einem letzten Versuch, die Etablierung der della Scala zu verhindern, Mastino I. am 26. Oktober 1277 in der Nähe seines Hauses bei der Piazza dei Signori ermordeten. Die Veroneser gerieten darüber so in

Panik, weil sie die gerade beginnende Blüte des florierenden Handels mit Venedig wieder in Mord und Totschlag untergehen sahen, dass sie nur einen Tag später Mastinos Bruder, Alberto della Scala, mit nahezu unumschränkten Machtbefugnissen zum neuen Herren der Stadt machten. Als Strafgericht für den Mord beseitigt Alberto die restlichen Feinde seiner Familie, lässt deren Häuser einreißen und mit den Steinen die Straße vom Marktplatz zum Ponte delle Navi (bei San Fermo) pflastern – es müssen ziemlich viele gewesen sein. Wie die Verordnungen des Alberto zeigen, tritt mit ihm die Tyrannei bereits unverhüllt ans Licht: Als Erstes verfügt er das Verbot jeglicher Kritik an seiner Person und seinen politischen Maßnahmen, er richtet sich eine nur ihm (nicht mehr der Stadt) ergebene Leibgarde ein und kauft jene Stände am Marktplatz, an denen bisher Waffen frei käuflich waren. Dafür lässt er sich auf Lebenszeit zum *capitano del popolo* wählen, verlangt einen Treueid vom Podestà der Stadt und erhält das Recht, die Politik Veronas nach eigenem Gutdünken zu bestimmen – von der Stadtrepublik war nichts als ein paar Titel übrig geblieben. So haben sich die della Scala auch de jure gegen die anderen Familien Veronas durchgesetzt, Alberto (1277–1301) mausert sich zu einem richtigen Herrscher. Um dem Papst zu gefallen, organisiert er das Massaker an den Bürgern Sirmiones und ihre öffentliche Massenverbrennung in der Arena (s. S. 103f.); in der Stadt baut er sich einen regelrechten Hofstaat auf, indem er seine Leibgarde zu einer Privatarmee erweitert und sich mit Beratern und Juristen umgibt, die ganz im Sinne dieses Realisten der Macht nicht nach dem Stande, sondern nach dem Grade ihrer Nützlichkeit und Ergebenheit ausgewählt wurden. Doch all dies kostete Geld, und das besaßen die aus bescheidenen Verhältnissen stammenden Scaligeri nur in geringem Maße. So wurden die Familienmitglieder in einträgliche Ämter geschoben, einer wurde Bischof von Verona, ein anderer Abt von San Zeno, andere kirchliche Stellen konnten nur nach der gekauften Befürwortung durch Alberto besetzt werden. Als er am 3. September 1301 eines natürlichen Todes starb – keine Selbstverständlichkeit bei den della Scala –, konnte er das Verdienst für sich in Anspruch nehmen, nach Mastinos Absicherung seines Hauses nach außen dessen Stellung nach innen gefestigt zu haben.

Die Nachfolge seines Sohnes Bartolomeo stieß daher in Verona auf keinerlei Widerstand, die Herrschaft der Scaligeri über die Stadt war gewissermaßen erblich geworden, ohne dass freilich ein entsprechendes Erbrecht existiert hätte. Bartolomeo starb bereits im Februar 1303, bekannt ist er vor allem deshalb, weil sich in seiner Regierungszeit die Geschichte von Romeo und Julia zugetragen haben soll.

Wie rasch das Machtbewusstsein der Veroneser Herrscher gewachsen war, zeigte sich nun an dessen Bruder Alboino (1304–11), der zusammen mit Mantua, Bologna, Parma und Brescia den Aufstieg des Azzo d'Este aus Ferrara bremsen kann. Noch nicht stark genug, selbst Großmacht zu werden, kann Alboino so verhindern, dass die Würfel zugunsten einer anderen Stadt der Po-Ebene fallen.

Nach seinem Tod übernimmt sein Bruder Cangrande I. della Scala (1311–29) die Regierung, eine illustre Figur des italienischen Mittelalters, ein Taktiker, Intrigant und Eroberer, der Verona zu einem großen Flächenstaat machte, den seine Nachfolger bis vor die Tore Mailands, Florenz und an die Lagune von Venedig ausdehnten. Sein Aufstieg ist eng verknüpft mit dem Italienzug Heinrichs VII. mit einem Heer von 100 000 Mann, welches die Autorität des deutschen Kaisers über Italien wiederherstellen sollte. Die vom Kaiser anvisierte Ernennung von Reichsvikaren, die jeder Stadt vorstehen sollten, ging selbst den Ghibellinen zu weit; so verfiel Heinrich auf die Idee, keine deutschen Beamten einzusetzen, sondern die ohnehin regierenden Familien gegen enorme Geldsummen zu Vikaren zu ernennen. Die erste Stadt, in der er nach seiner Alpenüberquerung dieses Geschäft tätigte, war Verona, wo Cangrande bereits 1311 Reichsvikar wurde und die neue Würde zu nutzen wusste: Das benachbarte Padua war guelfisch, also papsttreu, und bemühte sich nicht um die Gunst des Kaisers. Davon erbittert, unterstützte Heinrich seinen frisch gebackenen Reichsvikar mit 300 Rittern, als dieser wie üblich mit Hilfe der Verbannten einen Umsturz im paduanischen Vicenza organisierte und inmitten der Wirren am 15. April 1311 mit veronesischen Truppen einmarschierte – ein stark befestigter Stützpunkt am wichtigen Handelsweg Venedigs durch die Valsugana war gewonnen.

Als Cangrande nach dem Tod Alboinos im November 1311 Alleinherrscher in Verona wurde, war er gerade 20 Jahre alt. In kurzer Zeit wurde der Hof der Scaligeri einer der glanzvollsten Italiens, Cangrande gewährte allen bedeutenden Verbannten anderer Städte Asyl und zog mit Händlern, Künstlern, Gelehrten und Heerführern die geistige und militärische Crème Italiens nach Verona.

Es ist unmöglich, ein Gesamtbild der politischen und kriegerischen Verwicklungen der italienischen Städte zur Zeit der Signorien zu zeichnen, allein die Aufzählung aller Heerzüge, Verschwörungen, Eroberungen und Verhandlungen des Cangrande aus Verona würde ein ganzes Buch füllen. Vom Glanz seines Hofes hat er nicht viel gesehen, denn die meiste Zeit seines Lebens verbrachte er außerhalb der Stadt an der Spitze seiner Truppen und an anderen Höfen, um die jeweiligen Herrscher für sich zu gewinnen, seine dortigen Widersacher auszustechen oder deren Siege über ihn nicht zum Tragen kommen zu lassen. Über die Probleme der ersten Scaligeri, ihre Macht innerhalb Veronas durchzusetzen, war er längst hinaus, er plante ein norditalienisches Großreich – was indes auch alle anderen Stadtherrscher taten, weshalb deren Augen genauso begehrlich auf Verona ruhten, wie die Cangrandes auf den anderen Städten. Cangrande mischte sich in alle oberitalienischen Streitigkeiten ein, oder er provozierte sie, wenn nötig. Sein Krieg mit Padua begann, indem er der Stadt die Wasserversorgung durch Umleitung eines Flusses abschnitt, mit 60 000 *fiorini* überzeugte er den Grafen von Görz, die Guelfen besser nicht mehr zu unterstützen, in Mantua ließ er seinen alten Freund Passerino Bonacolsi ermorden, um die ihm noch ergebeneren Gonzaga an die Macht

Zu der viel diskutierten Frage, wie denn ausgerechnet die mit Krieg, Mord und Intrige regierenden Familien gleichzeitig die größten Kunstmäzene ihrer Zeit sein konnten, schreibt J. Burckhardt: »Die Illegitimität, von dauernden Gefahren umschwebt, vereinsamt den Herrscher; das ehrenvollste Bündnis, welches er nur eben schließen kann, ist das mit der höheren geistigen Begabung, ohne Rücksicht auf die Herkunft. Die Liberalität der nordischen Fürsten des XIII. Jahrhunderts hatte sich auf die Ritter, auf das dienende und singende Adelsvolk beschränkt. Anders der monumental gesinnte, ruhmbegierige italienische Tyrann, der das Talent als solches braucht. Mit dem Dichter oder Gelehrten zusammen fühlt er sich auf einem neuen Boden, ja fast im Besitz einer neuen Legitimität.«

zu bringen. Cangrande hatte wirklich wenig Zeit, sich in Verona aufzuhalten, weshalb sein Cousin Federico meinte, 1325 die Macht innerhalb der Stadt an sich reißen zu können, doch wurde sein Putsch niedergeschlagen. Bis zu seinem Tode am 22. Juli 1329 besiegte und besetzte Cangrande noch den Erzfeind Padua und die zugehörige Festungsstadt Treviso, dort starb er überraschend, von fast zwanzig Jahren Krieg erschöpft; sein Grabmal in Verona wird überragt von einer der seltsamsten Reiterstatuen des Mittelalters.

Cangrande hinterließ nur uneheliche Söhne und drei Töchter, deren Nachfolge undenkbar war. So traten die Söhne seines Bruders Alboino, Mastino II. und Alberto II. die Herrschaft an, die als erstes zwei mit dieser Regelung unzufriedene Söhne Cangrandes für immer im Kerker verschwinden ließen. Der eigentlich Regierende von beiden war Mastino II., der Verona zu seiner größten Machtfülle führen sollte, doch zugleich mit seiner unklugen Politik gegenüber Venedig und der unter ihm beginnenden innerfamiliären Mordserie den Grundstein für den Untergang der Scaligeri legte. Gleich seine ersten Erfolge tragen den Keim des Verhängnisses in sich: 1332 erobert er Brescia, 1335 bemächtigt er sich mit diplomatischem Geschick und militärischen Drohungen der Städte Parma und Lucca, weitere Signorien der Po-Ebene sind von ihm abhängig. Zu diesem Zeitpunkt war Verona zweifellos eine italienische Großmacht, die jedoch mit dieser Ausdehnung an die Grenzen von gleich drei anderen Großmächten stieß: Brescia lag nahe bei Mailand, Lucca bei Florenz, Padua und Treviso bei Venedig. Dieses zunächst nur auf Bündnissen, Absprachen, Einschüchterungen, Bestechung und Eroberung beruhende Staatsgebilde hätte sich womöglich stabilisiert, wäre Mastino II. nicht so selbstherrlich gewesen, sich mit Florenz und Venedig gleichzeitig anzulegen. Denn er vergaß, was immer noch die Macht der della Scala garantierte: das Wohlwollen Venedigs; er belegte die Handelswege der Lagunenstadt, die zu Lande fast alle durch sein Territorium führten, mit immer drückenderen Steuerlasten, um die Kriege in seinem immer ausgedehnteren Territorium finanzieren zu können. Venedig war nicht gewillt, dies durchgehen zu lassen, denn solche Maßnahmen trafen seine Händler durch Verteuerung der Waren. Die Serenissima gab Mastino in zahlreichen Verhandlungen vergebliche Gelegenheit zur Umkehr, dann wurden die Arsenale geöffnet. Da Venedig zwar eine Flotte, aber kein Landheer besaß, verbündete es sich mit Florenz, das es auf die Stadt Lucca abgesehen hatte. Diese Koalition ließ keine Frage offen, wer der Stärkere war; unter Mastinos Verbündeten grassierte der Verrat. Treviso, Padua, Parma und Brescia gehen verloren; das nun isolierte Lucca muss Mastino – allerdings gegen eine enorme Summe – verkaufen.

Am 3. Juni 1351 starb Mastino II. an einem Fieber. Unter seiner Herrschaft hatte Verona Aufstieg und Fall erlebt, doch was nun folgte, stellte für die Zeitzeugen den machtpolitischen Niedergang der Stadt weit in den Schatten. Denn mit seinen drei Söhnen und Nachfolgern Cangrande II., Canfrancesco (genannt Cansignorio) und Paolo Alboino betraten mörderische Figuren die Piazza dei Signori, die bald die ganze Stadt gegen sich aufbringen sollten. Zunächst übernahm der Älteste, Cangrande II., die Macht, den die Chronisten *canis rabidus*, den ›tollwütigen Hund‹, nannten, und seine Regierungszeit (1351–59) begann stilgerecht mit einem Familiengemetzel. Als er längere Zeit außerhalb der Stadt weilt, übergibt er die Verwaltung seinem unehelich geborenen Halbbruder Fregnano, der in seiner Abwesenheit eine Revolte anzettelt und zu seiner Unterstützung Truppen aus Mantua in die Stadt lässt. Cangrande II. wird gewarnt und kehrt seinerseits mit einer kleinen Armee zurück; mitten in der Stadt, auf der Etschbrücke Ponte delle Navi entbrennt eine Schlacht, in deren Verlauf Fregnano getötet wird. Tags darauf werden auf der Piazza delle Erbe 34 Verschwörer gehängt, darunter auch ein Sohn Cangrandes I. und ein weiterer Halbbruder namens Zanotto.

Der Aufstand sollte weitreichende Folgen haben. Dass Fregnano von Teilen der Veroneser Bevölkerung unterstützt wurde, zeigte Cangrande II. den Grad seiner Verhasstheit an. So sicherte er seine Tyrannei durch eines der markantesten Bauwerke der Stadt: In kürzester Zeit, von 1354–56, stampfte er das riesige Castelvecchio (s. S. 243) aus dem Boden und zog sich mit seiner Familie fast ganz hinter dessen gewaltige Mauern zurück, da er die Stadt kaum noch zu betreten wagte. Derweil zogen seine Soldaten durch Verona und trieben Steuerlasten ein, mit denen Cangrande ein Vermögen für seine drei Kinder anhäufte. Bei einem seiner wenigen Ausgänge in die Stadt wurde er am 14. Dezember 1359 vom Bruder Cansignorio in der Nähe der Kirche Sant'Eufemia ermordet; er war gerade 28 Jahre alt.

Cansignorio regierte nach dem Mord an seinem Bruder von 1359 bis 1375. Auch seine Schreckensherrschaft residierte im Castelvecchio, dem er die elegante Brücke über die Etsch anbauen ließ, um im

1354-56 wurden das Castelvecchio und die berühmte Ponte Scaligero erbaut, ein technisches und ästhetisches Meisterwerk. Allerdings durfte die Brücke von niemandem betreten werden: Sie diente allein als Fluchtweg der Scaligeri auf das andere Ufer der Etsch, falls sich Verona gegen ihre Gewaltherrschaft auflehnen sollte.

Der Familienmord, dieses für alle Signorien typische Phänomen, ist allein auf die Grundlage ihrer Herrschaft zurückzuführen. Da keine dieser Familien irgendein tradiertes Recht auf ihre Macht geltend machen konnte, hatte auch in ihnen stets der den Vorrang, der sich am erfolgreichsten durchsetzen konnte. »Allein wo Alles illegitim war, da konnte sich auch kein festes Erbrecht, weder für die Succession in der Herrschaft noch für die Theilung der Güter bilden ... Auch über Ausschluss oder Anerkennung der Bastarde war beständiger Streit. So kam es, dass eine ganze Anzahl dieser Familien mit unzufriedenen, rachsüchtigen Verwandten heimgesucht waren; ein Verhältnis, das nicht eben selten in offenen Verrath und in wilden Familienmord ausbrach«.

Falle einer Volkserhebung einen Fluchtweg über den Fluss und in die Berge zu haben. Unter ihm erlebt Verona eine letzte Kunstblüte des Mittelalters: Bedeutende Architekten und Künstler, darunter die Maler Turone und Altichiero, werden gerufen, um das Castelvecchio in einen so prunkvollen Bau zu verwandeln, dass sich mancher Fürstenhof dahinter hätte verstecken können. Als Cansignorio, der seine unehelichen Söhne zu seinen Nachfolgern machen will, sein Ende nahen fühlt, lässt er seinen Bruder Paolo Alboino, der dabei ein Hindernis gewesen wäre, 1375 in Peschiera wegen angeblichen Verrats hinrichten; weitere vermeintliche Gegner werden in einer Massenexekution in der Arena geköpft.

Als Cansignorio della Scala am 19. Oktober 1375 stirbt – sein Grabmal ist das schönste von allen Monumenten der Scaligeri –, treten seine unehelichen Söhne Bartolomeo und Antonio die Herrschaft an. Gegen eine entsprechende Summe erhalten sie alsbald vom Papst die ›dispensa dal difetto della nascita illegittima‹, die Befreiung vom Makel der unehelichen Geburt, und damit wenigstens eine offizielle Anerkennung ihrer Nachfolge. Im Juli 1381 ermordet Antonio seinen Bruder Bartolomeo, um die den Veronesern abgepressten Steuern allein genießen zu können – besser gesagt: mit seinem verschwendungssüchtigen Weib Samaritana da Polenta. Diese in Verona verhasste Frau stammte aus Ravenna im damaligen Kirchenstaat, in dem man eine noch hemmungslosere Ausplünderung des Volkes gewohnt war als in den selbstbewussten Handelsstädten Norditaliens. Sie hatte eine ganze Schar von Verwandten und Günstlingen mit nach Verona gebracht, die von Antonio della Scala eine Steuer nach der anderen bewilligt bekamen, um ihren luxuriösen Hof zu finanzieren. Nach dem Mord an Bartolomeo verließen die einflussreichsten Familien Veronas die Stadt und flüchteten nach Mailand – ihnen war klargeworden, dass die Machtausübung der Scaligeri jedes rationale Kalkül verloren hatte. In Mailand bahnte sich indes der Untergang des Hauses della Scala an, denn bereits 1379 hatte der dort herrschende Bernabò Visconti begonnen, das Veroneser Territorium anzugreifen. Dieser war verheiratet mit einer Tochter Mastinos II., Regina della Scala, von der er seine Ansprüche auf Verona herleitete. Die geflohenen Veroneser unterstützten seinen Krieg gegen ihre Heimatstadt nach Kräften – Spinetta Malaspina aus Verona wird an der Spitze des Visconti-Heeres die Stadt der Scaligeri erobern. Das Ende bringt der Sturz Bernabòs durch seinen berüchtigten Neffen Giangaleazzo Visconti, der sich mit den da Carrara aus Padua verbündet. Von zwei Seiten in die Zange genommen, bietet Antonio della Scala verzweifelt die Stadt dem böhmischen König Wenzel an, um als dessen Statthalter weiter herrschen zu können, doch es ist zu spät: Es gelingt den geflohenen Veronesern, gleichgesinnte Daheimgebliebene zu bewegen, der anrückenden Armee der Visconti ein Stadttor zu öffnen. Während die Mailänder fast kampflos in die schwer befestigte Stadt eindringen, verlässt Antonio della Scala in der Nacht vom 18. zum 19. Oktober

1387 in einem kleinen Boot auf der Etsch Verona. Wenig später stirbt er auf einem Ritt in die Toskana, wo er auf Bündnispartner hoffte. Die Visconti sind so Herren über Verona geworden.

Die Zeugen der großen Kunstblüte Veronas in den friedlichen Zeiten der venezianischen Herrschaft füllen heute die Wände des Museums im Castelvecchio. 1680 malte Luca Giordano die nächtliche Liebesszene von ›Bacchus und Ariadne‹.

Vier Jahrhunderte unter dem Markuslöwen: venezianisches Verona

»So wie die Tyrannien entstehen, wachsen und sich befestigen, so wächst auch in ihrem Innern verborgen der Stoff mit, welcher ihnen Verwirrung und Untergang bringen muss«, schrieb Matteo Villani über die Signorien des 14. Jh. und prophezeite so auch den Sturz der Visconti in Verona. Denn diese trieben es genauso schlimm wie die Scaligeri, und unter der Bevölkerung machte sich jene Stimmung breit, die damals Boccaccio in die Worte fasste: »Soll ich den Gewaltherrn König, Fürst heißen und ihm Treue bewahren als meinem Obern? Nein! denn er ist Feind des gemeinen Wesens. Gegen ihn kann ich Waffen, Verschwörung, Späher, Hinterhalt, List gebrauchen; das ist ein heiliges, nothwendiges Werk. Es gibt kein lieblicheres Opfer als Tyrannenblut.« Diese Mahnung nahmen sich die Veroneser zu Herzen, als in einem letzten Akt von Krieg und Gewalt sich beinahe eine neue Signorie in der Stadt etabliert hätte. Die wilden Auseinandersetzungen in der Visconti-Familie, die 1402 mit dem Tode des Giangaleazzo begannen, nutzte der Herr von Padua, Francesco da Carrara, um sich Veronas zu bemächtigen. 1404 erschien er mit einem Heer vor der Stadt, bei dem sich auch die letzten erbberechtigten Überlebenden der della Scala befanden, die noch auf

Die Scala in Mailand, das berühmteste Opernhaus der Welt, hat ihren Namen tatsächlich von den Scaligeri aus Verona. Regina della Scala hatte deren Todfeind Bernabò Visconti aus Mailand geheiratet und diente den Mailändern sogar als Heerführerin gegen ihre Heimatstadt. In Mailand errichtete man dafür eine Kirche zu ihren Ehren; als diese 1776 abgerissen wurde, um Platz für ein Opernhaus zu schaffen, gab man dem neuen Bau wieder ihren Namen. Die ›Scala‹ war entstanden und damit der Name der ehemals besiegten Feinde verewigt – eine echte Infamie der Geschichte.

Anhänger in Verona zählen konnten. Die paduanischen Truppen schießen ein Ehrfurcht gebietendes Loch in die Stadtmauer und lassen Brunoro und Antonio della Scala ohne weiteren Widerstand scheinheilig zu neuen Herren ausrufen – doch nur, um sie wenige Tage später, nachdem ihre Armee als ›Verbündete‹ eingerückt war, auf einem Fest zu verhaften und in den Kerker zu werfen. Nun regieren die Carrara in Verona, und alle Schrecken der Tyrannei scheinen sich fortzusetzen – doch nach einem Jahr wurde alles ganz anders. Im Jahre 1405 beschloss das mächtige Venedig, das keinen Fußbreit italienischen Bodens besaß, von seiner Lagune überzusetzen und eroberte in kurzer Zeit halb Oberitalien. Als sich venezianische Truppen auch Verona nähern, wird dort rasch noch die obligate Verschwörung gegen die Carrara angezettelt und am Tag darauf die Herrschaft über die Stadt freiwillig und erleichtert Venedig angeboten. Mit diesem 23. Juni 1405 ist die Zeit der Tyrannen in Verona endgültig vorbei, denn die Serenissima ließ die Macht der Signorien auf ihrem Gebiet nie wieder entstehen.

Dies war auch der Zweck der plötzlich geänderten Eroberungspolitik Venedigs gewesen, das sonst nur Expansionspläne im Mittelmeer hegte. Die Kriege der Städte untereinander stellten eine dauernde Gefährdung der wichtigsten Handelswege nach Norden dar, außerdem konnte jede Laune eines Stadtherrschers Zölle und Steuern in die Höhe treiben, was den Warenstrom verteuern oder sogar in eine andere Hafenstadt leiten konnte. Angesichts der großen Wirtschaftskrise Italiens zu Beginn des 15. Jh. – aufgrund des Hundertjährigen Krieges zwischen England und Frankreich verlagerte sich die kapitalkräftige Nachfrage auf Waren wie Eisen und Waffen, Venedig hatte jedoch hauptsächlich Gewürze und Getreide anzubieten – wollte sich auch die Lagunenstadt solche geschäftsgefährdenden Unwägbarkeiten nicht mehr leisten. So eroberte Venedig die Städte vor seiner Haustüre selbst und unterwarf sie allein seinem ökonomischen Kalkül eines reibungslos florierenden Handels. Die Serenissima stand daher im Rufe einer ›Herrschaft der sanften Hand‹, was gemessen an einer Adelsherrschaft sogar stimmt; dass sie auch anders konnte, wo ihre Großmachtinteressen ernsthaft gefährdet waren, beweisen Venedigs Kriege entlang den Mittelmeerküsten.

So wurde Verona venezianische Provinz und blieb es bis 1796, als Napoleon mit weiten Teilen Italiens auch die Republik Venedig an sich riss. Bis dahin hatten die Venezianer Verona zu einer gewaltigen Festung ausgebaut, da sie die Expansionsgelüste der neuen Großmacht im Norden, der Habsburger, immer mehr zu fürchten begannen. Doch blieb die Stadt weitgehend unbehelligt, gediegener Wohlstand und sogar eine lokale Malerschule der Renaissance und des Barock blühten auf, deren beste Talente freilich rasch nach Venedig abwanderten; die veronesischen Kirchen sind voll von ihren Fresken und Ölgemälden. Die Stadt behielt weitgehend ihr mittelalterliches Gepräge, denn es entstanden nur noch wenige große Repräsentationsbauten, dafür schmückten sich die zahlreichen Palazzi der Veroneser Handelsfamilien mit prächtigen Außenfresken und schönen Höfen, beides trägt noch heute zum Reiz des Stadtbildes bei.

Die friedlichen Zeiten waren vorbei, als Napoleon 1796 die Stadt besetzte und im März des nächsten Jahres ein blutig niedergeschlagener Volksaufstand, die ›Pasque Veronesi‹ ausbrach. 1801 wurde die Stadt zwischen Österreichern und Franzosen geteilt, die sich schwer bewaffnet auf beiden Seiten der Etschbrücken gegenüberlagen. Als Napoleon 1814 geschlagen wurde, kam Verona in den Besitz der Österreicher, die die Stadt unter Benutzung der Stadtmauern der Scaligeri und der venezianischen Bastionen zum nordwestlichen Eckpfeiler ihres berühmt-berüchtigten Festungsvierecks ausbauten, mit dem sie ganz Oberitalien beherrschten. Noch einmal regierten in Verona zur Zeit des Risorgimento, der italienischen Einigungsbewegung, Terror und Gewalt durch das österreichische Militär, dann fiel die Stadt 1866 an das neu gegründete italienische Königreich.

Leben und Kunst in der Stadt

Die Arena und die Piazza Bra

Fast jeder Reisende, der nach Verona kommt, landet als Erstes auf der **Piazza Bra** und wähnt sich aufgrund des Betriebes um die Arena und auf dem Liston im vornehmen Zentrum der Stadt. Da irrt er sich freilich, denn hier war die längste Zeit der Geschichte ihre Peripherie, umstanden von der Stadtmauer und dem übel beleumundeten Viertel Sant'Agnese; die Arena diente als Hinrichtungsstätte, und auf dem

Sonntagvormittag trifft man ganz Verona auf dem Liston, der historischen Flaniermeile der Stadt neben der Arena.

Verona
1 *Arena*
2 *Portoni della Bra*
3 *Museo Lapidario*
4 *Gran Guardia*
5 *Gran Guardia Nuova*
6 *Haus der Julia*
7 *Sant'Anastasia*
8 *San Pietro Martire*
9 *Galleria d'Arte Moderna/ Palazzo Forti*
10 *Museo Miniscalchi-Erizzo*
11 *Dom Santa Maria Matricolare*
12 *Bischofspalast (Vescovado)*
13 *San Giovanni in Fonte*
14 *Sant'Elena*
15 *Kapitularbibliothek*
16 *Teatro Romano und Museo Archeologico*
17 *Castel San Pietro*
18 *Santo Stefano*
19 *San Giorgio Maggiore*
20 *San Giovanni in Valle*
21 *Santa Maria in Organo*
22 *Giardino Giusti*

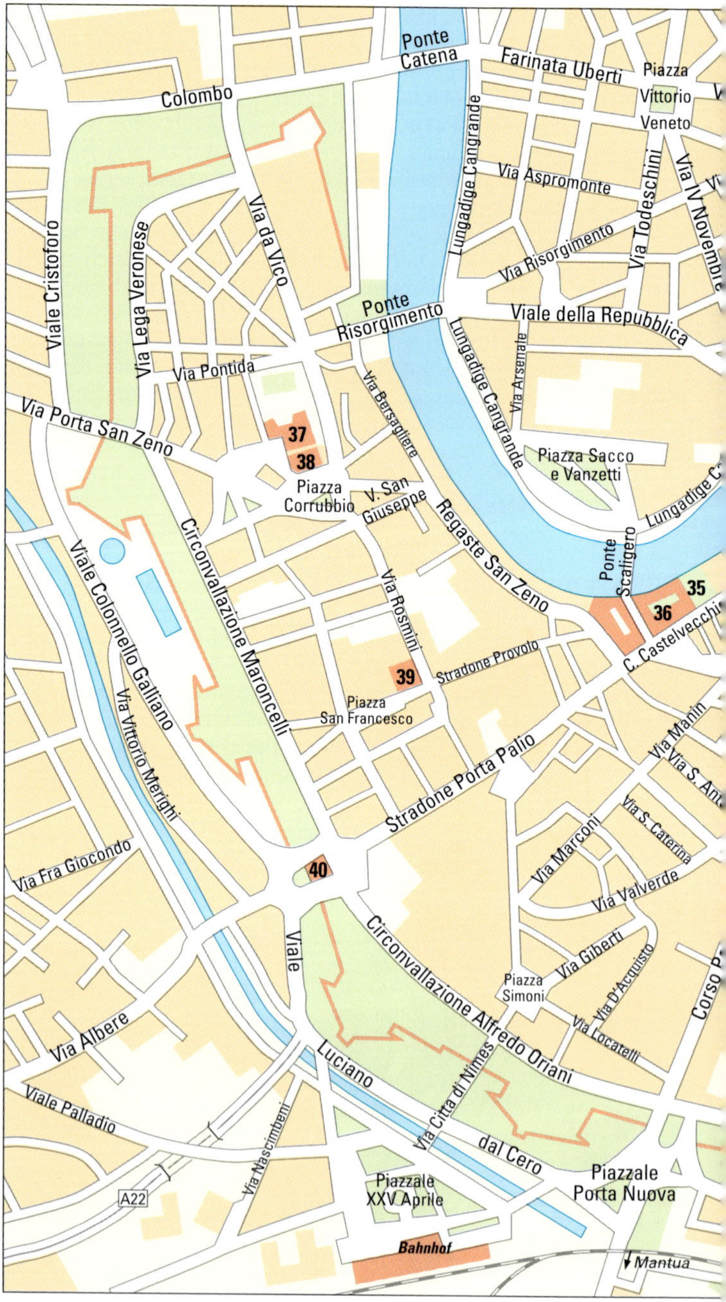

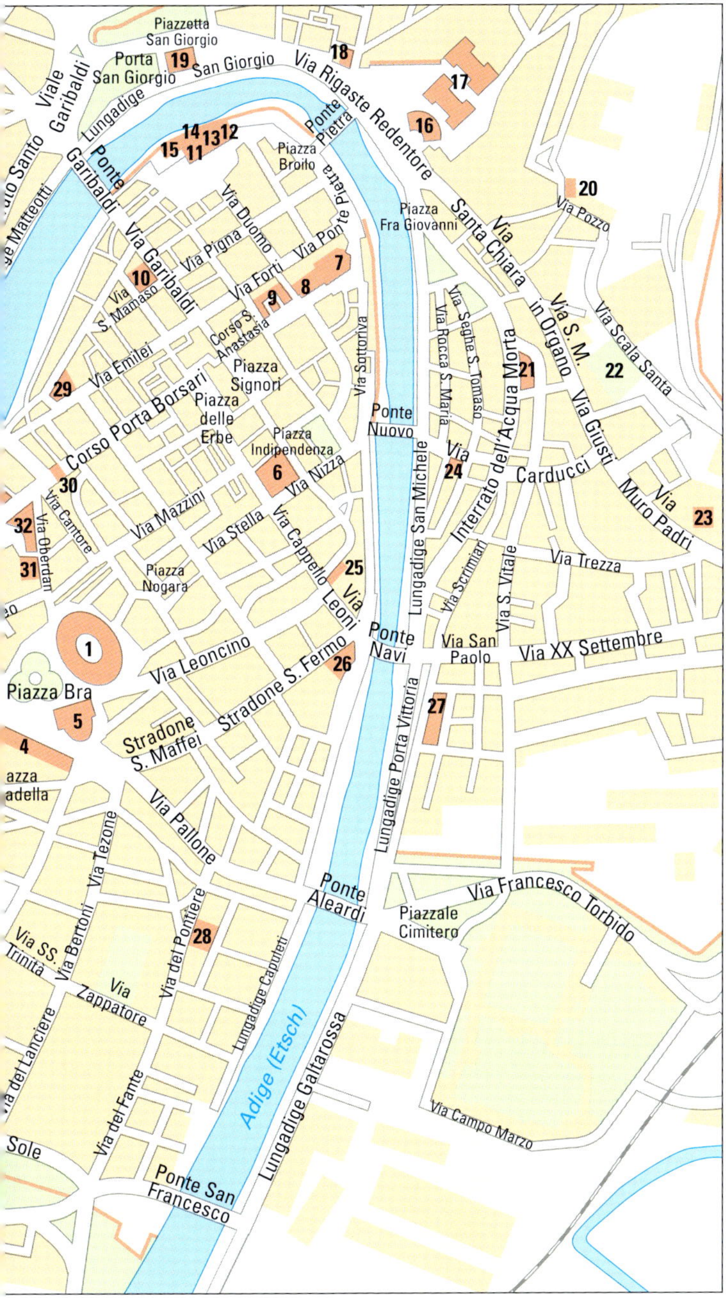

23 Santi Nazaro e Celso
24 San Tomaso Cantuariense
25 Porta dei Leoni
26 San Fermo Maggiore
27 Palazzo Pompei/Museo Civico di Storia Naturale
28 San Francesco al Corso (Grab der Julia und Museo degli Affreschi)
29 Santa Eufemia
30 Porta Borsari
31 Santi Apostoli und Sante Tosca und Teuteria
32 Palazzo Bevilacqua
33 San Lorenzo
34 Palazzo Canossa
35 Arco dei Gavi
36 Castelvecchio/Civico Museo d'Arte
37 San Zeno Maggiore
38 San Procolo
39 San Bernardino
40 Porta Palio

Detailplan Piazza delle Erbe und Piazza dei Signori s. S. 201

»Auf dem Platze La Brà spaziert, sobald es dunkel wird, die schöne Welt von Verona oder sitzt dort auf kleinen Stühlchen vor den Kaffeebuden und schlürft Sorbett und Abendkühle und Musik.« (Heinrich Heine, 1828)

eigentlichen Platze fand der im Unterschied zum Gewürzmarkt auf der Piazza delle Erbe erheblich weniger feine Holz- und Getreidemarkt statt. Derweil bestritten junge Damen mit dem ältesten Gewerbe der Menschheit ihren Lebensunterhalt, indem sie sich reihum in den unteren Arkaden der Arena einmieteten.

Erst 1770, mit der Errichtung des gepflasterten Liston vor den Arkaden der Palazzi an der Westseite des Platzes, begannen auch die besseren Veroneser, ihren öffentlichen Abendspaziergang aus dem mittelalterlichen Zentrum hierher zu verlegen. lässt man heute den Blick in die Runde schweifen, so sieht man sich von edlen Fassaden umgeben, die auf ihre Weise Veroneser Geschichte verkörpern: Geprägt vom Mauerkoloss der römischen Arena, flankiert von Häusern und Palazzi des 16.–18. Jh., umrahmt von Stadtmauer mit Tor und Turm der Visconti von 1400 und der venezianischen Gran Guardia, geschlossen von der Gran Guardia Nuova der österreichischen Besatzer im monumentalen Wiener Klassizismus. Nur die Scaligeri fehlen im historischen Reigen der Piazza Bra, doch die haben dafür ihren eigenen Platz im alten Stadtkern, die Piazza dei Signori.

Jeder sommerliche Verona-Besucher kennt die gespannte frühabendliche Atmosphäre auf der Piazza Bra vor einer Opernaufführung in der Arena: die hastigen letzten Espressi, den nervösen Eilschritt der gerade noch Angekommenen, die auffällig-unauffälligen Schwarzmarktverkäufer, die vorbeigeschleppten Verpflegungskörbe für die Opernpausen und rundum erwartungsvolle Gesichter. »Unsere Musik, die unsere sage ich, hat ihren Sitz im Theater«, formulierte Giuseppe Verdi, und wenn er je seine Aida in der Arena von Verona gesehen hätte, er wäre zufrieden gewesen. Denn das berühmteste Freiluft-Opernhaus der Welt zu sein, ist die vorläufig letzte Funktion des römischen Monumentalbaus, der in allen Stationen der Veroneser Geschichte eine Rolle spielte.

Die **Arena (1)** entstand Anfang des ersten nachchristlichen Jahrhunderts, ungefähr zur gleichen Zeit wie das Kolosseum in Rom. Sie verkörpert damit eines der frühesten Beispiele des aus der römischen Architektur hervorgegangenen Bautyps des Amphitheaters. Im Unterschied zu den aus der hellenischen Kultur herrührenden Theatern, die als Halbrund aufsteigender Sitzreihen in einen Berghang eingelassen waren, wurde hier ein oval geschlossener Zuschauerraum geschaffen, der auf den Berg verzichten konnte, da er durch gewaltige, nach außen sich erhöhende Substruktionsarchitekturen gewissermaßen das abfallende Gelände für die im vollständigen Rund umlaufenden Sitzreihen selbst schuf. Die heutige Arena ist 138 m lang und 109 m breit – nach dem Kolosseum in Rom (188 m × 156 m) und der Arena in Capua das größte aller erhaltenen antiken Amphitheater. Etwa 22 000 Zuschauer finden in Verona Platz, im Kolosseum 50 000. Der große Unterschied erklärt sich daraus, dass die Arena in Verona eigentlich eine Ruine ist, denn ihre klassisch gegliederte Fassade auf monumentalen zweigeschossigen Arkadenbögen war einst der unsichtbare Kern des Bauwerks, das von einer 30 m hohen, dreigeschossigen Außenmauer aus sorgfältig bearbeiteten riesigen Blöcken aus rosafarbenem Marmor umgeben war. Von dieser umlaufenden Prunkfassade, die innen über Stützkonstruktionen weitere Sitzreihen trug, stehen noch vier Achsen am nördlichen Rand der Arena – die so genannte ›Ala‹ (der Flügel); wäre sie erhalten, betrügen die Ausmaße 152 m × 123 m, was beinahe die Größe des Colosseums erreichte, sicherer Beweis für Pracht und Bedeutung des römischen Verona.

Tief beeindruckt hat seit jeher der gebildete Reisende aus dem Norden vor diesem ersten Monument der Antike gestanden, doch das literarische Echo dieser Begegnung ist eher unbefriedigend. »Über das Amphitheater von Verona haben viele gesprochen; man hat dort Platz genug zu Betrachtungen, und es gibt keine Betrachtungen, die sich nicht im Kreis dieses berühmten Bauwerks einfangen ließen«, ahnte schon Heinrich Heine und er hatte recht. Denn wie immer, wenn sich intellektueller Schöngeist betätigt, existiert der Gegenstand seiner Betrachtung doppelt: als das, was er ist und als das, wofür er gleichnishaft herhalten soll. So notierte Goethe bei der Vorstellung einer voll besetzten Arena: »Denn eigentlich ist so ein Amphitheater recht gemacht, dem Volk mit sich selbst zu imponieren, das Volk mit sich selbst zum Besten zu haben« und irrte sich gewaltig, denn das Volk strömte hierher, um sich von totgestochenen Gladiatoren und sich zerfleischenden Raubtieren Kurzweil bieten zu lassen.

Als ältestes Zeugnis ist ein Gedenkstein für den Gladiator Generosus bekannt, der mit seinem Kampfnetz 27 Gegner einfing und sie mit dem Dreizack erstach. Plinius d. J. beglückwünschte in einem Brief seinen Freund Maximus für seine aus Afrika importierten Raubtiere für die Arena; dass Christen in ihr hingerichtet wurden, ist nicht belegt. Im Jahre 265 wird die Arena als gewaltiger Festungsturm in die neue Stadtmauer des Kaisers Gallienus eingebaut, Theoderich der Große lässt sie restaurieren. Im frühen Mittelalter wird sie zur Festung der Bischöfe von Verona umgebaut, die Scaligeri benutzen sie als Hinrichtungsstätte, in der ihre zahlreichen Konkurrenten um die Macht in der Stadt sterben, 1278 werden hier als grausiger Höhepunkt 177 Bürger von Sirmione (s. S. 102) auf Anordnung von Alberto della Scala dem Papst zuliebe als Ketzer verbrannt. Wahrscheinlich bei den Erdbeben von 1183 und 1221 stürzte die 30 m hohe äußere Umfassungsmauer bis auf den Rest der ›Ala‹ ein, der Innenraum wurde weiter für prunkvolle Anlässe wie der Hochzeit des letzten della Scala mit der verhassten Samaritana da Polenta benutzt, ebenso fanden hier Gottesurteile mittels Zweikämpfen statt – doch konnten sich die Beschuldigten durch bezahlte Fechter vertreten lassen. Bis ins späte Mittelalter wurden in der Arena Ritterturniere ausgetragen, bis in die Neuzeit gab es Stierkämpfe mit abgerichteten Hunden anstelle des Matadors. Venedig restaurierte den Bau abermals und vermietete die unteren Gewölbe an Kurtisanen, womit es endlich friedlicher zuging in der Arena. Allmählich machte sich dort ein beliebtes Komödientheater breit, und im Juni des Jahres 1913 fand

»Wenn irgend etwas Schauwürdiges auf flacher Erde vorgeht und Alles zuläuft, suchen die Hintersten auf alle mögliche Weise sich über die Vordersten zu erheben; man tritt auf Bänke, rollt Fässer herbei, fährt mit Wagen heran, legt Bretter hinüber und herüber, besetzt einen benachbarten Hügel, und es bildet sich in der Geschwindigkeit ein Krater … Dieses allgemeine Bedürfnis zu befriedigen, ist hier die Aufgabe des Architekten. Er bereitet einen solchen Krater durch Kunst …«
(Goethe)

ein entscheidendes Ereignis statt: Um eine würdige Aufführungsstätte der ›Aida‹ von Verdi zu finden, womit der 100. Geburtstag des Komponisten entsprechend gefeiert werden sollte, wurde auch die Arena in Verona inspiziert. Die Kommission – darunter der Dirigent Tullio Serafin, unter dessen Leitung später Maria Callas ihre größten Triumphe feiern sollte – befand die Arena für tauglich, und am 10. August 1913 wurde mit einer überwältigenden Aufführung der ›Aida‹ die Arena von Verona zum berühmtesten Freiluft-Opernhaus der Welt. Denn zu Verdis Musik gesellte sich eine unerwartete zweite Attraktion: »Doch das Außerordentliche war die Begegnung zwischen der Arena und ihrem Publikum. Ein Schauspiel boten die Zuschauer, die vom frühen Nachmittag an aus nah und fern auf der Piazza Bra eintrafen und sich vor den Zugängen zu den Ringstufenplätzen drängten (Eintritt eine Lira). Ein Schauspiel bot das weite ansteigende Rund der fünfundzwanzig *Gradinate*, auf denen an die zwanzigtau-

Der Feldherr Radames hat gesiegt und so zieht Jahr für Jahr sein gewaltiger Triumphzug über die Riesenbühne der Arena von Verona. Die Inszenierungen der Oper ›Aida‹ von Giuseppe Verdi gehören alljährlich zu den Höhenpunkten der sommerlichen Musikfestspiele Veronas.

send Zuschauer eine wimmelnde Fläche bildeten. Ein Schauspiel das Aufflammen der Lichter, als der Himmel sich verdunkelte ... Ein Schauspiel die applaudierenden Hände, die Ovationen«, schreibt Filippo Sacchi. Bis heute ist dieses ›Schauspiel um das Schauspiel‹ fester Bestandteil der Arena-Atmosphäre, denn die Opernaufführungen im römischen Amphitheater gehören seitdem zu den berühmtesten Sommerspektakeln in ganz Europa. Und das trotz der Schwierigkeiten einer Oper auf einer so gewaltigen Bühne. Wie Sacchi ausführt, wirft allein die enorme Längsachse des Ovals (138 m) besondere Probleme auf, da so zwischen den Sängern auf der Bühne und dem Dirigentenpult ein Abstand von 30 bis 40 m entsteht (die ganze Scala in Mailand hat insgesamt einen Durchmesser von nur 21 m). Über 30 m hinweg besteht jedoch keine absolute Konkordanz von Tönen mehr, weshalb die Stimmen mit einer hörbaren Abweichung von den Tempi des Orchesters die Zuhörer erreichen können.

Daher stellt die Arena (nicht immer erreichte) höchste Anforderungen an Sänger und Dirigent. »Alle, die in der Arena gesungen haben, bestätigen die Panik und zugleich Exaltation beim Betreten der Bühne«, berichtet Sacchi vom psychologischen Augenblick der Begegnung mit dem riesigen Zuschauerraum, doch trotz der zeitweise heftig diskutierten Problematik der Arena-Aufführungen ist deren Einzigartigkeit ungebrochen.

»Nie habe ich das so empfunden wie in einer Aufführung des Troubadour an einem dunklen, drohenden Abend, unter einem Himmel, an dem es von fernen Stürmen wetterleuchtete; und in dieser nahenden Entladung, zwischen einigen Tropfen Regen und dem Wind, der auf der Szene durch die Mäntel und Gewänder der Darsteller pfiff, gewann die Tragödie von Leonora und Manrico all ihre verzweifelte Dichte.«

(F. Sacchi)

Gegenüber der Arena erstreckt sich der **Liston** (= der breite Streifen), die berühmte Veroneser Promenade vor dem Arkadengang der historischen Häuserfront, darunter der **Palazzo Guastaverza-Malfatti** (Haus Nr. 16) im 16. Jh. nach Entwürfen Sanmichelis erbaut. Auch wenn der Espresso hier dreimal soviel kostet wie anderswo in der Stadt, sollte man einmal eine Weile in einem der zahlreichen Cafés des Liston gesessen und die Atmosphäre der Piazza Bra aufgenommen haben – empfehlenswert ist die Zeit kurz vor Beginn einer Opernaufführung in der Arena, oder, noch besser, ein sonniger Sonntagvormittag, wenn ganz Verona schwatzend und gestikulierend den Liston hinauf- und hinunterschlendert. Am oberen Ende des breiten Gehsteiges steht man vor dem großen doppelbogigen Stadttor, den **Portoni della Bra (2),** daneben ein polygonaler Stadtturm, den die Visconti gegen 1400 einbauen ließen, dann setzt sich die Befestigung als große, zinnenbekrönte Mauer fort.

Gleich rechts neben den Portoni befindet sich der Eingang in das **Museo Lapidario (3),** nach seinem Gründer auch Museum Maffeianum genannt. Dieser Scipione Maffei lebte von 1675–1755 und nahm die zeitgenössische Verehrung der Antike so ernst, dass er eigens diesen Bau mit Säulenumgang im Hof errichten ließ, um darin Monumente der klassischen Zeit Roms und Griechenlands zu sammeln. Das Museum war das Erste seiner Art in Europa und zog die gebildeten Zeitgenossen wie ein Magnet an, denn griechische Originalwerke, diese Ideale der Kunst, waren durch die türkische Besetzung Osteuropas jedermann verschlossen. Im Innenhof sind große Architekturdenkmäler ausgestellt, kleine Stücke befinden sich im Inneren des Gebäudes. Am anderen Ende dieses Hofes liegt der Zugang zum **Teatro Filarmonico,** dem historischen Konzertsaal der Stadt, ein Blick in das prunkvolle Foyer mit pompösen barocken Deckenfresken ist zu empfehlen.

Auf der linken Seite der Portoni erstreckt sich der gewaltige Bau der **Gran Guardia (4),** 1610–14 begonnen und mit Teilen des Obergeschosses und dem prächtigen Treppenhaus 1853 fertiggestellt. Die merkwürdige Anlage des Gebäudes ist einem seltsamen Zweck geschuldet, denn das gesamte Erdgeschoss bildet eine einzige riesige Loggia. Diese entstand auf Wunsch des damaligen venezianischen Statthalters und sollte allein seiner Absicht dienen, seine Truppen auch bei Regenwetter im Trockenen paradieren zu lassen.

Als letztes großes Bauwerk auf der Piazza Bra ist die **Gran Guardia Nuova (5;** 1835–43) an deren Ostseite erbaut worden. An dieser Stelle stand bis dahin das Zentrum des verrufenen Stadtrandviertels

Sant'Agnese, welches die österreichischen Besatzer abreißen ließen, um Platz für ihren klassizistischen Bau mit einem von Kolossalsäulen getragenen Giebelportikus zu schaffen, in welchem ein Teil der habsburgischen Truppen stationiert war. Seit 1869 dient das Gebäude als Rathaus Veronas.

Von der Piazza Bra führt am unteren Ende des Liston, neben der Arena, die **Via Mazzini** hinein in die mittelalterliche Stadt. Dies ist die belebteste Straße Veronas, schmal und nur für Fußgänger, gesäumt von Geschäften in historischen Gebäuden, darunter der **Palazzo Da Lisca-Confalonieri,** ein Prunkstück der Veroneser Frührenaissance des späten 15. Jh. (Ecke Via Mazzini/Via Quattro Spade). Die alte Straße führt zur Piazza delle Erbe, dem historischen Zentrum der Stadt.

Piazza delle Erbe, das Zentrum der Handelsstadt

Von der Via Mazzini tritt man auf die langgestreckte, sonnenbeschienene **Piazza delle Erbe**. Das Zentrum der Stadtrepublik Verona im 12. und 13. Jh. steht auf historischem Boden, denn 4 m unter der Erde liegen die Pflastersteine des römischen Forums. Die Architektur des Platzes ist in klassischer Weise bestimmt von seiner Funktion im politischen Leben jener Zeit: rechts steht der mächtige Vierflügelbau des Palazzo del Comune, überragt vom Wehrturm Torre dei Lamberti, gegenüber die zinnenbekrönte Casa dei Mercanti, das Versammlungsgebäude für die Organisation der Kaufleute, auf dem Platz selbst versammelte sich das Volk zur Abstimmung in politischen Angelegenheiten, wenn es gefragt war, und in der Mitte steht der baldachinartige Bau des Capitello, eine bedeutsame Stätte für das politische Zeremoniell in der Stadtrepublik.

Direkt gegenüber der Einmündung der Via Mazzini erhebt sich der massige Bau des romanischen **Palazzo del Comune (a),** dessen vier mächtige Flügel einen weiten Innenhof umschließen. Das vermutlich 1194 fertiggestellte Gebäude ist einer der frühesten Stadtpalazzi Italiens, es war der Versammlungs- und Repräsentationsbau der Regierungsinstitutionen der Stadtrepublik Verona (s. S. 180ff.). Hier konzentrierte sich die allem übergeordnete Staatsgewalt der republikanischen Zeit, und entsprechend einer festen Bauvorschrift durfte ein solches Gebäude mit keinem anderen Berührung haben, frei stehend ist es noch heute. Wie eine Festung muss das ›Palatium Comuni Veronae‹ aus den Dächern der Stadt geragt haben, denn die Ecken des Vierflügelbaus bildeten vier große Wehrtürme, von denen sich noch ein Stumpf zur Piazza Erbe hin erhalten hat. Überragt wird der Bau und mit ihm die ganze mittelalterliche Stadt vom 83 m hohen **Torre dei Lamberti,** dessen etwas unpassendes Obergeschoss erst 1463 fertig wurde. Die Größe der Anlage erklärt sich aus ihrer Funktion, denn die Institutionen einer Stadtrepublik waren mitgliederträchtige Gremien: Jeder Palazzo del Comune musste einen riesigen Ratssaal

Die Piazza delle Erbe gehört zu den schönsten Marktplätzen Italiens, der alle früheren Reisenden aus nördlichen Gefilden zu enthusiastischen Anmerkungen in ihren Tagebüchern veranlasste. Aus ganz unterschiedlichen Gründen waren sie angetan von dessen Atmosphäre, Goethe vom »Gemüse und Früchte unübersehlich, Knoblauch nach Herzenslust«, Heine dagegen vom Lächeln der Frauen, »wie's mir auf der Piazza delle Erbe so lieblich geschah«. Der Maler Adolph Menzel kam 1880 am Beginn einer geplanten Italienreise hierher, zückte auf der Piazza seinen Zeichenblock, mühte sich tagelang und kletterte schließlich mit der Bemerkung: »Zuviel, zuviel!« wieder in den Zug zurück nach Berlin.

enthalten, der dem Rat der Ältesten oder dem Rat der Achtzig genügend Platz bot, besonders aber das höchste Gremium der Stadt, den Rat der 500, beherbergen konnte. Da dieser zwischen 400 und 1200 Repräsentanten umfasste, musste auch ein großer abgeschlossener Hof vorhanden sein, um die vom Rest der Stadt unabhängigen Versammlungen zu garantieren.

Stilistisch ist der gewaltige Bau ein typischer Vertreter der Veroneser Romanik: schwer lastende, architektonisch wenig gegliederte

Die Piazza delle Erbe, ehemals das römische Forum, später der Markt- und Versammlungsplatz der mittelalterlichen Stadtrepublik, ist umgeben von historischen Fassaden verschiedener Jahrhunderte. Von der Torre dei Lamberti kann man das städtebauliche Juwel in der Geschlossenheit und Vielfalt seiner Erscheinungen mit einem Blick erfassen.

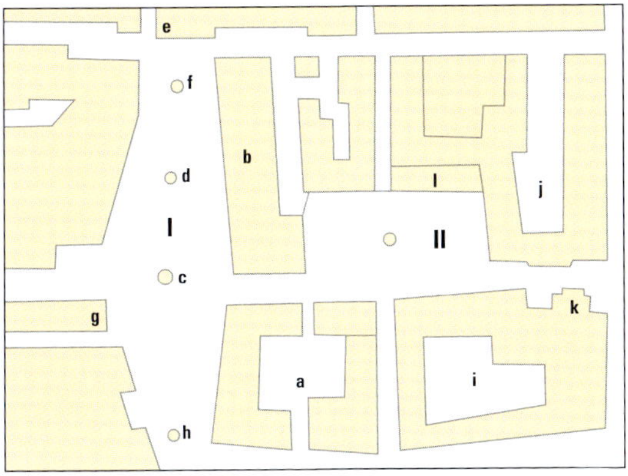

I Piazza delle Erbe
a Palazzo del Comune
b Case dei Mazzanti
c Capitello
d Brunnen der Madonna Verona
e Palazzo Maffei und Torre del Gardello
f Venezianische Säule
g Casa dei Mercanti
h Colonna del Mercato

II Piazza dei Signori
i Palazzo dei Tribunali
j Palazzo del Governo
k Santa Maria Antica mit den Gräbern der Scaligeri
l Loggia del Consiglio

Mauern, nur sparsam durch einfache Rundbogen- oder Triforienfenster aufgebrochen – und dennoch so lebendig und urban durch die warme Farbigkeit der polychromen Steinlagen aus roten Backstein- und gelblichen Tuffsteinschichten. Am ursprünglichsten präsentiert sich der Palazzo in seinem Innenhof, umzogen von hohen Rundbogenarkaden auf mächtigen Pfeilern und geprägt von der eleganten Freitreppe, der ›Scala della Ragione‹. Ganz aus rosafarbenem Marmor erbaut, führt diese Treppe über auffallend verschiedenartig ansteigende Arkaden hinauf zum reich profilierten Spitzbogenportal, hinter dem sich der ehemalige Ratssaal der Stadtrepublik erstreckte. Die viel gerühmte Treppe wurde 1447 vom venezianischen Statthalter in Auftrag gegeben und war einst überdacht (Zugang von der Piazza dei Signori; s. o. Plan und Abb. S. 205).

Nach dem Durchgang zur Piazza dei Signori wird der alte Marktplatz an dieser Seite begrenzt von dem malerischen Komplex der **Case dei Mazzanti (b)** mit ihren Fassadenfresken. Die Familie der Mazzanti kaufte 1517 die Häuser, die im 14. Jh. den Scaligeri gehört hatten, ließ sie ausbauen und von Alberto Cavalli mit mythologischen Darstellungen freskieren; in dieser Zeit entstanden auch die auffällige einarmige Treppe und der lange Balkon auf der Rückseite des Gebäudes.

Mitten auf dem Platz ragt aus dem dichten Gewirr von Sonnenschirmen und Marktständen der so genannte **Capitello (c).** Das von einem säulengetragenen Baldachin überdachte Podest besaß eine wichtige Funktion im kommunalen Leben der Stadt. Hier standen die Vertreter des Großen Rates, wenn sie dem versammelten Volk wichtige Entscheidungen zu verkünden hatten, ebenso alle Podestà der Stadt, die ihr Amt erst antreten konnten, nachdem die zusammengerufenen Bürger sie per Akklamation akzeptiert hatten; daraufhin wurden ihnen feierlich die Schlüssel der Stadt übergeben. Zwischen diesen zeremoniellen Prozeduren diente der Capitello als Aussichtsplattform zur Überwachung der Marktgeschäfte; auf dem Boden waren die Veroneser Maße eingeritzt, damit jedermann überprüfen konnte, ob er bei einem Handel nicht betrogen werden sollte. Der gegenwärtige Capitello stammt allerdings erst aus der zweiten Hälfte des 15. Jh., er ersetzte den alten Bau des frühen 13. Jh.

Drei bis vier Sonnenschirme weiter oben plätschert kühl ein **Brunnen (d).** Die Dame, die ihn krönt, wurde schon bald nach seiner Errichtung im 14. Jh. zum Symbol der Stadt gekürt, weshalb man sie nur noch ›Madonna Verona‹ nannte. Es handelt sich um eine römische Statue, wahrscheinlich aus dem antiken Kapitol (Kopf und Arme ergänzt), auch die riesige Brunnenschale ist ein römisches Stück.

Vor der prächtigen Kulisse des barocken **Palazzo Maffei** (1668) **und der Torre del Gardello (e)** (1363–70), in den schon die Scaligeri ein Uhrwerk mit Glocke einbauen ließen, ragt am Ende des Platzes die **Marmorsäule mit dem geflügelten Markuslöwen (f)** auf, dem Herrschaftszeichen Venedigs, das auf diesen Platz mehr Einfluss hatte, als heute noch sichtbar ist. Schon das erste schriftliche Zeugnis, in dem die Bürger Veronas – nicht mehr die Feudalherren – als unterzeichnende Partei in Erscheinung treten, ist ein Handelsvertrag mit Venedig von 1107, in dem sich beide Städte auf gleiche Rechte in ihrem wechselseitigen Verhältnis verpflichten. Und die Bedeutung Veronas für den venezianischen Handel ließ eine reiche Schicht von Kaufleuten entstehen, die bald politischen Einfluss gewann. 1210 errichteten sie ein Verwaltungs- und Versammlungshaus, die **Casa dei Mercanti (g),** deren zinnenbekrönter Neubau von 1301 mit den schönen Arkadenbögen im Erdgeschoss gegenüber dem Palazzo del Comune auf der anderen Seite der Piazza steht.

Um den unsicheren Wahrheitsgehalt der Geschichte zu erhöhen, hat die Stadtverwaltung im Hof von Julias angeblichem Palast eine Bronzestatue derselben aufstellen lassen.

Am unteren Ende dieses pittoresken Platzes steht die schlanke **Colonna del Mercato (h),** ein zierlicher gotischer Pfeiler, den die Visconti hatten aufstellen und ehemals mit ihrem Wappen schmücken lassen, um ihre kurze Herrschaft auch auf dem wichtigsten Platz der Stadt zu dokumentieren. Kurz dahinter verengt sich die Piazza zur Via Cappello, und nun sind es nur noch wenige Schritte zum berühmtesten **Balkon (6)** der Literaturgeschichte. Via Cappello Nr. 21: Eine große Tordurchfahrt führt auf einen Innenhof, dessen eine Seite von der gediegenen Fassade eines Palazzo aus dem 13. Jh. eingenommen wird, in seiner Mitte ein tatsächlich sehr schöner Balkon, geradezu ein Meisterwerk spätromanischer dekorativer Bauplastik. Das interessiert jedoch kaum einen der zahlreichen Besucher, denn hier soll es passiert sein: Dunkelheit, gegen Morgen, Romeo auf einer Leiter, Julia auf dem Balkon, er erklärt sich ihr – Beginn einer unsterblichen Liebesgeschichte im Dickicht von Mord, Provokation und Intrige der Familienfehden einer oberitalienischen Stadt – Romeo und Julia liebten, litten und starben in Verona.

Historisch verbürgt ist davon nichts, außer dem historischen Rahmen der Begebenheit und den Namen der beiden rivalisierenden Familien. Um diese muss es in der Tat eine besondere Geschichte gegeben haben, denn bereits der nach Verona geflüchtete Dante schrieb während seines Aufenthalts dort (1316–19):

Der berühmteste Balkon der Literaturgeschichte: Durch Shakespeares Drama unsterblich gemacht, soll hier im Morgengrauen Julia mit Romeo gesprochen haben. Ob die Geschichte real ist oder nicht, ist den vielen Tausenden von jährlichen Besuchern mit Recht nicht so wichtig: In der Literatur findet jeder Wahrheit, der sie sucht.

Vieni a veder Montecchi e Cappelletti
Monaldi e Filippeschi, uom senza cura;
Color già tristi, e questi con sospetto.

(Ich sah sie gerade, Montecchi und Cappelletti,
Monaldi und Filippeschi, Menschen ohne jede Rücksicht;
boshaft ihr Anblick und gequält von Argwohn.)

Die beiden erstgenannten sollen es gewesen sein, die Montagues und Capulets des Shakespeareschen Dramas. Gespielt haben soll die Geschichte zur Zeit Bartolomeos della Scala, der 1303 starb, doch passt sie besser in die Epoche der Stadtrepublik, als sich tatsächlich die von Ezzelino da Romano unterstützte Familie Montecchi einen regelrechten Stadtkrieg mit den herrschenden Grafen Sambonifacio lieferte – 1218 wurde dabei sogar der Palazzo del Comune niedergebrannt. Die bewegende Geschichte der beiden Kinder aus tödlich verfeindeten Häusern, die sich ihre Liebe nicht verbieten lassen wollten und an der List, mit der sie an der Machtgier ihrer Familien vorbeizukommen glaubten, zugrunde gehen, verbreitete sich nach ihrer ersten schriftlichen Niederlegung wie ein Sturm in der europäischen Literatur der Renaissance. 1524 wurde sie zuerst von Luigi da Porto niedergeschrieben, der berichtet, er habe sie von einem alten veronesischen Soldaten gehört. 1594 taucht sie als wahre Begebenheit in einer Veroneser Stadtchronik auf. Bis 1570 erschien der Stoff in Frankreich in nicht weniger als sechs verschiedenen Bearbeitungen, 1602 nahm ihn Lope de Vega in Spanien als Vorlage. 1561 erschien in England ›The tragicall Historye of Romeus and Juliet‹ von Brooke und 1567 die ›Goodly history of the true and constant love between Rhomeo and Julietta‹ von Paynter – diese beiden Werke waren William Shakespeare bekannt, als er 1593 sein Drama ›Romeo and Juliet‹ veröffentlichte.

Und hier, unter dem Balkon der Via Cappello Nr. 21, soll alles angefangen haben, denn das Haus gilt als Palazzo der Capuleti, Julias Familie. Einen Steinwurf entfernt, in der Via Arche Scaligere 2–4, sollen die verbauten Reste des Palastes der Montecchi stehen. Das Haus der Julia stammt tatsächlich aus der passenden Zeit, sahen es Heine und Dickens noch als heruntergekommene Kneipe, so sind die frühgotischen Innenräume heute soweit wie möglich restauriert. Sie bieten die seltene Gelegenheit, sich eine Vorstellung von der Stadtresidenz einer der reichen und kämpferischen Familien des italienischen Mittelalters zu machen.

Piazza dei Signori, das Viertel der Scaligeri

Tritt man von der Piazza delle Erbe aus unter den Arco della Costa, dem großen Bogen unterhalb des Lamberti-Turmes, hindurch, so steht man auf der rechteckigen, von monumentalen historischen Baukomplexen umgebenen Piazza dei Signori. Fünf solcher Straßendurchgänge münden auf den Platz, die alle von gemauerten und reich verzierten Bögen überspannt werden, wodurch alle Gebäude miteinander verbunden sind und der Piazza eine einzigartige Geschlossenheit verleihen – der schönste Saalplatz Italiens, lautet das einhellige Urteil. Gleich beim ökonomischen Zentrum der Stadt lag hier das politische, seit der Jahrtausendwende war die Piazza dei Signori das Regierungsviertel Veronas.

Rechts neben dem Bogen von der Piazza delle Erbe erstreckt sich die Fassade des romanischen Palazzo del Comune, den Platz schließen nach unten zwei mächtige, gotische Paläste der Scaligeri (dahinter ihre Kirche und ihre berühmten Grabmäler); die linke Seite wird geprägt von der Loggia del Consiglio in erlesener venezianischer Frührenaissance, die westliche Schmalseite des Platzes begrenzt ein barockes Gebäude.

Von der Piazza delle Erbe betritt man die Piazza dei Signori unter den monumentalen Mauern des Palazzo del Comune, deren streng romanische Struktur eine venezianische Einlage enthält: 1524 wurde der untere Teil der Fassade mit heute verwitterten venezianischen Renaissance-Reliefs verkleidet (der Palazzo ist zzt. nicht zugänglich; 2007 soll er als Sitz für Wechselausstellungen wieder eröffnet werden). Die danach sich öffnende schmale Via Dante wurde 1575 mit einem Bogen überspannt, der eine optische Verbindung zum finsteren **Palazzo dei Tribunali (i)** herstellt. Diese einst mächtige Vierflügelanlage mit einem Wehrturm war der festungsartige Palazzo Grande des Cansignorio della Scala (s. S. 187), errichtet 1365. Selbst seine Reste scheinen noch die düstere Gewalttätigkeit seines Erbauers widerzuspiegeln, woran auch das 1530 ausgeführte Säulenportal von Sanmicheli wenig ändert. Passend wurde hier von den Venezianern eine Artillerieschule eingerichtet, für die 1687 im Innenhof die pompöse Porta dei Bombardieri, eine aus steinernen Trophäen gebil-

Wie ein eigenes kleines Stadtviertel hatten die Scaligeri die Piazza dei Signori mit ihren befestigten Privatpalästen umbaut, daneben befindet sich noch heute ihr Familienfriedhof mit den berühmten Grabmonumenten.

dete Portalanlage, errichtet wurde. Die rechte Seite des Hofes wird geprägt von einer dreigeschossigen Loggia in Übergangsformen der Spätgotik zur Renaissance, um 1476 hinzugefügt, als der Palast als Sitz des venezianischen Statthalters diente. Unter dem Palast sind die **Scavi Scaligeri** zu besichtigen, ein Ausgrabungsareal, das bis unter den Palazzo del Comune reicht. Zu sehen sind neben einer Römerstraße Reste von römischen und frühmittelalterlichen Gebäuden.

Die östliche Schmalseite des Platzes wird geschlossen von der gewaltigen Fassade des **Palazzo del Governo (j)** mit seinem umlaufenden ghibellinischen Zinnenkranz, der ehemaligen Reggia degli Scaligeri. Dies ist der legendäre Palast des Cangrande I. della Scala

Auch der Tod konnte das unersättliche Bedürfnis der italienischen Signorien nach Selbstverherrlichung nicht beenden. So ließen die Scaligeri mitten in der von ihnen beherrschten Stadt ihre prunkvollen Sarkophage öffentlich aufstellen und mit skulpturengeschmückten Architekturgehäusen umbauen.

(s. S. 185f.), zeitweise einer der kulturellen Mittelpunkte Italiens; Giotto und Altichiero hatten ihn ausgestattet, Dante war sein berühmtester und langjähriger Gast. Tritt man die wenigen Schritte unter dem Bogen mit der spätgotischen Balustrade in die Via Santa Maria Antica, so steht man zwischen dem Palast, der Kirche und dem kleinen Friedhof mit den Gräbern der Scaligeri – ein einzigartiges Ensemble von Bauten, die von einer Familie geprägt wurden. Der Zugang zum Palast ist nicht gestattet, doch kann man vom offenen Tor aus das eindrucksvollste Überbleibsel des alten Baus bewundern: Die Eingangshalle trägt eine Balkendecke, unter deren farbiger Fassung aus dem 16. Jh. häufig die Originalbemalung aus der Zeit der Scaligeri sichtbar ist. Der Innenhof um das schöne Brunnenbecken aus rotem Veroneser Marmor weitet sich entlang einer zweigeschossigen Loggienfassade, die Prunk und architektonische Finesse des nach außen so abweisenden Palastes kundtun.

Gegenüber dem Eingang des Palastes steht die kleine romanische Kirche **Santa Maria Antica (k)** mit dem Friedhof der Scaligeri. Hier stand bereits eine Kirche aus dem 9. Jh., der heutige Bau wurde 1185 geweiht. Mit dem Beginn der Herrschaft der della Scala wurde Santa Maria Antica eine Art Hauskirche der Scaligeri mit dazugehörigem Familienfriedhof mitten in der Stadt. Der dreischiffige, dreiapsidial geschlossene Innenraum, dunkel und schmal, hat nach mehreren Restaurierungen seine suggestive Atmosphäre zurückgewonnen.

Der kleine Platz zwischen Kirche und Palast wird geprägt von den in der italienischen Architektur einmaligen **Grabmonumenten der della Scala.** Der Friedhof wird rundum begrenzt von einem kunstvollen schmiedeeisernen Gitter aus dem 14. Jh., das in reicher Ornamentik verwoben immer wiederkehrend eine aufsteigende Leiter zeigt, eine ›scala‹, das Wappenzeichen der Scaligeri. Das erste dieser Grabmäler ist noch in die Fassade über dem Portal von Santa Maria Antica eingebaut. Es handelt sich um das Grab des 1329 gestorbenen Cangrande I., der den Palast gegenüber erbaut und die Scaligeri in die Reihen der Mächtigsten Italiens geführt hatte. Entstanden gegen 1330, zeigt sein Aufbau die früheste Form des Typs der Gräber der della Scala: Der Tote liegt unter einem Baldachin auf prächtig reliefiertem Sarkophag, auf der pyramidenförmigen Spitze des Baldachins erscheint er jedoch ein zweites Mal als lebendige, monumentale Reiterfigur. Diese lebensgroße Statue mit dem lachenden Cangrande ist eine der seltsamsten Bildhauerarbeiten ihrer Zeit, im Castelvecchio (s. S. 243ff.) kann man das Original Aug' in Aug' studieren, während hier im Jahre 1907 eine täuschend echte Kopie aufgesetzt wurde. Den Sarkophag tragen übrigens zwei liegende Hunde, Anspielung auf den Namen des Verstorbenen (Cangrande = der große Hund); mehrere Namen dieser Familie enthalten Anspielungen auf Hunde, so auch Mastino, der ›Hetzhund‹.

Die Herren della Scala umgaben ihren Privatfriedhof im Zentrum der Stadt mit einem kunstvollen Gitter des 14. Jh., das ihr Wappen, eine aufsteigende Leiter, zeigt.

Zur stilistischen Entwicklung des Typus der Arche Scaligere muss man bereits bei diesem Grabmonument des Cangrande beachten, dass es nicht in die Kirchenfassade eingemauert, sondern ihr quasi vorgesetzt war: Die Kirchenmauer hinter dem Sarkophag war geöffnet, sodass dieser von allen Seiten sichtbar war; die aufgesetzte Pyramide überhöhte allein den Grabbaldachin. Die beiden Prunkgräber gleich daneben auf dem Friedhof haben dann den Schritt zu völlig frei stehenden Monumenten vollzogen, die trotz der künstlerischen Verfeinerung ihrer einzelnen Architekturelemente den Typus beibehalten: Ein Baldachingehäuse über dem Sarg mit der Liegefigur des Toten wird überbaut von einer Pyramide, die von einem Reiterstandbild des Verstorbenen bekrönt wird.

Dieser kleine Friedhof der Scaligeri, fast erdrückt von den aufragenden Mauern der Paläste darum herum, ist ein eigentümliches Erlebnis, denn hier liegen sie fast alle, die die Geschichte ihrer Signoria bestimmt haben. Tyrannen und Mäzene, Politiker und Heerführer, Mörder und Gemordete – ihre schweren Sarkophage stehen eng beisammen. Erblickt man rechts das Wandgrab von Giovanni della Scala (bis 1359 Statthalter in Vicenza) und von Mastino I., des wenige Schritte entfernt auf der Piazza dei Signori ermordeten Begründers der Scaligeri-Herrschaft, so steht links als Erstes das 1350 vollendete Grabmal des Mastino II. Vier Säulen tragen einen schweren Baldachin mit hohem Pyramidendach mit Wimpergen und zierlichen Statuettengehäusen an den Ecken, bekrönt von der Reiterfigur in voller Rüstung mit geschlossenem Visier. Daneben liegen drei Sarkophage mit den sterblichen Überresten von Bartolomeo I., Cangrande II. und Bartolomeo II. della Scala, dahinter hat sich Cansignorio, der Mörder des vorletzt genannten, mit dem aufwändigsten der Familiengräber verewigt. Sechs Rundstützen tragen das Podest, auf dem der Prunksarg mit Liegefigur steht, umbaut von sechs gedrehten Säulen, auf denen ein gewaltiger Baldachin ruht, verziert mit allen Finessen spätgotischer Bildhauerkunst: Tabernakeln, Wimperggiebeln, Fialenbaldachinen und reichem Skulpturenschmuck. Rechts daneben erblickt man noch den Sarg des 1301 verstorbenen Alberto I., zwischen dessen noch spätromanisch geprägten Reliefs zum ersten Mal eine Reiterdarstellung in der Grabkunst der Scaligeri erscheint.

Kehrt man nun die wenigen Schritte zur Piazza dei Signori zurück, so geht man dabei unter dem Arco della Tortura her. An ihm hingen während der venezianischen Herrschaft unmissverständlich die Folterwerkzeuge und warteten auf Anwendung bei jenen, die diese öffentliche Demonstration der Staatsgewalt nicht zu würdigen wussten. Schräg daneben, an den Palast des Cangrande im rechten Winkel anschließend, hat Venedig mit seinem Ratsgebäude in Verona ein erbaulicheres Zeugnis hinterlassen: die viel gerühmte **Loggia del Consiglio (l)**, eines der besten Werke der venezianischen Frührenaissance, vermutlich von Fra Giovanni Giocondo (1476–93) errichtet. Von bestechender Eleganz ist die das ganze Untergeschoss öffnende Arkadenreihe mit Rundbögen auf stilisierten korinthischen Kapitellen über schlanken Säulen; das Obergeschoss erscheint wie eine zart ornamentierte Fläche, in die vier zierliche Biforien mit reliefgeschmückten Rundgiebel-Ädikulae einkomponiert sind. Gekrönt wird der Bau von fünf Statuen, die Persönlichkeiten der Antike dar-

Um sich als neue Herren im Regierungsviertel der ehemaligen Stadtrepublik entsprechend zur Geltung zu bringen, erbauten die Venezianer ihre schöne Renaissance-Loggia direkt neben den düsteren gotischen Palästen der gestürzten Scaligeri.

stellen, welche angeblich Veroneser waren: der Dichter Catull, Plinius d. Ä., Aemilius Macer, Vitruv und Cornelius Nepos.

Wie zwischen allen Gebäuden der Piazza dei Signori führt auch von der Loggia del Consiglio ein verzierter Bogen hinüber zu einem in den letzten Jahren modern veränderten Renaissance-Bau des 16. Jh. Der wahrhaft gebildete Verona-Reisende weiß, dass er hier die eigentliche Attraktion des Platzes zu suchen hat: das **Caffè Dante,** ältestes Kaffeehaus der Stadt, das ursprünglich Squarzoni hieß und jüngst renoviert worden ist. Das lärmende Verona hinter sich lassend, versinkt man hier im Plüsch bequemer Polsterbänke, im gedämpften Licht der üppigen Glaslüster lächeln von Deckengemälden zweifelhafte Vertreter des piemontesischen Königshauses leutselig auf die Gäste herab.

Man kann sich im Caffè Dante natürlich auch den Kopf zerbrechen, warum nur wenige Schritte weiter der erste Herrscher über Verona aus dem Hause della Scala ermordet wurde. Denn unter dem Bogen, der zum nächsten Gebäude hinüberführt, ist eine Tafel angebracht, die den Ort markiert, wo Mastino I. am 17. Oktober 1277 zusammen mit seinem Begleiter den Tod fand. Über diesen Mord ist viel gerätselt worden, und bis heute herrscht keine endgültige Klarheit über Täter und Motiv. Zur Nacht soll er erstochen worden sein, man munkelt, auf dem Weg zu seiner Geliebten. Erheblich populärer ist die Version, sein Bruder Alberto, der einen Tag nach Mastinos Tod zum neuen Herrscher der Stadt wurde (s. S. 184), habe ihn meucheln lassen. Doch dürfte das unerwartete Ableben des Dynastiebegründers ausnahmsweise kein Brudermord gewesen sein, solche Allüren erlaubten sich die Signorien nicht, solange sie nicht fest im Sattel saßen und die herrschende Familie ihre Mitglieder brauchte. Wie die Veroneser Geschichtsschreibung berichtet, fand nach dem Mord eine Hinrichtungswelle auch in Mantua statt, und das beleuchtet den Hintergrund: Mastino I. war ein eilig vom Volk gewählter Machthaber, der verhindern sollte, dass Verona an seine alten Besitzer, die Grafen Sambonifacio zurückfallen sollte. Diese Conti besaßen in Mantua eine starke Anhängerschaft, doch nachdem sich Mastino mit der dort herrschenden Familie der Bonacolsi geeinigt hatte und dabei die Zusage erhielt, dass dort alle, die die Grafen noch unterstützten, ihren Besitz verlieren sollten, war er auch in Mantua ein gefürchteter Mann. Wahrscheinlich ist er deshalb ein Opfer der Partei der entmachteten Grafen in beiden Städten geworden; ihr letzter Versuch, den Aufstieg der della Scala zu stoppen.

Sant'Anastasia

Die engen Gassen, die aus dem Viertel der Scaligeri auf die Piazzetta Sant'Anastasia führen, lassen die gewaltigen Ausmaße der dahinter liegenden Kirche nicht ahnen. **Sant'Anastasia (7)** entstand ab dem Jahre 1290 als neue Klosterkirche der Dominikaner und sie wurde anstelle des Doms zur eigentlichen Stadtkirche des Veroneser Zentrums. Der Bau wurde zwar erst 1481 vollendet, doch stellt er ein stilreines Beispiel der italienischen Backsteingotik dar. Gotik in Italien bedeutet freilich etwas anderes als in ihren klassischen Verbreitungsländern Frankreich, Deutschland und England. Die dortige Baukunst dieser Zeit zeichnet sich durch eine weitgehende Durchbrechung und Auflösung des Mauerwerks durch große, die Vertikale betonende Fenster aus, während den statischen Erfordernissen des dadurch geschwächten Mauerwerks durch ein System den Außenbau umlaufender Strebepfeiler mit Stützbögen Rechnung getragen wurde. In Italien blieben die Mauermassen dagegen schwer und flächenhaft geschlossen, nur von kleinen Fenstern durchbrochen – weshalb es noch heute in den gotischen Kirchen südlich der Alpen so dunkel ist. Die massig gebliebenen Mauern boten Gelegenheit zur Anbringung zahlreicher Einzelkunstwerke an den großflächigen Innenwänden, weshalb die kunsthistorische Bedeutung der gotischen Kirchen Italiens nicht in ihren konservativen architektonischen Lösungen, sondern in ihrer reichen Ausstattung mit Fresken, Tafelbildern, Reliefs, Grabmonumenten und Altaraufbauten liegt. In diesem Sinne ist Sant'Anastasia in Verona ein klassisches Beispiel italienischer Gotik.

Der mächtige Außenbau ist von blockhafter Geschlossenheit. Die unverkleidete Fassade zur Piazzetta folgt dem basilikalen Querschnitt der dreischiffigen Kirche und ist von massiven Strebepfeilern gegliedert. In der Mitte prunkt das reich gestaltete **Portal** mit zweifarbigen Steinlagen im vielfach abgestuften Gewände, einem reliefierten Türsturz und einem Fresko der Heiligen Dreifaltigkeit im Tympanon (15. Jh.). Den eindrucksvollsten Anblick gewährt allerdings die Ostseite an der Etsch, die man am besten vom anderen Ufer erfassen kann: Dort überragt der hohe **Campanile** den ganzen Bau, darunter gliedert sich vor der Fassade des weit ausladenden Querschiffes die vielgestaltige Choranlage mit nach außen vortretenden sechs polygonalen Chorkapellen.

Den **Innenraum** bildet eine gewaltige dreischiffige Basilika, deren hohe Arkadenbögen auf sechs mächtigen Säulenpaaren ruhen, darüber spannen sich weite, schwer lastende Kreuzrippengewölbe. Der Gesamteindruck wird geprägt von der für Verona typischen Verwendung verschiedenfarbigen Baumaterials: Die Farben des den gesamten Boden bedeckenden Plattenmusters aus dem Jahre 1462 korrespondieren in harmonischer Weise mit den Tönen der Säulen und Arkaden sowie der reichen ornamentalen Ausmalung der Gewölbe und Bogenlaibungen.

Gleich am ersten Säulenpaar sitzen die berühmten *due gobbi* rechts und links auf den Säulenbasen und tragen verzierte Weihwasserbecken auf ihren buckligen Rücken. Die rechte der beiden Renaissance-Figuren entstand 1591, die linke um 1500; sie gilt als ein Werk des Caliari, des Vaters von Paolo Veronese. Durchschreitet man die Kirche, so verdienen einige der Grabmonumente und Altäre in den flachen Nischen der Seitenschiffe Beachtung; sie gehören mit ihren Statuen, Bildern und Fresken zur venezianischen Renaissance, die in einer produktiven Veroneser Malerschule ihren qualitätvollen, aber provinziellen Widerhall fand. Im rechten Seitenschiff erblickt man im ersten Joch das Grabdenkmal des venezianischen Condottiere Giano Fregoso. Der große, das Vorbild antiker Triumphbögen aufgreifende Altaraufbau entstand 1565 und ist mit vorzüglichen Skulpturen geschmückt.

Innenraum von Sant' Anastasia, eine typische Schöpfung der italienischen Gotik mit ganz romanischem Raumempfinden

Die ›due gobbi‹, zwei Renaissance-Figuren, die die Weihwasserbecken tragen.

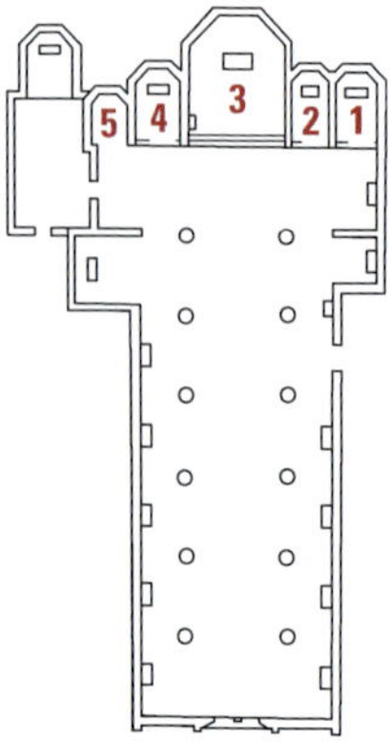

Grundriss der Basilika Sant'Anastasia
1 Cappella Cavalli
2 Cappella Pellegrini mit dem Pisanello-Fresko
3 Hauptchor
4 Cappella Lavagnoli
5 Cappella Salerni

Den historisch-ideologischen Hintergrund des ›höfischen Stils‹ in Verona beschreibt die Kunsthistorikerin Sandberg-Vavalà: »… ein prätentiöser Hof, von gewollt-gekünstelter Eleganz, umgeben von einem prosperierenden Kaufmannsstand; beide waren auf die diesseitige Verewigung ihres Andenkens aus und wollten sich zugleich der göttlichen Vorsehung empfehlen. Dazu bedienten sie sich einer kalkulierten Kunstförderung, die mit einem Auge auf den Himmel, mit dem anderen auf den Nächsten schielte und vor beiden gut dastehen wollte.«

Der römische Arco dei Gavi beim Castelvecchio stand für die architektonischen Aufbauten der Wand des vierten Joches Modell (1541), das Altarbild stammt vom Veroneser Maler Francesco Caroto, die Mensa bildet der Marmorsarkophag des 1295 gestorbenen Bischofs Pietro della Scala. Nach einem Tafelbild des Liberale da Verona im fünften Joch öffnet sich das sechste zur Cappella del Crocifisso aus der Zeit um 1450 mit einem Holzkruzifix des 15. Jh., daneben die farbigen Skulpturen einer Grablegung Christi über dem Grab des 1433 verstorbenen Gianesello di Folgaria.

Das linke Seitenschiff birgt gleichrangige Kunstwerke: Im vierten Joch sieht man den mehrstöckigen Renaissance-Aufbau des Altars der Familie Miniscalchi. Die formenreiche Architektur, die sich bis zum Gewölbeansatz hochzieht, ist verziert mit Reliefs, Skulpturen und einem großen Gemälde des vorzüglichen Veronesers Nicolò Giolfino, darüber ein zeitgleiches Fresko von Francesco Morone. Im fünften Joch steht die prunkvolle frühbarocke Orgelempore auf vier Säulen aus *rosso veronese*, daneben öffnet sich die 1585–96 nach außen gebaute Cappella del Rosario, im 17. Jh. barockisiert. Eine reich freskierte Kuppel krönt den Altaraufbau, der ein Blatt des 14. Jh. enthält, auf dem die Stifter Mastino II. della Scala und seine Ehefrau vor Maria knien.

Nunmehr im ausladenden **Querschiff** angelangt, steht man vor der großartigen Ostpartie der Kirche mit ihren fünf Chorkapellen, an deren Wänden sich die bedeutendsten spätgotischen Malereien Veronas erhalten haben. Sie entstanden in der Zeit der größten Macht- und Prachtentfaltung der Scaligeri, die ihren Hof durch einheimische und herbeigerufene Künstler zu einem Zentrum der ›höfischen Gotik‹ in Europa machten. Turone, Altichiero und Pisanello wurden Vorbilder für eine Veroneser Schule der spätgotischen Malerei, die auch nach dem Ende des Hauses della Scala weiterwirkte. Der so genannte ›höfische Stil‹ zeichnet sich aus durch eine ›entheiligte‹ Sicht biblischen und weltlichen Geschehens, jedes Bild dient als Anlass, mit großem dekorativem Aufwand fürstlich-ritterliche Idealfiguren an die Wand zu bannen, Szenen, die von eleganten Höflingen und graziösen Damen bevölkert sind – eine Umwandlung sakraler Autorität in weltliche, die auch vor den heiligen Personen selbst nicht haltmachte. Am besten beginnt man die Besichtigung mit der Kapelle ganz rechts vom Hauptchor, der Cappella Cavalli. (Daneben, an der südlichen Stirnwand des Querschiffes, befindet sich eine große Altararchitektur, fertiggestellt 1502 im Stil der Frührenaissance, mit einem Tafelbild von Gerolamo dai Libri.)

In der **Kapelle der Familie Cavalli** wird die rechte Wand geprägt von dem berühmten Votiv-Fresko des großen Veronesers Altichiero Altichieri, das um das 1390 entstandene Grabmal des Federico Cavalli herumgemalt ist. Das Bild ist eine unübertreffliche Demonstration der Kunst der höfischen Gotik, deren Auftraggeber den Himmel als Dekoration ihrer irdischen Bedeutung verstanden: Drei Ritter aus der Familie Cavalli knien vor der Maria und lassen sich

Die Gunst der eine Stadt beherrschenden Signorie zu genießen, zahlte sich in mancherlei Hinsicht aus. So bekam die Familie Pellegrini, treue Anhänger der Scaligeri, einen der prominentesten Begräbnisplätze der Stadt zugewiesen: einen Seitenchor der Kirche Sant'Anastasia, den sie mit prachtvollen Terrakotta-Reliefs schmücken ließ.

ihr von ihren drei Schutzheiligen empfehlen. Doch die Maria erscheint nicht mehr als entrückte Heilige, als schöne junge Frau thront sie in einem kunstvollen Architekturgehäuse, derweil sich die Engel wie ein neugieriger Hofstaat zwischen den Säulen drängen und mit kokett-abschätzigen Blicken die Ritter mustern. Diese tragen auf dem Rücken große Helme in Form von Pferdeköpfen, damit auch niemand die Stifter verkennen konnte (cavallo = Pferd). Hintergrund und Rahmen des Freskos bildet eine perspektivisch gesehene weitläufige gotische Loggia, die das stilisierte ›Architekturbehältnis‹ der giottesken Tradition durch ein wirklichkeitsnahes und deutlich auf einen höfischen Palast hinweisendes Gebäude ersetzte. Die große Kunst des Altichiero zeigt sich hier in einer perfekten Mischung der gewünschten monumentalen Idealisierung der Gestalten mit der realistischen Darstellung von ›unbelebten‹ Dingen, wie Bauwerken oder den Pferdedarstellungen auf Kleidern, Schilden und Helmen der Cavalli.

Daneben liegt die **Kapelle der Familie Pellegrini,** mächtiger Günstlinge der Scaligeri. An der rechten Seitenwand steht das Grabmal des Tommaso Pellegrini (1392) mit einem Lünettenfresko von Martino da Verona, einem Schüler des Altichiero; gegenüber das Familiengrab der Bevilacqua mit einem Fresko von Altichiero selbst. An den Wänden sind 24 hervorragende Terrakotta-Reliefs mit Szenen aus dem Neuen Testament angebracht. 1430–35 entstanden, zeigen diese Darstellungen den stilistischen Übergang von der späten ›höfischen Gotik‹ zur Frührenaissance.

Eines der berühmtesten Bilder der Kunst des Mittelalters ist das Fresko des Pisanello in der Kirche Sant' Anastasia. Es zeigt mit seinen elegischen Figuren und der spätgotischen Prunkstadt im Hintergrund Höhe- und Endpunkt des ›höfischen Stils‹ der Gotik.

Das berühmteste Kunstwerk der Kirche befindet sich über dem Eingangsbogen zur Cappella Pellegrini: das Fresko ›**Aufbruch des hl. Georg zum Kampf mit dem Drachen**‹ von Antonio Pisano, genannt Pisanello. Das kurz nach 1433 entstandene Bild ist der Höhe- und Endpunkt der höfischen Gotik in Oberitalien, das Edel-Verhaltene der Personen, die Pracht von Rüstung und Gewändern, die geheimnisvoll-phantastischen Prunkfassaden der gotischen Stadt im Hintergrund, das makaber-realistische Detail des Galgens mit seinen Gehenkten über der vornehmen Ratsversammlung – eine idealisierte Zusammenschau von Macht und Herrlichkeit der Welt des gerade untergehenden Mittelalters. Doch hat das Bild noch eine zweite Hälfte auf der anderen Seite des Spitzbogens, über dem sich die Wasserfläche erstreckt. Dort ist durch die Restaurierung der Drache wieder sichtbar geworden, dem der Kampf gilt, und an ihm kann man ein weiteres Charakteristikum der Kunst Pisanellos studieren, das wesentlich zum viel gerühmten Reiz des Bildes beiträgt: Der Drache ist mit äußerstem ›Realismus‹ gemalt, akribisch sind die einzelnen Schuppen ausgeführt, man erkennt die verschiedene Dicke seiner abstoßenden Häute – als wäre er wie die Hunde und Vögel auf der anderen Bildhälfte nach einer wirklichen Vorlage gemalt. Das Fresko gewinnt dadurch seine einzigartige Mischung aus kühlem Realismus und phantastischem Abenteuer. Der Drache ruft auch den eigentlich festgehaltenen Augenblick des Geschehens in Erinnerung: Der Pesthauch des Untieres hatte schon viele Menschen der Stadt Silena zu Tode gebracht, als man beschloss, die Königstochter zu opfern, womit Drachen in der Regel zu besänftigen waren; da kam der hl. Georg des Weges, entschloss sich zum Kampf, setzte in einem Boot auf die Insel des Monsters über und erledigte es mit einem Lanzenstoß. Dieser letzte Augenblick ist unzählige Male in der Kunst des Mittelalters Thema gewesen, nicht so bei Pisanello. Typisch für die höfische Gotik wählte er nicht das religiöse

Motiv des Sieges über das drachenmäßige Böse, sondern den stillen Augenblick des Abschiedes von der Prinzessin, der um so mehr Gelegenheit bot für die reichhaltige Entfaltung der Szenerie.

Angesichts der viel zitierten ›zaubrischen Atmosphäre‹ des Pisanello-Gemäldes wird jedoch ein eigentümliches Detail meist verschwiegen. Ausgerechnet zwischen dem Ritter und der Prinzessin prangt eine den Vordergrund nicht unwesentlich bestimmende Rückseite eines Pferdes mitten im Bild. Das Können des Malers erhebt ihn über jeden Verdacht eines kompositorischen Fehlers – was also hat das an so hervorgehobener Stelle von hinten gesehene Pferd zu bedeuten? Blickt man über den Sattel hinweg, so gewahrt man in ganz ungotischer perspektivischer Verkürzung den Hals des Tieres mit den Ohren des gesenkten Kopfes, wodurch der Vordergrund des Bildes plötzlich Tiefe gewinnt. Auf der anderen Seite der Prinzessin ist noch ein Reiter in der gleichen Art, aber in direkter Frontalsicht zu sehen. Die beiden Tiere entpuppen sich also als frühe perspektivische Studien Pisanellos; dass er dafür gerade Pferde wählte, entsprach dem Zug der Zeit: Pferde waren das beliebteste Sujet der Frührenaissance, um die Gesetze der Perspektive in der verkürzten Darstellung von Körpern zur Anwendung zu bringen; Pisanellos Kollege Paolo Uccello malte riesige Reiterschlachten allein zum Studium der verschiedenen Ansichten. So hatte Pisanellos Gemälde in der Vollendung der höfischen Spätgotik bereits die ersten Elemente der neuen Epoche, der Renaissance, aufgenommen.

Der große **Hauptchor** in der Mitte wird beherrscht von dem 1424–29 vermutlich vom Florentiner Nanni di Bartolo errichteten Grabmonument des Condottiere Cortesia Serego, des untauglichen Feldherrn des letzten der Scaligeri. Zwei Landsknechte öffnen einen riesigen Vorhang aus Stuck, hinter dem in prunkvoller Rüstung der Condottiere zu Pferd auf seinem Sarkophag erscheint. Das Grabmonument war als Einheit von Skulptur und Malerei konzipiert, und so malte 1432 Michele Giambono, ein guter Künstler der venezianischen Spätgotik, ein originelles, weit geschwungenes Blattrankenornament und andere Fresken um die Reiterfigur, wodurch die pompösen Skulpturteile des Monuments viel von ihrer Schwere verloren und das Ganze fast den Charakter eines riesigen Wappens erhielt. Gegenüber ist ein großflächiges Fresko eines ›Jüngsten Gerichts‹ zu sehen, das dem Turone zugeschrieben wird. Er kam aus der Lombardei und ließ sich gegen 1350 in Verona nieder; er ist wenig bekannt, doch seine Bilder nahmen schon früh die giottesken Neuerungen auf, befreiten die Veroneser Malerei von den verkrusteten spätbyzantinischen Formen und leiteten zum ›höfischen Stil‹ über.

In der Kapelle links neben dem Hauptchor, der **Cappella Lavagnoli,** befinden sich an den Wänden Fresken mit Darstellungen aus dem Leben Christi von Francesco Benaglio (1432–ca. 92). Man beachte an der linken Seitenwand in der Predigerszene (Ende des 15. Jh.) die Gewänder der Zuhörer; gegenüber der Sarkophag der Familie Lavagnoli. Daneben, in der **Cappella Salerni,** das obligate

Grab eines Mitgliedes dieser Familie und Fresken von Stefano da Zevio und Bonaventura Buoninsegna (1402–ca. 33). Links neben dieser letzten Kapelle schließt die nördliche Stirnwand des Querschiffes an, deren ebenfalls dem Buoninsegna zugeschriebenen Fresken von einem schönen spätgotischen Portal durchbrochen werden (darüber drei Tafelbilder, das mittlere und das linke von Farinati).

Tritt man aus dem Hauptportal von Sant'Anastasia wieder hinaus auf die Piazzetta, so erblickt man rechts über dem Torbogen das frei stehende Baldachingrab des 1319 verstorbenen Guglielmo da Castelbarco, eine stilistische Vorstufe zu den Grabmonumenten der Scaligeri. Die gotische Kirche daneben, **San Pietro Martire (8),** wurde im Jahre 1354 als Kapelle der brandenburgischen Ritter geweiht, die Cangrande II. nach der Heirat mit seiner deutschen Frau als Söldner mitbrachte, sie garantierten dem Stadtdespoten eine ganze Weile seine Herrschaft, weshalb sich im Inneren zahlreiche Votivbilder der Brandenburger befinden, darunter eines von Turone. (Die Kirche ist nur bei Ausstellungen geöffnet.)

Wenige Minuten von Sant'Anastasia entfernt steht in der Via Forti Nr. 1 der Palazzo Forti aus dem 18. Jh. Er ist Sitz der **Galleria d'Arte Moderna (9)** mit einem Bestand Veroneser Malerei des 19./20. Jh. Wesentlich interessanter sind die Sonderausstellungen, in denen Künstler und Themen der klassischen Moderne und der Gegenwart vorgestellt werden. Ein paar Schritte weiter, in der Via S. Mamaso 2a befindet sich das sehenswerte **Museo Miniscalchi-Erizzo (10).** Dabei handelt es sich um das große Wohnhaus, das sich die Veroneser Adelsfamilie der Miniscalchi im 15. Jh. erbaute, in den folgenden Jahrhunderten erweitern ließ und bis 1977 bewohnte. Dieser seltene Glücksfall begründet den Reiz des Ortes; denn die Ausstellungsstücke des Museums (u. a. venezianische Gemälde, Zeichnungen aus der Renaissance, Bronzen, Waffen, Porzellan, kunstgewerbliche Gegenstände, antike Fundstücke), die größtenteils von der Familie selbst gesammelt wurden, sind in den Räumen einer ständig bewohnten und vorzüglich restaurierten Adelsresidenz zu bewundern. Glanzstück des Hauses ist die ›Wunderkammer‹ des Ludovico Moscardo, die dieser adelige Gelehrte im 17. Jh. zusammenstellte: eine amüsante Sammlung kurioser Gegenstände und staunenswerter Apparaturen ganz im Geist der manieristischen Kultur.

Dom und Vescovado

Viele Besucher Veronas wähnen sich schon in der Kirche Sant'Anastasia aufgrund von Größe und Pracht des Bauwerks im Dom der Stadt. Dem ist nicht so, denn der Dom liegt einige Minuten entfernt, von der Piazzetta Sant'Anastasia die Via Duomo hinauf, am Rande der Altstadt in der Nähe des Etschufers.

Hier war in den Ruinen römischer Villen mit ihren Thermen bereits in der zweiten Hälfte des 4. Jh. die wohl älteste frühchristliche Kirche Veronas entstanden; nur wenige Jahrzehnte später, Anfang des 5. Jh., wurde sie durch eine größere Basilika ersetzt. Der geweihte Ort und das reichlich vorhandene Steinmaterial waren vermutlich Anlass für die Errichtung einer Domkirche (9. Jh.) in so ungewöhnlicher Lage abseits des politischen Zentrums der Stadt. Diese periphere Stellung sollte der Dom im wörtlichen wie übertragenen Sinne behalten, denn nach dem schweren Erdbeben des Jahres 1117, dem fast alle frühen Dome Oberitaliens zum Opfer fielen, wurde der heutige Bau 1139–84 an derselben Stelle errichtet, zusammen mit einer Taufkirche, einem Kreuzgang, Bischofspalast (Vescovado), einer eigenen Kirche für das Domkapitel und der Kapitularbibliothek bildete er einen kleinen Kirchenstaat am Rande der Stadt. Die italienischen Bischöfe waren bis zum Investiturstreit von den ottonischen Kaisern als Garanten ihrer Macht in Italien eingesetzt und mit bedeutenden Rechten und Einkünften ausgestattet worden. Als die deutschen Kaiser den Investiturstreit verloren hatten, büßten auch die italienischen Bischöfe ihre Machtstellung ein. Nun durfte nur noch der Papst die Bischöfe einsetzen. Dieser war jedoch unfähig, den nicht mehr vorhandenen Schutz durch die Reichsgewalt zu ersetzen, und so verloren die Bischöfe Stück für Stück ihre Macht an die Institutionen der aufblühenden Stadtrepubliken. So gingen dem Veroneser Bischof mit der Zeit zahlreiche Steuer- und Stapelrechte, Wege- und Wasserzölle und vieles andere verloren, bis er politisch nur noch eine bessere städtische Repräsentationsfigur abgab, die die herrschenden Parteien nach Belieben aus ihren Reihen stellten. Als dann zur Zeit der Scaligeri die innen ungleich prächtigere Kirche Sant'Anastasia im Zentrum entstand, rückte der alte Dom endgültig an die zweite Stelle.

Der **Dom Santa Maria Matricolare (11)** präsentiert sich seit seinen letzten, 1444–1520 erfolgten Veränderungen als mächtiger romanischer Außenbau mit gotischem Innenleben. Fassade, Seitenportal und vor allem die riesige Apsis stellen klassische Beispiele oberitalienisch-lombardischer Romanik dar, bereichert um die veronesische Komponente der farbigen Wandgliederung durch horizontale Schichten von Tuff- und Backsteinen. Typisch lombardisch ist der baldachinartige Portalvorbau, der hier in monumentaler Steigerung gleich doppelgeschossig erscheint. Er ruht auf gedrehten Säulen, die von großen Fabeltieren getragen werden, die dahinter aufragende Westfassade folgt dem basilikalen Querschnitt der Kathedrale und ist von Lisenen, Rundbogenfriesen und Blendbogengalerien reich gegliedert. Das Portal ist das letzte Meisterwerk des berühmten Maestro Nicolò, der auch die Portale in San Zeno (s. S. 245ff.) und am Dom von Ferrara geschaffen hat, einer der wenigen Bildhauer des Hochmittelalters, der sich mit einer Inschrift namentlich selbst genannt hat. Die ganze Pracht romanischer Bauplastik entfaltet sich unter dem Baldachinvorbau im vielfach abgestuften Gewände des Portals. Zwischen verschieden geformten und ornamentierten eingestellten Säulchen erscheinen im Hochrelief

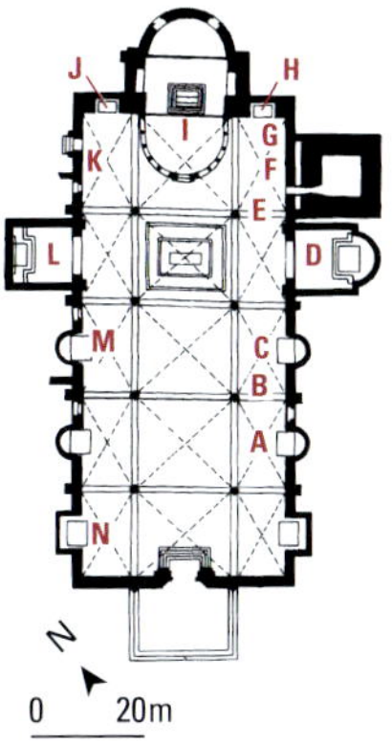

Dom Santa Maria Matricolare

A Altartafel, in der Mitte ›Anbetung‹, Liberale da Verona (15. Jh.)
B Romanisches Weihwasserbecken
C ›Verklärung Christi‹, G. Cignaroli (1741)
D Cappella del Sacramento (barock)
E Romanisches Fresko ›Kreuzigung‹
F Orgel
G Grabstein Papst Lucius' III. (12. Jh.)
H Cappella Mazzanti: Grabmonument der hl. Agatha (1353)
I Chorschranken (›tornacoro‹)
J Cappella Maffei
K Orgel, Gemälde von F. Brusasorci (16. Jh.)
L Cappella della Madonna del Popolo (barock)
M Altar mit Gemälden der Veroneser Schule (16. Jh.)
N ›Altargemälde ›Mariä Himmelfahrt‹, Tizian

gearbeitete Prophetenstatuen, die zu den frühesten mittelalterlichen Gewändeskulpturen gehören; an den beiden vordersten Pfeilern sind zwei größere gerüstete Kriegerfiguren angebracht, welche angeblich die Paladine Karls des Großen, Roland und Olivier, darstellen.

Die hervorragenden Steinmetze der lombardischen Romanik entfalteten die ganze Pracht ihrer zeitgenössischen Bauplastik am Portalgewände des Doms von Verona.

Geht man rechts um den Dom herum, erreicht man an der südlichen Außenmauer das kleinere, aber in gleicher Art ausgeführte **romanische Seitenportal** mit doppelstöckiger Säulenstellung und bemerkenswerter skulpturaler Ausstattung, die sich hier besonders an den Kapitellen zeigt. Berühmt ist die **Ostseite** des Doms mit der gewaltigen Hauptapsis; die äußerste Strenge ihrer monumentalen Gliederung durch steil aufsteigende flache Lisenen kontrastiert effektvoll mit den formenreichen Kapitellen und dem oben umlaufenden Ornamentfries.

Wenn man schon um den Dom herumgegangen ist, sollte man von der Apsis die wenigen Schritte zum Tor des **Bischofspalastes (12),** des Vescovado, nicht auslassen. Es öffnet sich in einer wehrhaften, zinnenbekrönten Mauer zum Hof mit einer weiträumigen spätgotischen Loggia, die auf romanischen Säulen steht, die während des Domumbaues 1475 aus dessen Inneren hierherversetzt wurden. Die gegenüberliegende Seite des Hofes nimmt die Fassade des im 15. Jh. neu errichteten Bischofspalastes ein, aus der noch ein breiter Turm des romanischen Vorgängerbaus (12. Jh.) herausragt. Geht man vom Vescovado wieder zurück zum Dom, sollte man bedenken, dass ungefähr hier das vermutlich unschuldige Blut des Bischofs Bartolomeo della Scala in den Staub floss. Sein Verwandter, der Stadtherrscher Mastino II., hatte einen Wink erhalten, dass während seines Konflikts mit Venedig neben zahlreichen anderen Verbündeten auch der Bischof von Verona zur Partei der Lagunenstadt überlaufen wollte. Dieser hatte wohl tatsächlich mit der Serenissima verhandelt, doch nicht in verräterischer Absicht, was ihm der krankhaft misstrauische Mastino nicht glaubte: Am 27. August 1338 begegnet er dem Bischof vor dem Vescovado und stellt ihn zur Rede. Im Laufe des folgenden Wortwechsels greift Mastino zum Schwert und meuchelt den Kirchenmann auf offener Piazza.

Den **Dom** betritt man durch das Seitenportal der Südseite (s. o.). Hinter dem romanischen Außenbau öffnet sich ein weiter, in gotischer Zeit umgestalteter Innenraum, für den alle einleitenden Bemerkungen zu Sant'Anastasia Gültigkeit haben (s. S. 210ff.). Hier allerdings öffnen die mächtigen Bündelpfeiler der Arkaden das Mittelschiff zu zwei fast gleich hohen Seitenschiffen, wodurch beinahe der Eindruck einer Hallenkirche entsteht. Um wie viel näher Sant'Anastasia dem öffentlichen Leben der Stadt stand, lässt sich auch daran ermessen, dass dort die Kapellen Grabmonumente bedeutender Persönlichkeiten oder Familien Veronas enthalten; hier im Dom wurden sie fast alle von Domkanonikern gestiftet und sind daher – mit einer Ausnahme – entsprechend weniger repräsentativ ausgestattet. Diese Ausnahme befindet sich am Altar in der ersten Kapelle des linken Seitenschiffs. Dort ist in großartig vereinfachter Komposition eine **›Himmelfahrt Mariens‹** zu sehen, 1540 vom großen Venezianer **Tizian** gemalt. Die Seitenschiffe zeichnen sich durch eine Kuriosität aus: Im frühen 16. Jh. hat Giovanmaria Falconetto, der ein guter Architekt, aber mäßiger Maler war, ihre hohen Wände mit ungeheuren, von allerlei Heiligen bevölkerten Scheinarchitekturen der Antike und der Renaissance bemalt, die die Pilasterordnungen um die Kapellennischen in eigentümlichster Weise monumentalisieren. In den Kapellen der Seitenschiffe beachte man zwei gute Altartafeln der Veroneser Schule des 16. Jh.: Neben dem Seitenportal

Von schon barockem Pathos ist die Komposition der um 1540 gemalten ›Himmelfahrt Mariens‹ des großen Tizian. Die Personen zeigen jedoch die porträthafte Genauigkeit und psychologische Einfühlung des venezianischen Renaissance-Malers.

das Altarpolyptichon mit einer vorzüglichen Mitteltafel von Liberale da Verona (›Anbetung der Könige‹) und Seitenteilen von Nicolò Giolfino sowie das Altarpolyptichon (u. a. ›Hl. Familie‹) in der dritten Kapelle des linken Seitenschiffs. Die beiden größeren Kapellen der jeweils vierten Seitenjoche wurden gegen 1760 barockisiert; um 1600 entstanden die mächtigen Orgelemporen im rechten und linken fünften Joch. Das Ende des rechten Seitenschiffes nimmt das große gotische Grabmonument der hl. Agatha ein. Das kunstvolle Werk von 1353 zeigt das von vier Engeln bewachte Totenbett der Heiligen, überwölbt von einem Baldachin mit der grausigen Darstellung ihres Martyriums.

Die Ostpartie des Domes wird geprägt von den halbrund in den Raum vorstoßenden Chorschranken (1534) des Veroneser Festungsbaumeisters Michele Sanmicheli, dem so genannten *tornacoro*. Der viel gerühmte, klassizierende Aufbau beschränkt sich auf schlichteste architektonische Elemente – Säulen, Brüstung, Gebälk und Rundbogen – und besticht durch die edlen Farben seines polychromen Marmors. In der Apsis Renaissance-Fresken des Jahres 1534 von Francesco Torbido nach Vorlagen von Giulio Romano. Wer dessen Fresken im Palazzo Te in Mantua gesehen hat, wird sein souveränes Talent für die illusionistische Täuschung und seinen Hang zum Grotesken sofort wieder erkennen.

Unter der Orgel des linken Seitenschiffs (Flügelgemälde von Felice Brusasorci) führt eine Tür in den alten Kathedralbezirk. Vorbei an

Das romanische Taufbecken in San Giovanni in Fonte neben dem Dom

einem im 12. Jh. an den Dom angebauten Portikus mit antikisierenden Kapitellen (darunter Reste der frühchristlichen Kirche des 5. Jh.) gelangt man zur Taufkirche **San Giovanni in Fonte (13).** Diese stellt nicht, wie sonst häufig in Italien zu finden, einen polygonalen Zentralraum dar, sondern eine klar gegliederte dreischiffige Basilika, errichtet 1122–35. Neben dem klassischen Raumeindruck und den romanischen und gotischen Freskenfragmenten gilt die Aufmerksamkeit vor allem dem berühmten Taufbecken.

Es ist aus einem einzigen rosafarbenen Marmormonolith gehauen und zu einem großen Oktogon mit acht Reliefszenen an den Außenseiten gestaltet. Diese Reliefs gehören zu den bedeutendsten Zeugnissen romanischer Skulptur in Oberitalien, sie bilden eine einzigartige Synthese zwischen der ins Monumentale übersetzten Formensprache byzantinischer Elfenbeinplastik und der aus dem Norden kommenden, individuell-expressiven Personenauffassung. Das um 1200 geschaffene Werk zeigt in acht Szenen die Heilsgeschichte von der Verkündigung bis zur Taufe Christi.

Nebenan steht **Sant'Elena (14),** die ehemalige Kirche des Domkapitels (12. Jh.). Im Inneren sind Mauerreste und Mosaiken der ersten Vorgängerkirche des Doms aus dem 4. Jh. (vor dem Presbyterium) und Reste der Apsis aus dem Erweiterungsbau des 5. Jh. ausgegraben worden.

Wieder zurück auf dem Domplatz, führt links neben dem Dom ein Durchgang in den weiten **Kreuzgang der Kanoniker**. Er stammt aus

Der Maler Giulio Romano war einer der größten Manieristen der italienischen Kunst. Nichts wollte er realistisch wiedergeben, alles war gezielt übersteigert und somit ironisch gebrochen. Daher konnte er auch nichts wirklich Heiliges malen – wie ein Blick in die Domapsis mit dieser seltsamen Apostelgalerie zeigt, die 1534 nach Vorlagen Giulio Romanos gemalt wurde.

dem 12. Jh.; seine von Doppelsäulen getragenen Arkaden sind an der Ostseite noch in ihrer doppelgeschossigen Anordnung zu sehen. In einem Flügel sind Fußbodenmosaiken und eine Säule der Basilika aus dem 5. Jh. erhalten.

Auf dem Domplatz erblickt man links neben der Kirchenfassade die Gebäude der **Kapitularbibliothek (15),** die aus dem im frühen 5. Jh. gegründeten Scriptorium Sacerdotum hervorging; entsprechend besitzt diese Bibliothek unschätzbare Stücke aus allen Bereichen des früh- und hochmittelalterlichen Geisteslebens, die bei gelegentlichen Ausstellungen gezeigt werden.

Von der Apsis des Domes sind es nur wenige Schritte zum alten Wachturm des **Ponte Pietra,** der von den Römern erbauten Brücke, die auf der ›Iconografia Rateriana‹, der ältesten Darstellung Veronas aus dem 10. Jh., Pons Marmoreus genannt wird. Alberto della Scala hatte sie 1298 instand setzen lassen, nach der Zerstörung im Zweiten Weltkrieg wurde sie unter Verwendung der Originalteile wieder aufgebaut. Hier ist auch der beste Ausgangspunkt für die Besichtigung der vielen Sehenswürdigkeiten am gegenüberliegenden Ufer der Etsch.

Am anderen Ufer der Etsch

Das Verona am anderen Ufer der Etsch zu Füßen der allerletzten Ausläufer der Alpen ist den meisten Reisenden nahezu unbekannt, allein das römische Theater mit seinen sommerlichen Freiluftaufführungen und seinem Archäologischen Museum kann eine gewisse Popularität beanspruchen. Unterhalb des römischen Kastells auf dem Hügel San Pietro, das später der Palast Theoderichs werden sollte, waren schon in frühmittelalterlicher Zeit bedeutende Bauwerke entstanden, im Mittelalter befanden sich hier die wichtigsten Klöster der Stadt, doch stand dieser Teil Veronas immer im Schatten des Zentrums am anderen Etschufer und wurde nach dem Bau des neuen Befestigungsrings der Scaligeri, der sich mit gewaltigen Mauern und Türmen noch heute über die Hügel zieht, so etwas wie ein Stadtrandgebiet ›hinter der Mauer‹, das zu Zeiten der della Scala und der Venezianer ziemlich aus dem Blickfeld der Stadtgeschichte geriet. Dafür haben sich hier unter der allmählich fortschreitenden Überbauung des römischen Theaters mehr archäologisch bedeutsame Fundstücke erhalten als in der zu allen Zeiten benutzten Arena, auch die frühchristliche Zeit ist noch in der Kirche Santo Stefano lebendig. Vor allem aber schmücken die vielen Kirchenwände dieses Stadtteils weniger gotische Fresken als eine einzigartige Zusammenstellung der Kunst der Veroneser Renaissance und der zu dieser Zeit blühenden lokalen Malerschule. Was an Gemälden im Castelvecchio museal zusammengestellt ist, hängt hier noch wie seit Jahrhunderten an seinen originalen Plätzen in weiten Kirchenräumen, ein viel zitiertes ›Pantheon der Veroneser Malerei‹. Zusammen mit dem kleinen architektonischen Meisterwerk der Veroneser Romanik, der Kirche San Giovanni in

Noch immer führt die römische Ponte Pietra über die Etsch. Sie verband das antike Verona, das in einer Flussschleife bereits in der Ebene lag, mit dem Hügel San Pietro, dem letzten bergigen Ausläufer der Alpen. Dort standen die römische Festung und das antike Theater.

Valle (s. S. 227) und dem von Statuen, Grotesken und Grotten geprägten Giardino Giusti ist das andere Etschufer eine Kunstreise für sich, die ein wenig bekanntes Verona entdecken lässt.

Teatro Romano und Museo Archeologico

Vom Ponte Pietra hat man den besten Blick über die Etsch auf den Colle di San Pietro, und ein wenig wirkt der Hügel noch so, wie die Römer ihn hergerichtet hatten: als theatralische Kulisse der Stadt. Damals erblickte man von der Brücke eine der Stadt zugewandte Prunkfassade vor dem steil aufsteigenden Rund der Sitzreihen des römischen Theaters, darüber die antike Zitadelle. Auch wenn die Prunkbauten verschwunden sind, erblickt man noch immer die Halbringe der Theaterränge und auch eine Festung darüber, wenn auch neueren Datums. Dafür hat der der Stadt zugewandte Hang durch die hohe Zypressenallee und die über dem Theater thronende Kirche neue Akzente gewonnen.

Das **Teatro Romano (16)** wurde um die Zeitenwende als Schauplatz für die moralische Erbauung durch Theaterstücke noch vor der Arena, der Stätte der blutigen *circenses,* errichtet. Zwischen zwei Brücken in den Hügel unterhalb der Zitadelle hineingebaut mit der prächtigen statuengeschmückten Frontmauer direkt am Flussufer und den hoch aufragenden Paraskenien an den Seiten bot es einen wahrlich grandiosen Anblick, doch hatten seine Erbauer einen unseligen Hang zur Sparsamkeit. Schon die Idee, die Substruktionen einzusparen und die Zuschauerränge größtenteils auf die nackte Erde aufzusetzen, machte ein ausgeklügeltes System notwendig, mit dem die Feuchtigkeit des Bodens in die Etsch abgeleitet wurde. Aus heutiger Sicht viel verhängnisvoller war die Verwendung porösen Kalksteins, den man anstelle des teuren Marmors überall dort einsetzte, wo es nicht auffiel. So erließ schon Berengar nach mehreren Todesfällen durch einstürzende Mauern den Befehl, baufällige Teile abzureißen. Im Mittelalter bot der prekäre Zustand willkommenen und behördlicherseits genehmigten Anlass, die aufragenden Teile des antiken Theaters als Steinbruch zu benutzen. Das einstige Prestigeobjekt des römischen Verona wurde mit privaten Bauten zugedeckt und geriet in Vergessenheit; dem allem Antiken nachspürenden Goethe war es nicht bekannt. Nach Aufsehen erregenden Funden kaufte der Archäologe Andrea Monga das ganze Gelände, ließ außer den sakralen Bauten alles abreißen und begann 1834 mit systematischen Ausgrabungen. Die Frontmauer und die seitlichen Paraskenien, die monumental überbauten Eingänge, sind heute fast verschwunden, doch ist die Szene mit den aufsteigenden Zuschauerrängen vor der Kirche Santi Siro e Libera und den kahlen Mauern des Klosters San Girolamo noch immer beeindruckend. Heute finden hier im Rahmen der sommerlichen Opernsaison Theateraufführungen, Konzerte und Ballettpräsentationen statt. Über die zum Teil erneuerten Zuschauerränge geht es steil hinauf zur schönen barocken Freitreppe unter dem Portalvorbau der **Kirche Santi Siro e Libera;** sie geht auf das 10. Jh. zurück und stellt heute ein undefinierbares Gemisch von Bauformen dar. Weiter führen die Stufen des Zuschauerraums hinauf vor die kahlen, abweisenden Mauern des spätmittelalterlichen **Klosters San Girolamo.** Ein Fahrstuhl bringt die Besucher zu dem in seinen Räumen untergebrachten **Museo Archeologico.** Hier sind römische Mosaiken, Fußböden, Statuen und eine beachtenswerte Sammlung von Kleinbronzen untergebracht, zum Großteil im Veroneser Stadtgebiet ausgegrabene Fundstücke.

Der Colle di San Pietro

Links neben dem römischen Theater führt eine Treppe, deren Verlauf schon auf einer Zeichnung aus dem 10. Jh. sichtbar ist, hinauf auf den **Hügel San Pietro**, seit den Römern der Festungsberg hoch über der Etsch. Auf ebenderselben Zeichnung, der ›Iconografia Rateriana‹, ist am Ende der Treppe ein angedeuteter Palast zu sehen, ein zweiter mit zwei großen Türmen ist am Ufer der Etsch abgebildet. Einer von beiden soll der sagenhafte Palast des Gotenkönigs Theoderichs des Großen gewesen sein, und einiges spricht dafür, dass er hier oben, in den Mauern der ehemals römischen Zitadelle stand. Sollte es so gewesen sein, dann hat hier auch die berühmt-berüchtigte Szene gespielt, in deren Verlauf Alboin, der König der den Goten folgenden Langobarden, seine Gemahlin Rosamund zwang, ihm aus dem Schädel ihres Vaters zuzutrinken, wofür sie ihren Gatten von ihrem Geliebten Helmich ermorden ließ. Nach der Niederwerfung der Langobarden residierte der fränkische König Pippin auf dem Berg über der Stadt, dann geriet die Festung außer Gebrauch: Die Veroneser Bischöfe verbarrikadierten sich in der Arena, die Scaligeri in ihren

Den kurzen Aufstieg zum Castel San Pietro darf man keinesfalls versäumen, denn nur von hier oben zeigt sich Verona in der ganzen Vielfalt seiner landschaftlichen Gegebenheiten und der Fülle seiner Architekturformen.

wehrhaften Stadtpalästen, dann im Castelvecchio. Erst die Visconti bauten das Castel San Pietro zu einer gewaltigen mittelalterlichen Burg aus, wie sie noch mit Mauern und Türmen auf der Radierung des Matthäus Merian zu sehen ist. Diese Burg wurde als strategisch wichtiger Punkt in den Kämpfen Napoleons gegen die Österreicher völlig zerstört, 1831 begannen letztere mit dem großen kasernenartigen Bau des heutigen **Castel San Pietro (17),** neben dem nur noch ein Gartenrestaurant mit dem Namen ›Teodorico‹ an die Geschichte des Ortes erinnert. Die Fortifikationen auf den umliegenden Hügeln sind Kanonenforts aus österreichischer Zeit, als Verona Teil des gefürchteten Festungsvierecks (s. S. 93) war.

Wendet man sich vom römischen Theater etschaufwärts, erblickt man zwei markante Kirchenbauten: einen Steinwurf entfernt Santo Stefano mit dem achteckigen Vierungsturm und ein wenig weiter die mächtige Kuppel von San Giorgio Maggiore.

Santo Stefano

Santo Stefano (18) ist eine der ältesten frühchristlichen Kirchenbauten Veronas, die spätestens im 5. Jh. errichtet wurde. Die Annahme, dass Theoderich der Große in ihren Mauern stand, ist mehr als wahrscheinlich, befand sich sein königlicher Palast doch ganz in der Nähe. In einer seiner Verfügungen ist sie auch erstmals erwähnt, und dies in unüblichem Zusammenhang: 520 ordnete er eine Strafaktion gegen die Gemeinde Santo Stefano an, da diese der Übergriffe auf Synagogen für schuldig befunden worden war. Von der ursprünglichen einschiffigen Kirche sind nur noch Mauerteile und einige Kapitelle erhalten. Heute bildet der Bau außen und innen ein kompliziertes Gemisch verschiedener Epochen, doch hielt man sich im wesent-

Innen und außen zeigt die im 5. Jh. gegründete Kirche Santo Stefano Zeugnisse einer fast tausendjährigen Baugeschichte.

lichen immer an die Ausmaße der alten Kirche. So wurde im 10. Jh. nach Zerstörungen durch die Ungarn das Innere in einen dreischiffigen Raum verwandelt, ohne die Außenmauern zu verändern, und die Chorapsis mit einem zweigeschossigen Umgang versehen. Nach dem Erdbeben von 1117 entstanden der in Verona einzigartige achteckige Vierungsturm mit den zweigeschossig angeordneten Biforien und eine neue Fassade im romanischen Baustil. Obwohl die wesentlichen Veränderungen nach dem ersten Bau in einem Zeitraum von fast 700 Jahren erfolgten, gehört Santo Stefano noch heute zu den ältesten und beeindruckendsten Kirchen der Stadt.

Der architektonisch interessanteste Teil des Innenraums ist der niedrige Chorumgang aus dem 10. Jh., der zu den suggestivsten Beispielen der vorromanischen Kunst Oberitaliens zählt. Beachtenswert sind die unbeholfen wirkenden Kapitelle, die an jene in San Zeno in Bardolino erinnern. Im Scheitelpunkt des Umgangs steht ein einfacher Bischofssitz des 11. Jh., das Gewölbe des Altarraumes bemalte Domenico Brusasorci (Mitte 16. Jh.); das gotische Fresko in der Kapelle links des Presbyteriums steht dem Stile Stefanos da Verona nahe. Der untere Teil des zweigeschossigen Umgangs aus dem 10. Jh. befindet sich heute in der Krypta, die im 12. Jh. ausgebaut worden war, sodass das Presbyterium und die Seitenschiffe gegenüber dem Kirchenraum erhöht wurden. Im rechten Seitenschiff öffnet sich die 1618/19 angebaute Cappella degli Innocenti, eines der wenigen qualitätvollen Beispiele des Veroneser Frühbarock.

San Giorgio Maggiore

Weiter etschaufwärts steht fast am Ufer die große Kirche **San Giorgio Maggiore (19)** vor dem gleichnamigen Stadttor des 16. Jh. Schon im 8. Jh. soll an dieser Stelle das Kloster gegründet worden sein, das unter dem Namen San Giorgio in Braida im hohen Mittelalter durch Schenkungen und wirtschaftliche Maßnahmen reich wurde; denn wie das nahe gelegene Kloster Santa Maria in Organo siedelte es gegen Zehnt und Pacht auf dem klostereigenen Boden Bauern an, die der feudalen Abhängigkeit von ihren Herren entflohen waren, aber aufgrund entsprechender Gesetze nicht in der Stadt wohnen durften. Auch vom regen Handelsverkehr auf dem Fluss profitierten beide Klöster, denn sie besaßen Zoll- und Hafenrechte. Aus dieser Zeit ist jedoch nichts mehr erhalten, der heutige Bau von San Giorgio wurde 1477 begonnen und war um 1530 fertig; die dominierende Kuppel geht auf einen Plan Sanmichelis zurück, der aber erst 1604 in die Tat umgesetzt wurde.

Die strenge Fassade mit ihrer kühlen Marmorverkleidung korrespondiert auf eindrucksvolle Weise mit dem gegenüberliegenden Stadttor Porta San Giorgio. Das einschiffige Innere mit dem großen Kuppelraum enthält in seinen qualitätvollen Gemälden eine viel zitierte ›Pinakothek‹ oberitalienischer Malerei des 16. Jh.; denn nicht nur viele Exponenten der Veroneser Kunst sind hier mit ihren Werken vertreten, sondern auch Tintoretto, Veronese und die beiden größten zeitgenössischen Brescianer Moretto und Romanino. Über dem Portal hängt die Jacopo Tintoretto zugeschriebene ›Taufe Christi‹, ein Bild, das in seiner großartigen Komposition und den gekonnten Lichteffekten bemerkenswert ist. Von den Gemälden der rechten Seite sind in der dritten Kapelle Domenico Tintorettos ›Pfingstwunder‹, an dem wohl auch Palma il Giovane mitgewirkt hat, hervorzuheben und in der folgenden Kapelle das Altarblatt (Maria und Erzengel) von Felice Brusasorci. Das Gemälde (hl. Ursula mit Jungfrauen) in der ersten linken Seitenkapelle, das in der Haltung der Figuren bereits manieristische Züge aufweist, ist ein Spätwerk (1545) von G. Francesco Caroto, der auch die Flügel des Triptychons in der dritten Kapelle bemalte. Im weiten Kuppelraum hängen Werke der beiden größten Maler der Brescianer Hochrenaissance: ein Altarblatt (Madonna mit Kind und Heiligen, 1540) von Moretto und zwei ehemalige Orgelflügel (hl. Georg vor dem Richter) von Gerolamo Romanino (s. S. 308f.). Die beiden Figuren der Verkündigung zu Seiten des Presbyteriums malte Giovanni Caroto. Der Hochaltar birgt das größte Kunstwerk der Kirche, die in Komposition, Farbgebung und Lichtführung gleichermaßen meisterhafte ›Marter des hl. Georg‹ (1566) des Paolo Caliari, nach seiner Geburtsstadt Veronese genannt; er malte das Bild wahrscheinlich während eines kurzen Aufenthaltes in seiner Heimatstadt anlässlich der Heirat seiner Tochter, denn schon einige Jahre vorher hatte er Verona verlassen, um in Venedig seinem Talent und Können angemessene Aufträge zu suchen; dort kam er, der zu den Besten seiner Zeit zählt, auch zu dem ihm gebührenden Ruhm. Sein Freund Paolo Farinati malte die ›Brotvermehrung‹ an der rechten Wand des Presbyteriums, gegenüber eine ›Mannalese‹ von Felice Brusasorci.

Auf der anderen Seite des Teatro Romano folge man nun nicht dem Etschufer, sondern der schräg in das Häusergewirr eintauchenden Via Redentore, die in die Via S. Chiara übergeht. Von dieser biegt bald links die schmale alte Gasse **San Giovanni in Valle** ab, die nach einigen Windungen zur gleichnamigen **Kirche (20)** führt. Hinter der einfachen Fassade mit dem Lünettenfresko von Stefano da Verona öffnet sich einer der eindrucksvollsten und in seiner Klarheit bestechendsten Kirchenräume der Veroneser Romanik. Mit dem basilikal angeordneten Langhaus, zu dem vom Portal eine Treppe hinunterführt, dem fehlenden Querschiff und dem von der Krypta emporgehobenen Presbyterium mit dreiapsidialem Abschluss ist der um 1120 nach dem großen Erdbeben in Angriff genommene Bau ein typisches Beispiel der romanischen Sakralarchitektur in Verona, in den Grundzügen ähnlich dem größeren und berühmteren San Zeno, das zur gleichen Zeit entstand. Der westliche Teil der Krypta stammt noch aus dem 9. Jh. und ist letztes Zeugnis einer älteren Kirche, deren Entstehungszeit unbekannt ist. San Giovanni in Valle ist nur während der morgendlichen Gottesdienste geöffnet, doch lohnt auch der Blick auf den harmonischen Außenbau mit dem malerischen romanischen Kreuzgang, von dem noch zwei Flügel erhalten sind.

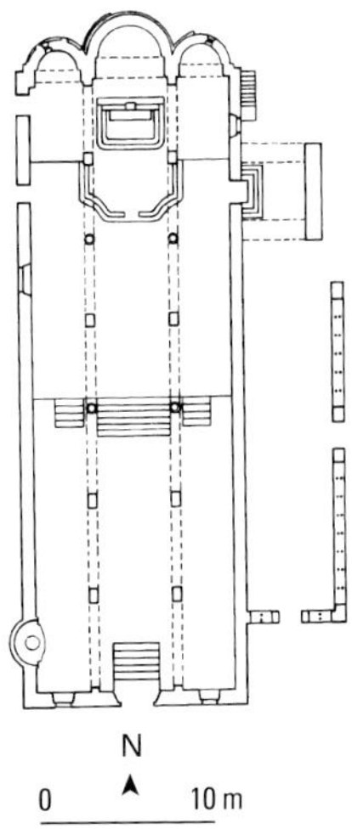

Grundriss von San Giovanni in Valle

Ein wenig weiter steht die Kirche **Santa Maria in Organo (21)**, deren hoher Kirchturm die Dächer überragt (der Eingang liegt in der Straße I. dell'Acqua Morta). Die eigenartige Fassade mit dem von Sanmicheli entworfenen unteren Teil (Ende 16. Jh.) lässt nicht ahnen, dass sich dahinter eine reiche Freskenausstattung aus der zweiten Blüte der Veroneser Malerei im beginnenden 16. Jh. befindet und vor allem das kunstvoll intarsierte Chorgestühl des Fra Giovanni, eines der schönsten Kunstwerke in der ganzen Stadt.

Fast alle namhaften Renaissance-Maler Veronas haben sich an der vollständigen Freskierung der Kirche Santa Maria in Organo beteiligt. Die Szenen aus dem Neuen Testament im linken Seitenchor stammen von Domenico Brusasorci.

Das im 7. oder 8. Jh. von Benediktinern gegründete Kloster Santa Maria in Organo war im Mittelalter unermesslich reich geworden; 1444 wurde es von den Olivetanern übernommen, die 1481 mit dem Umbau der Kirche begannen. Der dreischiffige Innenraum präsentiert sich seitdem in gefälliger, aber nicht weiter bemerkenswerter Renaissance-Architektur, sehenswert macht ihn seine Ausstattung. Die reiche Ausschmückung mit Fresken und Gemälden stammt ebenfalls aus der Renaissance und dokumentiert die produktive Veroneser Kunst des 16. Jh., die keine herausragenden, aber durchweg qualitätvolle Werke hervorbrachte. Aufmerksamkeit verdienen zuerst die Fresken (1. Hälfte 16. Jh.) der dem Mittelschiff zugewandten Wände des Obergadens. Sie sind mit Szenen aus dem Alten Testament bemalt, rechts von Francesco Caroto, links von Nicolò Giolfino. Das Bild in der dritten Kapelle des linken Seitenschiffs malte Francesco Morone, das Altarblatt der folgenden, in der die Brüder Francesco und Giovanni Caroto begraben sind, stammt vom Brescianer Gerolamo Savoldo. Reich geschmückt mit Fresken ist der rechte Arm des Querhauses, dessen Stirnwand Francesco Torbido und Paolo Morando, genannt Cavazzola, ausmalten. Nähere Betrachtung verdient die hier sich öffnende **Cappella della Croce.** Denn ihre Fresken bezeugen die Kunst des 1476 geborenen Nicolò Giolfino, des Schülers Liberales und wahrscheinlich besten Veroneser Meisters des frühen 16. Jh. – und dies, obwohl er gar nicht in das damals favorisierte venezianische Kunstverständnis der verhaltenen, idealisierenden Harmonie passte. Im ›Jüdischen Osterfest‹, in dem sich die Priester um den Tisch mit dem Ostermahl versammeln, sind es die expressiven Gesichter, die sprechenden Gesten, die das Bild zu dramatischer Lebendigkeit führen. Noch deutlicher wird die Bildsprache Giolfinos in Moses und seinen Begleitern im Vordergrund der ›Mannalese‹.

Die großen Gemälde im **Presbyterium** (›Triumph Konstantins‹ und ›Bethlehemitischer Kindermord‹) sind Werke des Paolo Farinati. Hinter dem prächtigen Hochaltar von 1714 erstreckt sich der tiefe Mönchschor, der einen der Höhepunkte der Veroneser Kunst birgt. Der Olivetanermönch Fra Giovanni da Verona, ein Meister auf vielen Gebieten – Miniaturist und Architekt, er plante auch den Campanile von Santa Maria in Organo –, schuf zwischen 1493–99 in mehrjähriger Arbeit das in kunstvollster Manier intarsierte **Chorgestühl.** Es sind zwar auch Heilige unter Arkaden, vor allem aber in phantasievollen Einfällen Stadtansichten, Innenräume, große Möbel mit sich öffnenden Türchen, dahinter Haushaltsgegenstände, Werkzeuge, wissenschaftliche Geräte und Musikinstrumente, außerdem Tiere, Obst und Blumenranken in einer Perfektion dargestellt, die selbst den Unterschied zwischen frischen und welken Blättern genauestens erfasst. Bewundernswert ist außerdem die räumliche Wirkung dieser Intarsienarbeiten, die statt der reichen Farbskala eines Gemäldes nur verschiedene Holztöne zur Hervorbringung von Licht und Schatten, Vorder- und Hintergrund zur Verfügung hatte.

Von bestechender Kunstfertigkeit und größtem Einfallsreichtum sind die berühmten Intarsienarbeiten des Chorgestühls und der Sakristei von Santa Maria in Organo.

Die 1504 errichtete **Sakristei** bezeichnete schon Vasari als die schönste Italiens. Die meisterlich intarsierten Wandverkleidungen schuf Fra Giovanni, die bezaubernden Landschaftsbilder der Kastenbänke und an der gegenüberliegenden Wand stammen von mehreren Mitgliedern der Malerfamilie Brusasorci. An den Wänden darüber ziehen sich in einem breiten Fries Porträts von Olivetanermönchen um den Raum, darüber Päpste und Kirchenväter, über allem erscheint Christus als Erlöser; die Fresken sind Werke Francesco Morones. Beachtenswert ist auch das schöne steinerne Altarretabel des 14. Jh., das seinen Platz ursprünglich in der Krypta hatte.

Vor der Sakristei führen steile Treppen hinab in die schmucklose Krypta des 12. Jh., die vom Vorgängerbau stammt und in den Säulen Spolien des ersten, noch vorromanischen Baus enthält. Auf dem Rückweg durch die Kirche beachte man die Skulptur eines Palmesels aus dem 15. Jh. und die Fresken Domenico Brusasorcis (Szenen aus dem Neuen Testament) in der Kapelle links neben dem Presbyterium.

Unvergessen sind bei den Veronesern die Theaterspielzeiten der Jahre 1952, 57 und 62 – damals residierte die Contessa Nora Giusti del Giardino im Palast –, als der Garten nachts als Kulisse für Aufführungen von Shakespeares ›Ein Sommernachtstraum‹ diente. Unübertrefflich die Effekte dieser historischen Naturbühne, als aus dem überwachsenen Treppenturm, den verdeckten Höhlen und Grotten halb unsichtbar Elfen und Fabelwesen mit kleinen Fackeln die verschlungenen Wege des Gartenhanges entlanghuschten.

Der Giardino Giusti

Geradlinig geht die Via Santa Maria in Organo in die Via Giardino Giusti über, und in der engen Straßenschlucht zwischen den Wänden alter Häuser mag man sich fragen, ob der Name nicht nur eine ferne Erinnerung vergangener Schönheit darstellt. Doch wenn man das Tor der verblichenen Fassade mit der Hausnummer 2 durchschreitet – einst war sie mit illusionistischen Säulen freskiert –, steht man im arkadengeschmückten Innenhof des Palastes der Familie Giusti, ein riesiger alter Leuchter hängt unter den Gewölben und durch die schmale Tür einer zinnenbekrönten Mauer geht der Blick in den berühmten Garten. Ein Teil der Familie Giusti musste im 15. Jh. aus politischen Gründen ziemlich eilig Florenz verlassen und begab sich nach Verona. Hier bauten sie einen schlichten Palazzo und legten dahinter einen Garten an, von dem sie selbst so begeistert waren, dass sie sich fortan ›Giusti del Giardino‹ nannten. Die alten Zypressen dieser Anlage waren so bekannt, dass sie auch Goethe hierherlockten, der sie »pfriemenartig in die Luft stehen« sah. Im 19. Jh. wurde der **Giardino der Giusti (22)** dem veränderten Zeitgeschmack entsprechend in eine englische Parkanlage umgewandelt, in die jedoch gegen Ende des Zweiten Weltkrieges mehrere Brandbomben fielen. Danach hat man den Garten im ursprünglichen Renaissance-Stil wieder errichtet und inmitten Veronas eine Oase geschaffen: Da auch über Mittag geöffnet, bietet der Giardino Giusti im Schatten seiner kühlen Brunnen eine angenehme Möglichkeit, die heißesten Stunden des Tages zu verbringen.

Das Gartengelände besteht aus zwei Teilen: Im Vordergrund bedecken mehrere Heckenlabyrinthe die Fläche, in deren Mitte Statuen oder Brunnenschalen stehen, dahinter steigt unter dichter

Nur auf dem anderen Ufer der Etsch, außerhalb der auf römischem Straßenraster dicht gedrängten Altstadt von Verona, war die Anlage eines Palastes mit einem großen Renaissance-Garten möglich. Der Giardino Giusti wurde ein Juwel italienischer Gartenbaukunst.

Vegetation ein steiler Hang an. Der zentrale Weg läuft auf eine Groteske mit großem Maul zu, die von der Höhe herabschaut; den Hang hinauf führen künstlich angelegte Pfade, von der Pflanzenfülle in dämmrige Hohlwege verwandelt, auf denen man sich gelegentlich sieht, aber nicht begegnen muss. Vorbei an verfallenden Grotten und überwucherten alten Pavillons treffen sich alle Wege am halb in den Felsen gebauten Treppenturm, der hinauf zu den oberen Terrassen führt, von wo sich ein prächtiger Blick über Verona ergibt.

Zum Eingang zurückgekehrt, beachte man dort an der Mauer mehrere zur Renaissance-Zeit nachgemachte Antiken wie Epitaphe und Statuen sowie ein Kuriosum: Eine Steinfigur auf einem Sockel, an dem ein Holzhammer befestigt ist. Schlägt man damit gegen den Sockel, ergibt sich ein klangloses, trockenes Geräusch, wendet man ihn gegen die Skulptur, erklingt ein melodisch nachschwingender Laut.

Santi Nazaro e Celso

Vom Giardino Giusti erreicht man über die Via Muro Padri die Kirche **Santi Nazaro e Celso (23).** Die Kirche des ehemals mächtigen Benediktinerklosters wurde nach 1464 anstelle einer fünfschiffigen romanischen Basilika in einfachen Formen des Übergangsstils von der Gotik zur Renaissance errichtet. Die Attraktion der Kirche ist die 1488 angebaute Cappella di San Biagio mit ihren Renaissance-Fresken, doch sind auch einige andere Ausstattungsstücke sehenswert. Von den Altarblättern in den Seitenkapellen des Langhauses beachte man: in der ersten rechten Kapelle die ›Bekehrung des Paulus‹ (von Bernardino India, 1584); in der zweiten Kapelle links ein Hauptwerk des Antonio Badile ›Maria erscheint den hll. Antonius, Johannes, Benedikt und Blasius‹ (1544; der grün gekleidete Page soll ein Porträt Paolo Veroneses sein, der in Badiles Werkstatt die Malerei erlernte). Die vier großen Tafeln im Presbyterium bemalte Paolo Farinati in überladenen Kompositionen und vordergründiger Dramatik des Manierismus mit Szenen aus dem Leben des Titelheiligen. Auch die Fresken des Martyriums der beiden Heiligen im Gewölbe stammen von Farinati, der kein guter Freskant war und das Verhältnis der Proportionen auf vorgegebenen Architekturteilen nur unzureichend beherrschte. Ein Meisterwerk der Renaissance-Malerei stellen hingegen die in der **Apsis** aufgehängten beiden Tafeln von Bartolomeo Montagna aus Vicenza dar. Sie zeigen die hll. Johannes der Täufer und Benedikt sowie Nazarius und Celsus und sind Teil eines 1504–07 für diese Kirche gemalten Polyptychons.

Am Ende des linken Seitenschiffs wurde ab 1488 der Zentralbau der **Cappella di San Biagio** für die Reliquien der hll. Blasius und Juliana angebaut und in der Folgezeit vollständig ausgemalt. Dieses Meisterwerk harmonischer Renaissance-Architektur soll ein nicht weiter bekannter Magister Beltrame de Jarola geplant haben; es ist wahrscheinlich, dass er vom Veroneser Giovanmaria Falconetto unterstützt wurde, der ein guter Architekt und gleichzeitig schlechter Maler war, wie ebenfalls in dieser Kapelle nachzuvollziehen sein wird. Die Renaissance-Fresken, die alle Wände bedecken, tragen wesentlich zur lichten Atmosphäre des Raumes bei, trotz ihrer unterschiedlichen Qualität. Den größten Teil des Kuppelraumes bemalte der erwähnte Falconetto, der das Anliegen der Renaissance, die Wiederbelebung der antiken Schönheitsideale, auf eigenartige Weise missverstand: die durchaus gelungenen Architekturperspektiven, mit denen er die Wände bemalte, stopfte er voll mit allen möglichen Dekorationen, Putten, Allegorien, die er von antiken Monumenten abgeschaut hatte, seine Figuren wirken hölzern, umhüllt von gekünstelten drapierten Tüchern. Geradezu poetisch ist dagegen Paolo Morandos schöne ›Verkündigung‹ an der Schildwand über dem Kapelleneingang. Von sehr guter Qualität sind auch die Fresken der Apsis, sowohl die Heiligendarstellungen im Gewölbe von Domenico Morone wie insbesondere die Szenen aus dem Leben des hl. Blasius von Bartolomeo Montagna an der Wand um den Altar. Das Altarblatt (Madonna mit den hll. Juliana und Blasius) ist ein Spätwerk von Francesco Bonsignori (1455–1519). In der rechten Kapellenwand führt eine Tür in die einfache **Cappella Britti,** die drei sehenswerte Tafelbilder des Tizian-Schülers Palma il Giovane enthält (Geburt, Beschneidung und Darstellung im Tempel). Das vierte ist eine schlechte Arbeit des Simone Bretana (1703).

Auf dem Rückweg zum Stadtzentrum kann man noch der Kirche **San Tomaso Cantuariense (24)** mit den schönen Portalen (Ende 15. Jh.) einen kurzen Besuch abstatten. In ihrem Innenraum befindet sich das Familiengrab der Sanmicheli, in dem auch Michele Sanmicheli begraben liegt: die einfache Gruftplatte ist im Fußboden vor dem zweiten rechten Seitenaltar eingelassen, rechts daneben erhebt sich das 1884 errichtete Grabmonument zu Ehren des großen Architekten. Vom künstlerischen Standpunkt ist jedoch allenfalls das Altarblatt des vierten rechten Seitenaltars (hll. Sebastian, Rochus und Onophrius) bemerkenswert, ein Werk des Gerolamo dai Libri (1505).

San Fermo Maggiore

Von der Piazza Erbe führt die Via Cappello hinunter zur Etsch und zur Kirche San Fermo Maggiore. Schon in Sichtweite des großen Kirchenbaus am Ende der Straße passiert man die Stelle, an der das römische Stadttor **Porta dei Leoni (25)** gestanden hat. Hier erreichte die antike Via Claudia Augusta (heute Via San Fermo) die römische Stadtmauer und wurde durch das ›Löwentor‹ eingelassen. In der Seitenwand eines Hauses hat sich dort sichtbar ein Bogen dieses Tores in der klassischen Gliederung des 1. Jh. mit rundbogigen Obergadenfenstern erhalten; das Fragment spricht für eine ehemals äußerst prunkvolle Toranlage, deren Grundmauern erst vor wenigen Jahren mitten auf der Straße ausgegraben und konserviert worden sind.

Bei der Choranlage von San Fermo führt der **Ponte delle Navi** hinüber an das andere Ufer der Etsch. Auf seinem mittelalterlichen Vorgängerbau fand im Jahre 1354 die Revolte des Fregnano gegen Cangrande II. ein blutiges Ende (s. S. 187). Der in Bozen weilende und von der Rebellion seines Verwandten unterrichtete Cangrande kehrte eilends mit einer kleinen Armee nach Verona zurück und trat dem bereits von einer getäuschten Volksversammlung (er sollte angeblich verstorben sein) zu seinem Nachfolger ernannten Fregnano gegenüber. Mit gezogenem Schwert trafen sich die beiden Parteien mitten auf der Brücke und in einem wütenden Gefecht unterlagen die Aufständischen. Der Kampf setzte sich schließlich auf den Booten fort, in denen Fregnano zu fliehen suchte, er wurde verwundet und stürzte in die Etsch, in deren Fluten er ertrank: Cangrandes siegreiche Truppen standen unter den Mauern der Kirche **San Fermo Maggiore (26),** die damals schon jenen seltsamen Anblick geboten hat, der noch heute jeden Stilkundigen an seinem Einschätzungsvermögen zweifeln lässt. San Fermo Maggiore ist wohl die ungewöhnlichste Kirche in der ganzen Stadt, in deren Äußerem strenge Bauformen der Romanik und Frühgotik, zweifarbige Gliederung und verspielte Schmuckelemente eine suggestive Verbindung eingehen. Schon im 6. Jh. stand an dieser Stelle eine Kirche der hll. Firmus und Rustikus, die der Überlieferung nach hier ihren Märtyrertod erlitten hatten. Da sich der Boden um die Kirche durch die häufigen Überschwemmungen der Etsch im Laufe der Jahrhunderte ständig erhöht hatte, sodass die heilige Stätte nun tief unter dem Straßenniveau lag, begannen die Benediktiner 1065 mit einem Neubau, für den sie eine nicht alltägliche Lösung wählten. Sie wollten nämlich den Altar mit den verehrten Reliquien der Märtyrer an seiner ursprünglichen Stelle belassen und bauten so zwei gleich große Kirchen übereinander, sie legten ihnen im Osten einen, in Italien seltenen, gestaffelten Chor vor. Als das Gotteshaus 1260 durch ein Dekret des Papstes an die Franziskaner überging, baute dieser Orden die Oberkirche radikal um. Er verwandelte die dreischiffige, im mystischen Dunkel auf den Altar ausgerichtete romanische Kirche in eine große einschiffige Predigerhalle, verlängerte sie nach Westen und vereinfachte im Osten die benediktinische Chorgruppe; die vom alten Ordensgeist geprägte Unterkirche

San Fermo Maggiore: Zwei Ordenskirchen übereinander, zwei grundverschiedene theologisch-politische Stellungen, steingeworden in zwei architektonischen Konzepten, verbunden durch eine Treppe.

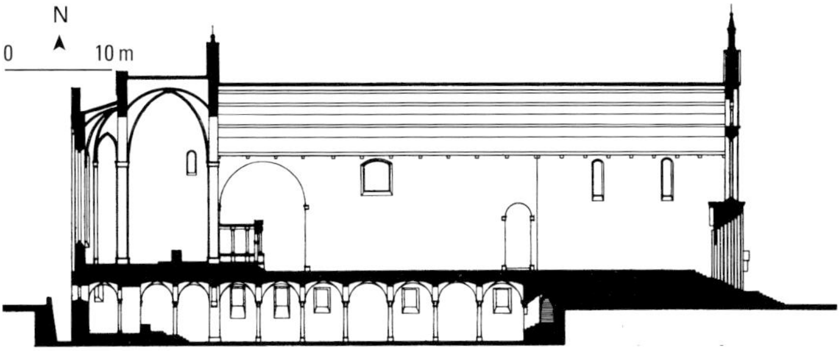

Längsschnitt von San Fermo Maggiore

ließ er unangetastet. Aus späteren Jahrhunderten stammt der obere Teil des Campanile und einige Seitenkapellen.

Nähert man sich der Kirche von der Via Leoni, hat man in der vielgestaltigen Chorgruppe gleich den originellsten Bauteil vor sich. Er wird dominiert von dem aufragenden Hauptchor des franziskanischen Umbaus, in dem steile Lanzettfenster und kräftige Strebepfeiler die aufsteigende Linie betonen und der bekrönt wird von einem hellen Kreuzbogenfries und ebenfalls hell abgesetzten Dreiecksgiebeln, die zum strengen Unterbau einen verwirrend kontrastierenden Akzent setzen. Daneben in malerischem Kontrast die vier romanischen Apsiden des benediktinischen Baus; sie sind bestimmt von der kraftvollen Gestaltung durch vorgelegte Halbsäulen und doppelte Bögen. Die Westfassade am gegenüberliegenden Ende der Kirche wurde um 1350 vollendet. Sie ist geprägt von der reizvollen Spannung zwischen der zweifarbigen horizontalen Gliederung und den aufstrebenden Blendbögen und Lanzettfenstern. Links des tiefen Portalgewändes ist das Grabmal des Aventino Fracastoro (gest. 1385) vorgebaut, des Leibarztes und Beraters der Scaligeri, die die Franziskaner wohlwollend förderten. Die Eingänge sowohl zur Ober- als auch zur Unterkirche befinden sich heute an der links anschließenden Nordwand.

Der große einschiffige **Innenraum der Oberkirche** trägt trotz späterer Zutaten noch ganz den Charakter des franziskanischen Umbaus. Er besitzt drei große Attraktionen: die eigenwillige Holzdecke, die Fresken, die die Entwicklung der gotischen Wandmalerei in Verona in einzigartiger Weise zusammenfassen, und herausragende Werke der Bildhauerkunst. Die Holzdecke (um 1350) ist das früheste Beispiel jener Form eines umgedrehten Schiffskiels (ital. a carena di nave), die in der Folgezeit im venezianischen Raum eine große Verbreitung erfährt. Ihre abgestuften Tonnensegmente bestimmen den geschwungenen Abschluss der Triumphbogenwand wie die obere Zone der gegenüberliegenden Westwand und den Einfall des Lichts entlang der Strukturlinien der Deckenarchitektur. Über dem heutigen Eingang (dem früheren Seitenportal) befindet sich ein großes gotisches Kreuzigungsfresko, das einem Meister aus dem Umkreis Altichieros zugeschrieben wird. Wendet man sich nach links, steht man nach einem Altar des 16. Jh. vor dem größten Kunstwerk der Oberkirche, dem **Grabmal für Nicolò Brenzoni,** der 1422 starb. Der Sohn Francesco beauftragte zwei der besten Künstler mit der Ausführung des Grabmonuments für seinen Vater: den Florentiner Nanni di Bartolo und den Maler Antonio Pisano, genannt Pisanello. Sie schufen ein Werk von wunderbarer Geschlossenheit (1424–26). Im zentralen Bereich dominiert Bartolos Bildhauerkunst; um den Sarkophag gruppierte er eine Auferstehungsszene, in der die schlafenden Soldaten in klassischen antiken Posen die Könnerschaft des Meisters bezeugen. Pisanello umgab die Wand hinter dem skulptierten Grabmonument mit einem illusionistischen, in Rot- und Goldtönen prunkenden Wandteppich, über dem von Putti aufgehaltenen steinernen

Aus der Schule Altichieros stammt die figurenreiche Kreuzigungsszene über dem Westportal der Kirche San Fermo Maggiore.

Vorhang malte er eine Verkündigungsszene, über dem plastisch vortretenden Rahmen die jugendlichen Gestalten zweier Erzengel. Pisanello, schuf hier ein Werk, das in den weichen Linien, der schönen Haltung, der raumgreifenden Hintergrundarchitektur und der dekorativ eingesetzten Farbgebung den Abschluss und Höhepunkt der Veroneser Gotik bildet.

Über dem Westportal befindet sich eine weitere ›Kreuzigung‹ aus dem Kreis Altichieros und an der anschließenden rechten Langhauswand ein gotisches Fresko (vor 1350), das das Martyrium von sieben Franziskanerheiligen in Indien in verherrlichend grausigen Details schildert. Vor der Kanzel sind abgenommene und auf Leinwand aufgezogene Reste eines Freskenzyklus von Stefano da Zevio (auch Stefano da Verona genannt) aufgehängt.

Die Kanzel selbst, der Mittelpunkt der Franziskanerkirchen, wurde vom Bildhauer Antonio da Mestre gegen Ende des 14. Jh. erstellt (Fresken von Martino da Verona) und von Barnaba da Morano gestiftet, einem Rechtsgelehrten aus Modena, der am Hofe der Scaligeri sein Glück machte. Barnabas Sarkophag befindet sich in der Cappella Brenzoni, die sich neben der Kanzel öffnet. Dieses ebenfalls von Antonio da Mestre geschaffene Grabmonument (1411/12) befand sich wie die hier aufgehängten Fresken des Jüngsten Gerichts (vielleicht von Martino da Verona) ursprünglich an der Westwand. Das Grabmonument an der rechten Kapellenwand mit der liegenden Figur des Toten auf dem Deckel und einer Maria mit Kind im Zentrum des Sarkophags wurde für Bernardo Brenzoni (gest. 1495) errichtet.

Die Fresken des Presbyteriums und der Triumphbogenwand markieren den Beginn des gotischen Malstils in Verona, dessen Entwicklung über den Kreis Altichieros, seine Nachfolger Stefano und Martino bis zum abschließenden Höhepunkt im eingangs beschriebenen Gemälde Pisanellos in dieser Kirche verfolgt werden kann. Außer dem ›Gottvater‹ (16. Jh.) unter der Decke stammen alle Fresken aus der ersten Hälfte des 14. Jh. Sie haben die hieratische Strenge des romanischen Formenkanons hinter sich gelassen und orientieren sich in den individualisierten Personendarstellungen, den plastisch durchgeformten Figuren und dem perspektivischen Aufbau an den bahnbrechenden Neuerungen Giottos. In den Gewölben des Chores und der Apsis sind Evangelistensymbole sowie Christus zwischen Maria, Johannes dem Täufer und den hll. Firmus und Rustikus dargestellt. Besonders gelungen sind die beiden Bilder an der Triumphbogenwand: links eine ›Marienkrönung‹, rechts die ›Anbetung der Könige‹. Darüber befinden sich zwei Bilder, die zu den frühesten Porträts in der italienischen Kunst zählen: links kniet der Franziskanerprior Daniele Gusmerio, in dessen Amtszeit der Umbau erfolgte, und rechts der Graf Castelbarco, dessen großzügige Spenden den raschen Fortgang der Arbeiten ermöglichten; als Zeichen seiner Verdienste um das Gotteshaus trägt er ein Modell der Kirche. Die Maler aller dieser Bilder sind unbekannt. In der Kapelle links vom Presbyterium ist das Altarbild (hl. Antonius zwischen Nikolaus und Augustinus), ein Spätwerk des Liberale da Verona (1451–1536), bemerkenswert. Vom linken Arm des Querschiffes ist die Kapelle der Familie Della Torre zugänglich. Sie enthält mit dem Grabmal für den Naturwissenschaftler Gerolamo della Torre und seinen Sohn Marco Antonio ein weiteres Werk der Bildhauerkunst von hohem Rang. Um 1510 schuf der Paduaner Andrea Briosco, genannt Il Riccio, das prunkvolle Monument, in dem Kandelabersäulen und Bronzesphinxe den Sarkophag tragen; die kunstvollen Reliefs mit allegorischen Darstellungen sind allerdings Kopien der Originale, die sich im Louvre befinden.

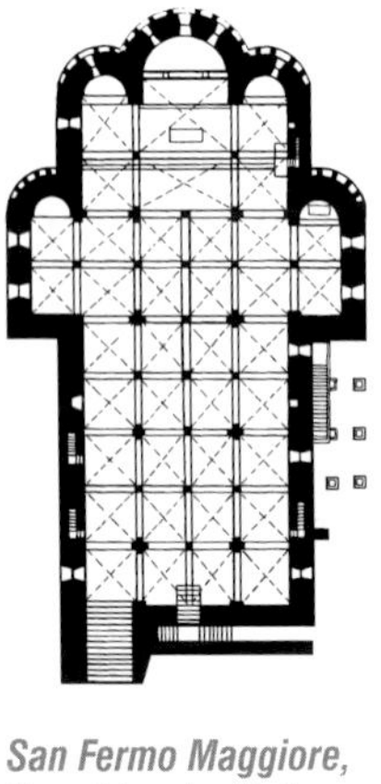

San Fermo Maggiore, Grundriss der Unterkirche

Nach der lichtdurchfluteten Oberkirche steht man in der **Unterkirche** vor einer völlig anderen Szenerie: Ein Wald von Säulen schimmert aus der Dunkelheit des weiten Raumes, der Licht einzig aus den kargen Fensteröffnungen hinter dem Altar bezieht. Dies ist der noch ursprünglich erhaltene Bau der Benediktiner aus dem 11. Jh., einer Zeit, als das mönchische Leben von Weltabgewandtheit und mystischer Begegnung mit Gott bestimmt war, bevor durch den Machtanspruch des Papstes gegen den Kaiser sich ein radikaler Wandel im Geist der Orden vollzog, die nun auf Agitation ausgerichtet waren, wofür der Predigersaal der Oberkirche ein klassisches Beispiel darstellt.

Für die architektonische Gliederung des alten Raumes fanden die Benediktiner eine eindrucksvolle Lösung zwischen klassisch romanischer Architektur und praktischen Erfordernissen. Wie die ursprüngliche Oberkirche ist auch die Unterkirche durch massive kreuzförmige im Wechsel mit schlankeren quadratischen Pfeilern in ein breites Mittelschiff und zwei Seitenschiffe von halber Breite unterteilt. Da der gleichzeitige Bau der Oberkirche jedoch gleiche Höhe der Gewölbe und somit gleich große Joche erforderte, wurde im Mittelschiff nochmals eine Reihe von schlanken Stützen eingezogen, sodass die Unterkirche nun vier Schiffe hat. Pfeiler und Kapitelle sind geprägt von schmuckloser Strenge, nur die Säulen des Triumphbogens heben sich in ihrer Zusammensetzung aus antiken Spolien davon ab. Die auffälligste Dekoration dieses Kirchenraumes stellen die Fresken an Pfeilern und Wänden dar. Bereits im 12. Jh. entstanden die romanischen Fresken der ›Maria lactans‹ und der ›Taufe Christi‹ an der linken Pfeilerreihe. Sehr eindrücklich in seiner Mischung aus romanischer Strenge und nordischer Expressivität ist das große Kruzifix über dem Hochaltar.

Ein Wald von Säulen und Pfeilern prägt die romanische Unterkirche von San Fermo aus dem 11. Jh.

verlässt man die Kirche und überschreitet hinter ihrer Choranlage die Etschbrücke, so erreicht man am anderen Ufer nach wenigen Schritten den **Palazzo Pompei (27;** entworfen 1530) am Lungadige Ponte Vittoria 9. Es ist dies einer der bedeutendsten Palazzi des großen Veroneser Architekten Michele Sanmicheli, dem halb Oberitalien zahlreiche Prunkbauten und Bastionen zu verdanken hat. Der Bau mit dem streng rustizierten Erdgeschoss und den eleganten Fensterarkaden darüber ist einer der wenigen Palazzi dieser Zeit in Verona, die man betreten kann, denn er enthält in über 20 Sälen das interessante **Museo Civico di Storia Naturale** (Naturgeschichtliches Museum) mit bedeutenden Exponaten der Geologie, Botanik, Zoologie, Paläontologie und Vorgeschichte. Hervorzuheben sind die Fossiliensammlung und eine altsteinzeitliche Grabstätte.

Geht man von San Fermo die Via Filippini etschabwärts, dann an der nächsten Brücke, dem Ponte Aleardi, rechts und biegt dann in die Via del Pontiere ab, erreicht man das mit auffälligen Schildern als ›Tomba di Giulietta‹ angekündigte ehemalige Kloster **San Francesco al Corso (28).** Ein romantischer Eingang, ein überwucherter Kreuzgang mit Trauerweide, alles lädt dazu ein daran zu glauben, dass es nur hier gewesen sein kann, wo Romeo und Julia heimlich getraut wurden, und der suggestive Eingang zur Krypta mit dem verwitterten offenen Steinsarg, in dem immer Blumen liegen, spricht unweigerlich dafür, dass es sich nur um Julias Grab handeln kann. Außerdem ist hier noch das kleine, aber sehenswerte **Museo degli Affreschi** untergebracht. Es enthält mit der obersten Freskenschicht aus dem frühchristlichen Märtyrerheiligtum von Santi Nazaro e Celso die ältesten (zugänglichen) Wandmalereien Veronas (12. Jh.) und neben einem von Paolo Farinati ausgemalten Raum (ca. 1560) Beispiele des in Verona früher sehr verbreiteten und hochgeschätzten Genres der Fassadenmalerei, das auch die berühmtesten Maler nicht als unter ihrer Würde betrachteten. Als 1882 nach einer der vielen Hochwasserkatastrophen die Häuser am Etschufer abgerissen wurden, rettete man einen Teil der Fresken, mit denen Bernardino India und Domenico Brusasorci 1550–60 alle vier Seiten des prächtigen Palazzo Da Lisca-Murari bemalt hatten. Sie sind nun hier im Museum zu besichtigen, als einer der letzten Reste jener umfangreichen farbenprächtigen Dekoration der Häuserfassaden, welche die kunstinteressierten Besucher früherer Jahrhunderte zu der Bemerkung veranlasst hatte, das charakteristische Element der Veroneser Architektur sei die Farbe. In der Stadt sind sie noch hier und da verstreut zu erkennen, so an den Case dei Mazzanti (Piazza Erbe), dem Palazzo Miniscalchi (Via Garibaldi/Via S. Mammaso), dem Palazzo Bentegodi-Ongania (Via Leoncino 5), dem Palazzo Franchini (Via Emilei 20), an der Casa Trevisani-Lonardi (Vicolo S. Marco in Foro) und mehreren Gebäuden in der Via Pigna und der malerischen Via Ponte Pietra.

Im Untergeschoss des Museums ist die komplette Ladung eines in der Etsch gesunkenen römischen Schiffes zu sehen, bestehend aus einer unübersehbaren Zahl von Amphoren.

Zwischen Piazza delle Erbe und Castelvecchio

In der ganzen Stadt ist man ihnen begegnet, den Palästen, der Kirche, den Gräbern, den Stadtmauern, den Geschichten von Aufstieg und Fall der Scaligeri – es fehlt noch ihre Festung, und die ist das Castelvecchio. Aus gutem Grunde liegt es nicht im Zentrum der Stadt, sondern an ihrem Rande, untrügliches Indiz, dass die Herren von Verona den Weg aller Signorien gegangen waren und ihre eigene Stadt zu fürchten begonnen hatten. Man muss daher ihrem Abgang an den Rand des historischen Zentrums im wörtlichen wie übertragenen Sinne folgen, um ihrer Festung ansichtig zu werden – die 15 Minuten zu Fuß zwischen der Piazza dei Signori und dem Castelvecchio symbolisieren für das Haus della Scala die Spanne zwischen dem Gipfel ihrer Macht und der Tiefe ihres Sturzes zu verhassten, verratenen, schließlich vertriebenen Tyrannen.

Von der Piazza Erbe führt der Weg entlang einer schnurgeraden Straße, an der es viel zu sehen gibt; man bewegt sich dabei auf der Trasse des römischen *decumanus maximus*, dessen antikes Pflaster nur wenig tiefer als der heutige Asphalt liegt. Man nehme am oberen Ende der Piazza Erbe, unter der Barock-Fassade des Palazzo Maffei links den Corso Porta Borsari, der bald in den Corso Cavour übergeht, welcher sich gradlinig in den Corso Castelvecchio wandelt. Im schmalen, belebten, von mittelalterlichen Fassaden gesäumten Corso Porta Borsari zweigt bald rechts ein kurzer Durchgang zur Via Francesco Emilei ab, an der die Kirche **Santa Eufemia (29)** liegt.

Am 14. Dezember 1359 wurde hier bei Santa Eufemia Cangrande II. della Scala von seinem Bruder Cansignorio vom Leben zum Tode befördert. Es handelte sich um einen der klassischen Kirchenmorde in der Geschichte der Signorien, da deren Herrscher sich längst hinter die Mauern ihrer Stadtburgen zurückgezogen hatten – wie auch Cangrande in sein nahe gelegenes Castelvecchio. Allein die Kirchgänge boten damals noch dankbare Gelegenheiten, den Ausersehenen außerhalb ihrer schwer bewachten Mauern zu begegnen.

Der gewaltige, düstere Backsteinbau gehört seit seiner Barockisierung nicht mehr zu den bedeutenden Kirchen Veronas, doch ist ihr Innenraum zwei Blicke wert. Santa Eufemia wurde zur Zeit der Scaligeri anstelle einer 1275 abgerissenen Basilika neu errichtet und 1331 geweiht, wenige Jahre später war auch die dreichörige Ostanlage der Kirche fertig. Innen bildet der Bau einen riesenhaften einschiffigen Raum, der in seiner ursprünglichen Form mit einem offenen Dachstuhl einen höchst bemerkenswerten Eindruck geboten haben muss. Im Jahre 1739 wurde die Kirche barock verändert, seitdem deckt den Raum eine weit gespannte, aber drückende Flachtonne: ein ungewöhnliches Raumerlebnis. Der zweite Blick gilt der rechten Wand des Hauptchores, an der sich Reste der gotischen Wandmalereien erhalten haben. Die Fresken im Stile des Altichiero stammen von dessen Schüler Martino da Verona und zeigen rechts und links von einem Tafelbild eine eindrucksvolle Darstellung des ›Jüngsten Gerichts‹. Daneben ist hinter dem Altar das reich gegliederte Grabmal der Familie dal Verme (beides 15. Jh.) aufgestellt. Die beiden Seitenchöre sind mit ihren steilen Kreuzrippengewölben als Kapellen in gotischen Formen belassen worden. Die linke hat Teile der ornamentalen Freskierung des 14. Jh. bewahrt, die rechte zeichnet sich durch vorzügliche Renaissance-Malereien des Francesco Caroto aus (›Legende des hl. Tobias‹ von 1542 an der linken Wand, darunter gotische Fresken des 14. Jh.).

Wo der Corso Porta Borsari in den Corso Cavour übergeht, führt die Straße durch den Doppelbogen der monumentalen Fassade eines verwitterten römischen Stadttors: die **Porta Borsari** (**30**; um 100 n. Chr. entstanden). Die noch erhaltene dreigeschossige Frontmauer ist reich gegliedert mit Rundbogenfenstern in Rahmungen aus Halbsäulen und Giebeln, die Torbögen sind überhöht von je einer Ädikula (die zur Stadt gewandte Schauseite ist nicht mehr erhalten). Dieses durch alle Jahrhunderte sichtbare Zeugnis der Antike hat ebenso wie der nur wenig entfernt stehende römische Triumphbogen (s. S. 242) die Renaissance-Architektur Veronas entscheidend geprägt; die For-

Verona lebt ganz selbstverständlich mit den Zeugen seiner Geschichte. Die antike Porta Borsari ließ in dreigeschossiger monumentaler Gestaltung die Römerstraße Via Postumia in die Stadt – und dient heute als Schattenspender im heißen Sommer der Po-Ebene.

men beider Bauwerke dienten als unmittelbare Vorbilder für die Altar- und Grabmalkunst wie für die Palazzi Sanmichelis.

Nunmehr auf dem verkehrsreichen Corso Cavour angelangt, öffnet sich bald auf seiner linken Seite die Häuserfront zu einem stillen kleinen Platz, auf dem hinter Bäumen die beiden aneinander gebauten Kirchen **Santi Apostoli und Sante Tosca und Teuteria (31)** stehen. Die größere, **Santi Apostoli,** ist im Jahre 1194 geweiht worden und war in ihren basilikalen Formen und den verschiedenfarbigen Steinlagen des Außenbaus ein Prunkstück der Veroneser Romanik. Durch zahlreiche Umbauten wurde sie sehr entstellt, allein ein großer Teil der erhaltenen Außengliederung des 12. Jh. (besonders Chorpartie und Campanile) ist noch einen Blick wert; am Sockel des Turmes befinden sich gotische Grabmäler des frühen 15. Jh.

Weit interessanter ist die zweite Kirche, ein winziger Bau, der hinter der Apsis der größeren fast verschwindend tief im Boden steckt. **Sante Tosca und Teuteria** wurde im Jahre 751 als Kirche geweiht, doch stand der Bau bereits im 5. Jh. und war ziemlich sicher das Grabmal eines Ehepaares aus den letzten Tagen des römischen Weltreiches, noch bevor der Gotenkönig Theoderich Einzug in Verona hielt. Die beiden Titelheiligen waren dagegen zwei seltsame Jungfrauen, die im Wald lebten, sich von Spinnweben vor einem verliebten Freier schützen ließen und diesen durch Gebete zu einem gottesfürchtigen Leben bekehrten, wofür sie heiliggesprochen wurden. Dass sie in diesem Grabmal beigesetzt waren, schien bewiesen, als man hier im Jahre 1160 einen antiken Sarkophag mit zwei Skeletten entdeckte, doch eine Untersuchung im Jahre 1913 ergab, dass diese verschiedenen Geschlechts waren. So erhärtete sich die Vermutung, dass der Bau ein spätantikes Grabmal und damit eine der ältesten erhaltenen Kirchen Oberitaliens darstellt. Das kleine Gebäude hatte ursprünglich den Grundriss eines griechischen Kreuzes (mit vier gleich langen Kreuzarmen), dessen zentraler Mittelraum von vier Eckpfeilern begrenzt und von einem kuppelähnlichen Gewölbe gedeckt wird. Die vier anschließenden Kreuzarme wurden im 14. Jh. seitlich geöffnet und um kleine niedrigere Eckräume erweitert, sodass die Kirche heute fast ein Quadrat bildet. In diesem seltenen Beispiel eines antiken Raumes beachte man den angeblichen Sarkophag der beiden Heiligen, verziert mit Reliefs des 15. Jh., sowie zwei weitere Grabmäler der Familie Bevilacqua aus dem 14. und 16. Jh.

Geht man auf der gleichen Straßenseite den Corso Cavour wenige Schritte weiter, steht man unter der ausladenden Fassade des **Palazzo Bevilacqua (32),** um 1530 von Sanmicheli errichtet. Dieser bedeutendste Architekt der Veroneser Renaissance war zugleich der viel beschäftigte Festungsbaumeister der Republik Venedig; sein Bemühen, den kriegerischen Bauten mit ihrem schweren Mauerwerk klassische Schönheit zu verleihen, hinterließ auch an seinen zivilen Prunkgebäuden seine Spuren: »Von dieser einseitigen Beschäftigung her behielt Sanmicheli (und nach ihm fast die ganze spätere veronesische Architektur) eine Vorliebe für das Derbe an den Erdgeschossen der Paläste. Gleichwohl wirken diese Gebäude immer sehr bedeutend durch die mächtige Behandlung des Obergeschosses mit seinen wenigen und großen Teilen und der ernsten Pracht ihrer Ausführung«, schreibt Burckhardt, und sein Urteil kann hier vor dem rustizierten Untergeschoss und den großen Bögen des ersten Stockwerks mit den reichen figürlichen Dekorationselementen geprüft werden.

Direkt gegenüber dem Palazzo öffnet sich auf der anderen Straßenseite ein unscheinbares Tor auf einen kleinen Kirchhof, hinter dem die zum Teil in die Häuser verbaute Fassade der Kirche **San Lorenzo (33)** aufragt. Die monumentale Strenge des Innenraums hat in Verona kein Beispiel, denn der Bau wurde nach dem Erdbeben von 1117 als einzige romanische Emporenbasilika der Stadt errichtet. Im Stützenwechsel tragen mächtige kreuzförmige Pfeiler und schlanke Marmorsäulen über plastisch gestalteten Kapitellen die Seitenschiffarkaden, darüber ziehen sich an der West-, Süd- und Nordwand die Emporen entlang, die sich mit großen Biforien zum

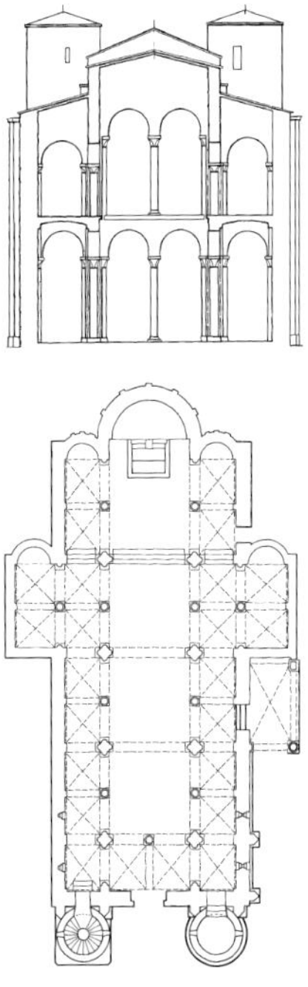

Querschnitt und Grundriss von San Lorenzo

1800 Jahre lang überwölbte der römische Triumphbogen die römische Via Postumia. Die der Antike zugewandten Künstler der Renaissance studierten ihn eifrig, und so wurde das Bauwerk zu einem der meist kopierten Vorbilder der oberitalienischen Renaissance-Architektur.

Mittelschiff öffnen. Auffallend ist die enge Verwandtschaft mit der Unterkirche von San Fermo Maggiore (s. S. 236), die auf gleichem Grundriss steht: auch hier die beiden querhausartigen Seitenkapellen mit ihrem apsidialen Abschluss, die zusammen mit den drei Apsiden der Ostwand einen eindrucksvollen Staffelchor bilden. Da im Zweiten Weltkrieg durch schwere Beschädigungen fast die gesamte Innenausstattung verlorenging, ist der einzige Schmuck innen wie außen die typische Veroneser Wandgliederung in der warmen Farbigkeit polychromer Steinlagen. Man beachte neben einem Altarbild von Domenico Brusasorci (1562) am Außenbau das ungewöhnliche Detail der zwei festungsartigen runden Treppentürme vor der Westfassade.

Bleibt man auf der gleichen Straßenseite des Corso Cavour, so erreicht man nach wenigen Schritten den **Palazzo Canossa (34),** ebenfalls nach 1530 von Sanmicheli errichtet. Denkt man sich die unproportionierte Figurenbalustrade weg, die erst im 18. Jh. aufgesetzt wurde, hat man die originale Fassade der Renaissance vor sich; man sagt ihr nach, dass Sanmicheli statt der antiken Vorbilder hier manieristischen Bauidealen nachgegangen sei. Nur wenige Meter weiter öffnet sich rechts, schon unter den Mauern des Castelvecchio, eine Grünfläche, in deren Mitte der viel gerühmte **Arco dei Gavi (35),** ein römischer Triumphbogen vom Anfang des 1. Jh. n. Chr. steht. Etwa 100 m vom heutigen Aufstellungsort entfernt überwölbte

er (am jetzigen Corso Cavour) die antike Fernstraße Via Postumia; dort stand er 1800 Jahre lang, bis ihn die Franzosen um 1805 abrissen. Dieser Triumphbogen mit seiner klassischen Gliederung durch Halbsäulen und großer Giebelädikula wurde eines der bedeutendsten Vorbilder der Renaissance-Architektur Oberitaliens, besonders Venedigs, dies um so mehr, als auf ihm die Inschrift ›VITRUVVIVS LL ARCHITECTUS‹ zu lesen war: Nur zu gern hielt man diesen Baumeister für den großen Vitruv persönlich, der das berühmteste Architekturtraktat des Altertums herausgegeben hatte. Die Trümmer des Arco dei Gavi wurden erst 1932 wieder entdeckt und nach einer Aufrisszeichnung zusammengefügt, die kein Geringerer als Andrea Palladio für Studien zum Bau seiner epochemachenden Architektur angefertigt hatte.

Das Castelvecchio

Das Castelvecchio symbolisiert das Gegenteil dessen, was seine monumentale Wehrhaftigkeit zu suggerieren scheint: den Untergang der Scaligeri.

Die kahlen Backsteinmauern des **Castelvecchio (36)** wirken noch heute so wenig einladend, wie sie von den Scaligeri auch gedacht waren. Im Jahre 1354 schlug Cangrande II. die Revolte seines Verwandten Fregnano nieder (s. S. 187) und machte dabei die unangenehme Entdeckung, dass dieser von Teilen der Veroneser Bevölkerung unterstützt worden war. Die Paläste seiner Familie um die Piazza dei Signori waren ihm fortan nicht mehr sicher genug, so ließ er in nur zwei Jahren den gewaltigen Festungsbau am Etschufer errichten – mehr gegen Verona als gegen äußere Feinde geplant. 1359 wurde er von seinem Bruder Cansignorio ermordet, der sich danach ebenfalls in die neue Festung zurückzog und sie von den besten Künstlern seiner Zeit, darunter Altichiero, ausstatten ließ. Woher er das Geld dafür nahm, lässt sich denken, und der Hass der Veroneser auf die blutsaugerischen Steuerlasten der Scaligeri wuchs von Tag zu Tag. Nichts war mehr vom ehemaligen Glanz des Hauses della Scala geblieben, als die Söhne Cansignorios, Antonio und Bartolomeo, dessen Nachfolge antraten. Fast tatenlos sahen sie zu, wie die Mailänder Visconti ein Stück ihres Einflussgebietes nach dem anderen an sich brachten, die mailändischen Heere marschierten bereits auf Verona, als Antonio nichts Dringenderes zu tun hatte, als seinen Bruder Bartolomeo zu ermorden. Danach schlug die Stimmung in der Stadt endgültig gegen die Scaligeri um, und zahlreiche angesehene Familien liefen zu den Visconti über. Antonio wagte sich kaum noch aus dem Castelvecchio, wo er mit seinem verschwendungssüchtigen Weib die riesigen Steuereinnahmen verprasste – von hier verließ er, der letzte Vertreter der einst mächtigen della Scala, in der Nacht vom 18. Oktober 1387 in einem kleinen Boot Verona, während die ersten mailändischen Soldaten plündernd in die Prunksäle der unverteidigten Festung eindrangen. Am nächsten Tag wurde Antonio vom Rat der Stadt auch formal aller Ämter enthoben: Die Herrschaft der Scaligeri über Verona war zu Ende.

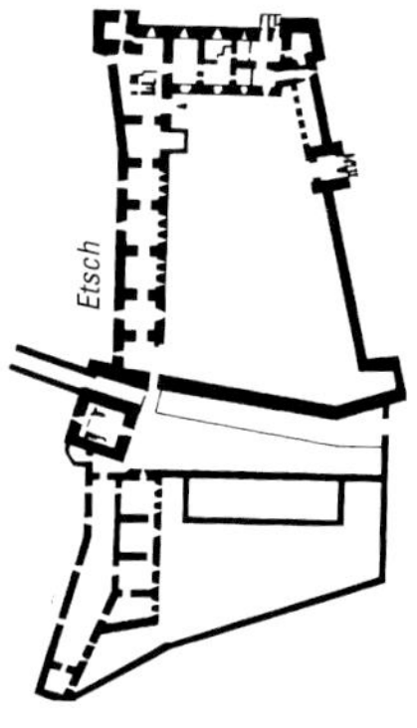

Grundriss des Castelvecchio

Deren letztes Zeugnis, das Castelvecchio, ist eine ausgedehnte Anlage, die zweigeteilt zu beiden Seiten der hier auf die Etsch treffenden Stadtmauer entstand: Zum Stadtinneren hin wurde die eigentliche Festung mit einer großen Kaserne für die Garnison errichtet, außerhalb der Mauer, hinter doppelten Befestigungsringen mit Türmen und Toren, wurde die Residenz der Scaligeri gebaut. Dazwischen führt eine Zufahrt durch einen gewaltigen Torturm zu einem der schönsten Bauwerke Veronas, dem 120 m langen **Ponte Scaligero** über die Etsch. Vermutlich erst 1375 fertiggestellt, mit zwei kleinen Bastionen auf den Pfeilern, Wehrgängen und Schwalbenschwanzzinnen, ist dieser Bau ebenso wehrhaft gestaltet wie seine drei verschieden weit gespannten Bögen mit kühner Eleganz konstruiert sind. Nichts verdeutlicht Macht und Reichtum der Scaligeri auf der einen und den Hass auf ihre untergehende Tyrannei auf der anderen Seite mehr wie diese kunstvolle Brücke: Niemand durfte sie betreten; einer der größten Brückenbauten, die im Mittelalter über die Etsch errichtetet wurden, diente allein als allzeit freizuhaltender Fluchtweg für die Herren des Castelvecchio aufs damals unbebaute andere Ufer, falls die Stadt sich erheben sollte.

Nach dem Ende der Scaligeri kam die Festung arg herunter: Visconti, Venezianer, schließlich Franzosen und Österreicher benutzten sie als Kaserne, Arsenal und Pulvermagazin; erst 1923 begann eine umfassende Restaurierung, bei der dem ehemaligen Garnisonsbau eine (von anderen Stadtgebäuden stammende) Fassade in venezianischer Spätgotik vorgesetzt wurde. Festung und Residenz wurden seitdem zum großen Kunstmuseum Veronas ausgebaut, dem **Civico Museo d'Arte.** In den beiden Gebäudekomplexen, die mit zwei Brücken verbunden wurden, sind Werke der frühen Veroneser Bildhauerei bis zur Malerei des Barock zu sehen, eine anschauliche Kunstgeschichte der Stadt. Das Museum ist berühmt für seine Konzeption, denn die Restaurierung des Kastells wurde direkt im Hinblick auf die Einrichtung der Sammlungen vollzogen. So sind nicht nur die Kunstwerke, sondern gewissermaßen auch die Restaurierungsarbeiten ›ausgestellt‹, was an den Resten der aufgedeckten Dekorationsmalereien aus der Zeit der Scaligeri (mit dem immer wiederkehrenden Motiv der aufsteigenden Leiter, der ›scala‹) besonders deutlich wird. Nach der vorzüglichen Skulpturenabteilung im Erdgeschoss zeigen die Räume der oberen Geschosse Stücke der höchsten Kunstblüte Veronas zur Zeit der Scaligeri sowie Entwicklung und Höhepunkte der gotischen Malerei der Stadt. In mittelmäßigen Werken dokumentiert das Museum auch den Niedergang der Veroneser Kunst nach dem Ende der Scaligeri und ihren langsamen Wiederaufstieg in enger Anlehnung an die venezianische Renaissance. Im 16. Jh. entwickelte sich in der Stadt eine blühende Malerschule von nicht geringem Niveau, für die Morone, Liberale, Bonsignori, Giolfino, Falconetto, Dai Libri und andere stehen. Daneben enthält das Museum Meisterwerke des Paolo Veronese, des Tintoretto und des Tiepolo; beim Gang durch die Ausstellungsräume kann man in einzigartiger Weise die Geschichte der

Bereits der pathetischen Religiosität der Gegenreformation ist die ›Beweinung Christi‹ von Pasquale Ottino (1578-1630) verpflichtet (Civico Museo d'Arte im Castelvecchio)

Malerei verfolgen: das Bemühen um die Beherrschung von Farbe und Perspektive in der Gotik, des Raumes in der Renaissance und des Lichts und der Illusion im Barock. Ein besonderes Erlebnis ist die ›Begegnung‹ mit der berühmten **Reiterstatue Cangrandes I. della Scala,** deren Original von der Pyramidenspitze des Grabmals von Santa Maria Antica hierhergebracht und so aufgestellt wurde, dass man sie eingehend in allen Perspektiven betrachten kann.

So hätte man sich den kriegerischen Can nicht vorgestellt: ein gedrungener Mann mit eher freundlichem Gesicht, das den Betrachter angeblich spöttisch anlächeln soll. In einer schweren Rüstung mit einem großen, heraldisch gestalteten Helm auf dem Rücken, sitzt er im kastenartigen Sattel (ein interessantes rüstungstechnisches Detail) auf dem großen Pferd, das mit einem ebenso undeutbaren Ausdruck in die gleiche Richtung blickt wie sein Reiter. Das Tier ist völlig bedeckt mit einer aufs feinste ornamentierten, wie im Wind bewegten Decke, die die ganze Kunst der Veroneser Steinmetzen um 1330 beweist.

San Zeno Maggiore: Die Krone der lombardischen Romanik

Als im Jahre 1117 in Oberitalien die Erde bebte, stürzten alle großen Kirchen des Friaul, Venetiens und der Lombardei in sich zusammen. Damit ging der wesentliche Teil der frühchristlichen, langobardischen, karolingischen und frühromanischen Architektur Norditaliens für immer verloren, denn nun wurden meist an den gleichen Stellen von den inzwischen zu Macht und Reichtum gekommenen Klöstern und Städten repräsentative Monumentalbauten im ausgereiften Stil der Hochromanik errichtet. Die Verwüstungen des Erdbebens wurden so der äußere Anlass zur Entfaltung jener großartigen Baukunst des 12. und 13. Jh., die die Kunstgeschichte als ›lombardische Romanik‹ bezeichnet. Deren Charakteristika sind nicht einfach zu fassen, denn ihre typischen architektonischen Details – basilikaler Grundriss mit Stützenwechsel von Pfeilern und Säulen sowie eine Vorliebe für formenreiche Holzdecken – finden sich auch anderswo. Zur allgemeinen Verwirrung besitzt die lombardische Romanik kein einheitliches Bausystem; ihr Markenzeichen ist eher ein ständiger Wechsel in der Fülle monumentaler, aber immer verschiedener origineller Bauideen. Als gemeinsames Charakteristikum weisen sie jedoch alle die ungeheure Massigkeit ihrer Baukörper auf, die stets unterschiedlich gegliedert wurde und sich nie bereitfand, die weiten, klaren Wandflächen zugunsten eines vielgliedrigen Architektursystems aufzulösen. »Der Raum ist groß und weit, klar in einzelne, überschaubare Teile zerlegt. Die Wand ist geschlossen und glatt, sie ist es, die mit ihrer Realität und Masse den Raum umschließt und nichts einem Struktursystem zuliebe, das auf Auflösung und Reduktion der Fläche drängt, eingebüßt hat«, schreibt Renate Wagner-Rieger. Was mit diesen Worten gemeint ist, zeigt ein Blick auf die Fassade von **San Zeno Maggiore (37):** Die gewaltige Mauermasse wird einzig durch ein Rundfenster durchbrochen, dennoch wirken die großen Flächen lebendig und bewegt durch ein dynamisches Gliederungssystem von steilen Lisenen, horizontalen und aufsteigenden Rundbogen- und Ornamentfriesen; vor allem aber die reiche Portalreliefierung verleiht der gesamten Kirchenfront das Gepräge eines riesigen Reliefs.

Alle diese Charakteristika vereinen sich in San Zeno Maggiore in unübertroffener Weise; der Bau gilt als eine der schönsten Kirchen Italiens. Er steht auf dem Platz mehrerer Vorgängerbauten, dessen erster bereits im 5. Jh. über dem Grab des Stadtheiligen San Zeno errichtet worden war, seine Gebeine ruhen noch heute in der Krypta. Bis zu ihrer Säkularisierung im Jahre 1773 war San Zeno Maggiore die Kirche einer mächtigen Benediktinerabtei, die sich als befestigte kleine Klosterstadt um den Bau legte. Diese Abtei war ein bevorzugter Aufenthaltsort der deutschen Kaiser auf ihren Italienzügen; erhalten hat sich davon nach dem Vandalismus der französischen Besatzungstruppen lediglich der Kreuzgang und links der Fassade ein zinnenbekrönter Wehrturm der Umfassungsmauer aus dem 12. Jh. Der heutige Bau von San Zeno wurde 1118, nur ein Jahr nach dem Erdbeben begonnen und 1135 im wesentlichen abgeschlossen. Wenige Jahre später war die dekorative

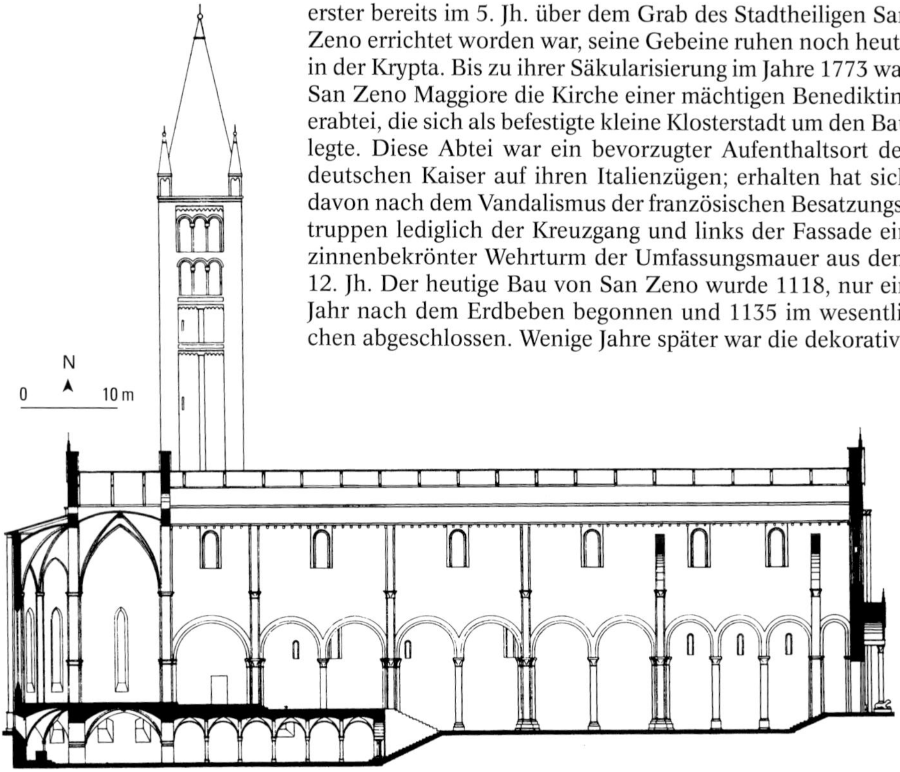

Längsschnitt von San Zeno Maggiore

Ausgestaltung der Fassade mit Fensterrose und Portalanlage, 1178 der frei stehende Campanile, vollendet. Abgesehen von einem gotischen Umbau des Chores (begonnen 1386) und der zur gleichen Zeit eingesetzten Holzdecke des Mittelschiffs blieb der Bau unverändert.

Der eindrucksvollste Teil der Kirche ist seine majestätische **Westfassade,** deren durch ein System von vorgelegten Lisenen und Friesen gleichsam reliefiert wirkendes Mauerwerk in steilen Proportionen aufsteigt. Die Vertikale des Baus wird noch betont durch die beiden rahmenden Türme, rechts der Campanile, links der alte Wehrturm, allein die in der Höhe des Tympanons verlaufende vorgeblendete Zwerggalerie richtet die Fassade auch in die Breite aus. Von weitem dominiert das riesige Radfenster die Kirchenfront, von zwölf Säulenpaaren mit Tier- und Blattkapitellen in eine zwölfstrahlige Fensterrose gegliedert. Von Meister Briolotus geschaffen, gehört sie zu den frühesten Exemplaren ihrer Art in der romanischen Architektur. Mit den sechs kleinen Skulpturen in ihrem Gewände ist sie als Glücksrad zu deuten: Oben thront ein Mann, der im Rund des Rades nach rechts abstürzt, sich unten im Elend krümmt und sich auf der linken Seite wieder auf-

Westfassade und Campanile von San Zeno Maggiore. Die ganze Mauerfläche wirkt wie ein riesiges Relief, letzter Nachklang des stilistischen Empfindens der langobardischen Kunst in der lombardischen Romanik.

richtet. Zwei von unten kaum lesbare lateinische Inschriften in der Nabe des Rades geben nähere Auskunft: »Ich, das Glück, regiere allein die Sterblichen, ich erhebe und stürze, gebe allen Gutes und Böses«, lautet die erste und: »Ich kleide die Nackten, entkleide die Bekleideten. Wer sich auf mich verlässt, wird ausgelacht«, die zweite.

Die **Portalanlage** mit der offenen Baldachinvorhalle, dem Tympanon und den seitlichen Reliefs ist ein Meisterwerk des schon am Dom von Verona tätigen Maestro Nicolò und seiner Werkstatt. Die Säulen des Baldachins ruhen auf zwei mächtigen Löwenfiguren, in die Vorderseite des Architravs sind Monatsbilder eingemeißelt. Besonderes Interesse verdient das Tympanon: Dort überreicht der hl. Zeno das Banner der Stadt – nicht einem Adeligen, sondern dem Volksheer von Verona, eine Darstellung, die in der Zeit der Stadtrepublik offen politischen Charakter hat, dazu an hervorragender Stelle über dem Eingang. Dieses Relief verweist nicht nur auf die Volkstümlichkeit des Heiligen, sondern auch der Kirche: Vor dem Bau von Sant'Anastasia unter den Scaligeri war San Zeno die führende Kirche im bürgerlichen Leben Veronas; selbst der verehrte ›Fahnenwagen‹, der

Der große ästhetische Reiz der lombardischen Romanik liegt nicht in der Schaffung neuer Raumlösungen, sondern im Reichtum der dekorativen Ausgestaltung der einzelnen Architekturteile – Gliederung der Wandflächen ist das Prinzip, nicht Auflösung oder plastische Durchformung.

dem Heer voran in die Schlacht rollte, wurde hier aufbewahrt – der Dom als Kirche des Bischofs, des politischen Konkurrenten, stand schon damals am Rande des städtischen Lebens (s. S. 216ff.). Auf beiden Seiten der Vorhalle reichen in je zwei Kolumnen angeordnete Reliefplatten bis zum Tympanon hinauf: Auf der linken Seite zeigen sie Szenen aus dem Leben Jesu, rechts Darstellungen aus der Schöpfungsgeschichte. Bemerkenswert sind die jeweils untersten Platten beider Seiten: Links sind Zweikämpfe von gerüsteten Rittern zu sehen, in der Mitte eine anmutige Frauengestalt. Man vermutet eine Darstellung des Kampfes zwischen dem (papstfeindlichen) italienischen König Berengar und dem (siegreichen) deutschen König Otto um die schöne Adelheid, mit deren Flucht von der Rocca di Garda (s. S. 80) das Ende des italienischen Nationalkönigtums begann. Diese Deutung ist durch nichts bewiesen, doch ist sie nicht unwahrscheinlich, denn auf den beiden unteren Platten der rechten Seite fin-

San Zeno Maggiore, Detail der Bronzetüren

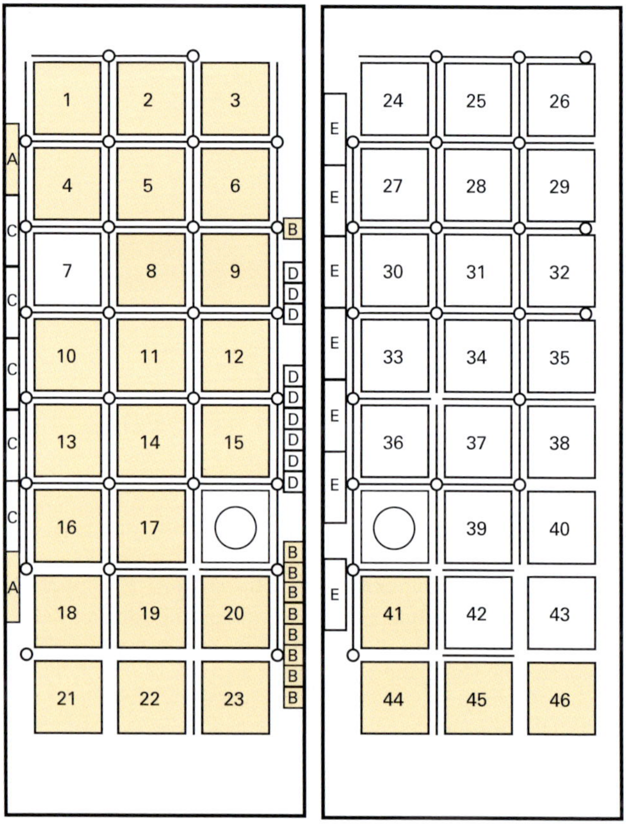

det ebenfalls ein vom Papst nicht geschätzter König ein propagandistisch effektvolles Ende. Ein Reiter zu Pferd verfolgt einen Hirsch, der ihn geradewegs in die Pforte der Unterwelt lockt: Der Höllenritt Theoderichs des Großen. Dieser war Arianer, welche Jesus nur für ein gottähnliches Wesen halten wollten, entsprechend war für sie der Papst kein Vertreter Gottes auf Erden (s. S. 82). Der Hass des Heiligen Stuhls auf diese Bezweiflung seiner Legitimation lebte noch sechs Jahrhunderte später, als dieses Relief entstand und sich die Kirche auf dem Höhepunkt der Auseinandersetzung mit dem deutschen Kaiser um die Vormacht in der Christenheit keinen Zweifel an ihrer alleinigen Autorität leisten konnte. (Alle Reliefplatten links des Portals, die in ihrer künstlerischen Qualität Nicolòs Werken nicht nachstehen, schuf Meister Guglielmus mit seiner Werkstatt.)

Das Prunkstück der Fassade sind die berühmten **Bronzetüren,** auch wenn diese Bezeichnung irreführend ist. Es handelt sich um

Verona, San Zeno Maggiore, Schema der Bronzetüren

Früherer Stil (um 1100; beige markierte Flächen):
1 Mariä Verkündigung 2 Geburt Christi; Verkündigung an die Hirten; Anbetung der Heiligen Drei Könige 3 Flucht nach Ägypten 4 Austreibung aus dem Tempel 5 Taufe Christi; Christus und die Ehebrecherin 6 Der zwölfjährige Christus im Tempel 8 Fußwaschung 9 Abendmahl 10 Gefangennahme Christi 11 Kreuztragung 12 Christus vor Pilatus 13 Geißelung Christi 14 Kreuzabnahme 15 Die Frauen am Grabe 16 Christus in der Vorhölle 17 Christus als Weltenrichter 18 Enthauptung Johannes' des Täufers 19 Tanz der Salome 20 Überbringung des Hauptes Johannes' des Täufers an Herodias 21 Personifikation von ›Terra‹ und ›Mare‹ 22 Austreibung aus dem Paradies 23 Arbeit der ersten Menschen und Brudermord 41 König Nebukadnezar (?) 44 Opferung Isaaks 45 Arche Noah 46 Erzengel Michael überwindet den Drachen A: Platten mit ornamentierten Rundstäben B: Kleine quadratische Platten mit sitzenden Königen

Späterer Stil (um 1200):
7 Einzug in Jerusalem 24 Erschaffung der Eva; Sündenfall 25 Adam und Eva vor Gottvater 26 Austreibung aus dem Paradies 27 Opfer Kains und Abels; Brudermord 28 Die Taube bringt Noah einen Ölzweig 29 Schande Noahs; Sem und Japhet verklagen ihren Bruder Ham 30 Verheißung an Abraham 31 Abraham begrüßt die Engel; Verstoßung der Hagar 32 Opferung Isaaks 33 Moses auf dem Berg Sinai; Aarons grünender Stab 34 Ägyptische Plage; Moses und Pharao 35 Eherne Schlange 36 Der Prophet Bileam 37 Wurzel Jesse 38 Der König Salomon (?) 39 Die Abgesandten des Kaisers Galienus begegnen dem hl. Zeno 40 Der hl. Zeno heilt die Tochter des Kaisers 42 Wunder des hl. Zeno 43 Der Kaiser Galienus bietet dem hl. Zeno seine Krone an C: Platten mit ornamentierten Rundstäben D: Kleine quadratische Platten mit Allegorien der Tugenden E: Hochrechteckige Platten mit je einer Gestalt (v. o. n. u.): Petrus, Paulus, hl. Zeno, hl. Helena (?), hl. Margareta, der Stifter, der Bronzegießer

Detail der Bronzetüren von San Zeno. In der frühen romanischen Kunst Oberitaliens hatte sich noch kein fester Formenkanon durchgesetzt. Spätantiker Realismus, byzantinischer Symbolismus und die phantasievolle, abstrakte Ornamentkunst der Völkerwanderung gingen ständig wechselnde, faszinierende Synthesen ein.

zahlreiche Bronzereliefs, die auf zwei hölzerne Torflügel aufgenagelt sind. Jede Seite besitzt drei Reihen von je acht übereinander angeordneten quadratischen Reliefplatten, verbunden mit durchbrochenen Halbrundstäben zwischen Masken, bereichert um 17 kleine Bronzen mit Königen und Allegorien der Tugenden sowie sieben rechteckigen Platten mit je einer Gestalt unter Rundbögen. Was zu allen Zeiten die Betrachter dieser Reliefs fasziniert hat, ist die urwüchsige Dramatik, mit der hier der ikonographisch festgelegte, starre Formenkanon der romanisch-byzantinischen Kunst expressives, szenisch bewegtes Leben erhält. Bei genauerem Hinsehen lassen sich die Reliefs stilistisch zwei verschiedenen Entstehungszeiten zuordnen: In den früheren und von einer älteren Tür übernommenen, um etwa 1100 entstandenen Platten ›schwimmen‹ die Figuren ohne Standfläche in der Bildebene, vollplastisch wachsen sie nur mit ihren ausdrucksstarken Köpfen aus der Bildfläche heraus; die anderen Platten wurden etwa um 1200 hergestellt und zeigen die Figuren plastisch durchformt und perspektivisch geordnet: Indem die Personen, wenn sie in der Szene weiter hinten agieren, kleiner dargestellt sind, beginnt der Versuch, vom reinen Symbolismus zu einem realitätsbezogenen Bildraum überzugehen. Die Reliefs tragen Darstellungen aus dem Alten und Neuen Testament sowie aus dem Leben des hl. Zeno. Die Anordnung der einzelnen Szenen zeigt das Schema auf S. 248.

Hinter dem Portal öffnet sich der gewaltige **Innenraum** von San Zeno. Mehrere Stufen führen hinunter in die Kirche, gegenüber dem erhöhten Standpunkt des Eintretenden erhebt sich der gewölbte Hochchor über der nur halb im Boden versenkten Bühnenkrypta. Steigt man die Stufen hinab, so wachsen rechts und links die Mittelschiffwände monumental empor, die sich in weiten Rundbögen, im Stützenwechsel von starken Kreuzpfeilern und schlanken Säulen mit skulptierten Kapitellen getragen, zu den Seitenschiffen öffnen. Darüber wölbt sich im Mittelschiff die dreipassförmige Holzdecke des 14. Jh., die durch ihre warme Farbtönung wirkungsvoll mit den steilen Mauern kontrastiert. Der Blick zum Chor fällt zuerst auf die Balustrade über den Arkaden der Krypta, die den Hochchor tragen und sich in der ganzen Breite des Kirchenschiffes öffnen. Darunter erstreckt sich – halb so groß wie die ganze Basilika – eine neunschiffige **Unterkirche** mit schmalen Kreuzgratgewölben auf 48 Säulen mit kunstvoll skulptierten Kapitellen. In der Krypta steht außer dem Grab des hl. Zeno der reliefierte Sarkophag eines Veroneser Bischofs aus dem 12. Jh.

San Zeno Maggiore, Innenraum. Auch der Kupferstecher des 19. Jh. war sichtlich beeindruckt von der Monumentalität der lombardischen Romanik. Treffend stellte er die Menschen so dar, wie sie sich noch heute in dieser Kirche fühlen: winzig.

Über der Krypta erhebt sich der Hochchor, der zum Mittelschiff geschlossen wird durch eine Balustrade, auf der in vorzüglich gearbeiteten – ursprünglich bemalten – Skulpturen Christus und die Apostel stehen, Meisterwerke der Veroneser Plastik um 1260. Der Chorraum wird beherrscht vom farbenprächtigen **Triptychon des Andrea Mantegna,** eines der bedeutendsten Werke der Frührenaissance, entstanden 1456–59. Mantegna gilt als der Vater der illusionistischen Malerei, und auf keinem anderen Werk seiner Zeit kann man diesen Effekt der durch starke Verkürzung der Perspektive wie dreidimensional erscheinende Bildräume besser studieren als hier in San Zeno. Vier plastische, geschnitzte – also wirkliche – Holzsäulen trennen drei große Gemälde, in denen sich die Säulen aber bereits in gemalter Seitenansicht im Bild fortsetzen und als vordere Stützen einer offenen Halle dienen, in der Maria zwischen Engeln und Heiligen thront. Eine umlaufende Scheinarchitektur verbindet dabei alle drei Gemälde zu einem großen illusionierten Raum; im Vordergrund gemalte Frucht- und Blumengehänge verdecken Figurenfriese im Hintergrund, einzelne Engel sind so weit an den unteren Rand der Gemälde gesetzt, dass sie aus dem Bild herauszutreten scheinen, während weit hinter dem Haupt der Maria ein tiefer Horizont mit bewölktem Himmel sich erstreckt: Die Illusion des Dreidimensionalen ist bis ins kleinste Detail perfekt. Kein Wunder, dass die Franzosen dieses geniale Stück 1797 nach Paris in den Louvre schleppten; als es zurückkam, fehlten dem Altar die drei ebenfalls hervorragenden Predellenbilder, die durch Kopien ersetzt wurden. Vor der linken Apside steht die große polychrome Statue des ›lächelnden San Zeno‹ (13. Jh.).

Bei einem Rundgang durch San Zeno beachte man noch den reichhaltigen, aber in Einzelbildern und Zyklen verstreuten Freskenschmuck. Obwohl von durchweg guter Qualität, ist kein einziger ihrer Maler bekannt. An der rechten Seitenwand des Chores finden sich die verschiedenen Stadien der gotischen Malerei Veronas eng beisammen: Neben zwei noch spätromanisch geprägten Darstellungen (Taufe Christi, Erweckung des Lazarus; Ende 13. Jh.) findet sich ein vorzüglicher hl. Georg, der den Drachen tötet, das beste Werk des so genannten Zweiten Meisters von San Zeno, dem auch die giottesken Bilder darunter zuzurechnen sind. An der linken Chorwand hat sich der so genannte Erste Meister von San Zeno mit einer noch sehr unbeweglich und frontal wiedergegebenen Schutzmantelmadonna verewigt, daneben eine Kreuzigung, die dem Kreise Altichieros entstammt. Dessen Schule ist sicher auch das große Fresko hoch oben am rechten Obergaden zuzuordnen, denn wie sich der dort abgebildete Abt Capelli mit seinen Mönchen der Maria empfehlen lässt, erinnert allzu deutlich an das Cavalli-Fresko in Sant'Anastasia (s. S. 212f.), das von Altichiero selbst stammt. Allein die Verkündigung am Triumphbogen und die großflächigen Heiligen um die Kreuzigung im Chorschluss sind relativ sicher dem Martino da Verona und seiner Werkstatt (spätes 14. Jh.) zuzuordnen.

Die Verwandlung einer dreigeteilten Altartafel in einen einzigen illusionistischen Renaissance-Raum erforderte die Beherrschung aller technischen Feinheiten der Verkürzung der Perspektive. Andrea Mantegna, der geniale Schöpfer des Triptychons von San Zeno Maggiore, beherrschte diese Maltechnik als Erster so konsequent, dass er als ›Erfinder‹ der illusionistischen Malerei gilt. ▷

Eine Tür im linken Seitenschiff führt hinaus in den 1123 erbauten Kreuzgang, der geprägt ist von der warmen Farbigkeit des *rosso veronese,* eines in der Umgebung von Verona gebrochenen rötlichen Marmors. Die Gewölbe und zwei Flügel, erkennbar an ihren Spitzbögen, sind Veränderungen des 14. Jh. Am Nordflügel hat sich die offene Arkadenhalle über dem einstigen Waschbrunnen erhalten.

San Procolo

Auch **San Procolo (38),** rechts neben San Zeno, ist eine der ältesten Kirchengründungen in Verona. Schon im 5. Jh. erhob sich hier, auf dem Gebiet eines römischen Friedhofs nahe der Via Gallica, eine frühchristliche Hallenkirche, die im 9. Jh. großzügig umgebaut wurde. Nach den Zerstörungen des Erdbebens von 1117 wurde sie über einer großen Krypta wieder errichtet. Dem Besucher präsentiert sich San Procolo heute wieder in den romanischen Formen dieses Neubaus, bereichert um sehenswerte Ausstattungsstücke späterer Jahrhunderte.

An den Seitenwänden hinter dem Hauptportal bemerkt man zunächst zwei schöne **Marmortriptychen** von 1492: das linke ist geschmückt mit den Statuen der Veroneser Bischöfe Eupreprius und Cricinus mit Johannes dem Täufer; das rechte zeigt die Bischöfe Prokulus und Agabius mit dem Evangelisten Johannes. Sie wurden angefertigt als Schrein für die Gebeine der dargestellten Bischöfe, die im selben Jahr in der Krypta entdeckt worden waren. Den Bischof Prokulus zeigt auch die gotische Steinstatue (1392) links des Triumphbogens. Man beachte ebenfalls die qualitätvollen Bilder Veroneser Meister der Renaissance und des Barock; es sind an der linken Seite: Antonio Badiles ›Jesus im Tempel‹ (um 1540) und die beiden, aus San Zeno stammenden Orgelflügel von G. Falconetto (1490); Giorgio Anselmi malte das Hochaltarblatt (Abendmahl, 1764) und das Bild ›St. Blasius heilt die Kranken‹ (1745, an der rechten Wand) in dramatischen Hell-Dunkel-Effekten.

Vom Kirchenschiff führen Treppen hinunter in den höchst interessanten Untergrund von San Procolo. Im westlichen, dem Eingang zugewandten Teil, sind Mauerreste des ersten Kirchenbaus und mehrere frühchristliche Bestattungen ausgegraben worden; hier ist auch ein seltener Fund ausgestellt: die große Bleikiste ist eine römische Kasse aus der Kaiserzeit. Nach Osten hin öffnet sich die riesige romanische Krypta in den Ausmaßen einer veritablen Unterkirche; bei ihrem Bau im frühen 12. Jh. wurden ältere Kapitelle des 8./9. Jh. mit Flechtbandornamenten wieder verwendet. Die Wände schmücken romanische und gotische Fresken, die von Veroneser Familien zwischen dem 12. und dem 14. Jh. gestiftet wurden.

San Bernardino

Warum man die Kirche **San Bernardino (39;** Stradone Antonio Provolo) erst besichtigen sollte, nachdem man San Zeno gesehen hat, wird man vor ihrem Hochaltar bemerken. Zunächst betritt man die große Anlage des gleichnamigen Franziskanerklosters durch einen riesigen Vorhof mit weitläufigen Arkadengängen. Am unteren Ende des Platzes erhebt sich der mächtige, kahle Bau der 1452–66 errichteten Kirche mit einem weiten Innenraum, sehr hoch mit offenem Dachstuhl. 1486–1522 entstanden an der rechten Langhauswand mehrere Kapellen, deren Reihe heute den Eindruck einer Art Seitenschiff macht. Diese Kapellen besitzen zum Teil kostbare Ausstattungen: Die erste rechts wurde von Nicolò Giolfino (s. S. 229) freskiert (1522, u. a. Leben des hl. Franziskus), in der zweiten befindet sich ein Altarbild von Francesco Bonsignori (1488). Die vierte Kapelle zeigt eine Ausmalung von Domenico Morone mit Wundern des hl. Antonius von Padua (um 1500). Am Ende dieser Seite ist das größte Kunstwerk der Kirche zu sehen: die **Kapelle der Familie Avanzi.** Diese erteilt den Auftrag, in die vollständige Wandtäfelung Gemälde der führenden Veroneser Renaissance-Maler einzulassen (wovon einige durch Kopien ersetzt wurden): Das große Gemälde an der Stirnwand stammt wiederum von Giolfino, daneben Tafelbilder von Paolo Morando, an den Seitenwänden weitere Giolfinos, eine Lazarus-Erweckung von Badile, ein Christus von Caroto, sogar eine Kopie eines Paolo Veronese. Danach öffnet sich vor dem Presbyterium noch ein Rundbogen zum Zentralraum der **Cappella** Pellegrini, ab 1529 nach Plänen von Sanmicheli im Stile prunkvoller Hochrenaissance erbaut und ausgestattet. Das große Bild des **Hochaltars** wird einem nach dem Besuch von San Zeno merkwürdig bekannt vorkommen: Es stellt eine 1463 von Francesco Benaglio gemalte freie Kopie des Mantegna-Triptychons dar. Es ist der einzige Nachhall dieses genialen Werkes in der provinziell gewordenen Veroneser Kunst dieser Zeit, bevor sie sich unter venezianischem Einfluss wieder erholte. Gelegenheit hätten sie jedoch damals schon genug gehabt, die Veroneser Maler, sich am überragenden Werk des Mantegna zu orientieren, meint Maria Teresa Cuppini und stellt fest, dass dieses Werk für die veronesische Kunst eigentümlich folgenlos blieb. Allein Francesco Benaglio hatte es sich zum Vorbild genommen, und der hätte es besser nicht getan: Zwar werden auch hier drei durch plastische Säulen getrennte Gemälde durch eine fortlaufende Scheinarchitektur zu einem Raum zusammengefasst, doch findet sich keine Spur der souveränen Illusionstechnik des Vorbildes. Und die Figuren: anstelle der statuarischen Ruhe der Gestalten des Originals exaltiert-verrenkte Personen, unnatürliche Körperhaltungen, über-expressive Mimik – eine vollkommen manierierte Aufmischung der mantegnesken Kunst. An der linken Langhauswand beachte man die von Domenico Morone bemalten Flügel des Orgelgehäuses (1481) sowie den Renaissance-Altar von 1572 mit Bernardino Indias eindrücklichem Altarbild einer Geburt Christi.

Wie weit Andrea Mantegna seiner Zeit voraus war, zeigt der wenige Jahre nach der Aufstellung seines Triptychons in San Zeno erfolgte Versuch, es zu kopieren. In der Kirche San Bernardino gelang dem Veroneser Maler Benaglio 1463 trotz großen Aufwandes nur eine äußerst ausgedünnte Version des großen Vorbilds mangels Beherrschung der illusionistischen Maltechnik. Kunsthistorisch ein interessanter Vergleich.

Das neben der Kirche gelegene Kloster enthält noch eine bekannte Räumlichkeit: die so genannte **Sala di Morone,** die ehemalige Bibliothek, 1494–1503 erbaut und von Domenico Morone und seinem Sohn Francesco vollständig ausgemalt. Auf dem großen Fresko der

Stirnwand sieht man Franziskanerheilige mit Graf Sagramoso und seiner Gattin, die Bau und Ausschmückung des Saales finanziert hatten; im Hintergrund einige der gräflichen Besitzungen, u. a. Malcesine am Gardasee. Drum herum wenden sich je zwei Franziskanergelehrte in gekonntem Illusionismus diskutierend einander oder dem Betrachter zu. (Für die Besichtigung wende man sich an die Klosterpforte.)

Wenn man schon in San Bernardino ist, sollte man noch ein paar Straßen weitergehen und wenigstens einem der berühmten Stadttore des Sanmicheli seine Reverenz erweisen. Der gewaltige Block der **Porta Palio (40),** Teil des venezianischen Bastionssystems, 1542–57 errichtet, öffnet sich mit fünf riesigen Rundbögen zur Stadt, nach außen mit einem reich verzierten Portikus. Hier wirkt das Festungstor wie ein antiker Prunkbau: Mit dorischen Halbsäulen, Gebälk, Rustika und umlaufendem Maskenfries hat er Anklänge an eine römische Theaterdekoration.

Ein Ausflug nach Soave

Soave☆

Das 20 km östlich von Verona gelegene Städtchen kennt jeder – dem Namen nach und von weitem. Soave ist nicht nur der flüchtige Eindruck eines gewaltigen Zinnenkranzes, der neben der Autobahn nach Venedig über den letzten Ausläufern der Lessinischen Berge thront; ein hellgelber Soave Classico mit seinem grünlichen Schimmer und dem trockenen, frischen Geschmack, kühl serviert im Schatten eines Veroneser Palazzo, kann jedes schleppende Besichtigungsprogramm in ungeahnter Weise beflügeln. Kaum jemand kennt jedoch den Herkunftsort des berühmten Tropfens: Wer die Autostrada Serenissima bei Soave verlässt, fährt auf eine den Hang hinaufgebaute, vollständig erhaltene Festungsstadt der Scaligeri zu, außen umgeben von einer Wehrmauer mit 24 Türmen und zwei Toren, überragt von einem mächtigen Kastell, hinter der Mauer ein gemütliches Landstädtchen.

Den Besuch der **Burg** darf man nicht versäumen, denn sie gibt noch eine Vorstellung von der Macht der Scaligeri, die zeitweise halb Oberitalien bis in die Toskana beherrschten. Wie in Sirmione und Malcesine entpuppt sich das ungeheure Mauerwerk als schmucklose Festung; hinter Tortürmen und Zugbrücken liegen drei ummauerte Höfe übereinander gestaffelt, im obersten der gewaltige Bergfried, eine Festung in der Festung, neben dem 1892 restaurierten Palas. Erbaut hat die Anlage in ihrer heutigen Form Cansignorio della Scala gegen 1369, und sein bizarrer Charakter und seine Mordgier scheinen in den düsteren Riesenmauern mit den Schwindel erregenden Wehrgängen und steilen Treppen ihr Ebenbild zu finden – der Turm war berüchtigt als Gefängnis und Folterstätte. Der Palas daneben mit

Der kleine Weinort Soave verschwindet fast im Schatten seiner kolossalen Befestigungen aus der Zeit der Scaligeri. Mehr als in Verona selbst ist hier die große Macht dieser Signorie zur Zeit ihrer weitesten Ausdehnung über halb Oberitalien zu spüren.

seiner berühmten steinernen Außentreppe, an deren Beginn die Figur eines Hundes das Wappenschild der della Scala mit einer aufsteigenden Leiter hält, birgt mehrere rekonstruierte Innenräume, die gegen Ende des 19. Jh. mit interessanten historisierenden Möbeln eingerichtet wurden. Darunter befindet sich ein offenes Gewölbe mit einer Waffensammlung aus der Zeit der Scaligeri. Der Turm bietet einen weiten Blick über die Ebene und die Lessinischen Berge.

Der Ort **Soave** ist dagegen recht freundlich, besonders die alte Hauptstraße, die vom unteren Stadttor direkt auf die große Loggia des ehemaligen Justizpalastes zuführt, 1375 von den Scaligeri als Sitz ihres Statthalters auf der heutigen Piazza Antenna erbaut. Unter den Bögen der Loggia ist eine schöne spätgotische Marmortreppe zu sehen, davor stehen die Tische einer Enoteca, also eines Weinhandels mit Ausschank, der auch den großen Saal im Inneren zu einer schwer auszulassenden Gelegenheit macht, sich dem lokalen Rebensaft zu ergeben. lässt man sich dort nieder, erblickt man schräg gegenüber die reizvolle Fassade des **Palazzo Cavalli,** 1411 im Stile der venezianischen Gotik errichtet, einst vollkommen freskiert vom Veroneser Renaissance-Maler Falconetto. Auf der anderen Seite des Platzes erhebt sich die **Pfarrkirche** aus dem 18. Jh. Der ansonsten uninteressante Bau beinhaltet ein Madonnenbild des Veronesers Francesco Morone (1529) und ein riesiges Deckenfresko, das im historisierenden Stil des 19. Jh. mit biblischer Landschaft, göttlicher Erscheinung, Wolkengewirr und Heiligen, vom Blitz getroffenen Teufeln alles eingefangen hat, was an christlichen Glaubensinhalten der bildlichen Nachhilfe bedarf.

Zwei Kunststädte der Umgebung: Mantua und Brescia

Mantua

Mantua bietet dem Reisenden eines der besterhaltenen historischen Zentren Oberitaliens, seine Stadtgeografie veranschaulicht in besonderer Weise die Entwicklung der oberitalienischen Stadtrepubliken in ihren drei bestimmenden Epochen: die frühmittelalterliche Zeit der bischöflichen Macht, die hochmittelalterliche Stadtrepublik und die Zeit der aus ihr entwachsenen Signorie, der Herrschaft einer Familie über die Stadt. Die Signorie Mantuas war das Haus der Gonzaga, welches die Stadt vom Spätmittelalter bis zum Barock von ihren Hofarchitekten mit Bauten ausstatten ließ, die schon bei ihren Zeitgenossen sprachlose Bewunderung auslösten – der elegante und bisweilen frivole Fürstenhof war zwar politisch machtlos, aber gerade deshalb auf höchste kompensatorische Kunstentfaltung bedacht. Besonders das Schaffen der bahnbrechenden Künstler Andrea Mantegna und Giulio Romano machen Mantua heute – nach endlosen Restaurierungsarbeiten – zu einem Zentrum der Renaissance-Malerei und zur heimlichen Hauptstadt des Manierismus in Oberitalien. Da Mantua nach der militärischen Katastrophe des Jahres 1630 völlig verarmte, gab es keine weitere historische Stadtentwicklung, und so präsentiert sich das alte Zentrum wie ein sprechendes Beispiel italienischer Stadtgeschichte.

Mantua☆☆
Besonders sehenswert:
Altstadt
Piazza Sordello
Palazzo Ducale
Dom
San Lorenzo
Sant'Andrea
Teatro Scientifico
Palazzo d'Arco
Palazzo San Sebastiano mit Stadtmuseum
Palazzo Te

Der älteste Siedlungskern Mantuas ist die heutige Piazza Sordello, einst eine flache Sanddüne, die sich mit einer Höhe von nur 20 m über dem Meeresspiegel aus der tellerflachen Landschaft erhob. Hier errichteten die Bischöfe bereits im 10. Jh. als Zeichen ihrer ersten Stadtherrschaft den Dom. Als sich im 11. und 12. Jh. die Bürger zur stadtrepublikanischen Regierung zu organisieren begannen, fanden sie daher für ihr politisches Zentrum den ›ersten‹ Platz der Stadt bereits besetzt. So errichteten sie südlich angrenzend ihre Piazza mit dem Regierungspalast der Stadtrepublik, dem Broletto (Piazza Broletto) und, abermals angrenzend, den großen Marktplatz (Piazza delle Erbe), das Handelszentrum der Stadt mit der Pfarrkirche (Rotunde San Lorenzo). Diese drei mit Arkadengängen und Torbögen verbundenen Plätze, gesäumt von monumentalen und reich gegliederten Fassaden des Mittelalters, gehören zu den eindrucksvollsten städtebaulichen Ensembles Oberitaliens, auch wenn einer dieser Plätze seine Funktion grundlegend wandelte. Denn als aus den innerstädtischen Parteienkämpfen der stadtrepublikanischen Zeit 1273 die Familie der Bonacolsi als Sieger hervorging und ihre Signorie über Mantua errichten konnte, kaufte sie dem verarmten und entmachteten Bischof sein Domareal ab: Die weite Piazza Sordello, die Keimzelle der Stadt, wurde so zum privaten Residenzviertel der herrschenden Familie. Diese umgab den Platz mit zinnenbekrönten Monumentalbauten, die den vorher optisch bestimmenden Dom nur noch als Staffage der neuen Machthaber zur Geltung kommen ließen. Einen Teil dieser gotischen Prunkfassaden nutzten die späteren Herren Mantuas, die Gonzaga, als Außenbau ihres riesenhaften Palazzo

◁ Mantua, Palazzo Ducale, Ausschnitt des Freskos ›Ludovico III. Gonzaga mit Familie und Hofstaat‹ von Andrea Mantegna (1465/74) an der Nordwand der Camera degli Sposi, von links: Marsilio Andreasi, Sekretär; Ludovico III.; Gianfrancesco, dritter Sohn Ludovicos; das Mädchen mit dem Apfel ist vermutlich Paola, die jüngste Tochter Ludovicos; daneben ihre Mutter und Ehefrau Ludovicos, Barbara von Brandenburg; darüber Rodolfo, vierter Sohn des Fürsten.

Zu welchen Leistungen die von Bürgern selbstverwalteten mittelalterlichen Städte in der Lage waren, zeigt nichts deutlicher als die umfangreiche Landschaftsveränderung, die hier im 12. Jh. stattfand: Damals konnte sich die junge Stadtrepublik Mantua bereits ein Heer von Arbeitern und den Architekten Alberto Pitentino leisten. Nach seinen Plänen wurden weite Sumpfflächen entwässert und der Lauf des Mincio stabilisiert. Die nun kontrollierbaren Wassermassen lenkte er in vier künstliche Seen, die die Stadt umgaben: Mantua liegt seitdem auf einer Insel, bis ins 19. Jh. nur auf vier Dämmen zugänglich und somit für die Möglichkeiten mittelalterlicher Kriegsführung praktisch uneinnehmbar.

Ducale, der sich als ein eigenes Stadtviertel zwischen dem Seeufer und der Piazza Sordello erstreckt. Die Gonzaga setzten auch den letzten städtebaulichen Akzent Mantuas: den in Sichtweite, doch außerhalb der Altstadt gelegenen Palazzo Te, das Lust- und Sommerschloss mit seiner legendären Ausmalung, einem absoluten Höhepunkt der manieristischen Kunst Italiens.

Geschichte

Mantua ist keine antike Gründung. Die Fläche der heutigen Piazza Sordello war zwar schon von Etruskern und Römern besiedelt, doch entstand die historisch bestimmende Insellage des Ortes erst zwischen dem 6. und dem 8. Jh. Damals verschüttete eine Flutkatastrophe der Etsch das alte Flussbett des Mincio (der bis dahin parallel zum Po floss) und drängte seinen Lauf in die Ebene ab. Dort versickerte er und bildete ein riesiges Sumpfgebiet, aus dem allein die flache Erhebung Mantuas herausragte – nun einer der wenigen festen Handelsplätze zwischen Mailand und Ravenna. Um die Jahrtausendwende fiel Mantua an das toskanische Haus Canossa, welches zeitweise ganz Mittelitalien beherrschte. Deren letzte Vertreterin, Markgräfin Mathilde (1046–1115), förderte besonders ihre Besitzungen in der Po-Ebene, um Anteil am Handel der landwirtschaftlich reichen Region zu erlangen. Sie stattete die Mantuaner Bürger mit umfangreichen Rechten und Privilegien aus und stiftete ihnen die zum Dom konkurrierende Pfarrkirche San Lorenzo auf dem Marktplatz. Die vor diesem Hintergrund rasch aufblühende Stadtrepublik war somit ein Neuling unter den großen Handelsstädten Oberitaliens, die fast alle auf antike Bedeutung zurückblicken konnten.

Gleichzeitig mit dem Aufstieg der Scaligeri in Verona konnte sich in Mantua 1272 die befreundete Familie der Bonacolsi die Stadt unterwerfen. In jenem seltsamen Verhältnis, in dem diese Signorien zu ihren

Berühmtes Panorama der Inselstadt Mantua. Rechts Damm und Brücke mit der Via Legnano, dem wichtigsten Zugang zur Stadt, da er durch die Seen direkt auf den Palastbezirk der Gonzaga zuführt. Zum Schutz dieses Damms ließ Francesco I. ab 1390 das mächtige Castello di San Giorgio mit seinen vier Wehrtürmen errichten.

Städten standen (als keineswegs zur Herrschaft legitimierte Nicht-Adelige beherrschten sie mit Gewalt und Diplomatie eine Handelsstadt), war ihre Existenz dennoch nur so lange gesichert, wie sie die ökonomischen Interessen ihrer Stadt wahrten. In diesem Sinne erwiesen sich die Bonacolsi als umsichtige Machthaber. In den 55 Jahren ihrer Herrschaft wurde Mantua so wohlhabend und das Haus der Bonacolsi so einflussreich, dass es nach dem 1311 verliehenen Titel ›Kaiserlicher Landvogt‹ in der Lage gewesen wäre, den Scaligeri in Verona die Führung der oberitalienischen Ghibellinen-Partei streitig zu machen. Angesichts dieser Entwicklung empfahl sich für das veronesische Großmachtstreben allein der Verrat: Die Scaligeri arrangierten sich mit der mantuanischen Familie der Gonzaga, und in einer Augustnacht des Jahres 1328 ereignete sich mit Hilfe veronesischer Truppen auf der Piazza Sordello ein furchtbares Massaker. Die Familie der Bonacolsi wurde ausgelöscht, ihre gotischen Paläste wurden von den Gonzaga in Besitz genommen, die nun die neue Signorie der Stadt bildeten, ohne irgendeine nach feudalen Rechten gültige Legitimation für ihre Herrschaft zu besitzen – ein für das restliche Europa, wo jeder Besitz als Lehensvergabe durch einen ranghöheren Adligen geregelt war, unvorstellbarer Aufstieg. Und die Gonzaga überlebten ihre Gönner: Als die Herrschaft der Scaligeri unter den Angriffen der Mailänder Visconti zusammenbrach und Verona erobert wurde, rettete der venezianische Gegenangriff auf Mailand Mantua, das von nun an als strategischer Pufferstaat dienen sollte. Im Rahmen dieser von beiden oberitalienischen Großmächten akzeptierten Sonderstellung des kleinen Stadtstaates blieb Mantua zwar machtlos, doch bot sich ihm so die unvergleichliche Gelegenheit, in 300-jähriger friedlicher Entwicklung zu einem der europäischen Zentren höfischer Kultur aufzusteigen.

Bereits in der Regierungszeit des Guido Gonzaga (1360–69) weilte der Dichter Petrarca in Mantua, Francesco I. (1328–1407) brachte vom französischen Königshof spätgotische Kunst des ›höfischen Stils‹ mit. Sein Sohn Gianfrancesco (1407–44) wurde Oberbefehlshaber der venezianischen Armee im Krieg gegen Mailand, weshalb die Venezianer einen Aufenthalt des großen Malers Pisanello an seinem Hof erlaubten. 1433 kaufte er vom deutschen Kaiser Sigismund den Titel eines Markgrafen für seine Familie, 1437 wechselte er die Fronten und wurde Heerführer der Mailänder gegen Venedig. Die drohende Katastrophe konnte sein Sohn Ludovico II. (1444–78) abwenden, als er sich wieder mit Venedig verbündete und sogar zum Feldherrn der vereinigten venezianisch-florentinischen Armeen gegen Mailand avancierte. Seine neuen Kontakte zu Florenz ließen keine Geringeren als Brunelleschi, Donatello und Fancelli in Mantua tätig werden. Der größte Gewinn war jedoch die 1460 gelungene Berufung des Andrea Mantegna, der vorher im Veneto tätig war – das bahnbrechende Genie dieses Schöpfers der illusionistischen Malerei machte Mantua schlagartig zu einem der führenden frühen Renaissancehöfe Italiens. Von Venedig nicht gern gesehen, trug Ludovico dem Papst die Stadt als Austragungsort des Konzils von 1459 an, wodurch der alle gotischen Traditionen brechende toskanische Architekt der Frührenaissance, Leon Battista Alberti, nach Mantua gelangte und dort die berühmte Kirche Sant'Andrea erbaute.

Mit Francesco II. (1484–1510) erreichte Mantua seinen Höhepunkt als Kunststadt, genauer gesagt unter seiner Frau Isabella d'Este. Sie pflegte Kontakt zu allen bedeutenden Künstlern und Gelehrten ihrer Zeit, sie legte viel gerühmte Kunstsammlungen an und steuerte als geschickte Politikerin ihren Mann mehr als einmal durch das verderbliche Gewirr der italienischen Bündnisdiplomatie. Ohne sie hätte auch ihr Sohn Federico II. (1519–40) die einzige erfolgreiche Chance verpasst, die Macht des Hauses Gonzaga auszudehnen, indem sie ihn drängte, trotz seiner lebenslangen Liebschaft mit der Frau eines Höflings die Erbtochter des piemontesischen Monferrato zu heiraten. Als Oberbefehlshaber des päpstlichen Heeres lernte er die römische Kunst kennen, und es gelang ihm 1524, den Lieblingsschüler des großen Raffael, Giulio Romano, nach Mantua zu verpflichten.

Der Hof Federicos II. genoss solches Ansehen, dass er 1530 den tief beeindruckten Kaiser Karl V. als Gast empfangen konnte, der ihm bei dieser Gelegenheit die Herzogswürde für das Haus Gonzaga verlieh. Neben umfangreichen Arbeiten am Palazzo Ducale, verschiedenen Palästen und Kirchen ist das unbestrittene Hauptwerk jener Zeit der Palazzo Te des Giulio Romano – in Anlage und Ausmalung das Lustschloss schlechthin.

Danach gab es am Mantuaner Hof eine letzte Epoche märchenhaften Glanzes unter Vincenzo I., der 1587–1612 regierte. Antonio Maria Viani vollendete Giulio Romanos Planungen, der junge Rubens war acht Jahre lang Hofmaler, und das Kammerorchester bekam einen neuen Kapellmeister: Claudio Monteverdi komponierte hier 1607 den ›Orfeo‹ – die erste Oper der Musikgeschichte wurde in Mantua aufgeführt.

Mit dem Tode des Vincenzo legten sich die Schatten eines jähen Endes über den Glanz der Mantuaner Paläste. Sein erster Sohn Francesco IV. starb nach nur sechsmonatiger Regierungszeit, seine beiden anderen Söhne waren Kardinäle geworden. Diesen erteilte der Papst zwar die Befreiung vom Keuschheitsgelübde, um die Dynastie der Gonzaga fortzupflanzen, doch nutzte auch diese kirchliche Sonderregelung nichts. 1627 erlosch unerwartet die direkte Linie der Gonzaga und nun brach das Unheil über die Stadt herein. Das Erbe beanspruchte eine nach Frankreich verheiratete Nebenlinie, die Herzöge von Gonzaga-Nevers, die der deutsche Kaiser Ferdinand II. nicht anerkannte. Da das

deutsche Kaiserhaus die Markgrafen- und Herzogswürde an die Gonzaga verliehen hatte, wollte Ferdinand Mantua als erledigtes Reichslehen einziehen, doch Carlo I. von Nevers bestand auf seinem Anspruch. Als Antwort erschien 1629 eine kaiserliche Armee vor Mantua und begann mit der Belagerung. Gegen die inzwischen entwickelte weitreichende Artillerie waren auch die Seen um die Stadt kein Schutz mehr, und 1630 wurde Mantua zum ersten Mal erobert. Wie üblich nach dem Sieg eines Söldnerheers, folgte eine furchtbare Plünderung der Stadt, der berüchtigte ›Sacco di Mantova‹. Für die weggeschleppten Reichtümer hinterließen die Soldaten die Pest, die Stadt und Umland in kurzer Zeit entvölkerte. Den Rest besorgten die französischen Gonzaga-Nevers, die die noch verbliebenen Kunstsammlungen der Gonzaga verkauften; verschleudert und in alle Winde zerstreut wurde das legendäre ›Studio‹ der Isabella d'Este, es leerten sich die Paläste und Kirchen. Als der letzte Herzog von Nevers 1707 wegen Unwürdigkeit seinen Titel verlor, nahm er die letzten Reste mit ins Exil – zurück blieben die Stadt und ihre Paläste wie leere Hüllen ihres verdunkelten Glanzes. Doch was sich an deren Wänden und Decken als Zeugen des verschwundenen Hofes der Gonzaga findet, macht Mantua noch immer zu einer der ersten Kunststätten Oberitaliens.

Nach 1707 übernahmen die österreichischen Habsburger das kleine Herzogtum und bauten Mantua zur Südwestflanke jenes Festungsvierecks aus, mit dem sie ihre Macht in Italien lange Zeit behaupten konnten. Dass der südliche der vier Seen Anfang des 19. Jh. zugeschüttet wurde und die Inselstadt damit zum ersten Mal Gelegenheit zur Ausdehnung und zu industrieller Ansiedlung erhielt,

Palazzo Te, Sala dei Giganti: Der erzürnte Jupiter, der vom Olymp herab ein Bündel Blitze auf seine Feinde schleudert (Giulio Romano), ist nur der Ausgangspunkt der grandiosesten Bildkomposition des italienischen Manierismus.

Immerhin belebte sich unter der aufgeklärten Kaiserin Maria Theresia auch das bürgerliche Leben wieder, und das schöne Teatro Scientifico wurde errichtet – ein Glanzstück unter den historischen Aufführungsräumen des 18. Jh.

mag man damals durchaus begrüßt haben. Nach der Vertreibung der Österreicher 1866 sank Mantua im vereinigten Italien zu einer unbedeutenden Agrarstadt herab, die riesigen Paläste wurden verschlossen und verfielen. Anfang der 50er Jahre des 20. Jh. glich der Palazzo Ducale einer Ruine. Zu dieser Zeit erkannte man langsam das ökonomische Potenzial des Tourismus, und es setzte eine über 50-jährige Restaurierungszeit der Paläste und des historischen Stadtbilds ein. Erst nach 1980 gelang Mantua mit der glanzvollen Wiedereröffnung des Palazzo Te und Teilen des Palazzo Ducale seine Rückkehr unter die ersten Kunststädte Italiens – das Erbe der Gonzaga hat seinen gebührenden Platz in der Kunstgeschichte wieder eingenommen.

Stadtrundgang

Über die Autobahn-Abfahrt Mantova-Nord erreicht man in wenigen Minuten den wichtigsten der vier Dämme durch die schützenden Seen: die klassische Anfahrt auf die Stadt, festgehalten in unzähligen Gemälden, Zeichnungen und Kupferstichen. So erblickt man noch heute über den Wassern die hochragenden Mauern, Paläste, Türme und Kuppeln – den einzigartigen Stadtprospekt Mantuas (Abb. 260/1). Auf der Insel angekommen, nehme man spätestens, wenn sich rechts die massigen Mauern des viertürmigen Castello di San Giorgio erheben, einen der öffentlichen Parkplätze. Vorbei an den unheimlichen Gräben des Kastells, dessen düstere Mauern die Pracht nicht ahnen lassen, die sie verbergen, gelangt man rasch ins Herz der Altstadt von Mantua.

Die Galerie romanischer Triforienfenster am Palazzo Bonacolsi zeigt, dass dies der älteste der Herrscherpaläste an der Piazza Sordello ist. Erbaut von der ersten Signorie Mantuas, der Familie Bonacolsi, blickten die Fenster auch auf deren mörderisches Ende durch die Gonzaga (Abb. S. 28).

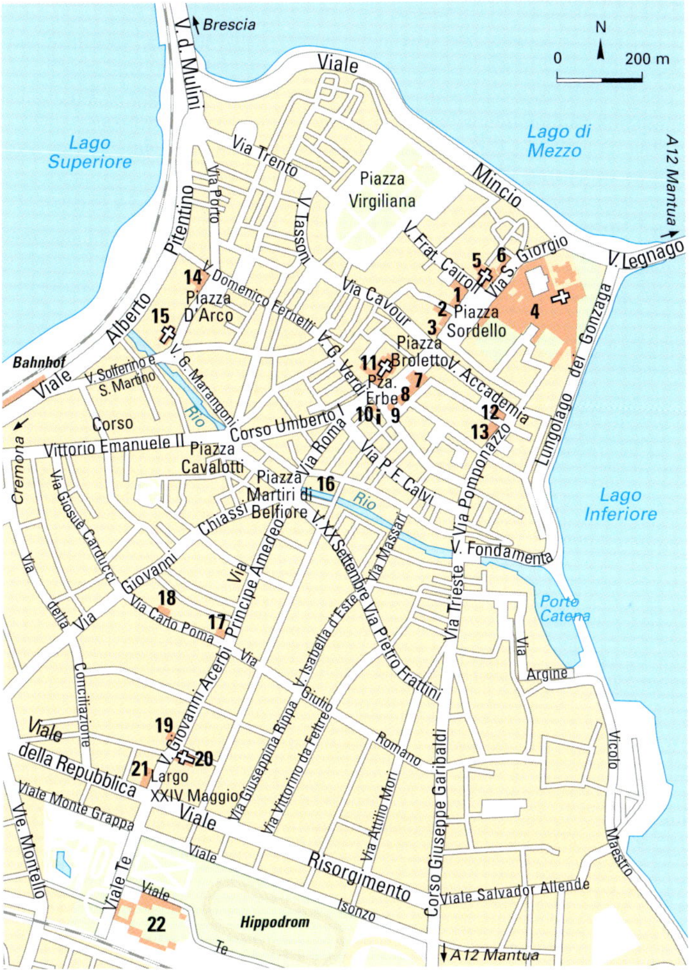

Mantua
1 Bischofspalast
2 Palazzo Bonacolsi-Castiglione
3 Palazzo Acerbi/Guerreri
4 Palazzo Ducale
5 Dom San Pietro
6 Rigoletto-Haus
7 Palazzo del Broletto
8 Palazzo della Ragione
9 Rotunde San Lorenzo
10 Casa di Boniforte
11 Sant'Andrea
12 Teatro Scientifico Bibiena
13 Palazzo Sordi
14 Palazzo d'Arco
15 San Francesco
16 Rio mit Fischhalle
17 Palazzo di Giustizia
18 Casa di Giulio Romano
19 Casa del Mantegna
20 San Sebastiano
21 Palazzo San Sebastiano
22 Palazzo Te

Piazza Sordello

Der weite Platz eröffnet sich dem Blick des Betrachters wie eine Vision des Mittelalters. Vollkommen umgeben von zinnenbekrönten Palästen und Türmen, säulengetragenen Arkaden und der mächtigen Domfassade war er schon immer das politische Zentrum der Stadt. Als die Bischöfe hier im 10. Jh. ihren ersten Dom errichten ließen, war der Platz allerdings noch viel kleiner, Häuser, Straßen und Gässchen bedeckten seine heutige Fläche. Die erste Signorie Mantuas, die Bonacolsi, begannen bereits nach 1273 den Platz mit ihren privaten Familienpalästen zu umgeben. Nach deren mörderischem

Ende schritten die repräsentationsbewussten Gonzaga als neue Stadtherren radikal zur Tat: Spätestens 1370 war die gesamte alte Bebauung des Platzes abgerissen – und die riesige Piazza Sordello als Vorhof des Palastbezirks der Gonzaga war entstanden, bis heute einer der eindrucksvollsten historischen Stadtplätze Italiens.

Die Nordseite des Platzes nimmt die barockisierte Fassade des Doms ein, links daneben beginnt die Bebauung der Westseite mit dem **Bischofspalast (1),** das einzige klassizistische Gebäude des Platzes. Daneben beherrscht die langgestreckte mittelalterliche Fassade des **Palazzo Bonacolsi-Castiglione (2;** 1281 mit großer spätromanischer Fenstergalerie aus polychromen Steinlagen) diese Seite des Platzes. An dessen Ende erhebt sich der kleine, mit seinem umlaufenden Zinnenkranz kriegerisch anmutende **Palazzo Acerbi** oder **Palazzo Guerreri (3).** An ihn, im rechten Winkel angebaut, schloss der ehemals befestigte Voltone di San Pietro den Platz gegen den ganzen Rest der Stadt ab. Als unmissverständliches Zeichen, dass hier ihr Herrschaftsbezirk begann, errichteten die Gonzaga daneben den höchsten Turm der Stadt, den finsteren Torre della Gabbia. Seine abschreckende Wirkung wusste man noch zu steigern, als man in 20 m Höhe ein eiserner Käfig angebrachte, in dem Verbrecher zur Schau gestellt wurden.

Palazzo Ducale

An der Ostseite der Piazza Sordello erhebt sich, die monumentale Wirkung des Platzes bestimmend, die majestätische Fassade des zinnenbekrönten **Palazzo del Capitano** und daran anschließend die niedrigere **Domus Magna.** An der Wende des 13. zum 14. Jh. als Residenz der noch stadtbeherrschenden Bonacolsi errichtet, wurden die beiden Bauten nach der Machtergreifung der Gonzaga zu Außenfronten des dahinter entstehenden **Palazzo Ducale (4),** ihrer neuen Residenz, die hier von der Piazza Sordello aus zu betreten ist.

Der Palazzo Ducale ist eine der faszinierendsten Kunststätten Oberitaliens, doch sollte man vor seiner Besichtigung folgende Erwägung beachten. Er besteht nicht aus einem, sondern aus einer ganzen Reihe von Palästen, die die verschiedenen Gonzaga aneinander bauten, um sich gegenseitig mit neuen Schöpfungen, neuen Architekturstilen und neuen künstlerischen Raffinessen der Ausstattung zu übertreffen. Der Palazzo Ducale geriet dadurch vom 13. bis zum 17. Jh. zu einem riesigen Konglomerat von Palästen, die schließlich ein ganzes Stadtviertel einnahmen.

Mehr als 500 Räume, Säle, Galerien, Gänge und Treppenhäuser umschließen 15 Innenhöfe, Plätze, Gärten und kleine Parkanlagen. Die endlosen Fluchten von Sälen, Appartements und Verbindungsgalerien erschienen jedem Besucher nach kurzer Zeit wie ein unentwirrbares Labyrinth. Mit den Nöten eines jahrzehntelang herumirrenden Publikums hat das Denkmalamt Anfang des 21. Jh. endlich ein Einsehen gehabt: die Sammlungen wurden neu geordnet und ein

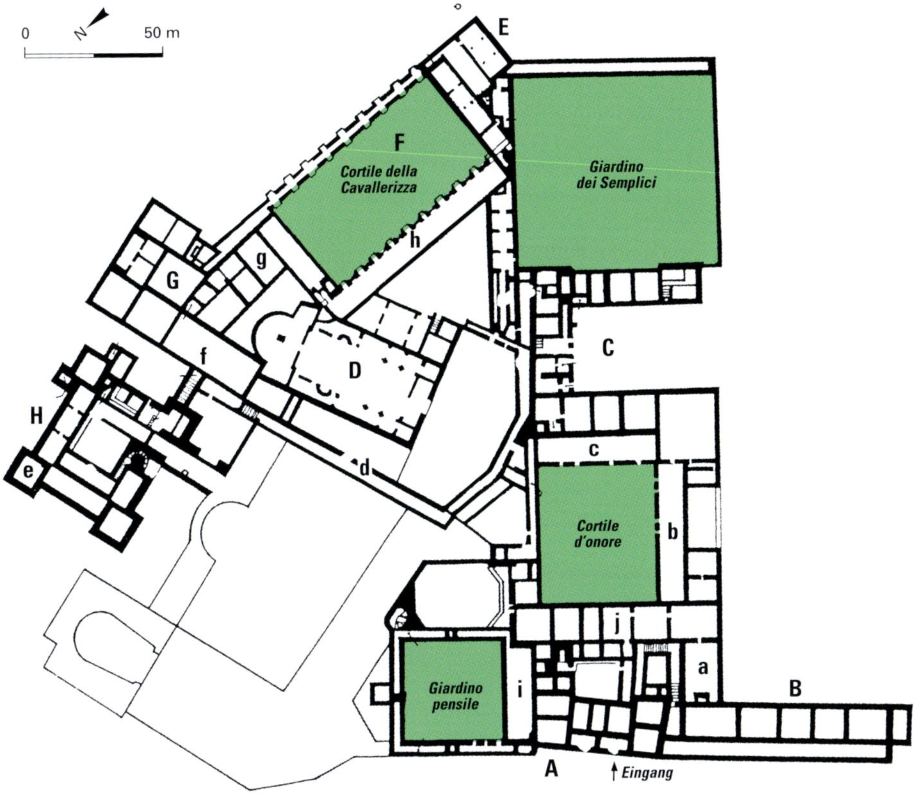

Mantua, Plan des Herzogspalastes (Obergeschoss) A Domus Magna B Palazzo del Capitano C Domus Nova D S. Barbara E Rustica F Cavallerizza G Corte Nuova H Castello di S. Giorgio Zur Orientierung für den im Text erläuterten Rundgang sind die wichtigsten Räume markiert: a Sala di Pisanello b Galleria Nuova c Galleria degli Specchi d Corridoio di Santa Barbara e Camera degli Sposi f Sala di Manto g Sala di Troia h Galleria della Mostra i Sala dei Fiumi j Stanze degli Arazzi

(halbwegs) verbindlicher Rundgang geschaffen, der alles (bis jetzt entdeckte) Sehenswerte zeigt. Man sollte bei einem Besuch des Palazzo Ducale diesem *percorso* und seiner fortlaufenden Nummerierung unbedingt Folge leisten, andernfalls ist man verloren oder läuft Gefahr, Wesentliches nicht zu finden. Denn dieser Rundgang folgt nicht einer räumlichen, sondern einer kunsthistorischen Logik, die jeden Versuch einer eigenen Orientierung unmöglich macht: Man besichtigt nicht einen der Gebäudekomplexe und wird dann zum nächsten geführt. Die Besichtigungsroute ist chronologisch geordnet, sie beginnt beim Spätmittelalter Pisanellos, führt durch die verschie-

Sich in den endlosen Räumlichkeiten treiben zu lassen: So kommt man dem Lebensgefühl der Fürsten von Mantua am nächsten, sich wie selbstverständlich in einer Welt aus Kunst und Bildung zu bewegen, dem Ideal ihrer Zeit. Was diese Paläste an sinnlicher Exaltation geboten haben müssen, als sie noch einrichtet waren, entzieht sich jeder Vorstellungskraft.

denen Stufen der Renaissanceausstattungen und endet bei den von den Österreichern eingerichteten Barocksälen des 18. Jh. Doch ist gerade das Labyrinthische, das Undurchschaubare, das Verwirrende, die verschwenderische Überfülle sinnlicher Eindrücke, eines der konstituierenden Elemente der Faszination dieses einzigartigen Palastes.

Die folgende Beschreibung folgt dem festgelegten Rundgang und hebt die künstlerischen Höhepunkte des Palastes hervor. Dieser besteht aus mehreren Gebäudekomplexen. Den ältesten Teil bilden die Paläste der Bonacolsi **(Domus Magna, A,** und **Palazzo del Capitano, B),** die von den Gonzaga zur Corte Vecchia zusammengefasst wurden. Hinter dem Ehrenhof folgt die von Luca Fancelli geplante Dreiflügelanlage der **Domus Nova (C;** 1480–84) und davor die **Schlosskirche Santa Barbara (D;** 1562–65). Die Bauten zur Seeseite hin beginnen mit **Giulio Romanos Rustica (E;** 1538–39), nach dem von Galerien umschlossenen Hof der **Cavallerizza (F;** 1565) schließt die **Corte Nuova (G;** 1536–39 von Giulio Romano) an; den monumentalen Abschluss bildet die mittelalterliche Festung des **Castello di San Giorgio (H;** ab 1395) von Bartolino da Novara.

Man betritt den Palazzo Ducale in seinem ältesten Teil, der Corte Vecchia, deren Fassade die Piazza Sordello dominiert. Über die ›Treppe der Herzoginnen‹ erreicht man als Erstes den heute **Sala di Morone** genannten Raum. Hier ist das große Tafelbild ausgestellt, auf dem der Veroneser Maler Domenico Morone die Schlacht auf der Piazza Sordello dargestellt hat, in deren Verlauf die Gonzaga die bis dahin herrschende Familie Bonacolsi vollständig auslöschte und selbst die Macht über Mantua an sich riss. Bemerkenswert ist außer der Verherrlichung dieser einzigen Greueltat der Gonzaga die damals noch sichtbare schöne gotische Fassade des Doms, die unter österreichischer Herrschaft einem pompösen Barock weichen musste.

Im nächsten Saal hängen Portraits der Gonzaga, die bis zum Jahr 1969 die heute so berühmten Fresken des Pisanello im dritten Saal verdeckten – den ersten kunsthistorischen Höhepunkt des Rundgangs. Zugleich auch sein befremdlichster, und der Betrachter wird lange hinschauen müssen, bis sich der ungewöhnliche Reiz dieses Werks enthüllt; ein Fernglas ist dabei sehr hilfreich. Aus alten Dokumenten wusste man von einer **Sala di Pisanello (a)** im Palast, die man erst 1969 wieder entdeckte. Dort hatte – vermutlich um 1444 – der große Antonio Pisano, genannt Pisanello, für Markgraf Gianfrancesco einen umfangreichen Freskenzyklus zu den Rittersagen der Tafelrunde gemalt. Pisanello war der beste italienische Vertreter der ›höfischen Gotik‹, jener Kunst, die das Leben und die Ideale des untergehenden Rittertums in unübertrefflicher, elegischer Schönheit darzustellen vermochte. Sein berühmtestes Werk ist das legendäre Bild ›Aufbruch des hl. Georg zum Kampf mit dem Drachen‹ in der Kirche St. Anastasia in Verona, mit der gotischen Prunkstadt im Hintergrund (s. S. 214).

Hier in Mantua erhielt er den Auftrag, den beliebten Roman ›Lancelot‹ zu illustrieren, also die Aventüren der Ritter der Tafelrunde. Da

Detail aus dem Freskenzyklus der Sala di Pisanello

aber bald die Renaissance den Geschmack der Gonzaga dominierte, wurde dieser spätgotische Freskenzyklus übermalt und blieb jahrhundertelang verschwunden. Bei seiner Wiederentdeckung kam ein arg verblasstes Meisterwerk zum Vorschein und – eine Sensation – an vielen Stellen die Rötelvorzeichnungen auf dem Verputz (Sinopia genannt), mit denen der Künstler genial in wenigen Strichen Personen und Szenen an die Wand bannte, um sie später mit Farbe als vollendete Fresken auszuführen. So sind in der Sala di Pisanello die Fresken zu sehen, die abgenommenen Sinopien sind im Nachbarsaal (Sala dei Papi) aufgehängt. Die Fresken sind an drei Seiten des Saales erhalten und zeigen an der kurzen Ostwand das Turnier am Hof des Königs Brangoire mit unzähligen Rittern in einst bunten Prunkrüstungen. Auf den beiden anderen Wände ist in betont erzählerischer Manier der Zug der Ritter in einer Phantasielandschaft dargestellt, vermutlich auf der obligaten Suche nach dem heiligen Gral. Es bedarf heute einiger Mühen, um den Szenen ihren vollendeten gotisch-höfischen Stil anzusehen, die Pracht von Waffen, Helmen und Rüstungen, die Eleganz von Haltung und Gewändern der Personen, die Schönheit der Gesichter von Damen und Höflingen.

Der nächste große Saal, der **Galleria Nuova (b)** genannt wird, bewahrt die 22 wichtigsten und größten Altartafeln aus jenen Klöstern der Stadt, die unter Maria Theresias Kirchenreform und später unter Napoleon geschlossen wurden. Ihre kostbaren Altargemälde wurden in den damals leeren Palazzo Ducale gebracht und nun in der Neuen Galerie ausgestellt. Sie stammen also nicht – wie auch alle anderen beweglichen Bilder des heutigen Palastes – aus dessen alten Sammlungen, die vollständig verschleudert wurden, sondern sind erst durch Maßnahmen des 19. und 20. Jh. dorthin gelangt. Herausragende Werke sind die schöne ›Madonna mit Kind und vier Heiligen‹, ein Renaissance-Gemälde von Ippolito Costa (1525), und das Bild ›Der Heilige Franz erbringt der Madonna eine Fürbitte‹ von Francesco Borgani (1605) mit der berühmten Ansicht der Stadt Mantua und dem Herzogspalast.

Im Anschluss folgt die **Sala degli Arcieri,** der Saal der Bogenschützen. Auch hier hängen riesige Gemälde an den Wänden, die aus aufgehobenen Mantuaner Kirchen stammen. Das bedeutendste ist zweifellos das Jugendwerk von Peter Paul Rubens ›Die Familie Gonzaga in Anbetung der Hl. Dreifaltigkeit‹. Unter dem Einfluss dieses Bildes ist wenige Jahre später Domenico Fettis Gemälde ›Wunderbare Vermehrung von Brot und Fisch‹ entstanden, ein Werk von überwältigendem Formen- und Farbenreichtum. Dass das barocke Pathos dem Wesen dieses von der Renaissance geprägten Palastes eigentlich fremd ist, zeigt sich beim Blick in die obere Wandgestaltung des Saales, wo seine eigentliche Attraktion zu sehen ist. Zwischen den streng geordneten, fein bearbeiteten Deckenkonsolen sind die Wandflächen mit illusionistischen, wie vom Wind bewegten Vorhängen bemalt, die sparsame Blicke auf Vorder- und Hinterläufe, Hälse, Schweife und Hinterteile von Pferden erlauben. Was hat diese merkwürdige Dekoration in einem fürstlichen Saal zu bedeuten? Hier im Saal der Bogenschützen residierten die Soldaten der Leibwache – und sie hatten ein beliebtes Spiel: Auf dem Hof wurden, hinter großen Vorhängen verborgen, die Lieblingspferde des Herzogs vorbeigeführt. Durch zufällige Bewegungen des Tuchs wurden nur Details der Pferde sichtbar, an denen die Soldaten erraten mussten, um welches Pferd es sich handelte. Jener Zeitvertreib der Leibwache erregte bei Hofe soviel Amüsement, dass er mit dieser ungewöhnlichen Freskierung in die Kunstgeschichte eingegangen ist.

Nun gelangt man mit der **Galleria degli Specchi (c),** dem Spiegelsaal, zum nächsten Höhepunkt der Palastausstattung. Der Saal war einst eine große offene Loggia zum benachbarten ›Garten der vier Platanen‹ und ist heute sichtbar von zwei verschiedenen Kunststilen geprägt: Die Wände, in die die Spiegel eingelassen sind, lassen österreichischen Klassizismus um 1773 erkennen, das riesige Deckengewölbe mit dem größten zusammenhängenden Freskenzyklus des Palastes stammt aus der Zeit der Gonzaga, 1618 unter Aufsicht des Architekten Viani von verschiedenen emilianischen und römischen Meistern (und von ihm selbst) geschaffen. Die Bilder dienen der Verherrlichung des Auftraggebers Ferdinando Gonzaga und zeigen in den Stichkappen des Gewölbes allegorische Darstellungen der Tugenden des Fürsten: Eintracht, Freigebigkeit, Demut, Beredsamkeit, Güte, Großzügigkeit, Unsterblichkeit, Verstand, Unschuld, Philosophie und Ewige Glückseligkeit. Der eindrucksvollste Teil des Zyklus sind die Bilder im Gewölbe selbst: Zwischen dem in gewagtem Illusionismus gemalten Wagen des Tages und dem Wagen der Nacht erstrahlt ein figurenreiches ›Konzil der Götter‹, mit dem der Fürst und seine Tugenden in natürlichem Einklang stehen.

Nicht immer, aber wenn möglich, erwarten den Besucher nun die **Appartamento Ducale,** die Herzoglichen Gemächer des Vincenzo I. mit der ›Sala del Labirinto‹ (Saal des Labyrinths), deren berühmte geschnitzte Decke ein vergoldetes Labyrinth darstellt.

Der Corridoio di Santa Barbara ist einer jener Gänge des Palazzo Ducale, in denen sich der Herzog und seine Familie von einem Teil der Gesamtanlage zum nächsten bewegen konnten, ohne sich je ins Freie begeben zu müssen. Er wurde im Zusammenhang mit dem Bau der Palastkirche Santa Barbara (1562–72) und dem davorliegenden halbachteckigen Platz angelegt. (In der Kirche finden noch auf Jahre hinaus Restaurierungsarbeiten statt.)

Der **Corridoio di Santa Barbara (d),** ein langer, verwinkelter Gang zwischen Corte Vecchia und Corte Nuova, führt mit der ›Scalone di Enea‹ (Treppe des Äneas) hinüber in das **Castello di San Giorgio (H),** jene äußerlich so martialische Festung, die den Palast zur Seeseite deckte. Erbaut wurde es unter dem Eindruck der Mailänder Eroberungsversuche Oberitaliens auf Befehl von Francesco I. Gonzaga. Architekt war der berühmte Festungsbaumeister Bartolino da Novara, der bereits das ähnlich gestaltete Stadtkastell der mit den Gonzaga verwandten Este in Ferrara errichtet hatte. 1395–1408 entstand das Mantuaner Kastell mit allen Finessen der damaligen Fortifikationskunst und bildete eine vor der Erfindung effektiver Pulvergeschütze uneinnehmbare Festung. Der finstere Militärbau war bis 1459 unbewohnt, als sich ausgerechnet der erste echte Renaissancefürst Mantuas, Ludovico II. entschloss, hierher zu ziehen und die kahlen Räumlichkeiten zu seiner Privatresidenz auszubauen. Der Grund für diesen seltsamen Umzug in ein schmuckloses mittelalterliches Kastell lag darin, dass Ludovico seine bisherige Repräsentationsräume in der Corte Vecchia Papst Pius II. Piccolomini und seinen Geistlichen überlassen musste. Diese wollten hier seit 1459 in einer Art Konzil einen neuen Kreuzzug ins Heilige Land beschließen lassen – ein angesichts der damaligen militärischen Überlegenheit der Türken, die gerade erst (1453) Konstantinopel erobert hatten, völlig weltfremdes Unternehmen. Wenn auch aus dem Kreuzzug nichts wurde, bescherte doch der unfreiwillige Umzug des Markgrafen in das Kastell seinem neuen Hofmaler Andrea Mantegna den ersten Auftrag in Mantua und der Kunstgeschichte ein bahnbrechendes Werk: Die legendäre Ausmalung der Camera degli Sposi im Nordostturm geriet zu einem der bedeutendsten Werke der italienischen Renaissance.

Die **Camera degli Sposi (e)** ist für drei Dinge berühmt: Zum ersten Mal in der Kunstgeschichte wurde der Raum durch ein geschlossenes Dekorationssystem in etwas gänzlich anderes verwandelt, als er ist – nämlich in eine scheinbar offene Laube, zweitens vermittelt der erstmals ungeheuer plastisch und realistisch gemalte Hofstaat der Gonzaga eine durch die Kunst geschaffene nahezu persönliche Begegnung mit jenen Personen und drittens öffnen sich die Wände des kleinen (nur 8 m im Quadrat messenden) Raumes durch die

Das ›oculo‹ in der Camera degli Sposi ist früheste und perfekteste Demonstration der illusionistischen Malerei der Renaissance. Durch extrem perspektivische Verkürzung wirken die auf fast flacher Decke gemalt Figuren vollplastisch. Die freundlich herablächelnden Gesichter vom imaginären Balustradenrand erzeugen die viel zitierte ›Zwiesprache‹ von Betrachter und Betrachtetem, wodurch sie ihre Rollen tauschen: Das Kunstwerk hat seinen Beschauer eingefangen, er steht ihm nicht mehr gegenüber, er ist selbst Mittelpunkt eines Raumes, den die Malerei erst hervorbringt.

Camera degli Sposi, Westwand, Ausschnitt aus der ›Begegnung‹ (links der Türe). Die illusionistischen Techniken Mantegnas ließen vor dem Auge des Betrachters Landschaftshintergründe von noch nie gesehener Tiefe erscheinen.

Anwendung fundamental neuer illusionistischer Techniken in unendliche Weiten einer künstlerischen Scheinwelt.

Das Dekorationssystem der Camera degli Sposi nimmt seinen Ausgangspunkt an dem berühmten *oculo* in der Decke des Raumes (s. S. 271), dem kreisrunden, scheinbaren Blick in den Himmel. Diese Öffnung ist in ein Viereck eingelassen, von dem acht rautenförmige Gewölbefelder ausgehen, getrennt durch prächtig ornamentierte breite Zierbänder. Diese münden auf den (realen) Kragsteinen der Gewölbe und setzen sich als Scheinpfeiler fort, die hinunter bis auf die ebenfalls nur gemalte Sockelbrüstung reichen. Zwischen den imaginären Wandpfeilern sind gemalte Stangen eingespannt, von denen goldbedruckte vorgetäuschte Vorhänge herabfallen. Während diese Vorhänge an zwei Wänden zugezogen sind, erscheinen sie an den anderen zwei Wänden zurückgeschlagen und geben hier zwei monumental empfundene Szenen aus dem Leben der Auftraggeber frei: Der Hofstaat der Gonzaga unter Herzog Ludovico II. hat seinen großen Auftritt.

Das Fresko an der Nordwand (über dem Kamin; s. Abb. S. 258) zeigt Herzog Ludovico mit seiner Gemahlin Barbara von Brandenburg (von dem Ehepaar rührt der Name der Camera) mit ihren Kindern und höfischen Beamten. Von der linken Seite tritt ein Mann, vermutlich Ludovicos Sekretär Marsilio Andreasi, an den Herzog heran und überreicht ihm einen Brief. In ihm unterrichtet ihn Bianca Maria Sforza aus Mailand, dass ihr Gemahl, der Herzog Francesco Sforza im Sterben liege und er, der Herzog von Mantua, sofort nach Mailand eilen müsse, da er damals der Befehlshaber der Mailänder Truppen war. Die zweite Szene, an der Westwand (rechts und links der Türe), zeigt den Zug Ludovicos nach Mailand. Dabei trifft er in Bozzolo seinen heimkehrenden Sohn Francesco, der 1461 in Rom zum Kardinal ernannt worden war, und berichtete ihm, womöglich denselben Brief überreichend, von dem Ereignis. Alle Personen dieser Bilder zeigen scharfe, markante, nicht beschönigende Gesichtszüge, mit größter Wahrscheinlichkeit Portraits nach der Realität, sodass sich die Mitglieder des Hofstaats und der Familie des Herzogs wiedererkannt haben dürften – eine bis dahin nicht dagewesene künstlerische Intention, den Hof des Fürsten nicht nur mit Kunst auszustatten, sondern ihn selbst zur Kunst zu machen.

Besonders die zweite Szene, die ›Begegnung‹ überrascht den Betrachter bis heute mit seinem großartigen illusionistischen Landschafts- und Architekturhintergrund. In noch nie gesehenen Tiefen der Landschaft hat Mantegna über den Kardinal (rechts neben der Türe) eine idealisierte Vedute der Stadt Rom auf einem Hügel gemalt, hinter einer gewaltigen Stadtmauer erkennt man das Kolosseum, davor das Marcellus-Theater und die Pyramide des Caius Cestius. Den Gipfel der optischen Täuschung erreicht Mantegna mit dem berühmten *oculo* in der Decke des Raumes. Der Charakter eines zur Natur offenen Pavillons, den er dem gesamten meterdicken Mauerwerk des Festungsturms verleiht, wird hier vollendet durch die gemalte Öffnung, durch die man über einer illusionistischen Brüstungsarchitektur den blauen Himmel zu erblicken glaubt. Unter erstmaliger Verwendung des *sotto in sù,* in der extrem perspektivischen Verkürzung ihrer Körperproportionen verleihen dort Putten, Vögel und Personen der flachen Decke die scheinbare Tiefe einer offenen Gewölbekuppel.

Zurück im Hof des Kastells, gelangt man wieder über die Treppe des Äneas in die Säle der Corte Nuova. Zunächst betritt man die düster-prunkvolle **Sala di Manto (f).** Dieser Saal der Manto wurde von dem mantuanischen Maler Lorenzo Costa d. J. mit acht monumentalen Wandgemälden ausgestattet: Sie thematisieren die legen-

Viel zitiert ist die Feststellung, dass in der Camera degli Sposi der Betrachter nicht nur die Figuren anschaut, sondern seinerseits auch von den Gonzaga betrachtet wird: Eine bis dahin beispiellose Täuschung der Sinne, die ›Geburtsstunde des Illusionismus‹, zum ersten Mal in der Geschichte der Kunst verwandelt sie einen konkreten Raum in ein künstlerisches Erlebnis, in dem Gemaltes und Realität verschmelzen.
In der ›Begegnung‹ richtet sich der Blick eines Höflings der Gonzaga aus der Personengruppe hinter dem Kardinal Francesco eindringlich auf den Betrachter.

denhafte Gründung Mantuas durch die Seherin Manto, Tochter des Teiresias. (Der Saal besitzt, wie alle folgenden in der Corte Nuova, eine ungemein prachtvolle vergoldete, geschnitzte Kassettendecke.)

Die anschließende **Sala dei Cavalli** (Saal der Pferde) birgt im Zentrum der Decke den eindrucksvollen ›Sturz des Ikarus‹. Ein merkwürdiges Fresko in einer Ecke der Sala, das stilistisch eindeutig nicht italienischer Herkunft ist, wurde als Werk des deutschen Malers Bartholomäus Tilmann Riemenschneider identifiziert. Das Bild zeigt den Berg Olymp, der sich aus einem Wasserlabyrinth erhebt, das vermutlich die Wasserlandschaft um Mantua symbolisieren soll, die Stadt damit in den Rang des antiken Göttersitzes erhebend.

In der folgenden **Sala delle Teste** (Saal der Köpfe) ist die Decke mit einem majestätischer Gott Jupiter im Wolkenkranz geschmückt (Anspielung auf Kaiser Karl V., der den Gonzaga die Herzogswürde verlieh). Darunter sind im Kamin zwei Kleinode der Kunst zu bewundern: Giulio Romano persönlich malte hier zwei geflügelte Siegesgöttinnen, die Heldentaten auf ihren Schilden verzeichnen.

Durch die **Camerino dei Cesari** (Kabinett der Cäsaren), in der einst die berühmten Gemälde Tizians mit Bildern der Cäsaren hingen (heute durch Kopien ersetzt), wird man zu einem weiteren Höhepunkt der Ausstattung des Palazzo Ducale geführt: in die **Sala di Troia (g),** den Troja-Saal, den Giulio Romano und seine Schüler ausgemalt haben. In grandiosen illusionistischen Bildkompositionen ziehen hier die Taten und Untaten der berühmtesten Helden der Antike am Betrachter vorbei. Besonders eindrucksvoll sind die Szenen der Amazonenschlacht, die Legende der Medea und die Auffindung des Trojanischen Pferdes. An den Wänden betonen reich skulptierte römische Sarkophage den ganz der Antike zugewandten Charakter der Corte Nuova.

Cavallerizza, Fassade. Als eine frühe Form des Dekonstruktivismus könnte man Giulio Romanos Herauslösung funktionaler architektonischer Teile und ihre Neuzusammenfügung in noch nicht gesehener funktionsloser Manier bezeichnen.

Anschließend präsentiert die **Galleria dei Mesi** (Galerie der Monate), von Giulio Romano begonnen und von Viani vergrößert, stuckumrahmte Freskenzyklen. Vor allem aber kann man hier durch die Fenster in den Hof der berühmten **Cavallerizza (F)** schauen, der Reitbahn für die Lieblingspferde des Gonzaga-Gestüts. Von niemand anderem als von Giulio Romano selbst kann die Wandgestaltung der Cavallerizza stammen (1538–39): Der Portikus aus massiven, verschiedenfarbigen Bossenquadern, das Obergeschoss gegliedert durch wie in dynamischer Drehbewegung befindliche mächtige Säulen, die indes nichts tragen, weil sie nur als riesige Stuckelemente aus einer ohnehin massiv erscheinenden Mauer hervortreten. Gekrönt wird alles durch einen antikisierenden umlaufenden Architrav, der ebenfalls nicht getragen wird, weil auch er nur stuckisiert ist – auch eine Mauer durfte für den Manieristen Romano nicht einfach eine Mauer sein, sie musste in Bewegung gebracht, verfremdet und mit gegensätzlichen Formelementen in Spannung versetzt werden. Man kann hier besonders gut das Charakteristische der Architektur Giulio Romanos erkennen: Seine manieristisch, antiklassische – also die klassische, statisch funktionale Mauerstruktur auflösende – überraschende

Kombination verschiedener Architekturelemente, die in dieser Divergenz zum Bekannten keinen strukturellen Sinn mehr ergeben.

Danach betritt man die eindrucksvolle **Galleria della Mostra (h)** mit ihrer großartigen Kassettendecke. Diese weitläufige Ausstellungsgalerie war einst der bedeutendste Platz der Kunstsammlungen der Gonzaga, die leeren Flächen der Umrahmungen waren bedeckt mit den geraubten und verschleuderten Gemälden von Brueghel bis Tizian, die nun Zierde aller großen Museen der Welt sind. Heute befinden sich hier noch 64 Marmorbüsten, zum größten Teil aus dem 1.–3. Jh., zum kleineren Teil Kopien des 16. Jh.

Nach einem Blick in den großen Zier- und Gewürzgarten **Giardino dei Semplici** mit der mächtigen Fassade der Domus Nova (von Luca Fancelli, 1480–84) gelangt man in die vier Räume, die **Appartamento delle Metamorfosi** genannt werden. Jeder Raum wurde thematisch noch einem der vier Elemente Erde, Luft, Wasser und Feuer ausgemalt; sie enthielten zu Zeiten der Gonzaga ein naturwissenschaftliches Raritätenkabinett.

In einer folgenden Durchgangspassage gewähren kleine Fenster Sicht in die ehemals **Appartamento dei Nani** (Wohnung der Zwerge) genannten seltsamen Räumlichkeiten, die man erst in jüngerer Zeit als Imitation der ›Scala Santa‹, der Heiligen Treppe des Lateranpalastes in Rom erkannte. Der ehemalige Kardinal und letzte Herzog der Gonzaga, Ferdinando, hat sie 1615 so erbauen lassen, dass man ihre drei Rampen nur auf Knien ersteigen konnte. Entsprechend niedrig sind die Gewölbe, was früher zu dem Irrtum verleitete, hier hätten die Hofzwerge der Gonzaga gewohnt.

Nach Durchqueren des ›Gabinetto dei Mori‹ und der ›Camera dei Falconi‹ (Saal der Falken) erwartet den Besucher mit der **Camera dello Zodiaco** (Saal der Tierkreiszeichen) erneut ein Höhepunkt: Lorenzo Costa d. J. offenbart monumental in einer grandiosen manieristischen Malerei den Nachthimmel der nördlichen Hemisphäre, belebt mit den Figuren der Tierkreise und allegorischen Darstellungen, die sich in antikisierendem Stil auf die Fortdauer des Geschlechts der Gonzaga beziehen.

Die weitläufige **Sala dei Fiumi (i),** der Saal der Flüsse, ist nicht mehr eine Schöpfung der Gonzaga. Während der österreichischen Besatzung wurde 1775 das ehemals offene Refektorium in einen Saal mit der einzigen geschlossenen Rokokodekoration des Palastes umgebaut. Sie stellt in reichen Stuckrahmungen die Allegorien der sechs Flüsse des Herzogtums Mantua dar, das mittlere Deckenmedaillon zeigt den Sonnenwagen.

Den letzter Höhepunkt bildet nun die Raumflucht der vier **Stanze degli Arazzi (j),** Zimmer der Wandteppiche. Man kann hier neun riesige, ungemein kostbare Exemplare bewundern, die Kardinal Ercole Gonzaga 1559 für die Kathedrale gekauft hatte. Sie stellen Szenen aus den Leben der Apostel Peter und Paul dar und wurden in Brüssel nach Zeichnungen geknüpft, die 1519 von Raffael als Entwürfe für die Ausstattung der Sixtinischen Kapelle in Rom angefertigt worden waren. Die

›mantuanischen Serie‹ ist die erste und älteste Kopie dieses berühmten Werks von Raffael und wurde von den damals besten flämischen Teppichknüpfern Johann van Tiegen und Nikolaus Leyniers geschaffen.

Hier endet der allgemeine Rundgang durch den Palazzo Ducale, doch sind seine Besichtigungsmöglichkeiten damit noch nicht erschöpft. Während sechs zusätzlicher kurzer Rundgänge – nur in Sonderführungen – sind weitere Räumen des Palastes mit reicher Ausstattung zu sehen. Es handelt sich meist um Privaträume der Gonzaga, die weniger einen Einblick in ihr Repräsentationsbedürfnis, sondern mehr in ihren persönlichen Geschmack und Lebensstil geben. Unbedingt empfehlenswert ist der Rundgang in die **Witwenwohnung der Isabella d'Este** mit ihrem legendären ›Studiolo‹ und ihrem geheimen Garten (Appartamento vedovile d'Isabella d'Este), die **Belle Etage des Kastells** und den **Bau der Paleologa** (Piano Nobile del Castello e Palazzina della Paleologa), einst bewohnt von Isabella d'Este und ihrem Mann Francesco II. Sehr sehenswert auch die **Große Burgwohnung** (Appartamento Grande di Castello), das **Sommerappartement** (Rustica) und das **Appartement des Guglielmo** in der Corte Vecchia mit dem Dachgarten und dem Kaffeehaus. Diese Führungen finden jedoch nur an Wochenenden statt und das nicht zu jeder Jahreszeit, selbst die Palastverwaltung empfiehlt, sich vorher unbedingt an der *biglietteria* zu erkundigen.

Dom San Pietro

Am oberen Ende der Piazza Sordello steht der **Dom (5),** dessen Äußeres sich aus Bauteilen verschiedener Epochen zusammensetzt. Der mächtige **Campanile** (um 1140) ist romanisch, vom gotischen Umbau des ausgehenden 14. Jh. blieben die Außenmauern der Kapellen an der rechten Flanke mit steilen Giebeln und Fialen erhalten, die unpassende Fassade wurde 1756–61 von den Österreichern errichtet.

Der **Innenraum** wurde ab 1540 von Giulio Romano nach dem Vorbild frühchristlicher Basiliken Roms vollkommen umgestaltet. In dem fünfschiffigen Raum, den kannelierte Säulen mit durchgehendem Architrav unterteilen, verwendete er allerlei antikisierende Formen, doch blieb das Konzept trotz aller Pracht unentschieden, eher eine Ansammlung von Zitaten als stringente Anwendung antiker Proportionen. Wenig ist hier zu spüren von der konsequenten Erneuerung der Kirchenarchitektur der Renaissance, wie sie Alberti nur wenige Meter entfernt in der 1472 begonnenen Kirche Sant'Andrea prototypisch realisierte (s. S. 278f.). Beachtung verdienen dennoch die Galerien monumentaler korinthischer Säulen, die flachen und tonnengewölbten Kassettendecken der fünf Schiffe, einige Ölgemälde des 16. Jh. und verschiedene Fresken des 14.–17. Jh.

Hinter dem Dom gruppiert sich um einen schönen Innenhof das so genannte **Rigoletto-Haus (6),** in dem der tragische Hofnarr aus Verdis gleichnamiger Oper gewohnt haben soll, die bekanntlich am frivolen Hof der Gonzaga in Mantua spielt.

Der mächtige Torre dell'Orologio am Marktplatz wurde 1473 von Luca Fancelli errichtet, um eine der ersten großen Renaissance-Uhren des Mathematikers Bartolomeo dell'Orologio aufzunehmen. Die Piazza delle Erbe war das Zentrum der bürgerlichen Stadtrepublik Mantua im Mittelalter. Rechts vom Uhrturm ist daher die erste Stadtkirche der Bürger zu sehen, die romanische Rotunde S. Lorenzo. Links die ersten zwei der sieben Triforienfenster des Palazzo della Ragione, des großen Ratssaals der stadtrepublikanischen Regierung um 1250.

Piazza Broletto und Piazza delle Erbe

Gegenüber dem Dom, am anderen Ende der weiten Piazza Sordello, verlässt man unter dem Torbogen des Voltone den einst abgeschiedenen fürstlichen Residenzbezirk und betritt die geschäftige Welt der einstigen Stadtrepublik Mantua. Die **Piazza Broletto** wird durch die romanisch-gotische Gebäudegruppe des **Palazzo del Broletto (7)** von der Piazza delle Erbe getrennt. Hier residierten die Verwaltungsorgane der mittelalterlichen Stadtrepublik; das malerische Bauensemble aus Portalen, Treppen, Bogengängen, gotischen Fensterfronten und zinnenbekrönten Dächern wurde 1227 begonnen (man beachte die säulenumgebene romanische Sitzfigur des römischen Dichters Vergil) und wird überragt von der Torre Civica, dem Stadtturm aus dem 12. Jh.

Die anschließende **Piazza delle Erbe** war neben dem Verwaltungszentrum der große Handelsplatz der Stadtrepublik, auf seiner ganzen Länge flankiert vom langgestreckten frühgotischen **Palazzo della Ragione (8).** Im oberen Stockwerk des 1250 errichteten Palastes, erkennbar an der eindrucksvollen Galerie von sieben Triforienfenstern, befindet sich der riesige Saal der stadtrepublikanischen Versammlungen, die Hunderte von Mitgliedern besaßen. Daneben steht der mächtige **Uhrturm** (1473), gegenüber eine Reihe mittelalterlicher (und heutiger) Geschäftshäuser, die mit ihren Laubengängen bis ins 12. Jh. zurückreichen.

Der Platz wird begrenzt durch den massigen Bau der romanischen **Rotunde San Lorenzo (9),** jener ersten Pfarrkirche für die Bürger der Stadt, die 1082 von der Markgräfin Mathilde von Canossa gestiftet worden war. Der Bau erlitt ein eigentümliches Schicksal: 1579 wurde er profaniert, da das lebhafte merkantile Treiben auf dem großen Marktplatz seine liturgische Funktion unmöglich machte. Nach dem völligen Niedergang Mantuas nach 1630 nutzten zahlreiche verarmte Bürger das stabile romanische Mauerwerk zur Verankerung neuer Behausungen, in denen die Kirche schließlich vollkommen verschwand und vergessen wurde. Erst 1908 wurde sie zufällig wieder entdeckt. Eine jahrzehntelange Restaurierung hat seitdem ein zwar schmuckloses, doch eindrucksvolles Exemplar der ideenreichen lombardischen Romanik zurückgewonnen. Die mächtige Backsteinrotunde, außen durch Lisenen und Rundbogenfriese gegliedert, entpuppt sich im Inneren als doppelgeschossige Emporenkirche: Ebenerdig wird ein runder Zentralraum von mächtigen Arkaden eines Umgangs begrenzt, dessen trapezoide Kreuzgratgewölbe einen ebenso gestalteten Emporenumgang tragen. Im Inneren des dicken Mauerwerks führen zwei schmale Treppen dort hinauf. Man versäume nicht, an der Ecke des Platzes einen Blick auf die Fassade des **Wohnhauses** des reichen Händlers **Boniforte da Concorezzo (10**) mit ihren eleganten Fenstergalerien der Frührenaissance (1455) zu werfen.

Basilika Sant'Andrea

Unmittelbar daneben öffnet sich die Piazza delle Erbe zur Piazza Mantegna, die beherrscht wird von der monumentalen Fassade der Kirche **Sant'Andrea (11),** einer der beiden Kirchenbauten des Florentiners Leon Battista Alberti in Mantua, mit denen er die sakrale Architektur bahnbrechend erneuerte und zwei der frühesten Kirchen der Renaissance errichtete.

Der riesige **Portalbogen,** der zur Piazza zeigt, verkündet bereits das architektonische Programm, für dessen Umsetzung die Kirche berühmt geworden ist: Alle ihre architektonischen Elemente sind in monumentalisierter Form dem römischen Triumphbogen und dem Tempelbau entlehnt – die 1472 begonnene Kirche bricht wie die zwölf Jahre vorher erbaute Kirche S. Sebastiano (s. S. 282) radikal mit allen gotischen Traditionen und nimmt allein antike Architekturformen zum Vorbild. Dies zeigt sich ebenso kompromisslos im **Inneren,** einem Raum von ungeheurer Weite, wie er seit der römischen Kaiserzeit nicht mehr gebaut worden war. Verschwunden sind die trennenden Arkadenreihen der gotischen Seitenschiffe, der gewaltige Raum verleugnet seine Anspielung auf die antiken Kaiserbasiliken ebensowenig wie das kassettierte Tonnengewölbe ein direktes Zitat aus dem legendärsten aller römischen Bauten darstellt, dem ebenfalls mit Kassetten verzierten Kuppelgewölbe des Pantheon. Das Tonnengewölbe als exakte

Sant'Andrea, gesehen von der Piazza delle Erbe. Dass diese monumentale Kirche nicht den Dom, sondern die Stadtkirche der Bürger darstellt, bemerkt man daran, dass sie zum großen Marktplatz Mantuas hin auf ihrer ganzen Länge mit den Kolonnaden alter Handelshäuser zugebaut ist. Links im Bild die Fassade der Kirche in Form eines riesigen römischen Triumphbogens.

Fortsetzung des großen Fassadenbogens führt den ›Durchgang durch den Triumphbogen‹ im Inneren fort; die ebenfalls tonnengewölbten, von Pilastern getrennten Seitenkapellen wiederholen im gleichen Maßstab Rhythmus und Gliederung der Fassade – Anspielung auf den dreiteiligen Triumphbogen der späten Kaiserzeit Roms. Mit diesem Bauschema hat Alberti weit in die Zukunft gewiesen, er hat damit im Prinzip den Typus des Wandpfeilersaals geschaffen, der bis in den Klassizismus des 19. Jh. der meistgebaute Kirchentyp Europas blieb. Über dem Grundriss eines lateinischen Kreuzes bildet die großer **Vierungskuppel** (die erst im 18. Jh. vom Turiner Hofbaumeister Filippo Juvarra kongenial aufgesetzt wurde) im Ostbau der Kirche die Verbindung zu gleich langem Chor und Querarmen, eine Verbindung aus Längs- und Zentralbau, die bis in den Spätbarock kopiert wurde.

Der riesige Bau von Sant'Andrea (105 m lang) ist innen in bemerkenswerter Weise ›leer‹ – keine an die Gotik erinnernde Einteilung in Haupt- und Seitenschiffe sollte das neue Empfingen der ungeheueren Weite des Renaissance-Raums stören. Die künstlerische Ausstattung beschränkt sich dementsprechend auf feine und farbige Ornamentierung der Wandflächen und Seitenkapellen mit einigen Ölgemälden des 15.–18. Jh. In der ersten Seitenkapelle links vom Eingang befindet sich das schlichte **Grab des großen Andrea Mantegna.**

Kunst und Architektur auf dem Weg zum Palazzo Te

Auf die Piazza Mantegna münden mit der Via Verdi, der Via Roma und dem Corso Umberto I. die drei historischen Verkehrsachsen der Stadt, weshalb nahezu alle weiteren Sehenswürdigkeiten Mantuas von hier aus in wenigen Minuten zu erreichen sind. Sogar der am südlichen Ende der Altstadt gelegene Palazzo Te ist von hier aus wenig mehr als eine Viertelstunde zu Fuß entfernt – auf dem Weg dorthin finden sich auch mehrere interessante Kunststätten.

Noch ganz in der Nähe von Sant'Andrea zweigt von der Piazza Broletto nach rechts die Via Accademia ab, die in wenigen Minuten zum **Teatro Scientifico Bibiena (12)** führt. Das kleine Schauspielhaus befindet sich im Palast der 1767 von der österreichischen Kaiserin Maria Theresia gegründeten Akademie für Dichtung und Kunst, mit der das kulturelle Leben des verarmten Mantua wiederbelebt werden sollte. Es geriet zu einem Kleinod barocker Theaterbaukunst. In bewegtem Schwung hat Antonio Bibiena das kelchförmige Parkett mit vier Stockwerken rundbogig sich öffnender Logen umgeben. Wie das fest eingebauten Bühnenbild ist alles reich mit Balustraden, Halbsäulen und Vertäfelungen verziert, doch entsteht nirgendwo der Eindruck des Pompösen. Das Theater atmet eine Atmosphäre von Intimität und Wärme, wozu wesentlich sein Baumaterial beiträgt: Der gesamte Innenraum besteht aus kunstvoll geschnitztem und bemalten Holz. – Um die Ecke steht in der Via Pomponazzo die 1680 erbaute Anlage des barocken **Palazzo Sordi (13)** mit seinem als mythologische Statutenszenerie gestalteten Hof.

Mit dem Teatro Scientifico brachte der Barock – Stil des Pompösen und Verschwenderischen – ein intimes Meisterwerk von fast renaissancehafter Strenge der formalen Geschlossenheit hervor. Bis heute spielt das Theater, einer der schönsten historischen Aufführungsräume Oberitaliens, eine wichtige Rolle im Kulturleben Mantuas.

In entgegengesetzter Richtung erreicht man von Sant'Andrea über die Via Verdi die Piazza Canossa mit ihrem ausladenden gleichnamigen Palast (um 1621) und in der Via Fernelli den **Palazzo d'Arco (14).** 1780 hatten die trentinischen Grafen von Arco einen älteren Palast in klassizistischem Stil umbauen lassen und nutzten ihn fortan als Mantuaner Stadtresidenz. Seine Räume sind noch vollständig so eingerichtet, wie die adlige Familie sie bewohnt hat und zeigen den leicht verstaubten Charme einstiger Größe und eines durch zahlreiche Kunstgegenstände dokumentierten Repräsentationsbedürfnisses mit Möbeln, Gemälden, Gobelins und Musikinstrumenten des 15.–18. Jh. In einem Flügel des schönen Gartens inkorporiert der Palast die ältere Casa della Valle, wo sich die *Sala dello Zodiaco,* ein überaus kunstvoll dekorierter Festsaal der Renaissance erhalten hat. Alle Wände bedeckt ein reich mit antiken Ruinen versehener Freskenzyklus zu den Tierkreiszeichen mit ihrer Beziehung zu mythologischen Ereignissen und den wechselnden Jahreszeiten. Diese sehenswerte Ausmalung schuf 1520 der Veroneser Architekt und Maler Giovanmaria Falconetto.

Detail aus der Sala dello Zodiaco im Palazzo d'Arco. Der erhaltene und in Horror-Vacui-Technik ausgemalte Renaissancesaal in einem Seitenflügel des barocken Stadtpalastes zeigt ein umfangreiches Freskenprogramm des Veroneser Malers Falconetto. Zu dieser Zeit war die Kunst der Stadt bereits von der eleganten Schönheit der venezianischen Malerei geprägt.

Geht man von hier aus wenige Schritte die Via Scarsellini entlang, so steht man vor der breit gelagerten Fassade der gotischen Bettelordenskirche **San Francesco (15).** Das gewändete Portal und die schöne Fensterrose verweisen auf eine Bauzeit um 1300. Innen zeigt sich der typisch weite, auf die Predigt vor großen Volksmengen ausgerichtete Raum einer dreischiffigen Basilika unter offenem Dachstuhl, doch hat die Rekonstruktion nach den Zerstörungen des Zweiten Weltkriegs wenig mittelalterliche Atmosphäre übriggelassen.

Hat man sich entschlossen, von der Piazza Mantegna auf geradem Weg zu Fuß direkt zum Palazzo Te zu gehen, so folge man der Via Roma und stößt nach wenigen Minuten auf die verkehrsreiche Piazza Martiri di Belfiore; sie stellt eine der typisch radikalen Eingriffe ins alte Stadtgefüge dar, die von den Faschisten in fast jeder Stadt Italiens durchgeführt wurden, um allen Innenstädten den Stempel auch ihrer Architektur aufzuprägen. Interessanter wird es, wenn man sich auf dem Platz nach Süden wendet, in Richtung des großen, isoliert stehenden Backsteinturms der verschwundenen Kirche San Domenico (13. Jh.). Auf diesem Spaziergang begegnet man dem **Rio (16),** einem im 12. Jh. angelegten innerstädtischen Versorgungs- und Handelsweg in Form einer künstlichen Wasserstraße. Der Rio verband Lago Superiore und Inferiore und hatte daher genug Gefälle, um Mantua ständig mit Frischwasser zu durchfließen. Diesen zweckmäßigen und hygienischen Vorteil nutzte 1536 Giulio Romano, um über dem Rio die **Fischhalle** (Pescheria) und an ihm entlang die Fleischhalle der Stadt zu erbauen. Die Fischhalle stellt eine offene Halle aus mächtigen Rustikaquadern da, die heute als öffentliche Brücke über den Rio führt. Von ihr aus blickt man hinunter und kann direkt am Wasser einen langen Laubengang sehen: das erhaltene Untergeschoss der Fleischhalle. Will man von hier aus dem Rio noch weiter folgen, findet man zahlreiche malerische Winkel, die die historische Wasserstraße zwischen den alten Häusern bildet. Der Rio mündet schließlich in einen einst befestigten kleinen Handelshafen.

Nach diesem Abstecher gehen wir wieder ab Piazza Martiri di Belfiore in Richtung Palazzo Te und folgen der Via Principe Amedeo bis zur Kreuzung mit der Via Poma. Dort steht als Eckbau der **Palazzo di Giustizia (17)** von 1620 mit seiner markanten Fassade, an der zwölf riesige Figuren den gliedernden Lisenen entwachsen und die Kapitelle des Gebälks tragen.

Ein Stück weiter die Via Poma hinunter erblickt man auf der rechten Seite eine weitere bemerkenswerte Fassade: das **Haus des Giulio Romano (18)**, 1540 als eigenes Stadthaus mit bewegter Mauergestaltung entworfen. Das heutige Erscheinungsbild geht auf eine Veränderung des Hauses um 1800 zurück: Damals wurde es um zwei weitere Achsen verlängert. Um das Typische an der Architektur Romanos zu erkennen, muss man sich die beiden letzten Achsen wegdenken. Dann ergibt sich eine nur scheinbar symmetrische sechsaxiale Fassade, die mit einem dichten Fugennetz stuckierter Steinquadern überzogen ist. Über einem rustizierten Untergeschoss öffnen sich die Arkadenbögen mit den sechs Fenstern des Piano nobile unter einer durchlaufenden Giebelverdachung, darüber ein schweres, verziertes Gebälk. Die dritte Achse enthält das Portal, darüber einen Dreiecksgiebel mit einer schönen Merkurstatue. Doch die sechste Achse ist wie unfertig belassen, da hier dem Fenster der Bogen und das Giebeldach fehlen, als ob sie nicht zur Fassade gehören würden. Das zeigt die manieristische Baugesinnung Romanos, seine Vorliebe für den gebrochenen Rhythmus, seine gezielte Verletzung klassischer Symmetrie, seinen Überraschungseffekt: einem edlen Bau unvermutet Elemente des Unvollendeten oder gar des Ruinösen einzufügen, wie es im Palazzo Te geschah. Die noblen Auftraggeber Mantuas waren fasziniert von dieser Baumanier – so etwas hatte vorher noch keiner gemacht.

Zurück auf der Via Principe Amadeo, die nun als Via Giovanni Acerbi direkt auf den Palazzo Te zuführt, findet man das Haus des zweiten großen Meisters, der die Kunst Mantuas entscheidend prägte: die **Casa del Mantegna (19).** Außen ein schlichter quadratischer Mauerkubus, der sich innen zu einem kreisrunden Hof öffnet – es scheint, als habe Mantegna selbst sein Wohnhaus als perspektivische Überraschung geplant. Die klar proportionierten Räumlichkeiten werden von der Stadt Mantua als Ausstellungsort für moderne Kunst genutzt.

Die Zeitgenossen waren über diesen noch nie gesehenen Kirchentypus so verwundert, dass Kardinal Francesco Gonzaga 1473 bemerkte, man könne gar nicht erkennen, ob es sich bei San Sebanstiano um eine Kirche handle. Diesen Eindruck hat der Betrachter noch heute, wenn er den nach vielen Verwüstungen spartanisch wiederhergestellten Innenraum betritt.

Schräg gegenüber trifft man in der (äußerlich stark veränderten) Kirche **San Sebastiano (20)** noch einmal auf ein bahnbrechendes Werk der Architekturgeschichte: die erste Renaissance-Kirche auf dem Grundriss eines lateinischen Kreuzes, bereits 1460 von Leon Battista Alberti entworfen. Der Grundriss wie auch zahlreiche antikisierende dekorative Elemente waren Grabkapellen an der Via Appia entliehen. Ähnlich wie in Sant'Andrea (s. S. 278f.) wird die Absicht des Architekten sofort spürbar, nach den basilikalen Raumlösungen des ›finsteren‹ gotischen Mittelalters eine neuzeitliche, an der klassischen Antike orientierte Raumform zu finden, deren klare Monumentalität trotz aller Kargheit bis heute beeindruckend ist.

Kurz bevor man nun den Park mit dem Palazzo Te erreicht, sollte man auf der rechten Straßenseite den **Palazzo San Sebastiano (21)** mit dem **Stadtmuseum** besuchen. Ehemals außerhalb der Altstadt gelegen, war dieser um 1506 von Francesco II. in Auftrag gegebene Bau die erste Sommerresidenz der fürstlichen Familie, bevor der nahe

Palazzo Te entstand. Äußerst prachtvoll ausgestattet, wurde er jedoch schon 1536 zugunsten des neuen Lustschlosses auf der ›Isola del Te‹ aufgegeben und aller seiner Kunstschätze beraubt, die in den Palazzo Ducale kamen. Unzählige Male umgebaut und neu genutzt, wurde der verwahrloste Bau vorbildlich restauriert und als Stadtmuseum eingerichtet. Neben Statuen, Büsten, Gemälden, antiken Reliefs, Wappen und Freskenresten ist hier eine lange verschollene Sensation zu sehen. 1486–92 malte Andrea Mantegna einen berühmten Gemäldezyklus, die ›Triumphe Cäsars‹, die zu den wertvollsten Werken der Gonzaga-Sammlungen gehörten. Verschleudert wie alles, landete der Zyklus in England und ist heute in Hampton Court zusehen. Um 1610, kurz vor ihrem Verkauf, sind die Bilder jedoch als Wandgemälde in einem Mantuaner Palast kopiert worden. Bald darauf wurden sie übertüncht und gerieten in Vergessenheit. Erst 1926 hat man sie wieder entdeckt, später abgenommen und nach langwierigen Restaurierungen hier im Palazzo San Sebastiano aufgehängt.

Palazzo Te

Der **Palast (22)** wurde inmitten einer Parkanlage erbaut, die seinerzeit eine von Kanälen umgebenen Insel darstellte und außerhalb der Stadtmauern lag. Hier befand sich das berühmte Gestüt des Pferdeliebhabers Federico II., doch waren die rassigen Berber nicht die einzige Zerstreuung, die der Fürst auf dieser Isola del Te suchte: Nur hier konnte er seine Geliebte, die schöne Isabella Boschetto, treffen, ohne die Spione seiner eifersüchtigen Mutter Isabella d'Este fürchten zu müssen. Für dieses fürstliche Vergnügen wünschte Federico den ent-

Die Loggia di Davide verbindet den Palazzo Te mit den Gartenanlagen. Ihren Namen hat die prunkvolle Gewölbehalle von einem Freskenzyklus zum Leben des biblischen Königs David und seiner Liebe zur (verheirateten) Batseba – Anspielung auf die ebenfalls verbotene und selbst von seiner Mutter Isabella d'Este nicht zu hintertreibenden Liebe des Herzogs Federico II. zu Isabella Boschetto, der Gattin eines Höflings,

Wie mehrere seiner Zeitgenossen in der Nachfolge der Hochrenaissance war auch Giulio Romano der Auffassung, dass die Kunst mit den großen Meistern Raffael und Michelangelo ihren Endpunkt erreicht habe und nicht mehr überboten werden könne – man somit nur in der Art der Meister (›alla maniera‹) weiterarbeiten könne. Allerdings verstanden sich die danach benannten Manieristen nicht als bloße Kopisten der großen Kunst; sie wollten deren technische Errungenschaften zwar nicht weiterentwickeln, jedoch für neue emotionale und dramatische Effekte nutzen.

◁ Ausschnitt aus dem ›Hochzeitsmahl‹ der Sala di Psiche. Äußerster Aufwand allein zur Darstellung von Ausschweifung und Sinnlichkeit – diese direkte Funktionalisierung der Kunst für das fürstliche Amüsement hat die Kunstgeschichte dem genialen Giulio Romano bis heute nicht verziehen und ihm (noch) keinen Platz unter den Malerfürsten der Renaissance eingeräumt.

sprechenden Rahmen: ein Lustschloss, das sowohl seinem Anlass als auch höchsten ästhetischen Ansprüchen genügen sollte. Denn er war der Sohn der Isabella d'Este, der berühmtesten Kunstsammlerin ihrer Zeit – und was er bauen und ausstatten ließ, musste sie übertreffen, dem Hof der Gonzaga neue und bisher unbekannte künstlerische Raffinements bescheren. Federico entschied die Konkurrenz mit seiner Mutter zu seinen Gunsten, als er einen Künstler fand, der versprach, ihm beides zu liefern: Giulio Romano, der führende Maler der damaligen Hauptstadt der Unmoral, des verruchten Rom der bigotten Päpste und der lasterhaften Kardinäle des 16. Jh. So wurde Giulio Pippi de'Januzzi, der Lieblingsschüler des früh verstorbenen Raffael, 1524 nach Mantua berufen, wo man ihn nach seiner Herkunftsstadt ›den Römer‹ nannte – als Giulio Romano ist dieses ungewöhnliche Genie in die Kunstgeschichte eingegangen.

Er blieb bis zu seinem Tode 22 Jahre lang als Alleinverantwortlicher für alle bildenden Kunstgattungen in Mantua und erfüllte alle in ihn gesetzten Erwartungen. In dieser Zeit gab er zahlreichen Gebäuden der Stadt, dem Palazzo Ducale und vielen Besitzungen der Gonzaga außerhalb Mantuas entscheidende Akzente; sein Hauptwerk wurde jedoch die Anlage des Palazzo Te, eine der bedeutendsten Kunststätten des italienischen Manierismus.

In diesem Sinne findet sich im Palazzo Te die höchste Kunst ihrer Zeit im Dienste eines Lustschlosses: höchste Kunst der Illusionsmalerei in der Sala dei Cavalli, wo die Lieblingspferde des Auftraggebers wie leibhaftig vor den überraschten Gästen im Raum stehen, höchste Kunst der in der Renaissance wiedererreichten präzisen Darstellung des menschlichen Körpers, um in der Sala di Psiche die Lustbarkeiten des freizügigen Göttermahles in allen Details schildern zu können, höchste Kunst der verkürzten Perspektive der Architektur- und Körperdarstellung in der Sala dei Giganti, wo eine zusammenstürzende Säulenhalle das Geschlecht der sich verzweifelt windenden Riesen unter sich zu begraben vermag. Für die Zeitgenossen, die dergleichen noch nie erblickt hatten, müssen die riesigen Wandgemälde, in denen eine unerschöpfliche Vielfalt mythologischer Themen angedeutet wird, wie eine unfassbare Mischung aus genialer Kunst, höchster humanistischer Bildung und unerhörter Pornographie erschienen sein. Der Erfolg blieb nicht aus, und der Wunsch des Federico Gonzaga, an seinem Hofe eines der fortschrittlichsten und ungewöhnlichsten Kunstwerke seiner Zeit zu besitzen, das garantiert in aller Munde war, hatte sich dank Giulio Romano aufs vollenkommenste realisiert.

Der Palazzo Te wurde 1525–35 erbaut. Nach dem Ende der Gonzaga jahrhundertelang verwaist und beinahe verfallen, konnte eine vorzügliche Restaurierung den größten Teil seines alten Glanzes wieder zurückholen. Die eingeschossige Vierflügelanlage umschließt einen Ehrenhof, der sich mit einer monumentalisierten Loggia zu einem weiten Garten öffnet. Der gesamte Palast ist aus Backsteinen errichtet, doch der kunstvolle Verputz verwandelt das Baumaterial in schweren Haustein.

Doch ist dies nur das Vorspiel zu der großen Betörung und Verwirrung der Sinne, auf die es die Freskenprogramme der vollständig ausgemalten Prunkräume im Inneren abgesehen haben. Als erstes Meisterwerk präsentiert im ehemaligen **Schlafzimmer Federicos II.** die in eine Laube verwandelte Decke im Zentrum das großartige Fresko vom Sturz des Sonnenwagens. Danach, in der berühmten **Sala dei Cavalli** (Saal der Pferde), öffnen sich unter einer prachtvollen Kassettendecke und zwischen Darstellungen von Göttern und den Taten des Herakles die Wände zu Ausblicken in weite Landschaften. Davor erblickt man sechs große Pferde, die illusionistisch so gekonnt in die gemalte Wandgliederung platziert sind, als stünden sie im Inneren des Raumes.

Bereits an den reich gegliederten Innenhoffassaden zeigt sich mit Trompe-l'œil-Effekten von unfertig behauenen Steinen, unpassend aus den Fugen geratenen Keilsteinen über den Fenstern, abgerutschten Gesimssteinen – die Stabilität des Ganzen in Frage stellend – die Idee des Giulio Romano für diesen Palast: Ein Gebäude voll der Überraschungen, der geistreichen und amüsanten Täuschung, des Lachens über die gelungene Verwunderung.

Die anschließende **Sala di Psiche** (Saal der Psyche) ist der legendäre und gefeierte Gipfel manieristischer Dekorationskunst des 16. Jh. In raffiniertem Zusammenspiel von Malerei, Stukkatur und Architektur erscheint hier in überquellendem Formen- und Farbenreichtum die Allegorie auf Federicos eigene (verbotene) Liebe zu Isabella Boschetto – in grandiosen Kompositionen ziehen die mythologischen Ereignisse um die Liebe zwischen Amor und Psyche am Betrachter vorbei: Mit äußerster erotischer Direktheit, die sich nicht um den Hauch eines Anscheins der Verklärung des göttlichen Liebeslebens bemüht, zeigen sich Mars und Venus im Bade, verführt Zeus Olympia, wird Venus mit Adonis von Mars ertappt, sind alle Episoden der anspielungsreichen Liebesgeschichte zwischen Amor und Psyche dargestellt, die in dem eine ganze Wand einnehmenden Fresko vom Hochzeitsmahl gipfelt.

In der folgenden **Sala dello Zodiaco** (Saal der Tierkreiszeichen) figurieren zahlreiche Deckenfresken die Sinnbilder der Monate, der Winde und der Tierkreiszeichen, darunter Darstellungen historischer Ereignisse, die unter dem Einfluss der Sternenkonstellation des jeweiligen Tierkreiszeichens standen.

Letzter Höhepunkt ist die superbe **Sala dei Giganti** (Saal der Giganten), wo die gesamte Räumlichkeit der wirklichen Architektur unkenntlich verschwindet im kolossalen Strafgericht, das der Blitze schleudernde Zeus aus seinem reich bevölkerten Götterhimmel unter den unbotmäßigen Riesen anrichtet (s. Abb. S. 263). Seine Blitze zerschmettern eine ungeheure Säulenhalle, unter deren einstürzendem Gestein der Betrachter zwischen sterbenden Titanen, sich neigenden Mauern und einbrechenden Gewölben steht, inmitten jener viel zitierten gleichzeitig tragischen und grotesken Atmosphäre, eine »großartige Caprice«, die das klassische Ebenmaß der Kunst Raffaels, Romanos Lehrer, gewollt aus dem Gleichgewicht bringt – höchste Kunst allein als Mittel des Erschreckens und des Amüsements.

Den Palastgarten begrenzt eine halbrunde Exedra, bei der sich links der Eingang zum **Appartamento della Grotta** befindet. In dem halb unterirdisch angelegten Bau hat Giulio Romano mit Stuckimitationen von Natursteinen an den Decken Felsenhöhlen-Atmosphäre erzeugt, die jedoch durch eine reiche Freskierung der Wände konterkariert wird. Dies waren die liebsten Privaträume Federicos II.

Brescia

Brescia☆☆
Besonders sehenswert:
Alter Dom
Piazza della Loggia
Kapitolinischer Tempel
Santa Giulia/Museo della Città
Santi Faustino e Giovita
Santa Maria del Carmine
San Francesco
Pinacoteca Tosio-Martinengo

Brescia gehört zu jenen großen historischen Städten, die vom Tourismus weitgehend unentdeckt geblieben sind. Dabei erwartet den Reisenden gerade hier ein Erlebnis besonderer Art: Brescia ist die einzige Stadt Oberitaliens, in der alle Epochen ihrer Geschichte in bedeutenden Monumenten sichtbar geblieben sind, hier steht noch ein römischer Tempel am ehemaligen Forum, aus dem frühen Mittelalter hat sich die langobardische Königskirche San Salvatore erhalten, die Romanik präsentiert sich mit dem Rundbau des Duomo Vecchio, Gotik zeigt das Kloster San Francesco, die gesamte Piazza della Loggia ist umgeben von stattlichen Bauten der venezianischen Renaissance und barocke Paläste, Kirchen, Straßenzüge finden sich überall. Der Grund für dieses zu allen Zeiten lebendige Interesse lag in der Bedeutung der Stadt als Zentrum der Verarbeitung jener Metallvorkommen, die in den hier mündenden Gebirgstälern seit der Antike ausgebeutet wurden – vom Mittelalter bis in die Neuzeit genoss der Ort den Ruf einer Waffenschmiede Italiens. Das Repräsentationsbedürfnis des Brescianer Patriziats ließ außer den architektonischen Monumenten zur Zeit der Renaissance eine hervorragende

Kuppel des Duomo Nuovo in Brescia

lokale Malerschule entstehen. Im Barock kamen die in Oberitalien führenden Freskanten illusionistischer Architekturen aus Brescia; sie sind als ›Brescianer Quadraturmaler‹ in die Kunstgeschichte eingegangen. Der Besuch der ausgedehnten Altstadt mit ihren überall sichtbaren Zeugnissen der Geschichte bietet einen besonderen Reiz, denn die Stadt führt wie seit 2000 Jahren ihr geschäftiges Eigenleben, in dem die Bauten als selbstverständlich genutzte Bestandteile fungieren. An den alten Plätzen finden sich keine Ketten von Touristencafés, sie dienen als Marktplätze oder Bushaltestellen; mittelalterliche Arkaden haben sich in moderne Geschäftspassagen unter Kreuzgewölben verwandelt, die Kirchen der frommen Stadt gehören noch immer mehr dem Gottesdienst als der Präsentation ihrer außergewöhnlichen Kunstwerke.

Geschichte

Der Name Brescia stammt vom keltischen *bric* (Anhöhe); auf dem die Stadt überragenden letzten gebirgigen Ausläufer der Alpen, der heute Cidneo heißt, lag auch die Keimzelle der Stadt, die Kernsiedlung des keltischen Stammes der Cenomanen. Als im 3. Jh. v. Chr. Rom gegen die Kelten Norditaliens Krieg führte, kämpften die Cenomanen als einziger keltischer Stamm auf römischer Seite. Die Römer schätzten Bric als Vorposten gegen die kriegerischen Stämme in den Alpentälern und nach der Verleihung des römischen Bürgerrechtes entwickelte sich die nun Brixia genannte Stadt zu einem wichtigen oberitalienischen Zentrum am Kreuzungspunkt zweier Heerstraßen. Man imitierte wie in anderen Städten des Reiches Rom, legte ein Forum an, baute ein Theater und Thermen. Ihre größte Blüte erreichte die römische Stadt unter Kaiser Vespasian (69–79), zu dessen Ehren am oberen Ende des Forums ein großer Tempel erbaut wurde; die eindrucksvollen Reste sind noch zu besichtigen. Nachdem die Stadt in den Wirren der Völkerwanderungszeit mehrmals erobert und geplündert worden war, erlebte sie ab dem 6. Jh. eine neue Blüte als Herzogsitz der Langobarden. Aus der Zeit des letzten Langobardenkönigs stammt eine der größten Sehenswürdigkeiten Brescias: das Kloster San Salvatore (heute S. Giulia), von Desiderius und seiner Gemahlin Ansa gegründet und mit Privilegien und großen Reichtümern ausgestattet.

Unter langobardischer Herrschaft war westlich des römischen Forums ein neues Zentrum entstanden, die Keimzelle der mittelalterlichen Stadt um die heutige Piazza Duomo mit ihren weltlichen und religiösen Repräsentationsbauten. Wie üblich lag die Regierung Brescias im 9. und 10. Jh. in der Hand eines von den deutschen Kaisern mit weltlichen Privilegien ausgestatteten Bischofs. Im 11. Jh. formierte sich die Gegenpartei der Kleinadeligen und Bürger, die spätestens seit 1120 die Staatsgewalt in der nunmehr entstandenen Stadtrepublik Brescia in Händen hielt. In den Kämpfen gegen den oberitalienischen Städtebund der Lombardischen Liga (s. S. 26 f.)

12. Mai 1311: Die Truppen Heinrichs VII. belagern Brescia

belagerte Kaiser Friedrich I. Barbarossa die Stadt zweimal (1158 und 1162), zerstörte sie jedoch nicht, nachdem die Bürger sich verpflichtet hatten, die Befestigungsmauern zu schleifen. Nach dem 1183 bestätigten Sieg der Städte gegen den deutschen Kaiser waren die Mauern schnell wieder aufgebaut, doch brachen nun auch hier die verheerenden Rivalitäten zwischen den papstorientierten guelfischen und den kaisertreuen ghibellinischen Familien aus. Dabei konnte sich – im Unterschied zu Verona – keine Partei entscheidend durchsetzen und es entstand keine Signorie. Da Brescia weder an verkehrsträchtigen transalpinen Handelswegen noch am Po lag, dem damals wichtigsten Transportweg durch die Ebene, entstand keine reiche Handelsstadt. Die *Comune* konnte daher im späten Mittelalter keine eigene Politik betreiben und wurde selbst zum begehrten Objekt benachbarter Mächte. Es folgten zwei Jahrhunderte chaotischer Fremdherrschaften unter Ezzelino da Romano, den Städten Cremona und Verona, unterbrochen von kurzen Episoden vergeblicher Restitutionsversuche kaiserlich-deutscher Machtansprüche. 1339 erschien es dem Rat der Stadt opportun, sich vom Joch Mastinos II. della Scala aus Verona dadurch zu befreien, dass man den Mailänder Azzone Visconti rief; das Schreckensregiment seines Hauses brachte die Brescianer 1426 dazu, sich dankbar den Expansionsbestrebungen Venedigs zu ergeben. Im November 1438 marschierte jedoch ein starkes mailändisches Heer erneut auf die Stadt. Die Belagerung dauerte fast zwei Jahre; erst nachdem Venedig eine komplette Flotte auf dem Landweg an den Gardasee transportiert hatte (s. S. 54), mussten sich die Mailänder im Juni 1440 zurückziehen. Die Stadt wurde zum historischen ›Industriestandort‹ des venezianischen Reiches; neben

Die aufgeklärte Herrschaft der Republik Venedig, fernab der exzessiven Willkürakte der italienischen Signorien, hatte in Brescia eine jahrhundertelange Blütezeit zur Folge. Mit Ausnahme der Jahre 1509–15, als es im Krieg der Liga von Cambrai gegen Venedig von den Franzosen eingenommen wurde, gehörte Brescia 350 friedliche Jahre zum Territorium der venezianischen Terra ferma.

einer bedeutenden Tuchproduktion war vor allem seine Waffenschmiede in ganz Europa geschätzt. Verschont von den blutigen Kriegen, die die konkurrierenden Großmächte Frankreich und Habsburg in Oberitalien austrugen, entwickelte sich Brescia zu einer schönen Stadt voller Kunstwerke: die prachtvolle Piazza della Loggia wurde erbaut, es entstanden ganze Straßenzüge barocker Palazzi und zahlreiche Kirchen mit künstlerisch hervorragender Ausstattung.

Die Glanzzeit ging zu Ende, als der Wiener Kongress 1815 die von Napoleon aufgelöste Republik Venedig nicht wieder konstituierte und Brescia mit ganz Oberitalien der Habsburger Monarchie übereignete. Die bald danach ausbrechenden italienischen Einigungskriege fanden in den berüchtigten ›*Dieci Giornate*‹ des Jahres 1849 einen ihrer schrecklichen Höhepunkte: Den nur zehn Tage durchgehaltenen Aufstand der Brescianer Bevölkerung erstickten österreichische Truppen in einem Blutbad. Nachdem Italien 1870 ein geeintes Königreich geworden war, gelangte Brescia wieder zu seiner früheren Bedeutung als Standort der metallverarbeitenden Industrie. Anders als in früheren Zeiten machte sich dies nun in einem Gürtel trister Vororte und Industrieanlagen bemerkbar, von dem man sich auf dem Weg in das historische Zentrum nicht abschrecken lassen sollte.

Stadtrundgang

Domplatz (Piazza Paolo VI.)

Mit dem Domplatz, in der Mitte der großen Altstadt, betritt man das mittelalterliche Zentrum Brescias. Die gesamte Ostseite des langgestreckten Platzes wird gesäumt von der monumentalen Kulisse zweier Kathedralen und des Broletto, des Regierungsgebäudes der Stadtrepublik aus dem 12. Jh. Schon im 6. Jh. war unter langobardischer Herrschaft an der Stelle der heutigen romanischen Rotunde eine Basilika errichtet worden, wahrscheinlich entstand daneben zur gleichen Zeit der Vorgängerbau des barocken Doms. Im 11./12. Jh. wurden beide Kirchen durch Neubauten ersetzt, sodass der Platz bis zum Jahre 1604 den einzigartigen Anblick von drei nebeneinander gelegenen Monumentalbauten der Romanik bot: Neben dem Broletto diente der Dom San Pietro als Sommer-, die Rotunde Santa Maria Maggiore als Winterkathedrale. Dann jedoch schritt der einheimische Architekt Battista Lantana zu Werke und beglückte die Stadt mit dem Plan eines zeitgemäßen frühbarocken Neubaus, für den die romanische Sommerkathedrale in der Mitte abgerissen wurde. Mit den damaligen Umgestaltungen des Domplatzes verschwand nicht nur seine ursprüngliche Zweiteilung in einen bürgerlichen Marktplatz vor dem Broletto und dem eigentlichen sakralen Mittelpunkt mit den beiden Domen, sondern auch die stilistische Geschlossenheit des mittelalterlichen Stadtzentrums. Seitdem überragt ein gewaltiger Barockbau mit der drittgrößten Kuppel Italiens seine romanischen Nachbarn.

Die Rotunde der Winterkathedrale, des **Duomo Vecchio (1),** ist einer der eindrucksvollsten Bauten der lombardischen Romanik. Außen streng gegliedert, ist das Innere von großartiger Raumwirkung: Unter schweren Gewölben führt ein runder Umgang um den ganzen Bau, aus dem man durch acht große Bögen ins Innere des riesigen Zentralraums blickt. (Auf dem Fußboden der Rotunde markieren schwarze Linien die Ausmaße der ursprünglichen Kirche des 6. Jh.) Der Umgang öffnet sich auf seiner ganzen Ostseite nach außen, wo eine reich gestaltete gotische Choranlage mit überkuppelten Querarmen und zwei Nebenchören (15. Jh.) angebaut wurde. Davor führen

Brescia 1 Duomo Vecchio 2 Duomo Nuovo 3 Broletto 4 Loggia 5 Kapitolinischer Tempel 6 Röm. Theater 7 Forum 8 Röm. Basilica 9 Santa Giulia/Museo della Città 10 Santissimo Corpo di Cristo 11 Palazzo Cigola 12 Pinacoteca Tosio-Martinengo 13 Sant'Angela Merici 14 Palazzo Martinengo-Colleoni 15 Sant'Alessandro 16 Santi Faustino e Giovita 17 Santa Maria del Carmine 18 San Giovanni Evangelista 19 San Francesco 20 Santa Maria dei Miracoli 21 Santi Nazaro e Celso 22 Palazzo Fè d'Ostiani 23 Palazzo Martinengo-Villagana 24 Palazzo Ferraroli 25 Pal. Soncino 26 Palazzo Martinengo-Palatini 27 Sant' Agata 28 Burg 29 San Pietro in Oliveto 30 Museo della Mille Miglia

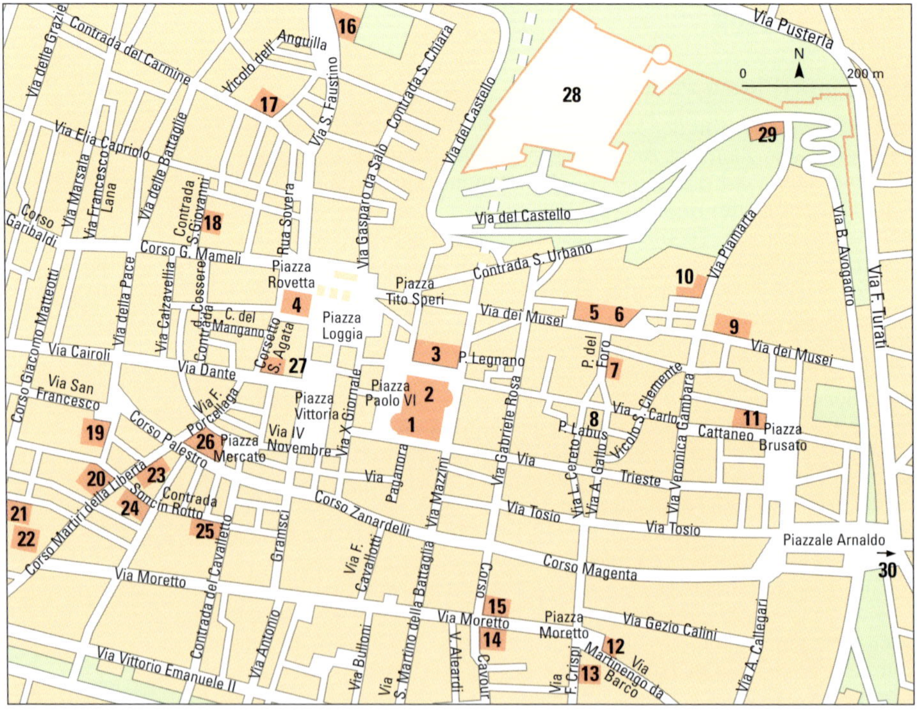

vom romanischen Rundbau zwei Treppen tief hinunter in eine Krypta des 9. Jh. – die äußerste architektonische Komplexität des Bauwerks stellt zugleich eine Synthese seiner historischen Komponenten dar. Die karge Einrichtung besitzt mehrere bedeutende Ausstattungsstücke. Da die Winterkathedrale Grablege des Brescianer Episkopats war, finden sich mehrere, von comaskischen Meistern vorzüglich skulptierte gotische **Bischofsgräber** im Rotundenumgang. Das bemerkenswerteste steht gleich hinter dem Eingang: im großen Sarkophag aus rotem Veroneser Marmor ist Bischof Berardo Maggi begraben, dessen Amtszeit von 1298–1308 in der Stadtgeschichte die einzige Alleinherrschaft eines Brescianer Machthabers darstellt. Die meisterhaft skulptierten Szenen auf dem Sargdeckel zeigen auf der einen Seite den toten Bischof mit trauernden Priestern; auf der anderen Seite lässt sich Berardo von den verfeindeten Guelfen und Ghibellinen die Beendigung ihrer Machtkämpfe schwören. Das **Hochaltarbild** der Himmelfahrt Mariens (1526) ist ein frühes Werk des Alessandro Bonvicino, genannt Moretto. Weitere Bilder dieses großen Brescianer Renaissance-Malers hängen im linken Querarm (besonders ›Schlafender Elias‹); gegenüber, im rechten Querarm, sind zwei Gemälde der Mannalese seines Konkurrenten Romanino zu sehen. Im Mitteljoch des Querhauses erblickt man unter Glasscheiben Mosaiken der ersten Kirche aus dem 6. Jh. und Reste eines römischen Baus, vielleicht einer Therme. Die große fünfschiffige **Krypta San Filastrio** unter dem Chor wurde im 9. Jh. angelegt, als man die Gebeine des heiliggesprochenen Bischofs Filastrio hierher übertrug. Die in späterer Zeit eingewölbte Decke ruht auf 16 Säulen, die teilweise aus römischen Bauten stammen und Kapitelle aus unterschiedlichen Epochen tragen.

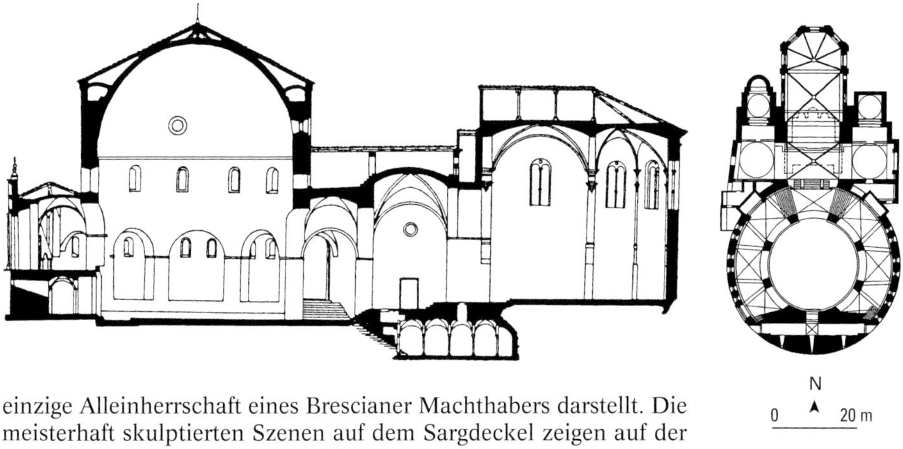

Längsschnitt und Grundriss des Alten Doms in Brescia

Es lässt sich kaum ein größerer Gegensatz vorstellen als der zwischen der alten Rotunde und dem protzigen Bau des **Duomo Nuovo (2).** 1604 geplant und 1821 vollendet, stellt seine Entstehung ein 200-jähriges Drama sowohl finanzieller Engpässe als wechselnder Bau-

Der Domplatz von Brescia könnte noch heute ein unübertroffenes Ensemble von drei romanischen Monumentalbauten zeigen, wäre man nicht im 17. Jh. auch hier der grassierenden Barock-Manie erlegen. So wurde 1604 die alte Sommerkathedrale abgerissen, und seitdem erhebt sich zwischen der Rotunde der Winterkathedrale und dem Broletto ein alles übertrumpfender Barock-Dom.

pläne eifersüchtig konkurrierender Architekten dar. Heraus kam ein kreuzförmiger Renaissance-Bau in barockem Gewande, dessen pilaster- und säulengetragene Fassade ein übergiebelter Aufbau mit bewegten Statuen krönt. Im Inneren erzeugen die klassisch-strengen Raumproportionen und die grauen Marmorverzierungen an den weißen Wänden eine Atmosphäre kühler Feierlichkeit. Die im ganzen gefällige Ausstattung enthält nur wenige Werke von bedeutendem künstlerischem Rang. Dazu gehört das Kruzifix über dem ersten rechten Seitenaltar, ein Werk des 15. Jh. von naturalistischer Ausdruckskraft. Über dem dritten rechten Seitenaltar befindet sich, eingerahmt von illusionistischer Architekturmalerei, eines der besten Beispiele Brescianer Bildhauerei der Renaissance: das Grabmal des heiliggesprochenen Bischofs Apollonius (um 1510). Im linken Kreuzarm (über dem modernen Monument für den bei Brescia geborenen Papst Paul VI.) sind die ehemaligen Orgelflügel aus dem Alten Dom aufgehängt; es sind die schönsten Bilder des Doms: in warmen Farben schmückte sie Romanino um 1540 mit der Darstellung von Heimsuchung, Vermählung und Geburt Mariens vor weiten Landschaften.

Neben dem Neuen Dom erhebt sich der **Broletto (3).** Der Regierungspalast der Stadtrepublik mit seinem hohen Turm ist ein klassisches Beispiel eines großen Rathauses des 12. und 13. Jh. Vier Gebäudeflügel mit eindrucksvollen romanischen Fenstergalerien (innen veränderte Ratssäle) umschließen einen arkatierten Innenhof. Zur Piazza öffnet sich nach außen die Loggia delle Grida, von der einst die Entscheidungen des Stadtrats verkündet wurden; sie trägt vorzügliche spätromanische Konsolplastik aus der Schule des Antelami (Reliefs der Justitia zwischen Richtern und Gefangenen, spätes 13. Jh.). Der massive Bau des Broletto wurde während der Herrschaft der Mailänder Visconti als stadtinterne Zwingburg gegen die Bürger Brescias benutzt.

Dem Broletto gegenüber öffnet sich an der Westseite des Domplatzes eine Geschäftspassage, die am anderen Ende in eine lange Arkadengalerie (südlich fortgesetzt in der Via Dieci Giornate) mündet. Diese bildet den östlichen Abschluss der Piazza della Loggia.

Die Piazza della Loggia

Dieser schönste Platz in der ganzen Stadt ist nur als städtebauliches Gesamtkunstwerk venezianischer Frührenaissance richtig zu würdigen. Venedig besaß Brescia seit dem Jahre 1426 und ließ in gewolltem und von den Brescianern gewünschtem Gegensatz zum mittelalterlichen Domplatz ein neues Regierungszentrum erbauen. 1484 wurde der Platz als stilistische Einheit geplant und 100 Jahre später fertiggestellt. Aus den marmorverkleideten Fassaden sticht der neue venezianische Regierungspalast, die **Loggia (4),** in ihren edlen Proportionen hervor. Große reich verzierte Bögen und Fenster öffnen sich unter skulpturengeschmückten Prunkbalustraden zum Platz. Durch die offene Säulenhalle und das brunnenflankierte Portal betritt man das prachtvolle Treppenhaus mit seinen noch von der Stadtregierung benutzten historisch ausgestatteten Sälen. Blickt man von der Loggia zurück zur ihr gegenüberliegenden Seite des Platzes, überragt ein Uhrturm die Arkadenreihen; er wurde 1547 nach dem Vorbild der venezianischen **Torre dell'Orologio** mit beweglichen männlichen Bronzefiguren versehen, die einst mit Hämmern die Stunde schlugen. Die linke Platzseite nehmen die beiden, von einer anmutigen Loggia getrennten Gebäude der **Monti di Pietà** ein. Eine ihrer Außenmauern trägt römische Inschriftensteine, die bereits zur Erbauungszeit Ende des 15. Jh. auf Anordnung der Stadt eingelassen wurden, sozusagen als erste öffentliche Antikensammlung Italiens.

Die Piazza della Loggia ist nur als städtebauliches Gesamtkunstwerk zu würdigen. Ab 1494 wurde der Platz in einheitlichem Stil venezianischer Renaissance umbaut.

Via dei Musei

Am oberen Ende der Piazza della Loggia zweigt die langgezogene Via dei Musei ab, die zum ehemaligen Zentrum der römischen Stadt Brixia führt.

Aus der belebten Stadt kommend, steht man ganz unvorbereitet vor einem kolossalen Ruinenfeld, aus dem die mächtigen Säulen des **Kapitolinischen Tempels (5)** aufragen. Er war 73–74 n. Chr. unter Kaiser Vespasian an der Nordseite des Forums errichtet worden, und die Szenerie der sich in mehreren Stufen den Hang hinaufziehenden Monumentalbauten ist heute noch überwältigend. Die wesentlichen Teile der Anlage sind nach gelungenen Rekonstruktionen wieder sichtbar (die weißen Marmorteile sind Originalstücke, die dunklen Teile verdeutlichende Nachbauten). Geht man an der linken Seite hinauf zum Eingang, blickt man zuerst hinunter auf den ausgegrabenen Vorgängerbau, einen Tempel aus republikanischer Zeit, und auf ein Stück des *decumanus maximus*, das das einstmals viel tiefere Straßenniveau anzeigt. Darüber erheben sich die imposanten, 11 m hohen Säulen der Tempelvorhalle, dahinter öffnen sich drei *cellae*, in denen die höchsten römischen Gottheiten Jupiter, Juno und Minerva verehrt wurden. In diesen Tempelzellen mit ihren originalen

Brescia war eine der bedeutendsten Städte des römischen Oberitalien. Neben dem Forum und einem antiken Theater hat sich die ausgedehnte Anlage eines Kapitolinischen Tempels erhalten (1. Jh. n. Chr.)

Mosaikfußböden sind römische Inschriftensteine und Grabreliefs ausgestellt. Östlich in den Berghang hineingebaut, schließt sich das riesige Halbrund des **Römischen Theaters (6)** an; vor dem Tempel erstreckt sich das **Forum (7)**, der von öffentlichen Gebäuden gesäumte zentrale Marktplatz der römischen Stadt. Ein Stück davon ist neben der Kirche San Zeno ausgegraben worden. Geht man den Platz hinunter bis zur Piazzetta Labus, erblickt man, eingebaut in eine Häuserfassade, die **Reste der Basilica (8)**, des Versammlungshauses der städtischen Regierung, das das Forum im Süden abschloss.

Santa Giulia/Museo della Città

Folgt man der Via Musei ein kleines Stück weiter, so erreicht man das ehemalige Kloster **Santa Giulia (9)**, in dem das hochinteressante Museo della Città untergebracht ist. Der einzigartige Gebäudekomplex vereinigt römische, langobardische, romanische und Renaissance-Bauten und zählt zu den eindrucksvollsten archäologischen und kunsthistorischen Stätten Oberitaliens. Das architektonische Gefüge der Gebäudegruppe aus drei Kirchen, drei Kreuzgängen und Klosteranlagen ist ebenso kompliziert wie seine Baugeschichte. Ursprünglich stand hier, neben dem Forum, das Palastviertel des römischen Stadtpatriziats. Im Jahre 753 gründeten der Langobardenkönig Desiderius und seine Gemahlin Ansa über den zerstörten antiken Palästen ein Benediktinerinnenkloster, das dem hl. Salvator geweiht war. Ausgestattet mit reichsten Stiftungen aus dem gesamten langobardischen Reich wurde San Salvatore eine der mächtigsten Abteien Norditaliens. Nach der Zerschlagung des Langobardenreiches tasteten die siegreichen Franken das Kloster nicht an, im Gegenteil, weitere Schenkungen und politische Privilegien kamen hinzu. Allerdings verschwand der langobardische Name des Klosters; schon im 10. Jh. wurde es der hl. Julia geweiht. Eine weitere Bauphase im romanischen Stil setzte um die Mitte des 12. Jh. ein, von der vor allem die Doppelkirche Santa Maria in Solario erhalten ist. 1466 entschloss man sich zu groß angelegten Um- und Erweiterungsbauten des Komplexes. An die Westfassade der Salvator-Basilika wurde ein hohes Gebäude mit einem weiträumigen Nonnenchor im Obergeschoss angefügt, das Erdgeschoss diente als neuer öffentlicher Zugang zur alten Klosterkirche. Dieser Nonnenchor ist eines der frühesten Beispiele der Renaissance-Architektur in Brescia; aus den folgenden Jahrzehnten stammt der große Nordost-Kreuzgang. Die Umbauten der Renaissance wurden mit der ab 1593 an den Nonnenchor angefügten Kirche Santa Giulia abgeschlossen. Vor allem aber sah die Neugestaltung vor, alle Sakralräume mit großflächigen Freskenzyklen auszustatten, weshalb sich in den Kirchen des Klosterkomplexes auch bedeutende Zeugnisse der Brescianer Renaissance-Malerei finden. Nach der Auflösung des Klosters im Jahre 1798 diente es über hundert Jahre lang als Kaserne und kam völlig herunter.

Nach jahrzehntelangen Ausgrabungen und Restaurierungen hat das Kloster nun ein einzigartiges Kunsterlebnis zu bieten. Selbst ein steingewordenes Monument der Stadtgeschichte, beherbergt es das **Museo della Città,** das in fesselndem Bezug der Exponate zur historischen Architektur die künstlerische Entwicklung Brescias bis zur Renaissance dokumentiert. Die Sammlungen des Museums sind vorwiegend chronologisch geordnet. Die vor- und frühgeschichtliche Abteilung besitzt ihre bedeutendsten Stücke in den Funden aus der Keltenzeit (ab 400 v. Chr.; u. a. Metallhelm von Gottolengo und die ›falere di Manerbio‹, kleine Silberscheiben mit kreisförmig angeordneten Köpfen, die besiegte Feinde symbolisieren). Breiter Raum ist der ersten bedeutenden Epoche in der Geschichte Brescias, der Römerzeit (1. Jh. v. Chr.–5. Jh. n. Chr.), gewidmet. Inschriftensteine, Grabstelen, Glas, Keramik, Schmuck und große Mosaiken zeugen vom Leben in der reichen römischen Provinzstadt Brixia. Die Attraktion dieser Abteilung sind sechs ausdrucksstarke Bronzeköpfe des 3. Jh. (auf rekonstruierten Statuen), Porträts angesehener Römer, die sicherlich in den öffentlichen Gebäuden des Forums aufgestellt waren. Aus Bronze ist auch das berühmteste Stück der Sammlung: die überlebensgroße Statue der geflügelten **Vittoria** (1. Jh.), die zu den bedeutendsten erhaltenen Bronzeskulpturen der Antike zählt. Die idealisierte Frauengestalt in faltenreichem Gewand stellt die Siegesgöttin dar, die den Namen des Siegers auf den (nicht mehr erhaltenen) Schild des Kriegsgottes Mars schreibt; wahrscheinlich war sie ein Weihegeschenk der Brescianer für Kaiser Vespasian nach dessen Triumph über Judäa (71 n. Chr.). An mehreren Stellen der Klosteranlage sind wieder die in späteren Jahrhunderten überbauten Fundamente von Palästen ergraben, die das römische Stadtpatriziat hier in privilegierter Lage am Abhang des Cidneo-Hügels errichtet hatte (vor allem die ausgedehnte **Domus dell'Ortaglia** im Nordosten des großen Renaissance-Kreuzgangs mit ihren antiken Mosaikfußböden und Resten von Wandmalereien).

Der Gang durch die Geschichte führt nun ins frühe Mittelalter, die Zeit der Langobardenherrschaft (568-774) und ihrer Zerschlagung durch den Pakt des Frankenkönigs Karl mit dem Papst (s. S. 19f.), einer Epoche, die das Schicksal Italiens und ganz Mitteleuropas für Jahrhunderte entschied. Kunst und Kultur der Langobarden dokumentieren Grabfunde (Goldkreuze, Tongefäße, Schmuck, farbig eingelegte Fibeln, Gürtelschließen und Waffen) und vor allem die einzigartige Königskirche **San Salvatore.** Gegründet 753 vom langobardischen Herzog von Brescia, dem späteren König Desiderius, gehört sie zu den eindrucksvollsten Beispielen vorromanischer Sakralarchitektur. Ihre Faszination für den Betrachter ebenso wie ihr Rang in der Kunstgeschichte resultiert aus der Verbindung einer klassischen Basilika byzantinisch-ravennatischen Stils mit der ornamentalen Reliefkunst eines nordischen Volkes. Das Mittelschiff wird begrenzt von Marmorsäulen mit schön skulptierten oder stuckierten Kapitellen, die teils aus antiken Bauten stammen, teils aus Ravenna importiert wurden. Die Bogenlaibungen waren einst dicht mit filigranen Stuckreliefs geschmückt; einige sind an den Arkaden der rechten Seite noch erhalten. Weitere Reliefarbeiten mit Flechtbandornamenten, Blumenranken und symbolischen Motiven, die zur Bauzier der Kirche gehörten, aber auch einem Lesepult und einem Ziborium zugeordnet werden, sind im Kirchenraum ausgestellt (im Vorraum – gleich nach dem Eingang – Werke aus anderen Brescianer Bauten langobardischer und karolingischer Zeit). Für eine langobardische Kirche ganz außergewöhnlich sind die nur noch fragmentarisch erhaltenen Fresken der Hochschiffwände, die in drei übereinander angeordneten Bildstreifen das Leben Christi und Märtyrerlegenden erzählen. Denn das Charakteristikum der langobardischen Kunst ist die ornamentale Gestaltung der Fläche mit geometrischen, vegetabilen oder zoomorphen Reliefs; gemalte Bilderzyklen wie hier in San Salvatore hat man einzig noch in Castelseprio südlich von Varese

Mit ihren Reihen eng gestellter monolithischer Säulen unter (wieder verwendeten) antiken Kapitellen und schmalen Arkadenbögen zeigt San Salvatore eine klassische basilikale Form von fast ravennatischem Gepräge.

(West-Lombardei) gefunden. Durch Gitter im Kirchenboden kann man hinabblicken auf die Fundamente eines kleineren Vorgängerbaus des 7. Jh. sowie auf ein Grab, das als Bestattung Ansas, der Gemahlin des Desiderius, gilt (neben der rechten Arkadenreihe). Eine Zutat der Renaissance ist die Ausmalung der Turmkapelle und der anschließenden Wand durch Romanino (Legende des Brescianer Lokalheiligen Obizzo).

Nach mehreren Sälen mit Skulpturen und Fresken aus der Ära der Stadtrepublik sowie der veronesischen und mailändischen Herrschaft in Brescia (12.-15. Jh.) führt der Rundgang in die – zeitlich gesehen – zweite Kirche des Klosterkomplexes: **Santa Maria in Solario** ist ein zweigeschossiger romanischer Kuppelbau der Zeit um 1150 mit einem niedrigen achteckigen Tambour mit umlaufender Zwerggalerie. Über dem schmucklosen Unterbau, dessen Kreuzgewölbe ein wieder verwendeter römischer Weihealtar trägt, erhebt sich das überkuppelte Oratorium, das ausschließlich den Nonnen vorbehalten war. 1513 wurde es von Floriano Ferramola vollständig ausgemalt. Die Fresken erzählen das Leben der hl. Julia (rechte Wand) und zeigen Heilige, die von den Benediktinerinnen besonders verehrt wurden. Die farbenfrohen Bilder sind ein Jugendwerk Ferramolas. In ihrer gefälligen erzählerischen Manier und den schematischen, blockhaften Personendarstellungen zeichnen sie sich durch ihren noch gotisch-mittelalterlichen Charakter aus, der sich dem alten Raum gut anpasst, jedoch in der Hochrenaissance bereits ein Anachronismus war. Hier werden einige kostbare Stücke des Klosterschatzes gezeigt. Hervorzuheben sind die **Lipsanothek,** ein um 370 angefertigtes Reliquienkästchen aus Elfenbein, dessen Außenseiten aufs Feinste reliefierte Szenen aus dem Alten und Neuen Testament schmücken, sowie das berühmte **Desideriuskreuz.** Das große Goldkreuz mit über 200 eingelassenen Edelsteinen, Kameen und farbigen Glasmedaillons (1.–8. Jh.) wurde im späten 8. Jh. unter Verwendung vieler Stücke der römischen Antike angefertigt (einige Kameen des 13. Jh. wurden anlässlich einer Restaurierung angebracht). Das unbestrittene Meisterwerk darunter ist ein spätantikes Glasmedaillon am unteren Teil der Vorderseite, das der Künstler BOYNNEPI KEPAMI (Bunneri Kerami) in großen griechischen Lettern signierte. Darauf sind in äußerstem Realismus und großer Eindrücklichkeit eine Frau und zwei Jugendliche dargestellt. Einst vermutete man darin das Porträt der ravennatischen Kaiserin Galla Placidia (425–50) und ihrer Kinder, es ist jedoch eine hellenistische Arbeit des 4. Jh.

Im Obergeschoss des Museums betritt man den im späten 15. Jh. errichteten **Nonnenchor** der Renaissance (Coro delle Monache). Der Bau war notwendig geworden, als die alte Klosterkirche auch für die Brescianer Kirchengemeinde geöffnet wurde. So konnten die Nonnen durch die Fenster im Chor in die Basilika San Salvatore blicken und von hier aus ungesehen am Gottesdienst teilnehmen. Fast vollständig erhalten ist die Renaissance-Freskierung des Chores (ca. 1530-50). Die Ausmalung des Raumes folgt in den die Bilder rahmenden Scheinarchitekturen den Linien des Renaissance-Baus als Imitation antiker Architektur. So spielt die alles beherrschende Kreuzigungsszene unter einem gemalten Triumphbogen, dessen Scheingebälk sich in den reich ornamentierten Trennungsfriesen der Freskenzyklen an den Wänden fortsetzt. Die weiteren Bilder zeigen Szenen der Kindheit Jesu, der Passion und der Auferstehung sowie damit verbundene Themen. Größtenteils wurden die Arbeiten vom Brescianer Floriano Ferramola und seiner Werkstatt ausgeführt; die linken Kapellen bemalte Paolo da Caylina der Jüngere. Obwohl sie teils noch gotischen Bildauffassungen verhaftet sind, zeigen sie in den fein modellierten Personendarstellungen und den phantasievollen, tiefen Landschaften alle Charakteristika der lombardischen Renaissance-Malerei. (Hinter dem Nonnenchor befindet sich die ab 1593 erbaute und damit jüngste Klosterkirche: Santa Giulia; sie dient als Konferenzraum und ist nicht zu besichtigen.)

Eine weitere Sektion zeigt die Wohnkultur des Stadtadels von der Gotik bis zur Renaissance: neben den kunstvollen Einrichtungsgegenständen achte man die aus Privatpalästen hierher übertragenen Fresken der Brescianer Renaissancemaler Floriano Ferramola, Moretto und Lattanzio Gambara. Den Rundgang durch das Museum beschließt eine umfangreiche Abteilung, in der Kollektionen namhafter Brescianer Sammler des 18. und 19. Jh. ausgestellt sind. Neben

Das hellenistische Glasmedaillon (4. Jh.) im Desideriuskreuz

Elfenbeinreliefs der Lipsanothek, römische Arbeit des 4. Jh.

einigen hochrangigen Stücken der Antike sieht man erlesene Fayencen, Gläser, Elfenbeinschnitzereien und Bronzen.

Geht man die Via Musei wieder zurück, führt die Via Piamarta ein kurzes Stück bergauf zum originell reliefierten Portal der ab 1470 erbauten Kirche **Santissimo Corpo di Cristo (10).** Der Innenraum wurde um 1640 künstlerisch nicht immer überzeugend, doch in überquellendem Farben- und Formenreichtum vom Mönch Benedetto Marone ausgemalt. Qualitätvoller sind die noch spätgotisch anmutenden Bilder des Gerolamo da Brescia (um 1490) am Triumphbogen; sie blieben von der ursprünglichen Ausmalung der Erbauungszeit erhalten.

Die Pinacoteca Tosio-Martinengo

Südöstlich der Via Musei liegt die weite, baumbestandene Piazza Tebaldo Brusato, im Mittelalter Markt- und Turnierplatz; aus der schönen Randbebauung sticht an der Westseite (Nr. 35) der **Palazzo Cigola (11)** hervor, der bedeutendste der Brescianer Renaissance-Paläste.

Ein Spaziergang durch Straßen mit zahlreichen prächtigen Palazzi des 16.–18. Jh. (vor allem Via Tosio und Corso Magenta) führt zur Piazza Moretto. Am Ende des Platzes befindet sich der Eingang zur **Pinacoteca Tosio-Martinengo (12),** stilvoll untergebracht im Palazzo Martinengo da Barco aus dem 16.–18. Jh. Hervorgegangen aus den der Stadt vermachten Gemäldesammlungen der Grafen Leopardo Martinengo da Barco und Paolo Tosio, ist dies die bedeutendste Gemäldegalerie der ganzen Gegend, deren Attraktivität vor allem in ihrer qualitätvollen Zusammenschau der Brescianer Renaissance-Malerei besteht. Ein pompös freskierter Treppenaufgang mit den Porträts der beiden generösen Stifter führt in das erste Obergeschoss mit den über 20 Sälen der Pinakothek. Die Säle I und II zeigen die Präferenzen des Sammlers Paolo Tosio, u. a. zwei Bilder von Raffael (›Engel‹ – ein Werk des erst 17-jährigen Meisters – und ›Segnender Christus‹) und François Clouets Porträt Heinrichs III. von Frankreich.

Im Saal III beginnt die chronologische Dokumentation der Maltradition in Brescia mit abgenommenen gotischen Fresken des 13. Jh. Ihr Kernstück sind die Säle V–XII, die die Kunst der berühmten Brescianer Renaissance-Malerei in vielen ihrer Meisterwerke vor Augen führen. Gleich im Saal V begegnet man mit der ›Pala della Mercanzia‹ (1490) und dem ›Stendardo di Orzinovi‹ (1514) zwei großen Werken des Brescianers Vincenzo Foppa (ca. 1470–1515), der als Begründer der lombardischen Renaissance gilt. Seine streng anmutenden Bilder zeigen den klaren perspektivischen Aufbau mantegnesker Tradition, gleichzeitig setzen sie der statuarisch-würdevollen Idealität der klassischen Renaissance eine intimere, persönlichere Sicht der handelnden Personen entgegen, die zusammen mit der Vorliebe für die Details des täglichen Lebens den spezifischen Charakter der lombardischen Malerei ausmachen. Saal IX zeigt dann die Interpretation desselben Themas (Geburt Christi) durch verschiedene Maler. Hier beachte man die von lyrischer Stimmung gekennzeichnete Version des Venezianers Lorenzo Lotto und vor allem Gerolamo Savoldos (vor 1480–nach 1548) ›Anbetung der Hirten‹, die ihre raffinierte Lichtführung und die geheimnisvoll-romantische Nachtatmosphäre auszeichnet. Savoldo gehört mit den ebenfalls in diesem Saal vertretenen Moretto und Romanino zu den Hauptvertretern der Brescianer Renaissance-Malerei. Dass alle drei auch hervorragende Porträtisten waren, zeigen die Bilder in Saal X; man beachte hier besonders Romaninos ›Bildnis eines Edelmanns‹ und Savoldos ›Flötenspieler‹. Dem Vergleich zwischen Moretto und Romanino ist der einstige Festsaal des Palastes (Saal XI) gewidmet. Gerolamo da Romano, genannt Romanino, wurde 1486 in Brescia geboren und starb dort um das Jahr 1562. In seinen Bildern spielen die Personen die Hauptrolle, die mit ihrer plastischen Ausdruckskraft und den porträthaften Gesichtern die Aufmerksamkeit auf sich lenken. Die idealisierende Harmonie der Renaissance häufig verletzend, beweisen seine kraftvollen Kompositionen Scharfblick und eine ungeschönt-realistische Sicht, die sich in originellen Einfällen und oft gewagter perspektivischer Verkürzung ausdrückt. Alessandro Bonvicino, gen. Moretto (ca. 1498–1554), hingegen liebte die harmonische Bildkomposition, der sich seine Figuren ganz unterordnen. In seinem Streben nach Ebenmaß repräsentiert er die vornehme Idealität der Hochrenaissance, perfekt umgesetzt durch seine souveräne Beherrschung aller malerischen Mittel. Unter den ausgestellten Werken beachte man insbesondere Romaninos ›Christus in Emaus‹ und ›Gastmahl im Hause des Pharisäers‹, zwei abgenommene Fresken aus der Abtei von Rodengo sowie von Moretto ›Die Madonna mit dem hl. Nikolaus von Bari‹ und ›Emausgastmahl‹. Weitere Räume zeigen die Entwicklung der Malerei in Brescia bis zum 19. Jh.

An der rechten Seite der Piazza Moretto steht die Kirche **Sant'Angela Merici (13)** mit mehreren qualitätvollen Ausstattungsstücken, aus denen Tintorettos dramatische ›Verklärung auf Tabor‹ auf dem Hochaltar herausragt; die erste Arkade des rechten Seitenschiffs birgt einen Altaraufsatz (Kreuzabnahme und Passionsszenen) von Paolo da Caylina, daneben die ›Taufe der hl. Afra und Austeilung der Eucharistie durch die hll. Faustinus und Jovita‹ von Francesco Bassano. Folgt man nun der Via Moretto weiter nach Westen, erreicht man den barocken **Palazzo Martinengo-Colleoni (14)** aus dem beginnenden 18. Jh., dessen imposante Fassade zum Corso Cavour zeigt. Gegenüber steht die klassizistische Kirche **Sant'Alessandro (15),** die mit Jacopo Bellinis ›Verkündigung‹ (um 1440) am ersten rechten Seitenaltar ein Meisterwerk der venezianischen Frührenaissance und im folgenden Altar das ausdrucksstarke Passionsretabel (1504) von Vincenzo Civerchio besitzt.

Die westliche Altstadt

Die Straßen westlich der Piazza della Loggia führen in die Viertel der Handwerker und Händler des Mittelalters, wobei der nördlichere Teil volkstümlicheren Charakter trägt als das noble Geschäftszentrum südlich des Corso Mameli (Fußgängerzone). Die Sehenswürdigkeiten dieses Stadtteils sind fast ausschließlich Kirchen und Klöster, von denen einige so außergewöhnliche künstlerische Ausstattungen besitzen, dass man sie bei einem Besuch der Stadt keinesfalls auslassen darf.

Von der Piazza della Loggia wende man sich zuerst nach Norden über die Piazza Rovetta in die breite, gebogene Via S. Faustino. Fast am Ende der Straße steht die Kirche **Santi Faustino e Giovita (16).** 1622–98 in bewegten barocken Formen errichtet, ist sie den Stadtpatronen Faustinus und Jovita geweiht, die angeblich als größtes ihrer Wunder die Stadt vor den Mailändern erretteten. Ihre große Sehenswürdigkeit ist die phantastische Gewölbeausmalung, die den Höhepunkt der berühmten Brescianer Quadraturmalerei des Barock darstellt. In perfekter Architekturillusion zieht sich am Gewölbeanfang eine Balustrade um den ganzen Raum, führt über gemalte Treppenaufgänge um die Fensterlünetten herum, während gedrehte Säulen eine simulierte Flachdecke tragen, in deren Mitte, in einer vorgetäuschten Öffnung zum Himmel, sich die Verklärung der hll. Faustinus und Jovita abspielt (um 1625). Es gab eigene Meister dieser Kunst, sodass häufig die Architekturillusion von einem *quadraturista,* das Fresko von einem anderen Maler ausgeführt wurde. Das Deckenfresko hier in San Faustino malten Antonio und Bernardino Gandino, die Architekturillusionen sind ein Meisterwerk Tommaso Sandrinis. Den Auftrag für die Ausmalung des Chores erhielt 1754 Giandomenico Tiepolo, der Sohn des berühmtesten Freskanten seiner Zeit, Giambattista. In großflächigen, bewegten Kompositionen malte er in der Kuppel erneut eine Verklärung der beiden Kirchenpatrone, an der rechten Wand ihr Martyrium unter dem römischen Kaiser Hadrian und links, vor einer zeitgenössischen Ansicht Brescias, die Errettung der Stadt während ihrer Belagerung durch den Mailänder Condottiere Piccinino (1438/39), die sich so zugetragen haben soll, dass die hll. Faustinus und Jovita im letzten Moment auf den Mauern erschienen und mit bloßen Händen die Kanonenkugeln der Feinde auf ebendiese zurücklenkten. Die großartige Scheinarchitektur einer säulengetragenen Kuppel in der Apsis malte Girolamo Mengozzi-Colonna. Bei aller einnehmenden Theatralik der Ausmalung sind auch einige Ausstattungsstücke beachtenswert. Im Chor steht der schwungvolle barocke Schrein mit den Reliquien der Kirchenpatrone aus schwarzem und weißem Marmor (1618–23, von Antonio und Giovanni Carra). Im linken Seitenschiff, gegenüber dem Beichtstuhl, hängt die schöne Prozessionsstandarte, die Gerolamo Romanino um 1540 auf der Vorderseite mit einer Darstellung der Auferstehung und auf der Rückseite mit den hll. Apollonius, Faustinus und Jovita bemalte.

Die ›quadratura‹, die perspektivische Umrahmung eines Bildes durch gemalte Architekturen, war im 16. Jh. aus der Vorliebe des Manierismus für die Scheinrealität, die Feier des Künstlichen entstanden. Die prunkvollen Scheinarchitekturen sollten vom irdischen Bau in die vorgespiegelte Deckenöffnung zu himmlischen Sphären überleiten, und der Betrachter sollte nicht erkennen, wo die wirklichen Bauteile in die Illusion des Überirdischen übergehen, den Bereich der göttlichen Glorie und der Verklärung der Heiligen. Allerdings entfaltete sich dieser technische Kunstgriff zu einer solchen Virtuosität, dass häufig – wie auch in San Faustino – die illusionistischen Architekturen den Blick auf sich ziehen und den heiligen Inhalt des Bildes eindeutig in den Hintergrund treten lassen.

Wenige Schritte südlich führt die Straße Contrada del Carmine zur großen Backsteinkirche **Santa Maria del Carmine (17).** Der 1429 in Formen der Spätgotik begonnene Bau besitzt ein eigenwilliges Äußeres, denn die monumentale Fassade ist gegliedert von reichstem Terrakottaschmuck: die Fenster sind eingerahmt von glasierten Ziegeln, unter den Dächern zieht sich ein mehrbändriger Terrakottafries von dekorativ gekreuzten Bögen entlang. Fast exotisch wirkt die rechte Seite: Über den Giebeldächern der vielen Seitenkapellen erhebt sich ein Wald von hohen Fialentürmchen mit vielgestaltigen Terrakottaverzierungen, balkonartigen Friesen und in Ton gemauerten Helmen. Ungewöhnlich ist auch das Portal (um 1500): Auf den ersten Blick ein romanisches Rundbogenportal, zeigen erst die Renaissance-Grotesken die spielerische Verwendung dieser mittelalterlichen Form.

Die warme Tonalität des gotischen Außenbaus noch vor Augen, steht man im riesigen, kurz nach 1600 erneuerten Innenraum überwältigt vor der Farbenpracht seiner frühbarocken Ausmalung. Jeder Quadratzentimeter in den Gewölben aller drei Schiffe wurde um 1620 von denselben Meistern wie in San Faustino freskiert; die illusionistischen Architekturen stammen von Tommaso Sandrini (1575–1630), die szenischen Darstellungen vorwiegend von Bernardino Gandino (1567–1651), beteiligt waren mit Camillo Rama (1580–1651) und Giacomo Barucco (1582–nach 1630) zwei weitere hervorragende Brescianer Maler des Frühbarock. Große polychrome Marmoraltäre mit dramatischen Barock-Gemälden ergänzen die prunkvolle Ausstattung. Besondere Beachtung verdient der tiefe Chor mit seinen gemalten Architekturperspektiven, in denen effektvoll komponierte Szenen aus dem Leben des Karmeliterheiligen Albertus (von Ottavio Amigoni, 17. Jh.) spielen. Hier befindet sich auch das beste Tafelgemälde der Kirche: Die ›Verkündigung‹ im Altar an der Rückwand des Chores stammt vom hervorragenden niederländischen Manieristen Petrus Candid (frühes 16. Jh.). Nur wenige Werke sind im Innenraum von der ursprünglichen Ausstattung erhalten geblieben. Dazu zählt vor allem die Cappella Averoldi (3. Seitenkapelle rechts); die Gewölbefresken (Evangelisten und Kirchenväter) sind in Brescia das einzige, außerhalb von Museen erhaltene Werk Vincenzo Foppas, des in Brescia geborenen Begründers der lombardischen Renaissance-Malerei. Fresken des 15. Jh. sind ebenfalls in der Kapelle links des Chores erhalten, in der auch die ungemein dramatische Skulpturengruppe der ›Beweinung Christi‹ (15. Jh.) aufgestellt ist. An der Rückseite des Chores (man wende sich an die Kustoden) kann man noch eine kleine, suggestive Kapelle besichtigen, die im frühen 16. Jh. von Floriano Ferramola (Thronende Madonna mit Heiligen) und Vincenzo Civerchio (Magdalena vor Christus und Auferstehung) mit erzählfreudigen Fresken der Frührenaissance ausgemalt wurde.

Zwei Querstraßen weiter südlich erreicht man die außen unscheinbare Kirche **San Giovanni Evangelista (18),** im 5. Jh. gegründet, unzählige Male umgebaut und zuletzt im 17. Jh. barockisiert. Sie besitzt viele qualitätvolle Kunstwerke, einzigartig ist jedoch die Aus-

Das Bild ›Elias wird vom Engel geweckt‹ in San Giovanni Evangelista von Alessandro Bonvicino, ›il Moretto‹, zeigt die Meisterschaft dieses Renaissance-Malers: Er war ein Vertreter der harmonisierenden Gesamtkomposition und der idealisierenden Personendarstellung. ▷

In der Cappella del Santissimo Sacramento haben die beiden großen Renaissance-Maler Brescias, Moretto und Romanino, 1521 gemeinsam die Ausmalung übernommen und dabei die grundverschiedenen Strömungen dieser Epoche an die Wand gebannt: das Streben nach idealisierter, klassischer Schönheit durch Moretto und Romaninos unbeschönigender Blick auf die Welt seiner Zeitgenossen.

malung der **Cappella del Santissimo Sacramento** im linken Seitenschiff. Alle Fresken der rechten Wand stammen von Moretto (Mannalese, Elias wird vom Engel geweckt, Lukas und Markus, darüber Abendmahl und Propheten), jene der linken Wand von Romanino (Gastmahl mit Fußwaschung Christi, Auferweckung des Lazarus, Matthäus und Johannes, Hostienwunder und Propheten). Die unterschiedlichen Bildauffassungen beider Maler zeigen sich auf einen Blick: Man vergleiche die entrückte Harmonie von Morettos ›Elias wird vom Engel geweckt‹, die in einer Landschaft von schier irrealer Schönheit spielt, mit Romaninos ›Gastmahl im Hause des Pharisäers‹, das von den scharf gezeichneten, wie von flackerndem Licht beleuchteten Porträts in einem realen Raum mit Gegenständen des alltäglichen Lebens bestimmt ist. Der Vergleich zwischen den beiden großen Konkurrenten erweist, dass Moretto eindeutig der perfektere Maler war, für Romanino spricht die Suche nach Wahrhaftigkeit, die eine Vielfalt von originellen Lösungen und Details gebar.

Die Beliebtheit Morettos bei kirchlichen Auftraggebern bezeugt eine Fülle weiterer Gemälde: hinter dem Hochaltar Maria mit Heiligen, an den Seiten Predigt und Abschied Johannes des Täufers sowie Johannes der Täufer und Evangelist Johannes und im dritten Seitenaltar der Bethlehemitische Kindermord, bei dem er selbst dieses grausige Thema in Bilder von elegischer Schönheit umsetzte. Romanino ist immerhin noch mit zwei Gemälden vertreten: im linken Seitenschiff in der ersten Kapelle (Vermählung der Jungfrau) und am vierten Altar (Maria mit Kind und Heiligen). Auch die übrige Ausstattung der im 17. Jh. barockisierten Kirche (nur die polygonale Apsis, die Kapellen Santissimo Sacramento und Santa Maria blieben vom Bau des 15. Jh. erhalten) ist bemerkenswert. Neben den prunkvollen Barock-Altären besticht Sante Calegaris Dekoration in der Cappella della Madonna del Tabarrino; das Marienbild wird eingerahmt von einem fließenden gelben Marmortuch, das zwei kniende Engel halten (spätes 17. Jh.). Am Ende des linken Seitenschiffs verbirgt sich hinter einem roten Vorhang die Tür zur Kapelle der hl. Maria, die Paolo da Caylina il Giovane im beginnenden 16. Jh. in verhaltenen Farben und anmutigen Formen mit Szenen aus dem Leben Mariens schmückte. Der Sehenswürdigkeiten noch nicht genug, hat San Giovanni auch noch einen der schönsten Kreuzgänge der Stadt zu bieten; die doppelgeschossige Renaissance-Anlage (um 1500) ist von außen durch die Tür rechts neben dem Portal zugänglich.

Die Straßen südlich der den Fußgängern vorbehaltenen Geschäftsstraße Corso Mameli mit dem mittelalterlichen Befestigungsturm Torre della Pallata mit seinem zur Barockzeit vorgesetzten Brunnen flankieren von außen meist unscheinbare Patrizierhäuser (vor allem an der Via della Pace); sie sind allesamt nicht zu besichtigen, jedoch öffnen sich häufig Blicke in charmante Innenhöfe mit Brunnen, Loggien und Treppenaufgängen.

Die Via della Pace endet in einem malerischen Platz, den die schönste gotische Kirche Brescias begrenzt. **San Francesco (19)** wurde 1254–65 unmittelbar außerhalb der Stadtmauern auf Kosten der Stadt und der Bürgerschaft für den Bettelorden der Franziskaner Minoriten gebaut. Die ursprünglich schmucklose Kirche wurde im Übergangsstil von der Romanik zur Gotik errichtet, der heute noch erhalten ist. In der streng gegliederten Fassade verbinden sich das romanische Rundbogenportal und das romanische Element des Bogenfrieses mit dem schon gotischen Radfenster. Hinter dem Portal eröffnet sich ein so eindrucksvoller Innenraum, dass auch der profan gesinnte Betrachter ihn als würdevoll empfinden mag. Die Wirkung wird auch hier erreicht durch die Verbindung romanischen und gotischen Stilempfindens: trotz basilikal abgestufter Schiffe vermitteln die hohen, weit gespannten Arkaden den Eindruck einer Hallenkirche, der von der Gotik geprägten Raumlösung.

Die vielen späteren Zutaten haben der Kirche nicht geschadet – im 14. und 15. Jh. Chor mit seitlichen Kapellen, im späten 15. Jh. Anbau von Grabkapellen im linken Seitenschiff, Renaissance-Altäre im rechten Schiff –, denn eine Fülle von qualitätvollen Kunstwerken ist hinzugekommen. Selbstverständlich ist auch hier ein Werk Morettos dabei; er malte das Bild im ersten Altar des rechten Seitenschiffs, das die hl. Margarethe zwischen den hll. Hieronymus und Franz von Assisi zeigt (1530). Auch wenn ihm die Gesichter etwas zu frömmelnd gerieten, sind die vollendet schöne Haltung der Margarethe und die symmetrische Hintergrundarchitektur ein überzeugender Beweis seines Könnens. Man beachte auch den rahmenden Renaissance-Altar mit seinen vielen dekorativen Details, insbesondere den Kampf zwischen Kentauren und Meeresgöttern am Säulenfuß. An der gesamten rechten Langhauswand haben sich Fresken des 14. und 15. Jh. erhalten. Das schönste, eine Grablegung eines herausragenden Meisters der Giotto-Schule aus dem frühen 14. Jh., befindet sich links vom zweiten Altar, darüber Mönche und eine Gruppe von Klerikerschülern (Ende 14. Jh.). Ein frühes Werk Romaninos (um 1510) bildet das Blatt des Hochaltars: Der Bogen des vergoldeten Holzrahmens (von Stefano Lamberti) setzt sich fort in einem gemalten Tonnengewölbe, unter dem Maria mit dem Kind thront, umgeben von Franziskanerheiligen.

Die Kapellen des linken Seitenschiffs wurden im 15. Jh. angebaut und später barockisiert. Neben den illusionistisch ausgemalten Kuppeln der zweiten und sechsten Kapelle (vom Chor aus gesehen) ist die verschwenderisch ausgestattete Cappella dell'Immacolata (4. Kapelle) hervorzuheben. Hinter der graziösen Marmorbalustrade mit skulptierten Ranken, Putti und an beiden Seiten jeweils einem Baum der Erkenntnis, um den sich die Schlange windet und gerade in den verbotenen Apfel beißt, prunkt eine überwältigende Rokoko-Dekoration (um 1750). Der ganze Raum ist ausgemalt mit Szenen aus dem Alten Testament von G. B. Sassi und Antonio Cucchi (Scheinarchitekturen von Giacomo Lechi und Eugenio Ricci). In der letzten Kapelle vor dem Portal hängt das hübsche Tafelbild ›Vermählung Mariä‹ (1547) des Romanino-Schülers Francesco Prato da Caravaggio.

Durch die Tür rechts der Fassade (eigene Öffnungszeiten!) gelangt man in den eleganten gotischen Kreuzgang des lombardischen Baumeisters Guglielmo da Frisone (14. Jh.).

Ganz in der Nähe sind noch zwei weitere Kirchen einen kurzen Besuch wert: Santa Maria dei Miracoli und Santi Nazaro e Celso. **Santa Maria dei Miracoli (20)** wurde um die Wende zum 16. Jh. für die Verehrung eines für wundertätig gehaltenen Marienbildnisses errichtet. Der eigenwillige Renaissance-Bau zieht mit seinem überaus reichen bildhauerischen Schmuck den Blick auf sich. Der Mittelteil der Fassade mit dem säulengetragenen Portalvorbau ist über und über bedeckt mit kunstvollen Reliefdekorationen, die erst bei genauerer Betrachtung ihre volle Schönheit offenbaren. Lombardische Steinmetzen – wahrscheinlich dieselben, die auch an der Loggia arbeiteten – schufen hier in verschwenderischer Fülle ineinander verwobene Ranken, Früchte und Blumen, zwischen denen Putti hervorschauen, Vögel sitzen, sich Schlangen winden und Fabelwesen tummeln, zusammen mit einer Vielzahl von heidnischen und christlichen Allegorien. Auch im hellen Innenraum dominiert der Reliefschmuck, der einen Großteil der Architektur überzieht. Mittelmäßig sind die Tafelbilder, das erste Bild an der rechten Wand, Morettos ›Madonna mit dem hl. Nicola di Bari‹ ist nur eine Kopie des Originals in der Pinacoteca Tosio-Martinengo.

Die Zugehörigkeit Brescias zur Republik Venedig ermöglichte der Stadt auch künstlerische Verbindungen zu den ›Malerfürsten‹ der Lagunenstadt. So fand 1522 ein Werk des großen Tizian, der ›Polittico Averoldi‹, seinen Weg nach Brescia. Eine der seitlichen Tafeln zeigt einen kraftvollen hl. Sebastian in monumentaler Renaissance-Manier.

Der klassizistische Baukörper von **Santi Nazaro e Celso (21)** (1752–80) verdient kaum Interesse, dafür um so mehr einige Ausstattungsstücke, die aus der Vorgängerkirche übernommen wurden. Das berühmteste und schönste Bild ist der meisterhaft gemalte ›Polittico Averoldi‹ (1522), ein Werk Tizians mit der von gespenstisch-überirdischem Licht umgebenen Figur des auferstandenen Christus in der Mitteltafel. Moretto ist hier mit mehreren Werken vertreten: In der zweiten Kapelle des linken Seitenschiffs hängt seine ›Marienkrönung‹ (1538), die wegen ihrer souveränen Ausführung zu seinen Meisterwerken gezählt werden kann, jedoch trotz der schönen Farben und der Perfektion der Figuren an übermäßiger Idealisierung krankt und leicht zum Süßlichen neigt. Von ihm sind auch die beiden ehemaligen Orgelflügel mit einer Verkündigung in der folgenden Kapelle und die Anbetung des Kindes in der vierten Kapelle links. Man beachte außerdem die Reste des Grabmonuments für Altobello Averoldi (1522) in der Vorhalle. (Gegenüber der Kirche die reich gegliederte Fassade des **Palazzo Fè d'Ostiani (22)** aus dem 18. Jh.)

Wer sich an Kirchen und sakraler Kunst sattgesehen hat, sollte für den Weg zum belebten Geschäftszentrum am alten Marktplatz den Corso Martiri della Libertà nehmen und in die Contrada Soncin Rotto einbiegen, denn dort kommt man an einigen Beispielen der über 60 Palazzi des Brescianer Patriziats vorbei. Gleich an der Einmündung liegt rechts der majestätische **Palazzo Martinengo-Villagana (23)** in venezianischem Barock (jetzt Sitz der Banca S. Paolo) und schräg gegenüber der **Palazzo Ferraroli (24)** aus dem 18. Jh. Gegenüber dem **Palazzo Soncino** (**25;** 18. Jh.), führt ein Sträßchen hinauf zur Piazza del Mercato, die zur Westseite hin effektvoll mit dem **Palazzo Martinengo-Palatini (26;** um 1760) abschließt, der mit seiner streng symmetrischen, doch ungemein wirkungsvollen Fassadengliederung und den Statuen von Antonio Calegari als elegantester Barock-Palast der ganzen Stadt anerkannt ist.

Nördlich folgt die von faschistischen Monumentalbauten gesäumte **Piazza della Vittoria.** An der Ecke zum Corsetto **Sant'Agata (27)** steht die gleichnamige Kirche mit zahlreichen guten Gemälden der Brescianer Schule um 1600. Glanzstück der Ausstattung ist jedoch auch hier die grandiose Gewölbefreskierung: Den ganzen Raum umziehen himmelwärtsstrebende Scheinarchitekturen des Quadraturisten Pierantonio Sorisene (1683), der die originelle Idee aus Santi Faustino e Giovita aufnimmt, Höhenunterschiede zwischen den Bauteilen durch fingierte Treppen und Balustraden zu überwinden. Die gleichzeitigen Deckengemälde (Himmelfahrt Mariä, Christi und Verklärung der hl. Agnes) schuf Pompeo Ghitti. Unbekannt ist der Autor der im Chor abgenommenen und dort aufgehängten Fresken (um 1475). Neben einer Kreuzigung und den hll. Jakobus und Antonius zeigen sie eine unfreiwillig komische Anbetung, in der Maria ein wenig ungläubig und äußerst bekümmert auf das Christuskind zu ihren Füßen herabblickt.

Als letzte Sehenswürdigkeit Brescias bleibt noch die **Burg (28)** auf dem Cidneohügel. Von den Bauten der Kelten und Römer ist nichts mehr übrig, und weder die vernachlässigten Reste der venezianischen Bastionen noch der von den Visconti erbauten Kernburg lohnen den Weg hinauf. Doch ist die Via Piamarta, die von San Salvatore bergauf führt, vorbei an den romanischen Apsiden von **San Pietro in Oliveto (29)**, recht reizvoll und auch die Aussicht, die sich von oben bietet, empfehlenswert – außer an Sonn- und Feiertagen, an denen hier ein unbeschreiblicher Rummel herrscht, denn der öffentliche Park mit einem kleinen Zoo im Burgbereich ist ein beliebtes Ausflugsziel der Brescianer. Interessierte finden oben auch ein Museo del Risorgimento mit Zeugnissen der italienischen Einigungskriege und ein gut bestücktes Waffenmuseum.

Außerhalb der Altstadt im östlichen Vorort S. Eufemia kann man im ehemaligen Kloster Sant'Eufemia alla Fonte das **Museo della Mille Miglia (30)** besuchen. Fans des Automobilsports finden dort eine Dokumentation zur Geschichte des legendären Straßenrennens, das ab den 1920er-Jahren über 1000 Meilen *(mille miglia)* von Brescia nach Rom und wieder zurück führte (historische Rennwagen, Plakate, Filme, Rennbekleidung und Erinnerungsstücke von berühmten Fahrern). In den letzten Jahren ist die Mille Miglia als Oldtimer-Rennen wieder belebt worden.

Trient und das Trentino

Der nördliche Zipfel des Gardasees und die sich anschließenden Gebirgsregionen gehören zur Provinz Trentino mit ihrer Hauptstadt Trient. Stadt und Provinz erscheinen dem Reisenden jedoch bis heute wie zwei verschiedene Welten. Trient ist nicht nur das lebhafte Zentrum von Handel, Industrie und Verwaltung, sondern durch die aufwändigen Restaurierungen des historischen Zentrums in den 80er und 90er-Jahren wieder eine sehenswerte Kunststadt geworden. Unmittelbar daneben erstrecken sich vom Etschtal in östliche und westliche Richtung mehrere Gebirgstäler, die von wilden Hochgebirgslandschaften und einer ländlichen Kultur geprägt sind. Trient als Sitz eines Fürstbischofs war eine politische Schöpfung des Mittelalters, die Stadt und ihre Kunst sind nicht aus einer einheitlichen Entwicklung des Trentino hervorgegangen. Umgekehrt hat die Stadt auch kaum auf ihr Umland ausgestrahlt. Die Talgemeinschaften führten ihr traditionelles Eigenleben, mehr im Kampf mit dem gewalttätigen Lokaladel als in Übereinstimmung mit den Administratoren des Bischofs. Während sich Trient für seine Repräsentation als Dom- und Konzilstadt hervorragende Künstler der Romanik, Gotik und Renaissance leistete, zogen arme Wandermaler durch die Täler und statteten die Kirchen mit stets rückständigen Malereien aus, wodurch jedoch Kunststätten entstanden sind, die heute durch ihre Abgelegenheit in unberührter Gebirgslandschaft eine eigene Faszination ausüben.

Der Gegensatz rührt aus der Geschichte. Trient war von den Römern zum Schutz des Etschtals gegründet worden, um die germanischen Stämme der Völkerwanderung aufzuhalten. Fast tausend Jahre später wurde die Stadt gewissermaßen ein zweites Mal gegründet, als der deutsche Kaiser Konrad II. sie 1027 zum Sitz eines Bischofs erhob, der die Krönungsstraße der deutschen Könige zur Kaiserkrone nach Rom freihalten sollte. Trient wurde also für die politische und militärische Bedeutung des Etschtals errichtet, es wuchs nicht als organisches Zentrum eines Landes oder einer Landschaft.

Da die Ökonomie eines mittelalterlichen Feudalstaates im wesentlichen auf den Erträgen seiner Landwirtschaft beruhte, erhielt der Bischof in seiner Residenz Trient (auf die es eigentlich nur ankam) umfangreichen Landbesitz in den Gebirgstälern, im 11. Jh. gehörte ihm außer dem Trentino auch ein großer Teil Südtirols. Um seine Herrschaft im entlegenen Gebirge ausüben zu können, ernannte er dort zahlreiche Ministeriale, die ihre Ämter bald als erblich ansahen und einen aggressiven, im harten Konkurrenzkampf gestählten Kleinadel hervorbrachten. Die Grafen von Tirol, von Eppan, Arco, Castelbarco, Campo, Beseno und Lodron wandelten sich von Lehnsmännern zu mächtigen Feinden des Bischofs. Schließlich siegten die Tiroler und brachten das ganze Bistum unter ihre Kontrolle. Sie regierten von Meran bis Riva am Nordufer des Gardasees und konnten noch im 15. Jh. auf dem Gebiet des Trentino nach Belieben Kriege mit der Republik Venedig anzetteln. Ein kurzes Intermezzo gab es unter Bischof Bernardo Cles (1514–39), der das Konzil von Trient ausrichtete, welches die protestantische Kirchenspaltung der Reformation rückgängig

Während die fürstbischöfliche Residenz Trient mit ihren Kunstschätzen immer mehr Reisende anzieht, sind die Gebirgstäler des Trentino dem internationalen Tourismus fast völlig unbekannt – sieht man von den Bergsteigerzentren der Dolomiten und den lieblichen Seen von Caldonazzo und Levico einmal ab. Millionen von Reisenden durchfahren jährlich das Trentino auf der Etschtal-Autobahn und nehmen nichts wahr von den landschaftlichen und kulturhistorischen Sehenswürdigkeiten rechts und links dieser klassischen Route in den Süden. Jedoch ist das Trentino mit seinen wilden südlichen Gebirgslandschaften und seinen vielen widersprüchlichen kulturellen und künstlerischen Entwicklungen eine Schatztruhe unentdeckter Schönheiten, die den anderen berühmten Orten des Alpenraumes nicht nachsteht.

◁ *Die Cascata di Nardis in der Val di Genova*

machen sollte und daher von größter reichspolitischer Bedeutung war. Doch schon nach dem Tod seines Nachfolgers Cristoforo Madruzzo und dem Ende des Konzils flammten 1579 die Kämpfe mit den Tirolern wieder auf. Das bestimmende Element der Geschichte des Trentino – nicht der Stadt Trient – war der immerwährende Kampf zwischen den Herrschaftsansprüchen des Bischofs und seinem ihm eigentlich lehnspflichtigen Adel. Es ist die Geschichte eines ewig labilen Feudalstaates.

Darin liegt der grundlegende Unterschied der Kultur des Trentino zum restlichen Oberitalien, wo im Mittelalter die reichen und mächtigen Stadtrepubliken entstanden, die die Geschichte über Jahrhunderte prägten. Das Trentino blieb feudalistisch und entsprechend fehlt hier die ›öffentliche‹ Kunst der bürgerlichen Stadtstaaten. Die große Kunst des Trentino konzentriert sich in den Residenzen der Feudalherren, im Castello del Buonconsiglio in Trient, in den Burgen seiner Verwalter in den Gebirgstälern und in den Sitzen des Landadels. Die armen Bauerngemeinden behalfen sich in den Dorfkirchen mit Wandermalern aus der Lombardei oder sonstwoher, die mit ihrem originellen Können ihre Familien ernährten, ohne den Gang der Kunstgeschichte im Auge zu haben.

Die Loggia des Bernardo Cles mit ihrer berühmten Ausmalung von Romanino in der bischöflichen Residenzburg von Trient, dem Castello del Buonconsiglio. Es ist heute kaum nachvollziehbar, dass solche Kunstwerke allein dem privaten Plaisir des Fürsten dienten und öffentlich nie zugänglich waren.

Trient

Geschichte

Trient☆☆
Besonders sehenswert:
Stadtbild
Castello del Buonconsiglio
Via Belenzani
Domplatz
Dom

Als die Cimbern im Jahre 102 v. Chr. den römischen Konsul Q. Lutatius Catulus von den ›Montes Tridentini‹ warfen, wurde den Römern klar, dass sie ihre großen Städte in der Po-Ebene durch einen Vorposten schützen mussten, der die Barbarenvölker bereits im Gebirge abfing. Bei der Suche nach einem geeigneten Standort fiel ihr Blick schließlich auf eine Talweitung, die durch eine große Flussschleife in ihrem Grund nur rechts und links zwei schmale Durchlässe unter den steilen Wänden der Berge offen ließ. Den westlichen Durchlass deckte der Dos Trento, ein gewaltiger Felsklotz, der in das Tal hineinragte, auf der Ostseite der Etsch entstand das Municipium Tridentum, nach neueren Befunden bereits fast genau an der Stelle des heutigen Trient. Die römische Stadt besaß eine starke Befestigung, ein Amphitheater, ein Forum und verschiedene prächtige Residenz- und Repräsentationsbauten. Dass von alledem – im Unterschied zum nahe gelegenen Verona – außer in Museen so gut wie nichts mehr sichtbar ist, liegt daran, dass die Bestimmung der Stadt während der Völkerwanderung auch ihr Schicksal wurde. Beginnend mit dem Einfall der Alemannen zieht bald ein germanischer Stamm nach dem anderen durch das Etschtal nach Italien; Sueben, Alanen, Vandalen, Burgunder, schließlich Odwakar mit seinen Herulern, Rugiern und Turcilingern bringen das Römische Reich zu Fall und lassen in Trient keinen Stein auf dem anderen. Als der Gotenkönig Theoderich der Große 515 in Verona residiert, lässt er Trient mit derselben strategischen Kalkulation wie die Römer erneut befestigen. Nach dem Ende des Gotenreichs schlagen sich Franken und Byzantiner um die Alpensperre, und 568 fällt die Stadt in die Hände der Langobarden. Auch diese residieren in Verona und erheben Trient zum Schutz ihrer Nordgrenze zum Herzogtum. Nun reißen die Kämpfe mit den von Norden nachdrängenden Bajuwaren und Franken für 200 Jahre nicht mehr ab. Mit der Niederwerfung des langobardischen Reiches durch den Frankenkönig Karl im Jahre 774 wird Trient zum erstenmal Bestandteil einer Herrschaft, die nördlich der Alpen residiert.

Der politische Einfluss aus dieser Himmelsrichtung sollte für die nächsten Jahrhunderte der bestimmende bleiben, denn mit der in Rom zu ertrotzenden Kaiserkrone rückte das Etschtal in die vordere Linie der strategischen Erwägungen der deutschen Könige. Im Jahre 952 gründet Otto der Große die Markgrafschaft Verona, der auch Trient angehört; bald danach erhält der dortige Bischof landesherrliche Gewalt: Trient war zur Hauptstadt eines kleinen Fürstentums geworden. Dieses wurde 1027 erheblich vergrößert, als Kaiser Konrad II. Bischof Ulrich II. mit dem ganzen Trentino, dazu Bozen und dem Vinschgau in Südtirol belehnte. Die Bischöfe gehörten fortan zu den ergebensten Vasallen des deutschen Kaisers und standen selbst

Nach dem Ende der Italienpolitik des deutschen Kaisertums des Mittelalters sank das Interesse an Trient als Sicherung der ›Krönungsstraße‹ über die Alpen. Die Stadt orientierte sich geistig und künstlerisch nach Italien. Als daher ihre zweite große Zeit als Austragungsort des großen ökomenischen Konzils kam (1545 bis 1563), waren es oberitalienische Renaissance-Maler, die die Bischofsresidenz ausstatteten. Der Brescianer Romanino malte ein Konzert in die Loggia des Bernardo Cles im Castello del Buonconsiglio .

während des Investiturstreits auf dessen Seite. So steuerte die Stadt auf ihre erste große Blütezeit unter Bischof Friedrich von Wangen (Federico Vanga, 1207–18) zu, der mit dem Bau des prachtvollen Doms, dem Castelvecchio und dem riesigen Palazzo Pretorio am Domplatz den Ruhm der Romanik Trients begründete. Doch die bischöfliche Herrschaft erwies sich als zunehmend instabil, denn auf dem Gebiet des künstlich geschaffenen kleinen Kirchenstaates gab es einen alteingesessenen, mächtigen Lokaladel, der weniger daran dachte, dem Bischof zu dienen, als ihm Stück für Stück seiner Macht aus den Händen zu winden. Endlose und schwächende Kämpfe gegen die Grafen von Castelbarco und Tirol verbrauchten die Kräfte des Bistums, schließlich gelang es Ezzelino da Romano und anschließend den Scaligeri aus Verona, sich für Jahre Trients zu bemächtigen. Zum äußeren Machtverfall trat ein innerer: 1407 wurde die Stadt nach einem Bürgeraufstand unter Rodolfo Belenzani beinahe in eine Stadtrepublik nach oberitalienischem Muster umgewandelt, doch auch die geistliche Autorität der Bischöfe wandelte sich offen in das Gegenteil ihres Anspruchs. 1475 ließ Fürstbischof Johannes von Hinderbach in der Stadt die Geschichte vom angeblichen Ritualmord der Juden an einem christlichen Kind verbreiten, das auch noch Simon Unverdorben hieß. Die Angelegenheit, vom berüchtigten Franziskanerpater Bernardino da Feltre durch antijüdische Predigten angeheizt, führte zum erwünschten Pogrom: Während der beschlagnahmte Besitz der ermordeten und vertriebenen Juden die bischöflichen Kassen füllte, durften die Franziskaner deren Geschäfte weiterbetreiben und eröffneten kurz danach das erste Pfandleihhaus Trients.

Um der immer offensichtlicheren Dekadenz der bischöflichen Macht zu begegnen, endete 1514 die Zeit der deutschen Fürstbischöfe. Fortan wurden diese ausschließlich aus den Reihen der ohnehin zu mächtigen Adelsfamilien des Trentino berufen, und als erster bestieg in diesem Jahr Bernardo Cles den Bischofsthron in Trient. Mit ihm begann die zweite Blütezeit der Stadt, denn er war ein selbstbewusster Renaissance-Fürst, der nur ein Ziel hatte: seine heruntergekommene Residenzstadt zu einem prunkvollen Zentrum des religiösen Lebens zu machen und sie zum Austragungsort des von ihm mit allen diplomatischen Mitteln geförderten, großen ökumenischen Konzils avancieren zu lassen. So verwandelte sich Trient für Jahrzehnte in eine Großbaustelle. Die mittelalterlichen Viertel wurden fast völlig abgerissen, und es entstand eine prächtige Renaissance-Stadt mit breiten, gepflasterten Straßen und Plätzen, gesäumt von zahllosen, mit farbigen Außenfresken bemalten Palazzi, neu hergerichteten Kirchen und einer neuen Bischofsresidenz neben dem Castelvecchio. Woher der Kirchenfürst das Geld dafür nahm, lässt sich denken: Die bis aufs Blut ausgesaugte Bevölkerung rebellierte 1525 im wütenden Bauernaufstand des Nonstales, den Bernardo Cles, vorsichtshalber in seine Wasserburg von Riva geflüchtet, grausam niederwerfen ließ. Der Bischof starb 1539, und den Ruhm, das Konzil von Trient zu eröffnen, strich sein Nachfolger Cristoforo Madruzzo ein, doch die von ihm geschaffenen städtebaulichen Veränderungen prägen bis heute das Bild der Stadt.

Das **Konzil** (1545–63) wurde zu einem der bedeutendsten in der Geschichte der katholischen Kirche; nach langen Verhandlungen zwischen Kaiser und Papst fand es schließlich in Trient, einer italienischen Stadt auf deutschem Boden, statt. Eigentlich sollte es nach der Ausbreitung des Protestantismus eine Wiederherstellung der Einheit der Kirche bringen, doch erreichte das Konzil höchst erfolgreich das komplette Gegenteil. Während die Verhandlungen mit den Protestanten scheiterten, wurde mit weitreichenden Beschlüssen alles bekräftigt, worauf die Differenzen beruhten: Ablass, Heiligenkult und Reliquienverehrung wurden bestätigt, ebenso die absolute Machtstellung des Papstes. Vor allem aber wurde mit der Erfindung des Dogmas von der Erbsünde eine scharf geschliffene Waffe gegen die neue Konkurrenz gezogen: Gegen die Sünde half nur die Beichte, und die hatten die Protestanten abgeschafft. So wurde das Konzil von Trient der Beginn der Gegenreformation, und die Scheiterhaufen der Inquisition loderten bald zahlreicher denn je. Die Stadt Trient lebte jahrelang hauptsächlich für das Konzil, die etwa 8000 Einwohner hatten alle Hände voll zu tun, die ungefähr 2000 Gäste unterzubringen und zu bewirten, im Winter zu befeuern und ihnen im Sommer kühle Ausweichquartiere in den Bergen zu besorgen – für Wein bestand viele Jahre lang ein striktes Ausfuhrverbot.

Friedrich von Wangen, 1207-18 Bischof von Trient, begann mit dem Bau des großen romanischen Doms von Trient.

Mit dem Ende des Konzils war es auch mit dem kurzen Glanz der Stadt bald vorbei. Ein Bevölkerungsschwund setzte ein und da Trient nie eine Handels-, sondern immer nur Residenzstadt gewesen war, verarmte sie in dem Maße, wie die Macht des Bischofs erlosch.

Dieser wurde bald zum Spielball der neuen Großmacht Habsburg, die das Trentino zunehmend als Frontlinie gegen Venedig und Frankreich betrachtete. Als die Franzosen 1796 in Trient einrückten und die weltliche Herrschaft der Bischöfe aufhoben, fanden sie bereits eine halb verfallene Stadt vor, über die Heinrich Heine 1828 schrieb: »Diese Stadt liegt alt und gebrochen in einem weiten Kreis von blühend grünen Bergen ... Gebrochen und morsch liegt daneben auch die hohe Burg, die einst die Stadt beherrschte, ein abenteuerlicher Bau ... worin nur noch Eulen und österreichische Invaliden hausen. Auch die Stadt ist abenteuerlich gebaut, und wundersam wird einem zu Sinn beim ersten Anblick dieser uraltertümlichen Häuser mit ihren verblichenen Freskos, mit ihren zerbröckelnden Heiligenbildern ...« Nach groß angelegten Restaurierungen ist Trient mit der Bischofsresidenz im Castello del Buonconsiglio, dem Domplatz und ganzen Straßenzügen sich aneinanderreihender Palastfassaden heute wieder eine sehenswerte Kunststadt mit viel historischem Ambiente.

Stadtrundgang

Castello del Buonconsiglio

Am östlichen Rande der Altstadt überragt das **Castello del Buonconsiglio (1),** die befestigte Residenz der Trienter Fürstbischöfe, mit seinem imposanten Prospekt die mittelalterlichen Gassen. Einst in die Stadtbefestigung integriert, besteht das Castello heute aus zwei Teilen: Die wehrhafte, zinnengekrönte Baugruppe um den mächtigen Rundturm an der linken Seite, das Castelvecchio, wurde zur selben

Das Castello del Buonconsiglio zählt mit seinen Gebäuden aus verschiedenen Epochen und ihren prachtvoll dekorierten Sälen zu den sehenswertesten Fürstenresidenzen Oberitaliens. In den Jahrzehnten des Verfalls ist die originale Möblierung allerdings verlorengegangen. Die Räume beherbergen nun bedeutende Sammlungen der Kunst und des Kunsthandwerks Trients und des Trentino (archäologische Fundstücke, mittelalterliche Codices, Gemälde und Skulpturen von der Romanik bis zum Barock, Möbel, Öfen und Keramiken).

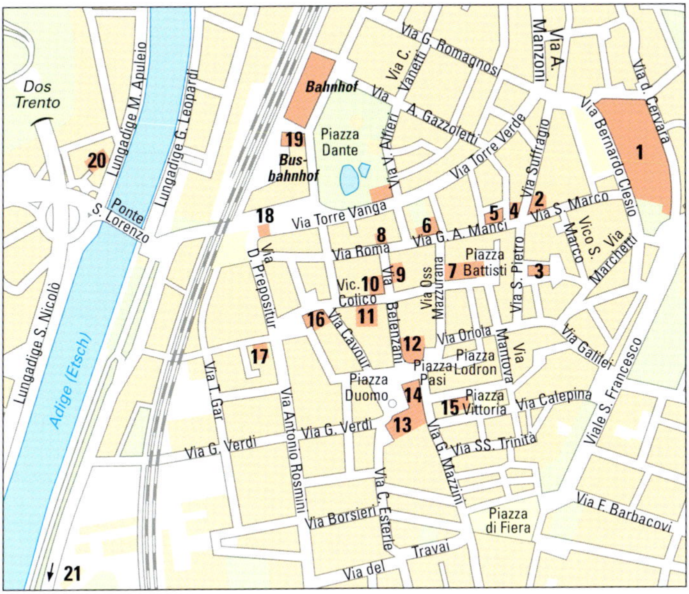

Trient
1 Castello del Buonconsiglio
2 Palazzo del Monte
3 San Pietro
4 Palazzo Salvadori
5 Palazzo Pedrotti
6 Palazzo Galasso
7 S.A.S.S., römische Ausgrabungen
8 San Francesco Saverio
9 Palazzo Thun
10 Palazzo Geremia
11 Casa Alberti-Colico
12 Häuser der Cazuffi-Rella
13 Dom
14 Palazzo Pretorio/Museo Diocesano
15 Palazzo Sardagna/Museo Tridentino di Scienze Naturali
16 Santa Maria Maggiore
17 Römische Villa
18 Torre Vanga
19 ehem. Abtei San Lorenzo
20 Sant'Apollinare
21 Palazzo delle Albere/Museo d'arte moderna e contemporanea (MART)

Zeit wie der Dom (Anfang 13. Jh.) begonnen, war 1239 vollendet und wurde 1475 durch die prächtige venezianische Loggia im Obergeschoss verschönert. Bernardo Cles war die mittelalterliche Burg natürlich nicht fein genug für die von ihm erwarteten Konzilgäste, weshalb er 1528–36 daneben den Magno Palazzo, einen prunkvollen Renaissance-Palast errichten ließ. Dieser ursprünglich frei stehende Bau wurde unter Bischof Francesco Alberti-Poja Ende des 17. Jh. unter völliger Wahrung der clesianischen Formen mit dem Castelvecchio verbunden, wodurch die heute geschlossene Gesamtanlage entstand. Die Residenz der Bischöfe ging fast völlig zugrunde, als nach 1800 zuerst die Franzosen, dann die Österreicher die Gebäude als Kaserne nutzten; aufwändige Restaurierungsarbeiten der letzten Jahrzehnte haben die alte Pracht der Innenräume weitgehend wieder aufleben lassen.

In der zur Stadt gewandten Befestigungsmauer führen – den beiden Baugruppen entsprechend – zwei Tore in die Bischofsresidenz: die Porta dei Diamanti öffnet sich zum Garten vor dem Magno Palazzo, durch die Porta di San Vigilio gelangt man in das mittelalterliche Castelvecchio. Hinter der Porta di San Vigilio können Interessierte zunächst links der hinaufführenden Treppe das Museo Storico besichtigen, das die italienischen Einigungskriege dokumentiert. Danach betritt man die düster-verwinkelte Anlage des **Castelvecchio**. In seiner Mitte öffnet sich auf engem Raum sehr eindrucksvoll der 1475 gestaltete Innenhof, der auf drei Seiten mit viergeschossigen Loggien umgeben ist, innerhalb derer eine Treppe die Stockwerke verbindet.

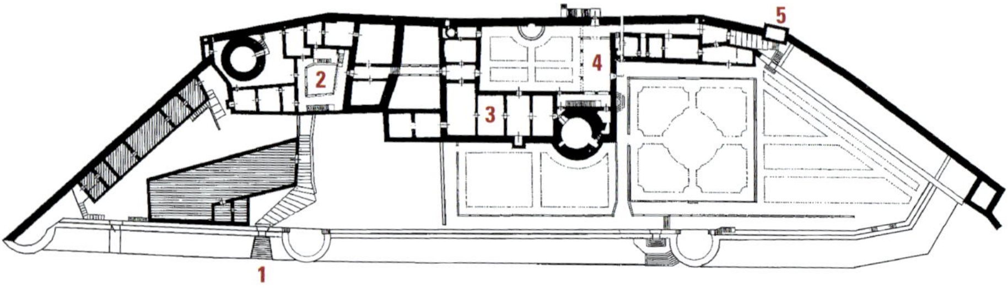

Castello del Buonconsiglio, Grundriss
1 Eingang
2 Castelvecchio
3 Magno Palazzo
4 Loggia mit Fresken des Romanino
5 Adlerturm

Alle Mauerflächen des Hofes sind mit Fresken geschmückt, unter denen die Darstellung Kaiser Karls des Großen über einem Fries mit Trientiner Bischöfen auffällt (Marcello Fogolino, 1535). Zum ersten Mal begegnet man hier der künstlerischen Hommage an das deutsche Kaiserreich, mit der sich der Auftraggeber Bernardo Cles als hoher Würdenträger des Reiches und selbstbewusster Renaissance-Fürst ein Denkmal setzen wollte – dieses politische Motiv wird zum zentralen Thema in der Ausschmückung des von ihm erbauten Magno Palazzo.

Vom Obergeschoss des Castelvecchio führt eine Brücke in den **Magno Palazzo.** Links des anschließenden Durchgangs – in diesem Entree zu seiner Residenz umgeben ganz unbescheiden gemalte griechische Götter das von Putten gehaltene Wappen Bernardos – betritt man zunächst die Hofkapelle mit eindrucksvollen manieristischen Terrakottafiguren des Zaccaria Zacchi. Vom Durchgang gelangt man auf der Ebene des ersten Obergeschosses in den harmonischen Cortile dei Leoni, den Hof mit dem Löwenbrunnen, den die Säle des Magno Palazzo umschließen. 1528 gab Bernardo den Auftrag zum Bau einer neuen Residenz. Die Arbeiten wurden mit Hochdruck vorangetrieben, 1533 war der Palast vollendet, drei Jahre später wurde er anläßlich eines Besuches Kaiser Ferdinands I. offiziell eingeweiht. In Trient gab es jedoch keine eigene Hofkunst, Bernardo berief daher Maler, Bildhauer und Stuckateure aus Oberitalien. So kamen hier in kurzer Zeit durchweg gute Meister verschiedener Herkunft zusammen: für die Malereien waren Marcello Fogolino aus Vicenza, die Brüder Dosso und Battista Dossi aus Ferrara sowie Gerolamo Romanino aus Brescia verantwortlich, die Terrakottaarbeiten oblagen dem Toskaner Zaccaria Zacchi, die Marmordekorationen schufen Künstler aus Padua, die Stuckateure kamen aus Mantua und die Holzschnitzer der Decken aus dem deutschen Raum. Begibt man sich nun in die Säle rechts des Löwenhofes, betritt man die Camera delle Udienze (Audienzzimmer), deren Fresken (von G. Romanino) eine politische Standortbestimmung Bernardo Cles sind: über der Tür thront er selbst in roter Kardinalsrobe, gegenüber seine kaiserlichen Gönner Karl V. und Ferdinand I.; an den Seitenwänden sieht man römische Imperatoren und deutsche Kaiser. Links davon liegt die Camera del Camin Nero mit einer prächtig stuckierten und von Dosso Dossi mit mythologischen Themen freskierten Decke. Auf der anderen Seite des Audienzzimmers befindet sich der kreisrunde Torrione mit originellen Darstellungen zur römischen Geschichte von Marcello Fogolino, daneben die Stua delle Figure mit bizarrem Terrakottaschmuck Zacchis.

Tritt man nun wieder hinaus in den Löwenhof, blickt man auf die ihn abschließende malerische **Loggia.** Sie birgt die verblüffendsten Malereien im Castello del Buonconsiglio: im Zentrum des Gewölbes Phaethon mit dem Sonnenwagen, drum herum biblische Szenen, mythologische Themen, Darstellungen von Tugenden und Lastern, dazu ein höfisches Flötenkonzert. Mächtige Leiber in gewagter perspektivischer Verkürzung mit lebhafter Gestik und bis ins Groteske dramatisierten Minen blicken auf den Betrachter herab, der hier einem der eigenwilligsten Werke des Brescianers Gerolamo Romanino gegenübersteht. Nirgendwo wie in diesen Gemälden zeigen sich auf engem Raum Stärken und Schwächen dieses Malers, der das klassische Schönheitsideal der Renaissance ablehnte und in der extremen Perspektive, dem kraftvollen Realismus und dem bis ins Groteske verfolgten Ausdruck der Gefühle neue Wege ging, auch wenn seine malerischen Mittel dafür nicht immer ausreichten. Romanino hat auch den Treppengang bemalt, der von der Loggia hinunter in den Garten führt. Herausragend in seinem Realismus ist dort das Fresko, in dem ein Bauaufseher zwei Arbeiter ausbezahlt.

Von der Loggia führt auch eine Treppe ins zweite Stockwerk des Magno Palazzo, das ganze Fluchten von Prunksälen mit prächtig geschnitzten und vergoldeten Decken besitzt. Darunter ist vor allem der große Festsaal, die Sala Grande, zu beachten, in der sich die ganze Eitelkeit eines Renaissance-Fürsten zeigt. Betrachtet man den

Der berühmte Sonnenwagen des Romanino in der Loggia des Bernardo Cles ist eines der ersten perspektivischen Bravourstücke, das in reiner Untersicht gemalt wurde. Der Betrachter soll den Sonnenwagen hoch oben im Gewölbe über sich hinwegziehen sehen und erblickt ihn deshalb von seiner Unterseite.

Puttenfries (von Dosso und Battista Dossi), der sich über alle vier Wände erstreckt, wird man feststellen, dass die kleinen Engel mit nichts anderem beschäftigt sind als mit Bischof Bernardo persönlich: sie füttern seinen Wappenlöwen, spielen mit den Buchstaben seines Namens oder tanzen Reigen um sein Wappen. Selbst im Keller der Residenz erwartet den Besucher eine köstliche Überraschung; vom Garten vor dem Magno Palazzo ist das ›Refettorio davanti alla cantina‹ zugänglich, ein gewölbter und aufwändig bemalter Saal, der einzig dazu diente, den in den Kellern gelagerten Wein zu verkosten. Dem Anlass entsprechend sind die Themen der Fresken (von Fogolino) gewählt: das Gewölbe bedecken Grotesken und Girlanden, an den Wänden sieht man Musikanten zu einem Bankett aufspielen.

Die größte Attraktion im Castello del Buonconsiglio ist jedoch der berühmte Freskenzyklus der Monatsbilder im **Adlerturm.** Er ist der einzige Teil der Burg, der nur mit einer Führung besichtigt werden kann (die Führungen beginnen beim Schreibtisch des Kustoden in der Loggia des Romanino). Die kurz nach 1400 entstandenen Bilder, die sich um den ganzen Raum ziehen, sind absolute Meisterwerke der höfischen Gotik. Kompositorische Eigenheiten wie die übereinander angeordneten Szenen anstelle eines perspektivischen Hintergrundes lassen eindeutig auf eine nordische Herkunft des Meisters schließen; dafür sprechen auch Einzelheiten der Darstellungen wie die Verwendung von Pferden statt Rindern beim Ziehen des Pfluges oder die Auswahl der gemalten blühenden Bäume. Wahrscheinlich handelt es sich hier um ein Werk des böhmischen Meisters Wenzeslaus (Prag war neben Burgund und Verona das dritte Zentrum der ›internationalen‹ Gotik des höfischen Stils), der als Hofmaler Bischof Georg I. von Lichtenstein in Trient erwähnt wird. Der Bilderzyklus beginnt an der Wand links der Tür und zeigt in jeweils einem großen Fresko die Natur während jedes Monats im Jahr, im Vordergrund den dazu passenden Zeitvertreib des Adels, dahinter die der Jahreszeit entsprechenden Arbeiten der Bauern. Der ungeheure Ideen- und Detailreichtum der durch zierliche gedrehte Säulchen getrennten Bilder hat seit jeher die Betrachter entzückt. Turnierszenen und Weinernte, Falkenjagden und Fischfang, galante Spaziergänge zwischen Wäldern und Burgen zeigen dabei ein Gesellschaftsbild durch alle Jahrhunderte: Im Vordergrund vergnügt sich die Herrschaft, im Hintergrund schuftet das Volk. Vom rein ästhetischen Standpunkt aus ist die Komposition sehr gelungen, man beachte die amüsante Schneeballschlacht der Adeligen im Januar (dahinter Castel Stenico, s. S. 352ff.), die zahlreichen Liebesschwüre im Blumenmeer des Mai, die schmachtende Verehrer-Szene vor dem Burgtor im Juli und die unendlich fein beobachteten Details des Geräts und der Tätigkeiten des Landvolks.

Der lange Wehrgang zum Adlerturm quert vorher noch einen anderen Befestigungsturm, dessen Durchgangsraum um 1530 von Bartholomäus Tilmann Riemenschneider mit Jagdszenen bemalt wurde. Er war ein mittelmäßiger Freskant, der jedoch nie Bilder ohne Witz an die Wand bannte. Hier überschreitet er fast die Grenze zur Kari-

Im Adlerturm des Castello del Buonconsiglio hat kurz nach 1400 ein böhmischer Meister des gotischen ›höfischen Stils‹ zwölf Monatsbilder an die Wände gemalt. Sie stellen analog zu jedem Monat die passenden landwirtschaftlichen Arbeiten des Volkes vor; im Vordergrund sind die jeweils beliebtesten Vergnügungen des Adels nicht ohne Witz wiedergegeben. Die Abbildung zeigt die Monate April und Mai.

katur mit seiner Darstellung massenweise jagender Adeliger, die mal geziert, mal blamiert in die Gegend schauen, die Pferde ganz Ebenbilder ihrer Herren, und im Hintergrund ein naiver Jägertraum: Wälder, Wiesen und Berge, überfüllt mit Rehen, Hirschen und Gemsen.

Auf der historischen Konzilsroute zum Domplatz

Von der Bischofsresidenz aus hat man die Gelegenheit, dem originalen Weg der Eröffnungsprozession des Trienter Konzils zu folgen. Direkt gegenüber dem Eingang zur Burg führt die Via San Marco in die Altstadt, sie verlängert sich in die kurze Via Manci und die Via Roma, von der rechtwinklig die Via Belenzani abzweigt, die alte Prachtstraße des clesianischen Trient, die schnurgerade den Blick auf die theatralische Schauseite des Domes eröffnet. Diese Straßenführung wurde beim Umbau der Stadt planmäßig zum Zwecke dieser Prozession zum Dom angelegt, hier finden sich die meisten und besterhaltenen der *case affrescate* Trients, der damals neu erbauten Palazzi mit ihren vielfarbigen Außenfresken.

Folgt man der historischen Konzilsroute (die auch durch die schönsten Geschäftsstraßen der Stadt führt), gelangt man dort, wo die Via San Marco in die Via Manci mündet, an eine alte Straßenkreuzung unter historischen Fassaden, den *cantone* (die ›Große Ecke‹), an dem der **Palazzo del Monte (2)** mit seinen beiden übereinanderliegenden, prächtigen Marmorbalkonen vor Fenstertriforien steht. Die Außenwände sind freskiert mit mythologischen Szenen um die Taten des Herkules und mit Scheinarchitekturen. Rechts zweigt hier die Via Suffragio mit ihrem langen Kolonnadengang ab, ganz tirolisch anmutende Lauben zeigen an, dass dies ehemals die Straße der deutschen Handwerker war. Nach links führt die Via **San Pietro** zur gleichnamigen **Kirche (3),** dem einzigen gotischen Sakralbau (1472) der Stadt. Die auffallende Fassade ist eine seltsam gelungene Schöpfung des Historismus, sie wurde erst 1848 gestaltet. Von der Ausstattung ist nur ein großes Relief im Chor zu erwähnen, das Bezug nimmt auf die unsägliche Geschichte um den angeblichen Ritualmord am Kinde Simon Unverdorben (s. S. 316); die qualitätvolle Arbeit um 1500 zeigt in der Gestaltung der Juden offenen mittelalterlichen Rassismus. Nördlich wurde an den Chor im 17. Jh. gar eine Grabkapelle für den 1582 seliggesprochenen Knaben angebaut.

Vom Cantone führt der Prozessionsweg geradeaus die Via Manci entlang; gleich rechts steht als erstes der **Palazzo Salvadori (4)** mit zwei Medaillons über dem Tor, die abermals auf das angebliche Martyrium des Kindes Bezug nehmen, und daran anschließend der **Palazzo Pedrotti (5)** mit Resten ornamentaler Fresken. Kurz vor der Abzweigung der Via Belenzani liegt auf der rechten Straßenseite der riesige **Palazzo Galasso (6);** er wurde 1602 für die Fugger erbaut und erhielt den Beinamen *del Diavolo,* denn seine nur einjährige Bauzeit erschien den Trientern unheimlich kurz.

Gegenüber zweigt die schöne Geschäftsstraße Via Oss Mazzurana ab; biegt man links in die Via Diaz, gelangt man zur Piazza Battisti mit dem Eingang zur Unterwelt des **S.A.S.S. (7),** einem 1700 m^2 großen Areal mit Resten des römischen Tridentum. Tief unter der heutigen Stadt geht man vorbei an einem Stück der östlichen Stadtmauer und kann auf der 100 m langen Trasse der römischen Straße mit beidseitigem Gehweg und Abwasserkanal spazieren; zu sehen sind außerdem Grundmauern von Wohnhäusern (eines mit Resten eines Mosaikfußbodens) und Werkstätten.

Die freskierte Casa Alberti-Colico in der Via Belenzani

Zurück auf der Via Manci, erblickt man gegenüber der Abzweigung zur Via Belenzani die 1701 errichtete Kirche **San Francesco Saverio (8),** die bedeutendste Barock-Kirche der Stadt, hinter deren mächtiger Fassade sich ein architektonisch reich gegliederter Innenraum erstreckt, der aber durch eine phantasielose Ausmalung des 19. Jh. verloren hat. An dieser Stelle bog die Prozession in Richtung Dom ab und damit in die Via Belenzani, vorbei an immer prachtvolleren Palästen.

Auf der linken Straßenseite erhebt sich alsbald der große **Palazzo Thun (9).** In dessen schönem Innenhof steht der originale Marmorneptun vom gleichnamigen Brunnen auf dem Domplatz, den dort eine Kopie krönt. Oben über der Treppe ist ein Freskenzyklus vom Veroneser Brusasorci (1551) zu sehen. Direkt gegenüber kann man das Prunkstück der Trienter Palazzi bewundern, der kurz nach 1500 erbaute **Palazzo Geremia (10),** in dem Kaiser Maximilian 1508 übernachtete. Die gesamte Palastfassade ist mit hervorragenden Fresken des Renaissance-Malers Fogolino bedeckt, die so geschickt die Fensterachsen des Baus mit Scheinarchitekturen und figurenreichen Ereignissen umgeben, dass die Grenzen zwischen der wirklichen Architektur und ihrer gemalten Imitation verschwimmen. Von größter Illusionskraft ist die Konferenzszene zwischen Venezianern und Kaiserlichen im ersten Geschoss, die zwischen zwei realen Fenstern in einem Innenraum spielt, in dem sich ein großes gemaltes Fenster in die Mauer zu öffnen scheint, hinter dem eine Gebirgslandschaft sichtbar wird. Die Fresken um die Fenster des zweiten Geschosses zeigen ebenfalls in scheinbarer Raumtiefe Szenen vom Empfang des Kaisers Maximilian. Wenige Häuser daneben erstrahlte mit der **Casa Alberti-Colico (11)** ein weiterer Bau in der Farbenpracht vorwiegend dekorativer Außenfresken.

Der Domplatz

Dermaßen eingestimmt, betrat die Konzilsprozession den weiten Domplatz, der in seiner vollständigen Umbauung mit historischen Fassaden noch heute zu den schönsten Plätzen Oberitaliens gehört. Die Einmündung der Via Belenzani wird flankiert von den vielgerühmten **Häusern der Cazuffi-Rella (12),** deren Fassaden über den Bögen ihrer Kolonnadengänge Fogolino (1530) mit vorzüglichen Fresken bemalte: zwischen illusionistischen Inkrustationen sind mythologische Szenen und Allegorien dargestellt.

In einem der Cafés unter den Lauben sollte man sich erst vom anstrengenden Prozessionsweg erholen und dabei ausgiebig den Blick auf den gegenüberliegenden romanischen Baukomplex des Bischofs Friedrich von Wangen (1207–18) genießen. Die einzigartige Anlage besteht aus vier Teilen: Eine ganze Seite des Platzes wird beherrscht von der als Schaufassade ausgeführten Nordwand des Doms, an den sich der dreigeschossige Palazzo Pretorio anschließt, im Winkel zwischen beiden Gebäuden ragt das turmartige Castelletto

Rechts der romanische Bischofspalast, links die bemalten Renaissance-Fassaden der Cazuffi-Rella-Häuser, in der Mitte der barocke Neptunbrunnen – der Domplatz von Trient gehört mit seiner vollständigen historischen Architekturkulisse zu den schönsten Plätzen Oberitaliens.

mit dem schlanken Campanile auf, abgeschlossen wird der Palazzo Pretorio durch die wuchtige Torre Civica, deren Ursprünge bereits ins 11. Jh. zurückgehen. Die Schönheit der romanischen Anlage beruht auf einer einmaligen, durch Lage und Geschichte der Stadt bedingten Vermischung lombardischer Steinmetzkunst mit dem deutschen Geschmack der Romanik: Die Außenmauern erscheinen hier durchweg streng und großzügig gegliedert und sind gleichermaßen von den prachtvollen und reichgestalteten Fenstergalerien kunstvoll durchbrochen. Es ist hier einer der Orte, an dem man jenes Phänomen der historischen italienischen Innenstädte studieren kann, nämlich dass die Architektur ihrer mittelalterlichen Repräsentationsbauten stets monumental und urban zugleich war. In überraschender Weise passend erhebt sich davor der 1768 entstandene Neptunbrunnen in der Platzmitte mit geschwungenen Umrissen und verspielten Figuren und Fabelwesen.

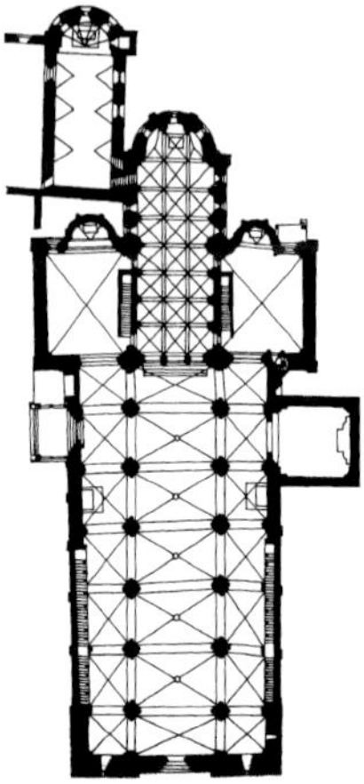

Grundriss des Trienter Doms

Die Baugeschichte des **Doms (13)** ist äußerst kompliziert und erst in den letzten Jahren einigermaßen sicher geklärt worden. Eine der beiden schon im römischen Tridentum bezeugten Kirchen war eine Grabeskirche für den hl. Vigilius, in der er vermutlich im Jahre 400 n. Chr. beigesetzt wurde. Sie stand knapp außerhalb der antiken Stadtmauer neben dem Tor der Straße nach Verona an der Stelle des heutigen Doms. Darüber wurde im 6. Jh. eine große Basilika errichtet, welche im 9. Jh. von Bischof Hiltigar und 200 Jahre später nochmals von Ulrich II. umgebaut wurde. Inzwischen hatten die Bischöfe auch ihre Residenz neben den Dom in Vorgängerbauten des Palazzo Pretorio und des Castelletto verlegt, womit die Basilika des hl. Vigilius zur Kathedralkirche wurde und sich das Zentrum der Stadt hierher verschob. Nochmals 1145 von Bischof Altmann erweitert, wurde die alte Kirche 70 Jahre später vollständig abgerissen, um dem groß angelegten Neubau des Fürstbischofs Friedrich von Wangen Platz zu machen. Die ältesten (und prächtigsten) Teile des heutigen Doms entstanden im ersten Bauabschnitt von 1212 bis etwa 1250 (Nordseite, Chor und Querhaus); danach geriet der Bau ins Stocken. Die Vollendung zog sich bis zur Zeit Bernardo Cles hin (Kuppel des Vierungsturms und einer der Glockentürme), der dem Konzil natürlich keinen unfertigen Dom bieten wollte. Trotz einer Bauzeit bis in die Renaissance hinein hat man sich in bemerkenswerter Weise an den romanischen Bauplan gehalten, weshalb der ganze Dom (abgesehen von der barocken Sakramentskapelle) wie aus einem Guss erscheint.

Von Anfang an als theatralische Kulisse des neuen Stadtmittelpunktes um den Domplatz geplant, weisen die vier Seiten des Doms sehr unterschiedliche Ausarbeitungen auf. Mit allem Prunk romanischen Formenreichtums italienischer und deutscher Herkunft wurde die dem Platz zugewandte **Nordwand** gestaltet: Rundbogenfenster mit prächtigen Gewänden öffnen sich unter einem Gesims, über dem eine höchst elegante Zwerggalerie mit achteckigen Doppelsäulchen, Knospenkapitellen und profilierten Bögen entlangläuft. Die Stirnwand des Querschiffes nimmt, leicht erhöht, diese Säulengale-

Die reichliche Verwendung der die Mauern öffnenden Zwerggalerien zeigt, dass der Dom von Trient kein Werk der lombardischen Romanik ist, die geschlossene, mit Lisenen reliefierte Mauerflächen bevorzugte. Das mehr der nordischen Romanik entlehnte Motiv der Zwerggalerien verweist auf den ersten Bauherrn des Doms, den deutschen Bischof Friedrich von Wangen.

rie wieder auf, sie erscheint nochmals an dem darüber aufragenden Vierungsturm. Die Querschiffmauer wird durchbrochen von einer eindrucksvollen Fensterrose, deren zwölf abstürzende und wieder aufsteigende Figuren sie als Glücksrad ausweisen. Aus der Nordwand springt der eigenartige Portalvorbau heraus, den Bernardo Cles errichten ließ, denn die Prozession sollte von der Via Belenzani geradewegs über den Platz in den Dom einmarschieren können. Wieder verwendete romanische Löwen tragen Säulen, auf denen seitlich enge gotische Spitzbögen, nach vorne ein weiter Renaissance-Bogen ruhen; im Tympanon des Portals steht mit der ausdrucksvollen Figur eines Christus Pantokrator (frühes 13. Jh.) die bedeutendste Skulptur des Domes. Wesentlich schlichter ist dagegen die vom Platz nicht sichtbare **Westseite** gestaltet, die ursprünglich als mächtige Doppelturmanlage geplant war. Es wurde jedoch nur der Nordturm zur vollen Höhe ausgeführt, der andere überragt nicht das Seitenschiff. Eindrucksvoll jedoch ist auch hier das monumentale Radfenster mit seinem feinen Maßwerk im reich abgestuften Gewände über dem ebenfalls gestuften Rundbogenportal, dessen Rankenfries im Türsturz vielleicht von einem Vorgängerbau stammt. Fast schmucklos präsentiert sich die dem Platz abgewandte **Südseite,** allein von flachen Lisenen und einem Rundbogenfries gegliedert. Größte Prachtentfaltung erfährt dagegen noch einmal die **Ostseite** mit der gewaltigen Apsis. In fast barocker Romanik sind hier die großen Fenster zwischen der von der Nordwand wieder aufgenommenen Zwerggalerie unter dem Dachansatz und den Blendbögen über der Sockelzone gestaltet: In reichsten Formen abgetreppte Gewände tragen eine Kapitellzone, darüber die Archivolten der Rundbögen; das Ostfenster ist zusätzlich akzentuiert durch das Motiv der verschlungenen Doppelsäulen auf geflügelten Löwen. Rechts daneben die von einer Blendgalerie geschmückte niedrige Seitenapsis neben einem schönen kleinen Portal mit einer Vorhalle, die ebenfalls ›verknotete‹ Doppelsäulen aufweist.

An der großen Apsis des Doms zeigt sich die Trienter Romanik in fast barocker Formenvielfalt.

Den Dom betritt man am besten am späten Nachmittag, wenn das Sonnenlicht durch die riesige Fensterrose der Westseite in den dunklen Raum flutet. Das dreischiffige basilikale **Innere,** in sieben Joche unterteilt, verrät, dass trotz einer auch hier durchgehenden Verwendung des romanischen Formenkanons die Gotik nicht spurlos an diesem Bau vorübergegangen ist und in der auffallenden Vertikalität der Bauglieder, besonders der hohen, schmalen Arkaden auf kreuzförmigen Pfeilern, spürbar wird. Eine einzigartige Idee kam in den beiden vielgerühmten Treppen zur Ausführung, die in der Mauerdicke der Seitenschiffe zu den beiden Glockentürmen emporführen und sich dabei mit einer sehr reizvollen, ansteigenden Rundbogengalerie auf Säulen zum Innenraum öffnen. Von der Ausstattung des Doms sind vor allem die Fresken des linken Querschiffes bemerkenswert. Dort fällt zuerst die große Enthauptung Johannes des Täufers auf (um 1370); die leidenschaftliche Bewegung und die expressive Mimik deuten auf einen nordisch beeinflussten Maler. Darüber zieht sich ein Freskenstreifen mit acht Bildern der Legende des hl. Julian entlang, der seine Eltern nach einer Weissagung im Bett seiner Braut ersticht; die vorzüglichen Gemälde mit ihren stilisierten Hintergrundlandschaften und Stadtansichten entstanden gegen 1365 durch einen Bologneser Maler. Im anschließenden nördlichen Seitenschiff beachte man das Grabmal des Bischofs Bernardo Cles. Die nördliche Seitenapsis zeigt ein romanisches Steinrelief mit dem Martyrium des hl. Johannes: er wird in Öl gesiedet; darüber Fresken des 13. Jh. Gegenüber, im südlichen Querschiff, öffnet sich die Seitenapsis mit einem Marmorrelief, das die Steinigung des hl. Stephan zeigt (frühes 13. Jh.). An der Querhauswand befinden sich Fresken des 14. Jh. und ein gemalter Christophorus mit noch romanischen Zügen; darunter die sehr persönlich gestaltete Grabplatte des venezianischen Feldherrn Roberto Sanseverino. In der letzten großen Schlacht zwischen Venedig und Habsburg war er 1487 von den Tirolern besiegt worden und in der Etsch ertrunken (s. S. 335). Großmütig setzte man dem großen Heerführer hier im Dom einen Epitaph, allerdings mit dem Symbol der Niederlage in der Hand: die steinerne Fahne mit dem Markuslöwen hält er zum Zeichen der Unterwerfung zu Boden gesenkt.

Von expressiver Wirkung ist diese ›Enthauptung des Johannes‹ im Trienter Dom. Sie stammt von einem unbekannten Maler nordischer Tradition um 1370.

Wenig passend erscheint der große barocke Hochaltar unter der Vierungskuppel. Dass er da steht, ist auch einem unglücklichen Anlass zu verdanken, denn als die Franzosen 1703 unter General Vendôme Trient belagerten, gelobte die Bürgerschaft, im Falle seines Misserfolges einen neuen Altar aufzustellen. Das war ein Fehler, jedenfalls aus kunsthistorischer Sicht, denn die Franzosen hätten kaum so viel Schaden angerichtet, wie es die Trienter selber taten, als sie zur Erfüllung des Gelübdes schritten: Um den hohen Säulenaufbau des Baldachins, eine magere Nachbildung des Tabernakels von St. Peter in Rom, unterzubringen, brach man den Boden des Altarraumes ein und zerstörte dabei planmäßig die Krypta des Doms, eine wahre Unterkirche von riesigen Ausmaßen. Bei der Ausgrabungskampagne in den Jahren 1964–77 entdeckte man noch unter der Krypta die Reste der frühchristlichen Basilika und ihrer Umbauten und entschloss sich, diese wieder zugänglich zu machen. So hat der Dom von Trient wieder eine **Unterkirche;** nüchtern-museal gestaltet, enthält sie Gräber und Sarkophage des 5.–11. Jh., langobardische Steinplatten mit Flechtbandornamenten, Reste eines Mosaikfußbodens aus dem 6. Jh. und – neben zahlreichen anderen archäologisch aufschlussreichen Details – den im Raumschema wiederhergestellten Mittelraum der in die frühchristliche Kirche eingesenkten Krypta des Bischofs Altmann, in dem das ursprüngliche Grab des hl. Vigilius vermutet wird.

Auch der übrigen romanischen Anlage hat der Bischof Friedrich von Wangen ihr Aussehen gegeben. Neben der Apsis des Doms erhebt sich der ungewöhnliche Bau des so genannten **Castelletto** mit dem schlanken Kirchturm, eigentlich eine Kirche des 11. Jh., von der noch eine streng gegliederte Apsis übrig blieb; als der Bischof den benachbarten Palazzo Pretorio zu seiner Residenz ausbauen ließ, setzte er der Kirche zwei weitere Geschosse auf, deren oberstes sich mit einer Reihe prächtiger Triforienfenster öffnet. Die Galerien von zwei- und dreifach unterteilten Fenstern sind auch der Ruhm des **Palazzo Pretorio (14)** mit seinem Zinnenkranz und dem Stadtturm, der die ganze Ostseite des Domplatzes einnimmt. Die romanische Bischofsresidenz enthält heute das sehenswerte **Museo Diocesano,** in dem die überaus kostbaren Reste des Domschatzes ausgestellt sind. Die berühmtesten Stücke des Museums bilden die sieben großen Wandteppiche, die Bernardo Cles 1531 in Köln von einem Kaufmann aus Antwerpen erwarb: In großer Farben- und Formenvielfalt zeigen sie figurenreiche Szenen aus dem Leben Christi zwischen üppigen Architekturen und weiten Landschaften. Weiter birgt das Museum gotische Flügelaltäre und zahlreiche Tafelbilder von den Sitzungen des Trienter Konzils.

Weitere Sehenswürdigkeiten

Wendet man sich hinter der Ostpartie des Doms in die Via Calepina, steht an der rechten Seite der mächtige frühbarocke **Palazzo Sardagna (15),** dessen Portalaufbau zwei beeindruckende Atlanten tragen. Er ist Sitz des **Museo Tridentino di Scienze Naturali** (Naturkundemuseum). Neben den naturkundlichen Sammlungen ist für Interessierte vor allem die große archäologische Abteilung mit vorgeschichtlichen Funden aus dem ganzen Trentino sehenswert. Verlässt man den Domplatz durch die Via Cavour, erreicht man nach wenigen Schritten die Kirche **Santa Maria Maggiore (16).** Anstelle eines älteren Baus wurde sie 1520–24 vom unermüdlichen Bischof Bernardo Cles errichtet und galt lange als Meisterwerk der Architektur der Frührenaissance. Eine unsinnige Restaurierung um 1900 hat den Bau jedoch innen und außen stark verändert, sodass nur noch die monumentale Weite des Innenraums die einstige Baugesinnung erahnen lässt. Von der Ausstattung ist zuerst die Sängerkanzel (1534)

Um 1600 wurde im Übergangsstil der Spätrenaissance zum Barock der Palazzo Sardagna erbaut. Den Portalvorbau tragen zwei kniende Atlanten.

unter der Orgel zu erwähnen; über vier prunkvoll verzierten Konsolen erhebt sich die reichgestaltete Brüstung mit Reliefs, Statuetten und umlaufendem Gebälk. Das Gewölbe der Apsis ist mit einer farbenprächtigen Himmelfahrt Mariens bemalt (1640), über dem Portal der Westwand sind vier riesige Gemälde des Veronesers Falconetto angebracht: Wie üblich stehen seine starren, üppig ausgestatteten Figuren vor pompösen antikisierenden Hintergrundarchitekturen in stark perspektivischer Konstruktion; die Bilder waren 1506 als Orgelflügel für den Dom gemalt worden.

Vor der Kirche breitet sich eine Rasenfläche aus, die begrenzt wird vom Corso Antonio Rosmini, an dem schräg gegenüber verwahrloste Fundamente einer **römischen Villa (17)** mit großen Mosaikfußböden freigelegt wurden. Von der Kirche rechts hinunter führt die Via Prepositura direkt auf den mächtigen Bau der **Torre Vanga (18)** zu. Auch dies ist ein Rest des romanischen Trient, wie Bischof Friedrich von Wangen es hatte erbauen lassen; der Turm mit dem angebauten kleinen Palas entstand vor 1218 und bildete den westlichen Angelpunkt der Stadtbefestigung. Bis ins 19. Jh. hinein muss sich hier ein malerischer Anblick geboten haben, denn der Turm lag direkt am Ufer der Etsch, die bis zu ihrer Umleitung die Stadt in einem weiten Bogen umfloss, dem noch heute die Straßenführung der Via Torre Vanga folgt. (Ein Aquarell von Albrecht Dürer, 1495, zeigt anschaulich die alte Situation.) Eine gedeckte Holzbrücke führte einst aus dem Turm hinüber ans andere Ufer zur Abtei von **San Lorenzo (19),** deren eindrucksvolle Kirche den kurzen Weg lohnt. Dieser führt heute nicht mehr über den Fluss, sondern über zwei belebte Kreuzungen und den Busbahnhof, der auf dem zugeschütteten Flussbett errichtet wurde. Dahinter liegt in einem kleinen Park die große Basilika mit ihrem fugenlosen Quadermauerwerk aus Marmor, das einzige bedeutende romanische Bauwerk der Stadt aus der Zeit vor Friedrich von Wangen. 1176 wurde bereits an ihr gearbeitet. Im letzten Krieg stark zerstört, wurde sie 1955 restauriert. Das nahezu schmucklose Innere bildet einen dreischiffigen Raum mit mächtigen Rundstützen, die die weit gespannten Arkaden zu den extrem schmalen, steil hochgezogenen Seitenschiffen tragen. Chor und Querschiff wurden bühnenartig über das Langhaus erhöht, darüber erhebt sich eine achteckige Vierungskuppel. Nach Osten wird der Bau durch einen formenreichen Staffelchor abgeschlossen.

Zwei weitere Sehenswürdigkeiten befinden sich außerhalb der Altstadt in wenig attraktiver Umgebung.

Am anderen Ufer der Etsch, zu Füßen des Dos Trento, steht die Kirche **Sant'Apollinare (20),** deren hochragender Bau mit seinem steilen gotischen Satteldach wie ein riesiger Turm wirkt. Außer dieser seltsamen Form kann die Kirche auch mit einer rätselhaften Baugeschichte aufwarten, denn die in ihren Außenmauern verbauten römischen Inschriftensteine lassen vermuten, dass sie auf dem Platz einer antiken Festung, vielleicht eines Tempels steht. 1183 wird sie zum ersten Mal erwähnt, 1235 erhalten sie die Benediktiner, die Anfang des 14. Jh. den turmartigen Ausbau durchführen lassen. Dieser ist merkwürdig genug, denn wenn man die Kirche durch ihr Säulenportal betritt, steht man in einem einschiffigen Raum von zwei Jochen, die von achteckigen Kuppelgewölben gedeckt werden – von der Höhe des Außenbaus ist innen nichts zu merken: zwischen den Kuppeln und dem Dach erstreckt sich ein hoher, leerer Raum. Am linken Seitenaltar wird ein Freskofragment der Zeit um 1320 (Madonna mit Kind) verehrt; das Gemälde des Hochaltars (hl. Apollinaris vor eindrucksvoller Landschaft) ist ein gutes Werk der deutschen Donauschule von 1517.

Etwas abseits, südwestlich des Doms beim Sportstadion, steht der zur Konzilszeit als Sommerresidenz erbaute **Palazzo delle Albere** mit einer Abteilung des **MART (21,** Museo d'arte moderna e contemporanea di Rovereto e Trento, s. auch S. 338). Gezeigt wird die lokale Malerei des 19. Jh. bis zum Ersten Weltkrieg; neben meist mittelmäßigen Werken verdienen jedoch vor allem die Bilder Eugenio Pratis (1842–1907), eines Meisters des poetischen Realismus Interesse (beachtenswert sind auch an den Wänden des 2. Obergeschosses Renaissancefresken mit Allegorien der Künste, der Tugenden und der Lebensalter sowie die jährlichen Sonderausstellungen).

In der näheren Umgebung von Trient kann man mehrere Orte aufsuchen, an denen das Konzil seine Spuren hinterlassen hat. Im Sommer zogen sich die Konzilteilnehmer in luftige Dörfer zurück, um der Hitze des Etschtales zu entgehen. So entstanden ganze Sommerpalastkolonien, wie z. B. im etwas entfernteren Terlago (s. S. 162), aber auch unmittelbar oberhalb der Stadt. Ein solches Dorf ist **Villazzano,** neben mehreren anderen mit der schön gelegenen Villa Belfonte. Ein anderes Beispiel der alles berechnenden Sorge des Bernardo Cles für das von ihm angestrebte Konzil findet sich beim Ort

Povo über der alten Straße in die Valsugana: Dort ließ er 1537 einen 88 m hohen Wasserfall bauen, um die Wildwasser des Fersenbachs zu zähmen, der am Stadtrand von Trient vorbeifloss.

Das Etschtal zwischen Trient und Verona

Das Etschtal zwischen Trient und Verona erleben heutige Reisende meist nur als schnelle Autobahnverbindung nach Süden; seine Sehenswürdigkeiten sind wenig bekannt. Nimmt man von Trient die (teils durch hässlich verbaute Peripherie führende) Staatsstraße 12, erreicht man nach 15 km den Ort **Calliano,** der im Mittelalter mit seinen beiden Festungen Castel Pietra und Castel Beseno die Stadt Trient nach Süden gegen das venezianische Rovereto deckte. Hier mündet ein Weg von den Höhen von Folgaria ins Etschtal; diese wiederum waren über die Val d'Astico mit dem Venezianischen verbunden; Rovereto war so zu umgehen. Kein Wunder, dass genau hier die Entscheidungsschlacht im Kriege Venedigs mit Tirol stattfand: Am 10. August 1487 begab sich eine venezianische Armee unter dem Heerführer Roberto di Sanseverino zwischen die Festungen und kam dabei um. Die Leiche des damals berühmten Sanseverino, der mit 69 Jahren noch an der Spitze seiner Truppen gekämpft hatte, wurde in den Etschsümpfen gefunden und von seinem Gegner feierlich im Dom von Trient beigesetzt; (s. S. 331). In der Pfarrkirche von Calliano hängt ein großes Gemälde mit einer Darstellung der Schlacht.

Castel Beseno

Castel Beseno☆

Kurz vor Calliano scheint über dem Dörfchen Besenello eine bleiche Ruinenstadt auf dem Berg zu liegen. Es ist **Castel Beseno,** die größte mittelalterliche Festungsanlage des Trentino und lange Zeit der südlichste Wachtposten der kaiserlich-habsburgischen Politik gegen die Republik Venedig, die mit den Städten Verona und Rovereto seit dem frühen 15. Jh. schon einen Fuß ins Etschtal gesetzt hatte. Der Hügel von Beseno war schon in vorgeschichtlicher Zeit besiedelt, Römer und Langobarden haben sich hier aufgehalten. Im 12. Jh. belehnten die einst mächtigen Grafen von Eppan aus Tirol die Herren von Beseno mit dem Berg, auf dem zu diesem Zeitpunkt bereits eine Burg stand. Die Herren von Beseno gerieten rasch in Konflikt mit dem Bischof von Trient, der einen Teil der Burg kaufte, um seinen Einfluss auf dem Burgberg zu sichern. Ab 1303 gehörte Beseno – immer stärker befestigt – der mächtigen Grafenfamilie der Castelbarco, die über hundert Jahre lang eine undurchschaubare Schaukelpolitik zwischen den feindlichen Mächten Venedig, Trient und Mailand betrieben. Um diese Gefährdung an der Südseite des Reiches zu beenden, kaufte der habsburgische Herzog von Tirol, Sigismund der Münzreiche, Beseno und verlieh sie seinen treuesten Haudegen, den Grafen von Trapp. Diese Familie baute die Burg zu jener starken Festung aus, die man heute noch vor sich sieht. 1487 und noch einmal nach 1500 spielte Beseno die entscheidende Rolle in den Kriegen mit der Republik Venedig, die hier endgültig ihre Expansionspolitik in die Alpen aufgab. Im 19. Jh. verließen die Trapp Beseno, und die Festung verfiel. 1973 schenkte die Familie Trapp die Burg der Provinz Trentino, die nach umfangreichen Sicherungs- und Restaurierungsarbeiten die Anlage wieder zugänglich gemacht hat.

Folgt man im Dorf Besenello den Hinweisschildern nach Castel Beseno, traut man oben seinen Augen nicht; erst hier erkennt man die riesigen Ausmaße der Festung, deren Bastionen gleichermaßen das Etschtal wie das Tal des Rio Cavallo unter Feuer nehmen konnten. Für die Kriegsführung der Zeit um 1500 war Beseno praktisch uneinnehmbar. Drei gewaltige Geschützbastionen beherrschten die gesamte Umgebung, selbst wenn es gelang, an ihnen vorbeizukommen, musste man im Inneren der Festung drei Toranlagen überwinden und über drei Höfe stürmen, um in den eigentlichen Kern der Burg zu gelangen. Dabei bauten die Trapp zur Etschseite hin einen äußeren Verteidigungsgang, durch den man selbst im ungünstigsten Fall eigene Truppen wieder bis ans äußere Tor und damit in den Rücken des eingedrungenen Feindes manövrieren konnte. Unten, in der Pfarrkirche von Besenello, sind in der Trapp-Kapelle noch zwei vorzüglich gearbeitete spätgotische Grabmonumente der Grafenfamilie zu sehen.

Die Geschütze der Nordbastion des Castel Beseno deckten das Tor der Festung, falls sie von venezianischen Truppen durch das Tal des Rio Cavallo angegriffen würde.

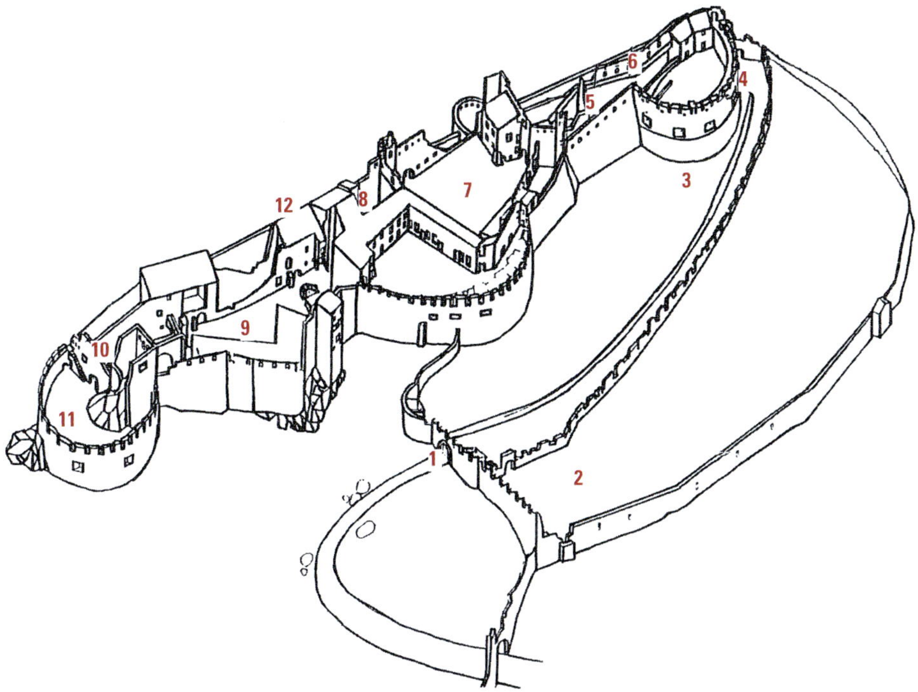

Südlich von Calliano steht auf einem vom Berg herabgestürzten Felsbrocken das **Castel Pietra,** eine sehr interessante, verschachtelte Anlage aus Bauteilen des 14.–17. Jh., die im Mittelalter zusammen mit einer nicht mehr erhaltenen befestigten Mauer das Tal bis zur Etsch hin abriegelte. Die Burg enthält seltene profane Freskenzyklen der Frührenaissance, die jedoch nicht zu besichtigen sind.

Am Ortseingang von **Volano** steht gegenüber einem kleinen Park die unauffällige kleine Kirche **San Rocco** (Besichtigungsmöglichkeiten sind an der Tür angeschlagen). Der einschiffige Bau mit offenem Dachstuhl und kreuzgratgewölbtem Chor wurde von 1491 bis 1526 von verschiedenen Meistern vollständig ausgemalt und bildet mit seinen bewegten und farbenfrohen Freskenzyklen ein reizvolles und seltenes Zeugnis früher ländlicher Renaissance-Malerei. Man beachte besonders an der Ostwand den prächtig herausgeputzten Ritter, der vor einer phantasievollen Gebirgslandschaft den Drachen tötet, die Kreuzigung über dem Triumphbogen und daneben den hl. Martin bei der obligaten Mantelteilung. Im Chor befinden sich unter Renaissance-Ornamenten im Gewölbe Szenen aus dem Leben des hl. Rochus; die rechte Seitenschiffwand ist bedeckt mit figurenreichen Bildern aus dem Leben Christi, die linke mit einem Zyklus über das Leben Mariens.

Castel Beseno
1 Zweites Tor
2 Turnierplatz
3 Nordbastion
4 Drittes Tor – ›Dunkles Tor‹
5 Erster Hof
6 Wehrgang
7 Hauptplatz
8 Dritter Hof
9 Ehrenhof - Palazzo Comitale - Palazzo Marcabruno - Backstube - Brunnensaal - Kellerei
10 Burgverlies
11 Südbastion
12 Kampfplatz

Rovereto

Rovereto

Bald darauf erreicht man Rovereto, die zweitgrößte Stadt des Trentino, die im Schatten der über ihr thronenden Festung liegt. Rovereto hatte einst glanzvolle Zeiten gesehen, und wie so oft in Oberitalien begannen sie mit der Herrschaft Venedigs. Im Zuge der Expansionspolitik der Lagunenstadt, um ihre Handelswege auch im Hinterland nicht mehr den Launen anderer Machthaber zu überlassen, stießen die Venezianer von Verona aus auch ins Bistum Trient vor und besetzten 1416 die Stadt Rovereto. Sie blieben hier bis zum Jahre 1509, und in dieser Zeit führten sie die Anpflanzung des Maulbeerbaumes und der darauf betriebenen Seidenraupenzucht durch, die im 17. und 18. Jh. zu einer blühenden seidenverarbeitenden Industrie führte. Die Stadt wurde reich, und ihre damals entstandene Gestalt aus zahlreichen Palazzi der Renaissance und des Barock ist noch heute in weiten Teilen erhalten. Die wohlhabenden Händler und Industriellen dieser Zeit ließen ein reges geistiges Leben in Rovereto entstehen, dem man im Vergleich zur erzkonservativen Bischofsresidenz Trient eine gewisse aufgeklärte Fortschrittlichkeit nicht absprechen konnte. So mauserte sich Rovereto zur ›heimlichen Hauptstadt‹ des Trentino, in der intellektuelle Zirkel und literarische Salons ihr Wesen trieben, hier wurden das erste Theater und die erste Zeitung im Trentinischen gegründet. Doch die geistigen Blüten hielten nur so lange, wie der wirtschaftliche Erfolg währte: Neue Grenzen und Zölle, Massenerkrankungen der Maulbeerbäume und nicht zuletzt die Erfindung der Kunstseide ruinierten die Stadt.

Von der alten Herrlichkeit hat sich ein altertümliches Stadtbild mit engen Gassen, pittoresken Plätzen und ganzen Straßenzügen ehemals prächtiger Palazzi und Bürgerhäuser erhalten, darunter der **Palazzo Todeschi** (Via Mercerie 14), wo der 13-jährige Wolfgang Amadeus Mozart zu Weihnachten 1769 sein erstes Konzert auf italienischem Boden gab. Die sakrale Architektur nimmt sich dagegen bescheiden aus. Von den Kirchen der Stadt ist am ehesten **Santa Maria del Carmine** (Piazza S. Maria, südlich der Altstadt) mit einem Kreuzgang des 15. Jh. sowie einer kuriosen Grisaille-Ausmalung (1923) und dem prächtigen barocken Hochaltar von Cristoforo Benedetti (1750) in der 1680 neu erbauten Kirche sehenswert.

Das MART in Roverto ist der Hauptsitz eines Zusammenschlusses dreier Museen (mit MART Trient und Casa Depero). Der Bau ist ein gelungenes Zeugnis der Moderne als Gehäuse für die Malerei des 20. Jh. Neben den permanenten Sammlungen werden hier das ganze Jahr über bemerkenswerte Sonderausstellungen veranstaltet.

Die interessanteren Kunstwerke sind neueren Datums und befinden sich in zwei Museen, dem MART (Museo d'arte moderna e contemporanea di Rovereto e Trento) und der Casa Museo Depero. Das 2002 fertiggestellte Gebäude des **MART** (Via Bettini 43) ist selbst ein gelungenes Beispiel moderner Museumsarchitektur, das sich der historischen Umgebung unterordnet und doch seine Eigenständigkeit behaupten kann. Der auffälligste Teil des vom renommierten Tessiner Mario Botta geplanten Baus ist sein Entree: Am Ende der Stichstraße zwischen zwei barocken Palazzi betritt der Besucher eine runde Piazza, die ein kegelförmiges, von Metallstrukturen getragenes Glasdach überwölbt; hier umgibt ihn ein atmosphärereiches Atrium, dessen strenge geometrische Formen durch die wechselnden Stimmungen des einfallenden Tageslichts belebt werden. Die Innenräume sind in ihrer Funktionalität allein der Wirkung der Bilder verpflichtet. Die Sammlungen illustrieren die italienische Kunst des 20. Jh. mit dem Schwerpunkt auf der Malerei des Futurismus (Balla, Depero, Prampolini), die klassische Moderne ist vertreten u. a. durch De Chirico, Sironi und Morandi, die Kunst der Gegenwart u. a. durch Fontana, Burri, Vedova, Merz oder Kounellis.

Die **Casa Museo Depero** (Via della Terra 33, unterhalb des Kastells) wurde von Fortunato Depero (1892–1960), einem der Begründer des Futurismus, noch selbst eingerichtet und zeigt ihn nicht als Maler, sondern als poetischen Meister der angewandten Kunst (Möbel, Wandteppiche, Plakate, Spielzeug und Arbeiten für das Theater).

Die monströse Kanonenfestung über der Stadt Rovereto ist der kongeniale Ort für das Museum über den Ersten Weltkrieg und die Gebirgskämpfe an der österreichisch-italienischen Front, die durch das Trentino verlief.

Bliebe noch das **Kastell,** das mit seinen martialischen Bastionen und Geschützstellungen die Dächer der Stadt überragt. 1354 erwähnt, 1405 erstmals von den Venezianern erobert, 1487 von den Truppen des Tiroler Erzherzogs Sigismund gestürmt und im gleichen Jahr von Venedig zurückgewonnen, das die alte Anlage zur heutigen Kanonenfestung ausbaute, wurde das Kastell 1509 von Kaiser Maximilian eingenommen und blieb Sitz eines kaiserlichen Statthalters. Ab 1921 wurde hier das **Museo Storico della Guerra** eingerichtet, das neben mittelalterlichen Waffen vor allem militärische Erinnerungen an den Ersten Weltkrieg birgt.

Nicht versäumen sollte man einen Rundgang durch den alten Ortskern des südlich gelegenen **Ala.** 814 erwähnt, erlebte Ala seine Blütezeit als Zentrum der Samt- und Seidenindustrie im 17. und 18. Jh. Entlang gewundener Pflasterstraßen reiht sich ein barocker Palazzo an den anderen, die vom einstigen Wohlstand zeugen.

Castello di Sabbionara

Castello di Sabbionara ☆☆

Bei Ala führt eine Straße hinüber auf das gegenüberliegende Etschufer; bald darauf kommt dort die riesige, den Hang hinaufgebaute Burganlage des **Castello di Sabbionara d'Avio** in Sicht. Im Ort Sabbionara führen steile, schmale Gassen (Hinweisschilder) hinauf zum Parkplatz, die letzten 400 m muss man zu Fuß gehen (festes Schuhwerk ist angeraten).

Die spektakuläre Lage, das – obwohl in großen Teilen Ruine – heute noch beeindruckende Kastell mit gewaltigen, türmebewehrten Umfassungsmauern, Wächterhaus, Palas und Bergfried und vor allem die Schlachtenbilder des 14. Jh. an den Wänden des Wächterhauses machen Sabbionara zu einem Ziel, das Kunst- und Burgenliebhaber nicht versäumen sollten. Seit 1977 ist die Burg im Besitz des FAI (Fondo per l'Ambiente Italiano, eine gemeinnützige Organisation nach dem Modell des englischen National Trust), der alles, was nach Jahrhunderten der Vernachlässigung noch zu retten war, in hervorragender Manier restauriert hat.

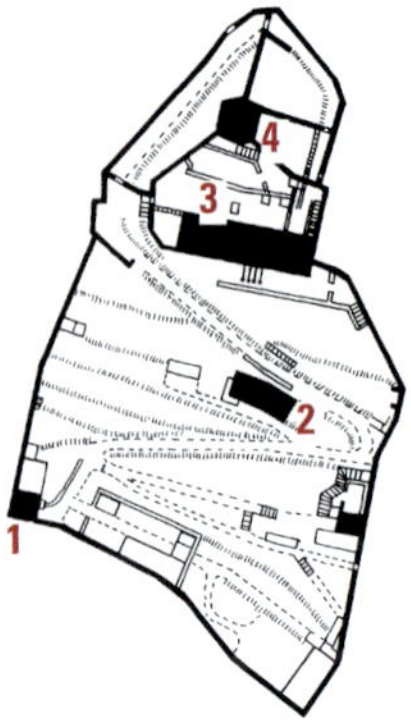

Grundriss des Castello di Sabbionara
1 Torbau
2 Wächterhaus
3 Palas
4 Bergfried

Ein zinnengekrönter Torbau (dahinter ein lauschiges kleines Restaurant) führt in die Burg, die 1053 zum ersten Mal erwähnt wurde und im 12. Jh. in den Besitz der mächtigen Grafen von Castelbarco kam. Guglielmo II. baute die Anlage um 1300 in den heutigen Ausmaßen aus, ein prachtvoller Residenzpalast entstand unter einem großem Bergfried, die Vorbefestigungen reichten den ganzen Berg hinunter. Der Bauherr war ein enger Freund der Scaligeri in Verona und stiftete Teile der Kirchen von San Fermo und Sant'Anastasia; den Kontakt mit der Veroneser Kunst nutzten die Grafen für die Ausstattung ihrer Burg.

Auf halbem Weg zwischen dem Torbau und dem Palas liegt die *casetta delle guardie,* das **Wächterhaus** der Burgmannschaft, das gegen 1350 mit einmaligen Bildern ausgestattet wurde. Sie bedecken alle vier Wände im zweiten Raum des Obergeschosses. Vor den Augen des heutigen Betrachters – wie der einstigen Burgmannschaft – entfaltet sich über einem gemalten Wandbehang eine wahre Schule der Kriegskunst der damaligen Zeit. An der Südwand beginnen die Darstellungen mit einem Kreuzritter im Kampf gegen den Drachen als Idealisierung der Waffenkunst und des Rittertums, daneben zwei Soldaten mit gepolsterten Hemden und Kopfhaube bei Übungen mit dem Schwert, darunter Techniken des Ringkampfs. Nach dem Training wird an den übrigen drei Wänden der Ernstfall dargestellt. Die unteren Bildstreifen schildern den Nahkampf der Fußtruppen, darüber sieht man an der Ostwand einen Trupp Bewaffneter, der vor einer Burg gegen die Belagerer zieht – ein deutlicher Bezug zu den Aufgaben der Burgmannschaft, denn hier ist Sabbionara selbst, perspektivisch nicht ganz korrekt, jedoch mit allen wehrtechnischen Details, abgebildet. Die anschließende Nordwand zeigt den Kampf bewaffneter Truppen gegen Bogenschützen, die Westwand den Zusammenprall zweier Ritterheere.

Präzise bis in die Biegung des gespannten Bogens sind mittelalterliche Waffen, Rüstungen und Kämpfer der Zeit um 1350 im Castello di Sabbionara gemalt worden.
Bei den Bildern im Wächterhaus der Burgmannschaft handelt es sich um den vermutlich ersten großen profanen Freskenzyklus des Trentino, den ein Veroneser Meister malte. Dieser muss jedoch eine sehr ungewöhnliche Erscheinung in der damaligen Künstlerszene gewesen sein, denn hier im Wächterhaus des Castello di Sabbionara war ein ausgesprochen kriegerischer Freskant am Werke, der praktische Anschauung in der Technik mittelalterlichen Kampfes besaß.

Der Freskant beweist in seinen Personendarstellungen einen ausgesprochenen Sinn für Monumentalität: Große Kriegerfiguren hinter riesigen, mit Wappen bemalten Schilden bevölkern die Wände, ausdrucksvolle Gesichter blicken den Betrachter an – wie jene der Bogenschützen –, vor allem aber erstaunt der harte Realismus der Kampfszenen. Fernab der höfischen Eleganz der Veroneser Kunst wird hier gehauen und gestochen, die Rüstungen und Waffen sind vollkommen naturalistische Abbildungen. Sollte der Freskant selbst ein mittelalterlicher Krieger gewesen sein?

Befanden sich hier im Wächterhaus die passenden Fresken für die Soldaten, so hatte sich der Burgherr um 1330 seine Räume mit Darstellungen ausstatten lassen, die ihm wichtig erschienen. Während der Palas heute eine eindrucksvolle Ruine abgibt (an einer Wand sind noch Freskenreste der verschwundenen Burgkapelle zu erkennen), kann der riesige **Bergfried** wieder bis zum obersten Stockwerk betreten werden. Und hier, im allerletzten zu verteidigenden Ort der Burg, hat sich deren Herr noch einmal einige Freuden des Lebens vor Augen führen lassen: eine *camera d'amore* im Angesicht des Untergangs. Nur noch wenige Bilder eines hervorragenden (unbekannten) Malers der höfischen Gotik sind hier erhalten. So sieht man einen rotgeflügelten Amor Pfeile und Lanzen abschießen; seine Lanze verfehlt jedoch eine Dame, die zum Zeichen ihrer ehelichen Treue ein Hündchen hält, während daneben ein adeliger Jüngling, von Amors Waffe getroffen, in die Knie sinkt. Das anrührendste Fresko zeigt einen Reiter, der seine Herzensdame zum Abschied zärtlich küsst.

Einen Blick lohnt noch die ehemalige Pfarrkirche am Friedhof südlich des Ortes **Avio.** Im weiten romanischen Innenraum sind Fresken der Gotik und der Renaissance zu sehen, die von Veroneser Künstlern stammen.

Kurz hinter Avio verlässt man das Trentino. Es empfiehlt sich, von Sabbionara wieder hinüberzufahren ans gegenüberliegende Ufer der Etsch zur Staatsstraße 12, denn nur so erreicht man die beiden letzten Höhepunkte auf dem Weg nach Verona: die Veroneser Klause und die langobardisch-romanische Kirche von San Giorgio di Valpolicella.

Die Veroneser Klause

Zum großen Schlachtfeld wurde das untere Etschtal zur Zeit der napoleonischen Kriege, als die Franzosen den gegen sie vorrückenden Österreichern bei Rivoli Veronese eine vernichtende Niederlage beibrachten – kaum einer, der in Paris die Rue de Rivoli entlanggeht, weiß, dass sie auf ein winziges Dorf an der Etsch Bezug nimmt.

Hinter Dolcé verengt sich das Tal zur **Veroneser Klause**, dem spektakulärsten landschaftlichen Höhepunkt des Etschtals: Der Fluss windet sich unter steilen Wänden durch die letzte Felsenenge des Gebirges, am Ufer gerade noch Platz für die Straße lassend.

Diese Klause war seit den germanischen Völkern, die sich von hier aus nach Italien ergossen, bis zum Ende des Ersten Weltkrieges einer der bedeutendsten strategischen Angelpunkte Mitteleuropas; unzählige Armeen sind in diesen zwei Jahrtausenden durch die Schlucht der Etsch marschiert, und meist kamen sie von Norden. Denn in Rom gab es eine Kaiserkrone für einen deutschen König zu holen und mit ihr den formellen Anspruch auf ganz Italien. Die Veroneser Klause war die erste kritische Stelle der ›Krönungsstraße‹, und jedes Ritterheer war froh, sie nicht von Gegnern besetzt zu sehen – noch froher waren sie, hier auch noch den Rückweg offen zu finden, was nicht immer der Fall war. Bis zum Ersten Weltkrieg hatten die sich hier gegenüberliegenden Österreicher und Italiener den Ein- und Ausgang der Veroneser Klause dermaßen mit Kanonenforts gespickt, dass keine der beiden Parteien mehr einen Durchstoß wagte, dafür versuchte es die Generalität des Italienischen Königreichs mit Umgehungsversuchen über die Lessinischen Berge, die am Pass von Pasubio zu unbeschreiblichen Gemetzeln führten – für das Recht auf ein paar Quadratkilometer Gebirge wurden dort von beiden Staaten Hunderttausende geopfert. Die Forts und Batterieanlagen, meist im selben Gestein tief in den Felsen hineingebaut und dem Auge erst nach längerem Suchen offensichtlich, bilden noch heute die makabre Dekoration der Veroneser Klause und der sie überragenden Berghänge.

Nur wenig südlich der Veroneser Klause steht im Dorf **Volargne** die **Villa del Bene**. Sie wurde von der aus der Toskana verbannten Familie del Bene im ausgehenden 15. Jh. errichtet und um 1551 von Sanmicheli umgebaut. Hinter einer hohen Umfassungsmauer verbirgt sich die harmonische, von einer doppelstöckigen Loggia geprägte Fassade. Teile der Loggia, das Treppenhaus und die Räume des Obergeschosses sind im 16. Jh. von den Caroto und Domenico Brusasorci mit einem sehenswerten Freskenprogramm biblischer und sakraler Themen ausgemalt worden. Leider ist die Villa, die zu den bemerkenswertesten Beispielen der Renaissance im Veroneser Raum zählt, in einem beklagenswert verwahrlosten Zustand.

San Giorgio di Valpolicella

San Giorgio di Valpolicella☆

In unmittelbarer Nachbarschaft breitet sich an der Ostseite des Etschtales die Landschaft der Valpolicella aus. Das Tal, das eigentlich mehr eine langgezogene Furche im Hang der Lessinischen Berge darstellt, ist ein bekanntes Weinbaugebiet. Kunstinteressierte dürfen den Besuch von San Giorgio, einem hoch gelegenen Ortsteil von Sant'Ambrogio, nicht auslassen. Oben in San Giorgio eröffnet sich eine grandiose Fernsicht: Im Westen sieht man die Südhälfte des Gardasees mit der Halbinsel Sirmione vor der Hügelkette der Lugana; östlich blickt man auf die weite Po-Ebene. Dieser Platz ist ein uralter Siedlungspunkt, der spätestens seit dem 9. Jh. v. Chr. bevölkert war, er wurde von Römern genutzt und war später ein religiöses Zentrum der Langobarden.

Am Dorfplatz steht die berühmte Kirche **San Giorgio,** am Ort einer im Langobardenreich bedeutenden Klerikerschule, die ein religiöses Zentrum bis ins Hochmittelalter bildete, bevor der Baukomplex – außer der Kirche – verfiel und vergessen wurde. Noch im 11. Jh. wurde der große Bau der heutigen Kirche errichtet, die dem seltenen Typus einer doppelchörigen Basilika folgt, das heißt außer im obligaten dreiapsidialen Schluss der Ostwand endet das Mittelschiff auch im Westen in seiner vollen Höhe in einer Apsis. Das Innere der Kirche ist höchst eindrucksvoll, schwere, steil proportionierte Mauermassen des Obergadens erheben sich über den niedrigen Rundbogenarkaden der dunklen Seitenschiffe, welche ebenso wie das Mittelschiff nicht eingewölbt, sondern von alten Holzkonstruktionen gedeckt sind; der Neubau des 11. Jh. fühlte sich zweifellos noch seinem archaischen Vorgängerbau verpflichtet. Man beachte, dass im östlichen, den Klerikern vorbehaltenen Teil der Kirche, die Arkadenstützen von Pfeilern zu Säulen mit mächtigen Kapitellen wechseln,

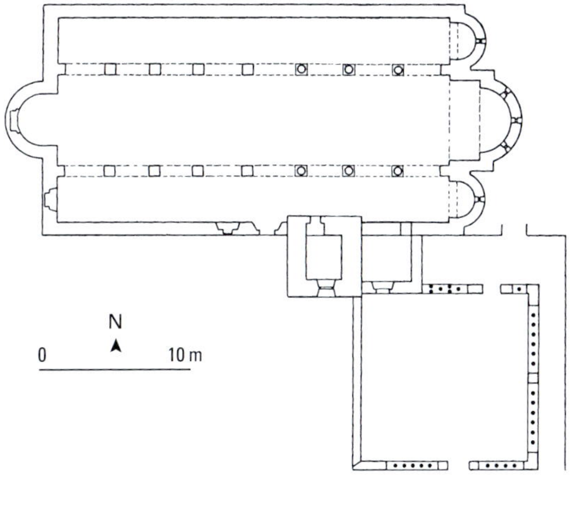

Der Grundriss der Kirche San Giorgio zeigt die ungewöhnliche Anlage einer frühromanischen doppelchörigen Basilika, mit je einer großen Apsis am West- wie am Ostende des Mittelschiffs. Südlich angebaut wurde der Kreuzgang.

eine von ihnen steht auf einem Inschriftenstein, in dem man den Altar eines vorchristlichen Tempels vermutet. Der Innenraum war früher weitgehend freskiert, wovon sich überall größere Flächen mit teils gut erkennbaren Wandmalereien erhalten haben. Besonders hervorzuheben ist hier die **Westapsis** (durch die der jetzige Eingang führt) und ihr Triumphbogen, die mit ihren Heiligenfiguren und dem majestätischen Christus in der Koncha einzigartige Meisterwerke der klassischen byzantinischen Freskokunst des frühen 12. Jh. darstellen – im ganzen Veronesischen haben diese Bilder keine Parallele. Die strenge Ausrichtung der querhauslosen Kirche zieht den Blick geradlinig in die Ostapsis, wo das **Ziborium** steht. Diese Ziborien waren eine Art frei stehende, offene Säulenhalle, deren steinerner baldachinartiger Abschluss glorifizierende Funktion für den darunter befindlichen Hochaltar mit den Reliquien hatte. Sie waren in frühchristlicher und frühromanischer Zeit sehr verbreitet, aber besonders wurden sie von den Langobarden geschätzt, boten sie doch Gelegenheit, an repräsentativer Stelle die von ihnen bevorzugte bauplastische Kunst zur Geltung zu bringen: die großen, mit Flechtbandornamenten reliefierten Steinplatten, die hier als Bogen- oder Arkadenplatten die Stirnseiten des Altargehäuses schmückten. Man entdeckte die Bestandteile des Ziboriums erst 1923 im Kreuzgang und rekonstruierte es nach dem Vorbild von San Prospero in Perugia (8. Jh.). Inschriften an den beiden vorderen Säulen beweisen zwar, dass es sich bei den Teilen um ein Ziborium gehandelt hat (… EDIFICATUS EST / HANC CIVORIUS / SUB TEMPORE / DOMNO NOSTRO / LIOPRANDO REGE …), ebenso geht daraus hervor, dass es zur Zeit des langobardischen Königs Liutprand errichtet wurde, welcher von 712 bis 744 regierte. Ob es aber viereckig war, darüber wird noch heftig gestritten, denn man entdeckte im Kreuzgang noch zwei andere

Zur Zeit des langobardischen Königs Liutprand wurde Anfang des 8. Jh. in San Giorgio ein Ziborium über dem Hochaltar errichtet, das 1923 rekonstruiert wurde. Es handelt sich um eines der letzten noch existierenden Exemplare dieser langobardischen Schöpfungen.

Auch das Dekor der Kapitelle des Kreuzgangs von San Giorgio verweist auf das frühe 11. Jh.

Bogenplatten, die auch ein sechseckiges Ziborium wahrscheinlich machen. Aus dem rechten Seitenschiff führt eine Tür in den reizvollen kleinen Kreuzgang. Zahlreiche Säulchen tragen die winzigen Arkaden, auf jedem der Kapitelle sind Ornamente, Blatt-, Ranken- und Tiersymbole zu erkennen. Im Ostflügel des Kreuzganges führt eine Tür in den ›langobardischen Saal‹, einen Raum des 8. Jh. mit Kamin und einer Holzdecke auf Kragsteinen. Er wurde im 13. Jh. vollständig mit Fresken ausgemalt, wovon Reste noch zu sehen sind. Vom Kreuzgang gelangt man auch zur Ausgrabungsstelle an der Ostseite der Kirche. Hier wurden Werkstätten und eine Zisterne aus dem 9. bzw. 4. Jh. v. Chr. ausgegraben. Links neben der Kirche kann man ein kleines Museum mit Fundstücken aller Epochen der Siedlungsgeschichte von San Giorgio und schön skulptierten langobardischen Reliefsteinen besuchen.

In die Judikarischen Täler

Dieser Tälerkomplex bildet den größten Teil des westlichen Trentino. Er besteht aus dem Sarcatal zwischen Toblino und Tione mit den einander gegenüberliegenden Mittelgebirgsstufen des Banale und Lomaso-Bleggio. Von Tione aus ziehen sich die Judikarien nach Süden das Chiesetal hinunter zum Idrosee und umfassen nach Norden die gesamte Valle Rendena. Damit entspricht das Gebiet der *Judiciaria Summa Laganensis*, die schon zu römischer und langobardischer Zeit bestand. Der Name der Täler rührt daher, dass sie seit antiker Zeit, von den deutschen Kaisern in einer Schenkung des 11. Jh. bestätigt, der Jurisdiktion, also der Zivilgerichtsbarkeit von Trient unterstanden.

Das Bistum von Trient war von den deutschen Königen zur Sicherung ihres Krönungsweges über die Alpen nach Rom eingerichtet worden. Entsprechend blieben die politischen Verhältnisse in der Stadt Trient und ihrem feudalen Herrschaftsbereich, dem Trentino, so lange stabil, wie das Bistum für die deutschen Könige wichtig war. Schon nach dem Investiturstreit des 12. Jh., endgültig aber nach der Vernichtung der Staufer durch die Päpste im 13. Jh., schwand das Interesse an Trient. Die Destabilisierung der bischöflichen Macht war für den alteingesessenen Lokaladel des Trentino die Gelegenheit, selbstständige Feudalherrschaften durchzusetzen, was namentlich den Grafen von Arco im Etschtal und den Grafen von Lodron in den Judikarischen Tälern gelang. So wurden die Herren von Lodron immer selbstherrlicher und drangsalierten die Bevölkerung der Judikarien fast drei Jahrhunderte lang mit Raub und Mord, Entführung und Erpressung. Die bischöfliche Macht verschwand zu dieser Zeit fast völlig aus den Judikarien, was auch mit der geographischen Lage zu tun hat: Von Trient nur mühsam zu erreichen (die Sarcaschlucht

Die Valle Rendena führt tief in den großen Naturpark Adamello-Brenta. Die dortige Bergwelt bietet faszinierende Erlebnisse wie den Blick über den Lago Nero auf die Brenta-Dolomiten.

von Toblino aus war bis ins 19. Jh. unpassierbar), öffnen sie sich weit durch das Tal des Chiese in die Po-Ebene bei Brescia. Obendrein verschwägerten sich die Lodron mit dem Brescianer Landadel und schlossen zeitweilige Bündnisse mit Venedig. Dem hatte der Bischof von Trient in diesem entlegenen Teil seines Herrschaftsgebietes nichts entgegenzusetzen, es dominierte der italienische Einfluss in Wirtschaft und Handel, Kultur und Kunst.

Erst als während der Vorbereitung des Trienter Konzils die Stadt und ihr Gebiet wieder ins Zentrum der deutschen Reichspolitik rückten, änderten sich die Machtverhältnisse. Unter Bischof Bernardo Cles (1514–39) wurde eine neue, straffe Verwaltung der Täler eingeführt, die den Einfluss des Lokaladels zurückdrängte. Damals wurde das Gebiet der *Giudicarie Esteriori* (Lomaso, Bleggio und Banale), geschützt durch die schwer befestigte Burg Stenico, sowie das Gebiet der *Giudicarie Interiori* (Chiesetal bis zum Idrosee und Valle Rendena bis Madonna di Campiglio) mit dem Verwaltungssitz in Tione geschaffen. Dennoch blieben die Täler dem italienischen Wirtschafts- und Kulturraum näher als dem habsburgischen.

Daraus erklärt sich auch das heute hervorstechende kunsthistorische Element der Judikarien. Durch die Täler zogen lombardische Wandermaler und bemalten fast jede Kirche. Ein gewisses Monopol sicherte sich hier die weit verzweigte Familie der Baschenis aus dem bergamaskischen Dorf Averara, die mit Antonio, seinen Söhnen Giovanni und Battista sowie dem Bruder Angelo den Reigen von Freskenzyklen 1461 in der Kirche von Carisolo eröffneten. Sie malten sich von Dorf zu Dorf und waren keine herausragenden Künstler ihrer Zeit; ihre zahllosen Bilderfolgen sind eher ein Anachronismus, denn sie arbeiteten unbeirrt in der ihnen geläufigen gotischen Tradition weiter, während überall in Italien die Kunst der Renaissance aufblühte. Die Qualität ihrer Bilder ist sehr unterschiedlich je nach den verschiedenen Talenten der Familienmitglieder oder der Bezahlung durch die Auftraggeber. Zur gleichen Zeit zogen auch ganze lombardische Bauhütten durch die Gegend und errichteten je nach Wunsch romanische Portale, gotische Gewölbe oder renaissancehafte Innenausstattungen mit Pilastern und Gebälk. Genauso hielten sich auch die Baschenis bei ihrer Malerei an die Vorlieben ihrer Geldgeber, und die waren im entlegenen Gebirge eher konservativ. Für den, der etwas Moderneres wollte, schauten sie woanders schon einmal Architekturelemente und Landschaftshintergründe der Renaissance ab. Dass sie dabei keineswegs den Fortschritt der Malerei, sondern den Lebensunterhalt ihrer Familien im Auge hatten, hat ihnen die Kunstgeschichte bis heute nicht verziehen und straft sie mit beharrlicher Missachtung. Das ist ungerecht, denn ihre erzählerischen und meist mit viel Volk bewegt vorgetragenen Bilderzyklen beleben manche Kirche mehr als bedeutendere, aber meist langweilige Heiligengalerien. Mit Simone II haben die Baschenis einen ungewöhnlichen Künstler hervorgebracht; sein berühmter ›Totentanz‹ in Pinzolo, ein Werk voll Sozialkritik und Sarkasmus, steht in der Kunst seiner Zeit einzig da.

Die großflächige Kreuzigungsszene in der Pfarrkirche von Javré ist ein hervorragendes Spätwerk des Simone II der lombardischen Wandermaler-Familie der Baschenis (um 1543).

Ab 1474 ist in den Judikarien ein zweiter Familienzweig der Baschenis nachzuweisen, deren erster Maler Cristoforo an der Kirche von Pelugo arbeitete. Da sich in diesem Familienzweig, der qualitativ höchst unterschiedliche Talente hervorbrachte (vom bescheidenen Dionisio bis zum hervorragenden Simone), die Namen der Väter, Söhne und Neffen ständig wiederholen, werden sie offiziell durch die den Vornamen angefügten römischen Ziffern I und II unterschieden. So gilt Cristoforo II als erster Vertreter des neuen Familienstils, der zur Rahmung seiner Bilder renaissancehafte Arabeskenbänder einführte; sein Sohn Simone II malte bis 1543 in den Judikarien und fasste an der Schwelle zur großen Kunst seiner Zeit als letzter Baschenis alle künstlerischen Traditionen seiner Familie zusammen.

Die Kunst der Judikarischen Täler ist gerahmt von einer großartigen Gebirgslandschaft. Die Val di Genova und der Naturpark Adamello-Brenta gehören zu den schönsten Gebieten der Zentralalpen.

Die Giudicarie Esteriori

Die sanft gewellten Terrassen dieser grünen Mittelgebirgslandschaft hoch über dem Fluss sind uraltes Siedlungsgebiet. In Fiavè kann man eines der größten Ausgrabungszentren der prähistorischen Pfahlbaukultur besuchen, Zeugnisse langobardischer Kunst finden sich ebenso wie mittelalterliche Kirchen und Burgen. Nicht nur diese noch überall spürbare Kultur und der landschaftliche Reiz der Gegend empfehlen einen Besuch. Hier begegnet man noch einer abgeschiedenen Bauernwelt fern großer Durchgangsstraßen mit charaktervollen Dörfern von seltener architektonischer Geschlossenheit.

Von Trient aus erreicht man, vorbei an Terlago und Toblino (s. S. 160ff., 162) und anschließend durch die wilde Schlucht der Sarca zunächst die Äußeren Judikarien (Giudicarie Esteriori) mit den Landschaften des Lomaso, Bleggio und Banale. Lomaso und Bleggio liegen auf der südlichen, das Banale auf der nördlichen Seite der Sarcaschlucht.

In **Ponte Arche,** wo sich die Straße in die beiden Gebiete gabelt, fährt man zunächst nach Süden hinauf nach Vigo Lomaso. Als erstes erreicht man den kleinen Ort **Campo,** dessen Silhouette von der bizarren Architektur der **Villa Luti** (Hotel) charakterisiert ist. Sie wurde 1859 in einem eigenwilligen historistischem Stilgemisch aus Neogotik und Neorenaissance für den lombardischen Adeligen Vincenzo Luti errichtet, der hier, in der Einsamkeit des Lomaso, Dichter des italienischen Risorgimento in einem berühmten literarischen Salon versammelte.

Von Campo führt die Straße hinunter nach **Vigo Lomaso,** das mit seiner Kirchenanlage an der Stelle eines römischen *vicus* der ganzen Gegend den Namen gab. Am Hang über dem Ort liegt die eindrucksvolle Baugruppe der Kirche **San Lorenzo,** des achteckigen Baptisteriums und des Pfarrhauses aus dem Jahre 1495. Der Platz ist seit ältesten Zeiten besiedelt: 1976 kamen nach einem Erdrutsch hinter der Kirche bronzezeitliche Tonscherben zum Vorschein, römische Fundamente kannte man schon vorher, auch die Langobarden besaßen hier eine Kirche – die Funde dieser Epoche sind im Baptisterium zu sehen. Die für die einsame Gegend ungewöhnlich große, dreischiffige Kirche wird 1205 erstmals erwähnt, doch dürfte sie im Kern dem 10. oder 11. Jh. entstammen. Im 14. Jh. wurde der Bau eingewölbt und 100 Jahre später um ein Joch verlängert. Heute stellt der Innenraum hinter dem Portal in lombardischer Romanik (13. Jh.) eine eindrucksvolle gedrungene Stufenhalle mit schweren Arkadenbögen über mächtigen Säulen dar; 1497 ließ der Erzpriester von Dasindo Chor und Presbyterium in gotischen Formen neu erbauen, 1924 malte Carlo Donati hier seine eigenartigen Dekorationsfresken. Nicht weniger urtümlich wirkt nebenan das Oktogon der Taufkirche, das einzige noch existierende Baptisterium des Trentino. Der romanische Unterbau des 12. Jh., den man ebenerdig betritt, ist mit seinen vier Fenstern noch original erhalten, der Aufbau stammt aus dem Jahre 1519. Im gleichen Jahr entstand auch das Taufbecken, doch die Besonderheit des Innenraums ist der überaus kunstvolle Reliefstein, der als Antependium in den Altar eingemauert ist, vollständig mit langobardischem Flechtbandornament und frühchristlichen Symbolen des 8. Jh. bedeckt. Weiter stehen in der Taufkirche vier römische Inschriftensteine der Zeit um 150 n. Chr.

Von diesem Gebäudekomplex fahre man die schmale Straße weiter bergauf in Richtung Lundo. Unterwegs steht einsam neben der Straße die Kirche **San Silvestro,** auch hier ließ sich aufgrund in den Außenmauern eingebauter Friessteine (an der Südostecke neben der Straße) mit frühchristlicher Symbolik ein langobardischer Vorgängerbau nachweisen. Den Innenraum der Kirche schmückt ein großer Freskenzyklus der Leidensgeschichte Christi aus dem frühen 16. Jh. Die Straße führt weiter bergauf und passiert **Castel Spine,** von wo sich ein schöner Blick auf das tief unten gelegene malerische **Castel**

Vigo Lomaso

Die heute so stille Bauernlandschaft des Lomaso hat eine keineswegs friedliche Vergangenheit. Landwirtschaftlicher Reichtum weckte im Mittelalter immer die Begehrlichkeit adeliger Nutznießer und so zerfleischten sich hier jahrhundertelang die kriegerischen Familien der da Campo, der Arco und Lodron. Castel Spine wurde errichtet, um die in Sichtweite unterhalb gelegene Burg der da Campo in Schach zu halten.

Campo eröffnet (beide Burgen sind in Privatbesitz). **Lundo** ist ein altes Dorf in großartiger Panoramalage am Rande des Lomaso. Am Ortsanfang links beachte man die Casa Trentini mit prächtiger Loggia. In die Fassade der kleinen Pfarrkirche (16. Jh.) ist über dem Portal ein vorzüglich erhaltener langobardischer Bogenstein mit ornamentalen Reliefs eingemauert, offenbar eine Seite eines Ziboriums.

Auch **Dasindo** ist ein noch recht ursprünglich gebliebenes Dorf. Die Pfarrkirche dell'Assunta am einladenden Kirchplatz verbindet Architekturformen der Spätgotik und der Renaissance zu einem harmonischen Gesamtbild. Im Inneren sind die frühbarocken Altäre sehenswert: links ein vergoldeter Schnitzaltar des 17. Jh. mit bemalter Predella, der Hochaltaraufsatz (1675) über einer marmornen Mensa, und am zweiten Seitenaltar links eine witzige Renaissance-Architektur mit ausgesprochen kecken Engeln. Im Gewölbe des Chores wurde 1997 ein noch spätgotisch inspirierter Freskenzyklus des frühen 16. Jh. aufgedeckt.

In **Fiavè** sollte man einen Rundgang durch das angenehme Dorf nicht auslassen, denn es besitzt noch viele Prachtstücke typisch bäuerlicher Architektur. Berühmt ist der Ort jedoch durch die in der Nähe ausgegrabene **prähistorische Pfahlbautensiedlung.** Etwa 2 km südlich weist ein Schild zu einer Forellenzucht, darunter ein unauffälliger Wegweiser zur »Zona archeologica«. Einst war die heutige Moorlandschaft von einem See bedeckt, in dem sich eine flache Insel erhob, um die herum die Pfahlbauten standen. Der Großteil der einst ausgedehnten Siedlung ist aus Konservierungsgründen wieder zugedeckt worden, sichtbar ist noch, auf einer Seite der ehemaligen Insel, die höchst eindrucksvolle Szenerie einer kleinen Wasserfläche, aus der dicht gedrängt unzählige Holzpfähle ragen, die ältesten fast 5000 Jahre alt. Man weiß, dass es hier drei große Siedlungsperioden gab, zwischen denen der Ort immer wieder aufgegeben wurde. Die ersten Behausungen steinzeitlicher Menschen gehen auf das 3. Jt. v. Chr. zurück; noch zweimal, von ca. 1700 bis 1400 v. Chr. und im 13.–12. Jh. v. Chr. wurde der See von bronzezeitlichen Pfahlbauern bewohnt. Die Siedlung von Fiavè nahm ein plötzliches, wahrscheinlich gewaltsames Ende. Wie die Ausgrabungen bewiesen, wurde der ganze Komplex von einem Großbrand vernichtet; der Ort wurde nicht wieder besiedelt, von diesem Zeitpunkt an zogen sich die Menschen in die umliegenden Berge zurück. Hier, am Ausgrabungsort, erklärt eine Schautafel die ausgefeilte Konstruktionstechnik der Pfahlbauten. Um die Ausgrabungsstätte ist der vermoorte See in einem begehbaren, geschützten Biotop gesichert worden.

Im Ort Fiavè führt eine Straße nach Westen hinüber in das Gebiet von Bleggio mit dem Hauptort **Santa Croce.** Dort steht die große Kirche Pieve del Bleggio, die sich heute in später veränderter Renaissance-Architektur präsentiert; der Innenraum besitzt eine pompöse Ausstattung mit mittelmäßigen Barock-Altären und einer Ausmalung des frühen 20. Jh. Schon in langobardischer Zeit stand hier jedoch eine Kirche, die im 12. Jh. durch einen romanischen Neubau ersetzt wurde. Erhalten hat sich davon die Krypta von 1155, deren Kreuzgratgewölbe auf vier Säulen mit Würfelkapitellen ruhen; im Gewölbe sind romanische Fresken des 12. Jh. zu sehen. Im Ort weisen Schilder den Weg zu den malerischen Ruinen des **Castel Restor** in aussichtsreicher Lage. Das Kastell war um die Mitte des 13. Jh. von den Grafen von Arco erbaut worden, um die kriegerischen Herren von Campo, die in Sichtweite auf ihrer Burg saßen, in Schach zu halten.

Bono del Bleggio

Fährt man von Santa Croce weiter nach Ponte Arche, zeigt kurz vor Comighello rechts ein Schild nach **Bono del Bleggio.** Nach etwa 1 km erreicht man die einsam in die sanft gewellten Felder eingebettete **Friedhofskirche San Felice,** eine unvergleichliche Synthese von Landschaft und Kunst, denn das Kirchlein ist innen mit einem farbenprächtigen Freskenzyklus des Cristoforo II. Baschenis ausgemalt, den Simon Weineck, bischöflicher Amtmann auf Burg Stenico, 1496 in Auftrag gegeben hatte. Die gesamte rechte Langhauswand ist mit einer langen Heiligengalerie geschmückt; die Attraktion ist jedoch der Chorraum, in dem jeder Quadratzentimeter bemalt ist, selbst die steinerne Altarmensa ziert ein hübsch gemaltes gefälteltes Tuch. Am Triumphbogen sieht man eine Verkündigungsszene, darunter in der Bogenlaibung Propheten mit großen Spruchbändern. Die Bilder der rechten und der linken Chorwand zeigen die zwölf Apostel und die Legende des Kirchenpatrons St. Felix; die Rückwand hinter dem Altar nimmt eine große Kreuzigung mit zeitgenössisch gekleideten Rittern ein. In den vier Gewölbefeldern sitzen Kirchenväter in ausladenden Schreibmöbeln, jeweils begleitet von einem der vier Evangelistensymbole. Thematik und Bildsprache sind noch gotischen Traditionen verpflichtet, doch wird man an den die Gewölbefelder trennenden monochromen Bordüren mit ihren Renaissance-Arabesken das für Cristoforo II typische Element einer zeitgemäßeren Kunst entdecken.

In Bono del Bleggio hat die Malerfamilie der Baschenis ein besonders reizvolles Zeugnis ihres Schaffens hinterlassen. 1496 bemalte Cristofero Baschenis den gesamten Innenraum der Kirche San Felice mit Freskenzyklen.

Grundriss des Castel Stenico
1 Äußerer Hof
2 Kapelle
3 Loggia
4 Palas

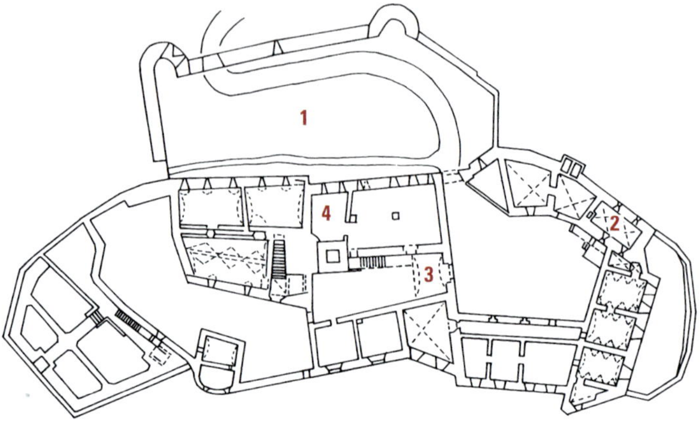

Castel Stenico

Castel Stenico☆☆

Von Comighello führt die Straße hinunter nach Ponte Arche und auf der anderen Seite der Sarca hinauf nach Stenico. Die mächtige Anlage der Burg Stenico auf einem landschaftsbeherrschenden Hügel neben dem kleinen gleichnamigen Dorf spiegelt in besonderer Weise die Geschichte der Judikarischen Täler und damit den Versuch, in diesem entlegenen Teil des Bistums Trient die bischöfliche Gewalt aufrechtzuerhalten. Bereits Karl der Große hatte das westliche Trentino den Bischöfen geschenkt, weshalb die ältesten Mauerreste auf Stenico von einer karolingischen Kapelle stammen. Der Aufstieg des Bistums Trient und die Festigung seiner Macht im wilden Gebirge der Judikarien begann im 11. Jh. Fast 800 Jahre lang war Stenico der schwerbewaffnete Arm des Bistums, besetzt mit Amtmännern, die Militär, Steuern und Rechtsprechung der Judikarien verwalteten.

Im Jahre 1163 begann Bischof Adalpret I. mit dem Bau eines ersten romanischen Palastes auf dem Burghügel. Gleichzeitig erschien Bozone da Stenico, ein bischöflicher Lehnsmann, und begann mit den umfangreichen Befestigungsanlagen, die noch heute die Burg prägen. Seine Familie und parallel dazu fast jeder Trienter Bischof bauten an der Burg, bis jener vielgestaltige Gebäudekomplex entstand, der noch heute den Besucher empfängt. Die Verteidigungsanlagen erwiesen sich als bitter nötig, denn im jahrhundertelangen Kampf mit dem unbotmäßigen Adel geriet die Burg in die Kämpfe mit den streitbaren Herren von Arco, Lodron und Campo. 1267 wurde sie vom Tiroler Grafen Meinhard II. in seinem Kampf gegen das Bistum Trient erobert – also zu einem Zeitpunkt, als nach dem Ende des letzten Stauferkaisers Friedrich II. die deutsche Italienpolitik zum Erliegen gekommen war und sich das Bistum Trient keiner besonderen Aufmerksamkeit mehr erfreute. Erst 1477 baute der Fürstbischof Johannes Hinderbach wieder einen bischöflichen Palast, den wenige

Jahre später Bernardo Cles zu einer prächtigen Renaissance-Residenz umgestalten ließ. Nach dem Trienter Konzil und dem erneuten Ende kaiserlicher Protektion kam nicht nur das Bistum herunter, sondern auch die große Burg Stenico; nichts wurde mehr hinzugebaut oder gepflegt. 1829 übernahmen die Österreicher die Anlage, richteten ein Bezirksgericht, eine Kaserne und ein Gefängnis ein und ruinierten die alten Prunksäle. Nicht besser machte es der italienische Staat, der bis 1965 hier eine Kaserne der Carabinieri unterhielt. Erst 1973 kam die geschichtsträchtige Burg in den Besitz der Provinz Trentino, die mit aufwändigen Restaurierungsarbeiten rettete, was zu retten war und in den Sälen eine Außenstelle des Trienter Museo Castello del Buonconsiglio einrichtete.

Bei der Besichtigung der Burg beachte man zuerst die links neben dem zweiten Tor gelegene **Kapelle Sankt Martin.** Sie steht auf den Fundamenten eines karolingischen Vorgängerbaus und ist in den Palast des Nicolò inkorporiert, den ein Neffe des Bozone da Stenico 1171 für sich errichtet hatte. Die Kapelle wurde mit spätromanischen Fresken ausgemalt, die jedoch wenige Jahre später wieder unter neuen Befestigungsmauern verschwanden – erst 1989 wurden sie von Restauratoren wieder entdeckt. Sie zeigen eine Verkündigung, Geburt und Kreuzigung Christi, Heilige und, als bemerkenswertestes Detail, am Rande der linken Langhauswand eine Königsgestalt in prächtiger hochmittelalterlicher Bekleidung. Überraschend ist der Stil der Bilder, der mit seinen ebenso klobigen wie menschlich-bewegten Gestalten so gar nichts von der strengen byzantinischen Tradition der Romanik an sich hat, wie sie sonst in der italienischen Malerei dieser Zeit üblich ist. Das liegt daran, dass zur Zeit der höchsten Wertschätzung Trients durch die deutschen Kaiser auch nur deutsche Adelige als Bischöfe von Trient eingesetzt wurden. Diese

Im Saal des schwarzen Kamins ließ sich Bischof Bernardo Cles einen Renaissance-Fries mit Schlachtszenen malen. Die Burg Stenico war das Zentrum seiner Verwaltung in den Judikarischen Tälern, von wo aus sich seine Beamten jahrhundertelang mit dem aufsässigen und kriegerischen Lokaladel plagten.

brachten ihre Künstler mit, und so entstand im entlegenen Stenico ein Freskenzyklus im deutschen Stil der Romanik, der sich durch die größere Individualisierung und Bewegung der Figuren auszeichnete.

Wenn man dann die verschachtelten Säle und Räume der Burg betritt, beachte man als zweites die grandiosen Ausblicke, die man aus allen Fenstern der Burg genießt: Auf steiler, fast unangreifbarer Hügelkuppe gelegen, geht der Blick überall in wilde Schluchten, auf riesige Felswände und in tiefe, dunkle Waldtäler. Im Inneren begegnet man allen kunstvoll ausgestatteten Räumlichkeiten im Stil der Romanik, Gotik und Renaissance, die der Funktion der Burg (großer romanischer **Gerichtssaal** mit mächtigen Säulen, Folterwerkzeugen und Verließe) und dem Repräsentationsbedürfnis des Bischofs Bernardo Cles geschuldet sind. Da befindet sich der **Saal der Putten,** in dem ein umlaufender Fries die possierlichen Wesen mit Füllhörnern und Fahnen um das Wappen des Bernardo Cles schart, eine große Küche für das leibliche Wohl, das freskierte **Studierzimmer** Bernardos, der **Saal des schwarzen Kamins** mit gemalten Wandbehängen und einem Freskenfries mit Schlachtszenen, der **Saal der Medaillons** mit etwas bäurischen Damen, die allegorische Darstellungen der Künste und Tugenden sein sollen, dazwischen, wie könnte es anders sein, das Wappen des Bischofs. Allein im großen **Versammlungssaal** im Palast des Bischofs Hinderbach hat sich ein großes gotisches Gemälde (um 1473) erhalten: ein Fresko des deutschen Malers Jakob Straudenfuchs, das die Gründung Stenicos mit Karl dem Großen, dem hl. Vigilius und Bischof Adalpret darstellt. Von diesem Saal betritt man die reizvolle kleine **Renaissance-Loggia** des Bernardo Cles, dahinter den **Saal der Blumenfriese.**

Molveno

Molvenosee

Nordöstlich von Stenico erstreckt sich die Hochfläche des Banale, eine von alten Dörfern und Gehöften übersäte Wiesenlandschaft unter grandioser Bergkulisse. Hinter dem Hauptort Lorenzo in Banale steigt die Straße steil an und führt durch wildzerklüftete Gebirgslandschaft zum Molvenosee vor der ungeheuren Kulisse der bleichen Dolomitfelsen der Brenta, eines der eindrucksvollsten Panoramen der Südalpen. Am Ende der Welt befindet man sich hier dennoch nicht, der Ort Molveno am Nordende des Sees ist während der Sommermonate ein überlaufenes Bergsteigerzentrum und ein vielbesuchter italienischer Ferienort.

Mitten im Rummel promenierender Herrschaften liegt wie eine Insel in Ufernähe die alte Kirche **San Vigilio** inmitten des Friedhofs. Sie stammt aus dem 13. Jh. und besitzt aus dieser Zeit ein schönes romanisches Portal mit zwei Kapitellen und einem freskierten Tympanon, außerdem ist die ganze Fassade von bemerkenswerten gotisierenden Bildern (u. a. eine Madonna in einem Architekturthron), vermutlich von einem der Baschenis, bedeckt. Älter ist ein Teil der Fresken im Inneren, ein Abendmahl vor reichgedeckter Tafel und Heiligenfiguren;

vom Anfang des 16. Jh. stammt eine Kreuzigung. Der Molvenosee ist heute ein Stausee, beim Bau des niedrigen Dammes ließ man das Wasser abfließen und entdeckte auf dem Grund einen versteinerten Wald mit über 2000 Baumstämmen. Wer die Strecke über Molveno noch weiter nach Norden fährt, gelangt als nächstes zum Touristenort **Andalo** neben seinem gleichnamigen Gewässer, einem periodischen Karstsee, der sich je nach Niederschlagsmenge vergrößert oder verkleinert oder vorübergehend fast ganz verschwindet.

Zurück in Stenico, empfiehlt sich als Weg in die Giudicarie Interiori die schöne Straße auf der nördlichen Seite der Sarcaschlucht, denn sie führt vorbei an einem schäumenden Wasserfall nach **Ragoli.** Dort suche man nicht die große Pfarrkirche, sondern außerhalb des Ortes (in Richtung Preore) die links der Straße gelegene **Friedhofskirche Santi Giovita e Faustino** auf. Da die ursprünglich mittelalterliche Kirche im 18. Jh. teilweise abgerissen und vollkommen umgebaut wurde, stellen nun die rundbogig gemalten Fresken der Außenwand die ehemaligen Bilder des Triumphbogens dar. Das dahinter liegende erste Joch der Kirche ist das ehemalige Presbyterium und ist vollständig ausgemalt mit dem dafür üblichen Bildprogramm: Christus im Zentrum des Gewölbes, umgeben von Kirchenvätern und Evangelistensymbolen; insgesamt handelt es sich um gute Bilder der Baschenis.

Die Giudicarie Interiori

Die Straße durch die Sarcaschlucht erreicht bald darauf **Tione,** das historische Verwaltungszentrum der Inneren Judikarischen Täler und heute noch deren Hauptort. Das große moderne Dorf ist wenig reizvoll; Liebhaber der Baschenis sollten jedoch der **Pfarrkirche Santa Maria Assunta** einen kurzen Besuch abstatten. Dort hat sich links des Triumphbogens das erste bekannte Fresko des besten der Baschenis erhalten: eine schöne Madonna mit Kind von Simone II. In Tione muss man sich entscheiden, ob man nach Norden in die Valle Rendena und in die imposante Dolomitenwelt der Brentagruppe fährt, oder nach Süden, durch das Chiesetal zum Idrosee.

Die Valle Rendena

Wählt man den Weg in die Valle Rendena, kann man die Reise durch das Land der Baschenis gewissermaßen als Intensivkurs fortsetzen, denn nun folgt von Ort zu Ort ein trientinisches Hauptwerk der Malerfamilie auf das andere. Daher muss man schon im kleinen Ort **Javré** halten und die **Pfarrkirche** neben der Straße betreten. Am Ende des spätbarocken Saalbaus (1735) mit eleganten Stuckgewölben hat sich der gotische Chor der alten Kirche erhalten. Er ist vollständig ausgemalt mit einem hervorragenden Spätwerk Simone II Baschenis (1543); neben Darstellungen der Geburt Christi, Anbetung

Javré ☆

und Verkündigung nimmt ein einziges Riesenfresko die gesamte Rückwand ein. Es zeigt in groß angelegter Komposition eine Kreuzigungsszene mit viel Volk und Rittern in reichgestalteten Rüstungen und Gewändern vor einem tiefen Landschaftshintergrund (s. Abb. S. 347). Die erzählerische Manier der lombardischen Wandermaler mit ihren aus der damaligen Gegenwart gegriffenen Details verbindet sich hier mit dem Können eines guten Malers. Besonders deutlich ist dies in den sorgfältig wiedergegebenen und stark individualisierten Physiognomien der Personen zu spüren; vierschrötige, hilflose, verschlagene, eingebildete, aber auch schöne und kluge Gesichter blicken den Betrachter an, als hätte der Baschenis eine mittelalterliche Talversammlung abgemalt. Dass Simone II als einziger der Baschenis die Errungenschaften der Renaissance in seiner Malerei umsetzen konnte, zeigt auch der gute perspektivische Aufbau des Bildes. Im Presbyterium beachte man noch den vergoldeten Altaraufsatz der Spätrenaissance (1630).

Die farbigen Freskenzyklen der Baschenis verleihen bis heute der Landschaft der Judikarischen Täler ihren maßgeblichen künstlerischen Akzent.

Ein ganz anderer Baschenis zeigt sich in der **Friedhofskirche Sant'Antonio Abate** in **Pelugo,** die vor dem Ort einsam neben der Straße steht. Die farbigen Fresken der Außenwände (Christophorus und Heilige an der Fassade, Leben des Kirchenpatrons an der Südwand), die schon von weitem aus dem Grün der Wiesen hervorleuchten, wurden 1493 vom untalentierten Dionisio, dem schwächsten Vertreter der Baschenis gemalt. In fast romanischer Strenge sind hier unbewegte, frontalisierte Figuren unter gemalten Rundbögen an die Wand gebannt, die einzelnen Felder sind durch penible gotische Schmuckrahmen getrennt. Lediglich das große Bild des Kirchenpatrons unter dem Dachfirst über dem Portal ist von besserer Qualität; es wurde 1474 von Dionisios Vater Cristoforo I gemalt. Angesichts dieser anachronistischen und schlecht ausgeführten Bilder mag man kaum von Kunst sprechen, jedoch sucht die Szenerie der einsam gelegenen farbenprächtigen Kirche im Grün der Wiesen unterhalb einer grandiosen Bergkulisse ihresgleichen. (Im Inneren der meist verschlossenen Kirche weitere sehr bescheidene Fresken des Dionisio Baschenis.)

Pinzolo und Carisolo

Pinzolo☆☆

Nun sind es nur noch wenige Minuten nach **Pinzolo** und damit zum Höhepunkt der Kunst der Baschenis. Pinzolo ist ein altes Dorf, seit der Wende zum 20. Jh. im Sommer und Winter gleichermaßen gut besucht von Bergsteigern und Skifahrern meist italienischer Herkunft. Kurz hinter dem Ort, links neben der Straße nach Carisolo, steht die große **Friedhofskirche San Vigilio,** schon von weitem kenntlich an ihrer völlig mit Fresken bedeckten südlichen Außenwand. Hier und an der Fassade befinden sich neben Resten romanischer Malereien zahlreiche Bilder des 14. und 15. Jh., der Ruhm der Kirche gründet sich auf die beiden Freskenfriese der Südwand: schlecht erhalten sind die ›Sieben Todsünden‹, darüber, fast unver-

Das eindrucksvollste Werk, das die Baschenis im Trentino hinterlassen haben, ist der berühmte ›Totentanz‹ (1539) an der Friedhofskirche von Pinzolo in der Valle Rendena. Alle prächtig gewandeten Herrschaften ihrer Zeit werden hier vor ihren letzten Herrn gebracht.

sehrt, der höchst eindrucksvolle ›Totentanz‹ des Simone II Baschenis aus dem Jahre 1539. In eigenwilligster Weise hat hier der Wandermaler die Kunst der Renaissance aufgenommen, denn an der Kirchenwand erscheinen alle Mächtigen seiner Zeit, angetan mit repräsentativen Prunkgewändern entsprechend ihrer gesellschaftlichen Stellung oder ihres kirchlichen Amtes, doch die Ähnlichkeit mit einer feudalen Ahnengalerie ist eine ironische Persiflage: Hofdamen, Äbtissinnen, Königinnen, prächtig gerüstete Ritter und Landsknechte in geckigen Pumphosen, Mönch, Bischof und Kardinal, allen voran ein Papst, sind mit ihren betroffenen Gesichtern und hilflosen Gesten alles andere als Zierden einer Ruhmeshalle. Denn während an der rechten Seite des Bildstreifens Erzengel und Teufel noch um die Seelen feilschen, sprengt der Tod als Skelett in Ritterrüstung auf einem Pferd mit Drachenflügeln zwischen die Menschen, er spannt im Ritt seinen Bogen mit dem Todespfeil, Getroffene liegen unter den Hufen. In einer langen Reihe werden die Herrschaften ihrer Zeit, alle den Pfeil des Todes in der Brust, von grinsenden Gerippen gezerrt und geschoben, bis sie vor ihrem letzten Herrn stehen, der sie mit einer Krone auf dem Knochenschädel begrüßt und wie als letzten Hohn auf jene, die gestern selbst noch auf dem Thron saßen, zwei skelettierte Hofschranzen zum Empfang aufspielen lässt: »Io sont la Morte che porta corona,/sonte Signora de ognia persona …« (»Ich bin der Tod und trage die Kron',/ich bin der Herr über jedwede Person …«), beginnen die Spottverse in mittelalterlichem Italienisch, mit denen der Tod sich seinen neuen Untertanen vorstellt. Keiner der an einem Fürstenhof der Renaissance tätigen Künstler hätte eine solche Darstellung gewagt. Dort gab es Ruhm und Geld nur für Verherrlichung, nicht für Satire. Das ist bis heute so geblieben, denn kaum eine Kunstgeschichte erwähnt den Wandermaler Simone II Baschenis, von dessen fesselnden Gesamtkompositionen, den suggestiven Physiognomien und den bis ins Detail plastisch und realistisch durchformten Figuren sich manche seiner akademischen Zeitgenossen eine Scheibe hätten abschneiden können.

Im Inneren der Kirche hat Simone II auch den Chor mit Bildern zum Leben des Kirchenpatrons, einer Kreuzigung, Engeln, Kirchenvätern und Evangelistensymbolen im Gewölbe freskiert (eine frühere Restaurierung hat ihren Charakter leider ein wenig verfälscht); die Fresken der Südwand stammen von Angelo Baschenis (1490), jene am Triumphbogen von frühen Vertretern der Baschenis aus der Familie des Antonio (um 1461).

Carisolo☆

Der ›Totentanz‹ des Simone II Baschenis in Pinzolo hat im Trentino einen einzigen Vorläufer, und es ist ein merkwürdiger Zufall, dass dieser im Jahre 1519 gerade im Nachbarort entstand, ein Jugendwerk eben desselben Simone. Obwohl von weit geringerer Qualität, verleiht er zusammen mit mehreren anderen Freskenzyklen der einsamen **Friedhofskirche Santo Stefano** in **Carisolo** ein einzigartiges Gepräge: Auf steilem Felsen über der Ausgangsschlucht der Val di Genova gelegen, bieten die farbig freskierten Außenwände vor den Felstürmen der Brenta eine Synthese von Landschaft und Kunst, wie sie sich im ganzen Alpenraum schwerlich ein zweites Mal finden lässt. Die hoch aufragende Südwand ist über der Treppe mit übereinander angeordneten Bilderzyklen bemalt: Im untersten Bildstreifen

Alle Massive der Dolomiten, die nach außen mit ihren Türmen und Felswänden so geschlossen wirken, haben ein Innenleben wie eine Mondlandschaft. Im Herzen der Brenta-Dolomiten steht das Rifugio Tosa.

sind die verblichenen Fresken der ›Sieben Todsünden‹ kaum noch zu erkennen, darüber der ›Totentanz‹ und in den oberen beiden Streifen die ›Legende des hl. Stephanus‹, allesamt 1519 geschaffene Jugendwerke des Simone II. Noch zweimal kam Simone nach Carisolo: 1534 malte er die schöne Madonna im Bogen hinter der Treppe an der südlichen Außenwand. Den ausgereiften Stil seiner letzten Jahre zeigt die ungewöhnliche Darstellung des legendenhaften Zuges Karls des Großen über den nahe gelegenen Pass Campo Carlo Magno (1539) im Innenraum der Kirche. Dort finden sich in den Heiligenbildern der rechten Wand auch die ersten Zeugnisse dieser bergamaskischen Malerfamilie in den Judikarien (1461).

Val di Genova☆

Hinter der Friedhofskirche beginnt die spektakuläre **Val di Genova,** die unter den steilen Hängen des Adamello-Massivs bis zu den Gletschern der Cima Presanella führt. Das sicher schönste Tal im **Naturpark Adamello-Brenta** bietet mit seinen vielen, steil herabstürzenden Wasserfällen eine besondere Attraktion; der Wanderweg ›Sentiero delle Cascate‹ beginnt unter den tosenden Wassermassen der beeindruckenden Cascata Nardis (Abb. S. 312).

Hinter Carisolo steigt die Straße nach Madonna di Campiglio in steilen Serpentinen an und erreicht bald **Sant'Antonio di Mavignola.** Auf den klangvollen Namen hört der kleine Ort rechts neben der Straße, dessen neue Pfarrkirche uninteressant ist, doch senkt sich neben dieser ein Sträßchen zum wenige Meter tiefer gelegenen alten Dorfplatz. Dort steht die kleine Kirche Sant'Antonio mit einer von Simone II Baschenis Anfang des 16. Jh. bemalten Fassade, im Inneren sind weitere Baschenis-Fresken des Jahres 1481 zu sehen. Mit grandiosen Ausblicken in die Brenta-Dolomiten erreicht die Straße schließlich den Hotel-Moloch **Madonna di Campiglio,** der laut Gorfer mit den gleichen Problemen von Smog, Bodenspekulation und Umweltzerstörung zu kämpfen hat wie eine Großstadt. Einst standen hier am Übergang zur Val di Sole nur ein paar Gehöfte und die Kirche Santa Maria, welche 1894 nach einem Brand neu errichtet wurde. Sie enthält noch immer den kleinen gotischen Flügelaltar mit drei Skulpturen im Schrein, der der Südtiroler Schnitzkunst der kurzlebigen Bozner Schule angehört. Kirche und Altar sind hinter den Hotelklötzen ein wenig schwer zu finden.

Von Tione nach Condino

Pieve di Bono

Wendet man sich in Tione nach Süden in Richtung Idrosee, erwartet den Besucher als erstes ein qualitätvolles Kunstwerk, das ausnahmsweise nicht von den Baschenis stammt. In Creto, einem Ortsteil der Gemeinde **Pieve di Bono,** steht neben der Durchgangsstraße die Pfarrkirche **Santa Giustina**. 1220 erwähnt, wurde die Kirche mehrmals gründlich verändert und erhielt im 15. Jh. den Portalvorbau, bei dem ein gotischer Sarkophag aus weißem Marmor (14. Jh.) der Lodron vom Castel Romano steht. Der interessanteste Teil der Kirche ist die durch eine Tür links im Presbyterium zu erreichende alte Apsis

Condino☆

der Kirche des 15. Jh., ein vollendet gegliederter Raum mit Kreuzgewölben und spätromanischen Werkstücken. Die gesamten Wand- und Gewölbeflächen sind mit Freskenzyklen bedeckt: Die bedeutenderen befinden sich an den Wänden, sie stellen eine Kreuzigung und die Legenden der hll. Cyprianus und Justina dar. Aufgrund ihrer stilistischen Merkmale müssen die Bilder von einem veronesischen Maler der höfischen Gotik stammen. Am typischsten höfisch-veronesisch ist die Kreuzigung an der Ostwand: Als fände die Hinrichtung als Fest bei Hofe statt, marschieren zwei Heere im Hintergrund auf, prunkvoll gerüstete Ritter sprengen auf bunten Rössern durch die Landschaft, im Vordergrund edle Gestalten in schönen Gewändern – ein hervorragendes Bild, fast an die Kunst Pisanellos erinnernd. In den Gewölbefeldern residieren in gotischen Thronsitzen Evangelisten und Kirchenväter, sie werden einem Baschenis zugeschrieben.

In seltener Weise versinnbildlichen die einsam gelegenen, düsteren Ruinen des Castel Romano noch heute den Geist der herrschsüchtigen und brutalen Familie Lodron. Kein Wunder, dass sich um die Ruinen die Legende einer mörderischen Gräfin rankt: Dina, die Tochter des berüchtigten Paris Lodron, soll ein so verworfenes Geschöpf gewesen sein, dass sie die kräftigsten und schönsten Männer der ganzen Umgebung in den Turm des Castel Romano lockte und sie nach einer Liebesnacht durch eine Falltür in einen Schacht stürzte, der in den Fluten des Chiese endete. Warum sie letzteres hätte tun sollen, ist zwar nicht einsichtig, doch soll die endlich aufgebrachte Bevölkerung sie getötet haben, als sie auf ihrem weißen Pferd ausritt. Auf ebendiesem Schimmel kann man ihr heute noch beim Castel Romano begegnen, aber nur in Gewitternächten.

Bei Pieve di Bono zweigt die Val di Daone ab, die bis unter die Gletscher des Monte Caré Alto (3462 m) führt, bis vor nicht allzu langer Zeit gerühmt für seine unberührte Schönheit, doch inzwischen mit zwei Stauseen am Talende und einem entsprechend ausgetrockneten Bach verunziert.

Weiter südlich, beim Ort Cologna, thront auf einem bewaldeten Felsen die eindrucksvolle Ruine des **Castel Romano.** Zuerst 1253 erwähnt, war die Burg schon bald danach im Besitz der Grafen von Arco. Zu Beginn des 14. Jh. brachte der gewalttätige Graf Pietrozoto Lodron die ganze Gegend an sich. Als sich unter seinen Söhnen die Familie in zwei verfeindete Linien teilte – die Lodron von Castel Lodrone und die Lodron von Castel Romano –, erreichte die Drangsalierung der Talbevölkerung unerträgliche Ausmaße.

Das nächste größere Dorf, **Condino,** kann gleich mit drei Kirchen aufwarten. Da findet man zunächst im alten Zentrum **San Rocco** auf dem gleichnamigen Platz, deren Fassade von einem bis zum Dach reichenden Christophorus in flotter Kleidung eingenommen wird (1533). Für die restlichen Fresken der 1532 von einer lombardischen Baumeisterfamilie fertiggestellten Kirche leistete man sich Renaissance-Maler aus Brescia: Innen und außen finden sich großflächige Bilder der Brüder Clemente und Ippolito da Brescia, welche zwar in Details und Komposition typische Produkte ihrer Zeit, jedoch bei weitem witzloser als der unorthodoxe Christophorus sind. Man beachte im vollständig ausgemalten Chor die Grablegung und die Szene Christus vor Pilatus mit großer Hintergrundarchitektur.

Der bedeutendere der sakralen Bauten Condinos ist die langgestreckte Pfarrkirche **Santa Maria Assunta** am nördlichen Ortsrand. Die Kirche wurde bereits 1192 erwähnt, aber 1495–1505 von lombardischen Bauhütten in originellen Übergangsformen der Gotik zur Renaissance neu errichtet. Eine reine Schöpfung des neuen Stils ist allein das schöne Portal (1536), umgeben von einem illusionistischen Säulenaufbau. Innen steht man überrascht in einem riesigen Kirchenraum, dessen einziges Schiff von extrem weit gespannten Kreuzgewölben gedeckt wird. Die hohen Wände ließen schon lange die übertünchten Reste eines Freskenzyklus sichtbar werden. Am Triumphbogen ist ein Jüngstes Gericht zu erkennen; links neben dem thronenden Christus schaut man in den brennenden Höllenrachen mit schaurigen Teufeln und Scharen von hineingetriebenen Sündern. Den Hochaltar bildet ein geschnitzter Aufsatz mit einer großen Figurengruppe, eine gute Arbeit der Brüder Matteo und Andrea Olivieri aus dem Jahre 1544. Aus der reichen Ausstattung sticht noch neben dem Seiteneingang ein vorzügliches Heiligenbild in der Tradition der Brescianer Renaissance hervor. (Nach umfassender Restaurierung wird die Kirche vermutlich im Laufe des Jahres 2006 wieder eröffnet.)

Die dritte Kirche von Condino, **San Lorenzo,** liegt am gegenüberliegenden Talhang und ist nur zu Fuß in einer knappen Stunde zu erreichen. Im beginnenden 16. Jh. von einer lombardischen Bauhütte errichtet, enthält sie einen Freskenzyklus über das Leben des hl. Laurentius von Cristoforo II sowie mehrere Einzelbilder von Simone II Baschenis.

Von Condino führt die Straße weiter nach Storo und zum Idrosee (s. S. 166f.).

Die Täler des nördlichen Trentino

Die Valsugana

Das Tal, das die Brenta durchfließt, zweigt von Trient nach Osten in das Veneto ab. Schon von den Römern mit Straßenstationen gesichert, war dieser einzige leicht gangbare Verbindungsweg zwischen Venedig und Trient im Mittelalter zwischen den umliegenden Mächten Venedig, Padua, Verona und Trient lange umkämpft. Häufig wechselnde Herrschaften waren die Folge, bis sich im 15. Jh. auch hier die Tiroler Grafen durchsetzten. Lediglich ein kleines Gebiet am Nordhang des Tales mit den Orten Civezzano, Pergine und Levico blieb bis zum Ende des 18. Jh. unter dem Einfluss des Trienter Bischofs. Der Ausbau des Talgrundes zu einer Schnellstraße nach Venedig hat in der Valsugana üble Folgen gezeitigt, doch die Orte neben dieser Lastwagen-Rennstrecke sind alt und voller Atmosphäre. Ein eigenes kleines Feriengebiet bilden die beiden Seen von Levico und Caldonazzo, von Bergen und Campingplätzen umgeben, beliebt zum Baden und Bootfahren.

Civezzano

Gleich neben der Straße, die von Trient hinaufführt, liegt **Civezzano**, ein bedeutender Wallfahrtsort und einst Zentrum der Silbergruben des Monte Calisio. Vom ehemaligen Wohlstand zeugen noch mehrere Palazzi, darunter der **Palazzo Alessandrini** am Kirchplatz: Durch das Tor in der zinnengekrönten Mauer betritt man den Hof, in dem eine

Civezzano☆

mächtige Säule die elegante Renaissance-Loggia trägt. Gegenüber erhebt sich landschaftsbeherrschend die **Pfarrkirche dell'Assunta.** Im Auftrag des Fürstbischofs Bernardo Cles errichteten hier lombardische Baumeister 1531–38 einen der bedeutendsten Sakralbauten des Trentino in einer gelungenen Mischung aus spätgotischer Architektur und Elementen der Frührenaissance. Der Außenbau aus leuchtendrotem Marmor besticht durch seine Gliederung aus Renaissance-Pilastern und kunstvollen spätgotischen Maßwerkfenstern. Am mächtigen, säulengestützten Renaissance-Portal tragen Engel das Wappen des Cles, Medaillons zeigen seine Förderer, die Habsburgerkaiser Karl V. und Ferdinand I. Der mit seinen hohen Rippengewölben noch ganz gotische Innenraum besitzt viele hervorragende Ausstattungsstücke. In den Fenstern sind noch Reste der originalen Verglasung des 16. Jh. erhalten, Beachtung verdient vor allem das Triptychon mit Maria, Verkündigung und Geburt im ersten Fenster rechts des Chores. Der Freskenzyklus im Chor stellt das Leben Mariens dar, es handelt sich um ein hervorragendes Werk des 16. Jh., ausgeführt von einem Meister aus dem Veneto. Die bedeutendsten Stücke sind jedoch drei Altarbilder (Johannes der Täufer links des Eingangs sowie der Katharinenaltar rechts und Joachim und Anna links des Chores). Ihre Autoren waren Jacopo Bassano (1510–92) und sein Sohn Francesco (1549–92), die sich, in der Tradition der venezianischen Malerei, durch ihren vollendeten Kolorismus und die virtuose Verwendung von Licht- und Schattengegensätzen auszeichnen. Nach einem Blick auf das schöne Orgelgehäuse von 1708 mit den schüchtern musizierenden Knaben, die aus geschnitzten Früchten wachsen, beachte man noch die meisterlichen, früher hinter Altären verborgenen und nun an der Eingangswand aufgehängten Fresken von 1538 (links: hll. Katharina und Lucia, Erzengel Michael; rechts: Thronende Madonna mit Heiligen, Schutzmantelmadonna).

Kurz hinter Civezzano zweigt eine Straße nach Norden ab in die **Valle di Piné,** im unteren Teil eine von seit Jahrhunderten betriebenen riesenhaften Steinbrüchen geradezu eindrucksvoll gekennzeichnete Landschaft. Nimmt man die Straße an der rechten Talseite, ändert sich das Bild bei den Seen von Baselga di Piné und den Bergen um Bedollo und geht in eine einladende Berglandschaft über. Die Straße an der linken Talseite führt hinunter in die Val di Cembra.

Pergine

Pergine

Pergine ist eine der seltsamsten kleinen Städte im Trentino. Einst reich und prächtig durch ihre strategische Lage sowie den Silberbergbau der Umgebung, verarmte die Stadt in den letzten 200 Jahren völlig, heute ist ihr südlicher Rand durch den Ausbau der Schnellstraße buchstäblich verwüstet. Im Inneren finden sich jedoch merkwürdige Örtlichkeiten wie die **Via Meier,** die einstige Prachtstraße, an der sich über Laubengängen ein heruntergekommener Palast an den anderen reiht. Durch ein Gewirr enger, aber sehr städtisch wirkender Gassen gelangt man von dort zur **Pfarrkirche,** die zwar 1510–50 vom Meister Anselmo vom Comosee erbaut wurde, doch wähnt sich der Betrachter – ähnlich wie im nahe gelegenen Civezzano – nach Norden versetzt. Man steht in einer perfekt nachgebauten spätgotischen Hallenkirche, deren reichgestaltetes Rippengewölbe auf 14 Säulen ruht. Diese ›deutsche‹ Raumlösung im Trentino geht auf die hier einst zahlreich arbeitenden deutschen Bergknappen, die *canopi* zurück, bei denen die Stadt Persen hieß.

Nur wenig östlich liegt auf dem Berghügel Colle del Tegazzo die mächtige **Burg von Pergine,** deren massiger mittelalterlicher Palas von zwei konzentrischen Mauerringen mit mehreren Türmen umgeben ist. Spuren zeigen, dass hier bereits im 9. Jh. eine Befestigung stand, die im 12. Jh. erstmals urkundlich erwähnt wird. 1258 wurde sie von Ezzelino da Romano (s. S. 181f.) erobert und niedergebrannt, danach schlugen sich Tirol, Trient und Padua um diese strategische Befestigung am wichtigen Handelsweg von Venedig nach Trient. Im 15. Jh. dem Fürstbistum Trient überlassen, baute Bernardo Cles den Palas zu einem Residenzpalast aus. Nach Auflösung des Fürstbistums durch Napoleon kam die Burg völlig herunter und wurde erst 1905 wieder von privaten Investoren langsam restauriert. Heute zeigt sich

Die Valsugana, der bedeutende Verkehrsweg nach Venetien, wurde von zahlreichen Burgen kontrolliert. Hier das Castel Pergine, das einen ganzen Berg bedeckt.

Der Lago di Caldonazzo gehört mit dem benachbarten See von Levico zu den wenigen traditionsreichen Touristengebieten des Trentino.

das Castel Pergine als sehr romantische Szenerie: Hinter ruinösen Mauern und Türmen erhebt sich abweisend und monumental der Palas, in dem sich jedoch die einladenden und stilvollen Speisesäle eines historisch eingerichteten Restaurants (mit Zimmern) befinden.

Bei Pergine zweigt nach Norden das einsame Fersental ab, die so genannte Valle dei Mocheni, eine deutsche Sprachinsel im Trentino, die ihren Ursprung in den seit dem späten Mittelalter dort angesiedelten Waldarbeitern und Bergknappen hat. Das traditionelle fossile Deutsch wird inzwischen kaum noch gesprochen, alte Namen wie Sadleri oder Stauderi finden sich jedoch noch heute.

Hinter Pergine (man nehme am Ortsende die Abzweigung nach Levico, so gelangt man auch zur Burgauffahrt) erreicht man bald die beiden Seen, den größeren bei Caldonazzo, den schöneren beim alten Badeort **Levico Terme.** Dort findet sich noch ein bisschen Jahrhundertwendeatmosphäre um das historische Kurzentrum, den Palazzo delle Terme und seinem Park. Von hier aus kann man in einer halben Stunde auf den Colle di San Biagio spazieren, dessen kleine Kirche Fresken des 14. Jh., darunter eine großflächige Abendmahlszene, enthält. Im benachbarten **Caldonazzo** steht die Pfarrkirche San Sisto aus dem 18. Jh. mit einem Hochaltar von Benedetti und einem Fragment eines frühchristlichen Grabsteins mit großer, ungelenker Schrift (links vom Triumphbogen). Schräg gegenüber der Kirche befindet sich der Gebäudekomplex der *Magnifica Corte,* ein Schloss der Grafen Trapp.

Caldonazzo

Borgo Valsugana

Borgo Valsugana

Das alte Städtchen ist das historische Marktzentrum der oberen Valsugana. Fast das ganze Ortsbild ist von alter Bausubstanz des Mittelalters bis zum Barock geprägt, mitten hindurch rauscht die Brenta, von Palazzi und Laubengängen unter den Häusern begleitet, überwölbt von einer spätgotischen Brücke (1498).

Das Rathaus residiert in einem alten Kloster, dessen Untergeschoss gleichzeitig den vierflügeligen Kreuzgang bildet, die große barocke **Pfarrkirche** (1758) ist mit zahlreichen großen Tafelbildern ausgestattet. Rechts vom Kirchenportal ist über eine Doppeltreppe die außen barocke, innen gotische Votivkirche **San Rocco** zu betreten. Sie enthält einen farbenprächtigen Freskenzyklus (1516) von Francesco Corradi, der in erzählerischer Manier das Leben des hl. Rochus schildert. Die Szenen spielen in Burgen und Städten, man beachte die flotten zeitgenössischen Landsknechttrachten. Der Maler war übrigens einer der Führer des Trentiner Bauernaufstandes von 1525, nach seiner Gefangennahme wurde ihm im frommen Trient öffentlich die Zunge herausgeschnitten. Borgo wird überragt von der großen **Burg Telvana** mit romanischem Bergfried und Bastionen des 16. Jh.; sie befindet sich in Privatbesitz. Die größte Attraktion aber ist die Stadt selbst, wenn Markttag ist. Trotz des historischen Ortsbildes ist Borgo vollkommen untouristisiert, und ein Markt in Borgo ist wie ein Erlebnis aus alten Zeiten. Kein einziger Stand mit Souvenirramsch ist zu sehen, aus allen Dörfern strömen die Leute hierher, um sich mit den praktischen Dingen ihres Lebens zu versorgen: Hühner, Geschirr und Sensenblätter wechseln hier in großem Umfang den Besitzer.

Von Borgo empfiehlt sich eine kurze Rundfahrt in die elegische Landschaft der sanft abfallenden Berghänge des nördlichen Talran-

Die Fresken in der Votivkirche San Rocco stammen von einem Maler, der zu den Führern des trentinischen Bauernaufstandes von 1525 gehörte.

des. Dort erreicht man den alten Badeort **Roncegno Terme,** eine klassische Sommerfrische mit schönen alten Hotels und Cafés unter Weinlauben sowie einer ungemein pompösen Barock-Kirche (1758–73), in der ein Altarblatt von Francesco Guardi und ein Dekkenfresko des Tiepolo-Schülers Valentino Rovisi zu sehen sind. Mit schönen Ausblicken in die Valsugana führt die Straße durch alte Nussbaumhaine und weite Wiesen hinauf nach **Torcegno,** wo die 1836 errichtete Maria-Hilf-Kapelle in reizvollster Lage über der Landschaft thront, nahebei die geheimnisvolle Burgruine San Pietro in den Felsen des nächsten Bergkegels.

Von der Valsugana in die Dolomiten

Von Borgo Valsugana führt eine kleine Straße den nördlichen Talhang hinauf zu alten Dörfern wie **Spera** und **Samone,** die beide Friedhofskirchen mit provinziellen Freskierungen des 14. und 15. Jh. besitzen. Eine Abzweigung führt zur malerischen Baugruppe der landschaftsbeherrschenden Burg Ivano, von der ein Kongresszentrum Besitz ergriffen hat; ein einziges Mal ist ihr Außenbereich im Sommer bei einer Veranstaltung im Rahmen des Trientiner Kultursommers zu betreten.

Castello Tesino

Nun windet sich eine schmale Straße mit schönen Ausblicken hinauf in das Hochtal von Tesino. Die Landschaft wird zusehends einsamer und nimmt langsam Hochgebirgscharakter an. In **Pieve Tesino** steht inmitten des großen Ortes mit der Pfarrkirche eine dreischiffige gotische Hallenkirche, wesentlich eindrucksvoller ist jedoch das auf einem isolierten Hügel liegende Dorf **Castello Tesino,** dessen große Steinhäuser sich um mehrere alte Plätze mit viel Atmosphäre verschachteln. Auf der aus dem Ort aufragenden Hügelspitze steht beim Friedhof die sehenswerte Kirche **Sant'Ippolito,** die 1436–38 von einem lombardischen Wandermaler in der Art der frühen Baschenis (s. S. 40) vollständig ausgemalt wurde. Beherrschend ist die riesige

Reich gedeckte Abendmahltafel im entlegenen Bergdorf Castello Tesino, dessen Friedhofskirche nach 1436 in zweijähriger Arbeit von einem lombardischen Wandermaler vollständig mit Fresken bemalt wurde.

Winter auf dem Passo Rolle unter den Felswänden des Cimon della Pala

Abendmahlszene mit einem in allen Einzelheiten originell gedeckten Tisch, bemerkenswert die zwölf Bilder aus dem Leben des hl. Jakob, die ›Hühnerlegende‹, und die die Langhauswände überziehenden Votivfresken mit gelungenen Reiterdarstellungen. Vom Friedhof führen wenige Schritte zur ausgeschilderten ›Zona archeologica‹ mit Siedlungsspuren vom 4. Jh. v. Chr. bis ins 1. Jh. n. Chr. Ziele in der Umgebung sind der große Wasserfall in der malerischen Schlucht der Valle Rodena und die große Karstgrotte ›Bus de la Lora‹ mit eindrucksvollen Kalkformationen.

Die Straße windet sich nun immer höher zum Passo Brocon, von dem man den ersten großartigen Blick auf die Dolomitenketten des Lagorai genießt, hinunter nach Canal San Bovo und von dort wieder hinauf zum Passo della Gobbera. Von oben senkt sich die Straße hinunter nach **Fiera di Primiero,** in dessen Umgebung ab dem Mittelalter Erze abgebaut wurden. Heute ist Fiera ein sehr einladender Ferien- und Bergsteigerort zu Füßen des monumentalen Bergmassivs der Pale di San Martino, das besonders in der Abendsonne atemberaubende Panoramen bietet. Erhöht vor dem heutigen Zentrum liegt der historische Kern des Ortes um die alte Pfarrkirche, umgeben von einem Kranz alter Gebäude; ein selten erhaltenes historische Ensemble alpiner Dorfarchitektur. Geht man hinauf, erreicht man als erstes

Fiera di Primiero☆

den **Palazzo delle Miniere,** den der tirolische Herzog Sigismund der Münzreiche im 15. Jh. als Berggericht für die in der Umgebung betriebenen Erzminen errichten ließ, in denen vorwiegend Knappen aus Tirol arbeiteten (heute Bergbau- und Heimatmuseum). Aus dieser tirolischen Tradition erklärt sich auch die gotische Architektur der links davon aufragenden **Pfarrkirche dell'Assunta** (1491–93) mit ihrem Sternrippengewölbe über Rundpfeilern; man beachte im Chorgewölbe die Schlusssteine mit Wappen der Bruderschaften der Knappen und Schmelzer und das schlanke, bis ins Gewölbe hochragende Sakramentshäuschen im Chor; der einstmals berühmte Schnitzaltar des Nartzis von Bozen befindet sich heute im Museo Castello del Buonconsiglio in Trient. Am oberen Ende des den Hang hinaufsteigenden Platzes gelangt man zur Kapelle Sankt Martin mit noch romanischer Apsis und darüber zu dem mit Außenfresken geschmückten Pfarrhaus.

Nur ein kleines Stück weiter, in **Siror,** steht gleich neben der Straße die Pfarrkirche Sant'Andrea, sie enthält im modernen Hochaltar von 1888 ein gotisches Triptychon von 1505 aus der Werkstatt des Bozner Meisters Nartziss. Hinter Siror steigt die Straße steil an zur langen Auffahrt über den Passo Rolle, der von vielen für den spektakulärsten aller Dolomitenpässe gehalten wird. Unterwegs durchquert die Straße **San Martino di Castrozza.** Nachdem der Ort im Ersten Weltkrieg in die Luft gesprengt wurde, entstand er als reine Hotel- und Restaurantstadt neu und ist heute einer der bekanntesten Sommer- und Winterferienorte der Dolomiten; empfehlenswert ist der Weg zum berühmten Aussichtspunkt auf dem Col Verde (1965 m) mit Sicht bis zum Ortler und Großglockner. Über den Passo Rolle führt die Straße unter den ungeheuren Felswänden des Cimon della Pala hinunter nach Predazzo, in der Val di Fiemme. Unterwegs berührt sie das Naturschutzgebiet des Waldes von Paneveggio, einem der landschaftlichen Höhepunkte des Trentino.

Val di Fassa

Nördlich von Predazzo beginnt das Fassatal, eine der grandiosesten Gebirgslandschaften, die das Trentino zu bieten hat. Rechts und links vom Talgrund ragen hinter Wäldern und Almen unvermittelt die zerklüfteten Dolomitmassive von Rosengarten und Marmolada, Sella und Langkofel auf.

Wer hier nach Kunst sucht, halte in **Moena,** neben der wenig interessanten Pfarrkirche steht der kleine Bau von Sankt Wolfgang mit Fresken eines Trentiner Wandermalers um 1450. Nur wenig später erhebt sich neben der Straße die große Pieve di Fassa, die Pfarrkirche San Giovanni mit romanischen und gotischen Bauteilen. Dreischiffig wie das Langhaus ist auch die kryptenartige Cappella del Rosario; man erreicht sie von der Rückseite der Kirche durch ein romanisches Portal, hinter dem mehrere Stufen hinunter in den wohlproportio-

Die Dolomit-Türme des Fassatals gehören zu den eindrucksvollsten Bergformationen des gesamten Alpenraums.

nierten Raum mit zierlichen Gewölben auf schlanken Säulen führen. Hinter Pozza di Fassa zweigt die Valle di Vajolet ab, die mitten in den Rosengarten führt; die Straße ist befahrbar bis zur Schutzhütte Rifugio Gardeccia. Am Ende des Tales, vor der Auffahrt zum Sellajoch, liegt **Campitello di Fassa** mit der Pfarrkirche Santi Filippo e Giacomo. An ihrer Südfassade finden sich originelle Fresken des 15. Jh., u. a. eine Allegorie der Entweihung des Sonntags. Dies kann auf vielerlei Weise geschehen: zum Beispiel, wie dargestellt, durch die Jagd, einen Maskenzug, weibliche Eitelkeit, den Gebrauch von Werkzeugen, alles garniert mit zahlreichen Blutstropfen. An den Wänden des Langhauses sind im Inneren Fresken des 14. Jh. zu sehen.

Val di Fiemme

Fährt man wieder zurück nach **Predazzo,** findet man in dem stark touristisierten Ort nur noch wenige alte Bauten. Die große Pfarrkirche im Zentrum ist ein neogotisches Ungetüm, ganz im Gegensatz zur spätgotischen Friedhofskirche San Nicolò, einer gewölbten Saalkirche (um 1500) mit einer gleichzeitigen Ausmalung des Chores mit Bildern der Passion Christi. An der Bergstation des Sesselliftes am Dos Capel beginnt der interessante geologisch-botanische Lehrpfad, der in etwa zwei Stunden zu begehen ist. Das Gebiet um Predazzo gilt seit Alexander von Humboldt als Eldorado der Geologen, die sich mit dem Verhältnis von Kalk- und vulkanischem Intrusivgestein beschäftigen.

Westlich gelangt man in die alte Ortschaft **Tesero,** die traurige Berühmtheit erlangte, als 1985 im dort einmündenden Stavatal ein Damm brach und sich eine Schlammlawine hinunter zum Avisio ergoss. Das hoch über der Stava liegende Tesero blieb davon nahezu unversehrt, doch mehrere Häuser und Hotels im Talgrund wurden in Sekundenschnelle fortgerissen. Die Straße ins Stavatal wird überragt von der gotischen Kirche San Leonardo (1472), die im Inneren eine vollständige Ausmalung birgt: im Chor Fresken von 1542, an der linken Langhauswand von 1541, an der rechten von 1728, im Gewölbe dekorative Ornamente. Im eng gedrängten Tesero steht die 1499 erbaute gotische Pfarrkirche Sant'Eliseo mit dekorativem Netzrippengewölbe und provinziellen Fresken des 16. Jh. (u. a. Abendmahl an der Nordwand, Heilige mit Stifterfiguren an der Südwand) im Innenraum. Davor steht die Kapelle San Rocco (1528). Die zum Kirchplatz hin offene Seite ist bemalt mit einer figurenreichen volkstümlichen Darstellung, die die Nichteinhaltung der Sonntagsruhe brandmarkt; interessante, aber künstlerisch höchst mittelmäßige Fresken aus der Erbauungszeit der Kapelle.

Die Val di Fiemme genoss im Mittelalter eine rechtliche Sonderstellung im Bistum Trient. Als im Jahre 1111 der Kampf der Bischöfe mit dem mächtigen Landadel des Trentino auf dem Höhepunkt stand, bot eine Vereinigung der Fleimstäler Dörfer dem Bischof Gebhard ein Bündnis an. Dieses wurde in den ›Patti Gebardini‹ besiegelt, und fortan regelte die *Magnifica Comunità di Fiemme,* die ›Herrliche Talgemeinschaft‹, ihre Angelegenheiten selbst. Das Tal unterstand direkt dem Bischof und wurde nie an einen Adeligen als Lehen vergeben, weshalb sich im ganzen Tal weder Burg noch Schloss finden. Allein der Trienter Bischof hatte das Recht, für sich und seine Vikare ein befestigtes Haus zu errichten, und das tat er in **Cavalese,** wo gleich neben der Durchgangsstraße hinter einer niedrigen Zinnenmauer die bunt bemalte Fassade des erzbischöflichen Palastes aufragt, in dem heute die *Magnifica Comunità* residiert. Seine heutige

Cavalese

Schreckliche Dinge gehen an den Wänden des Palazzo der Magnifica Comunità im Zentrum von Cavalese vor sich. In diesem Verwaltungspalast der Trentiner Bischöfe für ihre nordöstlichen Gebirgstäler vertreiben kämpferische Putten - die christliche Version der antiken Amorini - böse Fabelwesen mit Feuer und Brand aus dem Ratssaal.

Gestalt erhielt der Palast unter Bischof Bernardo Cles (Anfang 16. Jh.), und entsprechend prächtig ist die Renaissance-Ausstattung im Inneren. Die historischen Räumlichkeiten sind zum Teil zugänglich, denn in ihnen ist neben dem prunkvollen Sitzungssaal mit geschnitzter und bemalter Holzdecke und umlaufenden Freskenfriesen das kleine **Fleimstaler Museum** untergebracht. In diesen Räumen befindet sich auch der bekannte Bilderfries mit den bedauernswerten Fabelwesen, denen von kalt blickenden Putti das Hinterteil mit langen Fackeln angeröstet wird. Sonst ist das Museum ein Kabinett der qualitätvollen Barock-Malerei der in Cavalese ansässigen Malerfamilie der Unterperger.

Neben dem Palast liegt eine im 19. Jh. in romanisierenden Formen neu erbaute Kirche; erheblich sehenswerter ist die in einem Park südlich unterhalb des Ortes gelegene Pfarrkirche **Maria Assunta.** Mitte des 15. Jh. als dreischiffige Anlage mit Rundpfeilern errichtet, wurde 1610 nördlich ein viertes Schiff angebaut; die originellen Obergeschosse des Turmes entstanden im 17. Jh. nach Entwürfen des Barock-Malers Giuseppe Alberti. Im Westen, unter einer großen Vorhalle, ist das reich gestaltete spätgotische Portal aus Vinschgauer Marmor zu sehen, das Südportal besitzt eine kleine, aber elegante Vorhalle, deren Gewölbe mit zierlichen ornamentalen Fresken und Putti bemalt ist. Im Inneren beachte man das riesige Gemälde der Seeschlacht von Lepanto mit Scharen von versinkenden Türken, verkeilten Schiffen und glühenden Geschützläufen im dichten Qualm.

Einen interessanten kunsthistorischen Vergleich bieten die beiden Pfarrkirchen der über Cavalese gelegenen Orte **Varena** und **Daiano.** In beiden Kirchen ist je ein im 15. Jh. entstandenes großflächiges Fresko einer Abendmahlszene mit reich gedecktem Tisch zu sehen: in Varena noch ganz gotisch, mit prächtig gewandeten Einzelfiguren, die jedoch kompositorisch nicht aufeinander bezogen sind; in Daiano hingegen Figuren, die sich als Teil der Gesamtkomposition in die renaissancehafte Weite des durchkonstruierten Raumes einfügen und eine konsequente perspektivische Darstellung von Tisch, Teller, Speisen und Essgeräten.

Val di Cembra

Val di Cembra☆

Von Cavalese zweigt nach Südwesten die Val di Cembra ab, die tief eingegrabene Schlucht des Baches Avisio. Gewundene Straßen auf halber Höhe der Bergflanken mit grandiosen Ausblicken in die höchst eindrucksvolle, unberührte Landschaft begleiten den Flusslauf und führen durch die alten Dörfer, von denen der Hauptort **Cembra** einen Aufenthalt wert ist. Am westlichen Ortsausgang steht die **Pfarrkirche dell'Assunta**, zwischen 1460 und 1516 errichtet. Die Ausrichtung des dreischiffigen Baus wurde bei einer seltsamen Veränderung von 1835 sozusagen umgedreht; die alte Apsis bildet seit-

In den Weinbauerngemeinden des Cembratals werden nicht nur Trauben in Körben gesammelt. Auch der Teufel bedient sich dieses praktischen Transportmittels, wenn er die unbotmäßigen Seelen in die Hölle expediert (San Pietro, Cembra).

dem eine offene Eingangshalle mit polygonalem Grundriss, mit einem Gewölbe auf Halbsäulen mit skulptierten Kapitellen und lichtem Freskenschmuck. Auch das Gewölbe des Innenraums ist mit Bildern aus der Erbauungszeit freskiert (12 Apostel mit Blumen- und Rankenmotiven). Eine besondere Attraktion ist die nur wenige Schritte entfernte Kirche **San Pietro** im alten Dorfkern. 1516 neu errichtet, besitzt der lang gestreckte, einschiffige Bau eine vollständige Ausmalung: im Langhausgewölbe reiche Pflanzenornamentik (dazwischen, links vom Triumphbogen, ein Teufelchen mit einem Korb verdammter Seelen), an der Südwand 24 Szenen aus dem Leben Christi, im Chorgewölbe Evangelisten und Propheten. Neben diesen gotischen Fresken ist die gesamte Nordwand mit einem großen Fresko eines Jüngsten Gerichts vom Tiepolo-Schüler Valentino Rovisi (1759) bedeckt, einem guten Werk in bewegter Komposition.

Bei Cembra führt eine Straße hinunter in die Schlucht und drüben wieder hinauf, dabei passiert man die bizarre Ruine des **Castel Segonzano** (1494 von Albrecht Dürer gemalt und nach langem Rätselraten über dieses Bild erst vor einigen Jahren identifiziert). Vorbei am malerisch in Weinreben versinkenden Dorf **Piazzo** führt die Straße zu den **Erdpyramiden** von **Segonzano**, schlanken Säulen aus lockerem Schutt mit Decksteinen, die sie vor weiterer Erosion schützen. Je tiefer die Schlucht zum Etschtal hin wird, desto dramatischer wird die Lage der Orte an ihrem Rand. Einsam auf einer Felskuppe unter **Lisignago** thront die alte Kirche San Leonardo über den Hängen, eine Saalkirche mit Holzdecke aus dem 15. Jh., im Inneren Fresken der gleichen Zeit.

Bizarr ragen die von einem einzigen Deckstein vor der Verwitterung geschützten Erdpyramiden von Segonzano auf. Sie stehen auf der anderen Talseite gegenüber dem Hauptort Cembra.

Val di Non

Die **Val di Non,** zu deutsch Nonsberg, umfasst die Gegend zwischen Brentagruppe und Etschtal und ist eine weite, landschaftlich vielfältig gestaltete Hochebene, durch die sich nur der Noce eine tiefe, unheimliche Felsenschlucht gegraben hat. Man befindet sich in uraltem Siedlungsgebiet mit reichen künstlerischen Zeugnissen aller Epochen, dennoch ist hier eine Kunstreise eine (noch) wenig befriedigende Angelegenheit. Dem Tourismus fast völlig unbekannt, ist die Gegend auch nicht für ihn hergerichtet; hier verdämmern in seit Jahrzehnten geschlossenen Kirchen ganze Freskenzyklen. Vor allem aber sind die größten Kunstschätze dieses Landesteils unzugänglich: Als im Bauernaufstand von 1525 gegen den aus der Val di Non stammenden Bischof Bernardo Cles nur die örtlichen Adeligen mit ihren Burgen standhielten, wurden diese vom Bischof mit zusätzlichen Rechten zur Niederhaltung der Bevölkerung belohnt. So blühte der Lokaladel am Nonsberg auf und stattete seine Kette befestigter Residenzen mit aller Pracht der Renaissance aus; ihre Burgen in Cles, Bragher, Valer und besonders das Schloss Thun sind mit ihren vollkommen erhaltenen Innenausstattungen einzigartige Beispiele der feudalen Kultur des 16. und 17. Jh. – doch alle außer Thun in Privatbesitz. Dennoch kann man in der Val di Non außer dem eigentümlichen Landschaftsbild und den charaktervollen alten Dörfern einige zugängliche Kunststätten entdekken, die – wie der Wallfahrtsort San Romedio – zu den ungewöhnlichsten Erlebnissen des Trentino zählen.

Bevor man vom Etschtal hinauffährt, kann man in **San Michele all'Adige** halten, wo mit der ehemaligen Stifts- und heutigen Pfarrkirche San Michele ein letztes Prunkstück oberitalienischen Barocks zu bewundern ist. Hinter der reich gestalteten Fassade öffnet sich ein 1686–98 überaus prächtig mit Stuck, Putti und Fresken ausgestatteter dreijochiger Innenraum unter einer Vierungskuppel. Daneben hat sich als Rest des Klosters aus dem 14. Jh. der kuriose Kreuzgang auf dreieckigem Grundriss erhalten. In verschiedenen neueren Klostergebäuden ist das interessante **Volkskundemuseum** der Provinz Trient untergebracht, es zeigt u. a. Sammlungen von Kachelöfen, alten Küchen und landwirtschaftlichen Geräten, komplette Wassermühlen und Mahlwerke.

Gegenüber biegt man bei Mezzocorona nach Westen ab, wo der Noce in einer ungeheuren Schlucht aus den Felsen bricht. Nimmt man die Straße links des Noce, gelangt man nach **Flavon,** in dessen Pfarrkirche (um 1500) ein umfangreicher Freskenzyklus die Chorwände schmückt. Es handelt sich um Darstellungen aus dem Leben Johannes des Täufers, die von Giovanni und Simone Baschenis (s. S. 40) stammen. Im Nachbarort **Terres** steht hinter dem Chor der Pfarrkirche eine romanische Kapelle mit Fresken des 12. und 13. Jh., die Kämpfe von Riesen und Fabelwesen zeigen. Nicht weit danach zweigt in Tuenno die Straße zum einsamen Lago di Tovel ab, in schönste Landschaft im **Naturpark Adamello-Brenta.**

Naturpark Adamello-Brenta ☆☆

Still und entlegen thront Castel Thun über der alten Bauernlandschaft der Val di Non.

Wählt man die Straße rechts des Noce, so folge man in Vigo di Ton den Hinweisschildern zum **Castel Thun.** Dies ist die schönste Burg der Val di Non, seit 1992 im Besitz der Provinz Trient, die demnächst die Innenräume mit ihrer berühmten Renaissance-Ausstattung zugänglich machen will. Schon jetzt besichtigen kann man die Gärten der Burg, die seit dem 13. Jh. Sitz der mächtigen Grafenfamilie Thun war. Bald nach 1500 ließ sie den Palast umbauen, der festungsartig von einem ausgeklügelten Verteidigungssystem umgeben war. Dieses Erscheinungsbild ist bis heute völlig unverändert erhalten, das Innere der Festungswerke wurde in einen schönen Park verwandelt, aus dem der Palastbau herausragt. In stiller Abgeschiedenheit thront die Burg über den Hügeln der Val di Non und gewährt wundervolle Rundblicke über die weite Landschaft, ein paradiesischer Ort.

Danach gelangt man nach **Taio,** neben dessen Pfarrkirche von 1848 die Kirche Madonna del Rosario steht; außer einem Portal des 12. Jh. ist der teilweise erhaltene Freskenzyklus des 14. Jh. an der Südwand bemerkenswert. Von hier empfiehlt sich eine kurze Rundfahrt über Tres und Dardine, die die ganze landschaftliche Vielfalt des Nonsberges zeigt. In **Tres** steht etwa 200 m hinter der Pfarrkirche Sant'Agnese am Friedhof, im 15. Jh. neu errichtet und innen wie außen über und über mit Freskenresten der Baschenis bedeckt. Man beachte die gut erhaltenen Wandbilder rechts und links des Triumphbogens, die ungemein kapriziöse Damen in einer Darstellung der Ursula-Legende zeigen. In **Dardine** steht mit dem gedrungenen Bau von San Marcello ein seltenes Stück einer unversehrten alten Dorfkirche; um 1500 geweiht, enthält sie ein bemaltes Kreuzrippengewölbe, Fresken an den Seitenwänden und einen hervorragend gearbeiteten Figurenaltar in den Formen des Übergangs von der Gotik zur Renaissance. Kurz hinter Dermulo zweigt die Straße mit schönen Blicken auf den großen See von Santa Giustina hinauf in den inmitten von Obstwiesen gelegenen Ort **Coredo** ab. An der bergauf führenden Hauptstraße steht links die Casa di Marta, ein prächtiger Renaissance-Palast des 16. Jh. Fast am Ende der Straße erhebt sich rechts der düstere **Palazzo Nero,** der noch heute gezeichnet ist von dem Brand, den aufständische Bauern 1477 legten. Der Bau war 1460 als Gerichtsgebäude der Bischöfe errichtet worden und diente als Schauplatz berüchtigter Hexenprozesse. Heute enthält er Privatwohnungen, doch ist durch ein Portal an seiner linken Seite der alte Gerichtssaal im ersten Stock ohne weiteres zu betreten. Sofern man den Lichtschalter findet, kann man an den Wänden einen umlaufenden Freskenzyklus (Genoveva-Legende) entdecken. Dies ist für einen Gerichtssaal insofern eine eigentümliche Darstellung, als der Angelpunkt dieser Legende ein Fehlurteil ist, das erst durch Gottes Eingreifen revidiert wird.

Schöne Frauengestalten sind den Baschenis in der Friedhofskirche von Tres gelungen.

Hier auf der östlichen Seite des Lago di Santa Giustina erstreckt sich nun der nach Südtirol und zur Mendel langsam ansteigende Teil der Val di Non, der auch *Alta Anaunia* genannt wird, eine stille, sanft gewellte Wiesenlandschaft, durchzogen von einigen tief eingegrabenen Schluchten. Als erstes erreicht man den Ort **Sanzeno** mit einer großen Pfarrkirche in einer ›archäologischen Zone‹ am Dorfrand. Die alte Bedeutung des Platzes verdankt sich dem Umstand, dass hier im Jahre 379 die Missionare Sisinius, Martyrius und Alexander von erbosten Nonstalern ums Leben gebracht wurden. Bischof Vigilius von Trient ließ hier zum Gedenken des Ereignisses eine Kirche errichten, die 1465–86 von einer großen dreischiffigen Hallenkirche mit Rautennetzgewölbe ersetzt wurde. Der Campanile und die innen sich öffnende Cappella dei Santi Martiri stammen noch von einem romanischen Bau; die Kapelle ist bemalt mit romanischen Fresken des 13. Jh. und enthält den Marmorsarkophag der Märtyrer (1472). Auch im prächtigen Westportal, zur Zeit der Renaissance romanisierenden Formen nachempfunden, sind Teile des Vorgängerbaus enthalten. In Sanzeno zweigt eine Straße ab zu der wohl seltsamsten und eindrucksvollsten Kunststätte des Trentino, nach **San Romedio.** Der Fahrweg führt aus dem Ort durch sanft gewellte Obstwiesen auf eine riesige Felswand zu, in der sich erst hinter der letzten Straßenbiegung ein schmaler Spalt öffnet, der gerade Platz für das Sträßchen und einen rauschenden Wildbach lässt. Die Schlucht führt in einen tiefen Bergkessel, in dem sich auf einer Felsnadel mehrere ineinander verbaute Wallfahrtskirchen Schwindel erregend überein-

Sanzeno

San Romedio☆

ander türmen. Im 13. Jh. wurde zu Füßen des Felsens ein Hospiz gegründet, durch dessen schönen, im 15. Jh. umgestalteten Hof man die lange, gewundene Treppe betritt, die die fünf Kapellen miteinander verbindet. Vorbei an drei gotischen Räumen gelangt man ganz oben in die Cappella di San Nicolò durch ein bemerkenswertes romanisches Portal (11. Jh.), neben dem Fresken (Madonna und ein Abendmahl) des 12. Jh. erhalten blieben. Angrenzend öffnet sich, auf der Spitze des Felsens, die Cappella di San Romedio, ein zweischiffiger Raum vermutlich aus dem 8. oder 10. Jh.

Folgt man von Sanzeno der alten Straße in Richtung zum Mendelpass, gelangt man noch in mehrere Orte von weit zurückreichender Bedeutung. Vorbei am schön gelegenen **Castello di Malgolo** erreicht man **Romeno,** an dessen Ortsausgang in Richtung Cavareno die farbenprächtige Fassade der Kirche Sant'Antonio Abate hervorsticht: Die ganze Fassade ist in hübscher ländlicher Gotik mit einem Freskenzyklus bemalt, der das ›Wunder des Erhängten‹ des hl. Jakob erzählt. Ungleich sehenswerter ist jedoch die etwas außerhalb des Ortes gelegene Kirche Santi Tommaso e Bartolomeo, der Rest eines romanischen Hospizes. Neben dem Gehöft Nr. 23 in den Obstwiesen westlich unterhalb des Dorfes steht die 1187 bezeugte (aber viel ältere) Kirche geduckt unter alten Bäumen. Innen ergibt sich ein suggestives Bild urtümlicher Romanik; der flach gedeckte Saal endet in drei höhlenartigen Apsiden, die ebenso wie die Seitenwände Reste der romanischen Ausmalung zeigen. Man vermutet eine Verwandtschaft der Bilder zu den berühmten Bestiarien in Tramin in Südtirol, wohl zu Recht, Bestien und Figuren mit ausdrucksvoller Gestik schauen auch hier von den Wänden. Von Romeno führt eine Straße über **Dambel** zurück zum Lago di Santa Giustina; in diesem einsam gelegenen Dorf steht in der Pfarrkirche einer der letzten gotischen Flügelaltäre, die sich im Trentino noch an ihrem ursprünglichen Aufstellungsort befinden. Der Altar aus dem Jahre 1520 entstammt einer mittelmäßigen Bozener Werkstatt.

Auf der Westseite des Sees liegt der Hauptort des Nonsberges, die große Gemeinde **Cles.** In der mächtigen Burg, die eindrucksvoll am Ufer des Sees steht, wurde der spätere Trienter Bischof Bernardo Cles geboren. Er stattete seinen Heimatort 1518–22 mit einer neuen Pfarrkirche aus, die die für seinen Stil typische Mischung aus Formen der späten Gotik und der frühen Renaissance aufweist. Interessanter ist der nahe gelegene Palazzo Assessorile, der große gotische Stadtpalast der Herren von Cles aus dem 15. Jh. Die Fassade wird gegliedert von vier schönen Doppelbogenfenstern, unter denen sich, neben dem gotischen Spitzbogenportal, eine Kopie der berühmten ›Tavola Clesiana‹ befindet. Diese steinerne römische Urkunde verlieh am 15. März des Jahres 46 n. Chr. u. a. den Bewohnern des Nonsberges das römische Bürgerrecht und zählte dabei zahlreiche, für die Forschung hochinteressante Namen damaliger Alpenvölker auf. In den prächtig ausgestatteten Innenräumen des Palastes befinden sich heute Sitzungssäle und Büros der Gemeindeverwaltung.

In der großen Burg von Cles über dem gleichnamigen See wurde Bernardo Cles, der bedeutendste der Trienter Bischöfe, geboren.

Val di Sole

Nördlich von Cles knickt die Straße nach Südwesten ab und führt zum Tonalepass und in die Lombardei. Dieser uralte Verkehrsweg ist die Val di Sole. Das lang gestreckte Tal ist von großer landschaftlicher Schönheit, überragt von den schneebedeckten Gipfeln der Felsmassive der Presanella-Gruppe; die kurz vor dem Hauptort Malè abzweigende Valle di Rabbi gehört zu den schönsten Alpentälern des Trentino. Kurz vor Malè passiert man auch **Caldes** mit der als Ausstellungsgebäude genutzten alten Burg der Grafen Thun.

Die verkehrsmäßige Nähe zur Lombardei hat den lombardischen Wandermalern in der Val di Sole viel Gelegenheit zur Berufsausübung gegeben, allen voran der unermüdlichen Familie der Baschenis (s. S. 40). So erblickt man in der Chorpartie der Pfarrkirche von **Dimaro** hinter dem figurenreichen Barock-Altar den ersten großen Freskenzyklus von Giovanni Baschenis (1488), eine seiner besseren Arbeiten, deren Farben sich gut erhalten haben. Die Kirche besitzt außerdem ein schönes Portal von 1516, eine romanisierende Arbeit der Renaissance, geschaffen von Baumeistern aus Como.

Der sensible Kunstfreund wird auf die Besichtigung der Pfarrkirche Sant'Agata bei **Piano di Commezzadura** vielleicht verzichten, denn dort hat Simone Baschenis im Presbyterium das Leben der Heiligen und ihr Martyrium in allen grausigen Einzelheiten mit gekonntem spätgotischem Realismus an die Wand gebannt; der Hochaltar daneben enthält Reste eines gotischen Triptychons. Ein besonderes Denkmal ihrer Kunst haben sich die Baschenis – wenn auch unfreiwillig – in der Pfarrkirche von **Pellizzano** gesetzt, einem spätgotischen dreischiffigen Hallenbau mit Kreuzrippengewölbe. Dort befinden sich sowohl die frühesten als auch die letzten bekannten Fresken der Baschenis im Trentino, erstere an der rechten Seitenwand von Giovanni und Battista (um 1470), letztere an der Stirnwand der eleganten Vorhalle des Hauptportals (eine vorzügliche Verkündigung des Simone II). Vom restlichen Freskenschmuck der Kirche beachte man vor allem die beiden Bilder links vom Triumphbogen, 1571 von Cipriano Vallorsa gemalt: Unter einer Madonna mit Heiligen ist hier eine große Gruppe von Flagellanten dargestellt, eine unheimliche Prozession vermummter Gestalten mit Peitschen in den Händen.

Pellizzano

Im nächsten Ort **Cusiano** liegt neben der Durchgangsstraße die Kirche Santa Maria Maddalena (15. Jh.), deren Wände wie mit einem Bilderteppich von Baschenis-Fresken überzogen sind; der interessante Zyklus über das Leben der Kirchenpatronin im Chor zeigt zugleich Originalität und Rückständigkeit der Wandermaler. Im Ort nebenan, in **Ossana,** ragen mitten im Dorf die eindrucksvollen, finsteren Ruinen der Burg Ossana über die Dächer; gegenüber öffnet sich das schöne Seitental von Peio, einst belebt durch den dort betriebenen Bergbau. Dessen Zentrum war das heute einsam am linken Talhang gelegene **Comasine,** eines der schönsten und unberührtesten Bergdörfer der Region. In **Celledizzo** steht hinter der großen Pfarrkirche (16. Jh.) eine ältere, die vollständig mit Fresken der Baschenis ausgemalt ist. Im nächsten Ort **Cogolo** ist abseits der Hauptstraße die alte Pfarrkirche Santi Filippo e Giacomo einen Besuch wert, deren Fassade ausnahmsweise nicht den Baschenis unter die Hände kam. 1643 bemalte sie ein guter Barock-Künstler mit einer großen Abendmahlszene, einer Geißelung vor kompliziertem Architekturhintergrund und einer Auferstehung; auch innen ist die 1332 erbaute Kirche sehenswert. Die Straße führt nun steil hinauf nach **Peio,** einem alten Bauernbad mit heilkräftiger Quelle; die Blicke über die Val di Sole auf die höchsten Gipfel der Presanella sind superb.

Cogolo

Literaturverzeichnis

Deutschsprachige Literatur

Bauer, Hermann: *Verona,* in ›PAN‹ 7/1985, S. 26–38

Boccardi, Roberta u. a.: *Das Schloss Toblino und seine Umgebung,* Trient 1984

Braunfels, Wolfgang: *Kleine italienische Kunstgeschichte,* Köln 1984

Burckhardt, Jacob: *Die Cultur der Renaissance in Italien,* Basel 1860

Cazzaniga, Vincenzo: *Arco,* Calliano o. J.

Chierichetti, Sandro: *Riva del Garda,* Mailand 1976

Deecke, W.: *Italien,* Berlin o. J.

Degenhardt, Bernhard: *Zu Pisanellos Wandbild in S. Anastasia in Verona,* in ›Zeitschrift für Kunstwissenschaft‹ 1951, S. 29–50

Der Dom zu Trient, hrsg. v. Museo Diocesano Trient, Arzignano 1982

Dompfarrei Brescia (Hrsg.): *Der alte und der neue Dom,* Brescia 1994

Ederle, Guglielmo: *Die Basilika S. Zeno,* Verona 1974

Einladung nach Verona, Legende und Wahrheit einer alten Stadt, ausgew. u. eingel. v. Wieland Schmied, München 1962

Ferrari, Mario u. a.: *Das Ledrotal und seine Pfahlbauten,* Calliano 1973

Goethe, Johann Wolfgang von: *Italienische Reise,* Frankfurt/M. 1977

Das Haus des Podestà, die Burg, hrsg. v. Stiftung Ugoda Como, Lonato 1995

Kesting, Jürgen, *Die großen Sänger,* Düsseldorf 1986

Kutzli, Rudolf: *Langobardische Kunst. Die Sprache der Flechtbänder,* Stuttgart 1981

L'Occaso, Stefano: *Der Herzogspalast von Mantua,* (Ministero per i Beni e la Attivita Culturali), Mailand 2002

Lutterotti, Anton von: *Das Trentino,* Bozen 1997

Mazza, Attilio: *Sirmione und der Gardasee,* Brescia o. J.

Montaigne, Michel de: *Tagebuch einer Badereise,* Stuttgart 1963

Pacher, Carlo: *Führer von Trient,* Trient 1980

Ploetz, Karl: *Auszug aus der Geschichte,* 26. Aufl., Würzburg 1960

Riedl, Franz Hieronymus: *Das Buch vom Gardasee,* Wien 1955

Tessari, Umberto G.: *Das ›Castelvecchio‹ und sein Museum,* Verona 1976

Trentino. Kunst – Kultur, hrsg. v. Provincia Autonoma di Trento, Trient 1985

Vedovelli, Giorgio / Girardi, Mario: *Torri del Benaco,* Torri 1983

Veronelli, Restaurants in Italien (erscheint jährlich)

Wittkower, Rudolf: *Studien zur Geschichte der Malerei in Verona,* in ›Jahrbuch für Kunstwissenschaft‹ 1924, S. 269–288

Fremdsprachige Literatur

Adamoli, Antonello: *Il Castello di Stenico,* Trento 1993

Associazione Storico-Archeologica Val Tenesi e Riviera (Hrsg.): *Immagini delle vec-*

chie chiese di Manerba del Garda, o. O. 1975
Bonechi Edizioni: *Mantua,* Florenz 2003
Chini, Ezio: *Il Castello del Buonconsiglio,* Trento o. J.
Cipolla, Carlo: *Compendio della storia politica di Verona,* Neuauflage der 1899 erschienenen Ausgabe, Mantova 1976
Collana Le ›Guide‹ Nr. 3, 9, 47, 56, 63, 68, 72, 85, 96, 99, Edizioni di ›Vita Veronese‹, Verona
Comune di Arco (Hrsg.): *Guida per Arco* (2 Bde.), Arco 1996
Comune di Brescia (Hrsg.): *L'area di Santa Giulia: un itinerario nella storia,* Brescia 1996
Comune di Brescia (Hrsg.): *Santa Giulia, Museo della Città: L'età altomedievale,* Milano 1999
Comune di Brescia (Hrsg.): *Santa Giulia, Museo della Città: L'età romana,* Milano 1999
Ferro, Tullio: *Villa romana e monumenti di Desenzano del Garda,* Brescia 1984
Frati, Vasco (Hrsg.): *Brescia nell'età delle Signorie,* Brescia 1980
Gaggia, Fabio: *Le incisioni rupestri del Lago di Garda,* Verona 1982
Gorfer, Aldo: *Le valli del Trentino,* Band 1: *Trentino occidentale,* Band 2: *Trentino orientale,* Calliano 1976, 1983
Guida della chiesa di S. Francesco in Brescia, a cura di P. Teodero Posenato o. fr. nim. conv., Brescia 1979
Istituto per gli Studi Storici Veronesi (Hrsg.) (Redaktion: P. Cavallari, A. Gazzola, u. a.): *Verona e il suo territorio,* 4 Bände
Lenotti, Tullio: *Giulietta e Romeo nella storia, nella leggenda, nell'arte,* Verona 1983
Magagnato, Licisco: *Da Altichiero a Pisanello* (Katalog der Ausstellung im Castelvecchio), Venedig 1958
Mariano, Emilio: *Il Vittoriale e la casa di d'Annunzio,* Verona 1984
Marinelli Ciniselli, Balsamo (Hrsg.): *Manierismo a Mantova,* Mantua 1998
Mirabella Roberti, Mario: *Il Civico Museo Romano di Brescia,* Brescia 1971
Il »Magno Palazzo« di Bernardo Cles, hrsg. von Museo Provinciale d'Arte, Trient 1988
Passamani, Bruno: *Guida della Pinacoteca Tosio-Martinengo di Brescia,* Brescia 1988
Pelizzari, Lorenzo e Raffaella: *Guida pratica del comune di Bagolino/Ponte Caffaro,* Villa Lagarina 1985
La chiesa di S. Fermo Maggiore, Verona 1984
Sirmione, La rocca scaligera, a cura di R. Boschi, M. Fasser, G. P. Treccani, Brescia 1981
Tabarelli, G. M./Conti, F.: *Castelli del Trentino,* Mailand 1974
Testore, Giovanni: *Guida al Duomo di Salò,* Brescia 1979
Treccani degli Alfieri, Giovanni (Hrsg.): *Storia di Brescia,* 4 Bände, Brescia 1963/64
Vannini, Livia: *Brescia nella storia e nell'arte,* Brescia 1977
Zieger, Antonio: *Storia della regione tridentina,* Trento 1981
Zuffi, Stefano: *Pisanello,* Mailand 1996

Glossar

Ädikula (lat.: kleines Haus) Nische von geringer Tiefe, die von Säulen, Pfeilern und Pilastern gerahmt, von Gebälk und Giebel bekrönt wird

Architrav Der den Oberbau tragende Hauptbalken über Säulen oder Pfeilern

Archivolten Vom Mauerwerk abgesetzte Einfassung eines Bogens als Fortsetzung der Gewändegliederung; bei romanischen und gotischen Portalen Bezeichnung der Bogenläufe im Gewände

Biforium (Plural: Biforien) In der gotischen Architektur ein durch eine eingestellte Säule geteiltes Fenster

Blendbogen Verzierender Bogen an In- oder Außenwänden, der keine tragende Funktion hat

Blendgalerie Der Mauerfläche vorgelegte, nicht tragende Abfolge von (Blend-)Arkaden

Caldarium Warmbaderaum der römischen Thermen

Cella Fensterloser Hauptraum zur Aufnahme des Kultbildes in einem antiken Tempel

Comasken Baumeister und Steinbildhauer aus der Gegend des Luganer Sees, die vom frühen Mittelalter bis in die Zeit des Barock hauptsächlich in Italien wirkten

Decumanus Ost-westliche Hauptstraße römischer Städte und Lager

Diptychon 1. Zweiflügeliges Altarbild; 2. (im Altertum) zusammenklappbare Schreibtafel

Exedra 1. Halbkreisförmige Erweiterung mit Sitzplätzen an den Säulengängen öffentlicher Gebäude oder Plätze bzw. in Wohnhäusern der Antike; 2. Apsis der altchristlichen Kirche

Fiale (griech.: Gefäß) Architektonisches Zierelement der Gotik: spitz zulaufendes Ziertürmchen auf Strebepfeilern oder seitlich von Wimpergen

Figurine Kleine Figur, kleine Statue

Fiorini Mittelalterliche Währung der Toskana

Häretiker Jemand, der von der offiziellen Lehre abweicht

Inkrustation Verkleidung von Wänden und Fassaden mit verschiedenfarbigen Blendsteinen in geometrisch-ornamentalem Dekor

Karyatiden Steinerne oder hölzerne Gewölbe- oder Gebälkstützen in weiblicher Gestalt

Kasematte Gegen feindlichen Beschuss gesicherter Raum in Festungen

Konche Halbrunde Nische mit Halbkuppel

Kondottiere Söldnerführer im 14. und 15. Jh. in Italien

Kurtine Teil des Hauptwalls einer Festung

Lisene Schwach profilierte, vertikale Mauerverstärkungen ohne Basis und Kapitell

Lisenen mit Rundbogenfries

Lungolago Uferstraße oder Uferpromenade in Seeorten

Mannalese Alttestamentarisches Wunder von der Errettung der Auserwählten durch das Herabregnen einer Brotfrucht vom Himmel

Monophysitismus Altkirchliche Lehre, nach der die zwei Naturen Christi zu einer neuen gottmenschlichen Natur verbunden sind

Nimbus 1. Heiligenschein (Mandorla), Lichtkranz, der ein göttliches Wesen umgibt; 2. Ansehen, Geltung

Nymphäum Den Nymphen geweihtes Brunnenhaus, geweihte Brunnenanlage der Antike

Obergaden Wandabschnitt über den Mittelschiffarkaden einer Basilika, in dem sich die Fenster befinden; auch Licht- oder Fenstergaden genannt

Palas Hauptgebäude einer Ritterburg

Paraskenion Im antiken Theater eines der beiden vorgezogenen, die Skene (Bühnenhaus) einrahmenden Seitenflügel

Pilaster Der Wand oder einem anderen Bauglied vorgelegter vertikaler Mauerstreifen mit Basis und Kapitell

Portikus Eine von Säulen getragene und meist von einem Dreiecksgiebel überfangene Vorhalle, die der Hauptfront eines Gebäudes vorgelagert ist

Predella Auf der Mensa aufsitzender Sockel eines Retabels oder eines Flügelaltars

Presbyterium Der den Priestern vorbehaltene, meist etwas erhöhte Raumteil einer Basilika, in dem sich der Hochaltar befindet (nicht unbedingt mit dem Chor identisch)

Ravennatisch Bezeichnet den aus dem (oströmischen) Byzanz stammenden, das Ravenna der Spätantike prägenden Stil in Architektur und Bildgestaltung

Retabel Mit Gemälden oder Skulpturen geschmückter Altaraufsatz, entwickelte sich schließlich zum Polyptychon

Rotunde Rundbau

Rustika Mauerwerk, das aus grob behauenen Bossenquadern besteht

Schisma Kirchenspaltung

Serenissima Name für die Regierung der Stadt Venedig, auch als Synonym für die Stadt selbst gebräuchlich

Sottoportici Laubengang

Spolien wieder verwendete Bauteile, z. B. Säulen, Kapitelle usw. aus einem abgebrochenen älteren Gebäude

Substruktion 1. Unterbau eines Gebäudes auf unebenem bzw. wenig tragfähigem Grund; 2. Die Erweiterung der Baufläche an Abhängen

Tambour Zylinderförmiger, durchfensterter Unterbau einer Kuppel

Triforium (Plural: Triforien) Mittelalterliches Bogenfenster, das durch zwei eingestellte Säulen in drei Teile geteilt ist

Triptychon Dreiteiliges Altarbild, das aus einem Mittelteil und zwei halb so breiten, beweglichen Seitenflügeln besteht

Tympanon 1. Bogenfeld über einem mittelalterlichen Portal, meist mit plastischem Schmuck; 2. Giebelfeld eines antiken Tempels

Wimperg Giebelförmiger Aufbau über gotischen Portalen und Fenstern

Zwerggalerie Laufgang, überwiegend unter dem Dachgesims von Kirchen, mit kleiner Bogenstellung und zierlichen Säulen

Wimperg

Tipps und Adressen

Alle wichtigen Informationen für Ihre Reiseplanung und für unterwegs

Inhalt

Hinweise für die Reiseplanung
Auskunft 385
Reisezeit 385
Anreise 386
Unterkunft 386

Informationen für unterwegs – Von Ort zu Ort
Informationsstellen, Sehenswürdigkeiten, Hotels, Restaurants 387

Die Küche am Gardasee 400

Kurzinformationen von A bis Z
Apotheken/Ärzte 402
Autofahren 402
Diplomatische Vertretungen 402
Feiertage 402
Geld 402
Linienschifffahrt 403
Notruf 403
Post 403
Telefon 403
Urlaubsaktivitäten 403
Veranstaltungskalender 404
Wochenmärkte am Gardasee 405
Zeitungen 405

Abbildungsnachweis 406
Register 407
Impressum 416

Bitte schreiben Sie uns, wenn sich etwas geändert hat!
Alle in diesem Buch enthaltenen Angaben wurden von den Autoren nach bestem Wissen erstellt und von ihnen und dem Verlag mit größtmöglicher Sorgfalt überprüft. Gleichwohl sind – wie wir im Sinne des Produkthaftungsrechts betonen müssen – inhaltliche Fehler nicht vollständig auszuschließen. Daher erfolgen die Angaben ohne jegliche Verpflichtung oder Garantie des Verlags oder der Autoren. Beide übernehmen keinerlei Verantwortung und Haftung für etwaige inhaltliche Unstimmigkeiten. Wir bitten dafür um Verständnis und werden Korrekturhinweise gern aufgreifen.

DuMont Reiseverlag, Postfach 3151, 73751 Ostfildern
E-Mail: info@dumontreise.de

Hinweise für die Reiseplanung

Auskunft

Das Staatliche Italienische Fremdenverkehrsamt ENIT gibt allgemeine Auskünfte über Reisen in Italien, versendet aber auch Karten, Stadtpläne, Hotelverzeichnisse und Prospekte über die gewählte Urlaubsregion. Telefonisch können Reiseunterlagen über die gebührenfreie Servicenummer angefordert werden:
008 00 00 48 25 42.
Internet: www.enit.it bzw. www.enit.de

ENIT-Büros

... in Deutschland
10117 Berlin
Friedrichstr. 187
Tel. 030/247 83 98
Fax 247 83 99

60329 Frankfurt
Kaiserstr. 65
Tel. 069/23 74 34
Fax 23 28 94

80333 München
Lenbachplatz 2a
Tel. 089/53 13 17
Fax 53 45 27

... in Österreich
1010 Wien
Kärntnerring 4
Tel. 01/505 16 39
Fax 505 02 48

... in der Schweiz
8001 Zürich
Uraniastr. 32
Tel. 044/466 40 40
Fax 044/466 40 41

Detailliertere Informationen erhält man bei den Tourismusbüros vor Ort (A.P.T., Azienda Promozione Turistica; I.A.T., Informazione e Accoglienza Turistica), Adressen im Kapitel ›Informationen für unterwegs – Von Ort zu Ort‹.

Reisezeit

Der **Gardasee** öffnet sich im Süden zur Po-Ebene und ist gegen Norden durch die Berge geschützt. Durch diese ideale Lage beginnt der Frühling hier eher als in vergleichbaren Breitengraden und es bleibt bis in den Spätherbst hinein angenehm warm. Im Sommer wird es jedoch nie drückend heiß, da die regelmäßigen Winde für angenehme Kühlung sorgen und den See zum Paradies für Segler und Surfer machen.

Für Sonnenhungrige und Badefans ist natürlich der Zeitraum von Mitte Juni bis Mitte September empfehlenswert, doch herrscht zu dieser Zeit am See viel Trubel. Ein besonderes Erlebnis bietet der See im Frühjahr und im Herbst: im April und Mai, wenn die wärmenden Sonnenstrahlen zwar noch kein Bad, aber unvergessliche Spaziergänge erlauben und sich die einzigartige Blütenpracht des Monte Baldo entfaltet – oder im Herbst, wenn der See nach dem Sommertrubel wieder einsam wird. In den Wintermonaten sind fast alle Hotels und Pensionen und die meisten Restaurants geschlossen.

Bei der Planung eines Kurzurlaubs sollte man bedenken, dass der Gardasee Naherholungsgebiet für die Bewohner der umliegenden Städte ist, die an Wochenenden in großer Zahl hierherströmen.

Verona, Mantua und **Brescia** sind jederzeit ein empfehlenswertes Reiseziel, quirliges Leben füllt ihre Plätze und Straßen zu allen Jahreszeiten, die Sehenswürdigkeiten sind ganzjährig geöffnet, und auch für kulturelle Veranstaltungen ist gesorgt. In den Wintermonaten kann es wegen des einfallenden Nebels jedoch gelegentlich recht ungemütlich werden.

Die Kunstlandschaft des **Trentino** ist, eingebettet in die grandiosen Gebirgslandschaften der südlichen Alpen, in die sowohl nach Osten wie nach Westen vom Etschtal abzweigenden Täler, ein ebenso unbekanntes wie spektakuläres Reisegebiet. Hochsaison ist hier im Sommer mit allen Möglichkeiten des Bergsteigens und -wanderns wie im Winter in den Skizentren der Val di Fassa, Val di Fiemme und in der oberen Valle Rendena um Pinzolo und Madonna di Campiglio. Unvergleichlich ist die Gegend in den Monaten September und Oktober, wenn der Herbst die Wälder mit seinen Farben überzieht und nur noch wenige Touristen die Orte bevölkern.

Anreise

... mit dem Auto
Von Norden kommend führt die Autobahn Brenner – Modena (A 22) nach Verona und weiter nach Mantua, nach Brescia gelangt man von Verona aus über die A 4 (Richtung Milano); beide Autobahnen sind gebührenpflichtig. Die parallel dazu führenden Staatsstraßen (Nr. 12 durch das Etschtal nach Verona, Nr. 62 von Verona nach Mantua und Nr. 11 von Verona nach Brescia) sind zwar gut ausgebaut, jedoch häufig überlastet.

Das Nordufer des Gardasees erreicht man, indem von der A 22 die Ausfahrt Trento-Centro oder Rovereto-Sud nimmt, die Ausfahrt Affi empfiehlt sich für die Südhälfte des Sees.

Die Täler des Trentino sind von der A 22 über die folgenden Ausfahrten zu erreichen: Auer (Ora) für Val di Fiemme und Val di Fassa, San Michele all' Adige für Val di Non und Val di Sole, Trento-Nord für Valsugana und Trento-Centro für die Judikarischen Täler.

Autoreisezüge der Deutschen Bahn fahren von April bis Oktober ab Berlin, Düsseldorf und Hamburg nach Bozen bzw. Verona. Infos im Internet unter: www.dbautozug.de

... mit Bahn und Bus
Internationale **Bahnverbindungen** führen über den Brenner durch das Etschtal nach Verona und von dort weiter nach Mantua oder Brescia. Mit dem Zug kann man auch die Val di Non (Bahnlinie Trento – Malè) und die Orte der Valsugana erreichen; beide Strecken beginnen in Trient.
Infos unter: www.trenitalia.it und www.ttspa.it (für die Strecke Trento – Malè)

Das gesamte, in diesem Buch beschriebene Gebiet ist auch durch ein Netz von **Busverbindungen** erschlossen (nähere Informationen bei den örtlichen Tourismusbüros).

... mit dem Flugzeug
Der Flughafen ›Valerio Catullo‹ westlich von Verona (12 km außerhalb der Stadt) wird regelmäßig von Frankfurt/Main und München mit Lufthansa sowie von Wien mit Air Dolomiti angeflogen.
Infos: bei den Airlines oder am Flughafen Verona oder im Internet unter www.aeroportoverona.it

Unterkunft

Als beliebte Reiseziele bieten die Orte am **Gardasee** reichliche Angebote für unterschiedliche Bedürfnisse und finanzielle Möglichkeiten (Hotels, Pensionen, Ferienwohnungen). An den Seeufern findet sich auch eine große Anzahl von Campingplätzen. An der schmalen Nordhälfte des Sees liegen viele Hotels, Pensionen und Campingplätze an lauten Durchgangsstraßen, eine genauere Erkundigung ist daher besonders angeraten. Vorbestellungen sind am ganzen See in den Monaten Juli bis September unbedingt zu empfehlen.

Stadthotels in **Verona, Brescia** und **Mantua** betreiben häufig kein Restaurant. Vorbestellung ist auch außerhalb der Hochsaison in den Sommermonaten notwendig.

Gute und vielfältige Beherbergungsbetriebe im **Trentino** konzentrieren sich in den Feriengebieten der Dolomiten (Val di Fiemme und Val di Fassa), im Naturpark Adamello-Brenta um Pinzolo und Madonna di Campiglio sowie an den Seen von Molveno, Levico und Caldonazzo.

Eine Liste der Unterkünfte stellen die örtlichen Tourismusbüros zur Verfügung.

Informationen für unterwegs – Von Ort zu Ort

Arco

PLZ 38062
ⓘ A.P.T.
Viale delle Palme 1
Tel. 04 64 51 61 61
Fax 04 64 53 23 93

Sehenswürdigkeiten

Burg Arco
April–Sept. tgl. 9–19, Okt.–März 10–16 Uhr; letzter Einlass 1 Stunde vor Schließung
Burg Drena
7 km nördlich von Arco
März–Okt. Di–So 10–18 Uhr; Nov.–Febr. Sa/So 10–18 Uhr

Restaurant

Alla Lega
Via Vergolano 8
Tel. 04 64 51 62 05
Mi, Mitte Jan.–Mitte März geschl.
Beliebtes Restaurant in einem Palast (15. Jh.) der Grafen von Arco. Man speist im lauschigen Innenhof oder in den freskierten Sälen; die Küche ist bodenständig und bietet viele Gerichte der lokalen Tradition des Trentino. Moderat

Hotelkategorien

Die Besternung entspricht der amtlichen Klassifizierung:

*****	Luxus
****	First Class
***	Komfort
**	Standard
*	Tourist

Avio

Sehenswürdigkeit

Burg Sabbionara d'Avio
März–Sept. Di–So 10–18, Okt.–15. Dez. u. Febr. 10–17 Uhr; 16. Dez.-31. Jan. geschl.

Bardolino

PLZ 37011
ⓘ I.A.T.
Piazzale Aldo Moro
Tel. 04 57 21 00 78
Fax 04 57 21 08 72

Sehenswürdigkeiten

S. Severo, S. Zeno
tgl. geöffnet
Ölmuseum in Cisano
Mo–Di, Do–Sa 9–12.30, 15–19 Uhr, So/Fei nur morgens

Hotel

Alla Riviera***
Lungolago Lenotti 11
Tel. 04 56 21 26 00
www.allariviera.it
Mitte Okt.–Mitte März geschl.
Das charmante Hotel in einer umgebauten Villa des 19. Jh. liegt an der Seepromenade im Zentrum. Individuell gestaltete Zimmer und Suiten mit allem Komfort, hübscher Garten sowie Sonnenterrasse zum See. Schlichtere Dependance. DZ ab 70 € im Haupthaus, ab 50 € in der Dependance

Restaurant

Il Giardino delle Esperidi
Via Mameli 1
Tel. 04 56 21 04 72
Di, Mi mittags geschl.
›Der Garten der Hesperiden‹ ist eine gemütliche, mit italienischen Weinen gut bestückte Enoteca. Die kleine Speisekarte zeigt, dass man die Kochtradition Oberitaliens (mit manchmal gewagten Ausflügen in die Crossover-Mode) pflegt. Mittlere Preise

Besenello

Sehenswürdigkeit

Castel Beseno
Ostern–Juni u. 15. Sept.–15. Nov. Di–So 9.30–17, Juli–14. Sept. 10–18 Uhr

Brescia

PLZ 25121
ⓘ I.A.T.
Via Museo 32
Tel. 03 03 74 94 38 oder 03 03 74 99 16
Fax 03 03 74 99 82
www.bresciaholiday.com

Sehenswürdigkeiten

Duomo Vecchio
April–Okt. Di–So 9–12, 15–19 Uhr, Nov.–März Di–So 10–12, 15–18 Uhr
Kirchen
Alle Kirchen im Ort schließen mittags, meist 12–15, einige bis 16 Uhr. S. Maria dei Miracoli ist So ganztägig, S. Maria del Carmine Mo ganztägig geschlossen; S. Angela Merici ist nur wochentags 7.30–9.30 Uhr und Sonntagnachmittag 15–17.30 Uhr zugänglich.
Kapitolinischer Tempel
Via Musei 55
Di–So 10–13, 14–17.30 Uhr
Museo delle Armi und Museo del Risorgimento
auf der Burg
tgl. 9–19 Uhr
Museo della Mille Miglia
im östlichen Vorort S. Eufemia
Di–So 9.30–18.30 Uhr
Pinacoteca Tosio-Martinengo
Piazza Moretto 4
tgl. 9–19 Uhr
Santa Giulia – Museo della Città
Via Musei 81
Di–So 9.30–17.30, Juni–Sept bis 18 Uhr; Sonderausstellungen tgl. 8.30–20 Uhr

Hotel

Vittoria*****
Via X Giornate 20
Tel. 030 28 00 61
Fax 030 28 00 65
www.hotelvittoria.com
Exklusives Hotel in einem denkmalgeschützten Gebäude (1938 erbaut) zwischen Dom und Piazza della Loggia. DZ 217 €

Restaurant

La Sosta
Via S. Martino della Battaglia 20
Tel. 030 29 56 03
So abends, Mo geschl.
Das Restaurant residiert in den schönen Räumen eines Palazzo aus dem 17. Jh. am Südrand der Altstadt. Fein zubereitete italienische und französische Küchenklassiker. Gehobene Preise

Desenzano

PLZ 25015
ⓘ I.A.T.
Via Porto Vecchio 34
Tel. 03 09 14 15 10
Fax 03 09 14 42 09

Sehenswürdigkeit

Villa Romana
Via Crocefisso 22
März–Okt. Di–So 8.30–19.30, Nov.–Febr. 8.30–17 Uhr

Hotel

Park Hotel****
Lungolago C. Battisti 19
Tel. 03 09 14 34 94
Fax 03 09 14 22 80
Elegantes Hotel in historischem Ambiente. Die Lage an der Uferpromenade ermöglicht kurze Wege aus der Ruhe des angenehmen Hauses zur Kunstbesichtigung und zum Flanieren. Ausstattung und Atmosphäre in der Tradition eines klassischen Hotels des frühen 20. Jh. Das besondere Seegefühl stellt sich auf der wunderschön zum Wasser hin gelegenen Terrasse ein. DZ 140 €

Restaurant

Esplanade
Via Lario 10
Tel. 03 09 14 33 61
Mi geschl.
Hervorragende italienisch inspirierte Küche im nüchternen Innenraum oder auf der angenehmen Terrasse mit weitem Blick über den See. Gehobene Preise

Fiera di Primiero

PLZ 38054
ⓘ A.P.T.
Via Dante 6
Tel. 043 96 24 07
Fax 043 96 29 92

Sehenswürdigkeit

Museum im Palazzo delle Miniere
Juni–Sept. tgl. 16.30–20 Uhr

Hotel

Castel Pietra***
Fraktion Transacqua
Via Venezia 28
Tel. 04 39 61 69 11
Fax 04 38 61 69 01
1. Nov.–20. Dez. geschl.
Komfortables neues Hotel in ruhiger, sonnenverwöhnter Lage. DZ ab 75 €

Garda

PLZ 37016
ⓘ I.A.T.
Lungolago Regina Adelaide 13
Tel. 04 56 27 03 48
Fax 04 57 25 67 20

Hotels

Locanda San Vigilio****
Punta San Vigilio
Tel. 04 57 25 66 88
Fax 04 57 25 65 51
www.locanda-sanvigilio.it
Dez.–Febr. geschl.
Der magische Platz am See, den Agostino Brenzoni, der in der Renaissance die Halbinsel nördlich von Garda gestaltet hat, zwar mit falschen Argumenten, aber doch irgendwie zu Recht als den schönsten Platz der Welt bezeichnete (s. S. 74). Wer das Glück hat, in einem der wenigen Zimmer im ehem. Gästehaus Quartier zu finden, wird Brenzoni heute noch uneingeschränkt zustimmen müssen. DZ ab 200 €

Poiano****
Via Fioria 7
Tel. 04 57 20 01 00
Fax 04 57 20 09 00
www.poiano.it
Nov.–Febr. geschl.
Wer einen Aufenthalt im Club schätzt, ist hier richtig. Ein Hotel mit 90 Zimmern sowie 160 Ferienappartements liegen in einem 60 ha großen, schön angelegten Areal (von Garda 2 km in Richtung Costermano). Supermarkt, Bars und Restaurant, Sportangebote und Animation. DZ ab 90 €, App. ab 35 € pro Person

Regina Adelaide****
Via S. Francesco d'Assisi 23
Tel. 04 57 25 59 77
Fax 04 57 25 62 63
www.regina-adelaide.it
Umgebaute Jugendstilvilla und moderne Dependance in einem mediterranen Park, nur wenige Schritte von der Seepromenade entfernt, doch ruhig gelegen. Ausstattung (inkl. ansprechendem Wellness-Bereich) und kulinarisches Angebot lassen wenige Wünsche offen. DZ ab 160 €

Restaurant

La Casa degli Spiriti
Via Montebaldo 28
Tel. 04 56 20 07 66
Mo, Okt.–Ostern auch Di, Nov. geschl.
Das Restaurant liegt hoch über dem See, von Garda fährt man Richtung Costermano, dann Richtung S. Zeno di Montagna (eine knappe halbe Stunde).
Kein anderer Gourmettempel bietet einen so atemberaubenden Blick, der über den See bis weit in die Hügel des Bresciano und der Lugana reicht. In den oberen Lokalen und auf der Terrasse kann man einen Eiskaffee, einen Drink oder einen Wein aus den hervorragenden Beständen des Hauses und exzellent gekochte kleine Gerichte wählen. Das Reich der wahren Genüsse öffnet sich im eleganten, in den Hang hineingebauten Restaurant, in dem sich feinste Küche, aufmerksamer Service und der unglaubliche Ausblick zu einem Erlebnis verbinden, das seinesgleichen sucht. Gehobene Preise

Gardone Riviera

PLZ 25083

ⓘ I.A.T.
Corso Repubblica 8
Tel./Fax 036 52 03 47

Sehenswürdigkeiten

Botanischer Garten Hruska
März–Okt. tgl. 9–19 Uhr
Vittoriale degli Italiani
April–Sept. tgl. 8.30–20, Okt.–März 9–17 Uhr
Für die *Villa des D'Annunzio* (nur geführte Besichtigung) gelten andere Öffnungszeiten:
April–Sept. Di–So 9.30–19, Okt.–März 9–13, 14–17 Uhr

Hotel

Villa Capri****
Via Zanardelli 172
Tel. 036 52 15 37
Fax 036 52 27 20
Nov.–März geschl.
Angenehmes Hotel in herrlicher Lage inmitten eines Parks direkt am See (am Nordrand des Ortes). Eine Villa des frühen 20. Jh. und ein Neubau bieten den Komfort der oberen Mittelklasse. DZ ab 140 €

Restaurants

Trattoria Agli Angeli
Piazza Garibaldi 2
Tel. 036 52 08 32
Mo, Mitte Nov.–Mitte März geschl.
Lauschiger Gasthof in der Nähe des Vittoriale. Obwohl die Bezeichnung Trattoria etwas anderes nahelegt, wird der Gast hier mit einer feinen, sehr leichten Küche mediterraner Prägung verwöhnt. Mittlere bis gehobene Preise

Villa Fiordaliso
Via Zanardelli 132
Tel. 036 52 01 58
Mo, Di mittags, Nov.–Mitte Febr. geschl.
Elegantes Restaurant in einer am Seeufer gelegenen Jugendstilvilla am Nordrand des Ortes. Im Sommer speist man unter einem weißen Zeltdach im romantischen Garten, in den kälteren Monaten in den prächtig dekorierten Innenräumen. Die hochfeine Gourmetküche wurde vielfach ausgezeichnet, doch mancher erkennt in ihr eher den dekorativen Minimalismus einer überwunden geglaubten Richtung der Nouvelle Cuisine. Gehobene Preise

Gargnano

PLZ 25084
ⓘ Pro Loco
Piazza Feltrinelli 2
Tel./Fax 036 57 12 22

Hotel

Villa Giulia****
Via Rimembranza 20
Tel. 036 57 10 22
Fax 036 57 27 74
www.villagiulia.it
Nov.–März geschl.
Die Villa im viktorianischen Stil liegt direkt am See in einem gepflegten Park; elegante Einrichtung, Wellness-Bereich. DZ ab 200 €

Restaurant

La Tortuga
Via XXIV Maggio 5
Tel. 036 57 12 51
nur abends geöffnet; Di, Dez.–Febr. geschl.
Kleines gemütliches Restaurant beim Hafen. Sehr gute, inspirierte Küche; Spezialität sind die feinen Fischgerichte. Gehobene Preise

Judikarische Täler (Valli Giudicarie)

ⓘ *für die Giudicarie Esteriori:* A.P.T.
Via Cesare Battisti 38d
38077 Terme di Comano
Tel. 04 65 70 26 26
Fax 04 65 70 22 81
für die Guidicarie Interiori: A.P.T.
P.le Ciclamino 36
38086 Pinzolo
Tel. 04 65 50 10 07
Fax 04 65 50 27 78

Sehenswürdigkeiten

Bono del Bleggio
Friedhofskirche S. Felice
15. April–15. Okt. Di u. Sa 15–17 Uhr; außerhalb dieser Zeit Info im A.P.T. Terme di Comano, s. o.

Condino
S. Maria Assunta
Wiedereröffnung im Laufe des Jahres 2006

Stenico
Castel Stenico
Juni–Mitte Sept. Di–So 10–18, Mitte Sept.–Mai 9.30–17 Uhr

Hotel

Park Hotel Villa Luti***
Piazza Risorgimento
38070 Campo Lomaso
Tel. 04 65 70 20 61
In ländlicher Ruhe liegt diese Villa des 19. Jh. umgeben von einem großen Park. Sie ist heute Hotel mit zeitgemäßer Ausstattung, Wellness-Abteilung und gutem Restaurant. Es eignet sich als Quartier für die Kunstreise in den Judikarischen Tälern. DZ ab 60 €

Restaurant

Mezzosoldo
38088 Spiazzo
Fraktion Mortaso
Tel. 04 65 80 10 67
Do, Okt.–Nov., Mai–Juni geschl.
Sehr gutes Traditionsrestaurant, in dem aus ausgesuchten frischen Produkten die Spezialitäten des Trentino in hoher Qualität zubereitet werden. Mittlere Preise. Hier kann man auch übernachten: 26 charmante Zimmer, DZ ab 60 €.

Lazise

PLZ 37017
ⓘ I.A.T.
Via Francesco Fontana 17
Tel. 04 57 58 01 14
Fax 04 57 58 10 40

Hotel

Cangrande***
Corso Cangrande 16
Tel. 04 56 47 04 10
Fax 04 56 47 03 90
www.cangrandehotel.it
Mitte Dez.–Mitte Febr. geschl.
Abseits der Seepromenade liegt am nördlichen Ortsrand die 1930 erbaute Neorenaissance-Villa. Angenehme Atmosphäre, Zimmer mit allem Komfort (besonders schön die Juniorsuite im Turm) und ein gutes Angebot an Weinen der hauseigenen Kellerei Girasole laden ein. DZ ab 100 €

Restaurant

Al Porticciolo
Lungolago Marconi 22
Di, 23. Dez.–1. Febr. geschl.
Das Restaurant am nördlichen Ortsrand (gegenüber dem Yachthafen) ist bekannt für die hervorragende Fischküche. Mittlere Preise

Ledrotal

Sehenswürdigkeit

Museo delle palafitte
(Pfahlbautenmuseum)
März–Nov. Di–So 10–13, 14–18 Uhr

Lonato

Sehenswürdigkeiten

Casa del Podestà
tgl. 10–12, 14.30–18.30 Uhr
Rocca
Sa u. So 10–12, 14.30–18.30 Uhr; Juli u. Aug. tgl.

Restaurant

Da Oscar
Via Barcuzzi 16
Tel. 03 08 13 04 09
www.daoscar.it
Mo, Di mittags geschl.
Das Restaurant liegt außerhalb von Lonato Richtung Padenghe. Von der Terrasse schöner Blick auf den Gardasee, sehr gute Küche, die auf regionalen Produkten basierend die lokale Tradition kreativ verfeinert. Gehobene Preise

Malcesine

PLZ 37018
ⓘ I.A.T.
Via Capitanato 6
Tel. 04 57 40 00 44
Fax 04 57 40 16 33

Sehenswürdigkeit

Castello Scaligero
April–Okt. tgl. 9.30–18 Uhr; Nov.–März Sa, So/Fei 9–17 Uhr

Hotel

Parkhotel Querceto****
im Ortsteil Campiano
Tel. 04 57 40 03 44
Fax 04 57 40 08 48
www.parkhotelquerceto.com
Nov.–April geschl.
Oberhalb des Ortes sehr ruhig gelegen mit Blick über den See; schöner Park, Pool und Wellness-Angebote. DZ ab 120 €

Restaurant

Vecchia Malcesine
Via Pisort 6
Tel. 04 57 40 04 69
nur abends; Mi geschl.
Das kleine Restaurant unterhalb der Pfarrkirche überzeugt mit seinen feinen, phantasievoll abgewandelten Gerichten der italienischen Küche. Einladende Terrasse mit Seeblick. Mittlere Preise

Manerba

Restaurant

Capriccio
Piazza S. Bernardo 6
Fraktion Montinelle
Tel. 03 65 55 11 24
abends geöffnet; mittags nur auf Vorbestellung; Di, Jan.–Febr. geschl.
Elegantes Restaurant, das zu den besten der Gegend gehört. Der Schwerpunkt der feinen, kreativen Küche ist Fisch aus dem offenen Meer (keine Zuchtfische), hausgemachte Nudeln sind selbstverständlich ebenso aber auch Austern, Kaviar und Hummer. Gehobene Preise

Mantua / Mantova

PLZ 46100
ⓘ I.A.T.
Piazza Mantegna 6
Tel. 03 76 43 24 32
www.turismo.mantova.it

Sehenswürdigkeiten

Casa del Mantegna
Via G. Acerbi 47
Di–So 10–12.30, 15–18 Uhr; bei Ausstellungen auch Mo
Palazzo d'Arco
Piazza Carlo d'Arco 4
März–Okt. Di–So 10–12.30, 14.30–18 Uhr; Nov.–Febr. Sa, So/Fei 10–12.30, 14–17 Uhr
Palazzo Ducale
Piazza Sordello
Di–So 8.45–19.15, Einlass bis 18.30 Uhr; 1. Jan., 1. Mai, 25. Dez. geschl.
Die tgl. Besucherzahl in der Camera degli Sposi ist auf 1500 beschränkt. Daher ist vom 15. März–15. Juni und 1. Sept.–15. Okt. Voranmeldung (an der Kasse oder besser unter Tel. 03 12 41 18 97) erforderlich. Sonderführungen *(percorsi aggiuntivi)*, bei denen Räume gezeigt werden, die nicht in den Rundgang durch den Palazzo aufgenommen sind, finden Sa u. So statt (normalerweise 4 x tgl.); Info und Anmeldung im Palazzo oder unter Tel. 03 76 35 21 00.
Palazzo della Ragione
nur bei Ausstellungen Di–So 10–13, 16–19 Uhr
Palazzo San Sebastiano mit Museo della Città
(Stadtmuseum)
Largo XXIV Maggio 12
Di–So 9–18 Uhr, Mo 13–18 Uhr; 1. Jan., 1. Mai, 26. Dez. geschl.
Palazzo Te
Viale Te 13
Di–So 9–18 Uhr, Mo 13–18 Uhr; 1. Jan., 1. Mai, 25. Dez. geschl.
Rotunde San Lorenzo
Piazza Erbe
Mo–Fr 10–13, 15–19 (Nov.–März bis 18 Uhr), Sa, So/Fei 10–18 Uhr
San Sebastiano
Largo XXIV Maggio
15. März–15. Nov. Di–So 10.30–12.30, 15–17 Uhr
Teatro Scientifico Bibiena
Via Accademia 47
Di–So 9.30–12.30, 15–18 Uhr; bei Kongressen geschl.

Hotels

Rechigi****
Via Calvi 30
Tel. 03 76 32 07 81
Fax 03 76 22 02 91
Vor kurzem hervorragend renoviert, wenige Minuten vom Hotel San Lorenzo entfernt. DZ ab 120 €
San Lorenzo****
Piazza Concordia 14
Tel. 03 76 22 05 00
Fax 03 76 32 71 94
Komfortabler Palazzo direkt bei der Rotunde San Lorenzo. DZ ab 150 €

Restaurants

Aquila Nigra
Vicolo Bonacolsi 4
Tel. 03 76 32 71 80
So, Mo, Aug. geschl. (April–Mai u. Sept.–Okt. So mittags geöffnet)
Das elegante Restaurant in den teils freskierten Sälen eines Palastes des 15. Jh. befindet sich in einer Seitenstraße der Piazza Sordello. Die untadelige Küche konzentriert sich auf die klassischen Gerichte der Region, deren eher rustikal-deftiger Charakter hier aufs Köstlichste verfeinert wird. Gehobene Preise
Grifone Bianco
Piazza Erbe 6
Tel. 03 76 36 54 23
Di, Mi mittags, Mitte–Ende Juli geschl.
Unter den Laubengängen des Palazzo della Ragione serviert das Restaurant in mittelalterlichen Räumen Klassiker der Mantuaner Küche in verlässlich guter Qualität. Mittlere bis gehobene Preise
Il Cigno, Trattoria dei Martini
Piazza Carlo d'Arco 1
Tel. 03 76 32 71 01
Mo, Di, Aug. geschl.
Angenehmes Restaurant beim Palazzo d'Arco; exquisite regionale Gerichte. Mittlere bis gehobene Preise

Moniga

Restaurant

Al Porto
Via Porto 29
Tel. 03 65 50 20 63
Mi, Nov.–Mitte Febr. geschl.
Angenehmes Lokal neben der Bootsanlegestelle. Hier kommen fast ausschließlich exzellent zubereitete Süß-

wasserfische auf den Tisch (vom Gardasee, aber auch aus Flüssen der Gegend). Mittlere bis gehobene Preise

Riva

PLZ 38066
ⓘ A.P.T.
Giardini di Porta
Orientale 8
Tel. 04 64 55 44 44
Fax 04 64 52 03 08

Sehenswürdigkeiten

Burg mit Museen
März–Juni Di–So 10–18 Uhr; Juli–Sept. tgl. 10–18 Uhr
Varone-Wasserfall
2,5 km nördlich von Riva
März–Okt. tgl. 10–12.30, 14–17 Uhr; Nov.–Febr. nur Sa, So/Fei

Hotel

Du Lac et Du Parc****
Viale Rovereto 44
Tel. 04 64 56 66 00
Fax 04 64 56 65 66
www.hoteldulac-riva.it
Nov.–Mitte April geschl.
Große moderne Anlage inmitten eines weitläufigen Parks mit Bungalows am Strand. Jeder erdenkliche Luxus, Wellness, Sport, Fitness, Beauty, eigene Ressorts für Kinder. DZ ab 160 €

Restaurant

Al Volt
Via Fiume 73
Tel. 04 64 55 25 70
Mo, Febr., März geschl.
Elegantes wie gemütliches Restaurant mitten in der Altstadt. Den Gast erfreuen exzellente Varianten von Fischgerichten wie Traditionelles der trentinischen Küche. Gehobene Preise

Rovereto

PLZ 38068
ⓘ A.P.T.
Corso Rosmini 6
Tel. 04 64 43 93 63
Fax 04 64 43 55 28

Sehenswürdigkeiten

Burg mit Museo Storico della Guerra
Juli–Sept. Di–Fr 10–18, Sa u. So 9.30–18.30 Uhr; Okt.–Juni Di–So 10–18 Uhr
Casa Museo Depero
Via della Terra 53
zzt. geschl., Wiedereröffnung für 2007 geplant
MART
(Museo d'Arte Moderna e Contemporanea)
Corso Bettini 43
Mo–Do 10–18, Fr 10–21, Sa 10–19, So 10–20 Uhr

Hotel

Rovereto****
Corso Rosmini 82d
Tel. 04 64 43 52 22
Fax 04 64 43 96 44
www.rovhotels.com
Das Traditionshotel mitten im Zentrum. Die aufwändige Renovierung hat das Flair der Belle Epoque bewahrt. Auch die Gastronomie ist zu empfehlen, besonders Weintrinker kommen auf ihre Kosten, da man als Mitglied der renommierten *italywine hotels* Wert auf die Pflege des regionalen Weinkellers legt. DZ ab 105 €

Restaurant

Antico Filatoio
Via Tartarotti 12
Tel. 04 64 43 72 83
Di geschl.
Das gemütliche Restaurant in einer alten Seidenspinnerei serviert solide gekochte italienische Gerichte. Mittlere Preise

Salò

PLZ 25087
ⓘ I.A.T.
Lungolago Zanardelli 52
Tel./Fax. 036 52 14 23

Sehenswürdigkeit

Museo Archeologico
Palazzo Coen
Via Fantoni 49
Mo–Fr 10–12, 16–18, Sa, So/Fei 16–18 Uhr

Hotels

Duomo****
Lungolago Zanardelli 63
Tel. 036 52 10 26
Fax 03 65 29 04 18
www.hotelduomosalo.it
Nov.–März geschl.
Komfortables, neu renoviertes Hotel an der Seepromenade mit Sonnenterrase im 1. Stock und kleinem Fitnesscenter. DZ ab 100 €

Romantikhotel Laurin****
Viale Landi 9
Tel. 036 52 20 22
Fax 036 52 23 82
www.laurinsalo.com
Nov.–März geschl.
Die 1905 von der Kaufmannsfamilie Simonini erbaute Jugendstilvilla in einem reizvollen Park wäre ein berückendes Refugium mit prunkvollen Aufenthaltsräumen und sehr gutem Restaurant in einer kunstvoll freskierten, säulengetragenen Halle – wenn es nicht an der viel befahrenen Ausfallstraße läge. DZ ab 175 €

Restaurants

La Campagnola
Via Brunati 11
Tel. 036 52 21 53
Mo, Di mittags, Jan. geschl.
Wenig oberhalb der Altstadt weiß in dieser modern eingerichteten, aber behaglichen Oase vollendeter Gastlichkeit die Küche regionale Gerichte und hohes Raffinement exzellent zu verbinden. Gehobene Preise

Osteria dell'Orologio
Via Butturini 26
Tel. 03 65 29 01 58
Mi geschl.
In der viel besuchten Enoteca im Parterre bekommt man kleine Gerichte, etwas ruhiger geht es im Restaurant im Obergeschoss zu. Moderat bis mittlere Preise

Trattoria Alle Rose
Via Gasparo da Salò 33
Tel. 036 54 32 20
Mi geschl.
Modern umgebaute Osteria in der Altstadt mit ebenso feiner Küche; ihre Stärken sind die in raffinierter Einfachheit zubereiteten Gardaseefische; dem stehen die der Brescianer Regionalküche entlehnten Gerichte nicht nach. Gehobene Preise

San Martino della Battaglia

Sehenswürdigkeit

Ossarium
tgl. 9–12, 14–18.30 Uhr

San Michele all'Adige

Sehenswürdigkeit

Museo degli Usi e Costumi
(Volkskundemuseum)
im ehem. Augustinerkloster
Via Mach 2
Di–So 9–12.30, 14.30–18 Uhr

Sirmione

PLZ 25019
ⓘ I.A.T.
Viale Marconi 2
Tel. 030 91 61 14
Fax 030 91 62 22

Sehenswürdigkeiten

Burg
Di–So 8.30–19 Uhr

Grotten des Catull
April–Sept. tgl. 9–18, Okt.–März 9–17 Uhr

Hotels

Villa Cortine Palace Hotel*****
Via Grotte 6
Tel. 03 09 90 58 90
www.palacehotelvillacortine.com
Mitte Okt.–Ende März geschl.
Wie auf einem Balkon über dem See liegt inmitten eines über 4 ha großen Parks mit antikisierenden Brunnen die neoklassizistische Villa, die zu den architektonisch reizvollsten und exklusivsten Adressen am See zählt. Wer einmal das Palladio-Gefühl erleben und in höchstem Luxus schwelgen will, ist hier richtig. DZ ab 300 €

Flaminia****
Piazza Flaminia 8
Tel. 030 91 64 57
Fax 030 91 61 93
www.hotelflaminia.com
In der Altstadt am Seeufer gelegen, bietet das Hotel mit Haupthaus sowie Dependance alle Annehmlichkeiten, inklusive Seeblick und Sonnenterrasse. Angeschlossen sind das Caffé Margherita (den ganzen Tag über kleine Gerichte) und das Restaurant Signori (s. u.). DZ ab 115 €

Restaurants

La Rucola
Vicolo Strentelle 3
Tel. 030 91 63 26
Do, Jan.–Mitte Febr. geschl.
Im kleinen, eleganten Restaurant hinter der Skaligerburg wird die italienische und französische Mittel-

meerküche in feinsten Variationen zelebriert. Gehobene Preise

Signori
Via Romagnosi 23
Tel. 030 91 60 17
Mo, Mitte Nov.–Ende Dez. geschl.
Im Zentrum von Sirmione mit Terrasse zum See. Innenräume chic designed. Sehr gute phantasievolle Küche auf der Grundlage klassischer italienischer Tradition. Gehobene Preise

Vecchia Lugana
im Ortsteil Lugana
Piazzale Vecchia Lugana 1
Tel. 030 91 90 12
Mo, Di, Jan., Febr. geschl.; Nov. nur Sa, So geöffnet
Zu Recht eine ›Institution‹ unter den feinen Restaurants am See. Schon seit Jahrzehnten wird hier in modernem, elegantem Ambiente eine Küche geboten, die dem Eigengeschmack der lokalen Produkte verpflichtet ist. Empfehlenswert sind vor allem die Antipasti und die Fischgerichte. Gehobene Preise

Soave

PLZ 37038
ⓘ I.A.T.
Piazza Antenna
Tel./Fax 04 56 19 07 73

Sehenswürdigkeit

Burg
Sommer: Di–So 9–12, 15–18 Uhr; Winter: Di–So 9–12, 14–16 Uhr

Restaurant

Lo Scudo
Via San Matteo 46
Tel. 04 57 68 07 66
So abends, Mo, 3 Wochen im Aug. geschl.
Kleines, angenehmes Restaurant außerhalb der Altstadt; kreative Cuisine, die feine Mittelmeerküche und bäuerliche Traditionen des Veneto exzellent zu verbinden weiß. Gehobene Preise

Solferino

Sehenswürdigkeit

Rotkreuz-Gedenkstätte und Ossarium
Di–So 9–12.30, 14.30–19, Okt.–März bis 17 Uhr

Torbole

PLZ 38066
ⓘ A.P.T.
Lungolago Verona 19
Tel. 04 64 50 51 77
Fax 04 64 50 56 43

Restaurant

La Terrazza
Via Pasubio 15
Tel. 04 64 50 60 83
Di, Nov.–Febr. geschl.
Besonders schön speist man auf der verglasten Terrasse mit Seeblick. Köstliche Gerichte vom Gardaseefisch, die einen kulinarischen Spannungsbogen von den Antipasti über Nudeln und Risotti bis zum Hauptgang führen, darunter auch traditionelle Gerichte, die man in Restaurants nur noch selten findet. Mittlere Preise

Torri del Benaco

PLZ 37010
ⓘ I.A.T.
Viale Fratelli Lavanda 5
Tel./Fax 04 57 22 51 20

Sehenswürdigkeit

Burg mit Museum
Juni–Sept. tgl. 9.30–13, 16.30–19.30, Jan.–Mai, Okt. 9.30–12.30, 14.30–18 Uhr

Hotel

Gardesana***
Piazza Calderini 20
Tel. 04 57 22 54 11
Fax 04 57 22 57 71
www.hotel-gardesana.com
Der 500 Jahre alte Palazzo (s. S. 69) am romantischen Hafen (einer der schönsten Plätze am See!) bietet modernen Komfort, aber vor allem Atmosphäre und eine gute Küche. DZ ab 100 €

Restaurants

Al Caval
Via Gardesana 186
Tel. 04 57 22 50 83
wochentags nur abends geöffnet, So/Fei auch mittags; Mi, Jan.–März geschl.
Im gleichnamigen Hotel am Nordrand des Ortes. Saisonal variierende Gerichte, aus frischen Produkten fein gekocht, genießt man im

eher nüchternen Restaurant oder im hübschen Garten. Mittlere Preise
Gardesana
Di, Nov.–Febr. geschl.
Gute, traditionell italienische Küche im 1. Stock des Hotel Gardesana (s. o.). Besonders romantisch speist man auf der langen Terrasse mit Blick auf den malerischen Hafen und das Kastell. Gehobene Preise

Trient / Trento

PLZ 38100
ⓘ A.P.T.
Via Manci 2
Tel. 04 61 98 38 80
Fax 04 61 23 24 26
www.apt.trento.it
www.trentino.to

Sehenswürdigkeiten

Castello del Buonconsiglio
Via Bernardo Clesio 5
Juni–Okt. Di–So 10–18, Nov.–Mai 9.30–17 Uhr
Dom
tgl. 7–12, 14–18 Uhr
Unterkirche des Doms
(Basilica paleocristiana)
Juni–Sept. Mo–Sa 10–12.30, 14.30–18, Okt.–Mai 10–12.30, 14–17.30 Uhr
Diözesanmuseum
Palazzo Pretorio
Piazza Duomo 19
Mi–Mo 10–18 Uhr
MART
(Museo d'Arte Moderna e Contemporanea)
im Palazzo delle Albere
Via R. da Sanseverino 45
Di–So 10–18 Uhr
Museo di Scienze Naturali
(Naturkundliches Museum)
Via Calepina 14
Di–So 10–18 Uhr
S.A.S.S.
Piazza C. Battisti
Juni–Aug. Di–So 10–12, 14.30–19, Sept.–Mai 9–12, 14.30–18 Uhr

Hotel

America***
Via Torre Verde 52
Tel. 04 61 98 30 10
Fax 04 61 23 06 03
www.hotelamerica.trient.de
Zwischen Castello del Buonconsiglio und Dom zentral gelegen. Ruhige Oase, in der die Einrichtung stilsicher und funktional auf die Bedürfnisse nach Rückzug und Erholung zielt. Von einigen Zimmern genießt man eine schöne Aussicht auf Stadt, Schloss und die umliegenden Berge. DZ ab 95 €

Restaurants

A Le Due Spade
Via Don Rizzi 11
Tel. 04 61 23 43 43
So, Mo mittags geschl.
Edles Restaurant in einer alten Osteria des 16. Jh., davor von Blumenkübeln abgeschirmte Terrasse in einer Seitenstraße der vom Dom zur Etsch führenden Via Verdi. Sehr gute, der klassischen italienischen Küche verpflichtete Kreationen; mittags auch ein Tagesgericht zu moderaten Preisen. Gehobene Preise
Lo Scrigno del Duomo
Piazza Duomo 29
Tel. 04 61 22 00 30
Mo geschl.
Das modern minimalistisch gestaltete Restaurant im Palazzo Balduini bietet mittags kleine Gerichte in der ebenerdigen Wine-Bar und abends feine italienische Küche in den Gewölben des Untergeschosses mit Blick auf Ausgrabungen der römischen Geschichte Trients. Gehobene Preise

Val di Fassa

ⓘ A.P.T.
Stresa de Doleda 10b
38030 Alba di Canazei
Tel. 04 62 60 24 66
Fax 04 62 60 22 78

Restaurant

Malga Panna
Fraktion Sorte
Via Costalunga 56
38035 Moena
Tel. 04 62 57 34 89
Mo, Okt.–Nov., Mai–Juni geschl.
In einer ehemaligen Almhütte am Waldesrand mit weitem Blick über das Tal bereitet die besternte Küche feine Variationen regionaler Gerichte und Leckereien bester italienischer Tradition. Gehobene Preise

Val di Fiemme

ⓘ A.P.T.
Via F.lli Bronzetti 60a

38033 Cavalese
Tel. 04 62 24 11 11
Fax 04 62 24 11 99

Sehenswürdigkeit

Palazzo della Magnifica Comunità mit Pinakothek und Museum
Viale Libertà
38033 Cavalese
wegen Renovierung voraussichtlich bis 2012 geschl.

Hotel

Park Hotel Villa Trunka Lunka***
Via De Gasperi 4
38033 Cavalese
Tel. 04 62 34 02 33
Fax 04 62 34 05 44
Gut ausgestattetes Hotel etwas abseits vom Zentrum. Nur HP ab 45 € pro Person

Restaurant

El Molin
Via C. Battisti 11
38033 Cavalese
Tel. 04 62 34 00 74
Dez.–März nur abends geöffnet; Di, Mai, Nov. geschl. Verfeinerte Regionalküche und italienische Klassiker in einer umgebauten Mühle aus dem 17. Jh. Gehobene Preise

Val di Non

ⓘ A.P.T.
Via Roma 21
38013 Fondo
Tel. 04 63 83 01 33
Fax 04 63 83 01 61

Sehenswürdigkeit

Castel Thun
Vigo di Ton
zugänglich nur Park/Garten
Juli–Aug. Di–So 10–18 Uhr

Val di Sole

ⓘ A.P.T.
Via Marconi 7
38027 Malè
Tel. 04 63 90 12 80
Fax 04 63 90 15 63

Valeggio sul Mincio

PLZ 37067
ⓘ Pro Loco
Piazza Carlo Alberto
Tel. 04 57 95 18 80

Sehenswürdigkeit

Parco Giardino Sigurtà
März–Nov. tgl. 9–19 Uhr

Restaurants

Al Cappello
Via A. Murari 90
Tel. 04 57 95 21 48
In der Nähe des Parco Giardino Sigurtà bietet das angenehme Restaurant in historischem Ambiente regionale Küche (jedoch keine Tortellini!). Mittlere Preise
Alla Borsa
Via Goito 2
Tel. 04 57 95 00 93
Di abends, Mi, Juli–Mitte Aug. geschl.
Berühmt ist das Traditionshaus im Zentrum für seine Tortellini, die hier im hausgemachten, hauchdünnen Teig je nach Saison gefüllt werden (im Frühling mit Ricotta und Kräutern, im Herbst mit Kürbis, das ganze Jahr über mit der für die Tortellini di Valeggio typischen Fleischfarce). Empfehlenswert auch der Zickleinbraten im Frühjahr und die Wildgerichte im Herbst. Mittlere Preise
Antica Locanda Mincio
in Borghetto
Tel. 04 57 95 00 59
Mi, Do, Nov. Febr. geschl.
Ein absolutes Muss: die alte Poststation mit freskierten, balkengedecken Innenräumen, davor ein lindenbestandener Garten am Ufer des Mincio mit Blick auf das alte Dorf Borghetto und den Ponte Visconteo; es gibt wenige Orte mit solch einem italienischen *genius loci.* Die Küche ist bodenständig-regional. Mittlere Preise

Valsugana

ⓘ A.P.T.
Via 3 Novembre 15
38057 Pergine
Tel. 04 61 53 12 58
Fax 04 61 53 12 69

Hotel/Restaurant

Castel Pergine*
Via al Castello 10
38057 Pergine
Tel. 04 61 53 11 58
Fax 04 61 53 13 29
www.castelpergine.it
Nov.–Ostern geschl.
Bestes Einsterne-Hotel der Welt wird es gern genannt,

und da ist einiges dran. Das exzellent geführte Hotel in der Burg oberhalb des sehenswerten Städtchens Pergine beeindruckt nicht nur mit mittelalterlichem Ambiente, sondern auch mit wohnlichen Zimmern und wechselnden Ausstellungen zeitgenössischer Künstler im gesamten Burgbereich sowie einem guten Restaurant, das die regionale Küche in hervorragender Manier pflegt. HP ab 55 € pro Person

Restaurant

Trattoria Maso Cantanghel
Via Madonnina 33
38045 Civezzano
Tel. 04 61 85 87 14
Sa, So geschl.
Das kleine Speiselokal in der heimeligen Stube des Weinhofes Cantanghel an den Hängen über Civezzano ist viel gerühmt wegen der Kochkunst von Frau Lucia. Es gibt nur ein Menü mit vorwiegend trentinischen Gerichten, das Signora Lucia aus sorgfältigst ausgewählten frischen Produkten zaubert; eine Oase der Gastlichkeit und Teller für Teller die Entdeckung, welch hohen Genuss die vermeintlich ›arme‹ Küche bereiten kann. Mittlere Preise

Verona

ⓘ I.A.T.
Piazza Bra
37121 Verona
Tel. 04 58 06 86 80
Fax 04 58 00 36 38
www.tourism.verona.it

Sehenswürdigkeiten

Arena
Piazza Bra
Di–So 9–19 Uhr, bei Opernaufführungen 9–15.30 Uhr
Castelvecchio mit Museo Civico d'Arte
Corso Castelvecchio 2
Mo 13.45–19.30, Di–So 8.30–19.30 Uhr; Einlass bis 18.30 Uhr
Dom S. Maria Matricolare
Mo–Sa 10–17.30, So/Fei 13.30–17.30 Uhr
Galleria d'Arte Moderna Palazzo Forti
Vicolo Volto Due Mori
Di–So 10–18, Einlass bis 17 Uhr
Giardino Giusti
Via Giardino Giusti 2
tgl. 9–20 Uhr, im Winter bis Sonnenuntergang
Haus der Julia
Via Cappello 23
Mo 13.30–19.30, Di–So 9–19 Uhr
Museo Lapidario
(Museum Maffeianum)
Piazza Bra 28
Mo 13.45–19.30, Di–So 8.30–14 Uhr
Museo Miniscalchi-Erizzo
Via S. Mamaso 2
So–Fr 11–13, 16–19, Juni–Sept. nur 11–13 Uhr
Museo di Storia Naturale
(Naturkundliches Museum)
Lungadige Porta Vittoria 9
Mo–Do, Sa 9–13, So 14–19 Uhr
Palazzo Comunale und Torre dei Lamberti
bis 2007 geschl.
S. Anastasia, S. Zeno, S. Procolo
Mo–Sa 9.30–18, So/Fei 13–18 Uhr
S. Fermo Maggiore, S. Lorenzo
Mo–Sa 10–18, So/Fei 13–18 Uhr
S. Francesco al Corso mit Grab der Julia und Museo degli Affreschi
Via Shakespeare
Mo 13.45–19.30, Di–So 8.30–19.30 Uhr
Scavi Scaligeri
Piazza dei Signori
bei Ausstellungen Di–So 10–19 Uhr
Teatro Romano und Museo Archeologico
Regaste Redentore 2
Mo 13.45–19.30, Di–So 8.30–19.30 Uhr

Hotels

Gabbia d'Oro*****
Corso Porta Borsari 4a
Tel. 04 58 00 30 60
Fax 045 59 02 93
www.hotelgabbiadoro.it
Wunderschöner kleiner Palast mit eleganter Ausstattung für das fast private Wohnen. Der ideale Ort in Verona, mitten im Zentrum eine ruhige und intime Oase des Luxus. DZ ab 280 €
Grand Hotel****
Corso Porta Nuova 105
Tel. 045 59 56 00
Fax 045 59 63 05
www.grandhotel.it
Der elegante Palazzo einer österreichischen Adelsfamilie aus den 1920er-Jahren wurde durch aufwändige Renovierungsarbeiten zu ei-

ner modernen Luxusherberge umgebaut ohne seinen historischen Charme zu verlieren. DZ ab 180 €

Victoria****
Via Adua 5
Tel. 045 59 05 66
Fax 045 59 01 55
www.hotelvictoria.it
Stilsicher modernisierter Palazzo aus dem 16. Jh. in zentraler, jedoch ruhiger Lage. Heller Empfangsbereich und moderner Frühstücksraum, geschmackvoll eingerichtete Zimmer, teilweise mit edlen Antiquitäten. Erfreulich die eigene Parkgarage im Keller. DZ 280 €

Aurora**
Piazza Erbe
Tel. 045 59 47 17
Fax 04 58 01 08 60
www.hotelaurora.biz
Zentraler geht's nicht mehr. Direkt an der Piazza delle Erbe gelegenes einfaches Haus mit funktionaler Ausstattung und entspannter Atmosphäre. Phantastischer Blick von der hoteleigenen Terrasse. DZ ab 100 €

Restaurants

Al Cristo
Piazzetta Peschiera 6
Tel. 045 59 42 87
Mo geschl.
Feine Küche internationaler Prägung (auch Austern, Kaviar und Foie gras fehlen nicht) in einem Gebäude des 16. Jh. nahe dem Ponte Nuovo. Gehobene Preise

Al Pompiere
Vicolo Regina di Ungheria 5
Tel. 04 58 03 05 37
So, Mo mittags geschlossen.
Eine der ältesten Trattorien in Verona, zwischen Piazza Erbe und dem Haus der Julia. Beliebt ist sie vor allem wegen ihrer exzellenten Auswahl an regionalen Wurst- und Käsesorten. Serviert werden auch die eher deftig-rustikalen Gerichte der Region. Mittlere Preise

Arche
Via Arche Scaligere 6
Tel. 04 58 00 74 15
So, Mo mittags, Jan. geschl.
Das traditionsreiche elegante Restaurant ist seit 1879 Familienberieb. Exquisite italienische Küche. Gehobene Preise

Bottega del Vino
Via Scudo di Francia 3
Tel. 04 58 00 45 35
Di, Mai geschl.
In dieser weltberühmten Osteria steht im Gegensatz zu vielen Lokalen mit dieser Bezeichnung, wirklich der Wein im Mittelpunkt. In der nahezu unverfälschten Atmosphäre eines Lokals (und alten Weinhandlung) aus dem 19. Jh. kann der Gast aus einem Angebot von über 2800 Weinen wählen. Sollte er nicht eine ganze Flasche köpfen wollen, wird er auf der riesigen Tafel fündig, die über der stets von Veronesern und Touristen belagerten Theke hängt. Darauf sind über 100 Weine mit Kreide notiert – alle werden glasweise ausgeschenkt. Er kann sich aber auch an einem der Holztische niederlassen, um die Antipasti aus der Vitrine und die kleinen warmen Gerichte zu genießen (traditionelle Veroneser *piatti* mit Polenta, Würsten und Pferdeschmorfleisch). Auch der rückwärtige Restaurantbereich mit weiß eingedeckten Tischen mag nicht der ideale Platz für Menschen sein, die gerne während des Essens meditieren und ehrfürchtig vor einer Flasche Wein sitzen. Es ist eng und gelegentlich laut. Doch das souverän präsentierte Essen fordert ebenfalls die Aufmerksamkeit des Feinschmeckers: Risotto all' Amarone, Bigoli alle Sarde und die Bistecca sind beispielsweise immer perfekt. (Auf Vorbestellung auch nach Opernaufführungen in der Arena geöffnet.) Mittlere bis gehobene Preise

Il Desco
Via Dietro S. Sebastiano 7
Tel. 045 59 53 58
So, Mo geschl.
Eines der besten Restaurants Italiens hat seinen grandiosen Auftritt in einem über 400 Jahre alten Palast. In dessen opulent freskierten und mit wunderschönen Spiegeln dekorierten Speisesaal diniert es sich auf hohem Niveau. Die traditionellen Gerichte der Region dominieren, wobei sie hier nach den höchsten Maßstäben einer neuen Küche verfeinert sind. Daneben begeistern auch Gerichte wie Steinbutt auf getrüffeltem Kartoffelbett den Genießer einer aktuelleren Küchentradition. Sehr teuer

La Fontanina
Via Portichetti Fontanelle 3
Tel. 045 91 33 05
So, Mo mittags, 2 Wochen im Aug. geschl.
Aus der ehem. Osteria bei der Kirche S. Stefano ist ein elegantes, doch charmantes Restaurant geworden. Innovative Küche, die Elemente italienischer Tradition aufnimmt und sie in einfallsreichen Kreationen neu kombiniert. Gehobene Preise

Tre Marchetti
Vicolo Tre Marchetti 19b
Tel. 04 58 03 04 63
So (Juli–Aug. Mo) geschl.
Dicht gedrängt speisen die Gäste in diesem meist überfüllten Restaurant hinter der Arena. Hier kriegt man auch nach den Opernvorstellungen noch etwas zu essen, angeblich begegnet man dabei auch den Sängern des Abends. Die Qualität des Essens (vorwiegend regionale Küche) ist mäßig, aber deswegen kommt man ja auch nicht hierher. Gehobene Preise

Volargne

Sehenswürdigkeit

Villa del Bene
Di–So 9–12, 15–18 Uhr (während der Öffnungszeiten am Tor klingeln)

Die Küche am Gardasee

Die Spezialität am **Gardasee** sind die Fische aus dem See, vor allem Lachsforelle *(trota salmonata)*, Blaufelchen *(corregone* oder *lavarello)*, Sardinen *(sarde)* und Schleie *(tinca)*. Als köstliches Hauptgericht werden sie häufig nur kurz gegrillt und bei Tisch mit dem milden *olio extra vergine* vom Gardasee beträufelt. Sie geben jedoch auch Pasta und Risotto ihr unverwechselbares Aroma oder werden mariniert als Antipasti gereicht.

Der Rest der Speisekarte besteht häufig aus dem, was man so als *cucina italiana* kennt, also Pasta in den gewohnten Variationen und gebratenes oder gegrilltes Fleisch mit Gemüse. Es lohnt jedoch, sich auch hierbei auf die Suche nach den traditionellen Gerichten der Region zu begeben, die je nach historischer Zugehörigkeit entweder von der Veroneser oder der Trentiner Küche beeinflusst sind.

Typisch für die **Veroneser** Küche sind *sarde in saor* (in Zwiebeln, Essig, Pinienkernen und Rosinen eingelegte Sardinen), *risotto all'amarone* (Risotto mit Rotwein), *bigoli alle sarde* (grobe Nudeln mit einer würzigen Sardinensauce), *pasta e fasoi* (Nudeln mit dicken Bohnen) oder *pastissada de caval* (in Rotwein stundenlang geschmortes Pferdefleisch).

Recht deftig-rustikal mag es auch die **Mantuaner** Küche. Hier liebt man ebenso wie in Verona luftgetrocknete Würste, Spezialitäten sind die *tortelli di zucca* (mit Kürbis gefüllte Teigtaschen) und *tortellini* mit Fleischfüllung (je nach Saison auch mit Wild, vor allem Wildente). Hauptspeisen sind Fische aus den Seen und Flüssen um Mantua; Fleisch (auch von Esel und Pferd) kommt typischerweise als Schmorbraten mit würzigen Saucen auf den Tisch, in der Jagdsaison findet man Hasenbraten *(lepre)* und gebratene und gefüllte Wildenten *(anatra)*. Zum Abschluss sollte man Käse wählen, denn dazu schmeckt die Mantuaner *mostarda* (in Senf eingelegte Früchte) besonders gut.

Das **Trentino** gehörte jahrhundertelang zum Habsburgerreich. Daher mischen sich hier österreichische und italienische Traditionen; Gulasch mit Knödeln, Kraut mit

Würsten und geräuchertem Fleisch oder Apfelstrudel sind nicht etwa eine Konzession an den Tourismus. Vorspeisen sind hier mehr rustikale Suppen wie die Graupensuppe und eher Knödel bzw. Nocken als Nudeln, z. B. die eigenartigerweise *strangolapreti* (Priesterwürger) genannten Spinatnokken. Typisch ist die Polenta, die nicht nur zu kurzgebratenem oder geschmortem Fleisch serviert wird, sondern auch in schmackhaften Zusammenstellungen mit den Produkten der Region gegessen wird (mit Walnüssen und Ricotta, geschmolzenem Käse, mit Pfifferlingen und Steinpilzen oder einer der vielen Wurstsorten). Eine delikate Spezialität ist *carne salada,* in Salz, Kräutern und Gewürzen eingelegtes Rindfleisch, das roh oder gegrillt zu Bohnen gegessen wird.

Vor allem der Gardasee ist schon seit den 1950er-Jahren ein viel besuchtes Feriengebiet, sodass in vielen Restaurants die immer gleichen Vorlieben der Touristen (Pasta und Pizza) auf den Tisch kommen. Wer das Besondere sucht, wird bei den Restaurant-Empfehlungen dieses Buches fündig (Tischreservierung ist ratsam).

Wein

Der bekannteste Wein des **Gardasees** ist der rote *Bardolino,* der aus den drei Sorten Corvina, Molinara und Rondinella gekeltert wird. Meist ein anspruchsloser Massenwein, zeigt er nur bei guten Winzern (z. B. Ca' Bottura und Guerrieri-Rizzardi in Bardolino) seinen feinen, fruchtigen Charakter. In den Moränenhügeln südlich des Sees wird die Trebbiano-Rebe angebaut, aus der der fruchtig-geschmeidige Weißwein *Lugana* entsteht (empfehlenswert von Ca' dei Frati, Lugana di Sirmione; Ottella, S. Benedetto di Lugana).

Das Städtchen **Soave,** östlich von Verona, hat dem dort produzierten Weißwein (Rebsorte: Garganega) seinen Namen gegeben. Das Anbaugebiet ist riesig und liefert überwiegend Tropfen minderer Qualität. Nur die Weine der Kernzone ›Soave Classico‹ zeichnen sich durch ihre frische Säure und ihr leichtes Mandelaroma positiv aus. Empfehlenswerte Winzer: Pieropan, Soave; Gini, Monteforte d'Alpone.

In der **Valpolicella,** an den Hängen der Lessinischen Berge im Nordosten von Verona, wird der gleichnamige Rotwein produziert (wie der Bardolino aus den Sorten Corvina, Molinara und Rondinella). Qualitätsansprüchen genügen nur Weine mit der Bezeichnung ›Valpolicella classico‹, die von selbstständigen Winzern gekeltert werden; sie zeichnen sich durch angenehme Frucht und nur leichtes Tannin aus. Besonderheiten sind der Recioto und der Amarone, die durch ein aufwändiges Verfahren gewonnen werden. Nach der Lese werden die Trauben der o. g. drei Sorten den Winter über in luftigen Räumen getrocknet. Durch die Vergärung dieser rosinenartig konzentrierten Beeren entsteht der *Recioto,* ein manchmal leicht moussierender Dessertwein mit ausgeprägter Restsüße, oder der durchgegorene, wuchtig-alkoholreiche *Amarone,* ein idealer Begleiter zu würzigen Fleischgerichten. Empfehlenswerte Winzer: Masi, S. Ambrogio di Valpolicella; Le Ragose, Arbizzano di Negrar; Quintarelle, Negrar; Tedeschi, Pedemonte).

Im **Trentino** findet man ordentliche Weine von den Hängen des Etschtals und aus dem Cembra-Tal. Gute Rotweine entstehen aus den autochthonen Reben Marzemino und Teroldego sowie aus den Sorten Cabernet und Merlot. Daneben gibt es passable Weißweine (Chardonnay, Muskateller, Weißburgunder und der für die Gegend um Rovereto typische Nosiola). Genossenschaftskellereien produzieren meist nur anspruchslose Massenweine (lobenswerte Ausnahme: La Vis in Lavis bei Trient), daher kauft man besser bei selbstständigen Winzern, z. B. Foradori (Mezzolombardo), Maso Bergamini (Cognola bei Trient), Castel Noarna (Nogaredo), Pojer & Sandri (Faedo), Tenuta San Lorenzo (Avio).

Kurzinformationen von A bis Z

Apotheken/Ärzte

Apotheken *(Farmacia)* sind zu den normalen Geschäftszeiten geöffnet. Jede Apotheke hält einen Kalender bereit bzw. hängt ein Schild aus, denen zu entnehmen ist, welche Apotheken im Umkreis nachts und an Feiertagen geöffnet sind.

In den größeren Orten des Gardasees sowie in den Städten stehen deutschsprachige **Ärzte** zur Verfügung. Die örtlichen Tourismusbüros helfen weiter. Für Mitglieder der gesetzlichen Krankenkassen ist unter Vorlage der European Health Card die Behandlung kostenlos.

Autofahren

Verkehrsregeln: Die Höchstgeschwindigkeit in geschlossenen Ortschaften beträgt 50 km/h, außerhalb 90 km/h, auf Autobahnen 130 km/h (bei schlechtem Wetter und entsprechenden Straßenverhältnissen 110 km/h). Die Promillegrenze ist 0,5.

Autofahrer müssen außerhalb geschlossener Ortschaften auch tagsüber das Abblendlicht einschalten, Motorradfahrer auch innerorts.

Im Innenraum des Autos muss eine Sicherheitsweste mitgeführt werden und bei Pannen oder Unfällen von der Person getragen werden, die aus dem Auto aussteigt.

Alle Verstöße (auch gegen Parkverbote) werden mit drastischen Geldstrafen geahndet, die direkt vor Ort zu entrichten sind.

Parkplätze am Rand innerstädtischer Fußgängerzonen sind entweder für Anlieger reserviert oder meist belegt. Es empfiehlt sich, stadtnahe Parkhäuser anzufahren: in **Verona** Parking Cittadella und Parcheggio Arena (beide gut ausgeschildert in Seitenstraßen des Corso Porta Nuova); in **Brescia** Autosilo Piazza Vittoria; in **Trient** Parcheggio Europa in der Via Petrarca. In **Mantua** gibt es kein Parkhaus, doch findet man am Seeufer in der Nähe des Palazzo Ducale genügend Plätze.

Tankstellen außerhalb der Autobahnen sind mittags meist 12–14.30 und abends ab 19 Uhr geschlossen, mit wenigen Ausnahmen auch Samstagnachmittag und sonn- und feiertags. 24-Stunden-Service bieten Selbstbedienungstankstellen *(self-service 24 ore)*, die mit automatischen Zapfsäulen ausgestattet sind (zu bedienen mit Bargeld, manchmal auch mit Kreditkarten).

Der **Pannendienst** des Automobil Club d'Italia (ACI) ist (auch für Nicht-Mitglieder) rund um die Uhr erreichbar: Tel. 80 31 16, vom Mobiltelefon nicht-italienischer Netzbetreiber unter Tel. 800 11 68 00.

Diplomatische Vertretungen

Generalkonsulat der BRD
Via Solferino 40
20100 Mailand
Tel. 026 23 11 01

Generalkonsulat der Republik Österreich
Piazza del Liberty 8
20100 Mailand
Tel. 02 78 37 41

Generalkonsulat der Schweiz
Via Palestro 2
20100 Mailand
Tel. 027 77 91 61

Feiertage

1. Januar (Neujahr)
6. Januar (Hl. Drei Könige)
Ostermontag
25. April (Tag der Befreiung)
1. Mai (Tag der Arbeit)
2. Juni (Tag der Republik)
15. August (Mariä Himmelfahrt, *ferragosto*)
1. November (Allerheiligen)
8. Dezember (Mariä Empfängnis)
25./26. Dezember (Weihnachten)

Geld

EC- und master-cards werden fast überall akzeptiert; andere Kreditkarten seltener, oft nur in Hotels und guten Restaurants, in Einkaufszentren und exklusiven Geschäften.

Bargeld kann man mit EC-/Kreditkarten an Bankautomaten rund um die Uhr abheben. Bankschalter sind meist Mo–Fr 8.30–12.45 und 14.45–16 Uhr geöffnet.

Linienschifffahrt

Alle Orte am Gardasee werden von Linienschiffen angelaufen. Eine Autofähre verbindet ganzjährig Torri del Benaco und Maderno, im Juli/August auch Desenzano und Riva (Ein-/Ausschiffung von Fahrzeugen nur dort). Fahrpläne gibt's an den Anlegestellen oder unter www.navigazionelaghi.it.

Notruf

Polizei: Tel. 113
Notarzt, Bergrettung: Tel. 118
Feuerwehr: Tel. 115

Post

Außer den Hauptpostämtern in den Städten und größeren Orten sind Postämter häufig nur bis 13 Uhr geöffnet.

Telefon

Im italienischen Festnetz ist die Ortsvorwahl inkl. der ›0‹ Bestandteil der Rufnummer und muss bei Ortsgesprächen wie auch bei Gesprächen vom Ausland immer mitgewählt werden.

Landesvorwahlen
nach Italien: 00 39
nach Deutschland: 00 49
nach Österreich: 00 43
in die Schweiz: 00 41

Urlaubsaktivitäten

Angeln
Man benötigt eine Angellizenz und eine Tageskarte für die einzelnen Fischgewässer. Beide kann man vor Ort kaufen (Infos bei den Tourismusbüros).

Bergwandern/Klettern
Ein angenehmes und gut markiertes Wandergebiet am Gardasee erschließt sich auf den Höhen des Monte Baldo. Klettersteige findet man vor allem in den steil aufragenden Felsen des Sarcatals nördlich von Arco (auch berühmtes Zentrum des Free-Climbing).

Ideal für Bergwanderer und Kletterer sind die spektakulären Landschaften der Dolomiten in der Val di Fiemme und der Val di Fassa sowie der Naturpark Adamello-Brenta.

Erfahrene Berggeher wissen, was sie im Hochgebirge zu beachten haben. Weniger Geübten sei ans Herz gelegt, sich nur mit bergtauglicher Ausrüstung (mindestens Bergschuhe, ausreichender Kälte- und Regenschutz) auf den Weg zu machen und die eigene Leistungsfähigkeit richtig einzuschätzen. Anzeichen für Wetterveränderungen sind unbedingt zu beachten. Eine Selbstverständlichkeit ist außerdem, dass man auf den Wegen bleibt, keine Abkürzungen nimmt und keinerlei Abfall (auch nicht auf Berghütten) zurücklässt. Wander- und Kletterführer, die detaillierte Tourenbeschreibungen mit Zeitangaben und Schwierigkeitsgraden enthalten, sind für größere Unternehmungen unerlässlich. In allen größeren Orten stehen erfahrene Bergführer zur Verfügung.

Drachen-/Gleitschirmfliegen
Dieser Sport kann sowohl an der Nordhälfte des Gardasees wie in vielen Orten des Trentino ausgeübt und gelernt werden. Info bei den lokalen Turismusbüros.

Golfplätze
Arzaga Golf Club
Carzago della Riviera
Tel. 030 68 06 00
www.palazzoarzaga.it
Exklusiver Golf-Resort in den Hügeln westlich von Desenzano mit 5-Sterne-Hotel in einem historischen Palazzo. 18- + 9-Loch-Platz, der auch Gästen offen steht.
Golf Bogliaco
Tel. 03 65 64 30 06
www.golfbogliaco.com
18-Loch-Platz
Golf Club Ca' degli Ulivi
Marciaga di Costermano
Tel. 04 56 27 90 30
18- + 9-Loch-Platz, 3 km östlich von Garda
Gardagolf Country Club
Soiano del Lago
(bei Desenzano)
Tel. 03 65 67 47 07
www.gardagolf.it
18- + 9-Loch-Platz

Golf Club Verona
Sommacampagna
Tel. 045 51 00 60
www.golfclubverona.com
18-Loch-Platz zwischen Verona und Peschiera
Golf Club Campo Carlo Magno
Madonna di Campiglio
Tel. 04 65 42 06 22
www.golfcampocarlomagno.com
9-Loch-Platz; spektakuläre Lage am Pass Campo di Carlo Magno zwischen den Gebirgsmassiven der Brenta und des Adamello
Golf Club Folgaria
Costa di Folgaria
(nordöstl. von Rovereto)
Tel. 04 64 72 04 80
9-Loch-Platz

Segeln/Surfen
Der schmale Nordteil des Gardasees ist weltbekannt für diese Sportarten. Segel- und Surfschulen (mit Verleih) konzentrieren sich hier in großer Zahl. Über die Bestimmungen (z. B. Sicherheitsausrüstung, Mindestabstand zur Küste) informieren die Hafenämter *(Ispettorati di Porto)*. Zur eigenen Sicherheit ist die eingehende Information über die speziellen (meist periodisch auftretenden) Winde am Gardasee unerlässlich. Für Anfänger empfehlen sich die ruhigeren Gewässer in der breiten Südhälfte des Sees.

Surfen ist auch am Idrosee und allen Seen des Trentino möglich.

Tauchschulen
Am Gardasee befinden sich Tauchschulen in den Orten Riva, Salò, Desenzano, Peschiera, Torri del Benaco und Malcesine; im Trentino in Levico Terme.

Wildwassersport
Zentren sind der Oberlauf des Noce in der Val di Sole und der Oberlauf des Sarca in den Judikarischen Tälern.

Wintersport
Wintersportzentren sind die Val di Fassa und Val di Fiemme in den Dolomiten sowie das Skigebiet von Madonna di Campiglio-Folgaria-Marilleva. Kleinere Skiregionen befinden sich in der Hochebene von Folgaria (nordöstlich von Rovereto), am Monte Bondone und in der Paganella (westlich von Trient). Die schönsten und längsten Langlaufloipen gibt es in der Val di Fiemme.

Vergnügungsparks
Canevaworld
(südl. von Lazise)
Tel. 04 56 96 99 00
www.canevaworld.it
Mai–Sept. tgl. 10–18, Juli–Aug. bis 19 Uhr, Okt nur Sa, So (ohne Wasserpark)
Wasservergnügungspark mit Movie Studios Park (nachgebaute Sets bekannter Actionfilme, u. a. mit Videovorführungen und Stunts); zu festen Zeiten Ritterturniere und mittelalterliches Mahl.
Gardaland
(südl. von Lazise)
Tel. 04 56 44 97 77
www.gardaland.it
Ostern–Sept. tgl. 9.30–18 Uhr (Mitte Juni–Mitte Sept. 8.30–24 Uhr); Okt. u. Dez. Sa, So u. 26. Dez.–6. Jan. 10–18.30 Uhr
Großer Vergnügungspark mit allerlei Attraktionen à la Disneyland (u. a. Piratenschiff, Ägyptische Tempel, Merlins Zauberburg) und Fahrgeschäften; dazwischen Animationen und Shows.
Parco Natura Viva
Bussolengo-Pastrengo
Tel. 04 57 17 01 13
www.parconaturaviva.it
März–Okt. tgl. 9–18 Uhr
Einerseits Zoo, wo seltene und vom Aussterben bedrohte Tiere in großzügigen Arealen leben, andererseits eine Art Safaripark mit Tieren der afrikanischen Savanne, den man nur mit dem Auto besichtigen kann (dem eigenen oder vor Ort zu mieten); dazu recht suggestiver Dinosaurierpark.

Veranstaltungskalender

Februar
Der berühmteste Karneval wird in **Bagolino** mit jahrhundertealten Masken und Tänzen gefeiert.

Mit großem Aufwand wird auch der *Carnevale Asburgico* in **Madonna di Campiglio** zelebriert: Umzug, Feste und ein großer Ball in Kostümen der Habsburger Monarchie erinnern an die berühmtesten Gäste hier, das Kaiserpaar Franz Joseph und Sissi.

Mai
Historische *Mille Miglia*, berühmtes Oldtimer-Rennen über ›Tausend Meilen‹

von **Brescia** nach Rom und zurück.

Mai/Juni
Die internationalen Klavier-Festspiele werden im Teatro Grande in **Brescia** veranstaltet.

Juni
In der letzten Juniwoche feiert **Trient** die *Feste Vigiliane* zu Ehren des Stadtpatrons Vigilius: mit großem historischem Umzug, Feuerwerk, Festen und dem *Palio dell' Oca* (Geschicklichkeitswettbewerb der Bootsmannschaften auf der Etsch).

Juni–September
Zahlreiche Burgen im gesamten **Trentino** sind Schauplatz einer Reihe kultureller wie vergnüglicher Veranstaltungen bei den Trentiner Schlossfestspielen. Von der Rocca in Riva del Garda bis zu den Burgen der Valsugana und der Val di Non bilden sie die malerische Kulisse für Konzerte, Theater- und Ballettaufführungen oder Feste in historischen Kostümen. Informationen erhält man über Touristenbüro in Trient.

Die Festspielsaison in der Arena von **Verona** mit ihren weltberühmten Opernaufführungen im römischen Amphitheater wird jedes Jahr im Juli und August veranstaltet. In allen größeren Urlaubsorten bieten Reisebüros Busfahrten zu den Aufführungen an.
Infos und Kartenbestellung:
Fondazione Arena
Via Dietro Anfiteatro 6b
37121 Verona
Tel. 04 58 00 51 51
Fax 04 58 01 32 87
www.arena.it
Zur gleichen Zeit ist das Teatro Romano in Verona Kulisse für die *Estate Teatrale* (Shakespeare-Festival mit Stücken des großen englischen Dramatikers sowie von diesen inspirierten modernen Aufführungen).

Die Konzertreihe *Estate Musicale del Garda* wird in **Salò** und in **Gardone** präsentiert.

Theater, Ballett und Konzerte sind im Theater des Vittoriale in **Gardone** zu bewundern.

Für Musikliebhaber gibt es Konzerte im Hof des Palazzo Martinengo, Via Musei 32 in **Brescia.**

August
Wettfahrten in historischen Ruderbooten an vielen Orten des **Gardasees** im Rahmen der *Gara delle Bisse.* Die *Notte delle Favole in Riva* ist ein Fest mit großem Seefeuerwerk, das an die Seeschlacht der Venezianer gegen die Mailänder erinnert.

Wochenmärkte am Gardasee

Sie sind vor allem bei Touristen sehr beliebt. Dort finden sie Lederwaren aller Art, Unterwäsche, Kleidung und diverseste Lebensmittel. In Bezug auf die Qualität der feilgebotenen Waren sollte man sich keine Illusionen machen, was die eine oder andere erfreuliche Entdeckung nicht ausschließt.

Montag: Moniga, Peschiera, Torri del Benaco
Dienstag: Castelletto di Brenzone, Desenzano, Limone (erster und dritter Di im Monat)
Mittwoch: Arco (erster und dritter Mi im Monat), Lazise, Riva (zweiter und vierter Mi im Monat)
Donnerstag: Bardolino, Toscolano
Freitag: Garda, Manerba, Sirmione
Samstag: Malcesine, Salò

Zeitungen

Deutsche Tageszeitungen und Illustrierte kann man am Gardasee und in Verona überall kaufen, in Brescia und Mantua nur an wenigen Kiosken und am Bahnhof. In den großen Urlaubsorten des Trentino sind die wichtigsten zumindest in der Hochsaison (Juli–Sept. und in den Skiorten Dez.–März) erhältlich.

Die regionalen Tageszeitungen bieten auch für den, der die italienische Sprache nur in Grundzügen beherrscht, interessante Tipps für Veranstaltungen. Es sind: für Verona und das Ostufer des Gardasees *L'Arena,* für Mantua *Gazzetta di Mantova,* für Brescia und das Westufer des Gardasees *Giornale di Brescia,* für das Trentino *Adige.*

Abbildungsnachweis

Action Press/Retna Pictures Ltd., Hamburg S. 41 (o.)
akg-images/Electa, Berlin S. 258
Michael Bengel, Köln S. 328
Bildagentur Huber, Garmisch-Partenkirchen Innenklappe vorne, S. 8, 11, 15, 17, 51, 72, 100, 122, 125, 127, 128/129, 196/197, 206, 260/261, 264, 277, 279, 326/327, 346, 364, 367
Bildagentur Scala, Florenz S. 28, 55 (© Palazzo Ducale Venezia), 253, 306/307, 310
Bildagentur Speranza, Mailand S. 182 (Gianni de Polo), 294 (Giuseppe Farfagna), 203 (Francesco Milanesio), 211 rechts, 221, 242 (Mark Smith)
Bilderberg/Frieder Blickle, Hamburg Titel
HB Verlag, Ostfildern S. 141 (Udo Bernhart), 284/5 (Axel M. Mosler), 288 (Udo Bernhart), 323 (Udo Bernhart)
Gerold Jung, Ottobrunn S. 295, 377
Peter Mertz, Innsbruck S. 200, 339
picture-alliance/akg-images /Erich Lessing, Frankfurt/M. S. 283, 363
Franca Speranza, Mailand/I/Perina 280
Martin Thomas, Aachen S. 202, 205, 245
VISUM/Gerhard Krewitt Hamburg S. 318, 372, 374

Abbildungen und Grundrisse aus anderen Werken

Abb. S. 56 aus: Giacomo Trimeloni, Malcesine, Edizioni di ›Vita Veronese‹
Abb. S. 95 aus: Sirmione – La Rocca scaligera, Sistema bibliotecario Alto Garda
Abb. S. 111 aus: Tulio Ferro, Villa romana e Monumenti di Desenzano del Garda, Fausto Sardini
Abb. S. 141 aus: Guida al Duomo di Salò, Sistema bibliotecario Alto Garda, Grafo edizioni
Abb. S. 179 aus: Federico dal Forno, Il Teatro Romano di Verona, Edizione di ›Vita Veronese‹
Grundrisse S. 293 (2) aus: Reclams Kunstführer Italien I/1, Ph. Reclam jun. Verlag, Ditzingen
Abb S. 299: mit freundlicher Genehmigung Musei Civici dei Brescia, Brescia
Grundriss S. 328 aus: Reclams Kunstführer Italien II/2, Ph. Reclam jun. Verlag, Ditzingen
Grundriss S. 337 aus: Guida alla Visita – Castel Beseno, mit freundlicher Genehmigung des Castello del Buonconsiglio. Monumenti e Collezioni Provinciali, Trento
Abb. S. 53, 317 aus: Antonio Zieger, Storia della regione tridentina, Trient 1981

Alle nicht eigens aufgeführten Abbildungen stammen von Walter Pippke, Stuttgart und aus dem Archiv der Autoren bzw. dem Verlag.

Für einige wenige Abbildungen konnten die Rechteinhaber nicht ermittelt und um Genehmigung ersucht werden. Wir bitten die betreffenden Autoren bzw. Verlage, sich zu melden.

Kartografie: DuMont Reisekartografie, Puchheim, © MAIRDUMONT, Ostfildern

Register

Personen

Accoramboni, Vittoria (Herzogin) 139
Adalbert (Sohn Berengars II.) 81
Adalpret I. (Bischof) 352
Adelheid (röm.-dtsch. Kaiserin) 40, 79ff.
Agatha, hl. 220
Agello, Francesco 112
Aistulf (langob. König) 20
Albert (österr. Erzherzog) 156
Alberti, Giuseppe (Maler) 120, 371
Alberti, Leon Battista (Architekt) 262, 276, 278, 279, 282
Alberti-Poja, Francesco (Bischof) 319
Alboin (langob. König) 224
Alexander (russ. Zar) 75
Altichiero da Zevio (Maler) **38**, 182, 188, 207, 212, 213, 243
Amalaswintha (ostgot. Königin) 178
Amigoni, Ottavio (Maler) 189
Andrea d'Arco (Graf) 155
Ansa (langob. Königin) 105, 289, 297
Anselmi, Giorgio (Maler) 109, 254
Arco (Grafengeschlecht) 154, 280, 321
Attila (Hunnenkönig) 33
Authari (langob. König) 58

Badile, Antonio (Maler) 254, 255
Bartolino da Novara (Architekt) 268, 270
Bartolo, Nanni di (Bildhauer) 215, 234
Barucco, Giacomo (Maler) 189
Baschenis (Malerfamilie) **40,** 166f., **347f.,** 355, 358
Baschenis, Angelo (Maler) 347, 358
Baschenis, Battista (Maler) 347, 378
Baschenis, Cristoforo I (Maler) 348, 356
Baschenis, Cristoforo II (Maler) 321, 348, 361
Baschenis, Dionisio (Maler) 348, 356
Baschenis, Dionisio II (Maler) 167
Baschenis, Giovanni (Maler) 347, 373, 377, 378
Baschenis, Simone (Maler) 373, 377
Baschenis, Simone II (Maler) 40, 167, 347, 348, 355, 356, **357f.,** 359, 361, 378
Bassano, Francesco (Maler) 303, 362
Bassano, Jacopo (Maler) 362
Belenzani, Rodolfo 316
Belisar (Feldherr) 18
Bellini, Jacopo (Maler) 303
Benaglio, Francesco (Maler) 215, 255
Benedetti (Bildhauerfamilie) 153
Benedetti, Cristoforo (Bildhauer) 338, 364
Berardo Maggi (Bischof) 293
Berengar I. (ital. Kaiser) **67ff.,** 91
Berengar II. von Ivrea (ital. König) 21f., 34, **40,** 79
Bernardo Cles (Bischof) 36, **42,** 119, 313, **317,** 319, 328, 332, 334f., 346, 353, 354, 362, 363, 371, 373, 376
Bernardo Oliba (Bischof) 104
Bertanza, Andrea (Maler) 92, 118, 126
Bettoni (Familie) 128
Bibiena, Antonio (Architekt) 280
Boccaccio, Giovanni (Dichter) 189
Boito, Arrigo (Dichter) 101
Bonacolsi (Familie) 259, 260, 261, 265, 266, 268
Bonatti, Angelo (Orgelbauer) 69
Boniforte da Concorezzo, Giovanni (Händler) 278
Bonmartini, Dionisio (Maler) 158
Bonsignori, Francesco (Maler) 232, 244, 255
Bonvicino, Alessandro s. Moretto, Alessandro
Borgani, Francesco (Maler) 269
Boschetto, Isabella (Geliebte von Federico II.) 283, 287
Boso von Vienne (niederburg. König) 68
Botta, Mario (Architekt) 338
Brennus (kelt. Stammesfürst) 32
Brenzone, Agostino (Humanist) 73f.
Bretana, Simone (Maler) 232
Briosco, Andrea, gen. Il Riccio (Bildhauer) 236

Brooke, Arthur (Schriftsteller) 204
Brunelleschi, Filippo (Maler) 262
Brusasorci (Malerfamilie) 229
Brusasorci, Domenico (Maler) 226, 229, 238, 242, 342
Brusasorci, Felice (Maler) 155, 220, 227
Bunneri Kerami (Künstler) 300
Buoninsegna, Bonaventura (Maler) 216
Burckhardt, Jacob (Kunsthistoriker) 96, 181, 185, 241
Byzantiner 18f., 34

Caesar (röm. Staatsmann) 33, 101
Calderini, Domizio (Gelehrter) 70
Caliari (Bildhauer) 211
Caliari, Paolo, gen. Veronese s. Veronese
Callas, Maria 40f.
Candid, Petrus (Maler) 305
Canossa (Grafengeschlecht) 260
Canossa, Mathilde (Markgräfin) 260, 278
Carducci, Giosuè (Schriftsteller) 101
Carlo Alberto (piemont. König) 77
Carlo Emanuele (Fürstbischof) 160f.
Caroto, Giovanni Francesco (Maler) 212, 227, 228, 239, 255, 342
Carra, Antonio und Giovanni (Bildhauer) 304
Carrara, Francesco da 189f.
Castelbarco (Grafengeschlecht) 154, 335, 340
Castelbarco, Guglielmo II. von (Graf) 340
Catull (Dichter) 100f., 106
Cavalli, Alberto (Maler) 201
Cavour, Camillo Benso di (Politiker) 94
Caylina, Paolo da (Maler) 301, 303, 308
Celesti, Andrea (Maler) 109, 123, 130, 142, 169
Cemmo, Giovan Pietro da (Maler) 170
Childerich (Heerführer) 58
Cignaroli, Giambettino (Maler) 52
Civerchio, Vincenzo (Maler) 303, 305
Clemente da Brescia (Maler) 360
Clouets, François (Maler) 302
Coccaia, Merlino (Dichter) 118
Como, Ugo da (Politiker) 114f.
Corbarelli (Bildhauer) 116
Corradi, Francesco (Maler) 365
Costa, Ippolito (Maler) 269
Costa, Lorenzo d. J. (Maler) 273, 275
Cristoforo Madruzzo (Bischof) 314, 317
Cucchi, Antonio (Maler) 309

D'Annunzio, Gabriele (Dichter) **38f.,** 134, **135ff.**
Dante (Dichter) 41, 43, 91, 101, 182, 202f., 207
Depero, Fortunato (Künstler) 339
Desiderata (langob. Prinzessin) 20, 42
Desiderius (langob. König) 20, 34, **42,** 289, 297, 298
Deutschen 37, 143
Dickens, Charles (Schriftsteller) 174, 204
Domenico da Firenze 97
Donatello (Maler) 262
Donati, Carlo (Maler) 349
Donna Rachele (Rachele Guidi, Ehefrau Mussolinis) 143f.
Dossi, Battista und Dosso (Maler) 320, 322
Dunant, Henri 99
Dürer, Albrecht (Maler) 154, 333, 372

Etrusker 15, 16, 32
Ezzelino da Romano 118f., 181, 182, 290, 316, 363

Falconetto, Giovanmaria (Maler, Architekt) 219, 231f., 244, 254, 257, 281, 333, 341
Fancelli, Luca (Maler) 262, 268, 275, 277
Farinati, Paolo (Maler) 92, 105, 114, 149, 227, 229, 231, 238
Feltre, Bernardino da (Pater) 316
Ferdinand I. (röm.-dtsch. Kaiser) 320
Ferdinand II. (röm.-dtsch. Kaiser) 262f.
Ferramola, Floriano (Maler) 115, 301, 305
Fettis, Domenico (Maler) 269
Feuerbach, Anselm 160
Filippo Juvarra (Baumeister) 279
Fogolino, Marcello (Maler) 158, 320, 321, 322, 325
Folengo, Girolamo s. Coccaia, Merlino

Foppa, Vincenzo (Maler) 302, 305
Formosus (Papst) 67
Foscolo, Ugo (Dichter) 115
Fra Giovanni (Maler) 228
Fra Giovanni da Verona (Architekt) 229
Fracastoro, Aventino 234
Franken 21, 34, 67, 85, 148, 315
Franzosen 94f., 99, 115f., 318, 331, 342
Friedrich I. Barbarossa (röm.-dtsch. Kaiser) 26, 35, 81, 131, 181, 290
Friedrich II. (röm.-dtsch. Kaiser) 26f., 35, **181f.**
Friedrich von Wangen (Bischof) 35, 316, 325, 328, 332
Frisone, Guglielmo da (Baumeister) 310

Gambara, Lattanzio (Maler) 301
Gandino, Antonio (Maler) 304
Gandino, Bernardino (Maler) 304, 305
Garibaldi, Giuseppe (Freiheitskämpfer) 171
Germanen 18, 33, 315
Gerolamo da Brescia (Maler) 302
Gerolamo da Romano, gen. Romanino s. Romanino
Ghitti, Pompeo (Maler) 311
Giambono, Michele (Maler) 215
Giocondo, Fra Giovanni (Architekt) 208
Giolfino, Nicolò (Maler) 212, 220, 228, **229,** 244, 255
Giotto (Maler) 41, 64, 207
Giusti (Familie) 230
Goethe, Johann Wolfgang von 49, 52, **56ff.,** 59, 173, 195, 199, 230
Gonzaga (Familie) 30, 43, 131, 260, 261ff., 263, 264, 266ff., 275, 276, 283, 286
Gonzaga, Ercole (Kardinal) 275
Gonzaga, Federico II. 262, 283f., 287
Gonzaga, Ferdinando (Kardinal, Herzog) 270, 275
Gonzaga, Francesco (Kardinal) 282
Gonzaga, Francesco I. 261, 270
Gonzaga, Francesco II. 262, 276, 282
Gonzaga, Francesco IV. 262
Gonzaga, Gianfrancesco (Sohn von Guido) 261, 268
Gonzaga, Guido 261
Gonzaga, Isabella d'Este (Gräfin) 30, 43, 91, 101, **112f.,** 262, 263, 276, 283f., 286, 287
Gonzaga, Ludovico II. 262, 270f., 273
Gonzaga, Vincenzo I. 262, 270
Gonzaga-Nevers (Adelsgeschlecht) 262f.
Gregor VII. (Papst) 24
Gregor IX. (Papst) 26
Gregorovius (Kulturhistoriker) 80
Guardi, Francesco (Maler) 366
Guido (Wido, Sohn Berengars II.) 81

Habsburger 263
Hadrian I. (Papst) 20, 34, 42
Hannibal (karthag. Staatsmann) 17, 33
Hans von Ulm (Schnitzer) 143
Heine, Heinrich (Dichter) 173, 174f., 194, 195, 199, 318
Heinrich IV. (röm.-dtsch. Kaiser) 24
Heinrich VII. (röm.-dtsch. Kaiser) 185
Heller, André (Künstler) 137
Hildebrand (Herrführer) 76
Hruska, Dr. Artur (Arzt) 137f.
Hugo von Vienne (Graf) 79
Humboldt, Alexander von (Naturforscher) 369
Hunnen 33

India, Bernardino (Maler) 231, 238, 255
Investiturstreit **22ff.,** 34, 179f.
Ippolito da Brescia (Maler) 360
Italienische Einigungskriege 13, 31, 36f., **93ff.,** 126, 291, 311, 319

Jarola, Beltrame de (Architekt) 231
Johannes X. (Papst) 68
Johannes XII. (Papst) 21, 34
Johannes von Hinderbach (Bischof) 316
Juden 316
Julia 43, 202
Julius II. (Papst) 36, 90
Justinian (oström. Kaiser) 178

Kafka, Franz (Schriftsteller) 121

Karl (fränk. König) s. Karl der Große
Karl der Große (röm.-dtsch. Kaiser) 20, 21, 34, 42, 58, 85, 352
Karl III., der Dicke (röm.-dtsch. Kaiser) 21, 34, 67
Karl V., (röm.-dtsch. Kaiser) 262, 274
Karl Albert (König von Sardinien und Piemont) 93f.
Karl Borromeo 133
Kelten **17,** 32f., 175, 289, **298**
Konrad II. (röm.-dtsch. Kaiser) 118, 313, 315
Konradin 27
Konstantin (röm. Kaiser) 19, 22, 33

Lamberti, Stefano (Bildhauer) 309
Lamberto von Spoleto 67
Langobarden 19f., 34, **82f.,** 101, 104, 105, 148, 178, 289, 297f., 315, 350
Lantana, Battista (Architekt) 291
Lechi, Giacomo (Maler) 309
Leopold (österreich. Kaiser) 154
Leyniers, Nikolaus (Teppichknüpfer) 276
Liberale da Verona (Maler) 212, 220, 236, 244
Libri, Gerolamo dai (Maler) 62, 212, 232, 244
Liga von Cambrai 36, **90,** 113
Limonare **72f.,** 75, 123
Lodron (Grafengeschlecht) 167, 168, 345f., 360
Lombardische Ligen 26, 27, 35
Lothar (ital. König) 79f.
Lotto, Lorenzo (Maler) 303
Ludwig (ital. König) 68
Luther, Martin (Reformator) 131
Lutti, Vincenzo 348

Machiavelli, Niccolò (Schriftsteller) 28
Maestro Nicolò (Bildhauer) 217, 247
Maffei, Scipione 198
Malaspina, Spinetta 188
Mann, Thomas (Schriftsteller) 121
Mantegna, Andrea (Maler) **43,** 252, 255, 259, 262, 271ff., 279, 282, 283
Marie Louise (franz. Kaiserin) 75
Maria Theresia (österr. Kaiserin) 263, 269, 280
Marone, Benedetto (Maler, Mönch) 302
Marone, Pietro (Maler) 169
Martinengo, Camillo (Graf) 139
Martinengo da Barco, Leopardo (Graf) 302
Martino da Verona (Maler) 213, 235, 239, 252
Mastino II. 218
Maximilian (röm.-dtsch. Kaiser) 325, 339
Mazzanti (Familie) 201
Meinhard II. (Graf) 352
Meister Anselmo (Baumeister) 363
Meister Briolotus (Architekt) 247
Meister Guglielmus (Bildhauer) 249
Meister Nartziss (Maler) 368
Meister Wenzeslau (Maler) 322
Mengozzi-Colonna, Girolamo (Maler) 304
Menzel, Adolph (Maler) 199
Mestre, Antonio da (Bildhauer) 235
Miniscalchi (Familie) 216
Monga, Andrea (Archäologe) 224
Montagna, Bartolomeo (Maler) 231, 232
Montaigne, Michel de (Schriftsteller) 121, 173
Montecchi (Familie) 204
Monteverdi, Claudio (Komponist) 262
Morando, Paolo, gen. Cavazzola (Maler) 228, 232, 255
Morano, Barnaba da 235
Moretto, Alessandro (Maler) **43f.,** 116, 142, 227, 293, 301, **303,** 308, 309, 310
Morone, Domenico (Maler) 232, 255, 268
Morone, Francesco (Maler) 212, 228, 229, 255, 257
Moscardo, Ludovico (Gelehrter) 216
Mozart, Wolfgang Amadeus (Komponist) 338
Mussolini, Benito (ital. Staatsmann) **31f.,** 37, **143f.**

Napoleon Buonaparte (franz. Kaiser) 30, 36, 152, 191, 225, 269
Napoleon III. (franz. Kaiser) 94f.
Narses (Feldherr) 18
Nevers, Carlo I. (Herzog) 263
Noë, Heinrich 101, 144

Odorico d'Arco (Graf) 155, 157
Odwakar (Germanenfürst) 18, 33f., 177, 315

Olivieri, Matteo und Andrea (Bildhauer) 361
Orsini, Paolo Giordano (Herzog) 139
Österreicher 13, **30f.,** 36, 50, 56, **93ff.,** 99, 119, 164, 167, 191, 225, 342
Ostgoten 18, 76, 178
Otto I., der Große (röm.-dtsch. Kaiser) 22, 34, 40, 80f., 131, 179, 315

Pallavicino, Sforza (Marchese) 139
Palma il Giovane (Maler) 78, 143, 232
Paolo Veneziano (Maler) 133, 142
Paul VI. (Papst) 294
Paynter, William (Dichter) 204
Pellegrini, Giovanni (Maler) 170
Petacci, Claretta (Geliebte Mussolinis) 143f.
Petrarca, Francesco (Dichter) 261
Piccinino, Giacomo 115
Pippi de'Januzzi, Giulio s. Romano, Giulio
Pippin (fränk. König) 20, 58, 85, 179, 224
Pisano, Antonio gen. Pisanello (Maler) **44,** 214, 234f., 262, 268f.
Pitentino, Alberto (Architekt) 260
Pius II., Piccolomini (Papst) 271
Plinius d.J. 195
Polenta, Samaritana da 188, 195
Porticella, Claudia 160f.
Porto, Luigi da (Schriftsteller) 204
Pratis, Eugenio 334
Prato da Caravaggio, Francesco (Maler) 309

Radetzky, Joseph (Feldmarschall) 94
Raffael (Maler) 275, 302
Rama, Camillo (Maler) 305
Ratoldo (Bischof) 85
Republik Venedig s. Serenissima
Ricci, Eugenio (Maler) 309
Riemenschneider, Bartholomäus Tilmann (Maler) 274, 322f.
Risorgimento s. Italienische Einigungskriege
Romanino, Gerolamo (Maler) **44f.,** 142, 227, 293, 294, 300, 303, 304, 308, 309, 320, 321
Romano, Giulio (Giulio Pippi de'Januzzi, Architekt, Maler) 220, 259, 262, 268, 274f., 276, 281, 282, 286f.
Römer 15, **17f.,** 33, 49, 101, **110f.,** 131, 159, 175ff., **194,** 202, 222, 224, 232, 289, **296f.,** 313, 315, 333
Romulus (röm. Kaiser) 18, 33
Rotes Kreuz 99
Rovisi, Valentino (Maler) 366, 372
Rubens, Peter Paul (Maler) 262, 269
Rudolf II. von Hochburgund (westfränk. König) 69, 79

Sacchi, Filippo 197, 198
Sambonifacio, Grafen 180, 182, 183, 210
Sandrini, Tommaso (Maler) 141, 170, 304, 305
Sanmicheli, Michele (Architekt) 74, 78, 198, 205, 220, 226, 228, 232, 237, 241, 242, 255, 256, 342
Sanseverino, Roberto (Herrführer) 165, 331, 335
Sansovino, Andrea (Baumeister) 140
Sassi, G.B. (Maler) 309
Savoldo, Gerolamo (Maler) 228, 303
Scala (Familie) s. Scaligeri
Scala, Alberto della 104, 184, 195, 222
Scala, Alberto II. della 186
Scala, Alboino della 184
Scala, Antonio della 70, **188f.,** 190, 243
Scala, Bartolomeo della (Bischof) 218
Scala, Bartolomeo della (Sohn Albertos) 184
Scala, Bartolomeo della (Bruder Antonios) 188, 243
Scala, Brunoro della 190
Scala, Cangrande I. della 35, **41f., 185f.,** 206, 207, 245
Scala, Cangrande II. della **187,** 233, 243
Scala, Cansignorio della 115, 129, **187f.,** 205, 208, 243, 256
Scala, Fregnano della 187, 233, 243
Scala, Mastino I. della 104, 182, **183,** 208, **209f.**
Scala, Mastino II. della 29, **186,** 218, 290
Scala, Paolo Alboino della 188
Scala, Regina della 188, 190
Scaligeri (Familie) 28, 35, 36, 59, 70, 88, 91, 98, 101, 119, **182ff., 207f.,** 217, 243, 256, 260f.
Scheffel, Viktor von (Schriftsteller) 160

Schopenhauer, Arthur (Philosoph) 121
Serafin, Tullio (Dirigent) 196, 204
Serenissima **29f.,** 36, **53f.,** 87, 88, 90, 108, 119, 139, 165, 168, 183, 186, 190, 336, 338
Shakespeare, William (Dramatiker) 43, 173f., 204
Sigismund (röm.-dtsch. Kaiser) 262
Sigismund der Münzreiche (Graf) 336, 368
Signorien **28f.,** 35, 183, 290
Sorbolo, Nicolò 54
Sorisene, Pierantonio (Maler) 311
Stadtrepubliken, ital. 24ff., 35
Stefano da Verona (da Zevio) (Maler) 235
Stendhal (Schriftsteller) 121
Stephan II. (Papst) 20, 34
Stephan V. (Papst) 67
Stilicho (Feldherr) 33
Straudenfuchs, Jakob (Maler) 354

Tagliaferri, Antonio (Architekt) 115
Theoderich der Große (ostgot. König) 18, 33f., **177f.,** 195, 224, 315
Thun (Grafengeschlecht) 374
Tieck, Ludwig (Schriftsteller) 139
Tiegen, Johann van (Teppichknüpfer) 276
Tiepolo, Giambattista (Maler) 109
Tiepolo, Giandomenico (Maler) 304
Tintoretto, Domenico (Maler) 227
Tintoretto, Jacopo (Maler) 226, 227, 244, 303
Tizian (Maler) 218, 310
Todeschini, Giulio (Architekt) 109
Torbido, Francesco (Maler) 220, 228
Tosio, Paolo (Graf) 302
Trapp (Grafengeschlecht) 336
Treviso, Gabriele da 131
Trotti, Battista (Maler) 143
Turone (Maler) 188, 215, 216
Turrisendo dei Turrisendi 81

Uguccione della Faggiola (Heerführer) 41
Ulrich II. (Bischof) 315, 328
Unterperger (Malerfamilie) 371

Vallorsa, Cipriano (Maler) 378
Vandelli, Giorgio (Historiker) 97f.
Vantini (Baumeister) 126
Vatikan 19, 21
Vega, Lope de (Dichter) 204
Vendôme, Louis (General) 154, 331
Verdi, Giuseppe (Komponist) 31, 194, 196
Vergil (Dichter) 49
Veronese, Paolo (Maler) 226, 227, 231, 244, 255
Veronese, Zenon (Maler) 109, 140, 142, 143, 149
Vespasian (röm. Kaiser) 289, 296, 297
Viani, Antonio Maria (Architekt) 262, 270, 274
Vigilius (Bischof) 375
Viktor Emanuel II. (ital. König) 95
Villani, Matteo 189
Visconti (Familie) **29f.,** 36, 44, 53f., 119, 131, 139, 261
Visconti, Azzone 290
Visconti, Bernabò 115, 188
Visconti, Giangaleazzo 35, 36, **45, 96f.,** 188, 189

Wenzel (König von Böhmen) 188
Wido von Spoleto 67
Wimmer, Louis 133f.

Zacchi, Zaccaria (Bildhauer) 320
Zevio, Stefano da (Maler) 216

Orte

Ala 339
Andalo 355
Anfo 171
Arco 153ff.
Assenza 63f.
Avio 341

Bagolino 168ff.
Banale (Landschaft) 354
Bardolino 82ff.
Besenello 335
Biasa 65f.
Bogliaco 127ff.
Bono del Bleggio 321
Borghetto di Valeggio sul Mincio 36, **96ff.**
Borgo Valsugana 365
Brentonico 153
Brescia 16, 17, 30, 33, 34, 35, 36, 43, **288ff.**
- Broletto 294f.
- Burg 311

- Domplatz (Piazza Paolo VI) 291ff.
- Duomo Nuovo 293f.
- Duomo Vecchio 292f.
- Kapitolinischer Tempel 296f.
- Loggia 295
- Museo della Città s. Santa Giulia
- Museo della Mille Miglia 311
- Piazza della Loggia 295
- Pinacoteca Tosio-Martinengo 302f.
- San Francesco 308ff.
- San Giovanni Evangelista 305f.
- San Pietro in Oliveto 311
- San Salvatore (s. a. Santa Giulia) 19, 288, 289, 297, **298ff.**
- Sant'Agata 311
- Sant'Alessandro 303
- Sant'Angela Merici 303
- Santa Giulia 297f.
- Santa Maria dei Miracoli 310
- Santa Maria del Carmine 305
- Santa Maria in Solario 297, 300
- Santi Faustino e Giovita 304
- Santi Nazaro e Celso 310
- Santissimo Corpo di Cristo 302

Brescianer Riviera 50, **125f.**

Calavino 160
Caldes 377
Caldonazzo 364
Calliano 335
Campitello di Fassa 369
Campo 348
Canale 164
Carisolo 347, **358f.**
Cassone 62
Castel Beseno 335f.
Castel Pietra 337
Castel Romano 360
Castel Stenico 352ff.
Castel Thun 374
Castellaro Lagusello 99
Castelletto di Brenzone 64f.
Castello di Sabbionara 340ff.
Castello Tesino 366f.
Castione 153
Cavaion Veronese 88
Cavalese 370f.
Cavedinetal 159
Celledizzo 378
Cembra 371f.
Cisano 86f.
Civezzano 361f.
Cles 376
Cogolo 378
Colli Storici 96
Cologna 162f.
Comasine 378
Condino 360f.
Coredo 375
Crosano 153
Cusiano 378

Daiano 371
Dambel 376
Dardine 375
Dasindo 350
Desenzano del Garda 36, **108ff.**
Dimaro 377
Drena 159
Drò 158

Etschtal 9, 29

Fiavè 350
Fiera di Primiero 367f.
Flavon 372

Garda 40, **75ff.**
Gardasee 10, 11, **12f.,** 30, 36, **48ff.**
Gardesana occidentale 122, 144
Gardesana orientale 56
Gardone Riviera 38f., **133ff.**
Gargnano 126f.
Gorg d'Albis, Wasserfall 166

Idro 171
Idrosee 11, **167,** 171
Isola di Garda 144
Isola San Biagio 147

Javré 355f.
Judikarische Täler 345ff.

Lago d'Ampola 166
Lago di Cavedine 159
Lago di Lamar 162
Lago Santo 162
Lago di Toblino 160f.
Lasino 159
Lazise 36, 88ff.
Ledrosee 164f.
Ledrotal 164f.
Levico Terme 364
Limone 122f.
Lisignago 372
Lodrone 167
Lonato 113ff.
Loppiosee 55
Lugana (Weinbaugebiet) 98f.
Lundo 350

Maderno s. Toscolano-Maderno
Madonna di Campiglio 359
Madonna di Monte Castello 124f.
Madruzzo, Castel 159f.
Maguzzano, Abtei 116f.
Malcesine **55ff.,** 151, 365
Manerba 148f.
Mantua 259ff.
- Bischofspalast 266

- Casa di Giulio Romano 282
- Casa di Boniforte 278
- Casa del Mantegna 282
- Dom San Pietro 266, **276**
- Fischhalle (Pescheria) 281
- Palazzo Acerbi/Palazzo Guerreri 266
- Palazzo Bonacolsi-Castiglione 266
- Palazzo d'Arco 280f.
- Palazzo del Broletto 277
- Palazzo della Ragione 277f.
- Palazzo di Giustizia 281f.
- Palazzo Ducale 260, 262, 264, **266ff.**
- Palazzo San Sebastiano 282f.
- Palazzo Sordi 280
- Palazzo Te 220, 260, 262, 264, **283ff.**
- Piazza Broletto 259, **277**
- Piazza delle Erbe 277f.
- Piazza Sordello 259, **265**
- Pescheria s. Fischhalle
- Rigoletto-Haus 276
- Rio 281
- Rotunde San Lorenzo 259, 260, **278**
- San Francesco 281
- San Sebastiano 282
- Sant'Andrea 262, 276, **278f.**, 282
- Teatro Scientifico Bibiena 280
- Torre della Gabbia 266

Marmitte dei Giganti 52, 54
Marocche (Landschaft) 158f.
Mincio (Fluss) 92, 96ff.
Moena 368f.
Molina di Ledro 164f.
Molveno 354f.
Molvenosee 354f.
Moniga 149
Monte Baldo 62, **151f.**
Monte Bondone 162
Monte Luppia 73
Montinelle 147

Nago 53f.
Naturpark Adamello-Brenta 359, 373

Ossana 378

Padenghe 149
Padergnone 160
Parco Natura Viva 90
Peio 378
Pellizzano 378
Pelugo 356
Pergine 362ff.
Peschiera 91f.
Piano di Commezzadura 377f.
Piazzo 372
Pieve di Bono 359f.
Pieve Tesino 366
Pieve di Tremosine 124
Pinzolo 356ff.
Po-Ebene 10, **14ff.**, 32
Ponte Arche 348
Ponte Caffaro 167
Portese 145
Porto di Brenzone 64
Porto Dusano 147
Povo 335
Pozzolengo 99
Predazzo 369
Punta San Vigilio 73f.

Ragoli 355
Riva 36, **118ff.**
Rocca di Manerba 144
Romeno 376
Roncegno Terme 366
Rovereto 338f.

Salò 37, **138ff.**
Samone 366
San Felice del Benaco 145f.
San Giorgio di Valpolicella 343ff.
San Martino (bei Arco) 158
San Martino della Battaglia 99f.
San Martino di Castrozza 368
San Michele all'Adige 373
San Romedio 375f.
San Vigilio s. Punta San Vigilio
Sant'Antonio di Mavignola 359
Santa Croce 350f.
Sanzeno 375
Sarca (Fluss) 153f.
Sarcatal 158f.
Sarche 159
Segonzano 372
Sirmione 17, 33, 50, **100ff.**
Siror 368
Soave 256f.
Solferino 31, **99**
Spera 366
Stenico s. Castel Stenico
Storo 166f.
Strada dei Castei 73

Taio 374
Tenno 163
Terlago 162
Terres 373
Tesero 369f.
Tiarno di sotto 165f.
Tignale 124
Tione 355
Toblino, Castel 160f.
Torbole 50ff.
Torcegno 366
Torri del Benaco 66ff.
Toscolano-Maderno 130ff.
Tremosine 124
Trentino 14, 31, 37, 96, 314
Tres 374f.
Trient 18, 33, 35, 36, 42, **313f., 315ff.**

- Castello del Buonconsiglio 45, **318ff.**
- Dom 316, **328ff.**
- Domplatz 325ff.
- Häuser der Cazuffi-Rella 325
- MART/Museo d'arte moderna e contemporanea 334
- Museo Diocesano 332
- Museo Tridentino di Scienze Naturali 332
- Palazzo delle Albere 334
- Palazzo Galasso 324
- Palazzo Geremia 325
- Palazzo Pretorio 316, 332
- Palazzo Sardagna 332
- Palazzo Thun 325
- Römische Villa 333
- San Francesco Saverio 325
- San Lorenzo 333f.
- San Pietro 324
- Sant'Apollinare 334
- Santa Maria Maggiore 332f.
- S.A.S.S. (röm. Ausgrabungen) 324
- Torre Vanga 333
Trimelone (Insel) 62f.

Val di Cembra 371
Val di Daone 360
Val di Fassa 368
Val di Fiemme 370
Val di Genova 359
Val di Non 373
Val di Sole 377
Valeggio s. Borghetto di Valeggio sul Mincio
Valle dei Mocheni 364
Valle di Piné 362
Valsugana 361
Valtenesi (Landschaft) 144
Varena 371
Varone-Wasserfall 121
Verona 16, 17, 21, 25, 28, 30, 33, 34, 35, 36, 37, 41, 43, **172ff.**
- Arco dei Gavi 242f.
- Arena 40, **194ff.**
- Bischofspalast 218
- Caffè Dante 209
- Capitello 201f.
- Casa dei Mercanti 202
- Case dei Mazzanti 201
- Castel San Pietro 225
- Castelvecchio 187, 238f., **243ff.**
- Civico Museo d'Arte 244f.
- Dom Santa Maria Matricolare **217ff.**
- Galleria d'Arte Moderna 216
- Giardino Giusti 230f.
- Gran Guardia 198
- Haus der Julia 43, **202ff.**
- Kapitularbibliothek 222
- Kreuzgang der Kanoniker 221f.
- Loggia del Consiglio 208f.
- Marmorsäule mit geflügeltem Markuslöwen 202
- Museo degli Affreschi 238
- Museo Archeologico 224, 366
- Museo Civico di Storia Naturale 237
- Museo Lapidario 198
- Museo Miniscalchi-Erizzo 216
- Palazzo Bevilacqua 241
- Palazzo Canossa 242
- Palazzo del Comune und Torre dei Lamberti 199ff.
- Palazzo del Governo 206f.
- Palazzo Pompei 238f.
- Palazzo dei Tribunali 205f.
- Piazza Bra 191f.
- Piazza delle Erbe 199ff.
- Piazza dei Signori 204ff.
- Ponte Pietra 222
- Porta Borsari 239f.
- Porta dei Leoni 232
- Porta Palio 256
- San Bernardino 254ff.
- San Fermo Maggiore 232ff.
- San Francesco al Corso 238
- San Giorgio Maggiore 226f.
- San Giovanni in Fonte 221
- San Giovanni in Valle 227
- San Lorenzo 241f.
- San Pietro Martire 216
- San Procolo 254
- San Tomaso Cantuariense 232
- San Zeno Maggiore 245ff.
- Sant'Anastasia 38, 44, **210ff.**, 217
- Sant'Elena 221
- Santa Eufemia 239
- Santa Maria Antica 207f.
- Santa Maria in Organo 228f.
- Sante Tosca und Teuteria 240f.
- Santi Apostoli 240
- Santi Nazaro e Celso 231f.
- Santo Stefano 225f.
- Scavi Scaligeri 206
Teatro Romano 223f.
- Vescovado s. Bischofspalast
Veroneser Klause 342
Vigo Lomaso 348f.
Villazzano 334
Volano 337
Volargne 342

Umschlagvorderseite: Gardone Riviera mit dem Grand Hotel
Vordere Umschlaginnenklappe: Aufführung der Oper Turandot während der Opernfestspiele in der Arena von Verona
Vignette: Detail aus den Bronzetüren der Kirche San Zeno Maggiore, Verona
Hintere Umschlaginnenklappe: Madonna von C. Crivelli, Civico Museo d'Arte im Castelvecchio, Verona
Umschlagrückseite: Lagekarte;
Blick auf Lonato und die Po-Ebene;
Grundriss der Kirche San Lorenzo, Verona;
Apsisgemälde im Dom Santa Maria Matricolare, Verona

Über die Autoren:

Ida Leinberger, gebürtige Südtirolerin, lebt teils in Italien, teils in Deutschland und arbeitet seit Jahren über Kunst und Geschichte verschiedener Regionen Mittel- und Südeuropas.

Dr. Walter Pippke studierte Psychologie und Kunstgeschichte und arbeitet als Psychotherapeut in Stuttgart. Er schreibt seit Jahren über Kunst und Geschichte Italiens und Deutschlands.

3., aktualisierte Auflage 2006

Grafisches Konzept: Groschwitz, Hamburg
Satz und Druck: Rasch, Bramsche
Buchbinderische Verarbeitung: Bramscher Buchbinder Betriebe